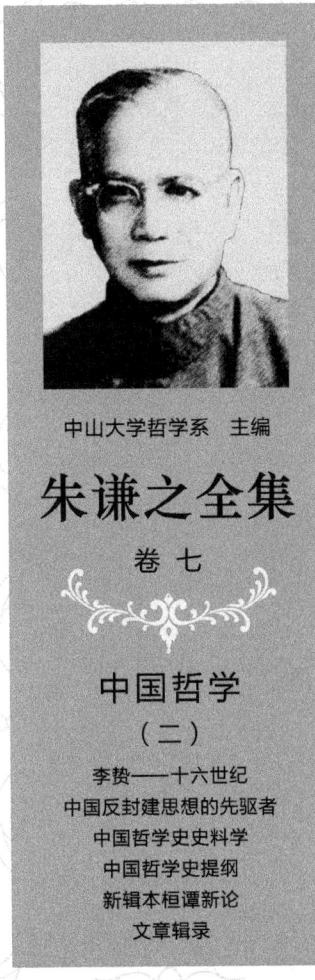

中山大学哲学系 主编

朱谦之全集
卷七

中国哲学
（二）

李贽——十六世纪
中国反封建思想的先驱者
中国哲学史史料学
中国哲学史提纲
新辑本桓谭新论
文章辑录

商务印书馆
The Commercial Press

本卷册二目录

李贽——十六世纪中国反封建思想的先驱者 1

中国哲学史史料学 109

中国哲学史提纲 453

新辑本桓谭新论 585

文章辑录 661
    关于中国诸神的研究 663
    康有为、梁启超、谭嗣同、张睿思想 668
    关于明末清初思想家的评价问题 737
    谈谈有关研究中国哲学史的几个问题 742
    王充哲学研究 751

李　赞
——十六世纪中国反封建思想的先驱者

1954年5月，朱谦之撰成《反封建思想的先驱者李卓吾》，中山大学哲学系藏有油印稿一册。1956年1月，由湖北人民出版社初版发行，全书计八章。2002年收入福建本第四卷，书前有编者题记曰："作者修订时增补'文学观'于'历史观'之后为第六章，并另立第十章为'李贽的影响'，均写明'见另册'。但未见这两章稿，恐失落，今本只好仍从旧本面目。"朱先生所增补两章之手稿，今藏于中山大学哲学系。本次整理，以湖北人民社本为底本，以福建本为校本，并据手稿增补第六章和第十章，目录亦作调整。

——编者

目　录

一　李贽生平事略 5
二　李贽思想产生的历史条件 18
三　世界观 32
四　社会观 41
五　历史观 47
六　文学观 55
七　反封建专制思想 64
八　反道学与主张思想解放 75
九　李贽思想的局限性及其影响 85
十　李贽的影响 94

参考原始资料目录 103
后　　记 107

附：叹卓老 108

一　李贽生平事略

李贽生于一五二七年，卒于一六〇二年。初名载贽，号卓吾，明泉州晋江县人，泉州是温陵禅师住地，因号温陵居士，自谓性甚忏急，改号宏甫，晚年居龙湖，号龙湖叟，又号秃翁。据他自述，自己"殊无甚异于人者，人尽如此，我亦如此……自朝至暮，自有知识以至今日，均之耕田以求食，买地而求种，架屋而求安，读书而求科第，居官而求尊显，博采风水以求福荫子孙"①。这是再庸俗不过的地主阶级生活。但他虽然出身于没落的小地主阶层，自幼家道即不怎样富裕，六七岁时母亲死了，父亲李白斋为了助人之急，时时拿李贽母亲的首饰来变卖。李贽自己中年穷困，"不得不假升斗之禄以为养"，是一个只能靠薪俸生活的人。但他为官，"禄俸之外，了无长物"，又"懒散不事生产作业""为人一钱之入不妄，而或以千金与人如弃草芥；一饭之恩亦报，而或与人千金，言谢则耻之"②。三十四岁时，父亲死了，奔丧回家，遇倭寇，一家人几无以自活。三十八岁时，因祖父母死去五十多年，没有钱，尚未归葬，又一个人回到泉州来，留妻黄氏和三个女孩子在共城（今河南辉县）。那时年岁大荒，在共城虽置买了一些田，但收入只数斛秭，两个女孩因饿患病死了。四十岁时，丧葬事毕北归，才知二女夭折，李贽此时陷于异常悲痛之中；但为了生活，又很快离共城去京，补上了礼部司务的穷官。五十一岁，交上了"官运"，出为云南姚安府知府，李贽这

---

① 《焚书》卷一《答耿司寇》。
② 《阳明先生道学钞》，附《年谱》，《袁小修文集》卷八，《焦氏笔乘》二。

时很想"三年满,收拾得正四品俸禄归来,为居食计",那知致仕归时,仍然是两袖清风,"囊中仅图书数卷""终其身无一钱之积"。李贽虽然穷,但穷而不滥,虽没达到"居食计"的庸俗目的,却在穷愁潦倒不得志的现实生活之中,锻炼得一副真骨头来。李贽因有了这一副真骨头,使他能够从反动的封建地主阶级的思想中解脱出来,大胆地正视现实的黑暗面,勇敢地和那些腐官迂儒等假道学夫子斗争到底,而终于站在当时广大的人民的立场上。

在经济上,李贽既然出身于没落的小地主阶层,生活在那样贫困的境遇中,对现实生活强烈地感到不满;在政治上就慢慢发展成为封建统治阶级的叛徒了。叛徒的性格最明显的表现,即是"平生不爱属人管"。他曾经这样感慨地说过:

> 余唯以不受管束之故,受此磨难,一生坎坷,将大地为墨难尽写也。为县博士,即与县令提学触;为太学博士,即与祭酒司业触;如秦如陈如潘如吕,不一而足矣。司礼曹务,即与高尚书、殷尚书、王侍郎、万侍郎尽触也。高、殷皆入阁,潘、陈、吕皆入阁,高之扫除少年英俊名进士无数矣,独我以触近得全,高亦人杰哉。最苦者为员外郎,不得尚书谢、大理卿董并汪意。谢无足言矣;汪与董皆正人,不宜与余抵,然彼二人者皆急功名,清白未能过人,而自贤则十倍矣,予安得免触耶?又最苦而遇尚书赵,赵于道学有名,孰知道学益有名,而我之触益又甚也。最后为郡守,即与巡抚王触,与守道骆触。王本下流,不必道矣;骆最相知,其人最号有能有守,有文学,有实行,而终不免与之触何耶?渠过于刻厉,故遂不免成触也。①

---

① 《焚书》卷四《感慨平生》。

因为平生不爱属人管,所以既弃官又不肯回家,自称流寓客子。他解释他的这种做法说:"既书'流寓'矣,又书'客子',不已赘耶。盖流而寓矣,非筑室而居其地,则种地而食其毛,欲不受其管束又不可得也;故兼称客子,则知其为旅寓而非真寓,如司马公邵康节之流也;去住时日久近皆未可知,县公虽欲以父母临我,亦未可得。既未得以父母临我,则父母虽尊,其能管束得我乎?故兼书四字,而后作客之意与不属管束之情,畅然明白。然终不如落发出家之为愈,盖落发则虽麻城本地之人,亦自不受父母管束,况别省之人哉?"①他极赞美陶渊明,很羡慕陶渊明那种清风千古,受不得世间管束,不为五斗米折腰的廉洁、孤傲的性格。以古人相比,李贽之怕管束,正是狂裔华士之流;他的落发出家,也是沙门不敬王者的气概,这是消极的反统治思想。但他不只是消极地反统治,其论人论事,一反过去封建统治者的论点,具有着强烈的批判精神。他说:"凡昔人之所忻艳以为贤者,予多以为假,多以为迂腐不才而不切于用;其所鄙者弃者唾且骂者,余皆的以为可托国托家而托身也。其是非大戾昔人如此。"②他把这叫做"大胆",惟"大胆"故敢赏识啸聚水浒之强人,以《水浒传》为贤圣发愤之所为作(《忠义水浒传序》,见《焚书》卷三,页一二三);又在武昌时命僧常志抄写此书,既批评一百回本的《忠义水浒传》,又批评一百二十回本的《忠义水浒全书》。李贽在《评点忠义水浒全书》中,引陈眉公的话"天上无雷霆,则人间无侠客",希望把豪强恶霸饱以老拳。他批点二十三回武松打虎时写道:"武松视虎如蚁,后来梁山一班好汉视童蔡辈为虎而冠者也,所以急欲以景阳几拳与之。"又在《读升庵集》中引《史记》评官吏语"此皆劫盗而不操戈矛者",并引盗赠官吏诗云:"未曾相见心相识,敢

---

① 《焚书》卷四《感慨平生》。
② 《焚书》卷六《读书乐引》。

道相逢不识君。一切萧何今不用,有贼接到后堂分。肯怜我等夜行苦,坐者十三行十五。若谓私行不是公,我道无私公奚取。君倚奉公戴虎冠,谁得似君来路宽。月有俸钱日有廪,我等衣食何盘桓。君若十五十三俱不许,我得持强分廪去,驱我为盗宁非汝?"①又《封使君》中引张禹山诗云:"昔日封使君,化虎方食民。今日使君者,冠裳而吃人。"又曰:"昔时虎伏草,今日虎坐衙。大则吞人畜,小不遗鱼虾。"②真是怒骂成诗,尽情揭露了封建统治阶级的罪恶。因为李贽的政治见解与封建地主阶级不同,所以每每和他们意见冲突,那些"读书食禄之家",对于李贽,"不以为狂,则以为可杀"。李贽和当时的一些道学夫子不同,很钦佩那些反抗封建统治者的人物,例如对于万历年间横行海上的林道乾,他就公开宣称:"唯举世颠倒,故使豪杰抱不平之恨,英雄怀罔措之戚,直驱之使为盗也。""夫道乾横行海上三十余年矣,自浙江南直隶以及广东福建数省,近海之处,皆号称财赋之产、人物隩区者,连年遭其荼毒,攻城陷邑,杀戮官吏,朝廷为之旰食,除正刑都总统诸文武大吏外,其发遣囚系逮至道路而死者,又不知其几也,而林道乾固横行自若也。今幸圣明在上,刑罚得中,倭夷远遁,民人安枕,然林道乾犹然无恙如故矣。称王称霸,众愿归之,不肯背离,其才识过人,胆气压乎群类,不言可知也。"③李贽尝自称"我有二十分识,二十分才,二十分胆足矣"④,而当他把林道乾和那些只解打恭作揖的"大圣大贤人"对比之下竟称之曰:"必如林道乾乃可谓有二十分才,二十分胆者也。"又说:"以彼识见视世间一切大头巾人举无足以当于怀者……则谓之曰二十分识亦可也。"⑤由此

---

① 《焚书》卷五《李涉赠盗》。
② 《焚书》卷五《封使君》。
③ 《焚书》卷四《因记往事》。
④ 《焚书》卷四《二十分识》。
⑤ 《焚书》卷四《因记往事》。

可见李贽对林道乾的向往为何如。林道乾是海上英雄兼贸易业的出色人物,在海上称王称霸,为众望所归,他代表了当时新兴的沿海商业资本。李贽虽不完全同意林道乾,①但他既不满于现实政治,对这位反抗封建地主统治阶级的林道乾,遂不禁发出了歌颂。

再就文化方面看,李贽是被那时候的所谓正人君子目为异端的。他在《答焦漪园》书中很明白地说:"今世俗子与一切假道学共以异端目我,我谓不如遂为异端,免彼等以虚名加我。"②因为李贽痛恨假道学,挖苦当世"大圣大贤人",极嬉笑怒骂之能事,而且以一身兼非儒学佛二者,为异端之尤,所以被当时士大夫诋为左道惑众,必欲置之死地而后快。谢肇淛《五杂俎》即明白说"异端横议,足以杀身,李贽、达观是也"。在李贽流寓客子的生活中,依耿定理在黄安,依刘东星在山西上党,依焦竑在白下,依马经纶在北通州。有的说他是:"居身夷惠之间,游意儒禅之表,弃家依友,好辩贾祸。"(顾大韶)有的说他是:"聪明盖代,议论间有过奇,然快谈雄辩,益人意智不少,秣陵焦弱侯、沁水刘晋川皆推尊为圣人。"(沈德符)有人说是"卓荦翁孟子之后一人",也有人说他生平履历和坡仙相似,称之为"苏子瞻后身"(袁宏道)。事实也是如此,他有朋友,也有仇敌,而他以友为命。袁中道《代湖上疏》中即说他:"生平不以妻子为家,而以朋友为家;不以故乡为乡,而以朋友之故乡为乡;不以命为命,而以朋友之命为命;穷而遇朋友则忘穷,老而遇朋友则忘老。"③他自己给焦弱侯书中说:"古亭之人,时时憎我……闻有欲杀我者,得兄分剖乃止……此自感德,然弟则以为生在中国而不得中国半个知我之人,反不如出塞行行,死为胡地之白骨也。……与其不得朋友而死,

---

① 李贽说过"国家能保卓老,决能以计诛林道乾"的话。
② 《焚书》卷一《答焦漪园》。
③ 《袁小修文集》卷十一。

则牢狱之死，战场之死，固甘如饴也。"① 他这样要有朋友，要同志，而对于敌人则恨之入骨，是友是敌，他的态度是很分明的。对于麻城黄安的大地主，又是身为都察院左佥都御史的大官耿定向，李贽是十分愤恨的，他和耿定向的关于"不容已"问题的论争，实际上是异端对于儒学正统的论争，也就是作为反封建的自由思想与封建地主阶级的专制思想的论争。他答耿定向书说得妙绝："但公为大官耳，学问岂因大官长乎？学问如因大官长，则孔孟当不敢开口矣。"② 当时人称"天台（即耿定向）重名教，卓吾识真机"，这一位"重名教"的耿天台，很明白地是站在地主阶级立场，而"重真机"的李贽则是和人民站在一起的。前者是"种种日用皆为自己身家计，虑无一厘为人谋者，及乎开口谈学，便说尔为自己我为他人，尔为自私我欲利他，我怜东家之饥矣，又思西家之寒，难可忍也"。这完全是虚伪，是假道学，然而耿定向偏偏自负是"孔圣正脉不容已真机"。尤其使李贽不满的是，"何心隐之狱，唯先生与江陵厚善，且主杀心隐之李义河，又先生之讲学友也，斯时救之固不难，先生不敢沾手，恐以此犯江陵不说学之忌，先生以不容已为宗，斯其可已者耶？"③ 李贽气愤极了，在论及何心隐之死时，愤慨地指出了真道学和假道学的区别：

  今观其时，武昌上下人几数万人，无一人识公者，无不知公之为冤也，方其揭榜通衢，列公罪状，聚而观者咸指其诬，至有嘘呼叱咤不欲观焉者，则当时之人心可知矣。由祁门而江西，由江西而南安而湖广，沿途三千余里，其不识公之面而知公之心者，三千余里皆然也。……则斯道之在人心，真如日月星辰不可

---

① 《焚书》卷二《与焦弱侯》。
② 《焚书》卷一《答耿司寇》。
③ 《明儒学案》卷三五《耿定向传》。

盖覆矣。……吾又因是而益信谈道者之假也。由今以观，彼其含怒称冤者，皆其未尝识面之人；其坐视公之死，反而从而下石者，则尽其聚徒讲学之人。然则匹夫无假，故不能掩其本心；谈道无真，故必欲划其出类，又可知矣。①

这里无情地揭露了地主阶级学者的虚伪利己面貌，歌颂了人民真诚的性格。"匹夫无假"是人民的立场，"谈道无真"是大地主的立场，站在人民立场来看假道学，真一钱也不值了。李贽六十四岁那年，《焚书》出版了，李贽把与耿定向论学的信都刊了进去。耿定向见了，认为是奇耻大辱，自己辩不过李贽，于是以卫道者的姿态，作《求儆书》，号召门生学子路"奋勇遏绝天下之恶声"。果然，隔了一年，他的弟子蔡弘甫的《焚书辨》出现了。同年，湖广一带由于耿家门徒暗中的耸动，在李贽过武昌时，便遭"左道惑众"之逐。又隔了几年，定向的门生史巡道来县，即对士大夫说，李贽败坏风化，若不去，当以法治之。在这种迫害再迫害的恶劣环境下，李贽巍然不屈，在他《与城老》书说："宁义而饿，不肯苟饱；宁屈而死，不肯幸生。"②又《与耿克念》书说："烦致意叔台并天台勿怪我可，丈夫在世当自尽理。我自六七岁丧母便能自立，以至于今七十，尽是单身度日，独立过时。……若要我求庇于人，虽死不为也。历观从古大丈夫、好汉尽是如此，不然我岂无力可以起家，无财可以畜仆，而乃孤子无依一至于此乎？可以知我之不畏死矣，可以知我之不怕人矣，可以知我之不靠势矣，盖人生总只有一个死，无两个死也。"③这封信鲜明地表现了李贽对待统治阶级不屈不挠的顽强的态度。

---

① 《焚书》卷三《何心隐论》。
② 见《续焚书》卷一，此转引自容肇祖《李卓吾评传》，商务印书馆版，第三五页。
③ 《续焚书》卷一，此引同上书第三七页。

李贽在不断地被驱逐、被逼害的生活中，前后完成了三部大书，一《藏书》，一《焚书》，一《说书》。《藏书》是他一生精神所寄，《焚书》是他一生事迹所寄，《说书》是他一生学问所寄。《藏书》原来是不准备出版的著作，其中言论比《焚书》更加"怪僻"，大多"离经叛道"之语，李贽七十二岁时，愤而公开付梓问世了。《藏书》出版后，更加激起了统治者的愤恨，万历二十九年，李贽七十五岁，新年刚过，麻城的地方官就驱使一批打手，焚烧了李贽的"兰若"，并把他驱逐出境。他的朋友马经纶躬迎李贽于北通州，且极为之不平。马写了一封《与当道书》，愤慨地指斥了统治阶级这种无耻行为。然而狠心的地主们，对于李贽的迫害，并不就此为止。在李贽住通州时，忽蜚语传到京师，说他著书丑诋首相四明沈一贯，一贯恨甚，纵迹无所得。同年，礼部给事中张问达乃疏劾李贽，说他惑乱人心，其书狂诞悖戾，不可不毁，诬蔑李贽在麻城时"肆行不简，与无良辈游庵院，挟妓女白昼同浴，勾引士人妻女，入庵讲法，至有携衾枕而宿者，一境如狂。又作《观音问》一书，所记观音者，皆士人妻女也。后生小子喜其猖狂放肆，相率煽惑，至于明劫人财，强搂人妇，同于禽兽而不之恤"[①]。统治者为了陷害李贽，到此真是不择手段了。七十老翁何所求，以七八十岁垂尽之人，而诬以淫纵勾引的罪行，不是太可笑了吗？疏上，皇帝立刻下旨逮捕李贽，并令地方官全部焚烧其已刻、未刻诸书。但这极度的封建专制压迫，并没有使李贽屈服。袁中道记李贽被捕和自杀的情形道：

  初公病，病中复定所作《易因》，其名曰《九正易因》。常曰："我得《九正易因》成，死快矣。"《易因》成，疾转甚。至

[①] 见顾炎武《日知录》卷十八，"李贽"条。

是,逮者至,邸舍匆匆,公以问马公,马公曰:"卫士至。"公力疾起行数步,大声曰:"是为我也,为我取门片来。"遂卧其上,疾呼曰:"速行,我罪人也,不宜留。"马公愿从……曰:"朝廷以先生为妖人,我藏妖人者也,死则俱死耳,终不令先生往而己独留。"马公卒同行。……明日大金吾置讯,侍者掖而入,卧于阶上,金吾曰:"若何以妄著书?"公曰:"罪人著书甚多,具在于圣教,有益无损。"大金吾笑其崛强,狱竟无所置词,大略止回籍耳。久之旨不下,公于狱舍中,作诗读书自如,一日呼侍者薙发,侍者去;遂持刀自割其喉,气不绝者两日,侍者问和尚痛否,以指书其手曰:"不痛!"又问曰:"和尚何自割?"书曰:"七十老翁何所求?"遂绝。[①]

这是一段中国反封建思想史上极其血腥的故事,永远不可忘记,一个七十六岁的反封建老战士,在地主统治阶级的压迫之下,不怕迫害、牢狱和死亡,不屈不挠地为真理而死,虽死而犹凛凛然有生气。我们现在如果真个要认识李贽的阶级性,这里就提供了最好的事实证明,证明他是属于人民的。这一位出色的反封建到老到死的战士,在政治生活上是叛逆,在文化生活上是异端之尤,他虽然出身于小地主阶层,但他却以一生的实践、用鲜血证明了自己是和人民站在一起的,从人民立场出发和豪族地主对立,和封建统治阶级对立,和正统的儒学对立。人民知道李贽说出了自己的心头话,所以李贽能"名溢妇孺,教弥区宇",而李贽的著作一出,"无论通邑大都,穷乡僻壤,凡操觚染翰之流,靡不争购,殆急于水火菽粟也已"。有一个叫陈明卿的说:当时"卓吾书盛行,咳唾间非卓吾不欢;几案间非卓吾不

[①] 《袁小修文集》卷八《李温陵传》。

适"。统治阶级则不免叹息士风日下，人人"全不读四书本经，而李氏《藏书》《焚书》，人挟一册以为奇货"①。李贽和他的著作之得人民爱好者如此。

现在再进一步说明李贽的性格，他的性格也是由于他的社会生活环境所造成的。李贽早年丧母，使他养成极孤独的性格，自幼不信道，不信仙释，故见道人则讨厌，见僧则讨厌，见道学先生更讨厌，孑然一身与恶劣的社会环境奋斗。他对自己的肯定，即是对于社会黑暗势力的否定。在他早年开始认识耿定理（耿定向的弟弟）时，定理问他："学贵自信，故曰吾斯之未能信；又怕自是，故曰自以为是，不可与入尧舜之道。试看自信与自是有何分别？"李贽答得很妙："自以为是，故不可与入尧舜之道；不自以为是，亦不可与入尧舜之道。"②因为他有了这种自信心，所以胆敢肯定自我的价值，而主张个人自由，对于自己所抱思想有坚定的信念。他说得好："其确然自以为是，虽使刀刃在头，雷霆在顶，终不少为屈抑。"（《题三异人文集小引》）这就是接近革命家的性格了。李贽有了这种性格，所以眼见那时候社会与政治上的腐败因而激起强烈的感情，对人有同情，也有憎恶。他也很负气，他说："善乎朱仲晦之言曰：'隐者多是带性负气之人。'仆隐者也，负气人也，路见不平尚欲拔刃相助，况亲当其事哉？"③他常谩骂人，余永宁《永庆答问》记一友谓李卓吾常要骂人，杨复所说："他岂轻易骂人，受得他骂方好。"这证明李贽的性情是相当暴躁的，但他不是对所有的人都是这样。袁中道在《龙湖遗墨小序》中说："夏道甫客西陵，与龙湖往来最久，此老以嗔为佛事，少不受其诃斥者，而待道甫温然，若惟恐伤之。"又记，"有人问夏道甫，卓吾嗔性何重

---

① 朱国桢：《涌幢小品》卷十六，第二页。
② 《焚书》卷四《耿楚空先生传》。
③ 《焚书》卷二《与曾中野》。

乃尔。予曰此亦是习气未除,譬如千年冻冰,即有杲日当空,未易消释故也;然其见地甚真,入路甚正,一时之龙象也"。李贽在《答友人书》中解释自己这种性格说:"或曰:'李卓吾谓暴怒是学,不亦异乎?'有友答曰:'卓吾断不说暴怒是学,当说暴怒是性也。'……每见世人欺天罔人之徒,便欲手刃直取其首,岂特暴哉?纵遭反噬,亦所甘心,虽死不悔,暴何足云?然使其复见光明正大之夫,言行相顾之士,怒又不知何处去,喜又不知从何处来,则虽谓吾暴怒可也,谓吾不迁怒亦可也。"① 可见李贽的爱憎是分明的,对于人民公敌是憎恨极了,又如何忍得住暴怒呢?李贽把具有这种性格的人,称之为"狂者",为"侠士",而加以赞美。他说:"自今观之,圣人者中行之狂狷也,君子者大而化之圣人也,善人者狂士之徽称也。……孔子之问曾点以狂而见道……求之于古,若柳士师则狂者流矣……放勋狂而帝,文王狂而王,泰伯狂而伯,皆狂也。……微子狂而去,箕子狂而奴,比干狷而死,夫子曰殷有三仁焉。……陶朱狂而哲,子房狂而义,庄周列御寇,道家之所谓狂也。……若陶渊明肆于菊,东方朔肆于朝,阮嗣宗肆于月,刘伯伦、王无功之徒肆于酒,淳于髡以一言定国,肆于国,皆狂之上乘者也。"② 狂之外还有侠者:"是皆天地间缓急有用人也……忠臣侠忠则扶颠持危,九死而不悔;志士侠义则临难自奋,之死靡他。古今天下苟不遇侠而妄委之,终不可用也。""自古忠臣、孝子、义夫、节妇同一侠耳。"③ 而他自己则愿意"死犹闻侠骨之香,死犹有烈士之名"④。他盼望有豪杰之士出来,认为豪杰即是圣贤,圣贤即是豪杰。而他所说的豪杰,又必须具备下面三种性格:

---

① 《焚书》卷二《答友人书》。
② 《李氏藏书》卷二十五《孟轲传》。
③ 《焚书》卷四《昆仑奴》。
④ 《焚书》卷二《与焦弱侯》。

第一，不爱钱。《批评忠义水浒全书》（第三回，页四）中说："好汉要人喜欢，也须用银子，世情可怜，只是好汉舍得银子耳。若没银子的好汉，真是可怜，只有硬着脊梁拼着性命不要人银子，不受人怜，便是好汉。"

第二，不怕死。《批评三国志演义》（第二十三回，页一〇）中说："夫谁不死，如弥正平之死，可谓不死矣，何也？日所欲言者无不言之，一无所趋避，乃是活人也。若夫口欲言而不言，心不欲言而言之，皆怕死耳，斯人也亦何得不死也乎哉，其生时先已死矣。"

第三，不怕事。正如《批评忠义水浒全书》（第三十九回，页八）中所说："发奸摘伏以销隐忧，若畏事不言，第保全一身一家，朝廷安用此人，乡里亦安用此人，即当事相安，亦安用此人？"

这种不爱钱、不怕死、不怕事的豪杰，正是影射着李贽自己。他七十岁时在被逼害的环境之下，曾在《与城老》书中总结自己的生活经验道：

> 大抵七十之人，平生所经风浪多矣。平生所实者无事，而所不避者多事。贵无事，故辞官辞家，避地避世，孤孤独独，穷卧山谷也。不避多事，故宁义而饿，不肯苟饱；宁屈而死，不肯幸生，此其志颇与人殊。盖世人爱多事，便以无事为孤寂；乐无事，便以多事为桎梏。唯我能随寓而安，无事固其本心，多事亦好度日。使我苟不值多事，安得声名满世间乎？①

像李贽这样一个反封建的老英雄、老豪杰，因为不忍看那时候社会的不平等，人民的不幸福，而要去归隐，辞官辞家，避地避世，

---

① 《续焚书》卷一。

故"贵无事";而他更因不忍看那时候社会的不平等,人民的不幸福,要奋起来作一个实行者,做狂者,做侠士,因此又"不避多事"。他从千磨百难之中,为了反抗封建统治者而英勇牺牲了,他的一生是值得我们怀念的。

二　李贽思想产生的历史条件

李贽思想底产生，是中国近代新旧思想的一个斗争的开始。在他以前，中国思想以封建社会的意识形态为主；在他以后，封建社会意识形态之中，已经萌芽了自由解放的市民性思想。这一位卓越的思想家，反映了小地主的思想，也反映了市民性的思想，他以自己的市民性的思想，开始和中国传统的封建意识形态相对立。

明代嘉靖（一五二二——一五六六）、万历（一五七三——一六二〇）年间，中国的封建社会经济已发生了裂痕，这在东南沿海一带表现得最为明显。远自宋末元初，福建泉州已成为通东、西、南洋的总口岸，吴自牧《梦粱录》卷十二中写道："若欲船泛外国买卖，则是泉州便可出洋。"《宋史·外国传》及赵汝适《诸番志》，计算通东、西、南洋各国路程远近，皆从泉州起点。明永乐使三保太监郑和航海南洋，实开中国商人向海外发展的道路，据《明史》所载，如吕宋，"万历四年先是闽人以其地近且饶富，商贩至者数万人，往往久居不还，至长子孙"（卷三二三）。又如婆罗，"万历时为王者闽人，或言郑和往婆罗，有闽人从之，因留其地"（卷三二三）。又如爪哇，"中国商旅亦往来不绝"（卷三二四）。如三佛齐，"华人流寓者往往起而据之，有梁道明者广州南海县人，久居其国，闽粤军民从泛海者数千家，推道明为首"（卷三二四）。从这些记载中可以看出，这时沿海闽粤各地不但存在着经营海上贸易的商人资本，而且万历中叶以前，中国在印度支那及南洋翠岛的贸易，尚属独占时期。但中国这种国际贸易的优势,并没有支持很久。《明史》卷三二五《佛郎机传》载,万历中叶,佛郎机人破灭吕宋,尽擅闽粤海上之利。这时,不但那些到东方来求黄金和发财的西欧人潮涌而至,即在东方也有从事贸易兼海贼业的倭寇侵扰中国和朝鲜,而倭寇的主要支柱,还是当时日本从事对外贸易的大商人。这是中国商人资本与外国商人资本利益的矛盾。嘉靖年间,倭寇初起,政府不顾沿海商人利益,认为"倭寇起于市舶",禁止通商互市。结果是市舶虽罢,日本海贾却往来自如,一些从事海上贸易的商人和倭寇私相授受,甚至"转为寇贼",但这些人中间,也确有人"觅利商海,卖货浙福,与人同利,为国捍边,绝无勾引凶贼侵扰事情"(《倭变事略》);然而为政府的闭关政策所迫,驱之为盗。倭寇之所以有广大的中国下层人民参加,有许多"小民好乱者,相率入海从倭"[①];所以有许多"凶徒逸囚,罢吏黠僧,及衣冠失业书生不得志不逞者,皆为倭奸细,为之向导"[②];其最大原因即由于当时统治阶级没有顾及这些自称"与人同利,为国捍边"的商人资本利益,勒令罢市,因而把他们依靠中外货物的输出输入而求生活的路子堵死了,这是封建地主统治阶级与沿海新兴商人资本乃至人民利益的矛盾。沿海商人和老百姓要求对外贸易自由,要求政府开关和保护侨民向海外开拓,因此力求打破封建地主统治阶级的束缚。这反映在思想方面,就成为市民性的要求自由解放的代表商人资本利益的思想运动。

虽然嘉靖、万历年间商人资本及其对外贸易并没有使国家增加财富,但在税制和币制上却引起很大的变动,因而接着引起了豪族地主和商人资本间的斗争。因为对外贸易,主要是用贵重金属货币如金银

---

① 《嘉靖东南平倭通录》。

② 同上。

等，①许多华侨在海外因此以淘金开矿为业。商人主通商也主开矿，因而与豪族地主利益冲突，在国内到处发生开矿潮，然无论如何，这时社会经济已从现物交易进至货币经济是决定的了；这反映在税制方面，为万历年间申饬全国通行的"一条鞭法"。施行"一条鞭法"以后，田赋的缴纳以银子为主体，量地计丁，计亩征银，丁役可以税银雇募，土贡可以税银折办，这是适合于南方新兴商人的要求的，但这却不符合当时北方封建地主势力集团的利益，因而他们出而反对。他们认为：

> 有司变法乱常，起科太重，征派不均。且河南北，山东西，土地硗瘠，正供尚不能给，复重之徭役，工匠及富商大贾皆以无田免役，而农夫独受其困，此所谓舛也。②

这免除市民赋役的"一条鞭法"，表面上只是用银去付赋役上的义务，实际上却造成了豪族地主与新兴商人资本之间的矛盾。新兴商人资本力求打破二三千年来的实物田赋制度和封建地主的保守思想，而把国外贸易及货币经济更推向前进。

在新兴商人资本和豪族地主关于徭役、田赋问题的斗争之中，田赋、密役好像是加到封建地主身上，而实际上地主的负担仍然是转加在最贫苦的农民身上。明代国际贸易的发展，手工业、手工工场及货币的发达，对农村经济起着分化作用，封建地主对于农民的剥削，不是减少，而是更加深了。本来嘉靖年间土地兼并已成为严重的问题，以公共占有田地来说，有官田、还官田、断入官田、屯田、皇庄、庄田等；只就庄田说，嘉靖年间庄田面积为二十万零

---

① 见《明史》卷三二六《忽鲁谟斯传》"交易用银钱"，《瀛涯胜览》占城国"交易用银或七分淡金"，《东西洋考》爪哇国"往来贸易用银钱"等记载。
② 《明史》卷二一四《葛守礼传》。

九百一十九顷又二十八亩,约占全国农田总面积的二十分之一。如景恭王建藩安陆,德王建藩济南,都是侵夺民田为庄田。万历年庄田所占耕地更加扩大,约占全国农田百分之七八以上。桂、惠、瑞三王及遂平、宁国两公主各有庄田以万计,福王建藩洛阳,赐河南民田至二万顷,这官方土地的增加,意味着人民田地的减少。和皇族庄田增加同时,豪族地主兼并之风也日盛一日,只就南方来说,据顾炎武《日知录》记载,"吴中之民有田者十一,为人佃作者十九"。据《张文忠公文集》,则在东南商业区,竟有田至七万顷的大地主。据谢肇淛《五杂俎》卷四则"闽中……贪官势族有畛隰遍于邻境者,至于连疆之产,罗而取之;无主之业,嘱而丐之;……黄云遍野,玉粒盈艘,十九皆大姓之物,故富者日富,而贫者日贫矣"。在缙绅土豪依势霸占民田外,同时还有所谓"投献"的风气。"投献"和强占没有分别,即是"有田产者,为奸民藉而献诸势要"①。这些已经很够说明当时赋税之重和地主的巧取豪夺、民不聊生的情形。这也就更加激起地主和农民之间的矛盾。土地更集中了,地主对农民的压迫更愈演愈烈了,这就是明末农民起义前夜的社会情况,同时也是李贽思想产生的社会经济背景。

李贽一生经历,从明嘉靖六年(一五二七)至万历二十年(一六〇二),其间社会经济的主要矛盾,如上所述是:在对外贸易问题上,中国商业资本与外国商业资本间的矛盾;中国商业资本与豪强地主间的矛盾;农民与地主间的矛盾;此外,还有小地主与大地主间的矛盾。在这种错综复杂的社会情况中,李贽是始终站在前进的一方面,拥护人民的利益的。首先,在对外贸易问题上,李贽并不反对通商,他在给梅衡湘的信里说:

---

① 赵翼:《廿二史札记》卷二四。

承示系单于之颈，余谓今日之颈不在夷狄而在中国，中国有作梗者，朝廷之上自有公等诸圣贤者，即日可系也。若外夷则外之耳，外之为言，非系之也；……况今日四夷效顺如此哉？若我边彼边各相戕伐，则边境常态，万古如一，何足挂齿耶？①

这虽不一定是对倭患而发，但认为中国待外夷只可外之，不必系之，把四夷的朝贡互市和边境的各相戕伐分别来看，这在当时朝廷中开关派（如詹荣）与闭关派（如朱纨）的斗争中，是接近于开关派的主张。

其次，在中国商人资本与豪强地主间的矛盾上，李贽是同情商人的。他在《与焦弱侯》书中说：

且商贾亦何鄙之有？挟数万之赀，经风涛之险，受辱于关吏，忍诟于市易，辛勤万状，所挟者重，所得者末。然必交结于卿大夫之门，然后可以收其利而远其害。②

言下似有为商贾不平之意。固然商人资本在那时候和豪强地主（卿大夫）也有结合，但由李贽看来，毕竟豪强地主是从强取豪夺得来，而商人致富之术，却不尽如此。他说：

今子但见世人挟其诈力者唾手可立致，便谓富贵可求，不知天与以致富之才，又借以致富之势，畀以强忍之力，赋以趋时之识，如陶朱、猗顿辈，程郑、卓王孙辈，亦天与之以富厚之资也，是亦天也，非人也。若非天之所与，则一邑之内，谁是不欲

---

① 《焚书》卷二。
② 同上。

求富贵者,而独此一两人也耶?①

李贽在这里公然替商人资本辩护,当然是属于剥削者的思想体系,但在当时,为了反对封建势力的压抑,提出这些见解,也确是商人资本家的"知心之言"了。复次,就农民与大地主阶级间的矛盾来说,李贽是支持农民的。他在答耿天台书中,把地主阶级的卑鄙自私和"力田作者"和"作生意者"的言行一致相比较,指出了地主阶级的虚伪面貌,说他们"皆为自己身家计,无一厘为人谋者""夫讲者未必所行,所行者又所不讲",结论是:

> 翻思此等,反不如市井山夫,身履其事,口说其事。作生意者,但说生意;力田作者,但说力田。凿凿有味,令人听之忘倦矣。②

这里所谓"力田作者"是指农民,"作生意者"是指商人。李贽代表着随着封建农村的崩溃而来的市民性的思想,其中包括商人、工人,但很明显地也包括着农民。李贽是具有农民思想倾向的。

还有小地主与大地主间之矛盾,这在文化背景上反映为阳明学派与程朱学派的斗争,李贽是站在小地主意识形态之阳明学派的旗帜下的,说详"文化背景"一节。

次就李贽思想产生的政治背景来说,对他影响最深的是倭寇对东南沿海的骚扰。自公元十三世纪以来,倭寇即侵扰沿海,但因当时明朝国力甚强,未成大患。十六世纪,明朝统治者罢市舶司,关闭海外贸易的大门,沿海商人勾结倭寇劫掠沿海各地;而明朝海禁废弛,守备甚弱,

---

① 《道古录》卷一。
② 《焚书》卷一《答耿司寇》。

以致倭寇到处攻城掠地，所至无阻，人民生活异常痛苦。据史书所载：

> 自癸丑年来，以数十贼行海滨千里之地，杀官兵无算，今贼盖几万矣，孰敢有撄其锋者。……钱塘江有一船，渡贼六十余……登岸由腹地直抵南京，各路官兵迎击不克，阵亡武职凡三十余员，兵以万计。(《倭变事略》)

> 此贼自绍兴高埠窜走，不过六七十人，流劫杭岩、徽宁、太平，至犯留都。经行数千里，杀戮及杀伤无虑四五千人，凡杀一御史、一县丞、二指挥、二把总，入二县，历八十余日始灭。①

以起初不过六七十人的倭寇，竟能横行数千里，杀戮文武官员如此之多，李贽看到这情况，当然感到异常愤怒，他在过聊城时写了这样一首诗：

> 渤海新开府，中原尽点兵。倭夷两步卒，廊庙几公卿。②

在他三十四岁时，因父死守制东归的时候，正值倭寇侵袭沿海，到处兵燹，他夜行昼伏，好容易走了六个月才抵晋江家中。抵家不久，晋江就被围了，李贽率领弟侄们参加了晋江城的保卫战。晋江被包围了几个月，粮源断绝，十千钱一斗米还没有地方买，李贽一家人几无以自活。而那些地方官既无力御倭，又不能治饥。直到他三十六岁那年春天，才得解围。李贽处围城半年多，这一段生活给予他的印象极深，他在《焚书》中有不少处说到倭寇，并对那时文武官吏作了极严厉的批评：

---

① 《嘉靖东南平倭通录》。
② 《焚书》卷六《过聊城》。

> 目今倭奴屯结釜山，自谓十年生聚，十年训练，可以安坐而制朝鲜矣。今者援之中边皆空，海陆并运，八年未已。公独鳌钓通海，视等乡邻，不一引手投足又何其忍耶？①
>
> 承教方知西事，然倭奴水寇不足为虑，盖此辈舍舟无能为也……实非真奸雄也，特为高丽垂涎耳。……今之食禄者聪明忠信可敬而已，舍公练熟素养，置之家食，吾不知天下事诚付何人料理之也。些小变态，便仓惶失措，大抵今古一局耳。今日真令人益思张江陵也。②

最令人痛心的是，寇患到来时不但文人无用，武人也无用了。李贽认为文人无用是由于反对武备，说什么"信"重于"兵"。

> 是故无事而教之兵，则谓时方无事，而奈何其扰我也。其谁曰以佚道使我虽劳不怨矣。有事而调之兵，则谓时方多事，而奈何其杀我也，其谁曰以生道杀我虽死不怨杀者乎。凡此皆诿诬之语，不过欲以粉饰王道耳。③

而武人无用则由于学会了文人的坏处。

> 非但文生不知武备，至于武人居常走谒，亦效女装矣。宽衣博带，雍雍如也，肃肃如也。一旦有徼，岂特文人束手，武人亦宁可用耶？④

---

① 《焚书》卷二《又书使通州诗后》。
② 《焚书》卷二《答陆思山》。
③ 《焚书》卷三《兵食》。
④ 《焚书》卷四《无所不佩》。

从这里可以看出为什么李贽很重视和提倡武学，同时也可以看出当时统治阶级的腐败和无能，给予李贽思想多么大的影响。

再就李贽思想产生的文化背景来说。李贽是属于阳明学派的左派，是所谓王学左派之尤者。这左派的王学，正如黄梨洲所说："阳明先生之学，有泰州龙溪而风行天下，亦因泰州龙溪而渐失其传。泰州龙溪时时不满其师说，盖启瞿昙之秘而归之师，盖跻阳明而为禅矣。"① 可见这和阳明学派还是有些分别。李贽在《阳明先生年谱后语》中说：

> 余自幼倔强难化，不信学，不信道，不信仙释，故见道人则恶，见僧则恶，见道学则尤恶。惟不得不假升斗之禄以为养，不容不与世俗相接而已。②

但当他在四十岁到京补礼部司务的时候，却为友人所劝，读了王阳明、王龙溪的书，于是"虽倔强不得不信"，从这点看，李贽并没有摆脱尽封建传统思想的势力圈，但他却摆脱了代表大地主阶级意识形态之朱子学派的势力圈。李贽在《续藏书》中论王龙溪时说：

> 当是时，人之尊信朱夫子，犹夫子也。而（王龙溪）能知朱子之非夫子，唯王阳明之学乃真夫子，则其识见为何如耳。③

李贽在这里认为代表小地主意识形态的王阳明之学才是真道学，而那个代表大地主意识形态的朱子学却是假道学，很显然，李贽是不

---

① 《明儒学案》卷三二《泰州学案》。
② 《阳明先生道学钞》卷八《年谱》。
③ 《续藏书》卷十二《席书传评语》。

以朱子学为然的。但在阳明学之中,李贽所重视的是他的武功,他的业绩,而不是《传习录》;在《阳明先生道学钞》八卷之中,是没有《传习录》的位置的。这就是说,在阳明学之中,左派也和右派不同,右派是王阳明《传习录》的信徒,左派所重的则在阳明先生功绩的表现,《传习录》是假道学,而《道学钞》中所见的"英灵汉子",才是其道学,李贽则是站在王学左派这一边的。下面我们看他如何赞美王学左派:

> 古人称学道,全要英灵汉子……当时阳明先生门徒遍天下,独有心斋为英灵。心斋本一灶丁也,目不识丁,闻人读书,便自悟性,径往江西,见王都堂,欲与之辩质所悟,此尚以朋友往也,后自知其不如,乃从而卒业焉。故心斋亦得闻圣人之道,此其气骨为何如者。心斋之后为徐波石,为颜山农,山农以布衣讲学,雄视一世而遭诬陷,波石以布政司请兵督战而死广南,云龙风虎各从其类然哉。盖心斋真英雄,故其徒亦英雄也。波石之后为赵大洲,大洲之后为邓豁渠,山农之后为罗近溪、何心隐。心隐之后为钱怀苏,为程后台,一代高似一代,所谓大海不宿死尸,龙门不点破额,岂不信乎?心隐以布衣出头倡道而遭横死,近溪虽得免于难,然亦幸耳,卒以一官不见容于张太岳,盖英雄之士,不可免于世而可以进于道。[①]

从这里可以看出,所谓左派王学,都是英雄之士。这些英雄们都是出身于社会中下层阶级,他们力求打破封建传统的思想形式,极力提倡个性解放。黄梨洲曾指出:

---

① 《焚书》卷二《为黄安二上人》。

泰州之后，其人多能以赤手搏龙蛇，传至颜山农、何心隐一派，遂非复名教之所能羁络矣。……诸公掀翻天地，前不见古人，后不见有来者。释氏一棒一喝，当机横行，放下柱杖，便如愚人一般。诸公赤手担当，无有放下时节。[1]

在泰州学派中，以王心斋为首，主张"百姓日用即道"，这是很明显地代表了农民阶级思想。心斋之子王东崖，就是李贽的老师，幼时曾亲见王阳明。心斋之后，如泰州韩偓场樵夫朱恕、兴化陶匠韩乐吾（贞）、繁昌田夫夏廷美，都是以具有市民性的个人自觉的精神出现，尤以陶匠韩乐吾（贞）影响最大。黄梨洲称韩乐吾"以化俗为任，随机指点，农工商贾从之游者千余，秋成农隙则聚徒谈学，一村既毕，又之一村，前歌后答，弦诵之声，洋洋如也"[2]。泰州学派中还有因反抗权臣严嵩而罢官的赵大洲，因游侠好义为士大夫所恨而被流刑的颜山农等人。代表封建地主阶级的王世贞曾对这一派作了如下的总结：

嘉隆之际，讲学者盛行于海内，而至其弊也，借讲学而为豪侠之具，复借豪侠而为贪横之私，其术本不足动人，而失志不逞之徒，相与鼓吹羽翼，聚散闪倏，几令人有黄巾、五斗之忧。盖自东越之变为泰州，犹未至大壤，而泰州之变为颜山农，则鱼馁肉烂不可复矣。[3]

这是代表封建地主阶级的反动言论，当然不足为凭，但从这里

---

[1] 《明儒学案》卷三二《泰州学案序》。
[2] 同上。
[3] 《弇州史料后集》卷三五《嘉隆江湖大侠》。

也可窥见王学中左派之尤者,当日如何使反动统治者恐惧战栗,真称得上英雄豪侠之士。山农之后为何心隐,耿定向的祭文说他"其学学孔,其行类侠,倾万金之产了不惜,犯三公之怒以为欣"①。这是何等豪侠的气慨。顾宪成《小心斋札记》卷十四也说:"罗近溪以颜山农为圣人,杨复所以罗近溪为圣人,李卓吾以何心隐为圣人。"又说:"东坡讥伊川曰何时打破这敬字,愚谓近世如王泰州座下颜、何一派直打破这敬字矣。"(卷九)这敬字的打破,对地主阶级是大不敬事。颜、何一派究竟代表什么阶级?据王世贞《嘉隆江湖大侠》说,颜山农"每言人之好贪财色,皆自性生,其一时之所为,实天机之发不可壅阏之"。撇开封建地主阶级诬蔑的语句,从他的骨子里看,已经是很彻底的自由解放的市民性的思想了。何心隐,据顾宪成同书卷十四中所谈:

> 何心隐辈坐在利欲胶漆盆中,所以能鼓动得人,只缘他一种聪明,亦是有不可到处。耿司农择家童四人,每人授二百金,令其生殖,内有一人尝从心隐问仙,因而请计。心隐授以六字,曰一分买一分卖。又益以四字,曰顿买零卖。其人尊用之,起家至数万。试思心隐两言,岂不至平易至巧妙,以此处天下事可迎刃而解,假令其正其心术,固是一有用才也。

这一段话虽也出于反对派之口,但却说明了何心隐是具有致富之才,同时也说明了他那种市民性的气慨。

李贽在思想上无疑受了颜山农、何心隐的影响,尤其是对何心隐,李贽佩服到了极点。《焚书》中有《何心隐论》(卷三),其中称

---

① 《耿天台全集》卷十二。

赞何心隐"夫惟世无真谈道者，故公死而斯文遂丧"。又称"公以见龙自居也，终日见而不知潜，则其势必至于亢矣。……然亢亦龙也，而不亢则上九为虚位；位不可虚，则龙不容于不亢，公宜独当此一爻者，则谓公为上九之大人可也"。又《答邓明府》书以何心隐与张居正并论，说："何公布衣之杰也，故有杀身之祸；江陵宰相之杰也，故有身后之辱。不论其败而论其成，不追其迹而原其心，不责其过而赏其功，则二老者皆吾师也，非与世之局琐取容，埋头顾影，窃取圣人之名以自盖其贪位固宠言私者比也。"[①] 由李贽看来，只有何心隐才真是英雄莫比，才是真道学。所以顾炎武《日知录》卷十八指出："龙溪之学一传而为何心隐，再传而为李卓吾。"

除左派王学的影响之外，李贽还受了佛老的影响、墨子的影响，乃至张江陵的影响、利玛窦的影响。他曾自述："某生于闽，长于海，丐食于卫，就学于燕，访友于白下，质正于四方，自是两都人物之渊，东南才富之产，阳明先生之徒若孙，及临济嫡派，丹阳正脉，但有一言几乎道者，皆某所参礼也。"[②] 可见李贽的学问是很博的，他曾著《老子解》，曾"专治老子"，这就说明他同时受了老子思想的影响。另外，《明史·耿定向传》会称"李贽……专崇释氏，卑侮孔孟"，李贽至友焦竑也说过："或曰宏甫隐于禅者也。"刘东星序李氏《藏书》时也曾说："自滇适楚，寄迹禅林，托心朋辈，畦径稍别，疑谤丛生。"而李贽也有许多关于禅学的著作，比如《李氏丛书》卷四《观音问》、《枕中十书》第四卷《文字禅》，从此可知他也受了禅学影响。李贽提倡思想自由，所以不排斥老佛，而主张三教合一、三教平等。他在《三教品序》中说："三教圣人顶天立地，不容异同明矣。故曰天下无二道，圣贤无二心。""夫既谓之道矣，谓之心矣，则安有

---

① 《焚书》卷一《答邓明府》。
② 《李氏文集》卷一《答何克斋尚书》。

异哉？则虽愚妇以及昆虫草木不能出于此道此心之外，而况三教圣人哉？"这种主张在现在看来是迂腐之谈，而在当时却是反儒学正统的异端旗帜。李贽是一个集异端之大成者，他在任何人之前，敢于首先提倡墨子；又作《孙子参同》。在四百年前大胆提出了诸子百家之学，批判了"子不如经"的正统见解；只就这一点来说，他是已经很有资格来充当近代反封建思想的先驱者了。

从上述李贽思想产生的历史条件来看，可见作为反封建思想的先驱者李贽，他的思想是有其理论根源、政治原因和借以成长的社会经济基础的。而他的卓越的思想的产生，正是中国近代新旧思想的一个斗争的开始。

三　世界观

李贽生当十六世纪东西交通开始时期，他的世界观也就反映了东西思想的汇合点。他一方面接受了东方思想如道家的自然、禅宗的空观与《易》之变化哲学；一方面又以耶稣会士为中介，接受了西洋初期科学输入的影响。在东方思想之中，我们还不容易指出哪一个是更有决定性的，如他所说："三教圣人顶天立地，不容异同。"就这样把《老》《易》和禅的思想，融成一片。李贽因与西方科学相接触，不以虚空为空，而以虚空为气，他认为这才是中国的传统哲学。李贽的哲学思想是各种不同思想的合成物，它还不是唯物主义，而是一种企图调和唯心论和唯物论，把这互相矛盾的哲学方向结合为一个体系的二元论。

二元论基本上还是唯心主义，不过李贽二元论的特质是：当其受传统哲学影响时，是作为唯心论者出现的；而当其承认"气"为天地万物根本时，他的唯心主义之中，却包含着唯物主义的方向。由于二元论本身的矛盾，所以一方面有人认李贽为主观唯心论，[①]一方面也有人认为他是唯物论。[②]实际说来，他的世界观原来就可以有从左面和从右面的看法的不同。为着不使哲学上的两个阵营混淆，因此我们说他是二元论，即是基本上承认他是唯心主义，而具有唯物主义的方

[①] 见吴泽《儒教叛徒李卓吾》，华夏书店一九四九年版。
[②] 见《苏联大百科全书选译》"辩证法"条，人民出版社一九五三年版，第五—六页。又见阿历山大罗夫编《辩证唯物主义》，人民出版社一九五四年版，第二五七页。

向。这"方向"一词是从列宁《唯物论与经验批判论》中论"康德哲学"一节学来的,李贽虽没有康德那样的哲学体系,但他的确企图调和并且结合唯物论和唯心论,而且很明显地主张天地万物的来源不是一个,而是两个不同的实体。他说:

> 天地一夫妇也,是故有天地然后有万物,然则天地万物皆生于两,不生于一明矣。而又谓一能生二,理能生气,太极能生两仪何欤?夫厥初生人,惟是阴阳二气,男女二命,初无所谓一与理也,而何太极之有?以今观之,所谓一者果何物?所谓理者果何在?所谓太极者果何所指也?……故吾究物始而见夫妇之为造端也,是故但言夫妇二者而已,更不言一,亦不言理,一尚不言,而况言无,无尚不言,而况言无无。……①

在这里李贽指出天地万物生成之理,不是什么一,什么理,什么太极,而只是阴阳二气,男女二命,这就包含着素朴的唯物论的方向。但虽如此,在哲学上的两个阵营里,因为二元论是否定一元论,包括承认物质是自然界一切现象的首要原因的辩证唯物论,因此实际上仍只能判定其为唯心论。

李贽的唯心论里,还是几乎令人想象不到的,有些是受了当时实行家张居正的影响。张江陵以虚为道之所在,认为心体原是妙明圆净,一毫无染,所以惟是信心任真,求本元一念。②张江陵答胡庐山论学书中说:

> 夫虚故能应,寂故能感,《易》曰君子以虚受人,寂然不

---

① 《焚书》卷三《夫妇》,又《初潭集·夫妇篇总论》。
② 以上俱见《张文忠公全集》,书牍十五。

动，感而遂通天下之故。诚虚诚寂何不可者。惟不务实得于己，不知事理之如一，同出之异名，而徒兀然嗒然，以求所谓虚寂者，宜其大而无当，窒而不通矣。①

这事理无碍的虚玄境界，实际应用起来，使他敢于目空一切，不顾流俗之是非，正如他自己所说："使吾为刽子手，吾亦不离法场而证菩提。"②李贽是十分钦佩张江陵的，在他的著作中有许多地方对张江陵称赞不止。人言江陵不喜讲学，而李贽作《阳明先生道学钞序》特提及"余于江陵首内阁日，承乏督两浙学政"。在卓吾心目中，江陵非不讲学者，然则所讲何学，禅学也。袁中道《游居柿录》有如下记载：

> 江陵少时留心禅学，见《华严经》"不惜头目脑髓为世界众生，乃是大菩萨行"；故立朝时于称讥毁誉，俱有所不避，一切利国福民之事，挺然为之。③

这张江陵的禅学，给李贽以很大影响。然在江陵则应用之来为封建统治者服务；在李贽则应用之来反封建，反道学，这是主观唯心论之各别方面的应用。

李贽的世界观，所谓"当下自然"，实际上也是从禅学得来，而加以改造。和同时代的因袭思想有所不同，而被认为是异端和左道惑众。试看东林学派如顾宪成、史际明怎样骂他：

---

① 见《张文忠公全集》，书牍二。
② 同上书，书牍八。
③ 《袁小修日记》卷五。

史际明曰，今世讲学主教者率以当下指点学人，此最亲切语，及叩其所以，却说饥来吃饭困来眠，都是自自然然的，全不费功夫，以此为当下，翻是陷人的深坑。①

李卓吾讲心学于白门，全以当下自然指点后学，说人都是见见成成的圣人，才学便多了。闻有忠节孝义之人却云都是做出来的，本体原无此忠节孝义。学人喜其便利，趋之若狂，不知误了多少人。后至春明门外，被人论了，才去拿他，便手忙脚乱，没奈何却一刀自刎，此是杀身成仁否？此是舍生取义否？此是甚的自然？甚的当下？甚的见见成成圣人？自家是如此，何况学人？故当下半是学人下手亲切功夫，差认了却是陷人深坑，不可不猛省也。②

这是反对派的话，同时可见"当下"一语，已成为当时学者的口头禅，李贽不讲，道学先生们也会讲的。所不同者是道学先生所讲当下是"饿死事极小，失节事极大"的大道理；而李贽讲的却是"饥来吃饭困来眠"这些具体事实。道学先生所讲的是"名教"，李贽所讲的是"真机"。顾宪成是一个认"饿死事极小，失节事极大，这是斩断人情，直标天理，十分到头话"③的人，所以极力赞美史际明，认为"世人皆言当下即是，际明却言惟是乃为当下，此一转语，直从顶门下针，有起死回生之功"④。却不知当下自然乃指眼前发展过程中的新事物而言，《明儒学案》记陶匠韩乐吾语："舍却当下不理会，搬弄陈言，此岂学究讲肆耶？"把"当下"和"陈言"对立即新事物与旧事物对立，而认为自然界万物万事皆变，没有东西是不变的，因此所

---

① 《顾端文公遗书》卷十四《当下绎》。
② 同上。
③ 《小心斋札记》卷八。
④ 《顾端文公遗书》卷十四《当下绎》。

谓忠孝节义这些封建道德，也正在变动之中，道学先生们所认为永远不变的天经地义是没有的，有的只是在运动中的新事物。李贽讲学白门，把这个戴着名教假面具吃人的陈言揭穿了，怪不得道学家们气愤极了，骂道："李卓吾大抵是人之非，非人之是……学术到此，真成涂炭，惟有仰屋窃叹而已，如何？如何？"① 但由我们看来，李贽的哲学思想基本上虽只是唯心主义，而实际上却孕育着唯物主义的新方向，这就是承认了"穿衣吃饭即是人伦物理"。他在《答邓石阳》书中说：

> 穿衣吃饭即是人伦物理，除却穿衣吃饭，无伦物矣。世间种种皆衣与饭类耳，故举衣与饭而世间种种自然在其中，非衣食之外更有所谓种种绝与百姓不相同者也。学者只宜于伦物上识真空，不当于伦物上辨伦物，故曰明于庶物，察于人伦。于伦物上加明察，则可以造本而识真源，否则只在伦物上计较忖度，终无自得之日矣。②

除却穿衣吃饭，更无人伦物理，那末，穿衣吃饭即是人伦物理了。所以说不可在伦物上计较忖度，所以说人都是现现成成的圣人。因为充塞天地间原来只有在运动中的物事，所谓"夫天下唯物与事耳"③"圣人欲人于有物上通无物，则知有物即是无物耳，故能通于无物，则物即是道"④。李贽在这里，露出了二元论的弱点，即一方面说事物是"有"，一方面又说"有"即是"无"，他叫这做"真空"。"真空"如果只是不可认识的、超越的、彼岸的东西，那就完全是唯

---

① 《顾端文公遗书》"经皋藏稿"卷五。
② 《焚书》卷一。
③ 《道古录》卷一。
④ 同上。

心论了，但他又说不是。在《答邓石阳》书中，他指出太虚空之性为不空，不空才是真空，若于此有所分别，便是"塞了一分真空，便是染了一点尘垢"。他又在《观音问》中答明因道：

> 弃有着空，则成顽空矣，即所谓断灭空也；……此太虚空不能生万有。既不能生万有，安得不谓之断灭空？安得不谓之顽空。①

这是认真空能生万有，断灭空不能生万有，所以说真空也即是说色界，真空与色界非二。这么一来便把唯心论和唯物论承认客观物质世界的说法调和起来。充塞天地间，尽是真空，而真空无体，以山河大地之物质世界为体，那末山河大地就尽成为真空中所现物了。在《观音问》中，他答自信道：

> 若无山河大地，不成清净本原矣，故谓山河大地即清净本原可也。若无山河大地，则清净本原，谓顽空无用之物，谓断灭空不能生化之物，非万物之母矣，可值半文钱乎？然则无时无处不是山河大地之生者，岂可以山河大地为作障碍而欲去之也。清净本原即所谓本地风光也，视不见听不闻，欲闻无声，欲嗅无臭，此所谓龟毛兔角，原无有也。原无有是以谓之清净也。清净者本原清净，是以谓之清净本原也，岂待人清净之而后清净耶？②

李贽的世界观，在承认真空作首要的东西，说什么清净本原时，

---

① 《李氏丛书》卷四。
② 同上。

完全是唯心论；但他的归结不是这虚无的境界，而是说山河大地即是清净本原，清净本原即是"无时无处不是山河大地之生"；这虽不脱于唯心主义的范畴，然毕竟是包含着唯物论的方向或因素。他又在《杂说》中说：

> 今夫天之所生，地之所长，百卉具在，人见而爱之矣，至觅其工，了不可得。岂其智固不能得之哉？要知造化无工，虽有神灵，亦不能识化工之所在，而其谁能得之？①

这造化无工，即是谓世界是自然而然的，并无所谓造物主的存在。这里他表面上虽应用了不少禅家的语句，而实得力于《易》，尤其得力于张横渠的《易说》。李贽所著有《九正易因》，还有《张横渠易说序》，指出"变易故神""神则无有不易矣"。又《说书·学庸》中"或问易，卓吾曰：日之月之，天之易也，呼之吸之，人之易也；易曰一阖一辟之谓变，往来不穷之谓通"②。这里神与易都是指变化而言，可见他的变化思想，首先是受中国传统的具有辩证因素的世界观的影响。

然而更值得我们注意的，乃是他的世界观除东方哲学影响之外，更受了西洋初期科学思想的影响。万历年间西洋耶稣会士东来传教，同时输入了西洋科学。当时中国的士大夫一时和他们殷勤结纳，甚至于信奉受洗，最初也是为要吸收其科学知识。李贽曾三度和利玛窦相会。利玛窦以一五八三年来华，李贽见他后，称赞他"是一极标致人"。至于李贽在哲学思想上所受利玛窦的影响，从他所著《疑耀》中可以看出：

---

① 《焚书》卷三。
② 《李氏六书》卷六。

西僧利玛窦言天地间止有三行，水也，火也，土也，又以气为一行。人颇以为诞。余谓此非利玛窦之言也。邵子曰天依形，地附气，至矣尽矣，然此非邵子之言也。歧伯对黄帝曰大气宰之。葛洪释浑天曰地居天内，天大而地小，表里有水，天水各乘气而浮。虞耸曰天形穹窿如鸡子幂，周接四海之表，浮于元气之上，如覆奁于水，而奁不没，气充其中也。张子曰虚空即气，减一尺地即有一尺气，人目不知。又曰气之散于太虚，犹冰之凝释于水。盖天包地外，所以浮之者气也，所以浮气者水也。气与水合，生生不穷，所以能浮天地而升降之。鲍景翔曰神为气主，神动气随，气为水母，气聚水生。故呵气成润，云蒸雾涌，则水珠流出；山川出云，则时雨以降，此其证也。故天地间有许多气，自有许多水，生气则生水，生水则助气，未尝相离；然非火以涸之，则阴气盛，阳气微而为渗矣。夫日者火也，盖日圆竟千里，无物不破，升天万物焦，入海则万水涸，水不涸则盈而滥，易至泛滥，涸而不生则气与水俱竭。是水也，气也，火也，三者相为循环于无穷，此天地之所以为天地也，利玛窦之言非诞也。①

在这一大段里，李贽虽然还夹杂着许多唯心主义的色彩，但大体上却确定了自然界的变化以气为主体，气为水母，天地之所以为天地，只是水和气和火三者循环无穷，生生不已。气是什么？他引张横渠的学说答道："虚空即气。"由此可见，李贽所说"真空"，所说"太虚空"，所谓"清净本原"，所谓"本地风光"，归根结底，还只是一个"气"字，虚空即是气，即是自然，即是道，即是在运动中的

---

① 《疑耀》卷三，第三四—三六页。

物质世界。由此所得出结论:"盈天地皆物也。"① "盈天地间皆是生气,其命之流行不息者乎?"② "何物非道,何道非物;何有非无,何无非有。"③ 李贽虽然基本上没有摆脱唯心主义,但他的二元论的世界观,实际上却包含着唯物主义的方向,这大概是没有可疑的了。

---

① 《说书》,《李氏六书》卷六。
② 同上。
③ 同上。

四　社会观

李贽以当下自然教人，这当下自然即是指活泼泼的现实生活。在社会观上，李贽更提出了"不容已"的理论与耿定向相对立。耿定向的不容已，是名教之永恒存在；李贽之不容已，是天地万物之情，不可间断。因为不容已，所以"赤手担当，更无放下时节"；在人与人之关系上也因为不容已，所以人与我之间不容间断，人我一体，男女平等，贫富平等，人人平等。他说：

> 阳明先生曰满街皆圣人，佛氏亦曰即心即佛，人人是佛。夫惟人人之皆圣人也，是以圣人无别不容已道理可以示人也。故曰予欲无言。[1]

他指出他和耿定向的不同，在"公之不容已者，乃人生十五以前，《弟子职》诸篇入孝出弟事；我之不容已者，乃十五成人以后，为大人明大学，欲去明明德于天下等事。公之所不容已者博，而惟在于痛痒之末；我之所不容已者专，而惟直收吾开眼之功"[2]。但耿定向答书驳他："除却孝弟，更明何德哉？""余所谓不容已者，即子臣弟友根心处，识取有生常道耳。"[3] 这是很重要的分别，这就是重名教与

---

[1] 《焚书》卷一《答耿司寇》。
[2] 同上。
[3] 《耿天台先生全书》卷三《与李公书》。

重真机的重大区别。唯重名教，所以"子臣弟友"为不容已，着力点在夺卑贵贱之理的阶级制度；唯重真机，所以人人皆可以为圣人，而"但与天地人物，共造端于夫妇之间，于焉食息，于焉语默已矣"①。前者穷究事物根源而以孝弟为仁之本，是纵的关系；后者穷究事物根源而见夫妇之为造端，是横的关系。针对前者的不平等，李贽翻转来提倡平等的社会观，来和道学先生们作对。他说：

> 夫妇，人之始也。有夫妇然后有父子，有父子然后有兄弟，有兄弟然后有上下；夫妇正然后万事无不出于正，夫妇之为物始也如此。②

李贽在这里认为，男女二命即夫妇，这才是真不容已。为什么？"人我共在天气中流中，那有不相爱之理？"所以"纲缊化物，天地亦只一个情"③。情之不容已，所以何心隐之狱，"彼其含怒称冤者，皆未尝识面之夫"，可见匹夫无假；而那些装腔作势以不容已为宗者，却不敢沾手，恐以此犯江陵不说学之忌。这证明了道学先生如耿定向的不容已，只是一个空头，不如李贽的不容已，是实实在在。

李贽从不容已的观点出发，首先看到人我一体，人我一体即是认识了人我共在一气流行之中，因而打破了形骸的界限。形骸滞在一处，使人七颠八倒；相反地，忘形则是丧我，而无我即是大我。他说：

> 此身原无物也。人唯以物视之，则见以为有身耳。既见有身，则见有我；既见有我，则见有人；人我彼此，纷然在前，为

---

① 《焚书》卷三《夫妇》。
② 同上。
③ 《墨子批选》卷四。

物众矣，如何当得？其所以使人七颠八倒者皆物也，故圣人格之。格之如何？圣人知天下之人之身，即吾一人之身；我亦人也，是上自天子下至庶人通为一身矣。是以虽庶人之贱，亦皆明明德于天下，而亲民以明其明德。凡以修吾一本之身，立吾无物之体，明吾无修之修故也。若有物则有身，有身则有我，如何修得此身来。①

在这里充分看出李贽的平等观还是形而上学的观点，他要人放开心怀是对的，但要人放开心怀，认得"天下之人之身，即吾一人之身"，便是格物，这就太过于玄想了。他又说格物之所以可能，因为人们的智慧本来平等。所谓：

天下无一人不生知，无一物不生知，亦无一刻不生知者。②
既成人矣，又何佛不成，而更待他日乎？天下宁有人外之佛，佛外之人乎？③

人人俱生知，人人俱是佛，俱是圣人；这完全是唯心论的口吻。他的思想局限性，使他只能站在唯心论的基础上主张平等，强调以圣人无别不容已的道理，只是"作生意者但说生意，力田作者但说力田，凿凿有味"。圣人与凡人平等，"圣人之意，若曰尔勿以拿德性之人为异人也，彼其所为亦不过众之所能为而已。人但率性而为，勿以过高视圣人之为可也，尧舜与途人一，圣人与凡人一"④。不容已即是

---

① 《道古录》卷一。
② 《焚书》卷一《答周西岩》。
③ 同上。
④ 《道古录》卷一。

率性而为，这就是"真机"；如在《批评忠义水浒传一百回本》中所见的李逵，就是一个具体的例子。

"李大哥开口尽是天机"（卷四一），李贽曰："李大哥是个天性孝子，宋公明取爷有些道学气味，亦算计利害耳。公孙胜望娘，一团奸诈；如李大哥者只是要娘快乐，再无第二个念头。"（卷四二）"妙人妙人！李大哥妙处只在一言一动，都不算计，只是任天而行，率性而动。"（卷六七）

李生曰："我家阿逵，只是直性，别无回头转脑心肠，也无口是心非说话，如殷天锡横行，一拳打死便了，何必誓书铁券。柴大官人到底有些贵介气，不济不济！"（卷五二）

李贽讥笑柴大官人的贵介气、宋公明的道学气味，而十分赞美李逵，李逵的一味莽撞、好打强汉，正是他的不容已处，也是人人的不容已处。

从人人平等出发，对人生的实践的活动意义，李贽也提出了破天荒的新议论，这就是男女平等。他重视女权，在《藏书》中旁批发现有"亦是贤妇人，胜似李卓老"之妙句。《世说新语补》卷十五"汝南李氏女络秀"条批语："李云好女子，与文君奚殊也。有好女便立家，何必男儿？"又《藏书》中以卓文君为善择嘉偶，《司马相如传》中云："相如，卓氏之梁鸿也。使当其时卓氏如孟光之必请于王孙，吾知王孙必不听也。嗟夫！斗筲小人，何足计事，徒失嘉偶，空负良缘，不如早自决择，忍小耻而就大计。《易》不云乎：同声相应，同气相求，同明相照，同类相招，云从龙，风从虎，归凤求凰，安可诬也。"（卷二九）最大胆的是《批评红拂记》第十出侠女私奔，红拂道："我本是华堂执拂女孩儿，怜君状貌多奇异，愿托终身效唱随。"

李批云："奇。这是千古来第一个嫁法！"又云："即此一事，便是图王定伯手段，岂可以淫奔目之。"又《疑耀》卷二有"妒妇不可少"一节。大概李贽的妇女观，以在《焚书》中《答以女人学道为见短书》（卷二），说得最为彻底。他说：

> 谓妇人见短，不堪学道，诚然哉！诚然哉！夫妇人不出闺域，而男子则桑弧蓬矢，以射四方；……余谓……人有男女则可，谓见有男女岂可乎？谓见有长短则可，谓男子之见尽长，女人之见尽短，又岂可乎？

旧封建社会瞧不起妇女，这是因为封建社会中男性是妇女经济上的支配者；但是李贽生长泉州，"泉州悬岛绝屿，地狭人稠，仰粟于外，百工技业，敏而善仿，北土缇缣，西番氆氇，莫不能成。乡村妇人，芒屩负担，与男子杂作"①。在内地各处尚在闭关时代，这沿海有志的青年已勇于渡海，往南洋各处谋生；在内地妇女还在忍气吞声在闺阁的牢狱里讨生活的时候，沿海妇女已经是"芒屩负担，与男子杂作"。这就是李贽主张男女平等、妇女解放的思想背景。他不但赞美卓文君为善择佳偶，而且以武则天为近古一帝，来和假道学的名教相对立。《藏书》卷四十八《李勣传》云：

> 李生曰：李勣一言丧邦，何谓哉？田舍翁多收十斛麦，尚欲易妇，况天子乎？此探本之说也，然此本于人情，而彼合于名教，固宜其不相入耳。然又安知夫专事名教者，平生果无三房五室与帷薄之私乎？吾又恐其不免于责主之明，而恕己之暗。

---

① 光绪《泉州府志》卷二〇。

甚矣，修身齐家之说之足以祸天下也！非修身齐家之不可也，所以闻诚正修齐之说者非也。……诸公但见犯颜敢谏之为忠，杀身成仁之名美，拘守圣人名教之为贤，不知适所以增武氏之虐焰而鼓之滔天也。……诚观近古之王者，有知人如武氏者乎？亦有专以爱人才为心、安民为念如武氏者乎？此固不能逃于万世之公鉴矣。

因为男女平等，所以武曌的丑行，也只好和专事名教者的丑行等量齐观，而她之以爱人才为心，以安民为念，却是一般男子不可及的。还有历史人物中，李贽更指出："若无忌母、婕妤班、从巢者、孙翊妻、李新声、李侃妇、海曲吕母，皆的的真男子也。天下皆男子，夫谁非真男子者，而曰真男子乎？然天下多少男子，又谁是真男子者？"[①]这"真男子"的妙喻，正反映了那时候沿海妇女生活独立，在社会上已开始抬起头来了的实际情况。

由上可知，李贽的社会观是主张人人平等、男女平等，而他的不容已真机，虽然还夹杂着人人生知、人人成佛的主观唯心论的认识论，然而就其赤裸裸地敢于肯定自我，一往直前，力求个性解放，这在那时候说，确具有现实的进步意义。

---

① 《初潭集》卷二。

五　历史观

然而在李贽思想中给近代启蒙运动以更大影响的，还要算到他的历史观。他知道历史是变的，所以在读《战国策》时批评刘子政道：

> 夫春秋之后为战国，既为战国之时，则自有战国之策。盖与世推移，其道必尔，如此者非可以春秋之治治之也明矣，况三王之世与。……刘子政当西汉之末造，感王室之将毁，徒知羡三王之盛，而不知战国之宜，其见固已左矣。[1]

因为社会是处在不断运动和不断发展中，所以没有一件事物是不变的、凝固的，而经常是某种新的东西在发生着、发展着，某种旧的东西在破坏着、消逝着。以道德生活为例，李贽说：

> 德性之来也，莫知其始，是吾心之故物也；是由今而推之于始者也。更由今而引之以至于后，则日新而无敝，今日新也，明日新也，后日又新也；同是此心之故物，而新新不已，所谓日月虽旧，而千古常新者矣。日月且然，而况于德性哉？[2]

这样，人性不变的见解便打破了。李贽揭破了理想化的封建王

---

[1] 《焚书》卷三《战国论》。
[2] 《道古录》卷一。

国，反对什么天不变道亦不变，把德性看做永远不变的说法；相反地，他认为既然历史是变的，自然现象是变的，那末当然也就没有永世不移的德性。天变了，道变了，德性也变了，变的法则是新与旧之间的新的合理性，因而反对泥古，主张创造。他批评王通说：

> 李子曰：文中子于道稍有见，其自负亦不小，然学未离门户，教不出垣墙，而责房、魏不能兴礼乐，舛矣。当太宗时，门弟子罗列将相，未为不遇也，不曰有君无臣，曰必待董、薛，则仲淹之教可知矣。彼其区区欲以周公之礼乐，治当时之天下，以井田、封建、肉刑，为后世之必当复；一步一趋，舍孔子无足法者，然则使通而在，犹不能致治平也，况其徒乎？①

又在"孟轲"一条中说：

> 李生曰：夫人之所以终不成者，谓其效颦学步，徒慕前人之迹为也。不思前人往矣，所过之迹亦与其人俱往矣，尚如何而践之。此如婴儿然。婴儿之初生也，未能行立，须借父母怀抱提携，乃能有往，稍长便不用矣，况既长且长欤。今之践迹者皆婴儿之类，必赖有人在前为之指引者也，非大人事也。……惟是世间一种善人，自然吻合至善之初，生来便自不肯依人脚迹，作辕下之驹。②

为了打破古圣贤封建传统思想的束缚，在《藏书纪传总目论》中，李贽提出了历史真理的进化观，否定了以孔夫子之定本为真理的标准。他说：

---

① 《藏书》卷二四。
② 同上。

人之是非初无定质，人之是非人也，亦无定论。无定质则此是彼非并育而不相害，无定论则是此非彼亦并行而不相悖矣。然则今日之是非，谓予李卓吾一人之是非可也，谓为千万世大贤大人之公是非亦可也，谓予颠倒千万世之是非，而复非是予之所非是焉亦可也。则予之是非信乎其可矣。前三代无论矣，后三代，汉、唐、宋是也，中间千百余年而独无是非者，岂其人无是非哉？有之，以孔子之是非为是非，故未尝有是非耳。然则予之是非人也又安能已。夫是非之争也，如岁时然。昼夜更迭不相一也，昨日是而今日非矣，今日非而后日又是矣。虽使孔夫子复生于今，又不知作如何是非也，可遽以定本行赏罚哉？……《藏书》者何？言此书但可自怡，不可示人，故名曰"藏书"也。而无奈一二好事友朋索览不已，予又安能以已邪！但戒曰览则一任诸君览观，但无以孔夫子之定本行赏罚也则善矣。①

这里李贽应用历史观点来打破封建社会的真理标准，反对以孔子的是非为是非，充分表现出他的思想的独立自由；但另一方面也可看出他因受了王阳明的主观唯心论的影响，而却要以自己的是非为是非，这是很荒谬的。因为是非既然没有实在标准，哪里还有客观的真理可言呢？

再李贽是注重实学实用的，他估定历史上人物，也是以实用为标准；认为凡是在历史上有价值的思想言论，就一定是实学实用的。这点他在《墨子批选序》里发挥得最为透彻：

古之圣人言必可用，用必其言，虽所言不同，然未尝有欲用而不如其言者，则吴起、申、韩其最著也。《吴子》一书，吴

---

① 《藏书纪传》。

起之言也,当时用之魏则魏强,用之楚而楚伯矣。韩非之拟申、商,曰申子专任术,而商君纯用法,韩子之拟二子,亦二子之自拟也。今观商君相秦才十年耳,卒至富强而令秦成帝业,虽能杀其身,而终不能不用其法。申子辅弱小之韩,以当暴秦之冲,终其身国治兵强,秦至不敢加兵者一五年,则三子之言之用何如也?而况不为三子者乎,而况不为刑名法术之家者乎?①②

他特别赞美墨子,也就采取了墨子的实用思想。"用而不可,虽我亦将非之,且焉有善而不可用者。"(《兼爱下》)荀子《解蔽篇》批评"墨子蔽于用而不知文",若此"不知文"是指他"学儒者之学,受孔子之术,以为其礼烦扰而不悦,厚葬靡财而贫民,久服伤生而害事,故背周道而用夏政"(《淮南子·要略篇》),那末,李贽的历史观,恰恰就是代表着这种倾向。李贽在《藏书》中指出历史只是一治一乱的递变,而一治一乱是可以由质变文和由文变质来解释的。由于一质一文,在历史上就表现为一治一乱,而归本于质。这种思想和他同时的张居正的历史观可谓完全相合,也可能受其影响。张江陵曾著《通鉴直解》二十八卷(明天启元年竟陵钟氏重订刊本),不失为一大历史家,他曾主张:

世之治也,恒自文而返质;其既也,恒自质而之文。

又说:

开国之初,庶事草创,大抵皆多质少文,凡制礼作乐、铺

---

① 《李氏文集》卷十,《李氏六书》卷五文同。
② 《张文忠公全集》文集七。

张繁盛之事,皆在国之中世。当其时人以为太平盛美,而不知衰乱之萌,肇于此矣。夏、商皆然,不独周也。①

李贽更明显地指出:

> 一治一乱若循环。自战国以来,不知几治几乱矣。方其乱也,得保首领已而为幸矣。幸而治则一饱而足,更不知其为粗粝也;一睡为安,更不知其为广厦也。此其极质极野无文之时也。非好野也,其势不得不野,虽至于质野之极,而不自知也。迫子若孙则异是矣,耳不闻金鼓之声,足不履行阵之险,惟知安饱是适而已,则其势不极文固不止也。所谓其作始也简,其将毕也必巨,虽神圣在上,不能反之于质与野也。②

这是认为开国之初,生活总是质朴的,到了后来,由质变文,这也决不是偶然的。然而繁文苛礼一起来,则衰乱的原因又跟上了。所以接着说:

> 然文极而天下之乱复起矣。英雄并生,逐鹿不已,虽圣人亦顺之尔。儒者乃以忠、质、文并言,不知何说。又谓以忠易质,以质捄文,是尤不根之甚矣。夫人生斯世,惟是质、文两者,两者之生原于治乱。其乱也,乱之终而治之始也,乃其中心之不得不质者也,非矫也。其积渐而至于文也,治之极而乱之兆也,乃其中心之不能不文者也,皆忠也。③

---

① 《张文忠公全集》文集十一。
② 《藏书·世纪总论》。
③ 同上。

他指斥儒者没有看到治乱之相倚伏,与一质一文之相嬗变,而妄谈以忠、质、文并言,不知何说,这一点又和张江陵相同(见《张文忠公全集》文集十一,《杂著》页六七三)。他举出具体的史实为证:

> 夫当秦之时,其文极矣。故天下遂大乱而兴汉。汉初天子不能具钧驷,虽欲不质可得耶?至于陈陈相因,贯朽粟腐,则自然启武帝大有为之业;故汉祖之神圣,尧以后一人也。文帝之用柔,文王羑里以后一人也。西汉继蚩尤而称霸,孝武绍黄帝以增廓,皆千古大圣不可轻议。群雄未死则祸乱不息,乱离未甚则神圣不生,一文一质,一治一乱,于斯见矣。[①]

李贽的历史观,是一文一质、一治一乱的递变,而归结于质的生活,即是以自然的生活为主,这是从实际出发的。虽然一治一乱是历史的循环论,是落后的思想形式,而在一治一乱之中,主张有治无乱,则必须兴利除害,解决人民的兵食问题,使人民得以生活下去。这一点却是正确的。他指出:

> 民之初生,若禽兽然,穴居而野处,拾草木之实以为食;且又无爪牙以拱搏噬,无羽毛以资翰蔽,其不为禽兽啖食者鲜矣。夫天之生人,以其贵于物也。而反遗之食,则不如勿生,则其势自不得不假物以为用,而弓矢、戈矛、甲胄、剑楯之设备矣。盖有此生,则必有以养此生者,食也。有此身则必有以卫此身者,兵也。食之急,故井田作;卫之急,故弓矢、甲胄兴。是

[①]《藏书·世纪总论》。

甲胄、弓矢,所以代爪牙、毛羽之用,以疾驱虎豹、犀象而远之也。民之得安其居者,不以是与!①

因为人类生活必须吃、喝、穿、住,同时又须安居乐业,所以兵之与食是一件事。"苟为无兵,食固不可得而有也",然而无奈一般腐儒议论,不达时变,死记住孔夫子的话:

> 夫子曰:足食足兵,民信之矣。夫为人上而使民食足、兵足,则其信而戴之也何惑焉。至于不得已,犹宁死而不离者,则以上之兵食素足也。其曰去食去兵,非欲去也,不得已也。势既出于不得已,则为下者自不忍以其不得已之故,而遂不信于其上。而儒者反谓信重于兵食,则亦不达圣人立言之旨矣。②

在这里说"信重于兵食"是唯心史观,说"兵食"为重是经济史观。经济史观只是拿经济的原因来研究社会,研究社会历史,而且只看重消费者的利益,当然和唯物史观主张社会存在决定社会意识,而且特别看重生产者利益的观点不同;但较之纯粹唯心史观已经进步多了。李贽因看重经济,看重兵食,故对于一般腐儒"信重于兵食"之说,不惜加以批评。他很沉痛地指出:

> 范仲淹乃谓儒者自有名教,何事于兵,则已不知兵之急矣。张子厚复欲买田一方,自谓井田,则又不知井田为何事,而徒慕古以为名,只益丑焉。商君知之,慨然请行,专务攻战,而决之

---

① 《藏书》卷二五,《张载传》第一七一二一页,《焚书》卷三《兵食》第一〇五—一〇八页,《说书》《以佚道使民章》文同。
② 同上。

以信赏必罚,非不顿令秦强,而车裂之惨,秦民莫哀,则以不可使知者而欲使之知,固不可也。故曰:"圣人之道,非以明民,将以愚之""鱼不可脱于渊,国之利器,不可以示人"。至哉深乎!历世宝之,太公望行之,管夷吾修之,柱下史明之,姬公而后,流而为儒,纷纭制作,务以明民,琐屑烦碎,信誓周章,而轩辕氏之政遂衰矣。[①]

李贽从中国古代思想家中,接受了素朴的唯物观点,但同时他又憧憬了自然生活,要恢复到老子"圣人之道,非以明民,将以愚之"的无为政治的理想,这却成了历史的开倒车了。

[①] 《藏书》卷二五,《张载传》第一七一二一页,《焚书》卷三《兵食》第一〇五一一〇八页,《说书》《以佚道使民章》文同。

六　文学观

李贽是明代万历年间的哲学家、历史家,同时也是一位大文学批评家。晚明文学思想的反拟古主义的斗争,以及对于小说戏曲的批点和整理,李贽就是这一运动的先导者。在哲学方面,李贽反对腐儒当道的假道学,在文学方面,他也反对满纸陈词腐句的假文学。在他的《童心说》里,首先提出了文学的真假问题:

> 夫既以闻见道理为心矣,则所言者皆闻见道理之言,非童心自出之言也。言虽工,于我何与,岂非以假人言假言而事假事、文假文乎?盖其人既假,则无所不假矣。由是而以假言与假人言,则假人喜;以假事与假人道,则假人喜;以假文与假人谈,则假人喜;无所不假则无所不喜。满场是假,矮场何辩也。然则虽有天下之至文,其湮没于假人而不尽见于后世者,又岂少哉?何也?天下之至文,未有不出于童心焉者也。苟童心常存,则道理不行,闻见不立;无时不文,无人不文,无一样创制体格文字而非文者。诗何必古选,文何必先秦,降而为六朝,变而为近体,又变而为传奇,变而为院本,为杂剧,为《西厢曲》,为《水浒传》,为今之举子业、大贤言、圣人之道,皆古今至文,不可得而时势先后论也。①

---

① 《焚书》卷三,又《说书》中"大人不失赤子之心"文同。

他认为"童心者绝假纯真,最初一念之本心也""失却童心便失却真心,失却真心便失却真人""童心既障,于是发而为言语,则言语不由衷;见而为政事,则政事无根柢;著而为文辞,则文辞不能达"①。这种议论,要做到言语真切至到,不模仿古人,这就给公安派的文艺理论以很有力的根据。公安派的领袖袁宏道(中郎,1568—1610),湖北公安人,与兄宗道(伯修)、弟中道(小修)号称"三袁","三袁"和李贽有师承的关系,《明史·文苑传》叙述公安体是:

> 先是王、李之学盛行,袁氏兄弟独心非之。宗道在馆中,与同馆黄辉力排其说。于唐好白乐天,于宋好苏轼,名其斋曰"白苏"。至宏道益矫以清新轻俊,学者多舍王、李而从之,目为"公安体"。

拟古文学如王世贞、李攀龙,主张"文必西汉,诗必盛唐,大历之后书勿读"。公安派推翻了这种拟古运动,即在文艺思想上给地主阶级保守派以一大打击。袁宏道自称:"至于扫诗文之陋习,为末季之先驱,辩欧韩之极冤,捣钝贼之巢穴,自我而前,未先发者。"(《答李元善》)实际这一运动,还是继承李贽的思想而来。钱谦益在《初学集》卷三《陶不退〈阆园集〉序》和《陶仲璞〈遁园集〉序》中,曾述"三袁"与李贽的关系是:

> 万历之季,海内皆诋訾王、李,以乐天、子瞻为宗,其说唱于公安袁氏。而袁氏中郎、小修,皆李卓吾之徒,其指实自卓吾发。……仲璞之集称心而言,指事而论,无薄喉棘手之艰,无

---

① 《焚书》卷三,又《说书》中"大人不失赤子之心"文同。

东涂西抹之饰，则亦袁氏之遗风，可以祖香山而宗眉山，不坠落于今世词章道学窟穴中也。

事实也是如此。李贽于万历十八年（1590）曾到公安，袁宗道与弟袁宏道、中道往访，中道记他们的谈话为《柞林纪谭》。翌年，李贽在麻城，袁宏道往访，住三月，谈甚相得，有赠宏道诗云："诵君玉屑句，执鞭亦欣慕。早得从君言，不当有老苦。"袁宏道则居然称"李贽便是今李耳，西陵还似古西周"，又《别龙湖师诗》云（《袁中郎全集》，见《李温陵外纪》卷五）：

> 十日轻为别，重来未有期。
> 出门余泪眼，终不是男儿。

其二：

> 惜别在今朝，车马去遥遥。
> 一行一回首，踟蹰过板桥。

其六：

> 兄弟为知己，同胞若比邻。
> 出门去亦易，只愁君一身。

其七：

> 死去君何恨，藏书得大名。

纷纷薄俗子，相激转相成。

李贽有《答袁石公》八首，其一：

入门为兄弟，出门若比邻。
犹然下幽谷，来问几死人。

其二：

无会不成别，若来还有期。
我有解脱法，洒泪读君诗。

袁小修在《中郎先生行状》中这样描写李贽对袁宏道的影响：

先生既见龙湖，始知一向掇拾陈言，株守俗见，死于古人语下，一段精光，不得披露。至是浩浩焉如鸿毛之遇顺风，巨鱼之纵大壑，能为心师，不师于心；能转古人，不为古转。发为语言，一一从胸襟流出，盖天盖地，如象截急流，雷开蛰户，浸浸乎其未有涯也。①

李贽称赞三表兄弟，"伯也（宗道）稳实，仲也（宏道）英特，皆天下名士也"（《袁中郎传》《公安县志》）。袁宗道《白苏斋类集》卷三收李贽的《童心说》，李贽有《哭袁大春坊》诗云：

---

① 《袁小修文集》第二九九页《妙高山法寺碑》。

> 独步向中原，同胞三弟昆。
> 奈何弃二仲，旅榇下荆门。
> 老苦无如我，全归亦自尊。
> 翻令思倚马，直欲往攀辕。①

而当李贽逝世时，袁中道亦有《李温陵传》②之作，为当时李贽传中之最完备者，此亦可见师弟之间感情的真挚。

公安派不但在文学改革主张不模仿古人，任性而发，是受了李贽的影响；即就其重视小说、戏曲，推重罗贯中、施耐庵、关汉卿等的文学价值，也是和李贽有师承的关系。李贽在《童心说》里推《西厢》《水浒》为"古今至文"，又在《杂说》里特别指出《西厢记》是"小中见大，大中见小"，是"化工"的文章：

> 《拜月》《西厢》化工也，《琵琶》画工也。夫所谓画工者，以其能夺天地之化工，而其孰知天地之无工乎！……《西厢》《拜月》，何工之有？盖工莫工于《琵琶》矣。彼高生者固已殚其力之所能工，而极吾才于既竭。惟作者穷巧极工，不遗余力，是故语尽而意亦尽，词竭而味索然亦随以竭。……盖虽工巧之极，其气力限量只可达于皮肤骨血之间，则其感人仅仅如是，何足怪哉！《西厢》《拜月》，乃不如是。意者宇宙之内，本自有如此可喜之人，如化工之于物，其工巧自不可思议尔。
>
> 且夫世之真能文者，比其初皆非有意于为文也，其胸中有如许无状可怪之事，其喉间有如许欲吐而不敢吐之物，其口头

---

① 《续焚书》卷五，第一二三页。
② 《袁小修文集》第二六七—二七三页《李温陵传》。

又时时有许多欲语而莫可所以告语之处，蓄极积久，势不能遏。一旦见景生情，触目兴叹，夺他人之酒杯，浇自己之垒块，诉心中之不平，感数奇于千载。……宁使见者闻者切齿咬牙，欲杀欲割，而终不忍藏于名山，投之水火。予览斯记，想见其为人，当其时必有大不得意于君臣朋友之间者，故借夫妇离合因缘以发其端。……

呜呼！今古豪杰大抵皆然。小中见大，大中见小，举一毛端，建宝王刹；坐微尘里，转大法轮，此自至理，非干戏论。倘尔不信，中庭月下，木落秋空，寂寞书斋，独自无赖，试取琴心一弹再鼓，其无尽藏不可思议，工巧固可思也。①

这就是说，文章虽工巧之极，"一字一句之奇，若夫结构之密，偶对之切，依于道理，合乎法度，首尾相应，虚实相生"，这虽可以语文，"而皆不可语于天下之至文也"②。所谓至文，乃从自己性情中流出，既不遵守古格古律，也不模拟于汉唐。这种大胆的文学进步见解，是过去文学批评家所少有的。

再就李贽对于小说，尤其对于《水浒》的赏识，更无异于那时候黑沉沉的古典文学界里，闪耀着万丈光芒。据周晖《金陵琐事》卷一说：

李卓吾在刑部时，已好为奇论，尚未甚怪僻。尝云："宇宙内有五大部文章，汉有司马子长《史记》，唐有《杜子美集》，宋有《苏子瞻集》，元有施耐庵《水浒传》，明有《李献吉集》。"

---

① 《焚书》卷三《杂说》。
② 同上。

把《水浒》来和《史记》《杜诗》并列,已经奇了。他的《忠义水浒传序》更奇:

> 太史公曰:"《说难》《孤愤》,贤圣发愤之所作也。"由此观之,古之贤圣,不愤则不作矣。不愤而作,譬如不寒而颤、不病而呻吟也,虽作何观乎?《水浒传》者,发愤之所作也。盖自宋室不竞,冠履倒施,大贤处下,不肖处上,驯致夷狄处上,中原处下,一时君相犹然处堂燕鹊,纳币称臣,甘心屈膝于犬羊已矣。施、罗二公身在元,心在宋,虽生元日,实愤宋事。是故愤二帝之北狩,则大破辽以泄其愤;愤南渡之苟安,则称灭方腊以泄其愤。敢问泄愤者谁乎?则前日啸聚水浒之强人也,欲不谓之忠义不可也,是故施、罗二公传《水浒》而复以忠义名其传焉。①

李贽好读古今至人遗书,且常有新发见。如《读南华》云:"余断以《外篇》《杂篇》为秦汉见道人口吻,而独注《内七篇》,使与《道德经注解》并请正于后圣云。"② 又《与焦弱侯书》称:"《坡仙集》四册,《批点孟子》一册,并往请教。"但最得意的还是:"《水浒传》批点得甚快活人,《西厢》《琵琶》涂抹改窜得更妙,念世间无有读得李氏所观看的书者。"③ 李贽对小说、戏曲有特别研究,袁中道的《游居柿录》④ 述及"夏道甫处见李龙湖批点《西厢》《伯喈》,极其细密,真读书人!予等粗浮,只合敛衽下拜耳"。又:"袁无涯来以新刻卓吾

---

① 《焚书》卷三《忠义水浒传序》。
② 《续焚书》卷四第一〇三页《读南华》。
③ 《续焚书》卷一第三四—三五页《与焦弱侯书》。
④ 《袁小修日记》卷六第五三八条。

批点《水浒传》见遗，余病中草草视之。记万历壬辰夏中，李龙湖方居武昌朱邸，余往访之，正命僧常志抄写此书，逐字批点。……今日偶见此书，诸处与昔皆无大异，稍有增加耳。"由于李贽的影响，公安派也重视小说、戏曲。袁宏道《叙小修诗》竟称"今闾阎妇人孺子所唱《擘破玉》《打草竿》之类"，是"无闻无识真人所作，故多真声"。又在《觞政》中称"传奇则《水浒传》《金瓶梅》为逸典"。凡此强调小说戏曲乃至民歌的文学价值，无疑乎是公安派在通俗文学上的贡献。

正因为李贽推赞小说、戏曲，卓识所开，耳目为之一新；于是海内仰止，风靡影慕，有假托其名以相号召的，也有拾其唾余，以求射利的。据周亮工的《书影》所说：

> 叶文通名昼，无锡人，多读书，有才情，故为诡异之行，或自称锦翁，或称叶五叶，或称叶不夜，最后名梁无知，谓梁溪无人知之也。当温陵《焚书》《藏书》盛行时，坊间种种借温陵之名以行者，如《四书第一评》《第二评》《水浒传》《拜月》《琵琶》诸评，皆出文通手。[①]

实则今传李卓吾评点小说传奇，有伪作也有真传，袁中道《龙湖遗墨小序》述："当龙湖被逮后，稍稍禁锢其书，不数年盛传于世，若揭日月而行。……诸刻之余，其随意游戏楮墨间，往往秘藏于小友之箧，若夏道甫所贮种种，尚未经人耳目者，真可宝也。"[②] 今案《焚书》卷三有《忠义水浒传序》，卷四有《玉合》《拜月》《红拂》等小引，可见今传尚不多伪。郑振铎《劫中得书记》收有"李卓吾评传奇

---

① 俞樾《茶香室续钞》卷十三引。
② 《袁小修文集》第四五页《龙湖遗墨小序》。

五种"一条，此五种为《浣纱记》《金印记》《绣襦记》《香囊记》及《鸣凤记》。《浣纱记》首有三刻五种传奇总评，依郑振铎说："初刻或为《荆》《刘》《拜》《杀》及《琵琶》，二刻为《幽闺》《玉合》《绣襦》《红拂》《明珠》，合之凡十五种，《荆记》尚有传本，《刘》《拜》《杀》则不可得而见矣。颇疑李卓吾只评《琵琶》《玉合》《红拂》数种，其后初刻、二刻、三刻云云，皆为刘昼所伪作。"[①] 这一段话可供参考，而要之李贽所著书 "嬉笑怒骂既成文章，则风流戏谑，总称嘉话"[②]。这正如张鼐作《读卓吾老子书述》所云："卓吾死而其书重，卓吾之书重而真书赝书并传于天下"，然则 "我安得具眼之人读卓吾氏之书哉？"[③]

[①] 《劫中得书记》第三六—三七页，上海古典文学出版社。
[②] 《藏书》卷三九评苏轼语。
[③] 《续焚书》卷首页二、三，中华书局版。

七　反封建专制思想

李贽生当封建专制之世，而具有利伯维尔民性的思想。他以身作则，提倡反封建专制，自谓"我生平不爱属人管"，又说："无拘无碍，便是西方净土，极乐世界。"以这样爱快活、爱自由的人，生当君主集权极盛时代，君主看臣民只是奴才，没有人格，而道学先生们更一唱百和，认为"臣罪当诛，天王神明"，李贽当然要起而反对了。李贽受了社会政治的种种压迫、种种束缚之后，他乃高喊个人自由，宁愿弃官弃家，作流寓客子，宁愿出家，宁愿自杀，也不愿屈服于封建专制思想的压迫之下，他挣扎、反抗，虽最后不免死于假君子真小人之手，但他那反封建专制的思想言论，那对于儒学专制独裁主义的批判，始终照耀着后代人民，闪耀着光辉。下面我们从三方面来分析李贽的反封建思想：

（一）反封建专制

首先他认为过去历史有君臣无朋友，而依他的主张，则应有朋友无君臣。他举何心隐的故事说："人伦有五，公舍其四，而独置身于师友圣贤之间。"① 他自己也何尝不是如此。在《答耿司寇》书中说：

---

① 《焚书》卷三《何心隐论》。

予尝谬谓千古有君臣无朋友,岂过论欤!夫君犹龙也,下有逆鳞,犯者必死,然而以死谏者相踵也,何也?死而博死谏之名,则志士亦愿为之,况未必死,而遂有巨福邪?……若夫朋友则不然,幸而入,则分毫无我益,不幸而不相入,则小者必争,大者为仇。何心老至以此杀身,身杀而名又不成,此共昭昭可鉴也。故予谓千古无朋友者,谓无利也。①

又在《闇然录最》卷十九(页一五—一六)中,更把当时天下有君臣无朋友的道理讲得极透彻。但他自己却很看重朋友,在《与弱侯焦太史》书中有"真切友朋,生死在念"之语,在《龙溪先生文录钞》(卷九)中眉批不绝云:"此个是得力朋友也","此个是得力朋友也"。这种以友为命的思想,似与利玛窦的《交友论》有关。《交友论》一五九四年南昌印行,一五九九年南京再版,焦竑评利玛窦说:"西域利君言友者乃第二我也,其言甚奇,亦甚当。"② 李贽即以这朋友的新意识,来代替黑暗否塞、无复人理的君臣一伦;他虽不像谭嗣同那样明白道破朋友在"五伦中于人生最无弊而有益"③,但他却很明白地说在有君臣无朋友的时代,"与其死于假道学之手,宁死于妇人女子之手"(顾宪成《小心斋札记》,引李贽语)。对于封建社会所认为上下古今不易的君臣一伦,在他是一笔勾销,可提可不提的了。

因由李贽看来,本来应该是有朋友无君臣,所以君臣关系原只是朋友的关系。他批评了封建专制尊君贱臣的恶习,而且很彻底地发挥了"社稷为重君为轻"的思想。以君臣之关系言,孟子所谓"君之视臣如手足,则臣视君如腹心;君之视臣如土芥,则臣视君如寇仇"。

---

① 《焚书》卷二。
② 《澹园集》卷四八《古城答问》。
③ 《谭嗣同全集》,三联书店一九五四年版,第六六页。

这原来就是朋友的平等关系。李贽把这种思想更具体地以历史的事实加以说明,以痴臣为例证说:

> 以上皆痴臣。夫暴虐之君,淫刑以逞,谏又乌能入也。早知其不可谏,即引身而退者上也。不可谏而必谏,谏而不听乃去者次也。若夫不听复谏,谏而以死,痴也。何也？君臣以义交也,士为知己死,彼无道之主,曷尝以国士遇我也？①

不但如此,对于明代的绝对王权,以庸主苛待臣民,动不动逮捕廷杖,又如撒金钱于地,令群臣俯拾为恩典,这种高压手段的反感,使李贽主张强臣的反专制行为是应该的,为什么?

> 臣之强,强于主之庸耳。苟不强,则不免为舐痔之臣所诮,而为弱人所食啖矣。死即死而啖即啖也,目又安得瞑也,是所以不得已于强也。颜鲁公惟弗强也,卒以八十之年使死于谗。李怀光惟不得已于强也,卒以赴王室之难,而遂反于谗。皆千载令人痛恨者,甚矣庸主之可长也。②

因为君臣关系原只是朋友的关系,所以无君臣,有朋友;君臣之间并无定位。《易因》(上册,页一一一一二)《释乾九五》一段:"盖天唯德为至贵,德在我矣,时位恶能限之。故曰'自天子以至庶人,壹是皆以修身为本'。使庶人而有君德,亦自然为利见之大人。使上焉者而无德,则虽位居九五,其谁利见之哉?"故如冯道之历四姓事一十二君,有君等于无君,李贽以为他心目中只知以民为主。别人贱

---
① 《初潭集》卷三〇,痴臣类。
② 《初潭集》卷二四,强臣类。

他，而李贽却称赞他（参看《藏书》卷六十《吏隐外臣传》）。最妙的就是他对齐王建所持的异议，《藏书·世纪》卷一："李卓吾曰：齐之亡甚无谓。齐王建饿得亦甚可怜，然如建者不饿死，中甚用也。饿死一无用痴汉，而可以全活数十百人犹且为之，况全齐百万生灵乎？干戈不格且四十年，战国之民，齐何独幸矣。夫天之立君本以为民尔，由此观之，虽谓建有大功德于民亦可。"（页九）这已经把君臣一伦挖苦得够了，然还不如他在《批评三国志演义》中说得妙绝："孟德虽国贼，犹然知民为邦本，不害禾稼。因知兴王定霸者，即假仁仗义亦须以民为念，方许干得些少事业；何故今之为民父母代天子称牧民者，止知有妻子，不知有百姓也；卒之男盗女娼，又何尤焉。"（第三十一回）同时，对于真正以民为主的思想，李贽则是赞叹不置。如评《于节阁集》，称之曰："节阁真是具二十分识、二十分胆者，社稷为重一语，遂足丧敌人之胆，亦为战胜于廊庙也。"又评"岂不闻社稷为重君为轻"一句云："如此胆识，的是千载不可磨灭。"因为以民为主，所以李贽极力反对封建专制，这是很自然的事。

那末用什么政治来代替君主专制呢？李贽却说什么政治也不要，只要"无为而治"，在这一点上，他实受道家思想的影响。例如在《老子解》序上说："夫老子者非能治之而不治，乃不治以治之者也。故善爱其身者不治身，善爱天下者不治天下。凡古圣王所谓仁义礼乐者，非所以治之也，而况一切刑名法术欤。"又在《庄子解》（卷七）中说："请问治天下，不知治天下者也。自比于明王，不得以语明王者也。其必秦氏之卧徐徐而觉于于，自同于马牛乎？狂接舆之自比于鸟鼠乎？无名人之不治，老聃氏之无有乎？则于治思过半矣。苟且治之，即是害之，不可不慎也。"李贽又很推崇谢安，他说：

晋祚卒延者，王谢之功也伟焉哉。二公之于晋也，无求备，无取必，无敢侥幸，譬如人有虚怯之症，饮食可进则进之，不可进则俟之，不遽试以金石之药、攻扱之剂，以无私视病，故其病不治而自愈矣。何者，忘之也。夫天下之病，皆以治而失之者多矣。若当卧病之时而能忘其为病，此其忘身无患，固非扁鹊、仓公之所能惊也，而况世医乎？自道德教远，世之言治者，皆苟而已。不思因时之政，治以不治，虽黄帝不能违，而况于累卵之时欤？善乎王茂弘有言曰：人言我愦愦，后人当思此愦愦。谢安石亦曰：不尔不成京师。至哉言乎！于道德深且远矣。[①]

这种"不治治之"的"无为"思想，本是封建统治阶级的反动的消极政治理论，但在某些时期，实行得好，也可减轻人民负担，与民"休养生息"，李贽自己一个时期的政治生活就证明了这一点。顾养谦《赠李贽致仕去滇序》说："先生为姚安，一切持简易，任自然，务以德化人，不贾世俗能声，自僚属士民胥隶夷酋，无不化先生者，而先生无有也。此所谓无事而事事，无为而无不为者耶？"[②]他主张自由放任的政策，故归本于自然无为，然而无为并不是无所事事，在《读升庵集》（卷四）中讲到无为而治时，李贽说："舜是一生兢兢业业到死者，处顽嚚，处傲象，以至历试诸艰，处烈风迅雷，处大麓，而摄位后登庸处殛鲧，处丹朱，处商均，直至陟方以死苍梧之墟，忧勤惕厉，死而后已，而子曰无为，旨哉！"这可见无为是无为而无不为。

（二）反封建剥削

明代是封建君主集权最盛的时代，同时也是封建经济剥削加深的时

---

① 《藏书》卷一《大臣传》。
② 《焚书》卷二，第八五页附录。

代。土地所有制形式之集中，皇室贵族之扩大庄田，搢绅豪强之侵占民地，再加田租剥削和军费征赋的重担，使大多数的农民，变成农村无产者和半无产者，以与地主阶级对立。在这农民起义的前夜，产生了李贽反封建剥削的思想。在《初潭集》卷十二中，李贽举了如下一个实例：

> 虞坦为河南尉，杜黄裳为尹，召坦立堂下曰：某家子与恶人游破产，公为捕盗，盍察之。坦曰：凡居官廉，虽大臣无厚蓄，其能多积者，必剥下以致之，如其子孙善守，是天富不道之家也，不若恣其不道以归于人，故不察。

李贽批道："妙，妙，至妙！"很深刻地批判了残酷的封建剥削。又《批评忠义水浒全书》（第十六回）中指出："生辰辄用十万贯金珠，此必从掊克得来，卒为绿林中好汉取之，可为贪得者之鉴。"又《批评三国志演义》中，评张飞："只打督邮一节，翼德便不可及……今之上司妆威做势，索取下司者，亦往往有之，安得翼德柳条着实打他二百也，呵呵。"（第二回）又评关羽云："能杀倚势欺人之恶霸，便是圣人，便是佛，所以至今华夷并仰，老幼俱亲也。"（第一回）至如《批评忠义水浒传》卷五七："卓吾曰：一僧读到此处，见桃花山、二龙山、白虎山都是强盗，叹曰：当时强盗直恁地多。余曰：当时在朝强盗还多些。"又《读升庵集》所举唐李涉《赠盗》诗："相逢不用相回避，世上如今半是君。"李贽对于那些贪官污吏尽情揭露，怒骂成诗，确实是令人心快的。

但虽如此，封建社会的基本阶级矛盾却是被剥削的农民反对封建地主的斗争，而李贽本身就是小地主，因此他的反封建剥削，也只可能站在小地主立场。就他的著作看，他所反对的对象，是上司们、官吏们，这些人只要有官做，便可任意剥削百姓财物，这是东方封建主义的特点。《政治经济学数科书》告诉我们："封建主剥削依附的农民是一切国家的封建主义的主要特点。但是每个国家的封建制度都有自己的特点。……东方封建主义的特点还在于具有父权氏族关系，封建主利用这些关系加紧剥削农民。"[①]李贽并不直接反封建基础，而间接地反对官吏剥削，这因为官吏为民父母，反官吏，对东方封建主义的特点言，就是撤除其父权氏族关系的支柱，这也就反映了农民的愿望。他的阶级局限性，使他反封建剥削不能彻底，但在反对封建剥削的工具的斗争中，还是具有积极的作用的。

（三）反封建道德

在封建社会的基础上，还有封建社会的上层建筑之一：封建道德。李贽在那时候是第一个起而反对封建道德的。顾炎武曾攻击他，认为"自古以来小人无忌惮，而敢于叛圣者，莫甚于李贽，虽奉严旨，其书之行于人间自若也"[②]。顾炎武之痛恨李贽，即是站在封建道德立场，吴虞指出："炎武素主韩愈'民不出粟米麻丝，作器皿，通货财，以事其上，则诛'之'原道'者，其尊信张问达而痛恨卓吾，固其宜矣。"[③]李贽代表着人民的愿望，从事废除传统的封建道德的斗争。他的斗争方式是多方面的，分析起来约有三点，即（一）非儒；（二）反孔；（三）疑经。

（一）非儒　明末耶稣会士输入西方科学，其所著书影响于中国整个学术，使二千年来独尊的儒教思想动摇起来。李贽生在这新环境之

---

① 苏联科学院经济研究所编：《政治经济学教科书》，人民出版社一九五五年版，第四六页。
② 《日知录》卷十八，"李贽"条。
③ 《吴虞文录》卷下，第三五页。

下，不能没有感觉，他虽然知道中古儒学已经走到尽头处了，但又不能完全走出"儒"的范围，故在《初潭集·自序》中称"卓吾子……虽落发为僧，而实儒也"。他还不能不受封建道德的束缚，但他却敢于对儒教的正统派提出严格的批评。首先，他看出儒的礼法太烦琐了。"姬公而后，流而为儒，纷纭制作，务以明民，琐屑烦碎，信誓周章，而轩辕氏之政遂衰矣。"其次，是儒者保守。"儒臣虽名为学，而实不知学，往往学步失故，践迹而不造其域，卒为名臣所嗤笑，然其实不可以治天下国家，亦无怪其嗤笑也。"①其三，儒者能文不能武。"自儒者以文学名为儒，故用武者遂以不文名为武，而文武从此分矣，故传武臣。夫圣王之王也，居为后先疏附，出为奔走御侮，曷有二也。唯夫子自以尝学俎豆，不闻军旅，辞卫灵，遂为邯郸之妇所证据，千万世之儒，皆为妇人矣，可不悲乎？使曾子有子若在，必知夫子此语，即速贫速朽之语，非定论也。"②其四，儒者患得患失，无一定学术。"成大功者必不顾后患，故功无不成，商君之于秦、吴起之于楚是矣，而儒者皆欲之。不知天下之大功，果可以顾后患之心成之乎否也，吾不得而知也。顾后患者必不肯成天下之大功，庄周之徒是已。是以宁为曳尾之龟，而不肯受千金之币；宁为濠上之乐，而不肯任楚国之忧。而儒者皆欲之，于是乎又有居朝廷则忧其民、处江湖则忧其君之论，不知天下果有两头马乎否也？吾又不得而知也。墨子之学术贵俭，虽天下以我为不拔一毛不恤也。商子之学术贵法，申子之学术贵术，韩非子之学术兼贵法术……以至谯周冯道诸老，宁受祭器归晋之谤，历事五季之耻，而不忍无辜之民，目遭涂炭，要皆有一定之学术，非苟苟者，各周于用，总足办事，彼区区者欲选择其名实俱利者而兼之得乎？此无他，名教累之也。以故瞻前虑后，左顾右盼，自己既无一定

---

① 《藏书·纪传总目后论》。
② 同上。

之学术，他日又安有必成之事功邪？而又好说时中之话以自文。又况依仿陈言，规迹往事，不敢出半步者哉？"①其五，儒者不知为己。"士贵为己，务自适，如不自适而适人之适，虽伯夷、叔齐，同为淫僻。不知为己，惟务为人，虽尧舜，同为尘垢秕糠。此儒者之用所以竟为蒙庄所排，青牛所诃，而以为不如良贾也。"（《答周二鲁》，见《李氏文集》卷四页二—五）其六，儒者读书不识字。《焦氏笔乘》四载，"李宏甫为南比部郎，日聚友讲学。寮友或谓之曰：吾辈读书义理岂有不明，而事讲乎？宏甫曰：君辈以高科登仕籍，岂不读书？但苦未识字，须一讲耳。或怪问其故。宏甫曰：《论语》《大学》岂非君所尝读耶？然《论语》开卷便是一"学"字，《大学》开卷便是"大学"二字，此三字吾敢道诸君未识得，何也？此事须是证验始可，如识《论语》中学字便悦乐不愠，识《大学》二字便定静安虑，今都未能，如何自负识此字耶？其人默然不能对。"以上都是实学实用观点，把儒的无用、无能、无耻和封建文化怎样不合于时代大潮流，都很详尽地指出来了。

（二）反孔　从反对传统的儒家道德文化，李贽更进一步反对传统思想的代表人物——孔子。古来对于孔夫子的抨击，自墨子、王充之后，就要算到这位卓老。在王阳明《答罗整庵少宰书》中，已经说出："夫学贵得之心。求之心而非也，虽其言出于孔子，不敢以为是也。……求之心而是也，虽其言之出于庸常，不敢以为非也。"②这已经是以个人自由思想，直搏孔子的营垒。李贽则更彻底了。他批判王通时，已讥笑儒生不知世务，"一步一趋，舍孔子无足法者"③，在《答耿中丞》书中，更指出：

---

① 《焚书》卷五《孔明为后主写申韩管子六韬》。
② 《传习录》卷中。
③ 《藏书》卷二四。

> 学其可无术欤？此公至言也。此公所得于孔子而深信之以为宗法者也，仆又何言之哉！然此乃孔氏之言也，非我也。夫天生一人自有一人之用，不待取给于孔子而后足也。若必待取足于孔子，则千古以前无孔子，终不得为人乎？故为愿学孔子之说者，乃孟子之所以止于孟子，仆方痛憾其非夫，而公谓我愿之欤！①

他痛恨"学孔子者，务舍己而必以孔子为学"，这就是要打破封建社会的偶像崇拜。又说："前三代无论矣，后三代汉唐宋是也，中间千百余年而独无是非者，岂其人无是非哉？咸以孔子之是非为是非，故未尝有是非耳。"②孔子！孔子！不知二千年间，几多罪恶皆假汝之名而行。孔子变成为封建道德文化的护符，所以反封建思想的先驱者李贽，便不能不对之提出抗议了。

（三）疑经 在抨击儒家孔子之后，李贽更大胆地冲决经学的网罗，认为经学也是束缚个人自由，而且是虚伪的东西。为什么？李贽这样解释道：

> 夫《六经》《语》《孟》，非其史官过为褒崇之词，则其臣子极为赞美之语。又不然，则其迂阔门徒，懵懂弟子，记忆师说，有头无尾，得后遗前，随其所见，笔之于书。后学不察，便谓出自圣人之口也，决定目之为经矣。孰知其大半非圣人之言乎？纵出自圣人，要亦有为而发，不过因病发药，随时处方，以救此一等懵懂弟子，迂阔门徒云耳。药医假病，方难定执，是岂可遽以为万世之至论乎？③

---

① 《焚书》卷一。
② 《藏书》《纪传目录论》。
③ 《焚书》卷三《童心说》。

他的结论是,"然则《六经》《语》《孟》乃道学之口实,假人之渊薮也""更说甚么《六经》,更说甚么《语》《孟》乎?"① 这真是痛快之极,把那腐儒所依据的《六经》《语》《孟》都想一手推翻。李贽反对了那封建道德文化的代表人物还不够,更主张推翻封建专制思想的理论根据。甚至对于佛经也加以怀疑,在《疑耀》中有《佛经不真》(卷四)、《佛书可疑》(卷五)与《佛经恐非西来大意》(卷四)三节。不但《六经》《语》《孟》可疑,佛经也可疑,李贽可算真是一个疑古大家了。

---

① 《焚书》卷三《童心说》。

八　反道学与主张思想解放

如果说前面的反封建道德，是对于地主阶级专制独裁主义的思想斗争，那末现在所讲的反道学，可以说是对于同时代的伪善者的挑战了。同时代的伪善者，他们据以立论的标准是"道统论"，什么是道统？李贽一句话说尽，就是道学家们"好自拿大标帜"。李贽又在《德业儒臣论》中说：

> 道之在人，犹水之在地也；人之求道，犹之掘地而求水也。然则水无不在地，人无不载道也，审矣。而谓水有不流，道有不传可乎？顾掘地者或弃井而逃，或自甘于溷浊咸苦，终身不见甘泉而遂止者有之。然而得泉者亦已众矣，彼谓轲之死不得其传者，真大谬也。惟此言出，而后宋人直以濂、洛、关、闽接孟氏之传，谓为知言云。①

道学家包办道统的荒谬观念，是由于他们不了解道是客观的存在，而妄自尊大，直以自己接孟轲之传，可笑已极。李贽指斥他们道：

> 吁！自秦而汉而唐，而后至于宋，中间历晋以及五代，无虑数百年，若谓地尽不泉，则人皆渴死久矣。若谓人尽不得道，

---

① 《藏书》卷二四。

则人道灭矣，何以能长世也。终遂泯没不见，混沌无闻，直待有宋而始开辟而后可也？何宋室愈以不竞，奄奄如垂绝之人，而反不如彼之失传者哉？好自尊大标帜而不知其诟诬，亦太甚矣。今夫造为谤言诬陷一家者其罪诛，今以一语而诬千百载之君臣，非特其民无道……而千古之君臣，皆不免于不道之诛。诬周若此，有圣王出，反坐之刑当如何也，而可轻易若此矣乎？晚年多暇，意欲一洗千古之囚……要当知道无绝续，人具只眼云耳。①

反道统的争论，不是道，而是道外增一"统"字的问题。道本自存，言"统"则启门户之纷争，某传"统"，某受"统"，争道统的黑幕，只是宗派主义，抬高自己，打击别人，这是李贽所不能容忍的。打开窗户说亮话吧！既然道统不足为凭，那末平日自负孔圣正脉的道学家之妄自尊大，一味胡涂，一味自是的，更不足道了。

李贽一生中所受磨折，都是从道学家们来的。在员外郎时，"最苦而遇尚书赵，赵于道学有名，孰知道学益有名，而我之触益又甚也"。他在湖北黄安与耿定向龃龉，耿就是假道学的典型人物。何心隐之狱，他"益信谈道者之假"。七十五岁风烛残年，道学家们尚群起而攻，贿众狂吠，以宣淫兴勾引为辞，欲置李贽于死地。李贽所著书一焚于张问达所奏请，再焚于王雅量所奏请，张、王之后，顾宪成、史际明、谢在杭、纪晓岚，有意无意戴着假道学的面孔极力攻击李贽。从他们所留下的文字看来，表面上都写着仁义道德，仔细看了以后，字里行间不只是张开血口要吃人？道学家是何等怕人呀！李贽所受他们的逼害实在太多了，因此也就格外地瞧不起他们，而对他们取攻势。李贽的反道学语，在所著书中俯拾即是，而且极嬉笑怒骂之

---

① 《藏书》卷二四。

能事。例如,《世说新语补》:"李云巧于属托,道学之宗祖也,倘若逢卓老计不行矣。"(卷一)又云:"真个道学脸皮三寸。"(卷四)又云:"大无味,必曾讲道学来也。"《初潭集》卷三:"好腐物!可讲道学。"卷四:"道学可厌,非夫子语。"《批评三国志演义》第二十八回:"此时也讲些道学,甚哉道学之不可不讲也,一笑一笑。""盗马胜似讲道学也,何如何如?"《批评忠义水浒传》卷四:"此假道学之所以可恶也与!此假道学之所以可恶也与!"卷五:"率性而行,不拘小节,方是成佛作祖根基;若瞻前顾后,算一计十,几何不向假道学门风去也。"卷三十六:"的确是个假道学。"卷八十二:"卓吾老子曰:梁山泊买市十日,我道胜如道学先生讲十年道学,何也?以其实有益于人耳。"卷八十三:"到底是大手段汉子,若是道学先生定要时值贾价。"这些还都是短语,杂以善谑,兼之怒骂,已使道学夫子难堪之极了。还有较长的,例如:

> 卓吾曰:儿异日为官者,必然幼而聪慧;儿异日致富贵者,必致有致富贵之容;故为人父者,无不欲其子之慧而貌美也,而道学尤甚。然道学多讳言官,讳言异日致富贵,唯曰:予愿我家千金,终为至圣大贤耳。①
>
> 有一道学,高屐大履,长袖阔带,纲常之冠,人伦之表;拾纸墨之一二,窃唇吻之三四,自谓真仲尼之徒焉。时遇刘谐。刘谐者聪明士,见面哂曰:"是未知我仲尼兄也。"其人勃然作色而起曰:"天不生仲尼,万古如长夜,子何人者,敢呼仲尼而兄之。"刘谐曰:"怪得羲皇以上,天下昼日燃纸烛而行也。"其人嘿然自止,然安知其言之至哉!②

---

① 《初潭集》卷二。
② 《焚书》卷三《赞刘谐》。

这些调笑道学语，真是简单明白，教假道学夫子们何处躲避？大概说来，李贽之反对当时假道学，归根结底，还是实践问题。真学问言行一致，所以当下自然；相反地，假道学则一味胡说，言不顾行，只记得许多书耳。《批评三国志演义》中，他以马谡比喻假道学，谓："马谡妄自尊大，一味胡涂，一味自是，及到魏兵围定，莫展一筹，惟待救兵而已。极似今时说大话秀才，平时议论凿凿可听，孙吴不及也，及至临事，惟有缩颈吐舌而已，真可发一大噱也。"（第九十五回）真学问如山西清远戍卒，"李秃翁曰：此卫卒见识胜方正学十倍，人亦何必多读书哉。呜呼！以全盛之天下，金汤之世界，付与讲究《周礼》、精熟《大学衍义》之大学士，不四年而遂败，可畏哉书也！"①因为真学问言行一致，所以称"老成之言，非讲道学也"（《批评三国志演义》第三十二回），"实实经济，非道学家语也，要知要知"（同上书，第二十三回）。把真学问和假道学对立起来，则假道学不但有名无实，而且无用，只解打恭作揖，终日匡坐，和泥塑菩萨一样。无实无用，只是一个俗物。《批评三国志演义》中论刘备云："玄德一口诗书，大俗物也。"（第三十八回）又论曹操云："孟德恶极矣，罪大矣，可恨矣，可杀矣，更说出宁使我负天下人，休教天下人负我话来，读史者至此无不欲食其肉而寝其皮也，不知此犹孟德之过人处也。试问天下人，谁不有此心者，谁复能开此口乎？故吾以世人之心较之，犹取孟德也。至于讲道学诸公，且反其语曰：宁使天下人负我，毋使我负天下人。非不说得好听，倘存心行事，稍有一毫孟德者存，是孟德犹不失为心口如一之小人，彼曹反为口君子、身小人之罪人也。即孟德见此曹，亦何肯以之为奴也哉。"（第四回）假道学只是外表好看，道学其名，志在穿窬其实。阳道学而阴富贵，最后目的

---

① 《续藏书》卷七。

没有别的，只是做官发财。李贽有好些妙语妙文，尽情反映了这些假道学的丑态。他说：

> 今之所谓圣人者，其与今之所谓山人者一也。特有幸不幸之异耳。幸而能诗，则自称曰山人，不幸而不能诗，则辞却山人而以圣人名；幸而能讲良知，则自称曰圣人，不幸而不能讲良知，则谢却圣人而以山人称。展转反复，以欺世获利，名为山人而心同商贾，口谈道德而志在穿窬。①
>
> 自然之性乃是自然真道学也，岂讲道学者所能学乎？既不能学，又冒引圣言以自揜其不能。……嗟乎！有利于己而欲时时嘱托公事，则必称引万物一体之说；有损于己而欲远怨避嫌，则必称引明哲保身之说；使明天子、贤宰相烛知其奸，欲杜此术，但不许嘱托，不许远嫌，又不许称引古语，则道学之术穷矣。②
>
> 今之学者官重于名，名重于学，以学起名，以名起官，循环相生，而卒归重于官。使学不足以起名，名不足以起官，则视弃名如敝箒矣。无怪乎有志者多不肯学，多以我辈为真光棍也。③

假道学本为富贵，阳道学而阴富贵，是假学问。因此李贽反转过来说真学问，都是"视富贵如浮云"，要"出世以免富贵之苦"。他认为真学问必须出世，出世才是学问的归宿，不但释迦老子出世，即帝尧孔子也何尝不出世。只有假道学"被服儒雅，行若狗彘"，才不肯出世。《初潭集》卷四中说：

---

① 《焚书》卷二《又与焦弱侯》。
② 《初潭集》卷八。
③ 《焚书》卷二《复焦弱侯》。

李温陵曰:"儒释道之学一也,以其初皆期于闻道也,必闻道然后可以死,故曰'朝闻道,夕死可矣'。非闻道则未可以死,故又曰'吾以汝为死矣'。唯志在闻道,故其视富贵若浮云耳,弃天下如敝屣然也。然曰浮云,直轻之耳,曰敝屣,直贱之耳,未以为害也。若夫道人则视富贵如粪秽,视天下若枷锁,唯恐其去之不速矣。然粪秽臭也,枷锁累也,犹未甚害也,乃释子则又甚矣。彼其视富贵若虎豹之在陷阱,鱼鸟之入网罗,活人之赴汤火然,求死不得,求生不得,一如是之甚也。此儒释道之所以异也,然其期于闻道以出世一也,盖必出世然后可以免富贵之苦也。尧之让舜也,唯恐舜之复洗耳也,苟得摄位即为幸事,盖推而远之,唯恐其不可行也,非以舜之治天下有过于尧而故让之位,以为生民计也,此其至著者也。孔之疏食,颜之陋巷,非尧心欤。自颜氏没,微言绝,圣学亡,则儒不传矣,故曰天丧予,何也?以诸子虽学,未尝以闻道为心也,则亦不免士大夫之家为富贵所移尔矣。况继此而为汉儒之附会,宋儒之穿凿乎?又况继此而以宋儒为目标,穿凿为指归乎?人益鄙而风益下矣,无惟其流弊至于今日,阳为道学,阴为富贵,被服儒雅,行若狗彘然也。夫世之不讲道学而致荣华富贵者不少也,何必讲道学而后为富贵之资也,此无他,不待讲道学而自富贵者,其人盖有学有才有为有守,虽欲不与之富贵而不可得也。夫唯无才无学者,不以讲圣人道学之名安之,则终身贫且贱焉,耻矣,此所以必讲道学,以为取富贵之资也。然则今之无才、无学、无为、无识而欲致大富贵者,断断乎不可以不讲道学矣。今之欲兴实讲道学以求儒、释、道出世之旨,免富贵之苦者,断断乎不可以不剃头做和尚矣。"

这是一篇骂尽当时一般假道学的大文章。尤其语妙天下的,是奉劝天下真实讲道学的人，都去剃头做和尚。人言李贽"闻其常要骂人"，今读此文，不是比怒骂还要厉害吗？

再由李贽看来，假道学都是夸夸其谈的，谈的是什么？名教。谈名教故必讳言利，讳言私，轻视妇女。然而名教是要不得的，是做出来的，而利呀！私呀！看重妇女呀！都是由于本性、自然性，是不容已。假道学"有一等本为富贵，而外矫词以为不愿，实欲托此以为荣身之梯。又并采道德仁义之事，以自盖"①，所以讳言利，讳言私。然而真学问则注重实利实功，所以不讳言利，而首先不讳言欲。《说书》中说：

> 卓吾曰：可欲之谓善，有是善于己之谓信，信而充实之谓美，美而有光辉之谓大，大而化之之谓圣，圣而不可知之谓神；是圣学以此欲而始。十有五而志于学，三十而立，五十而知天命，六十而耳顺，七十从心所欲不逾矩，是圣学以此欲而终。……盖是欲也，正大地絪缊云物、鼓荡万物之玄机也，千圣相传之脉，而生生不息之仁也。②
>
> 好货好色，与民同乐，邪道而归正也。天机只在嗜欲中矣。③

而真学问不讳言欲，故也不讳言利。《道古录》卷上说：

> 夫圣人亦人耳，既不能高飞远举，弃人间世，则自不能不衣不食，绝粒衣草而自逃荒野也。故虽圣人不能无势利之心。……财之与势，固英雄之所必资，而圣人之所必用也，何可言无也。……则知势利之心亦吾人禀赋之自然矣。

---

① 《焚书》卷二《复焦弱侯》。
② 《李氏六书》卷六二《二孟说书》。
③ 同上。

因为势利为人生所不免,所以《易因》言富家大吉。"夫以富家为大吉,又以富为能顺在位,则富亦有家之急务,其谁以富为不道学耶,但要取之有道耳。故曰君子爱财,取之有道。"(下册)这完全是市民阶级的庸俗见解,然而这在封建社会开始变革时,却有其现实的意义。真学问既不讳言利,故也不讳言私。李贽又写道:

> 夫私者人之心也。人必有私而后其心乃见,若无私则无心矣。如服田者私有秋之获,而后治田必力;居家者私积仓之获,而后治家必力;为学者私进取之获,而后举业之治也必力。故官人而不私以禄,则虽召之必不来矣;苟无高爵,则虽劝之必不至矣。虽孔子之圣,苟无司寇之任,相事之摄,必不能一日安其身于鲁也决矣。此自然之理,必至之符,非可以架空而臆说也。然则为无私之说者,皆画饼之谈,观场之见,但令隔壁好听,不管脚根虚实,无益于事,只乱聪耳,不足听也。[①]

假道学说无所为而为,李贽批判说,这是假的。"其曰学莫先于义利之辨,凡有所为而为者皆私也,非义也。此尤其平生得意之论也。李生曰:嗟乎!世岂真有无所为而为之事哉?真欺我矣。"[②]假道学主节用论,是反映了那时商业不兴而依于迟缓与固定的生产政策的封建社会;相反地,李贽不讳言欲、言利、言私,主张通商惠工,生财有道,这也就反映了当时社会中自由私产的萌芽。他说:

> 今夫山海之藏,丽水之金,昆山之璧,铜铅银锡,五金百宝之产于地者,日入商贾之肆,时充贪墨之囊,不知凡几也。

---

① 《藏书》卷二四《德业儒臣后论》,又《李氏文集》卷九《无为说》。
② 《藏书》卷二七《张栻传》。

所贵乎长国家者，因天地之利而生之有道耳。且大学之教，明言生财有道矣，又言生之众而为之疾，不专以节用言也。若专以节用言，则必衣皁绨之衣，惜露台之费，而后可以有天下为天子也。①

这一段话和谭嗣同在《仁学》中反对顽固守旧派的主俭之说，②同样是建立于商业资本上面的经济思想，而李贽却是这种思想的先驱者。

末了，还要叙及作为历史人物的冯道的评价问题。冯道是五代时人，一生事四姓十二君，自号"长乐老人"。假道学以名教为主，谓"饿死事小，失节事大"，力诋冯道；李贽以民重君轻为主，以冯道为吏隐。李贽说："道自谓长乐老人，盖真长乐老人者也。孟子曰：'社稷为重君为轻。'信斯言也，道知之矣。夫社者所以安民也，稷者所以养民也。民得赡养而后君之责始尽，君不能安养斯民，而后臣独为之安养斯民，而后冯道之责始尽。今观五季相禅，潜移嘿夺，纵有兵革，不闻争城，五十年间虽经历四姓，事一十二君，并耶律契丹等，而百姓卒免锋镝之苦者，道务安养之力也。"③李贽为了称颂冯道重民轻君，却忽略了冯道的丧失民族立场，这是不全面的，这点是应该加以严格批判的。然而地主阶级代表耿定向和他争论时，只着力于名教方面，耿定向写信给焦弱侯，说："南中诸子传某甚赞冯道为有道，何乱道亦至此耶？此种议论起于矜异炫博，自侈为新特高奇、能超出流俗之见，而不知其拂经乱道，实邪慝之极也。……其学术之诐僻，故其言论之邪慝如此。盖彼且以君臣父子为假合，以忠孝廉耻为

---

① 《藏书》卷二六《司马光》。
② 见《谭嗣同全集》，三联书店一九五四年版，第三八页。
③ 《藏书》卷六十《冯道》。

幻行，其伸秦桧而誉冯道无怪也。"① 这当然是为斥《藏书》而作，但《藏书》给冯道辩护是真的，伸秦桧则毫无根据，《焚书》卷五说，今之岳祠多铸贼桧像跪缚门外，主张常更铸施全像，立在左，持刀砍桧乃得，可见李贽最恨卖国贼，不能以此诬他。及至耿定向自作《冯道论》，居然满口道学口吻：

> 世儒侈谈上乘法，而蔑视程正叔，以为迂腐未达。昔有孀妇困贫娶，或矜其不能存活，而谓可任其易志者，正叔曰饥死事小，失节事大。……今舍是谈道，而曰别有无上妙法，至视礼义廉耻为剩谈。若冯道更事四姓十主，亦称为有道。嗟夫！此冯道为有道，是可指孀妇，而谓之曰人尽夫也，何以节为云尔。……是天柱蹶而地维裂也，禁乱离溃，竟成何世哉！②

道学家是讲吃人的礼教的，所以反对李贽，说"今世称冯道为有道者，败化乱世，莫此为甚"③。然而李贽正是极端痛恨这种表面名教、暗中吃人的虚伪的道学夫子。在对冯道的评价上，李贽虽也犯了片面性的错误，然而较之那些用礼教去吃人、杀人的人，他还是文明人道的恩人！

---

① 《耿天台先生全书》卷三，案即《瞽言解》。
② 《耿天台先生全书》卷十三《冯道论》。
③ 同上。

九　李贽思想的局限性及其影响

但虽如此，李贽思想是有他的局限性的。这种局限性是由于中国封建社会的长期性。在明嘉靖、万历年间，那动摇中国封建制度的外在条件，如东西交通已逐渐发展，国内外商业资本已逐渐形成，以至对农村也起过一些分化作用；但就最主要的内在条件上说，那保护封建制度的专制主义的中央集权国家，仍然存在，具有一时不易消灭的威力。由于社会发展停滞，生产力不足，农民起义只可能替封建地主改朝换代，却不能根本推翻封建政权。李贽生长在这个时代，他首先对时代的变换有所认识，对商业资本有所认识，他是当时知识分子中略具世界眼光的人。因为李贽在那时候能接近新事物，曾和利玛窦三次相会，他所著《说书》流传于今者，有《疑耀》一种，具有着初步的唯物思想与科学知识，是他一生的学问所寄。然而他的成就也只能到此而止，因为封建社会发展停滞，使李贽思想仍然不能突飞猛进，跳出传统思想的束缚；他的阶级出身，也制限了他，使他的思想陷于矛盾。他一方面反映小地主阶层的没落意识，表现为三教合一的虚玄思想；一方面反映利伯维尔民性之向外发展的新意识，即反封建传统的思想解放运动。由前者说是保守的，甚至反动的；由后者说，在当时则为进步的，并发生了颇大的历史作用。由于前者，对于现实是失望，乃有出家及观念的虚幻；由于后者，对于将来是创造，是憧憬自由平等解放的世界。存在于李贽思想中的内在矛盾，使他十分苦闷，使他的思想虽包含着唯物主义的方向或因素，却只能在唯心主义的二元论里表现出来。这当然是他自己所不能解决的。我们现在研究李贽，如不首先揭穿这个矛盾，那就很不容易看出他的思想的真价值，也不容易发现他思想中合理的内核是在哪里。李贽思想的矛盾性，约可分三方面来分析：

（一）人世之肯定与否定之矛盾

李贽生长在封建专制的极端压迫之下，一方面积极斗争，发展自己克服障碍的顽强精神，不屈不挠，给我们提供了出色的思想家的性格范例；一方面又欲逃避现实，无形之中在黑暗势力之下低头了。他的潦倒，并不曾使他更大胆地进一步从事革命，而只能使他"落发出家"，走向自杀的一条路。因为有这种消极思想作祟，使他对于人世并没有十分肯定。在麻城时"游戏三昧"，人间世变成一个大戏场了。他给耿楚倥书中说："世间万事皆假，人身皮袋亦假也。然既已假合而为人，一失诚护，百病顿作，可以其为假也，而遂不以调摄先之，心诚求之乎？"① 这大前提基本上就是错的，如果世间万事皆假，那么假道学有什么不好，还争论个什么？又与焦弱侯书："以谓世间戏场耳，戏文演得好和歹，一时总散，何必太认真乎？"② 又《批评三国志演义》中写道："曹家戏文方完，刘家戏子又上场矣。真可发一大笑也。虽然自开辟以来，那一处不是戏场，那一人不是戏子，那一事不是戏文，并我今日批评《三国志》，亦是戏文内一出也，呵呵！"（第八十回）这以世间喻为戏场，是和他的唯物论方向根本冲突的，是不真实的态度。结果则一假一切假，以人世为虚幻，以生为寄而以死为

---

① 《续焚书》，见容肇祖《李卓吾评传》，商务印书馆一九三七年版，第一一一——一二页。
② 《焚书》卷二。

归，这就是厌世思想。"生之必有死也，犹昼之必有夜也。死之不可复生，犹逝之不可复返也。人莫不欲生，然卒不能使之久生；人莫不伤逝，然不能止之使勿逝。既不能使之久生，则生可以不欲矣；既不能使之勿逝，则逝可以无伤矣。故吾直谓死不必伤，惟有生乃可伤耳。勿伤逝愿伤生也。"[①] 这是应用素朴的辩证观念来为厌世思想张目。认识上的错误，结果白白送了他二十年的长期寺院生活，与现实脱离关系。而且李贽自五十六岁以至于死，朝夕读书，手不释卷，笔不停挥，这样的闭户著书的生活，是书呆子的生活，是缺乏实际生活经验的。以一个平素主张务实学实用的人，结果乃不过出家了事，这不能不说是李贽思想之最落后的一面。

（二）无神论与有鬼论之矛盾

李贽的世界观，很带着无神论或泛神论的方向。如在《四海篇》云："西海既不可寻，则又何名而从而祀海也？然则丘女庄欲祀北海于北京之东北，杨升庵欲祀西海于滇之西南，皆无义矣。其谁享之？"[②] 西海既无此海，安得有神来享？此即接近无神论思想。又《读升庵集》卷十五《丘处机论海潮》中云："卓吾子曰：先生陡然又信起神来！"言下颇有不满之意。在《疑耀》中这种思想更明白了，他反对星命家言云："禄命家言，其星辰名字皆后人杜譔不足信者。熊退叟尝作《命说》送术者云岫有云：'三代盛时家有受田，阡陌未裂，荫耗之星夫何居？里有公选，科目未兴，科甲之星夫何丽？'此言真足以祛千古之惑。"（卷一）又反对巫觋惑人云："里中有以妇人代神语曰圣，即古之巫也；亦有男人为之者，即古之觋也。尝有妇人丧子往圣

[①] 《焚书》卷四《伤逝》。
[②] 《焚书》卷四《四海篇》。

男所,请问其子。圣曰:'子来矣。'圣乃代其子语云:'我饥,当得母乳。'此妇人遂开襟出其乳哺之。……后读元魏《高允传》谏高宗书有云:'敝俗未改者,谓祭必立尸,使亡者有凭。今魏俗已葬,人直求貌类者事之如父母,燕好如夫妻。'损败风俗,渎乱情礼,与开襟乳圣为子正同。"(卷一)又反对佛能作福云:"唐懿宗末年信佛,故迎佛骨,第佛骨至而大驾遂晏,亦足以明佛之不能作福矣。"(卷二)

既然这些迷信都不可信,应该是没有鬼神了。但李贽却自相矛盾,不信有神,却信有鬼。他的有鬼论,是受了墨子影响,如在《墨子批选》(卷八《明鬼下》)中云:"皮囊可朽,灵魂不磨,冤死的每每死后作厉,非死而有知也,其知不死也。"又云:"历引诸书,可谓的据,后人作无鬼论诚腐也。"又作《鬼神论》云:"后稷鬼子也,周公而上鬼孙也,周公非但不讳,且以为至祥极瑞,歌咏于郊禘以享祀之,而自谓文子女孙焉。乃后世独讳言鬼何哉?非讳之也,未尝通于幽明之故,而知鬼神之情状也。"又云:"小人之无忌惮,皆由于不敬鬼神。……夫有鬼神而后有人,故鬼神不可以不敬,事人即所以事鬼,故人道不可以不务。"①李贽的"鬼神论",仔细看来,墨子以外,尚与利玛窦《天主实义》议论相同。此书一五九九年南昌初版,一六〇一年北京再版,流传极广,其中有论人魂不灭大异禽兽(第三篇),又以古经古礼征有鬼神(第四篇),又排斥宋儒"理"与"太极"之说。李贽说有鬼而同时又排斥"理"与"太极",说什么:"夫以天为理可也,而谓祭天所以祭理可与?以鬼神为良能可也,而谓祭鬼神是祭良能可与?且夫理人人同具,若必天子而后祭天地,则是天子而后可祭理也。凡为臣庶人者,独不得与于有理之祭,又岂可与?然则理之为理,亦大伤民财,劳民力,不若无理之为愈矣。"这就完全和耶稣会

---

① 《焚书》卷三《鬼神论》。

士一鼻口出气。对宋儒的"理"提出抗议,是有进步的意义;主张有鬼,却受了欺骗了。固然我们也可以说李贽的有鬼论,是有政治作用的,他也知道鬼神是没有的,但神道设教,恐人心不服,则托言鬼神,这正如《批评忠义水浒传》中所说:"李卓吾曰:梁山泊如李逵、武松、鲁智深那一班都是莽男子汉,不以鬼神之事愚弄他,如何得他死心踏地也哉!吴用石碣天文之计,真是神出鬼没,不由他众人不得一意也。"(卷七一)由于李贽有着他的阶级局限性,所以不敢面向群众,将宗教彻底揭穿;而神道设教,更是公开地拿宗教来作控制人民的工具,这是李贽的矛盾,同时也是他思想落后的一面。

(三)人民思想与反人民思想之矛盾

李贽作为一个接近人民的思想家看,无疑乎他的思想内容充满着人民性;然而其中却也内在着非人民的成分,即使这不是他思想的主流。如李贽是同情人民的,但在《墨子批选》中却提出一种相反的论题。他说:"贵贱共立以扶世界,两项人缺一不可,但治权须自贵出耳。"(卷二《尚贤中》)这完全和他的平等思想相冲突。他又提倡社会变革,在《批评忠义水浒传》序里,很能赏识结义梁山泊的一百单八位好汉,又《焚书》中也很能赏识林道乾。那末为什么又反对作为那时农民起义军的白莲教呢?在《批评三国志演义》第一回张角散施符水一节,李贽写道:"近日白莲教彷佛如此,不可不有以禁之。"又《藏书》《贼臣传》共分七门:一盗贼,如赤眉贼、刘盆子、黄巢;二妖贼,如黄巾贼、张角五斗米贼、张鲁奉五斗米贼、孙恩等。这都是对农民领袖和农民起义的诬蔑,实际是不承认农民起义和农民战争。那末李贽的反封建思想,究竟是以什么为基础呢?显然地,他只可能是以那时候的商人资本家和一部分知识分子为基础,而不可能以农民为革命基础。正如毛泽东主席所指示我们的,在中国封建社会里,"只有这种农民的阶级斗争、农民的起义和农民的战争,才是历史发展的真正动力。因为每一次较大的农民起义和农民战争的结果,都打击了当时的封建统治,因而也就多少推动了社会生产力的发展"①。至于商人资本,那种原始积蓄类型的商人资本,在中国乡村中是与封建主的统治、地主的统治独特地结合在一起的。因此李贽的反封建思想,不可能以农民为革命的基础,这也就说明了为什么李贽的反封建思想,似彻底而实不彻底;他虽反对地主阶级,反对假道学,而始终和地主阶级和假道学保持着若即若离、不即不离的关系,这是他思想落后之又一面,同时也是当时社会经济条件和他的阶级局限性所决定的。

但如果抛开这些矛盾面,单就其实际的影响来说,则李贽思想中虽有人世之肯定与否定之矛盾,而影响所在,却在人世之肯定方面;虽有无神论与有鬼论之矛盾,而影响所在,却在无神论之一方面;虽有人民思想与反人民思想之矛盾,而影响所在,却在人民思想之一方面。总的来说,李贽的思想是自由的、平等的、有革命性的。他的思想解放运动,在中国近代哲学上是一个新的斗争开始。

李贽思想的历史的影响是多方面的。先就文学方面来说,他反对假道学,同时也反对假文学。在他的《童心说》里,首先提出了文学的真假问题:

> 夫既以闻见道理为心矣,则所言者皆闻见道理之言,非童心自出之言也。言虽工于我何与,岂非以假人言假言而事假事、文假文乎?盖其人既假,则无所不假矣。由是而以假言与假人

---

① 《毛泽东选集》第二卷,人民出版社一九五二年版,第六二五页。

言，则假人喜；以假事与假人道，则假人喜；以假文与假人谈，则假人喜。无所不假，则无所不喜。满场是假，矮场何辩也。然则虽有天下之至文，其湮没于假人而不尽见于后世者，又岂少哉。何也？天下之至文，未有不出于童心焉者也。苟童心常存，则道理不行，闻见不立；无时不交，无人不闻；无一样创制体格文字而非文者。诗何必古选，文何必先秦，降而为六朝，变而为近体，又变而为传奇，变而为院本，为杂剧，为《西厢曲》，为《水浒传》，为今之举子业，大贤言，圣人之道，皆古今至文，不可得而时势先后论也。[1]

他认为"童心者绝假纯真，最初一念之本心也""失却童心便失却真心，失却真心便失却真人""童心既障，于是发而为言语，则言语不由衷；见而为政事，则政事无根柢；著而为文辞，则文辞不能达"[2]。这种议论给公安派的文艺理论以很有力的根据。公安派的领袖袁中郎（宏道）与兄宗道（伯修）、弟中道（小修）号称"三袁"，和李贽有师承的关系。"三袁"对于文学的改革主张是不模仿古人，任性而发。他们极力攻击时文古文为死文学，而推重司马迁、罗贯中、施耐庵、关汉卿等人文章，乃至民间歌曲。同样李贽也极推许《西厢》《水浒》。《袁小修日记》（卷六第五三八条）述及"夏道甫处见李龙湖批评《西厢》《伯喈》，极其细密，真读书人！予等粗浮，只合敛衽下拜耳"。《柞林纪谭》记三袁兄弟在万历十八年和李贽会见。袁中郎诗"李贽便为今李耳，西陵还似古西周"（《袁中郎诗集》下册页三三），袁宗道《白苏斋类集》（卷二二）收李贽《童心说》。袁小修在《中郎先生行状》中这样描写李贽对袁中郎的影响：

---

[1] 《焚书》卷三，又《说书》中《大人不失赤子之心》文同。
[2] 同上。

先生既见龙湖，始知一向掇拾陈言，株守俗见，死于古人语下，一段精光不得披露。至是浩浩焉如鸿毛之遇顺风，巨鱼之纵大壑，能为心师，不师于心；能转古人，不为古转。发为言语，一一从胸襟流出，盖天盖地，如象截急流，雷开蛰户，浸浸乎其未有涯也。①

知道公安派的文学改革，实受李贽的影响，就知道李贽的思想解放运动，实开始动摇了封建地主政权的一部分上层建筑。在哲学上如焦竑以李贽为圣人，在文学上如三袁之学于龙湖师，这证明什么？证明了当时整个的知识界都因李贽的思想而激动起来。明万历年间，中国的封建社会基础已开始发生了裂痕，因此它的一部分上层建筑，也跟着基础而开始有些不稳了。

再就政治方面的影响来说，李贽著作对农民革命也不是完全没有关系，如他的《批评忠义水浒传》和《批评忠义水浒全书》，跟着旧本《水浒传》在晚明的普遍传播，对当时社会风气影响很大。张岱《陶庵梦忆》记载当时到处说"水浒"书，作"水浒"牌，乃至扮"水浒"祷雨。崇祯时农民起义，也学《水浒传》好汉各立浑名，称作托天王、一丈青等。而《水浒传》对晚明社会的影响实由李贽开其先河，何况《批评忠义水浒传》中，许多地方公开在提倡起义，我们还能说他的思想在实际上不是以人民思想为主要方面吗？并且泰州学派，自明至清，传至咸丰、同治间。泰州人李晴峰阐明旧传，增入反满宗旨秘密讲授，有弟子数百人，散布长江南北，两江总督沈葆桢下令捕拿。此亦可见李贽的流风余韵。②五四运动前夕，吴虞首先对维护封建道德的孔子学说挑战，他的思想也受了李贽的影响，曾写《李

---

① 《袁小修文集》，第二九九页《妙高山法寺碑》。
② 范文澜：《中国通史简编》第九章，三联书店一九四九年版，第七五一页。

卓吾别传》。当时学潮分新旧两派,旧派林纾给当时北京大学校长蔡元培书,说及"近来尤有所谓新道德者……彼云武曌为圣王,卓文君为名媛,此亦拾李卓吾之余唾。卓吾有禽兽行,故发是言"。这亦可见李贽的思想影响,由旧派看来是可怕极了。杨献珍同志也指出:李贽的"不以孔子的是非为是非"的见解,"后来还大大地影响了五四运动,因而出现了'打倒孔家店'的口号"①。

又井上哲次郎引幕末维新志士吉田松阴语:"吾曾读《王阳明传习录》,颇觉有味。顷得《李氏焚书》,亦阳明派,言言当心。"②此又可见李贽思想对于日本维新人物之国际的影响。

一九五四年五月四日初稿
一九五五年六月二十八日改稿

---

① 杨献珍:《共产主义世界观与主观唯心主义世界观的斗争》,三联书店一九五五年版,第四二页。
② 井上哲次郎:《日本阳明学派之哲学》,富山房一九三八年版,第三八六页。

十　李贽的影响

李贽思想的影响，在他那时代即因好事者的拨弄口舌，以致爱他的和恶他的都抱极端的态度。爱他的重其书、重其人，至欲捧之莲花座上而朝夕礼拜，以故"一死而书益传，名益重"。李贽是作为一个被压迫人民的代言者，而抬举起来，"名溢妇孺"了。相反地，恶他的是封建地主统治阶级，它们是剥削者，是假道学、真盗贼，他们斥李贽为奸逆（耿楚倥），为禽兽（张问达），咬牙切齿，必欲逐之杀之而后快。[1]最可憎的还有一些初则诡称弟子，"动辄甲乙笔墨，乱其手泽，而托言卓吾老子之遗书"[2]，继则甘心于小人之无忌惮，纵其反噬，而攘其师之著作为己有，如张萱其人。李贽思想的影响，当时是多方面的。其门弟知己如袁中郎兄弟，如汪本钶，如焦弱侯，如丘长孺、周友山、梅衡湘，如明玉、怀林，如庄纯夫、潘雪松，如刘东星、马历山，如"李生十友"中之李维明，见于文书中不下数人。正如焦竑《藏书序》中所称："卓吾先生隐矣，而其人物之高，著述之富，如珠玉然。山晖川媚，有不得而自掩抑者，盖声名赫赫盈海内矣。"李贽生平以友为命，能以"七十之老，身上无半文钱钞，身边无半个亲随，而敢遨游旅寓万里之外"[3]，这就可见其思想是受了当时

---

[1] 参照黄云眉《李卓吾事实辨证》，见《史学杂稿订存》第一八六、一九三——一九八页，山东人民出版社。
[2] 张萱：《读卓吾老子书述》，见《续焚书》卷首。
[3] 《续焚书》卷一，第一五页《与周友山》。

人的认识和支持,然而最重要的还是受人民群众的支持。如他的《批评忠义水浒传》和《批评忠义水浒全书》,跟着旧本《水浒传》在晚明的普遍传播,对当时社会风气影响很大。张岱《陶庵梦忆》记载当时到处说"水浒"书,作"水浒"牌,乃至扮"水浒"祷雨。崇祯时农民起义,也学《水浒传》好汉各立浑名,称作托天王、一丈青等。而《水浒传》对晚明社会的影响,实由李贽开其先河。何况《批评忠义水浒传》中,许多地方公开在提倡起义,我们还能说他的思想在实际上不是以人民思想为主要方面吗?并且泰州学派,自明至清,传至咸丰、同治间。泰州人李晴峰阐明旧传,增入反满宗旨,秘密讲授,有弟子数百人,散布长江南北,两江总督沈葆桢下令捕拿。此亦可见李贽的流风余韵。①

然而李贽思想有正面的影响,也有它的反面的影响,儒教叛徒的李贽是封建地主统治阶级最大的敌人,因此使他一生坎坷,在封建统治的屠刀下,终不免于迫害、迫害、再迫害而死。而那些捧着孔夫子做老祖宗的,即使开明如顾炎武、王夫之,只要是具地主阶级意识,都无不以痛骂李贽为能事。例如顾炎武的《日知录》卷十八所载《神宗实录》:

> 万历三十年闰二月乙卯,礼部给事中张问达疏劾李贽寄居麻城,肆行不简,与无良辈游庵院,挟妓女,白昼同浴,勾引士人妻女入庵讲法,至有携衾枕而宿者,一境如狂。又作《观音问》一书,所谓观音,皆士人妻也。后生小子,喜其猖狂放肆,相率煽惑;至于明劫人财,强搂人妇,同于禽兽而不之恤。

---

① 刘师培:《左盦外集》卷十八,第五页《王艮传》,又见范文澜《中国通史简编》第九章,第七五一页,三联书店,一九四九年版。

顾炎武偏听这污蔑之词，所作结论是"自古以来，小人之无忌惮而敢于叛圣人者，莫甚于李贽"。其次就如王夫之了。他是十七世纪中国卓越的唯物主义者、伟大的爱国主义者，但因他是没落的大地主阶级，代表的还是大地主阶级的利益，因此他很看不起农民和"庶民"，也因此而反对李贽，直斥之为洪水猛兽。《搔首问》中说：

> 自古小人淹没宠利，不恤君亲者，即无所不至，未敢以其所为，公然标榜与天理民彝相抗，其良心尚不尽亡也。自龙溪窃中峰之说，以贪嗔痴治戒定慧，惑世诬民。李贽益其邪陷，奖谯周、冯道而诋毁方正之士。时局中邪佞之尤者，依为安身之计，猖狂之言，正告天下而无复惭愧……

又《读通鉴论》卷十六《叙论三》云：

> 若近世李贽、钟惺之流，导天下于邪淫，以酿社稷生民之祸，岂非逾于洪水、烈于猛兽者乎？溯其所由，则司马迁、班固，喜为恢奇震耀之言，实有以导之矣。

由王夫之看来，李贽是代表他所称为"商贾者于小人之类为巧"（《读通鉴论》十四）、"庶民者流俗也，流俗者禽兽也"（《俟解》）的"小人"或"庶民"，而他自命是代表"君子"的。小人有小人的历史观，如李自成、张献忠那些农民起义者都是李贽等倡导邪说的结果。王夫之站在大地主阶级立场，要恢复封建秩序，所以对李贽的被迫害，不但不表同情，而且下井投石，说什么既然"其书抵今犹传，乌容不亟诛绝之耶？"（《搔首问》）尽管如此，顾炎武、王夫之反对李贽，显然是立场不同，而各具其自己的历史意义。至如那初则赞扬李贽,至刊其书,而继之故意丑诋,且窃齐丘故智,攘其书为己有,如张萱之于《疑耀》,就简直是无耻之极了。《疑耀》七卷,明刊本,原题"温陵李贽宏甫著、岭南张萱孟奇订",前有张萱题辞云:

> 万历己亥岁,卓吾先生《藏书》出,一时士大夫翕然醉心,无论通邑大都,即穷乡僻壤,凡操觚染翰之流,靡不争购,殆急于水火菽粟也已。既而《焚书》《说书》《易因》诸刻种种渐次播传海内,愈出愈奇,不啻长安纸贵,佥谓先生著述无遗矣。曩余在青衿时,向慕先生当代羽仪,负笈数千里,修谒先生之门,庶几幸拾咳唾,不谓甫再见,遂倒中郎之屣。及侍函丈有日,乃袖一编见示,属以订正。初矍然惧,既跃然喜,私念曰:余果有当于先生者耶?及门者多矣,胡不他属而我属也?再拜而受。至于庄诵竟业,乃见上溯黄虞,近该昭代;大而经史,细及稗官,四始之宗,三仓之学,礼乐毕踪,经纶咸贯,极二氏之沈冥,觉九流之迷妄,名物辨其异同,舆论正其毁誉,撼独得之见,决千载之疑。猗与盛哉!所谓探赜索隐、穷理尽性,无过是篇矣!卷止七篇,仿子舆氏,题曰《疑耀》。若以庄叟自居,此先生之谦也。余向以为枕中之宝,然轻传之而终秘之,均非先生授书意也。戊申岁,余叨以地官分务吴会,视事之暇,检之笥中,登梓以广其传。余知是编之行也,王充之《论衡》让其确,应劭之《风俗通》让其典,班固之《白虎通》让其辨,蔡邕之《独断》让其闳。其他诸子,琐猥剿袭,徒足以骋谈资,于实际盖茫然已,岂能窥先生之藩篱耶?虽然,非特超轶古人已也,即先生《藏书》诸集,或专扬榷古今,或专研精训诂,

至求上下骨彻，天人会通，亦当以是编为首出云。万历戊申岁张萱题，太原王稚登书。

这是一篇大文章，岂妄劣书贾所能为？张萱由于李贽的授意，才刊印此书，并为作序，这很和南唐宋齐邱之与《化书》事同。旧传陈抟言："谭峭景升在终南著《化书》，因游三茅，历建康，见齐邱有道骨，因以授之曰：'是书之化，其化无穷。愿子序之，流于后世。'于是杖靸而去，齐邱遂夺为己有而序之。"（陈景元《化书跋》）张萱在刊印《疑耀》时即自卖破绽，王士禛《古夫于亭杂录》所云："而其门人张萱所序刻者，余尝疑为萱自纂而驾名于贽。"《四库全书提要》也说："士禛所言不谬。盖以万历中贽名最盛，托贽以行。"实则不如说是张萱故意窜入自己所著若干篇，欲借李贽之名以行于世。后来觉着李贽人虽死了，而反对他的呼声尚高，恐未所累，乃继之而有《疑耀新序》之作。力辩此书为萱自著，而"七卷中尚有数十处未尽改削"即其明证。实则新序乃对旧序而言，新序从其《西园存稿》中录出，旧序亦必其所作无疑。新序实有序无书，我们今日尚未发现有张萱万历自刊本，伍崇曜粤雅堂校刊《岭南遗书二集》本，乃后刻，不算。莫友芝《邵亭知见传本书目》有此书，亦"知"而未"见"；盖即据《岭南遗书》本前之张萱新序而"知"，不足为据。新序之作一以免祸，一以沽名，小人的心理，洞然如见。新序中述他"居西省日，秃以妖书株连系诏狱，余偶偕同官好事者往觇之，秃辄长跪顿颡数十，至破其额"，好似他和李贽只一次会见，而诬蔑李贽至此，我们能否相信？此如不可信，则新序的话，不也是一派胡言，不可靠极了吗？尤其新序末尾，称焦太史竑、黄观察汝亨给他的书作序，这已经是欺人之谈，越说到后来，漏洞越多了。如云：

二公为余梓行《疑耀》七卷时,王百谷数欲为余撰一序以雁行二公,余忽忽未及应。闻之友人,百谷微有憾焉。又余尝有微言,见于它籍。以秃所撰著业为朝廷焚禁,而行怪者复盛行其书,可以观世矣!此语久已落在人间。又以百谷亦余文字交,可以取信于人,故有此破绽伎俩耳!

这分明认为万历三十六年刊的《疑耀》,乃王伯谷即王稚登所弄的狡狯,而驾名于张萱,张萱幸而"今获借它人以行于世,岂非此书之大幸耶?"这究竟是好事还是坏事,很难于决定,那末王伯谷所为不是过于多事了吗?总之,旧序亦出于张萱手笔,自为之而自否认之,结果即以前所自卖的破绽为依据,欺自己且以欺后人。受其欺者有王士禛、孙志祖、《四库全书总目提要》、伍崇曜、余嘉锡,而且方兴未艾,无不尽坠其术中;而张萱乃自鸣得意说:"七卷中尚有数十处未尽改削,三尺童子读之,皆知为岭南张某所著者也。"其作伪之无微不至,把李贽一生学问所寄,轻轻地据为自己的大著作了。辩此一点,可见李贽当时思想的影响,原有此先赞成,后反叛,将李贽作了许多恶意歪曲,那居心叵测的身登仕版的知识分子的一面。

李贽的影响,在当世也在后代,在国内也流入国外。例如五四运动前夕,吴虞首先对维护封建道德的孔子学说挑战,他的思想也受了李贽的影响,曾写《李卓吾别传》。当时学潮分新旧两派,旧派林纾给当时北京大学校长蔡元培书,说及"近来尤有所谓新道德者……彼云武曌为圣王,卓文君为名媛,此亦拾李卓吾之余唾。卓吾有禽兽行,故发是言"。这亦可见李贽思想的影响,由旧派看来是可怕极了。杨献珍同志也指出:李贽的"不以孔子的是非为是非"的见解,"后来还大大地影响了五四运动,因而出现了'打倒孔家店'的口号"。

还有李贽思想对于日本维新人物的影响,以吉田松阴(1830—1859;天保一年—安政六年)为最著。吉田之学一般倾向于王学左派,当他在十九岁时即接触王学,自记中有"归家后,偶取王阳明之文读之"之句。二十一岁曾受业于佐藤一斋之门人叶山佐内,热心研究《传习录》,详见当时的《西游日记》。晚年有《与入江杉藏书》云:

> 吾曾读王阳明《传习录》,颇觉有味,顷得李氏《焚书》,亦阳明派,言言当心,向借日孜,以《洗心洞札记》,大盐亦阳明派,取观为可。然吾非专修阳明学,但其学真,往往与吾其会耳。(《己未文稿》)

他与李卓吾思想的接触,当从嘉永五年(1852)读陈龙川文开始(《睡余事录》),以陈氏之传载于李氏《藏书》中。其后于安政三年至六年间,反复熟读《焚书》六卷、《续藏书》二十七卷,且抄写评论甚力,详见《野山狱读书记》及《丙辰日记》。安政四年读《杨椒山集》云:"从李卓吾先生定本。"可见其直接间接常与李贽的思想接触。《己未文稿》中《与士毅书》云:"向日萧海(士屋)借示李氏《焚书》,卓吾居士一世之奇男子,其言往往与仆之心合,反复甚喜。"又《读书杂钞》记正月廿二日读了《焚书》卷三。又同年四月《寄书》云"李氏二册返璧,此书甚可宝贵"云云。吉田读《焚书》极其精细,随读随钞并加短评,所涉问题甚广,尤其关于生死问题,交友问题,伟人、豪杰、烈士及佛教事迹,详载旧全集九卷《李氏焚书评》或广濑丰所著《吉田松阴研究》[①]。其中如《焚书》卷一《评

---

① 广濑丰:《吉田松阴研究》,第四二七—四四六页,一九四四年,东京至文堂版。

答李见罗先生》云:"余顷始认定此间消息,温陵先生之恩也。"《评答焦漪园》云:"温陵之法可师。"《评杨定见》云:"夫卓老七十之老人,犹能如此,况吾甫三十,安可遽为衰飒老人之态哉!"《评复宋太守》云:"学有待订正,吾于温陵先生始得之,古人离群索居之叹,盖非徒然也。"《评周友山》云:"李卓吾曰以良友为生,甚同余心。"《评与耿司寇告别》云:"卓老可羡,嗟吾唯有求友于古人之一道耳。"《评答耿司寇》云:"吾尚未得是等境界。"卷二《评与焦弱侯》云:"吾亦实领之。"吉田在《焚书抄》之外,其所编《鸿鹄志》中,亦列《焚书》短句二十篇。又安政六年正月《与入江杉藏书》云:"顷读李卓吾之文,有趣味之事甚多,《童心说》尤妙。"同年二月四日《与子远书》云"偶读李氏《焚书》,见其所引朱文公云举目无忠义,这些正气忽从施全发出来"云云。二月廿九日书云:"人生欻忽,百年梦幻也,唯人参天地,与动植物,去不朽更无别法,寄示手抄李卓吾之文,反复披玩,足下颇有道气,必能发悟。"三月七日《寄作向、增野、品川书》云:"读李氏《焚书》三遍,此论未必是,唯与仆心事符合。"四月廿八日《寄某书》云:"抄李氏《藏书》,卓吾之论大抵不泄,谁不一读而不与吾同拍案叫绝者哉?"尤其是七月中旬《与高杉晋作书》云:

贵问丈夫所可死如何?仆去冬以来,死之一字,大有发明。李氏《焚书》之功为多,其说甚长,约言之,死非可好,亦非可恶,道尽心安,便是死所。世有身死而心死者,有身亡而魂存者,心死,生无益也,魂存,亡无损也。

然吉田之于李贽,亦非无批判地全部接受,如评云:"李卓吾之论多不满";又"李老、老庄之见,岂知人间之大见识哉!""卓吾贵智过于贵忠"。但从大体来说，他是倾倒李贽的，尤其晚年的视死如归的精神，得力于李氏《焚书》，不能不说是受了王学左派的影响。日本幕末志士，后亦影响戊戌维新志士，黄遵宪有诗咏吉田松阴云：

> 丈夫四方志，胡乃死槛车。
> 倘遂七生愿，祝君生支那。①

总之，李贽是十六世纪中国反封建思想的先驱者；但就其影响来说，是越到后来而越发成为学者讨论的新题目了。

---

① 《人境庐诗草》卷三《近世爱国志士歌》。

参考原始资料目录

（一）《李氏文集》二十卷，明姑熟陈文刻本十二册。

（二）《李氏焚书》六卷，光绪戊申上海国学保存会本二册，贝叶山房张氏据明原刊本排印一册，陕西教育图书馆铅印本六册。

（三）《李氏藏书》六十八卷，明万历二十七年金陵刊本二十四册。

（四）《续藏书》二十六卷，明万历三十九年王氏刊本十六册，陈仁锡评正本。明天启间刻本八册。

（五）《初潭集》十二卷，李贽辑，明刊本十六册，王克安重订类林《初潭集》，明刊本十二册。

（六）《世说新语补》二十卷，李卓吾批点，明刻本。

（七）《李氏丛书》十一种十二册，一名《卓吾先生李氏丛书》，明燕超堂刊本。

  《道古录》二卷。

  《心经提纲》一卷。

  《观音问》一卷。

  《老子解》二卷。

  《庄子解》二卷。

  《孙子参同》三卷。

  《墨子批选》四卷。

  《因果录》三卷。

  《净土决》一卷。

《闇然录最》四卷。

《三教品》一卷。

（八）《李氏六书》六卷，李维桢删订，顾大韶参订，明刻本四册。

第一卷：《历朝藏书》。

第二卷：《皇朝藏书》（名公初潭附）。

第三卷：《焚书书答》。

第四卷：《焚书杂述》。

第五卷：《丛书汇纂》。

第六卷：《说书》。

（九）《枕中十书》十卷，明大雅堂订正本。

第一卷：《精骑录》。

第二卷：《筼窗笔记》。

第三卷：《贤奕选》。

第四卷：《文字禅》。

第五卷：《异史》。

第六卷：《博识》。

第七卷：《尊重口》。

第八卷：《养生醍醐》。

第九卷：《理说》。

第十卷：《骚坛千金诀》。

（十）《易因》上下二册，明刊本。

（十一）《疑耀》六卷，明刻本。原题温陵李贽闳甫著，岭南张萱孟奇订。《四库全书总目》作张萱撰，实误。

（十二）《七书参同》六册，清钞本。

《黄帝子牙子三略》《子牙子六韬》，

《孙武子》《吴子》《尉缭子》，

《司马子》《李卫公》。

（十三）《老庄解》，明刻本三册。

（十四）《墨子》十五卷，李贽选，明堂策槛刻本四册。

（十五）《坡仙集》十六卷，李贽选，清钞本八册，陈继儒订补本三十八卷。

（十六）《阳明先生道学钞》八卷，李贽选，明万历三十七年刻本五册，卷八年谱上下。

（十七）《龙溪先生文录钞》九卷，李贽选，明万历二十七年山阴何继高刊本八册。

（十八）《读升庵集》二十卷，李贽评，明刊本十册。

（十九）《于节阁集》八卷，李贽选，补遗明刊本四册。

（二十）《李卓吾评选三异人集》二十二卷，俞允谐编，五册，明刻本。《方正学文集》二册，《于节阁奏疏诗文集》二册，《杨椒山奏疏诗文集》及自著《年谱》一册。

（二十一）《批评忠义水浒传》一百回，李卓吾评，十二册，明容与堂刻本。

（二十二）《批评忠义水浒全书》一百二十回，李贽评，二十四册，明刻本。

（二十三）《批评三国志演义》，李贽评，明刻清修本二十四册。

（二十四）《大隋志传》四卷，李贽订，四卷四十六回清刻本四册。

（二十五）《残唐五代史演义》八卷，李贽评，明刊本，清刻本四册。

（二十六）《龙圆公案》十卷，李贽评，清翻明刻本十一册。

（二十七）《武穆精忠传》八卷，李贽评，清聚盛堂刊本四册。

（二十八）《李卓吾先生批评琵琶记》四册，明虎林容与堂刻本。

（二十九）《李卓吾先生批评红拂记》二册，明虎林容与堂刻本。

（三十）《李卓吾先生批评幽闺记》二册，明虎林容与堂刻本。

以上（六）（九）（十一）（十四）清华大学藏，（一）（十一）（十二）（十三）（十四）（十五）（十六）（二十一）（二十二）（二十三）（二十四）（二十五）（二十六）（二十八）（二十九）（三十）北京图书馆藏，（七）（八）（十）（十七）（十八）（十九）（二十）（二十五）（二十七）北京大学图书馆藏，（二）（三）（四）（五）北京大学、清华大学、北京图书馆均藏。尚有其他原始数据数种，尚未及见，暂付缺如。又以上各种中，（十二）除《孙子参同》外，皆伪书；（二十四）（二十五）（二十六）（二十七）四种皆伪书。（八）《说书》、（十一）《疑耀》，间有他人之说，偶混其中，应加以分别。

又研究资料两种：容肇祖著《李卓吾评传》（一九三七年商务印书馆国学小丛书版），吴泽著《儒教叛徒李卓吾》（一九四九年华夏书店版）。前书引《续焚书》之处甚多。《续焚书》五卷三册为汪本钶辑，明万历四十六年新安海阳虹玉斋刻本，附潘曾纮辑《李温陵外纪》五卷，为重要原始数据之一。此书广东伦氏旧藏，今佚。

后 记

一、本篇原稿曾在一九五四年六月在北京大学中国哲学史教研室举行科学讨论周时报告一次。前后承汤用彤、冯友兰、黄子通、张岱年、任继愈、李日华、石峻、汪毅诸同志提出意见，复承艾思奇同志提出书面意见。此稿一部分即据诸同志的帮助修改而成。又在修改后，承任继愈同志指正数处，出版社同志也提供了许多宝贵的意见，使本篇得再加修改，谨此致谢。

二、本篇所据原始资料，除《李氏焚书》有贝叶山房张氏据明原刊本较为易得外，余均分藏北京图书馆、清华大学及北京大学图书馆，均善本书，平常颇难看到。为保存原始资料之故，本书征引较多，以便供未见原书者参考之用。

三、本篇为作者以历史唯物主义观点，研究中国思想史上个别人物之一初步尝试，其中如有错误的地方，希望读者随时加以指正。

朱谦之
一九五五年七月

附：叹卓老[①]

（《汤显祖集》第一册页583，
《汤显祖诗文集》卷十五）

自是精灵爱出家，
钵头何必向京华。
知教笑舞临刀杖，
烂醉诸天雨杂花。

[①] 此诗当为朱谦之先生后来所加，录于手稿末页。——编者

中国哲学史史料学

《中国哲学史史料学》撰成于1957年，中山大学哲学系藏有第九讲至第十讲油印稿一册。2002年收入福建本第四卷。2012年收入中华书局"大学用书"。本次整理，以中华本为底本，以福建本为校本。

——编者

目 录

第一讲 史料学 115
什么是史料学？ 115
什么是哲学史史料学？ 118
什么是中国哲学史史料学？ 120

第二讲 殷商哲学史料 141
中国哲学史起源考 141
殷商史料试探 145
甲骨文字中的哲学史料 153

第三讲 中国人的智慧——《易经》 162
《易经》在中国哲学史上的位置 162
《易经》的作者及年代问题 165
《易》学的流派 177

第四讲 《老子》史料学 188
《老子》及其成书的年代 188
《老子》的版本问题 199
《老子》音释 204
结 语 206

第五讲 《庄子》书之考证 208
版本与篇目 212

内外篇之关系 218
　　各篇著作时代 222
　　庄子三派 227

第六讲　桓谭与王充的著作考 236
　　桓谭的著作 236
　　王充的著作 245

第七讲　《列子》书与魏晋清谈家之关系 270
　　《列子》伪书考证 273
　　魏晋思想与杨朱的关系 278
　　魏晋思想家的类型 293

第八讲　《弘明集》之研究 300
　　《弘明集》之撰集及其背景 300
　　《弘明集》中所见三教思想斗争之一般内容 317
　　《弘明集》与《广弘明集》中三教斗争史料 324

第九讲　四朝"学案"批判 329
　　《宋元学案》批判 331
　　《明儒学案》批判 350
　　《学案小识》批判 367

第十讲　近代思想史料选题 373
　　鸦片战争时期的思想史料 376
　　太平天国思想史料 379
　　戊戌维新思想史料 390
　　辛亥革命思想史料 408

附录 古典哲学著作要目 417
  Ⅰ. 古代哲学 417
  Ⅱ. 中古哲学 427
  Ⅲ. 近古哲学 436
  Ⅳ. 近代思想 448

第一讲　史料学

科学研究必须把握材料，愈能全面把握有关研究部门的所有材料，研究便愈成功。马克思写《资本论》时，曾经利用了在英国博物馆中所累积的关于政治经济学之庞大的材料，所以完全成功，并且把他成功的途径，作出如下结论：

> 叙述的方法，当然须在形式上与研究方法分别。研究必须搜集丰富的材料，分析材料的种种发展形态，并探究这种种形态的内部关系。不先完成这种工作，则对于现实的运动，必不能适当的叙述。（《资本论》第一卷序言，读书出版社）

什么是史料学？

这搜集材料和分析材料的工作，就是所谓研究的方法，而历史研究的方法，则就是所谓"史料学"。换言之，即搜集和分析从事历史研究时之所依据的各种各式材料。马克思列宁主义的史料学，正如《苏联大百科全书》给"史料学"所下的定义：

> 史料学阐明史料的研究和利用方法，是历史辅助科目之一。真正科学的历史，建筑在马克思列宁主义历史研究方法论一般原则的基础上。史料学的任务，是把史料分类，予以批判的分析，

确定其来源、阶级性质和用途,以及可靠程度与实际价值,最后就史料的多样性,它们的相互关系和相互依存性综合研究整个的史料。马克思列宁主义的史料学,把历史资料看成是一定社会环境的产物。(捷列普宁:《史料学》,人民出版社)

马克思列宁主义史料学与资产阶级史料学的不同,首先就由于它一方面认为"史料学是历史辅助科目中的一个最广泛的科目";一方面认为"由史料学创立的研究资料的一般方法,又是一切历史辅助科目的基础"。但尽管如此重要,史料学还只是史料学,不就等于是历史学。过去在胡适派主持之下《中央研究院历史语言研究所集刊》第一本第一分册,发表《历史语言研究所工作之旨趣》,其开宗明义,即宣传如下之荒谬见解:

> 历史学不是著史,著史每多多少少带点古世中世的意味,且每取伦理家的手段,作文章家的本事。近代的历史学只是史料学。

把史料学认为即是史学,这是资产阶级史家对于历史学的有意歪曲。胡适的得意弟子傅斯年曾给历史下一定义道:

> 历史本是一个破罐子,缺边、掉底、折把、残嘴,果真由我们一整齐了,便有我们主观的分数加进了。(《古史辨》第二册)

这就是说历史本来即是残缺不全的东西,所以只有史料学,没有历史学,而史料学即是历史学。就这样,在形式上有意混淆了研究的方法和叙述的方法。但是研究的方法和叙述的方法,毕竟是不同的,因此他们又另出一种说法。即将叙述的方法,作为艺术看,因而取消了历史学之科学的性质。胡适曾经说过,史学有两方面,一方面是科学的,重在历史的搜集与整理;一方面是艺术的,重在史料的叙述与解释(《古史辨》第二册介绍陈衡哲著《西洋史》下册)。在这里前者是史料学,后者是历史文学。这里虽提及历史解释,但与科学的解释无关,是可以任意涂抹的一种艺术。因此胡适所谓历史科学,实际上只是史料学。资产阶级的御用学者所以必须坚持历史学是史料学,其目的即在反对历史理论,主要的是反对历史唯物主义,反对历史唯物主义所说社会发展规律。所以傅斯年竟大胆主张:

> 历史这种东西,不是抽象,不是空谈,古来思想家无一定目的,任凭他的理想成为一种思想的历史——历史哲学。历史哲学可以当作很有趣的作品看待,因为没有事实作根据,所以与史学是不同的。历史的对象是史料,离开史料也许成为很好的哲学和文学,究其实与历史无关。(《考古学的新方法》,见《史学》第一期)

历史的对象是史料,这是对的,但是"历史资料是一定社会环境的产物"这一个社会发展规律,他们就完全忽略了。他们之所以不注意史料学与历史理论的关系,所以一笔抹煞历史哲学(包括历史唯物主义),其意思是很明显的,即因科学的历史哲学是能利用社会历史发展的客观规律来供实际的应用,这就是革命。至于史料学,是阐明史料的研究和利用方法,是历史辅助学科之一,资产阶级史家可以唯心主义的精神解释史料,乃至直接捏造史料,所以宣传史料学即是史学,即是要人们蒙着眼睛,只跟着他们所捏造的证据走,美其名曰"用严格的考据方法来评判史料"(《胡适论学近著》卷五),表面上是超阶级的客观主义，实际上是把史料选择建立在反动阶级的立场观点上。史料不是从其发展上来研究，而是从其形式上面来看待，既然脱离开社会经济关系与阶级斗争来整理史料，结果便只有走上直接捏造伪史料和隐瞒史料的一途了。

什么是哲学史史料学？

由上明了了史料学的性质，然后可以更进一步研究什么是哲学史的史料学。日丹诺夫在"西欧哲学史"讨论会上的发言中指出，我们对于哲学史教科书有权要求它遵守一些起码的条件，其中之一，就是"第四，引用的实际材料应当是经过审查，完全可靠的和适当的"（《苏联哲学问题》页3，新华书店版）。这就是哲学史史料学这一门学问。哲学史不是作为各种各样的意见的罗列，如果"只是一种某些事实的列举，并且这些事实不是互相联系，而是比肩排列着"，这"当然不能叫做分析"，因此哲学史史料学的研究方法，基本上和一般史料学，可以说没有什么不同，但一说到史料的来源，就不能不有所分歧了。黑格尔在《哲学史讲演录》第一卷里，注意到这点，并指出：

> 哲学史的来源和政治史不同。在政治史里，史料的来源是历史家，这些史料又以各个人的言论事迹为其来源——不从原始史料研究的历史家当然是从第二手史料中去汲取的。……在哲学史中史料来源并不是历史家，而是我们面前的那些史迹，这就是哲学著作本身。这些著作本身就是真实的来源，如果我们要想真诚地研究哲学史，就应该去接触这些史料。（页109—110，三联书店版）

在这里说哲学史史料就是哲学著作本身，这当然是对的，不过正如黑格尔接着下面所说："有许多哲学家，我们研究他们时绝对需要借重作者本人。不过有许多时候，原始史料已经不复存在，譬如古代希腊哲学便是如此，这时我们就必须借重历史家，借重另一些作家了。"那么哲学史史料的来源，既然和政治史一样也借重历史家，可见二者不是什么严格的区别了。依我意思，科学的哲学史必须注意哲学所产生的社会环境，因此一般史料学的研究方法，在哲学史叙述社会背景时，完全可以适用。不过就哲学史的史料的来源来说，它的重点既然是在哲学著作本身，即文字记录的哲学史料，这便和普通历史的史料来源，兼注重在文字记录以外史料的有些不同。普通历史资料的来源，依我意思，可分为三大类，即是：

（1）遗物（包括古风俗遗迹，生产方式遗迹等）——考古学的史料
（2）传说（包括语言史材料）——民俗学的史料
（3）文字记载（包括图画）——文献学的史料

史料学利用近代自然科学供给我们的一切工具，来整理研究一切历史资料，它的研究方法，不应该只限于研究文字记载的史料，如果那样它便只成其为文献学了。史料学作为一切历史辅助科学的基础，它应该研究历史资料的一般方法，包括考古学的方法，以研究遗物；与民俗学的方法，以研究口碑传说；同时也包括文献学的方法，以研究文字记载。例如，我们研究印度佛教对于原始基督教之影响。从文献史料上观察，如现存有巴利文之《弥兰王问经》，与东晋（三一七—四二〇）失译之《那先比丘经》，或一八八九年经 T. W. R. Davids 英译的 "The Questions of King Milinda"（见 *The Sacred Books of the East.* Vol. XXXV）。由此文献可见希腊思想和印度思想之互相接触。次从民俗学史料观察，则如考茨基（Kautsky）所著《基督教之基础》及其所引普夫来得勒（Pfliderer）的考证，知道照路加所载基督降生的故事，也有佛教的影响。据此传说，指出基督教取自印度佛教

的元素。又从考古学史料上观察，最重要的就是纪元前三世纪，以宣扬佛法著名的阿育王（Asoka）的碑铭了，尤其是那碑文第十三中，发见刻有邻邦诸国名、王名等，给我们研究印度佛教西传史以很好的资料。总结起来，由上分析文献、民俗、考古各方面的史料，把它综合一下，便知从前罗马史学家塔西佗（Tacitus）所著《编年史》第十五卷第四十四章所述当时罗马人的见解，他们之逮捕基督教徒"是借口他们犯过痛恨人类之罪"（"万人丛书"英译本）。这痛恨人类的罪名，无疑乎就是原始基督教所受印度佛教影响的最大证据了。举此一例，可见历史资料是多样性的，是互相联系的。所以一般史料的搜集不能只限于有文字记录，而史料学也应该全面地包括史料之各方面。

但就哲学史史料来说便不然了。哲学史史料来源是哲学著作本身。此外如黑格尔在《哲学史讲演录》第一卷所指出："还有一些时代，可以希望有一些人谈过哲学家本人的著作，并且为我们作一些摘要。有很多经院学者曾经留下了十六、二十四以至二十六巨册的著作，在这种场合，就必须借重别人的作品了。有许多哲学著作很少见，非常难得。也有许多哲学家写的书大半是历史性质、文学性质的，我们搜集材料的时候，就可以限于包含哲学的部分。"但无论如何，均不出于文字记载的范围，即只限于文献学的史料。哲学史叙述可以追溯到古代的神话传说时代，但必须通过文字或古文字史料，因此可以说文字史料是哲学和哲学史起始的条件。有效地利用这些哲学文献史料，全面地批判分析，确定其来源、阶级性质和用途，以及可靠程度与实际价值，这就是所谓哲学史史料学。

什么是中国哲学史史料学？

哲学史史料学以关于哲学文献之史料为内容，但这哲学文献史料的内容，是一切都依条件、地方和时间为转移。就条件上说，如在一定条件和互相联系中，哪些历史性质、文学性质的材料，才能成为哲学史料（例如屈原、司马迁），而脱离这些条件，则不能。就时间上说，如果要适当地利用历史材料来说明某一思想形态的发生和发展，就不能不注意到时间的变化发展给与人们某些思想形态的某种决定的意义和作用，这就是说"每个时代都具有其一定典型资料的特征"。但最重要的，还有地方的问题。固然地理环境的各种条件，在社会发展中，不能成为主要的决定的力量，物质资料的生产方式才是社会发展的这种主要力量，但无疑地，地理条件在社会发展中起着一定的作用。地理条件的不同，适用于任何国家的普遍法则也将有特殊的不同的表现形式。例如，哲学史无论东方和西方都一样是唯物主义与唯心主义斗争的历史，但因地理条件的不同，而中国哲学史的表现形式，即与西欧哲学史、印度哲学史的表现形式有所不同。即因这个缘故，我们研究中国哲学史史料，一方面固然十分注意到哲学史史料学的普遍法则，一方面也应该注意到在适用哲学史史料学的普遍法则时，中国哲学史史料学也将有其不同的表现形式。

　　哲学史史料学的先决问题，是哲学著作问题，也就是有文字记录的文献史料问题。而文字记录各国所用的文字情况不同，因之所用以处理文字史料的学问，也将具有其特殊性的不同面貌。中国自有文字以来，即保存极丰富的有文字记录的哲学史料，以四部书而论，经、史、子、集，不但经部、子部是哲学史的主要史料，即史部、集部，也都部分包含哲学史的主要史料。如史部中《史记》之《孔子世家》《仲尼弟子列传》《孟子荀卿列传》《老子韩非列传》《商君列传》，《汉书》之《董仲舒传》《刘歆传》，《晋书》之阮籍、王衍、殷浩诸传，《宋史》之周敦颐、程颢、程颐、张载、邵雍、朱熹、陆九渊诸传，这虽出于历史家把哲学家事迹写进历史的本意，却也保存了许多原始史料。至于集部，文集本为一人之史，而宋元以来哲学家的专集，如《周濂溪集》《陆象山集》《白沙子全集》《王龙溪全集》之类，固然是哲学著作，即如宋元以前如《贾长沙集》《嵇中散集》《阮嗣宗集》《陶渊明集》，宋代如《范文正公集》《伊川击壤集》《王临川集》等等，也何尝不是哲学著作。以这样丰富无比的哲学史料为根据，使我们不但有可能从原始史料去研究哲学史，而且有可能很早就给研究这哲学史料的一门学问，即中国哲学史史料学，创立了基础条件。①

中国哲学史料的研究来源很久，唐代如《五经正义》论卦辞爻辞谁作，世有《管子》书，或是后人所录。《隋书·经籍志》论《归藏》不似圣人之言，古文《孝经》疑非古本。颜师古论《中庸》本非《礼经》，《孔子家语》非今所有《家语》，刘知幾《史通》之《疑古》《惑经》《申左》，柳宗元之辨《列子》《文子》《鬼谷子》《晏子春秋》（见《唐人辨伪集》语，《古籍考辨丛刊》第一集），这已经开始疑古辨伪的空气。到了两宋更极其盛，欧阳修之辨《易·系辞》，王安石之疑《春秋》，王柏之《诗疑》，郑樵之《诗辨妄》，叶适之不信《管子》《晏子》，尤其是朱熹辨伪书的方法，散见于《文集》和语录里，皆以哲学史料为对象。且此以后可称为哲学史史料学的有关著作，举其重要者如下列：

宋高似孙：《子略》

明宋濂：《诸子辨》

明胡应麟：《四部正讹》

---

① 作者在油印稿此段旁写有一段话："四部名起于晋初荀勖《中经新簿》之甲部（六艺、小学）、乙部（诸子、兵书、术数）、丙部（史记）、丁部（诗赋），经史子集之序定于东晋李充，而四部之名始于初唐玄宗时，以甲乙丙丁□□□经史子集。"（□□□，为字迹模糊无法辨认者；另标点为编者所加。下同。）——编者

清阎若璩:《古文尚书疏证》

清姚际恒:《古今伪书考》

清崔述:《考信录》

清康有为:《新学伪经考》

近人梁启超也有《古书真伪及其时代》之著作(《饮冰室专集》,中华书局)。他们有的从著者所生长的时代上去考订,有的从文字上去考订,有的从格式上去考订,有的从思想上去考订。考订的结果,发现书籍文字有全伪的,部分伪的,或全部伪、部分伪未决定的,或撰人名氏及时代错误的。这辨伪书的考订工夫,他们把这学问叫"辨伪学"。当然辨伪学还不是中国哲学史史料学,而只是给中国哲学史史料学开辟一条道路。辨伪学之所以不能成为哲学史史料学,一则因为它的范围较广,在哲学史史料之外,更涉及一般史料;一则因为它的范围又较狭,因辨伪学只是史料的考订工夫,而此外如校勘学、目录学、训诂学、辑佚学之各种学问,尚不能全面包括在里面。近三百余年中国学者,在史料考订学即辨伪学之外,更做了许多准备工作,例如对于哲学史料之校勘、目录、训诂、辑佚的工作,贡献实在很多了。如以校勘学为例,即就校勘先秦诸子书的笔记来说,著名的有如下列:

卢文弨:《群书拾补》

王念孙:《读书杂志》(其中《读〈淮南子〉后序》最有条理)

洪颐煊:《读书丛录》

俞樾:《诸子平议》

孙诒让:《札迻》

陶鸿庆:《读诸子札记》

刘师培:《诸子校补》

刘文典:《三余札记》

史料考订学系在考订书籍的文字真伪，校勘学则在校正书籍的文字错误。他们有的是拿著作的原稿本，或最老的钞本，用他来和其他刻本对照，改正错误；有的即根据几种不同的本子来互相比较；有的根据本书发现著书人的原来所用文法、所定体例，或其自相矛盾之处，以明错误的由来；有的是根据其他资料或他书所引，校正原著之遗漏或错误。这各种校勘法，当然也适用于研究哲学著作。

次就目录学说，这是将文字史料分类的一门学问，例如《汉书·艺文志》《隋书·经籍志》，就是在各种不同的所搜集的著作中，寻出他们彼此相同的源流派别，并且按着这些事实来分门别类。因此目录学是在材料收集具备之后，成为标明材料来源、从事卡片的登记工作之学，而且简明地说明诸家学术源流及其演变之学。关于这一方面的近三百年成绩，著名的有如下列：

《四库全书总目提要》（乾隆四十七年敕撰，殿本大字本、扬州小字本、广州小字本、《万有文库》本、大东书局本）

朱彝尊：《经义考》（浙局本、扬州马氏刻本、《四部备要》本）

缪荃孙为张之洞撰：《书目答问》（原刻本、石印本）[①]

但文字史料在搜集版本、考定源流之外，更须用客观的证据，去解释书中文字的意义，这就是所谓训诂学。训诂学所须应用的辅助科目很多。第一是古文字学，如文字的意义多随着时代的变化而变化，所以考究训诂的人，欲通典籍所用的古语，必须以今语来解说。所谓训诂，训就是顺，顺其语气来解释；诂就是古言，即以今语解古语。而欲以今语解古语，就必须通古文字学。第二是音韵学，因为古文字的意义，与古音关系很大。上古时代未造字形，先有字音。又各地方的方音也各不同，所以一个地方的文字，每每有一个地方的特殊的意

[①] 作者在油印稿此段旁加入一段："章学诚：《史籍考》（共三二五卷），美国国会图书馆藏。"——编者

义，因此考究训诂的人，又必须通古音韵学。第三是文法学，因为文字的意义，多随着著书人的习惯嗜好而变，一个著者所使用的文字，往往有一个著者的特殊的文法和字义，因此考究训诂的人，必须通文法学。关于训诂这一门学问，近代学者贡献也很多，尤以下列数书为最著名，如：

王引之：《经传释词》（家刻本、守山阁本、《万有文库》本）[①]

阮元：《经籍籑诂》（扬州原刻本、淮南书局补刊本、通行石印本、世界书局缩印精装本）

俞樾：《古书疑义举例》（《春在堂丛书》本、《续经解》本）

关于文字学一类工具书，著名的如：

戴震：《方言疏证》（《戴氏遗书》本）

王念孙：《广雅疏证》（家刻本、《清经解》本）

段玉裁：《说文解字段氏注》（原刻本、苏州重刻本、学海堂本）

朱骏声：《说文通训定声》（道光戊申刻本、扫叶山房石印本、世界书局缩印本）

关于古音韵学，著名的如：

顾炎武：《音学五书》（朱氏校经山房《亭林先生遗书》本）

江永：《古韵标准》（渭南严氏刻本、书带草堂校刊本、《贷园丛书》本、粤雅堂本、守山阁本）

姚文田：《古音谐》（咫进斋本）

王念孙：《古韵谱》（渭南严氏校刊本）

江有诰：《音学十书》（北京直隶书局影印王静安先生校本）

关于文法学，著名的如：

[①] 作者在油印稿此部分，在"《经传释词》"上写有："又《述闻》十五卷。"在旁写有："为训诂经义兼及校勘之作。引之《述闻》乃传其父念孙之说。"在此段与下一段之间加入："吴昌莹：《经词衍释》，一九五五年中华书局刊本。"——编者

马建忠：《马氏文通》（商务印书馆本）①

训诂学系在了解文字史料的真正意义，但也有许多古代著作（尤其是哲学著作）已经不复存在，须在类书或其他资料中旁搜博引、钞辑成编的（类书如《北堂书钞》《艺文类聚》《初学记》《太平御览》，其他资料如李善《文选注》、马总《意林》、魏徵《群书治要》之类），这就是所谓"辑佚学"一门学问。例如，清乾隆三十八年开《四库》馆，即有人从《永乐大典》中辑得佚书，计经部六十六种，史部四十一种，子部一百零三种，集部一百七十五种，合计四千九百二十六卷。其中所辑如《九章算术》《孙子算经》等，可算科学史的重要著作。其后以辑佚名家的如②任大椿（《小学钩沉》）、沈寿祺（《三家诗遗说考》《尚书大传辑校》）、洪亮吉（《左传诂》），尤以严可均之《慎子》《商子》《桓子新论》，章宗源之《尸子》《燕丹子》，和哲学著作的关系较大。大概此类辑佚书，著名的如：③

马国翰：《玉函山房辑佚书》（经部四百四十种，史部八种，子部一百七十八种）

黄奭：《汉学堂丛书》（经解八十六种，纬书五十六种，子史七十四种）

严可均：《全上古三代秦汉三国六朝文》（七百四十六卷，所收文共四千四百九十七家）

此外辑古子佚注的，如孙冯翼辑司马彪《庄子注》、许慎《淮南注》等皆为哲学著作，甚可宝贵。但辑佚工作并不是到此便算止境。

---

① 作者在此行上加入："王引之：《经传释词》（家刻本、守山阁本）十卷。"——编者
② 作者在油印稿此处勾入手写字迹："孙星衍（《仓颉考》）。"——编者
③ 作者在油印稿此处勾入手写字迹："陶方琦（《□□□□□□□□》）、王谟（《汉魏遗书钞》）。"——编者

如以王安石的研究为例，只根据《王临川集》与罗振玉辑《临川集拾遗》是不够的。王安石思想得力于《易经》《老子》《周礼》三书。《易传》已失传，但在北宋是极流行的书，程伊川给谢湜书说"读《易》当先观王弼、胡瑗、王安石三家"。《老子注》二卷是王安石重要著作之一，虽也失传，却可以《道藏》中彭耜《道德真经集注》、赵秉文《赵学士集解》与元刘惟永《道德真经集义》中辑得六七十条，又焦竑《老子翼》中也有二条，其中一条较彭耜所引的多八十字。又《周官新义》，朱彝尊《经义考》云未见，《四库全书》中十六卷乃据《永乐大典》本辑，实非全本。案此书为王安石亲笔写的，当时影响极大，如王兴之的《周礼订义》、王昭禹的《周礼详解》、林之奇的《周礼讲义》，又王志长《周礼注疏删翼》，及钦定《周官义疏》所引，均可据以重辑。辑佚学如此，其他如校勘、考订、训诂、目录，也许很多地方正待我们去开辟。例如，《老子注》中之《河上公章句》，即可根据《道藏》本与宋张太守汇刻四家注本、唐强思齐《道德真经》玄德纂疏本、瞿氏藏宋刊本、世德堂本、经论堂本、中立四子本、嘉业堂刊《道德真经注疏》本、范应元古本集注影宋本，及《意林》《群书治要》所引对校，成《河上公章句》定本。因为近三百年来中国史料学的研究和成绩，其中许多都包含着中国哲学史史料学的研究和成绩，而为今后这一门新学问创立了有利的历史先决条件，所以我们更应该在这一方面努力。

　　总而言之，史料学就是历史学者为寻求正确的历史事实所用以批判地分析各种史料之科学方法，哲学史史料学则主要以批判地分析现有的文字史料，即哲学著作为主。中国哲学史史料学则是以在马克思列宁主义历史研究方法论一般原则的基础上，与中国关于哲学著作之考订、校勘、分类、训诂、辑佚等特殊工作统一起来的学问。由于编纂马克思主义中国哲学史教科书必须有正确的史料做根据，因此中国哲学史史料学这一门学问，便成为十分必要，而且具有重大科学意义和实践意义的了。

在此讲稿之先，朱先生曾作过一次"史料学"的专题讲座，其中有不少资料为此讲所无，故将之录之于后，供学界参考。①

〔附录〕

（一）史料学的新意义

史料学是历史的辅助科学。——"确定事实，积累实际材料，对于历史科学有非常巨大的意义。""历史的辅助科目——史料学以及古文献学、古文字学、年代学、钱币学等就是探讨历史资料的研究方法和研究方式的。"（《苏联百科全书》"历史"项）——史料学确定事实、积累实际材料、同时也是思想斗争的场所。——资产阶级捏造大量的历史材料来论证和辩护自己的反动思想体系。——恩格斯批评资产阶级把历史变成商品。——资产阶级所谓"客观"。——以被称为东方史学界权威的伯希和为例。——《交广印度两道考》。——《澳门之起源》。——符合资产阶级利益而进行的所谓"科学概括"。——实际找材料的可靠性是对每一历史研究工作提出的必要要求之一，因此史料学成为历史学的必要的辅助科学——苏联在大学及师范学院教授史料学作为必修科。——拉法格谈马克思怎样注重材料的准确性和原始材料。——《资本论》写作时曾经利用英国博物院所累积关于政治经济学之大量材料，所以成功，并把他成功的途径作如下结论："叙述的方法，当然须在形式上与研究的方法分别。研究必须搜集丰富的

---

① 作者在此段旁写有："1.唐宋间群书。2.汉人□史书及经注，如史、汉注，如□□□□□。3.□□裴松之《三国志注》。"——编者

材料，分析材料的种种发展形态，并探究这种种形态的内部关系，不先完成这种工作，则对于现实的运动，必不能适当的叙述。"（《资本论》第一卷序言）——历史研究的方法即史料学，即搜集和分析从事历史研究时所依据的各种材料。——《苏联大百科全书》给"史料学"所下定义："史料学阐明史料的研究和利用方法，是历史辅助科目之一。真正科学的历史，建筑在马克思列宁主义历史研究方法论一般原则的基础上。史料学的任务，是把史料分类，予以批判的分析，确定其来源、阶级性和用途，以及可靠程度与实际价值，最后就史料的多样性，它们的相互关系和相互依存性综合研究整个的史料。马克思列宁主义的史料学，把历史资料看成是一定社会环境的产物。"——史料学，一面是"历史辅助科目中的一个最广泛的科目"，一面"由史料学创立的研究资料的一般方法，又是历史辅助科学的基础"。——史料学不等于是历史学。——胡适派宣传"近代的历史学只是史料学"（《历史语言研究所工作之旨趣》）。——傅斯年的历史定义："历史本是一个破罐子，缺边、掉底、折把、残嘴，果真由我们一整齐了，便有我们主观的分数加进了。"——在形式上混淆研究的方法和叙述的方法，又将叙述方法只作为艺术看，因此取消了历史学之科学的性质。——胡适认为史学有两方面，一方面是科学的，重在历史的搜集与整理，一方面是艺术的，重在史料的叙述与解释，前者是史料学，后者是历史文学，虽提及历史解释，但是可以任意涂抹的一种艺术。——资产阶级学者所以坚持历史学是史料学，其目的即在反对历史理论，主要是反对历史唯物主义。——傅斯年认为"历史的对象是史料，离开史料也许成为很好的哲学和文学，究其实与历史无关"，但是历史资料是一定社会环境的产物这一个社会发展规律，他们就完全忽略了。——资产阶级要人们蒙着眼睛，只跟着他们所捏造的证据走，美其名曰"用严格的考据方法来评判史料"，表面上是超阶级的客观主义，实际上是把史料选择建立在反动阶级的立场观点上。——史料学的新意义是在新的立场观点上，揭穿资产阶级捏造的史料和隐瞒史料，把严格经过取舍抉择的原始史料辅助历史学之科学研究。

（二）史学在历史科学中的位置

史料学的重要性，中国过去的进步史家很早就注意到，不过他们在历史学中更着重历史理论。——唐刘知幾《史通》主张史家须具有史才、史识和史学，史才是历史叙述之文学方面，史学是历史考订之科学方面，史识是历史解释之哲学方面。——刘知幾的历史理论偏于教训主义，以为"史之为务，申以劝诫，树之风声""惩恶劝善，永肃将来"，是为封建社会的历史哲学。——封建社会要借往事以应付现在，故刘知幾也注意历史的真实性，抛弃修辞学的倾向。——清章学诚《文史通义》把史学分为"记注"与"撰述"二科，记注是关于史料的整理考订，是史料学，"撰述"是专门著作，注意历史哲学。——"三代以上记注有成法而撰述无定名"，有成法故史料应有搜辑及考证整理的方法，无定名故著史不应为义例所拘，"经为解晦，当求无解之初，史为例拘，当求无例之始"。——史料学的意义在征实，"无征且不信于后也，是故文献未集则搜集资访不易为功"。——章氏所谓"别识心裁"，所谓"史学著述之道，岂不可求义意所归"，即历史哲学。——史学三方面，"主义理者拙于辞章，能文辞者疏于征实。义理存乎识，辞章存乎才，征实存乎学，刘子玄所以有三长难兼之论也"。——章氏以史识即历史哲学为主，故以文比肤，以事比骨，以义比精神，又以文辞比羽翼，志识比身。以文辞比三军、舟车、品物、金石，以志识比将帅、乘者、工师、炉锤。——"史所贵者义也，而所具者事也，所凭者文也，非识无以断其义，非才无以善其文，非学无以练其事也。三者固各有所近也，其中固有似而非者也,记诵以为学也,辞采以为文也,击断以为识也,非良史之才、学、识也。"——章氏受时代限制,当然不知道历史唯物主义,却知道史料之外还有观点的问题,因此正确地认识了史料学在历史学中的位置。——现代史料学的两条路线的斗争,即一面有马克思列宁主义正确的史料观点,一面有帝国主义影响下之旧史料学观点。——新史料学主张材料与观点的统一,主张用历史唯物主义方法整理史料,与旧史料学将史料孤立起来的方法不同,又新史料学以历史为社会主义服务,旧史料学以历史为帝国主义的利益服务。

(三)中国哲学史史料学的任务

哲学史史料学如日丹诺夫在西欧哲学史讨论会上所指出,我们对于哲学史教科书有权要求它遵守一些起码的条件,其中之一就是"引用的实际材料应当是经过审查,完全可靠的和适当的"。——黑格尔《哲学史讲演录》第一卷指出:"哲学史的来源和政治史不同。……在哲学史中史料来源并不是历史家,而是我们面前的那些史迹,这就是哲学著作本身。这些著作本身就是真实的来源,如果我们要想真诚地研究哲学史,就应该去接触这些史料。"——"不过有许多时候,原始史料已经不复存在,譬如古代希腊哲学便是如此,这时我们就必须借重历史家,借重另一些作家了。"——科学的哲学史必须注意哲学所由产生的社会环境,因此一般史料学的研究法,哲学史完全可以适用。不过史料的来源既在哲学著作本身,即文字记录的哲学原著,这便和普通史料学兼重记录以外的史料不同。——史料的三大类:即(1)遗物(包括古风俗遗迹,生产方法遗迹等)为考古学的史料;(2)传说(包括语言史材料)为民俗学的史料;(3)文字记载(包括图画)为文献学的史料。——史料学作为一切历史辅助科学的基础,它应该研究历史资料的一般方法,包括考古学的方法以研究遗物,民俗学的方法以研究口碑传说，同时也包括文献学的方法以研究文字记载。——以研究印度佛教对于原始基督教之影响为例。——文献史料如巴利文之《弥兰王问经》，东晋失译之《那先比丘经》或英译之 The Questions of King Milinda。——民俗史料如考茨基《基督教之基础》中所引路加所载基督降生的故事。——考古史料如纪元前三世纪阿育王碑铭。——综合以上史料便可证明如罗马史家塔西陀（Tacitus）《编年史》所述当时罗马人的见解，他们之逮捕基督徒"是借口他们犯过痛恨人类之罪"，即原始基督教所受印度佛教之影响。——历史资料是多样性的，是互相联系的，所以一般史料的搜集，不能只限于文字记录，而史料学应全面地包括史料之各方面。——但哲学史料的特殊性是限于文献学的史料为多，哲学史叙述可以追溯到古代的神话传说时代，亦必须通过文字或古文字史料，因此可说文字史料是哲学史起始的条件，有效地利用这些哲学文献史料，全面地批判分析，确定其来源、阶级性和用途，以及可靠程度与实际价值，这就是所谓哲学史史料学。——哲学文献史料的内容也是"一切都依条件、地方和时间为转移"。——就条件上说，在一定条件和相互联系中，那些历史性质文学性质的材料，才能成为哲学史料，而脱离这些条件，则不可能。——就时间上说，如果要适当地利用历史材料来说明某一意识形态的发生和发展，就不能不注意到时间的变化发展给与人们某些思想形态的某种决定的意义和作用，这就是"每个时代都具有一定典型资料的特征"。——就地方上说，地理条件的不同，适用于任何国家的普遍法则，也将有特殊的不同的表现形式。——研究中国哲学史史料，一方面要十分注意哲学史史料学的普遍法则，一方面要注意到在使用哲学史史料学的普遍法则时，中国哲学史史料学也将有不同的表现形式。——哲学史史料学的先决问题，是哲学原著问题，也就是文字记录的哲学文献史料问题，而文字记录各国所用的文字情形不同，因之所用以处理文字史料的学问，也将具有特殊的不同的面貌。——中国自有文字以来即保存极丰富的有文字记录的哲学史料，对这史料应该集中力量用马克思主义的方法加以整理，这就是中国哲学史史料学的重要任务。——但要正确地整理中国哲学史的史料，必须注意联系具体的历史条件即时间、地点和条件。以时间言，相关科目有年代学。以地点言，有地志学。以条件言，就物的条件有政治经济学（包括社会发展史），就人的条件有人谱学（或传记学）。都是历史辅助科目而与史料学密切相关，每一时代的丰富史料必然联系这些历史的先决条件，因此研究中国哲学史史料学必须具有年代学、地志学、政治经济学、人谱学等普通知识。——年代学把人类社会发展按年代的次序加以排列，只要建筑在马克思主义历史研究法的一般原则的基础之上，便可能帮助我们确定史料的时间顺序，并从而帮助我们从历史事实的年代发展的线索中，了解中国哲学史的发展规律。——恩格斯"每一时代的理论的思维（我们这一时代的理论的思维也是如此）都是一种历史的产物，在不同的时代具有非常不同的形式，并且具有不同的内容"。——地志学提供关于自然状态或文化事实之有地域性的材料，对于专门研究具有地方色彩的学派帮助最多。——政治经济学研究人类社会各个发展阶段上社会的物质资料生产和分配的规律，对于确定在一定的社会条件、阶级条件下产生的哲学史史料的社会经济背景，确定哲学史史料在社会历史中真正作用，帮助最多。——斯大林"历史科学底首要任务是要研究和指示生产规律，生产力与生产关系发展底规律，社会经济发展底规律"，因此作为反映基础的上层建筑，例如哲学史料最重要是与政治经济学的关系，所谓中国哲学史史料学必然地以环绕历史上的五种生产关系而规定其史料的实质。——人谱学或传记学，包括人表年谱之类，对于所研究的哲学家的出身、阶级、生平事迹、他的党派性和性格帮助最多。——由于编纂马克思主义的中国哲学史必须有正确的史料作根据，必须充分搜集史料、整理史料，以至对于史料作者的党派性阶级性作批判的研究，因此中国哲学史史料学这一门学问，便成为十分必要，而且具有重大科学意义和实践意义！

（四）史料学之辅助科学

中国文献的史料学需要各种处理中国文字史料的学问作为它的辅助科学，即由文献的史料学出发而与其他处理中国文字史料的各种科学发生密切关系，这即是所称为目录学（或书志学）、校勘学、考订学、训诂学、辑佚学等各门学问。——目录学是记录文字史料的分类、名称、卷数、著者、年代、版本乃至学术流变，是研究哲学史料的钥匙。考订学是考订书籍本身的真伪或时代，是鉴别正确史料的必要步骤。校勘学校正书籍的文字错误，并涉及版本学的问题。训诂学在用客观的证据，去解释文字史料的真正意义，本身又包含其他辅助科学，如古文字学、音韵学、文法学之类。辑佚学则搜集古代已经失传的著作。以上各种学问，其本身都各自成为独立学科而为史料学的辅助科学之一。——中国文献史料学的一般方法，即是在马克思主义历史研究法的基础上从事中国文献史料之目录、考订、校勘、训诂、辑佚以及作者批判等特殊工作所综合起来的一门学问。

1. 目录学——我国在印本书籍还没出现以前，已经产生了目录学。——版牍与简策。——前汉时代竹帛的书不少，便有编制目录的必要。公元二世纪以后，纸的发明，书籍更易生产，目录学也发达了。——刘向《别录》。——刘歆《七略》。——《汉书·艺文志》就是根据刘歆《七略》做成的。——清金榜说"不通《汉书·艺文志》不可以读天下书，《艺文志》者，学问之眉目，著述之门户也"。——《八史经籍志》《汉书·艺文志》《隋书·经籍志》《旧唐书·经籍志》《新唐书·艺文志》《宋史·艺文志》及《三史艺文志补》《元史艺文志补》《明史·艺文志》。——《清史稿·艺文志》。——杨家骆《历代经籍志》。——关于《汉志》的研究著作（王应麟、姚振宗、王先谦、顾实）。——每时代的目录各有其特色,《汉志》代表最古一个历史家目录,其特色是史料分类,重分别家而不重分别人的分类法,反映古代著作的情况。——《诸子略》所分诸子十家,并倡诸子出于王官之说,本身即具哲学史料的价值。——《隋书·经籍志》根据荀勖、李充、谢灵运的四部目录,王俭《七志》、阮孝绪《七录》为总结了隋以前书籍的总目录,并确定了经史子集的四部分类法。——宋代版印书籍发达,私人藏书家也有所作目录,如晁公武《郡斋读书志》（衢州本、袁州本）与陈振孙《直斋书录解题》,其价值在《宋志》之上。——明代黄虞稷所作《千顷堂书目》较官撰《明史》更为精博。——清代编纂《四库全书》是借求书之名,行焚书之实,因而撰成的《四库全书总目提要》也是移易是非,敌视进步人士无所不至。——《四库简明目录》——《清代禁书总目四种》——清朱彝尊《经义考》,明智旭辑《阅藏知津》、白云霁《道藏目录详注》均是哲学史料专门目录。——史部、集部也部分包含哲学史料,史部有哲学家传记,也保存一些原始史料。文集本为一人之史,而宋元以来哲学家亦多有专集。——目录学不但引导我们有可能从原始史料去研究哲学史,而且有可能给中国哲学史史料学创立了有利的条件。

2. 考订学——是一种辨别伪书的学问,当从桓谭《新论》深嫉谶纬、王充《论衡·正说篇》开始。——唐《五经正义》说卦辞爻辞谁作,世有《管子书》或是后人所作,《隋书·经籍志》论《归藏》《孝经》,颜师古论《中庸》《孔子家语》,刘知幾《史通》之《疑古》《惑经》,柳宗元之辨诸子,可见唐代之疑古辨伪学风。——宋欧阳修辨《易·系辞》、王安石疑《春秋》、王柏《诗疑》、郑樵《诗辨妄》、叶适不信《管子》《晏子》,尤以朱熹《文集》和《语录》中的辨伪以哲学史料为对象。——辨伪书著作：宋高似孙《子略》、明宋濂《诸子辨》、明胡应麟《四部正讹》、清姚际恒《古今伪书考》、章学诚《校雠通义》、崔述《考信录》、康有为《新学伪经考》、梁启超《古书真伪及其时代》、顾颉刚《古籍考辨丛刊》、张心澂《伪书通考》。——考订学不但说明伪书的种类及作伪的来历，而且指出辨别伪书及考证年代的方法。——核伪书的方法，旧说有种种：或从书中所述史事与作者所生长的时代上考订，或从其他古书所引此书原文与后世编者或注者所引此书文句上考订，或从旧志著录不著录的传授统绪上考订，或从文字内容上考订，或从文学格式上考订，或从思想上考订，或从所援引书上考订。考订的结果，发现书籍有全伪的，部分伪的，有真杂以伪的，有伪杂以真的，有真伪疑的，有伪中伪的，因此考订学又称辨伪学。——辨伪工作一面指出伪书的伪造或剽窃前文的证据，一面还它的真面目，给它以分别的评价。总之，考订学是在马克思主义史料学的一般原则上以去伪存真为目的，辨伪去伪和考据事实乃考订学一门学问之两方面。

3. 校勘学——校正书籍的文字错误，这种方法在汉刘氏父子校书的时候便开始了。其所校各书，首先是广备各种副本，其次是比勘文字，后作结论。——广备副本是版本问题，比勘文字是校勘问题，二者均属于校勘学的范围。——校勘学的重要著作：卢文弨《群书拾补》、王念孙《读书杂志》、洪颐煊《读书丛录》、俞樾《诸子平议》、孙诒让《札迻》、陶鸿庆《读诸子札记》、刘师培《诸子校补》、于省吾《双剑誃诸子新证》、刘文典《三余札记》、陈垣《元典章校补释例》。——《读书杂志》中《读淮南子后序》与《元典章校补释例》均很有条理地讲校勘学的方法论。——版本学的重要著作：叶德辉《书林清话》、莫友芝《宋元旧本书经眼录》、杨守敬《留真谱》、江标《宋元本行格表》、顾廷龙《明代版本图录初编》。——近人撰述：陈钟凡《古书读校法》、蒋元卿《校雠学史》、钱基博《版本通义》可供初步研究之用。

4. 训诂学——文字史料在搜集版本考定源流之外，更须用客观的证据，去解释书中文字的意义，这就是训诂学。——训诂学的辅助科学：第一是古文字学，以今语来解说典籍所用的古语。——所谓训诂，训就是顺，顺其语气来解释，诂就是古言，即以今语解古语。——第二是音韵学，古文字的意义与声音关系很大，未造字形，先有字音，又各地方音不同。——第三是文法学，一个著者所用的文字，往往有它特殊的文法和字义。——训诂学的重要著作：王引之《经义述闻》、吴昌莹《经词衍释》、阮元《经籍籑诂》、俞樾《古书疑义举例》。关于文字学的工具书，《尔雅》《方言》《说文》《广雅》乃至近人所撰字书《辞海》之类。——戴震《方言疏证》，王念孙《广雅疏证》、段玉裁《说文解字段氏注》、朱骏声《说文通训定声》。——关于古音韵学的名著：顾炎武《音学五书》、江永《古韵标准》、姚文田《古音谐》、王念孙《古韵谱》、江有诰《音学十书》。关于文法学的名著：王引之《经传释词》、马建忠《马氏文通》。——近人撰述：刘师培、马叙伦等《古书疑义举例补》四种，杨树达《古书之句读》，孙德谦《古书读法略例》可供初步研究之用。

5. 辑佚学——许多古代著作已经不复存在，须在类书或其他资料中旁搜博引，钞辑成书，这就是辑佚工作。——辑佚用的重要撰述：唐马总《意林》（道藏本）、魏徵等《群书治要》（日本天明刻本）、欧阳询辑《艺文类聚》（宋本）、虞世南《北堂书钞》（明陈禹谟刻本。清孔氏三十有三万卷堂重刻明影钞宋刻本）、徐坚等《初学记》（明刻本），宋李昉等《太平御览》（《四部丛刊》三编影宋本），唐李善《文选注》（《四部丛刊》影宋本）。——辑佚书的重要著作：马国翰辑《玉函山房丛书》、孙冯翼辑《问经堂丛书》、黄奭辑《汉学堂丛书》、严可均辑《全上古三代秦汉三国六朝文》。——清开《四库》

馆，有人从《永乐大典》中辑得佚书计经部六十六种，史部四十一种，子部一百零三种，集部一百七十五种。——辑佚家：孙星衍、任大椿、沈寿祺、陶方琦、王谟，尤以严可均之《慎子》《商子》《桓子新论》和哲学著作关系最大。——辑佚工作的前途，以王安石研究为例，如《老子注》《字说》《周官新义》均可重辑，可见辑佚工作不是到此便算止境。其他如校勘、考订、训诂、目录也有许多地方正待我们去开辟。

史料学不是目录学、考订学、校勘学、训诂学、辑佚学，乃是以此处理中国文字史料的学问作为辅助科学，试举《老子》一书为例。——《老子》之目录学——司马光《道德论》有《道藏》本而《皕宋楼藏书志》作者陆心源谓其书已亡，严可均《唐本考异》收入《铁桥金石跋》卷二，而罗振玉未见，谓力求三十年而未得此书，可见搜罗《老子》研究资料，亦须有门径。——焦竑《老子翼》中所引书目，白云霁《道藏目录》及近人所撰《老子考》尚可用。——《老子》之考订学。——王羲之的碑本《老子》是一种伪书。——《老子》本身的真伪问题。——日本帆足万里谓"老子战国好事者，剽窃庄周书作"，钱穆更一味瞎猜，以为《庄子》中的老子乃乌有先生。——老子其人的真凭实据，《庄子》以外，如《韩非子》《史记·孔子世家》《老子列传》《礼记·曾子问》《吕氏春秋》，乃至叔向（《说苑》卷十引《老子》）、《墨子》（《太平御览·兵部》五十三《墨子》佚文引《老子》）、颜斶（《战国策·齐策》引《老子》）并非孤文单证。——《老子》之校勘学——《老子》版本我所见共一百零六种，内石本十三种，写本计敦煌本十八种，旧钞本四种，佚本十种，《道藏》本四十一种，诸重要刻本十六种，其他四种①。——搜集版本的

---

① 打印稿原为："……所见共一百零六种……写本计敦煌本十六种……"作者亲笔做了更改，为："……所见共一百零八种，写本计敦煌本十八种……"——编者

用处在便于校勘，但重要的还在对校法。以《老子》第二章"有无相生，难易相成，长短相形，高下相倾"为例，"相形"二字王弼《经典释文》作"相较"。案古无"较"字，本文以"形"与"倾"为韵，较乃后人旁注之字。又他书如《文子》《淮南子》所引作"形"。——他校法以《老子》第五十七章"法令滋章，盗贼多有"为例，"法令"二字景龙、景福、奈卷、河上均作"法物"，楼正、傅、范及《淮南子·道应训》《文子·道原篇》《史记·酷吏列传》《后汉书·东夷传》引并作"法令"，法物无义，强本成疏"法物犹法令"，知法令义优。又如第六十章"治大国若亨小鲜"，遂州本作"原小腥"，范作"亨小鳞"。但据诸书所引如《淮南子》《韩非子》《后汉书》《三国志》《北堂书钞》均作"亨小鲜"，可证景龙碑本的正确。——本校法即用《老子》本文校《老子》，如第十八章"少私寡欲"，强思齐本、陈象古本、元磻溪本"私"作"思"，案《庄子·山木篇》引作"私"，河上注"少私"作"正无私也"，与经文第七章"非以其无私邪故能成其私"义合，以老解老，作"私"字是。——理校法即是无可对证或对证不多而凭理性下判断。例如第六十九章"抗兵相加，则哀者胜"，敦煌辛本"加"作"若"，毛本作"如"，此"加""若"二字两存，用理校法"如"字义胜，"加"疑形似而误。《老子》之训诂学。——第六十二章"古之所以贵此道者何？不曰求以得，有罪以勉，故为天下贵"。此前后二"贵"字有二义，《说文》"贵物不贱也"，此可训上一"贵"字；又《初学记》引《说文》"汝颍言贵声如归"，又《释名·释言语》"贵，归也，物所归往也"，此可训下一"贵"字，即所谓音训。——《老子》书中用楚方言，以第四十五章"躁胜寒静胜热"为例，"躁"乃楚方言，据《〈诗·汝坟〉释文》。——《老子》五千言为哲学诗，其用韵是自由押韵式，有通篇用韵的，有章首用韵而中间或尾声声不拘的，有问句助语自为唱叹不在韵例的。——《老子》之辑佚学。——《老子》佚文,两汉《老子》注十二家,今存仅河上公及严君平《指归》残本,魏晋六朝《老子》注七十七家,今存只王弼注有全本,如今据《正统道藏》诸《老子》集注及张君房、范应元等类书所引广为辑佚,不但可为河上、严遵、王弼诸注成一定本,更可辑出已佚之《老子》注如马融、宋衷、何晏、钟会、孙登、僧肇、鸠摩罗什等数十家。总之,哲学史史料学主要是以批判的分析现存的哲学原著为主,上面以《老子》为例,说明在这一学问里,所包含的工作,有目录、考订、校勘、训诂、辑佚等各方面。

第二讲　殷商哲学史料

中国哲学史起源考

哲学史史料以文字记录为主，文字记录不一定就是哲学著作，但称为哲学史的史料，必须是有文字记录。中国记录有两种，一种是写在纸上的文字，一种是造纸方法未发明以前写在龟甲兽骨上面或青铜器上面的文字，前者为普通的书，后者为甲骨文书与金文书。中国哲学史既然起源于有文字记录以后，而文字记录既然是最古的要算殷商朝的甲骨文，那末甲骨文字应该可以说是中国最古的哲学史料来源了。换句话说，即在殷代奴隶社会，中国才有文字记录，才有哲学史史料可言，而在殷代以前，如原始共产社会的意识诸形态，应该是无法子可以反映的了。这又不然，中国原始共产社会，虽在当时无文字记录，而可用后来文字记录的传说史料做根据，如关于原始共产制度的传说，见《孔子家语·礼运第三十二》与《礼记·礼运第九》，把这两篇比看一下，《家语》无"小康"二字，却有"礼之所具"以下二十一字，可见《礼记》是有错简。但无论二者，均认禹以前是没有阶级、没有剥削、财产公有的大同社会：

大道之行也，天下为公，选贤与能，讲信修睦。故人不独亲其亲，不独子其子，使老有所终，壮有所用，幼有所长，矜寡孤独废疾皆有所养，男有分，女有归。货恶其弃于地也，不必藏于己，力恶其不出于身也，不必为己（《家语》作"不必为人"）。是以谋闭而不兴（据《家语》，"谋"上有"奸"字），盗窃乱贼而不作，故外户而不闭，是谓之大同。

范文澜同志认为这一段儒家学派的话，如果不依据原始公社制度的传说，不能虚构"大同"的思想（《中国通史简编》）。所以大同的思想虽属出于伪造，而断不是无中生有，是反映传说中的原始共产社会的。又如传说中尧舜禹的时代，见《尚书》中之《虞夏书·尧典》等篇，所叙述尧舜禹禅让的故事，有如次一段的记载：

曰："咨四岳……汝能庸命，巽朕位？"岳曰："否德忝帝位。"曰："明明扬侧陋。"师锡帝曰："有鳏在下，曰虞舜。"帝曰："俞，予闻，如何？"岳曰："瞽子，父顽，母嚚，象傲。克谐以孝，烝烝乂，不格奸。"帝曰："我其试哉！……"

在这里尧请四岳推荐他的继任者，而众皆共举虞舜，这是反映古代氏族社会民主制度。所谓"禅让"的传说，尧让舜，舜又让禹，其选举的手续，据《虞书》还完全是一个公式。（参看吕振羽《史前期中国社会研究》）这禅让的思想和制度，以后成为中国旧式的最高政治理想，当然也具有作为古代哲学史料的价值，即是这种史料，正如范文澜同志（《中国通史简编》）所指出的，大概是周初史官，掇拾传闻，组成有系统的记录，虽然不一定有意捏造，夸大虚饰，却所难免。其中"禅让"帝位的故事，在传子制度实行已久的周代史官，不容无端发此奇想，其为远古遗留下来的史实，大致可信。这就是说，这些传说式的史料，不能抹煞他所反映的远古遗留下来的史实，但也不要相信得他太过火。而且这种传说史料,基本上还是通过文字记录而来,是出于后人的追记。而如殷商的甲骨文字史料,便不如此,他已经不是传说史料,而是文字史料,尤其这种古代文字史料是从殷墟出土,有确切不易的物证。殷墟文字在中国古史研究上已据不朽的地位,而表现于殷墟文字中的社会意识诸形态,不能不说就是中国古代哲学史的起源。

从前有许多人主张孔子以前没有私人著述的事,也没有系统的思想可以称为哲学,因此中国哲学史当从孔子开始,孔子以前既然没有真正的哲学史料,也就没有中国哲学史可言。这种说法,我以为是把哲学史料看得太狭窄了,且不合于历史事实。实在孔子以前,中国很早就有极丰富的哲学史料了。我们从《周书·多士》中,周成王诰命说:"惟殷先人,有册有典。"这些典册流传,即使不是私人著述,即使私人著述而著者姓名不自著于册,但只要其中具有哲学思想,即是哲学史的史料。孔子因为文献不足,所以说:"殷礼吾能言之,宋不足征也。"孔子所不能征实的,现在我们却能从殷墟甲骨文字里,考究中国古代奴隶制社会,乃至于其意识诸形态。这虽然不算有系统的哲学著作,却不能不说是古代有系统的哲学著作的起源。

固然也有一派人主张中国的历史生活当起源于殷周革命以后,殷人是营自然生活,未见有何等文化之发端,中国最古的历史记述,当始于《尚书》中所传之五诰。主此说的是日本丹羽正义(江侠庵译《先秦经籍考》卷上,原文载《内藤博士还历祝贺支那学论丛》),其所持的理由是:

第一,殷是部落的时代,祭卜的时代,对于史之价值,尚没有自觉的事,到周才有史之价值的认识,这才是历史始源的时代。

第二,盛周的五诰——《康诰》《酒诰》《梓材》《召诰》《洛诰》——在《尚书》中,其文体似今日现存周初彝器毛公鼎的文章,极其佶屈，这文体的流传，不传自简策，而实由讽诵而来，这是中国最古历史记述的发端。

第三，由于殷周文化的差异，政治中心，由巫而移于史。殷代的巫，当宰相的位置，到周而以史相代。古铜器史作㕜，为手执简形，即掌文书的叫做史。有了史而后才有记录流传。

因为中国古史的起源，也就是哲学史史料的起源，所以否认殷商为中国古史的起源，也就是否定了殷商为中国哲学史的起源。实际来说，把殷代社会只认作所谓部落时代，是不符于历史事实的。殷代的生产方式、生产关系和意识形态都证明了是奴隶社会，这是已经毫无疑问的结论（参看郭沫若《甲骨文字研究》一九五二年新版序）。即因殷人是光辉灿烂的中国文化的奠基者，所以对于史的价值，也有明确的认识。卜辞和《殷本纪》《三代世表》《古今人表》等所载殷世次，历历可考。王国维作《卜辞中所见先公先王考》，据地下材料以补正纸上材料的缺误，又据纸上材料以补正地下材料的脱略，使我们知道成汤以前先公先王有十四代，可见历史文化的悠久，不得不加以肯定。举此一例，已可打破殷不是中国古史起源的旧说。至于谓由巫而移于史，这也是未深考殷代史和巫的关系。在殷代掌贞卜祭礼的僧侣贵族，叫做史也叫做巫，史、巫同义，《易经·巽卦九二》云："巽在床下，用史、巫纷若；吉，无咎。"卜辞中讲史巫的，如：

才南土，告史（《甲》二九〇二）

史以右告㕣（《上海》一四）

丁酉史其酚告（于）南室（《续》二·六·三）

史其征三兄（《甲》一九四九）

卿史于寮北宗不□大雨（《前》四·二一·七）

方祸象取乎御史（《乙》·六三六〇）

若兹陟帝，余利，朕御史不旬（《侯》——）①

"史"字见此，其意义据王国维、罗振玉谓史即使，即吏，事亦史，史、吏、事三字一义，而史本为巫师，史、卿史、御史，似皆主祭祀之事（参照陈梦家《殷虚卜辞综述》，朱芳圃《甲骨学文字编》文三，吴泽《中国历史大系：古代史》）。"大史"即大使，是代表中央王室的使臣，由于史在殷代握有大权，可见殷代是祭卜的时代，也是史巫官的时代，即以原始史官而掌握宗教政治大权的时代。于此可见中国古史不始于周，殷代早就有了，而从文化史观点上说，周人文化原较殷人低，所以周人学习殷文化，如册典的册字，卜辞作㸚或㸚，周人也写作册，殷史官有乍册之制，到西周依然存在（陈梦家：同上书"乍册"），既然这些制作策命宣读策命的人，都承袭殷制，可见周人的关于史的记录这一学问，也是学习殷人的，那么肯定中国古史和哲学史的起源是始于殷商，不也是很可靠的吗？

殷商史料试探

当然以卜辞为哲学史史料，也是极其有限度的，但在卜辞之外，尚有许多与殷商有关的文献史料，可以互相参证，例如《尚书》中之《商书》，《诗经》中之《商颂》，其中即有不少关于意识诸形态的材料。又如《史记》之《殷本纪》《三代世表》，此外如《竹书纪年》《世本》《楚辞》等，凡涉及殷人事迹的纸上史料，虽与哲学的史料无关，却可用以证史。而且甲骨文字自从一八九九年即清光绪二十五年开始发现以至今日，统计文字材料出土，已著录与未著录

---

① 此处引文删去两条。——底本编者

的，总共竟有十六七万片之多，研究论著在短短五十年间，约计也有一百六七十万言（此据胡厚宣《五十年甲骨学论著目》"自序"言）。在这样庞大的地下史料之中，找出和哲学史有关的部分，用以探究中国哲学史的起源，并参以地上史料来作说明，这就是王国维所开始提倡的史料研究方法，所谓"二重证据"便是。[①]

甲骨学的研究，目前尚在发展之中，大概五十多年来这一门学问的发展，可分为三个时期。第一时期，是注意文字的考释，代表著作如：

刘鹗：《铁云藏龟》（一九〇三）

孙诒让：《契文举例》（一九〇四）

罗振玉：《殷虚书契前编》（一九一三）、《殷虚书契后编》（一九一六）、《殷虚书契待问编》（一九一六）、《铁云藏龟之余》（一九一五）、《殷商贞卜文字考》（一九一〇）、《殷虚书契考释》（一九一五）

王国维：《殷卜辞中所见先公先王考》（一九一七）、《殷周制度论》（一九一七）、《殷礼征文》（一九一六）、《戬寿堂所藏殷虚文字考释》（一九一七）

在这里王国维已开卜辞综合比较研究之始，而自他以后，古文字学才渐渐成为殷商史研究的一个重要工作。

第二时期是注意一般文化的研究，代表著作如：

徐中舒：《殷周文化之蠡测》（一九三一）

董作宾：《卜辞中所见之殷历》（一九三一）、《殷历中几个重要问题》（一九三四）、《殷商疑年》（一九三六）、《殷历谱》（一九四五）、《甲骨文断代研究例》（一九三五）、《五等爵在殷商》（一九三六）

[①] 此段油印稿旁作者有一些手写资料，大多是关于甲骨文数量、字数的，由于字迹模糊，故不录。——编者

吴其昌:《殷代人祭考》(一九三二)、《甲骨金文中所见的殷代农稼情况》(一九三七)

丁山:《由三代都邑论其民族文化》(一九三五)、《宗法考源》(一九三四)

李济:《殷商陶器初论》(一九二九)、《现代考古学与殷墟发掘》(一九三〇)

第二时期以旧中央研究院历史语言研究所为中心之文化研究,到了后来便成为全国性的研究的方向,如:

朱芳圃:《甲骨学文字编》(一九三三)、《甲骨学商史编》(一九三五)

胡厚宣:《甲骨商史论丛》(一九四四)

杨树达:《积微居甲文说》(原为湖南大学古文字学研究讲义)

第三时期注意社会史的研究,这是甲骨学与马克思主义历史方法的开始联系,起源于一九三〇年,郭沫若所著《卜辞中之古代社会》(收入《中国古代社会研究》)与《甲骨文字研究》(一九三一)、《卜辞通纂》(一九三三),其后遂成一种研究的新方向。如吕振羽所著《殷周时代的中国社会》(一九三四),郭沫若所著《古代研究的自我批判》(一九四四,收入《十批判书》),吴泽所著《古代史——殷代奴隶制度史》(一九四九),乃至李亚农所著《殷代社会生活》(一九五五),都可以说是应用了马克思《资本论》第一卷[①]中所说的"考古学的方法",站在龟甲兽骨的遗骸上,来建设新的古史学。

但是由于甲骨学研究的扩大和深入,就现有论著的成绩来说,已经从一般文化的研究中,渐渐注意到特殊的文化部门,例如关于宗教

[①] 作者在油印稿"卷"字与"中"字间作了一个符号,而在旁边空白处由此符号引带一段手写文字:"遗骨构造的理解可以帮助我们认识已经灭亡动物底种类,劳动工具之遗物底理解,对于判断古代社会底经济形态也有同样的重要。"——编者

和哲学的研究，这一类可举的代表著作，如：

胡厚宣：《殷代之天神崇拜》（一九四四，收入《甲骨学商史论丛初集》第二册）

陈梦家：《商周之天神观念》（一九三五）、《商代的神话与巫术》（一九三六）、《五行之起源》（一九三八）

杨树达：《甲骨文中之四方神名与风名》（一九四五，收入一九五四《积微居甲文说》）

杨荣国：《殷人的思想》（见《中国古代思想史》第一章，一九五四）

就中尤其是一九五六年陈梦家所著《殷虚卜辞综述》第十七章（科学出版社版）所述宗教，最有条理。由此可见，关于这一方面的史料，已经开始有人注意研究，因此进一步从甲骨文研究殷商的社会意识形态，也便成为中国哲学史工作者的重要任务了。言古代哲学而不注意殷商，言殷商哲学而不注意甲骨文字的史料，这都是不可以的。甲骨文中哲学史料之所以重要，是因为它可以和其他文献史料比较，而知其为他哲学史料的张本。例如，相传中国最早的哲学书——《周易》，是古代卜筮的书，其作者无疑是在殷商之后。而受殷卜辞的影响，如甲骨文中言"亡文"有数百处，王静安《戬寿堂所藏殷虚文字考释》，谓其形"不可识"，其义"犹言亡咎，亡它"，丁山在《历史语言研究所集刊》第一本第一分册《殷契亡文说》，证明"亡文"即无尤，乃殷周以来的成语，甲骨文之亡文，即《易·贲》六四、《剥》六五、《蹇》六二、《旅》六二《象传》所云"终无尤也"。《易经》言"终无尤"，犹言终无灾异，无灾害；如风雨不时为灾害，山崩水涸皆灾异。这是卜筮用语，从殷卜辞来的。而且《易经》中有许多语气同卜辞一样，余永梁曾将卦爻辞与卜辞比较，如句法的比较十六条，成语的比较八条（见《古史辨》第三册《易卦爻辞的时代及其作者》)。现在这里我也举几个例：

《易经》："离，利贞；亨，畜牝牛吉。"
卜辞："庶子卜，贞，牧□羊。"
《易经》："旅贞吉。"
卜辞："贞我旅吉。"
《易经》："丰其沛；日中见沫（昧）折其右肱，无咎。"
卜辞："旬又祟，王疾首，中日需谷。"

就《易经》内容来说，卦爻辞中关于殷代，有殷先王王亥的故事，殷高宗的故事，帝乙的故事，箕子的故事，可见《易经》可以证明殷史实，同时在思想上也发生联系是无疑的。殷商哲学史料除了甲骨文比较重要之外，余如《尚书》中的《商书》，今古文篇数不同，均传为孔子删定。今文《尚书》二十九篇，《商书》五篇，汉初伏胜传授，是比较可靠的。古文《尚书》五十八篇，《商书》十三篇，汉时自孔子宅壁中得，是伪书。关于今古文《尚书》之辨，不在这里详说，现在只就今文《尚书》的五篇来说，即：

《汤誓》第五、《盘庚》第六、《高宗肜日》第七、《西伯戡黎》第八、《微子》第九。

大小夏侯传伏生经为五篇，欧阳传伏生经分《盘庚》为上、中、下三篇，共为七篇。孔壁所传古文《尚书》则为十三篇：

《汤誓》、《汤诰》、《咸有一德》、《典宝》、《伊训》、《肆命》、《说命》、《盘庚》（上、中、下）、《高宗肜日》、《西伯戡黎》、《微子》。

因为今古文篇数不同，文辞也不同。今文多艰深难解，而古文反平易易读。古文的伪，自宋吴棫已提出异议。朱熹更指出："《书》凡易读者皆古文，岂有数百年壁藏之中，不能损一字哉？伏生所传皆难读,如何伏生偏记其难而易者不能记也!孔《书》至东晋方出,前此诸儒皆未之见,可疑之甚。"古文《尚书》在汉不列学官,至东晋梅赜始显著,可见本非孔壁旧藏。即以《商书》而论,伪古文《尚书》中,如以《伊训》为例,郑瑗《井观琐言》中指出:

> 如《伊训》全篇平易,惟《孟子》所引二言独艰深。且以商诗比之周诗自是奥古,而《商书》比之《周书》乃反平易,岂有是理哉!

崔述在《古文尚书辨伪》中,录及其弟迈所查出伪《古文尚书》字句所本,《汤诰》本离合增减《周语》内史过引《汤誓》及《论语》载《汤诰》一节,《伊训》"百官总己以听冢宰",语本《论语》。"造攻自鸣"条,"朕哉自亳"语,本《孟子》"天诛造攻自牧宫,朕载自亳"。"立爱惟亲,立敬惟长"学《礼记》语。《咸有一德》"天难谌,命靡常",上句《诗·大明篇》语,下句《诗·文王篇》语;"天难"篇,《书·君奭篇》语(此引《伪书通考》上册)。此即阎若璩所云"凡晚出之古文,所谓精诣之语,皆无一字无来处,独惜后人读书少,遂谓其自作此语耳"(见同上,上册,惠栋《古文尚书考》引阎氏语)。辨此一节,便知伪古文《尚书》中之《商书》,不可作为史料,而可为真正作史料用的,却只有今文《尚书》中之《商书》,而采用今文《尚书》,也须十分谨慎。王国维在《古史新证》中,考得《尚书》一书所得结论是:

> 《虞夏书》中如《尧典》《皋陶谟》《禹贡》《甘誓》;《商书》中如《汤誓》,文字稍平易简洁,或系后世重编,然至少亦必为周初人所作。至《商书》中之《盘庚》《高宗肜日》《西伯戡黎》

《微子》;《周书》中之《牧誓》《洪范》《金縢》《大诰》《康诰》《酒诰》《梓材》《召诰》《洛诰》《多士》《无逸》《君奭》《多方》《立政》《顾命》《康王之诰》《吕刑》《文侯之命》《费誓》《秦誓》诸篇，皆当时所作也。

关于《周书》的问题，这里暂不说。关于《商书》，则王国维所考得的当为定论。而因此如《盘庚篇》之说"德"，《西伯戡黎篇》之说"天"，当然也可以算做哲学史料来采用了。

《商书》之外，还有《诗经》中之《商颂》，其作者为商人抑周人，自来各家颇有争论，其诗共五篇，列于《鲁颂》之后，这即是：《那》《烈祖》《玄鸟》《长发》《殷武》。

据《毛诗序》，《商颂》为商人祭祖的诗。《国语·鲁语》："昔正考父校商之名颂十二篇于周太师，以《那》为首。"郑司农云："自考父至孔子，又亡其七篇，孔子录诗之时，只得五篇而已。"(《郑笺诗谱》)《毛诗序》在《那》序上说："微子至于戴公，其间礼乐废坏，有正考甫者，得《商颂》十二篇于周之太师，以《那》为首。"在这里"校"之一字，依魏源所著《诗古微·商颂（鲁韩）发微篇》，则"校"作"审校音节"解，他举十三条证据，认《商颂》乃宋襄公时正考父祭商先祖所作，今文家多持这种见解。《史记》用鲁诗说，在《宋世家》云宋"襄公之时，修行仁义，欲为盟主，其大夫正考父美之，故追道契、汤、高宗，殷所以兴，作《商颂》"。韩诗说同。《薛君章句》云"正考父，孔子之先也，作《商颂》十二篇"(《后汉书·曹褒传》注引)，这就是认《商颂》为宋襄公时大夫正考父所作。但据王国维《说商颂上》，则"考汉以前，初无校书之说，即令校字作校理解，亦必考父自有一本，然后取周太师之本以校之，不得言得，是《毛诗序》改校为得，已失《鲁语》之意矣。余疑《鲁语》校字当读为效,效者献也,谓正考父献此十二篇于周太师";"且以正考父时代考之,亦以献诗之说为长"(《观堂集林》卷二)。然则《商颂》应该是商人的诗了,那又不然。在《说商颂下》,王国维以《商颂》与卜辞相比较,证明商颂当为宋诗,不为商诗,他说:

> 又自其文辞观之,则殷虚卜辞所记祭礼与制度文物,于《商颂》中无一可寻,其所见之人地名,与殷时之称不类,而反与周时之称相类,所用之成语,并不与周初类,而与宗周中叶以后相类,此尤不可不察也。卜辞称国都曰商不曰殷,而《颂》则殷商错出。卜辞称汤曰大乙[①]不曰汤,而《颂》则曰汤曰烈祖曰武王,此称名之异也,其语句中亦多与周诗相袭。……由是言之,则《商颂》盖宗周中叶宋人所作,以祀其先王,正考父献之于周太师,而太师次之于《周颂》之后,逮《鲁颂》既作,又次之于鲁后,若果为商人作,则当如《尚书》例,在《周颂》前,不当次于《鲁颂》后。(《观堂集林》二)

至于宋诗何以称商,则梁启超在《古书真伪及其年代》里也有说明,盖因《左传》常以商代宋,故宋诗名《商颂》。又皮锡瑞《诗经通论》上说"商质而周文,不应《周颂》简,《商颂》反繁"。又其第五首《殷武篇》,有"挞彼殷武,奋伐荆楚。深入其阻",考据家均认商朝尚无荆楚之称。可见《商颂》乃宋诗,不是商诗,如崔述《商

[①] 作者在油印稿此处做了一个符号,并在此段旁由符号引带一段手写文字:大乙,《史记》作天乙。《索隐》引谯周曰:天□,予也。殷人□汤故曰天乙。罗振玉说天与大形近而讹,□为曲说。王国维识天乙之为己见,《荀子·成相篇》□□□□□□□□如大乙、如大甲、如大唐皆冠以大,则□自□大乙。又卜辞屡见"唐",唐即汤之□字,《说文》"旸,古文唐,从□易",与汤字形相近。——编者

考信录》，竟采《商颂》为商的真实史料，而不加以批判，这就未免犯了错误。实则《商颂》之中，也未尝不保藏殷商的传说史料，如应用《商颂》来说明殷代有玄鸟为其始祖的神话之类，但在其与殷卜辞比较之下，卜辞可算原始的史料（original source），而如《商颂》之类，只好算做补助史料（secondary source）了。

甲骨文字中的哲学史料

晓得殷商的原始史料，最重要的是甲骨文字，就知道殷商的哲学史的原始材料，也只有在甲骨文字中去探讨了。固然甲骨文字作为史料看，只是一鳞半爪，不成为有系统的哲学著作，但只要我们能博搜旁证，用了一番爬罗搜剔的工夫，也可以在很贫乏的史料之中，整理出一个头绪，组成一个系统。依我初步研究的结果，认为甲骨文字中的哲学史料，是包括有三个方面。

（一）多神崇拜；

（二）五行说之起源；

（三）殷礼。

古代奴隶制社会是多神教的时代，希腊如此，中国也不是例外。由卜辞所记殷商人的崇拜，和《周礼·大宗伯》所记祭礼的对象之天神、地示、人鬼，大概相同，可分为三类，即：第一，天神崇拜，包括上帝及一群分掌天象诸神，如曰东母、西母、云、风、雨、雪等，叫做"臣正"。这一类研究资料，参看陈梦家《殷虚卜辞综述》。在这里上帝作威作福，有无上的权能，他是主宰农业生产的神，能福人也能祸人。依据卜辞材料，上帝可以令雨、令风、令骲（济）、降莫（馑）、降祸、降㕚（一种灾害）、降食、降若（诺），又可以受右（佑）、受与。例如：

帝令雨足年，帝令雨弗其足年（《前》一·五〇·一）

今三月帝令多雨（《前》三·一八·五）

今二月帝不令雨（《铁》一二三·一）

羽癸卯帝其令风——羽癸卯帝不令风（《乙》二四五二，三〇九四）

帝其及今十三月令霽——帝其子生一月令霽（《乙》三二八二）

上帝降莫（《存》一·一六八）

帝不降大莫（《哲庵》一七七）

帝其降莫（《前》三·二四·四）

帝其降我莫（《甲》七六六）

贞卯，帝弗其降祸，十月（《佚》三六）

雨，帝异□降兹邑祸（《库》一三四）

兹邑亾降祸（《乙》六五九四）

帝降食受又（《乙》五二九六）

我其已宾乍，帝降若——我勿已宾乍，帝降不若（《前》七·三·八·一、《粹》一一一三）

伐邛方，帝受我又（《林》一·一一·一三）

勿伐邛，帝不我其受又（《前》五·五八·四）

不雨，帝受我年，二月（《掇一》四六四）

再把这地下发现的材料和纸上的材料相对证，则卜辞中所称"帝"，即是《尚书》中所称的"天"，卜辞也有"天"字作兲，象天为人顶之状。《说文》一部"天，颠也，至高无上，从一大"。天、帝义可相通，《史记索隐》引谯周说"天亦帝也"，故《商书》中既称"帝"又称"天"。如云：

有夏多罪，天命殛之。……予惟闻汝众言，夏氏有罪，予畏上帝，不敢不正。……尔尚辅予一人，致天之罚，予其大赉汝。（《汤誓》）

　　呜呼！我生不有命在天。（《西伯戡黎》）

　　惟天监下民，典厥义，降年有永，有不永。（《高宗肜日》）

　　天其永我命于兹新邑。（《盘庚上》）

　　予迓续乃命于天。（《盘庚中》）

　　肆上帝将复我高祖之德。（《盘庚下》）

　　第二，社神崇拜。由于古代中国人崇拜大自然的力量，把大自然中具最高力量和掌管农业生产的大神，叫做天帝。"帝"受义的根源，是由于"蒂"字，还是为"日"字的别名，虽尚成为问题，但其为自然崇拜，则无疑义。而在自然崇拜中格外突出的，是社神崇拜，包括社、四方、山、川、河、诸神（研究资料见《殷虚卜辞综述》，《甲骨学商史编》卷六）。卜辞祭土即祭社，祭某土即某地之社，《商颂》"宅殷土茫茫"，《史记·三代表》引作"殷社茫茫"。殷社见于史籍有名的为桑林，《吕氏春秋·顺民篇》"天大旱，五年不收，汤乃以身祷于桑林"，《帝王世纪》（《艺文类聚》二引）、《尚书大传》（《左传·襄十》正义引）均作"汤祷于桑林之社"，《路史余论》六"桑林者社也"，卜辞"其賓于桑甼大牢"（《粹》四七〇），闻一多云："卜辞言祀桑用賓，祭牲用太牢，其隆重如此，今谓桑即桑林，亦即殷人之社，庶几足以当之。"（《释桑》，见《古典新义》）见于《史记》，见于《尸子》。法国汉学家格拉勒（Granet, M.）所著《古中国的跳舞与神秘故事》第三卷第二章中亦举此为例，认为"这种献身办法，是用魔术建立圣地及朝代威权的办法""开国的英雄在他同族类中建立威权，往往用他自身贡献于圣地，全凭这种献身，当了首领的他以及其后嗣,都保有一种半魔半宗教的权德,他便行使这种权德,以福其民,他和他的子孙,在他领土内,都算是惟一的人(原注惟一的人与天子的意义相等)。他造福一切,负担一切,圣地便是他的权力的灵魂"(中华书局译述本)。可见祭社之思想上的重大意义了。又祭四方是祭东南西北不同方向的农业作物生长的土地,祭山如祭十山五山,祭川如祭洹、洹泉、滴,又祭河均与求年祈雨有关,尤其是河神,卜辞"河弗跎我年"(《库》四〇七),这可以说是神话中河伯的起源。

第三,是祖先崇拜。《殷商制度论》云:"商人祭法见于卜辞所纪者至为繁复,自帝喾以下,至于先公先王先妣,皆有专祭。"(《观堂集林》卷一十)又对于先妣举行特祭,其祀典与先王同,可见殷代母权尚很尊重。祖先崇拜包括先王、先公、先妣和多父、多母、多子等,研究资料见《殷虚卜辞综述》第十章、十一章。因为人世求年祈雨,均须通过先公先王的关系,而先公先王有时也能下雨丰年。卜辞"唯王亥跎雨"(《粹》七五)、"贞于王亥求年"(《后上》一·一),又"求年于且丁""求禾于妣庚"等均可见。又卜辞"祖妣"二字,乃"牡牝"的初字,这也可见生殖神崇拜之思想的本源(郭沫若《释祖妣》,见《甲骨文字研究》,又见《甲骨学商史编》卷六)。

由上史料,可见殷代是多神崇拜的时代,因此殷代思想也应从诸神的神话中去探求。求助于《山海经》《竹书纪年》《楚辞》中取得二重证据,再求助于民俗学、神话学,还他一个神话时代的思想价值。

其次是关于五行说的起源。胡厚宣所作《甲骨文四方风名考证》(《甲骨学商史论丛初集》第二册)有卜辞云:

  东方曰析,凤(风)曰劦
  南方曰夹,凤曰岂

西方曰⿰，凤曰彝

□□□□，凤曰殴

把这一段和《山海经》比较，知四方之名乃神名。《山海经》云：

东方曰折，来风曰俊，处东极以出入风。（《大荒东经》）
南方曰因乎，夸风曰乎民，处南极以出入风。（《大荒南经》）
有人名曰石夷，（西方曰夷，）来风曰韦，处西北隅以司日月之长短。（《大荒西经》）
北方曰鹓，来风曰猴，是处东极隅以止日月，使无相间出没，司其短长。（《大荒东经》）

胡厚宣以为甲骨文仅言四方名某方曰某，《山海经》则以四方之名为神人，故能出入风，司日月之长短，即是已将四方之名神人化。杨树达否认其说，以为四方之名，在甲骨中已为神名，即据胡厚宣所举其他二卜辞文为证，并得一结论（见《积微居甲文说》卷下《甲骨文中之四方神名与风名》）：

1. 殷人以为草木各有神为职司，其神为四，分司四季，为后来《月令》句芒等神所自出。

2. 殷人早以四时分配于四方，为《尧典》所自本。

这里认殷人以草木为有神，是合于奴隶制社会之多神崇拜思想的。而且指出了四方四时和农耕的关系，是合乎当时的生产情况，不过还没有更进一层指出这四方说实为五行说的起源。甲骨文中有四方说，也有五方说。胡厚宣在《论五方观念及"中国"称谓之起源》中（《甲骨学商史论丛初集》第二册）有一段说：

今按……殷代确有五方之观念，则可由卜辞证之，如帝乙帝辛卜辞有曰：

己巳壬卜贞今山：商受年，王凪曰吉

东土受年

南土受年

西土受年

北土受年（《粹》九〇七）

此卜商与东南西北四方受年之辞也。"商"者亦称"中商"，如武丁时卜辞曰：

戊寅卜，王贞受中商年，十月（《前》八·一〇·三）

□巳卜，王贞于中商乎御方（《佚》三四八）

"中商"即商也，中商而与东南西北并贞，则殷代已有中东南西北五方之观念明矣。……然则此即后世五行学说之滥觞。五行之观念，在殷代颇有产生之可能，未必即全为战国以后之物也。

杨向奎曾据此作《五行说的起源及其演变》（《文史哲》一九五五年第十一期）。在此之外，尚有陈梦家《五行之官起于卜辞帝五工臣之说》[①]（《燕京学报》第二十四期《五行之起源》，页四九—五一《殷墟卜辞综述》）。卜辞帝五工臣[②]和《左传·昭十七》郯子所述五纪之帝、五鸟、五鸠有关，发展而为《左传·昭廿九年》蔡墨所说的五行之官，五官即木火金水土。由此可见，五行说最早可能即卜辞的五方说与帝五工臣说，以后才发生五材说。《左传·襄公二十七

[①] 作者在油印稿此处旁写了一段文字：陈梦家云《左传》郯子一段为《左传》所存有关殷代神话之最宝贵一段。——编者

[②] 作者在油印稿此处旁写有一段文字：陈之帝工臣当指帝庭的诸执事其成员，当□□《九歌》的东皇太一、东君、云中君、大司命、少司命或《周礼·大宗伯》中的司中、司命、风师、雨师或郑玄注《大宗伯》五帝之日、风师、雨师和司中、司命。——编者

年》:"天生五材,民并用之。"杜预注:"金木水火土。"这完全是将物质区为五类,是唯物主义的。其说最早见于《尚书·洪范》,相传为殷末箕子所作。相反地,五方说和帝五工臣说见于卜辞中的,均与自然崇拜有关,可认为是中国五行学说尚未完成前的原始的思想形式。从此原始的五行说,一转再转而为《月令》与《吕氏春秋》的五帝神,《淮南子·天文训》的五方帝,于是五行说乃更为整齐,而具有唯物主义思想的因素,这应该可说是哲学思想之一大进步。

还有就是关于殷礼的史料了。孔子称殷礼不足征,"文献不足故也,足则吾能征之矣"。但由卜辞发见以后,这不足征的礼足征了。参考资料如王国维《殷礼征文》(《王忠悫公遗书二集》石印本)、叶玉森《挚契枝谭》(一九二九年北京富晋书社影印本),均未接触殷礼与古代巫术的关系,所以许多故实,尚待整理。案礼字卜辞作:

豊(《后下》八) 豊(《前》伍·五) 豊(《铁》二·三八)

王国维云:"《说文·示部》云,礼,履也,所以事神致福也,从示从豊,豊亦声。又《豊部》豊,行礼之器也,从豆象形。按殷虚卜辞……此诸字皆象二玉在器之形;古者行礼以玉,故《说文》云豊行礼之器,其说古矣。惟许君不知珏字即玨字,故但以从豆象形解之,实则豊从玨在口中,从豆乃会意字而非象形字也。盛玉以奉神人之器谓之豊若豊,推之而奉神人之酒醴,亦谓之醴,又推之而奉神人之事,通谓之礼。"知道殷代是多神崇拜的时代,就知道礼的起源,是一种具有感应巫术的宗教仪式,如行礼用玉,玉即巫术的一种法物,可以辟禳,可以避水旱(如《左昭》定三、襄十八济河必沉玉,说见《燕京学报》第二十期陈梦家《商代的神话与巫术》附《论玉》)。玉之外,以血为更具有巫术能力,其宗教仪式为祓禳时杀牲以祭，为扮像跳舞。如卜辞宁字，作㝸（《前》五·一八四）㝽（《上》一九·八），从血从乎，为宁息风雨所用以祓禳四方及风雨的专祭，其祓禳手续，即重血祭（陈梦家说，见《商代的神话与巫术》第三章）。《墨子·兼爱下》"汤曰惟予小子履，敢用玄牡，告于上天后"，这里履即礼字，这就是说汤用玄牡在上天后之前行礼。殷代祖先用血祭有四，一贲，燔牲于火；二沈，瀸牲于水；三狸，瘗牲于土；四卯，刑牲以刃（吴其昌说）。《周官·大宗伯》"以血祭祭社稷五祀五岳，以狸沈祭山林川泽"，这也是一准殷礼而来。殷礼乃周礼的张本，所以《周书·君奭篇》中述及：

故殷礼陟配天，多历年所。

这是说殷礼祀天，而以宗祖相配，所以能享国历六百年之久。又同书《洛诰》中周公说：

王肇称殷礼，祀于新邑，咸秩无文。

可见推究典礼思想的来源，不得不求之于殷商，所以孔子说"周于殷礼，所损益可知"。先有殷商人以祭天帝祭宗祖为礼，周人才推广其意，而以礼为"经国家，定社稷，序民人"（《左传·隐十一年》），完全变成统治的工具了。

殷人有礼也有乐。《易经·豫卦·象》云："雷出地奋，豫，先王以作乐崇德，殷荐之上帝，以配祖考。"这分明是说殷时作乐。考殷乐器有南（郭沫若云即钟镈之类之乐器，盖即铃也），有龢（郭云龢为乐器，《尔雅》云"大笙谓之巢，小者谓之和"），有壴（郭云壴谓用鼓以助祭）。乐有大蒦之乐（卜辞蒦，罗振玉云谓祭用大蒦之乐）、侑食之乐（卜辞"又"董作宾云通作侑，是侑食之乐）。有乐也必有舞，《墨子·非乐》引"汤之官刑曰其恒舞于宫，谓之巫风"，巫是殷代舞蹈专家，《说文》巫象人两袖舞形，与卜辞舞作众人夾夾形合，可见巫即舞，且以求雨为其专业。卜辞屡言"今日隶舞，㞢从雨"（《拾》七·一六，《前》三·三〇），可见舞与求雨的关系，而隶舞又为《楚辞·九歌》代舞的起源。又《商颂》"万舞有奕"，万舞当是武舞。卜辞"伐"字，罗振玉、董作宾证之以《山海经·海外西经》有"大乐之野，夏后氏于此舞九伐"，《礼记·乐记》"夹振之以驷伐"，注"一击一刺为伐"，知伐也是武舞。《公羊传》何注"周武王以万人服天下，殷汤亦以万人服天下"，这就是武舞称万称伐的实际意义。由上所述可见礼乐的思想在殷商时代已经发达，而关于这一类史料的搜集和研究，对于孔子所认为不可能的，现在也成为可能的了。

总之，中国远古哲学的史料是很丰富的，殷商时代地下材料的发掘，已给我们哲学史的鸿荒时代开辟一条道路。再加以文献史料可相参证，民俗学、神话学的学问可资比较，而地下所获史料，尚日出不穷，这是三重证据的史料研究法。固然以卜辞证哲学史，尚事属创举，但利用此种材料，而努力完成大部殷商思想史，使哲学史的第一环节，不致成为空白，这种工作，无疑是刻不容缓的了。

第三讲　中国人的智慧——《易经》*

《易经》在中国哲学史上的位置

《周易》是古代的卜筮书，从其性质来看，和甲骨卜辞同起源于占卜，虽然两者体制不同，就内容来说，范围也不相同，但无疑都是卜筮者流所做的。即因《易》是一部卜筮书，所以秦焚《诗》《书》，而《易》独以卜筮书保存下来。也即因其为一部卜筮书，可以附会解释，所以到了儒家手里，便给它添上了许多道德政治和哲学的解释。如《彖辞》《象辞》《文言》《系辞》之类，都只是儒家把原有的《易》加以发挥，《易》变成中国哲学胚胎的书，而且变成最早保有中国辩证的素朴唯物主义的哲学传统的书了。

《易经》在中国哲学史中的位置，一方面有人认为是儒家经典中最古最神圣的东西，所谓"人更三圣，世历三古"（《汉书·艺文志》语，指伏羲画卦，文王重卦，孔子作《十翼》）。《周易》既然是六经之首，那么其中所代表的思想，也应该是居中国哲学的第一位了。但也有相反的看法，认为《周易》的形成决不能最早而因此竟把它放在战国百家争鸣之学中讲。平心而论，《周易》作者和时代虽有问题，如云卦辞为文王作、爻辞为周公作、《十翼》为孔子作，证据虽均薄

---

* 《宗教学研究》2001 年第 3 期曾以《中国人的智慧——〈周易〉》之名刊载此讲内容。——编者

弱，但即使弄不清楚这些问题，仍不能否认《周易》是一部古代极有价值的代表中国人的智慧的书，何况《周易》经部的关键本在卦辞和爻辞上。就卦爻辞来看，《周易》很明白是西周时代的书。把它来代表西周哲学——即使卦爻辞只停留在最素朴的思想里——是可以的。黑格尔《哲学史讲演录》第一卷讲到中国哲学，他即很注意关于《易经》起源于伏羲的传说，认为完全是神话、虚构的、无意义的，但他同时却指出：

> 第二件须要注意的事情是：中国也曾注意到抽象的思想和纯粹的范畴。古代的《易经》（论原则的书）是这类思想的基础。《易经》包含着中国人的智慧（是有绝对权威的）。（三联书店版）

黑格尔认为"他们也达到了对于纯粹思想的意识，并不深入"，其所以不深入的原因，因为《易经》"从抽象过渡到物质是如何地迅速"，又《易经》"第一个符号包含着太阳与阳本身，乃是天（乾）或是弥漫一切的气"。黑格尔是唯心主义者，所以对于中国代表素朴唯物主义的《易经》中所说的"气"，不能接受，因此也就贬低了中国古代哲学的价值，然而我们却相反地承认《易经》具有最早的素朴唯物主义的思想，因此价值也高些，但无论如何，说《易经》是中国人的智慧，这确是真的。郭沫若同志不承认《易经》时代之早，却承认《易经》里有辩证法的思想。在他所著《中国古代社会研究》第一篇"周易的时代背景与精神生产"中，上篇讲"《周易》时代的社会生活"，下篇即讲"《易传》中辩证观念之展开"。《易经》既然有早期的素朴唯物主义的思想，又有辩证的观念之展开，这就可见是一部有绝大意义的哲学书，尽管这部哲学书，追溯其来源，还是出于占卜，但占卜是一回事，哲学又是一回事。《系辞上传》很明白地说："《易》有圣人之道四焉，以言者尚其辞，以动者尚其变，以制器者尚其象，以卜筮者尚其占。"在四者之中，哲学是第二项"以动者尚其变"。这已经把占筮书变样，而达到了对于纯粹思想的意识了。

《易经》之成为讲变化的书，这只就《易》所用名词来看，便可知道，如就字义说，"易，蜥易也。日十二时变色，取其变易"。陆佃、罗泌、吾丘衍、罗喻义均有此说。又孔颖达论《易》的名义，他说："夫易者变化之总名，改换之殊称，自天地开辟，阴阳运行，寒暑迭来，日月更出，孚萌庶类，亭毒群品，新新不停，生生相续，莫非资变化之力、换代之功。……谓之为《易》，取变化之义。"但在变化之外，孔颖达更相信有不易和易简之二义。刘熙《释名》谓："易一言而含三义，所谓易也，变易也，不易也。"郑玄依此义作《易赞》及《易论》，云："易简一也，变易二也，不易三也。"《正义》本此。其实《易》言变易，即不应再说什么不易。俞樾在《湖楼笔谈》中驳其说道：

> 推寻其义，殊不可通。《系辞》云："夫乾确然示人易矣，夫坤隤然示人简矣。"是易简之德，分属乾坤。《易》首乾、坤，应题易简，去简著易，于义何居？若夫天尊地卑，乾坤以定，不易之义，亦有可言。然义取不易，而书则名《易》，翩其反而，抑何悠谬？若如斯言，则吉为不吉，凶为不凶矣。是故易简之说，或者以乾包坤；不易之说，实乃以白为黑。郑君信纬，遵用其义，孔氏《正义》列之首篇，支离之谈，所未敢徇。

《易经》本以变化为主，所以《系上》说"非天下之至变，其孰能与于此"，《系下》说"变动不居，周流六虚，上下无常，刚柔相易，不可为典要，惟变所适"。《系辞》虽出于孔子门人，但以《易》为讲变化的书，却是正确的。讲变化乃中国人一切智慧的基础，是唯物主义世界观及其规律的胚胎思想，忽视这一点，中国哲学就无从讲起了。

再说到"周易"这个名称，也是把变化的意义形象化了。郑玄解释"周易"说："周易者，言《易》道周普，无所不备也。"贾公彦《周官·太卜》疏云："周非地，号以《周易》，以纯乾为首。乾为天，天能周于四时，故名《易》为《周易》也。"这本没有错，惟孔颖达《易》疏云："文王所演故谓之《周易》，犹《周书》《周礼》，题周以别余代，故《易纬》云周代以题周是也。"这本《易纬》之说，实不足信。《周礼·太卜》"三易"云："一曰《连山》，二曰《归藏》，三曰《周易》。"《连山》《归藏》，均不题名夏易、商易，何以《周易》独以地名为题，实不可解。而且《易》既为讲变化的，则《周易》称周，亦所以明变化的曲折路线，所谓"日中则昃，月盈则食，天地盈虚，与时消息"（丰卦）；所谓"无平不陂，无往不复"；所谓"终则有始"。在这里"周"是周流不息之意，这也可以说是中国人古代辩证法思想的表现，知道变化是无穷无尽的，是一阴一阳按辩证法的法则展开的。但同时我们也不要忘记，《周易》固非指地方而言，而《易经》哲学的发展，却正在西周初期，所以孔颖达等的误会，也决不是偶然的。

《易经》的作者及年代问题

《易经》哲学何以是始终西周呢？这当然是就卦爻辞说，而不是就《十翼》说的。就《十翼》说，决不能在春秋中叶以前，而就卦辞、爻辞说，则却可决定在西周初期。卦爻辞既然均为筮占的筮辞，与甲骨卜辞同类，则其年代决不会太晚。

据《系辞传》云："《易》之兴也，其于中古乎？作《易》者，其有忧患乎？"虽不言中古是什么时候，忧患为什么事情，但另一段说："《易》之兴也，其当殷之末世，周之盛德耶？当文王与纣之事邪？是故其辞危。"因此卦爻辞还被认为文王所作。《史记·太史公自序》"西伯拘而演《周易》"；又《周本记》"西伯盖即位五十年，其囚羑里，盖益《易》之八卦为六十四卦"；又曰传"自伏羲作八卦，周文王演三百八十四爻，而天下治"。《汉书·艺文志》更肯定说："殷周之际，纣在上位，逆天暴物，文王以诸侯顺命而行道，天人之占可得而效，于是重《易》六爻，作上下篇。"这就是说在文王之前已有八卦，文王演之为六十四卦三百八十四爻，叫做《周易》。但文王演《易》是否同时做了卦爻辞呢？如爻辞多文王后事，若爻辞是文王作，不应升卦六四有"王用亨于岐山"（追号文王为王乃武王克殷后事），不应明夷六五有"箕子之明夷"（箕子被囚为奴，乃武王观兵后事）。又《左传·昭公二年》："晋侯使韩宣子来聘……观书于太史氏，见《易象》与《鲁春秋》曰：周礼尽在鲁矣，吾乃今知周公之德与周之所以王也。"而周公当放谤流言的时候，也算得起是忧患极了，所以马融、陆绩、孔颖达均主张卦辞为文王作，爻辞则为周公作。其实是文王作，还是周公作，都无明文可据。《史记》称"文王演三百八十四爻"，也不曾说作卦爻辞，若云爻周公作，这也不过东汉古文家如郑兴、贾逵、马融等的异说，西汉今文家便不如此说，所以这个问题还是没有解决的。最好的解决，是承认卦爻辞为西周初期所作，尽管不识作者为谁，但可明白卦爻辞的作者，只将商代及商周之际的故事叙述于各卦爻中。例如"帝乙归妹"两见，"高宗伐鬼方"（既济九三、未济九四）亦两见；又如"丧羊（牛）于易"（大壮六五、旅上九）亦两见。可见卦爻辞虽著作人无考，却可决定其为两周初卜官所作的书。在周初，这些卦爻辞当皆太卜所掌，直到孔子时代，才根据于此而加以整理发挥，成为中国珍贵之哲学遗产。卦爻辞决非孔子所作，但其产生则无疑是在孔子以前，是西周哲学思想的代表作。尽管这种较为素朴的作品，尚不脱出占筮书性质，但就其所列六十四卦次序，及卦爻的结构，已可看出辩证法思想的萌芽了。在六十四卦中，有表示对立的，有表示矛盾的，而即在这对立和矛盾之中，说明了一阖一辟、刚柔相摩、八卦相荡的阴阳变化之反复无穷的意义。只这一点，已经指示后来中国哲学以无限的发展前途。如下《易》卦原次序：

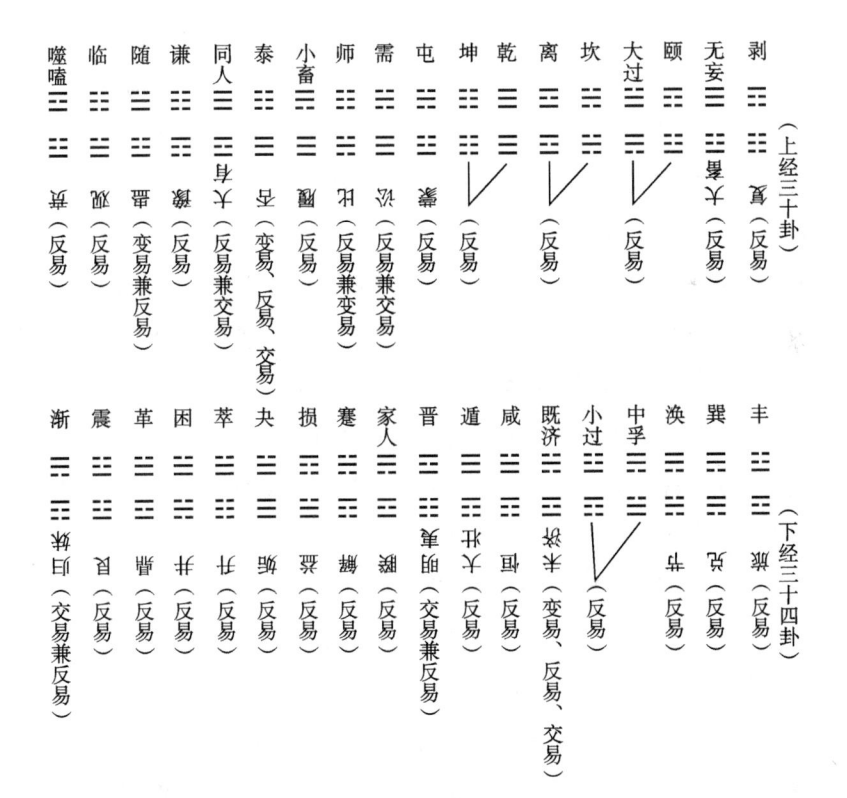

在上列卦中，此卦与彼卦参伍错综，便产生各种卦变之法，约略说来有三种：

（一）变易　即阳变阴，阴变阳，如乾变坤，坎变离。但也可成为旁通之卦，如需☰下乾上坎，下卦旁通坤，上卦旁通离，重卦旁通晋☷，故晋为进，需为不进，义正相反。

（二）交易　即阴交于阳，阳交于阴，如否☰、泰☷为乾☰、坤☷相交，既济☵与未济为坎☵、离☲相交之类。

（三）反易　如屯反为蒙，蒙反为屯。临☷下兑上坤，反易则为观☷，而观反易亦为临☷。又渐☴下艮上巽，反易则为归妹☳，而归妹反易亦为渐☴，以此类推。

《易》六十四卦，惟上经泰、否与下经既济、未济，兼变易、反易、交易三义，说见《仲氏易》。惟《仲氏易》尚有对易与移易二爻法。移易指阴阳二爻，往来上下，例如泰☷，三爻移为上爻，三阳往而上阴来则为损☶，又如否☰四爻移为初爻，四阳来而初阴往则为益☴。推此则一爻往来移易，如蛊☶下巽上艮，初六易九二为贲☶，九三易六四为未济☵，六五易上九为井☵，上九易初六为泰☷，亦可为移易。如履☰下兑上乾，使乾居下而兑居上，则对易为夬☱；豫☳下坤上震，使震居下而坤居上，则对易为复☷；临☷下兑上坤，使坤居下而兑居上则对易为萃☱。可见对易是有的，不是如《仲氏易》所说那样罢了（此参见《仲氏易》卷一与刘师培说卦变，见《经学教科书》第二册）。

由上可见，《易经》是讲变化的书，而在讲变化中，还寄寓着民主性的精华。如《易》义扶阳抑阴，然而立天之道，不曰阳与阴，而曰阴与阳，又云一阴一阳之谓道，又云分阴分阳，均阴居先而阳居后。又《系辞》云"列贵贱者存乎位"，那应该是拥护阶级制度了，但《易经》言位至为无定，所以说"上下无常，刚柔相易，不可为典要，惟变所适"。如果平民而有君德，也自然为利见之大人，君位岂有一定。又如《易》坤上乾下卦反为泰，其《象》曰"天地交而万物通也，上下交而其志同也"；乾上坤下卦反为否，其《象》曰"天地交而万物通也，上下不交而天下无邦也"。楼钥《通下情疏》认为"此皆圣人之深意"。吕振羽（《中国政治思想史》）亦认为"否"是说乾上坤下的统治和被统治者所形成的现社会已不合理，已达到其自身否定的形势了，只有把阶级的地位变过来而达到坤上乾下的☰形式，才是合理的"泰"。据此他断定说："六十四卦和三百八十四爻，都是由这样矛盾对立斗争的形势中变化出来的。"这不是说在西周初期，中国已有辩证法思想的萌芽和很优良的古代哲学遗产吗？然而不幸地，这在早期形成的思想系统，其年代很早便成问题。在中国，宋欧阳修有《〈易〉童子问》三卷，其下卷专言《系辞》《文言》《说卦》而下皆非孔子所作，在日本，则远如伊藤东涯、近如本田成之均疑作《易》年代，这应该怎样去解释呢？

案《论语》中关于《易》的有三段话：

    子曰："加我数年，五十以学《易》，可以无大过矣。"（《述而》）

    子曰："南人有言曰：'人而无恒，不可以作巫医。'善夫！""不恒其德，或承之羞。"子曰："不占而已矣。"（《子路》）

    曾子曰："君子思不出其位。"（《宪问》）

据陆氏《释文·述而篇》出"学易"二字注："如字，《鲁论》读易为亦，今从古。"因此许多人以为《鲁论》"易"字作"亦"，"五十以学"句，五十是知命之年，此时若能再学，自今以后，可以无误云云，是谦逊语，而非谓说《易》。即依《鲁论》，《述而》全文为："加我数年，五十以学，亦可以无大过矣。"

不知陆氏《释文》原意，只是说《鲁论》"读易为亦"，古文读易为异（孔颖达《周易正义》："救易者易也，作难易之易。"），《鲁论》读易为亦，不误，孔颖达从古读易为异，则系音读问题。如《学而篇》"传不习乎"，郑注"鲁读传为专，今从古"；《公冶长篇》"崔子"，郑注"鲁读崔为高，今从古"（王国维《书敦煌本〈论语〉郑氏注残卷后》，见《观堂集林》卷四）。在这里"传不习乎"不是"专不习乎"，"崔子"不是"高子"，这和读易为亦，均为音读问题，辨这一点，可见易不作亦。且"亦可以无大过矣"，"大过"乃《易》卦名，学《易》而言可以无大过，分明与《易》有关，把易字改为亦字，就亦字也似为衍文。其次《子路篇》"不恒其德，或承之羞"，显系孔子引《恒》卦九三爻辞二句，所以接着说"不占而已矣"。《易》为卜筮之书，此言"不占"证明是指《易》而言，而且是《荀子·大略篇》"善为《易》者不占"一说所本。

而且《易》和孔子的关系，在《论语》之外尚有旁证。如《庄子·天运篇》载孔子见老聃说"丘治《诗》《书》《礼》《乐》《易》《春秋》六经"。又《天下篇》云："其明而在度数者，《诗》《书》《礼》《乐》，邹鲁之士搢绅先生多能明之，《诗》以道志，《书》以道事，《礼》以道行，《乐》以道和，《易》以道阴阳，《春秋》以道名分。"即使认此均为庄子后学所作，也不足以证明在孔子当时《易》的经部还没有构成，相反地却证明了和孟子同时不久，庄子之徒已认《易》在孔子时代早已完成了。还有就是汉人对孔子和《易》的关系，均无异论，《史记》所述，尤为明显。如：

（一）《吕氏春秋·慎行论·壹行》："孔子卜，得贲。孔子曰：'不吉。'子贡曰：'夫贲亦好矣，何谓不吉乎？'孔子曰：'夫白

而白，黑而黑，夫贲又何好乎？'"（《说苑·反质》略与此同）

（二）《淮南子·人间训》："孔子读《易》至损益，未尝不愤然而叹，曰：'益损者，其王之事与！事或欲以利之，适足以害之；或欲害之，乃反以利之。利害之反，祸福之门户，不可不察也。'"

（三）《说苑·敬慎篇》："孔子读《易》至于损益，则喟然而叹。子夏避席而问曰：'夫子何为叹？'孔子曰：'夫自损者益，自益者缺，吾是以叹也。'……孔子曰：'……是非损益之征与？吾故曰：谦也者，致恭以存其位者也。'"

（四）《韩诗外传》卷八："孔子曰：'《易》先同人后大有，承之以谦，不亦可乎？'故天道亏盈而益谦，地道变盈而流谦，鬼神害盈而福谦，人道恶盈而好谦。谦者，抑事而损者也。持盈之道，抑而损之，此谦德之于行也。顺之者吉，逆之者凶。"

（五）《史记·孔子世家》："孔子晚而喜《易》，序《彖》《象》《说卦》《文言》。读《易》，韦编三绝。曰：'假我数年，若是，我于《易》则彬彬矣。'"

（六）《史记·滑稽列传》："孔子曰：'六艺于治一也。《礼》以节人，《乐》以发和，《书》以道事，《诗》以达意，《易》以神化，《春秋》以义（《长短经》作以道义）。'"

在这里最可注意的是《史记》。太史公世治《周易》，而所记如此，可见孔子与《易》关系，无可讳言。惟谓今《十翼》皆是孔子所作，似亦成为问题。《十翼》内容是上《彖》一，下《彖》二，上《象》三，下《象》四，上《系》五，下《系》六，《文言》七，《说卦》八，《序卦》九，《杂卦》十。其中《说卦》《序卦》《杂卦》，均属后出，《文言》《系辞》均有"子曰"，当属孔子弟子述孔子之言。

孔子所作，现存的《十翼》中，一部分是孔子所作，一部分为孔子的后学所作，要之，均与孔子之治《易》有关。孔子对于《易》的大贡献，即在把卜筮书之《易》变为道德政治哲学书之《易》。如传孔子之学的子思，即于《易》极有心得。杭辛斋《学易笔谈》卷四《〈大学〉、〈中庸〉易象》与武内义雄《〈易〉与〈中庸〉之研究》（岩波书店版）均认《中庸》本于《大易》，如《中庸》有"庸德之行，庸言之谨，有所不足，不敢不勉，有余不敢尽，言顾行，行顾言"，首二句本《易·文言》"庸言之信，庸行之谨，闲邪存其诚"。又"君子依乎中庸，遁世不见知而不悔，惟圣者能之"，亦与《易·文言》"潜龙勿用"，"子曰：'龙，德而隐者也。不易乎世，不成乎名，遁世无闷，不见是而无闷。乐则行之，忧则违之。'"，用意相同。至于所传子思所作《表记》《缁衣》《坊记》三篇（均见《礼记》），则所引《易》之《象辞》《彖辞》，更为明显的证据。如"初筮告，再三渎，渎则不告"（蒙卦），"不家食吉"（《大畜卦·彖辞》），"不事王侯，高尚其事"（《蛊卦·上九爻辞》）见《表记》。"不恒其德，或承之羞""恒其德，贞；妇人吉，夫子凶"（《恒卦·爻辞》）见《缁衣》。"东邻杀牛，不如西邻之禴祭，实受其福"（《既济·九五爻辞》），"不耕，获；不菑，畬"（《无妄·六二爻辞》）见《坊记》。《孟子》七篇引《诗》二十六、论《诗》四，引《书》十七、论《书》一，又论《礼》及《春秋》，独未言《易》，李榕村《语录》竟云"孟子竟是不曾见《易》"，此说似尚成问题（参看杭辛斋《孟子之易》，在《学易笔谈》中）。惟先秦儒家中，荀子是主张"善为《易》者不占"（《大略篇》）且曾论到《周易》的人。囊括其书所引《易经》的话，如：

《非相篇》："故《易》曰：'括囊无咎无誉。'腐儒之谓也。"

《大略篇》:"……《易》曰:'复自道,何其咎?'春秋贤穆公,以为能变也。"

前者所引为坤六四爻辞,后者所引为小畜初九爻辞。但他有一处也引咸卦《象传》,只是没有标明出处,即《大略篇》所云:

《易》之咸,见夫妇。夫妇之道,不可不正也,君臣父子之本也。咸,感也,以高下下,以男下女,柔上而刚下。

把这一段和《易·咸》比较:"咸,感也。柔上而刚下,二气感应以相与。止而说,男下女,是以'亨,利贞,取女吉'也。天地感而万物化生,圣人感人心而天下和平。观其所感,而天地万物之情可见矣。"在这两段相类似的文句之中,很明白是《咸》的说话在先,而《荀子》在后。《荀子》未标明出处,也不过如章实斋所举孔子引"不恒其德"未尝明著《易》文同例。而且根据《荀子》本文所述"《易》之《咸》",不是已经标明是出于《易传》?《易》之出世是在荀子之书以前,不是很明白的吗?

再就《十翼》中《说卦》《文言》《系辞》来说,依《史记·孔子世家》,《说卦》《文言》也应该是孔子作的,即是今传《说卦》《序卦》《杂卦》三篇,据王充《论衡》与《隋书·经籍志》的记载,乃系后出。

《论衡·正说篇》:"……孝宣皇帝之时,河内女子发老屋,得逸《易》《礼》《尚书》各一篇,奏之,宣帝下示博士,然后《易》《礼》《尚书》各益一篇。"

《隋书·经籍志》："……及秦焚书,《周易》独以筮得存,唯失《说卦》三篇,后河内女子得之。"

这在西汉中叶即汉宣帝时出现的《说卦》一组,虽不必尽出汉人的伪托,但其中所载的易象,显然和京房的卦气图说相合,陆德明《经典释文》于《说卦》但未注所举荀爽九家集解本,似《说卦传》亦有异文,其非孔子所作甚明。只有《文言》和《彖辞》相一致,如两者所共通的"时乘六龙以御天"一句,就是好例。传孔子所作《文言传》当亦孔子弟子所记孔子之言。惟《文言》今惟乾、坤二卦,其余诸卦均无,其实他卦亦有《文言传》,惟二卦所言独详,他卦与乾、坤二卦原为一篇,以后错简散佚,编入《系辞传》内。《系辞传》中有解释爻辞似《文言传》的,即为他卦《文言》的错简,上下《传》共十八条,今各举二例,如:

"鸣鹤在阴,其子和之。我有好爵,吾与尔靡之。"子曰:"君子居其室,出其言善,则千里之外应之,况其迩者乎?居其室,出其言不善,则千里之外违之,况其迩者乎?言出乎身,加乎民;行发乎迩,见乎远。言行,君子之枢机。枢机之发,荣辱之主也。言行,君子之所以动天地也,可不慎乎?"(《系辞上传》)

《易》曰:"憧憧往来,朋从尔思。"子曰:"天下何思何虑?天下同归而殊涂,一致而百虑,天下何思何虑?"(《系辞下传》)

子曰:"知几其神乎?君子上交不谄,下交不渎,其知几乎!几者,动之微,言之先见者也。君子见几而作,不俟终日。

《易》曰:'介于石,不终日,贞吉。'介如石焉,宁用终日?断可识矣!君子知微知彰,知柔知刚,万夫之望。"子曰:"颜氏之子,其殆庶几乎?有不善,未尝不知;知之,未尝复行也。《易》曰:'不远复,无祗悔,元吉。'"(《系辞下传》)

元吴澄《易纂言》曾将《系辞传》引一十八节,并移入《文言传》;明湛若水《古易经训》,也指出旧本多有错简重复,如"亢龙有悔"以下十九条,乃《文言》之文,而错简散佚于《系辞》,虽然这种对于《系辞传》的整理,为马国翰所不满,认为"汩乱古经",其实古代用简策所做的书,错简是常有的事,孔子读《易》,韦编三绝,即是断烂了三次编简的皮带子,所以《文言传》很可能错简入《系辞传》。《系辞传》之文,许多人疑其错乱,这都是很可能的。但无论《文言传》或《系辞传》,我认为均非孔子所自作,而为孔子弟子述孔子之言,其时代当较《彖传》《象传》为稍后,这也是无可疑的。《文言传》与《系辞传》均有"子曰"字样,可证其非孔子亲笔,但这并不意味其中并没有孔子以前的说话,如《说苑·君道篇》引泄冶之言曰"《易》曰:夫君子居其室,出其言善,则千里之外应之",至"可不慎乎"一大段,句下并有"天地动而万物变"句,为今《系上传》所无。王伯厚《困学纪闻》谓泄冶在孔子前,而引《易·大传》,疑《说苑》所记为非。刘申叔则谓孔《十翼》之文,多有所承,如《乾·文言》释"元亨利贞"与穆姜所言悉符,穆姜所言盖系《易》学相传之谊,《系辞》"君子居室"数言,也必系同代说《易》者所传,故泄冶引其文,孔子采其说(《左盦集》卷十一)。由此可见,《文言》《系辞》多有所本,即非孔子亲笔,然其阐发阴阳变化之理,对于古代辩证观念的展开,其贡献决不在同为孔门弟子所述的那

《论语》之下，因此我们在中国哲学史里，也不应把《易传》的史料价值估计过低。中国哲学中矛盾变化的思想，起源很早，当在殷周之际，经儒家的孔子和孔子弟子而更发扬光大起来。《易经》标志了殷周之际统治阶级思想的动摇，不但告诉我们世界是在矛盾中变化，而且本于阴阳的变易，而主张变更君臣位置之革命的真理。如革卦《彖辞》云：

> 天地革而四时成，汤武革命，顺乎天而应乎人，革之时义大矣哉。

又：

> 井道不可不革。(《序卦传》)
> 革，去故也。(《杂卦传》)

这一类革命思想的发展，成为《孟子》所谓"闻诛一夫纣矣，未闻弑君也"，这是自称万世一系的日本汉学者最认为大逆不道的，所以历来日本汉学者，很多反对《易经》和《孟子》。写《作易年代考》的本田成之，即认"不可为典要，唯变所适"的《易传》思想为"造成极不安定之现象"(《先秦经籍考》上)，称汤武革命为"其危险甚多"(同上书)。他们虽不敢断定《易经》为伪书，但总想用尽曲折的方法，来贬低这一本书的史料价值，不是完全否定《易经》和孔子的关系，就是贬《易经》为卜筮书。他们对于中国人的智慧的否定，实际乃是对于革命思想的否定。但是，我们现在已不受这种殖民地意识的拘束了，我们要重新认识这一部最初提出革命和民主思想的哲学史料的真价值了。

《易》学的流派

从哲学史料的眼光来看《易经》，则《易经》几乎可称是中国人最早辩证的素朴唯物主义世界观的代表作了。《易经》以前虽相传有如有焱氏所作的颂（见《庄子·天运篇》引："听之不闻其声，视之不见其形，充满天地，苞裹六极。"），以音乐的精神说明世界。又《吕氏春秋·圜道》引《黄帝》说："帝无常处也，有处者乃无处也。"这是先代的泛神思想，但均不足作为完整的史料。可作为史料看的，只有《易经》。《易经》是古代中国人对于宇宙万物发生种种问题的总结，中国科学在这时虽没发达，而仰观俯察自然现象的结果，是应用来作舟车、作杵臼、作衣裳、作宫室、作书契，所重乃在讲变化，讲改造世界，这是有进步的意义的。但虽如此，《易经》毕竟是从卜筮书发展出来，正如列宁批判毕太哥拉的学说似的，是把科学思想萌芽和宗教神话式的狂想联系（《哲学笔记》）。因此，无论唯物主义还是唯心主义的世界观，都可以托始于《易经》，这就使《易》学中产生许多流派，许多不同观点的不同著作。对于这些不同观点的不同著作的介绍，不但可以使我们得以明了《易经》这一门学问的历史，也可以越发明白中国人智慧的来源，黑格尔所称为"有绝对权威的"，决不是妄言。大概说来，《易》学的派别，按时代可区分为如下之三类型：

第一，《易》汉学。《汉书·艺文志》所载《六艺略》，《易经》十二篇，施、孟、梁丘三家以下，共《易》十三家二百九十四篇。《隋书·经籍志》经部旧藏十三卷以下，《易》共六十九部五百五十一卷，通计亡书，合九十四部八百二十九卷。以上从汉到隋的《易经》注解，今多不传，《汉志》所载几皆不存，惟京氏《占候》，严可均辑有残本（见《铁桥漫录》）。又《四库·子部》术数类收《京氏易传》

三卷，有《汉魏丛书》本、《津逮秘书》本、《学津讨原》本及《四部丛刊》影印天一阁本。又今存《焦氏易林》，传焦延寿作，《七略》与《汉书·艺文志》均未著录。顾炎武、梁启超疑是东汉以后人作；丁晏《易要释文》与顾实《重考古今伪书考》则认为学出西京，文义古奥，非东汉诸儒所能依托；近如尚秉和、于省吾均重此书，尚秉和曾就《易林》获逸象若干，按之《易》而合。又《隋书·经籍志》载子夏《易传》，有《通志堂经解》本。此书决非卜子夏所作，已成定论。晁说之以为是张弧的伪作，朱彝尊则以为其文亦不类唐人文字，谓为张弧所作，恐非今本，可知伪书中还有伪的。通计《隋志》所载今存全部或一部分的，只有下列数种：

《周易注》九卷　后汉大司农郑玄注

《周易注》十卷　魏尚书郎王弼注六十四卦六卷　韩康伯注《系辞》以下三卷　王弼又撰《周易略例》一卷

《周易》十三卷　吴郁林太守陆绩注

《周易系辞注》二卷　晋太常韩康伯注

就中《周易》郑康成注，亡于北宋南宋之间，今本尚非原本，一种系宋王应麟编《周易郑康成注》一卷，有《玉海》本、《四部丛刊》三编影印元刊本，乃是散佚之后，重新搜集，以存汉《易》的一线。又一种清惠栋编《新本郑氏周易》三卷，凡王应麟书所载的一一考求原本，注其出自某书，更搜采群籍补九十余条。此外，尚可举者：

清卢见曾刻《雅雨堂丛书》辑本《郑氏易注》十卷（广州刻《古经解汇函》本三卷、补遗一卷）

清丁杰辑补《周易郑注》十二卷（陈春刻《湖海楼丛书》本）

又《陆氏易解》一卷，有明姚士粦所辑吴陆绩《周易注》，乃钞摄陆氏《释文》、李鼎祚《集解》及《京氏易传》三书而成，收入《四库全书》。又有《古经解汇函》重刻孙堂辑本一卷，及《玉函山房辑佚书》中三卷之陆氏《周易陆氏述》。

由上可见唐代以前所著《易》，实存无几。魏王弼、晋韩康伯注，排击汉儒，自标新义，其学源出费直。费氏《易》今不可见，然荀爽《易》即费氏《易》，李鼎祚《集解》颇载其遗说，大抵究爻位的上下，辨卦德的刚柔，已与弼注略近，但弼全废象数。依《四库全书总目》（卷一《易类一》）所云：

《隋书·经籍志》载晋扬州刺史顾夸等有《周易难王辅嗣义》一卷，《册府元龟》又载顾悦之（案悦之即顾夸之字）《难王弼易义》四十余条，京口闵康之又申王难顾，是在当日已有异同。王俭、颜延年以后，此扬彼抑，互诘不休，至颖达等奉诏作疏，始专崇王注而众说皆废。故《隋志》易类称郑学寝微，今殆绝矣。盖长孙无忌等作《志》之时，在《正义》既行之后也。

今按《周易正义》十卷，魏王弼、晋韩康伯注，唐孔颖达等正义，有《十三经注疏》本，也有北平人文科学研究所影印宋单疏本，尚易得。《正义》通行之时，即汉《易》众说衰落之时，而今吾人在千数百年之后，尚可考究易汉学者，则实得力于现存下列的二部书：
《周易集解》十七卷　唐李鼎祚撰　雅雨堂本　《古经解汇函》重刻卢本　《津逮秘书》本　《学津讨原》本　明木渎周氏刻本　仁和叶氏刻本
《周易口诀义》六卷　唐史徵撰　清孙星衍刻《岱南丛书》本　《古经解汇函》重刻孙本

案李氏《集解》所采三十五家，即子夏、孟喜、焦赣、京房、马融、郑玄、荀爽、刘表、何晏、宋衷、虞翻、陆绩、干宝、王肃、王弼、姚信、王廙、张璠、向秀、王凯冲、侯果、蜀才、翟元、韩康伯、刘瓛、何妥、崔憬、沈麟士、卢氏、崔觐、伏曼容、孔颖达、姚规、朱仰之、蔡景君等三十五家之说，自序称"刊辅嗣之野文，补康成之逸象"，可见是给《易》汉学保留了不少文献。又案《周易口诀义》，此书在"直钞注疏以便讲习"之外，更旁征博引。所引有周氏、李氏、宋衷、陆绩、庄氏、张氏、王廙、荀爽、虞氏、何妥、周宏正、褚氏、郑众、侯果、王氏等十五家之说。由于以上两书，在旧籍佚亡的时候，保留了古《易》注的遗文诸论，使得清代学者如惠士奇、惠栋、张惠言等，依此来复兴《易》汉学。虽其"尊汉""好古"的旗帜，和"凡汉皆好"的主张，未免好笑，但于《易》汉学的研究，单辞只义，不惜竭其一生的全力，可以说有短处也有长处。其代表作有：

《易说》六卷　清惠士奇　家刻本　《皇清经解》本

《周易述》二十三卷　《易微言》三卷　清惠栋　虞氏刻本　《皇清经解》本

《易汉学》八卷　清惠栋　单行本　《经训堂丛书》本

《易例》二卷　清惠栋　《贷园丛书》本　《借月山房汇钞》本　《指海》本　《续经解》本

《周易虞氏义》九卷　《周易虞氏消息》二卷　《周易虞氏易礼》二卷　《周易虞氏易事》二卷　《虞氏易言》二卷　《虞氏易候》一卷　清张惠言　《茗柯全集》本　《学海堂》本无后三种

《周易郑荀义》三卷　清张惠言　同上

《周易荀氏九家义》一卷　同上

《易义别录》十四卷　同上　采辑孟喜、姚信、翟玄、蜀才、京房、陆绩、干宝、马融、宋衷、刘表、王肃、董遇、王廙、刘瓛等十四家《易》说。

属于辑佚书的工作，有清孙堂辑刻本《汉魏二十一家易注》

三十三卷；马国翰玉函山房辑《易》类，从《连山》《归藏》至唐一行《易纂》共五十二卷，内汉《易》十二卷、魏晋《易》十一卷；黄奭辑齐刘瓛《乾坤义》一卷；王谟辑汉京房《易飞候》一卷、晋郭璞《周易洞林》一卷。要而言之，汉儒《易》说，经掇拾残阙之后，尚约略可观，其所重乃在（一）互体、（二）爻辰、（三）纳甲、（四）卦气、（五）旁通、（六）反复、（七）升降，还有什么"半象两象"呀，什么"六日七分"呀！那些说阴阳灾异的唯心主义思想体系，固然应该把它辞辟廓清，但就其所代表的《易》之世界观，是以"气"为主，这是迷信和科学的混合，其中不能说一点也没有合理的因素。例如清姚配中所著《周易姚氏学》八卷，其学乃据郑司农的注为主，参以荀爽、虞翻及汉魏经师旧说，而实得力于惠栋与张惠言。此书有汪守成刻本、《续经解》本、《万有文库》本，甚易得。他主张"元"为《易》之原，气之始，引《京房》"以一为天之生气"；又引许氏《说文》"惟初太始，道立于一，造分天地，化成万物，此则元之所以为元也"；注引《何休公羊注》云："元者气也，无形以起，有形以分，造成天地，天地之始也。"这以元气说明宇宙的起源，实即近于唯物主义的世界观。姚氏《易》虽后出，而时多有新解，我们不能说《易》汉学的研究是完全没有价值的。

第二，《易》宋学。《易》汉学以象为主，偏于感性的知识，《易》宋学则以理为主，偏于理性的知识，北宋五子无不精通《易经》，如周敦颐有《易通》《易说》（潘兴嗣《周濂溪墓志铭》），今传《太极图说》《通书》，程颐有《易传》，张载有《易说》《正蒙》，邵雍有《皇极经世》。周、邵《易》学出于道家，而程《传》的起源，实出于王弼。《易经》在郑玄时，始割《彖传》与《象传》来附《经》，《文言》尚自为一传，至王弼乃将乾、坤二卦各附《文言》，把象数之学废了，使《易》达到了纯粹思想的意识——义理之学。这义理之学直传到宋,遂为胡瑗、王安石的《易》说。程颐《与谢湜书》说"读《易》当先观王弼、胡瑗、王安石三家",王安石《易解》十四卷(《宋志》十四卷,《通考》作二十卷)解说《易》中字义甚详,惜其书已佚(参照朱彝尊《经义考》卷十九)。胡安定《易传》即其门人倪天隐所纂之《周易口义》十二卷,收入《四库全书》,据刘绍攽《周易详说》云:

> 朱子谓程子之学源于周子,然考之《易传》,无一语及太极,于观卦辞云:"予闻之胡翼之(瑗子)先生……"于大畜上九云:"予闻之胡先生曰……"于夬九三云:"安定胡以移其文曰……"于渐上九云:"安定胡公以为……"考《伊川年谱》:"皇佑中游太学,海陵胡翼之先生亦主张教道,得先生试文,大惊,即延见,处以学职。"其时必从而受业焉。世知其从事濂溪,不知其讲《易》多本于翼之也。

《四库全书总目》卷二《易类二》据此断定在宋时期胡文定时为以义理说《易》之宗,《朱子语类》亦称胡安定《易》分晓。可见宋《易》所出。胡瑗有与王弼相同的地方,即不主张汉儒互体之说。新安王炎尝问张南轩:"伊川令学者先看王辅嗣、胡翼之、王介甫三家,何也?"南轩答:"三家不论互体故耳。"可见《易》宋学和《易》汉学是对立的,《易》汉学讲气,《易》宋学讲理。关于《易》宋学,以当时印刷术业已发明,流传较易,今《四库》所收及《通志堂经解》与《惜阴》《聚珍》诸丛书中,尚有六十余种,但多陈陈相因,其可称代表作的,不过十余种,如:

《周易程传》四卷　宋程颐　光绪九年江南书局刊本

《周易本义》四卷　宋朱熹　咸淳乙丑吴革刊大字本　清扬州诗

局刻及武英殿重刻宋大字本《周易本义》十二卷 清宝应刘氏校刻重刻宋本十二卷时附《吕氏音训》 宋吕祖谦撰 别有《金华丛书》本

《周易传义音训》八卷附《音学启蒙》 宋董楷合编程《传》朱《本义》 新附《吕氏音训》 清高均儒校盱眙吴氏望三益斋刻本

《郭氏传家易说》十一卷 宋郭雍撰 《聚珍版丛书》本 《丛书集成》本

《诚斋易传》二十卷 宋杨万里 全谢山跋称其以史事证经学尤为洞邃,《易》应以伊川为正脉、诚斋为小宗云 有光绪二十五年重刊本

《丙子学易编》 宋李心传 《四库总目》云是书"所取惟王弼、张子、程子、邵雍、朱子五家之说而以其父舜臣《易本传》之说证之"《通志堂经解》本

此外,《通志堂经解》中所收如宋项安世《周易玩辞》十六卷,宋朱鉴(朱熹之孙)《文公易说》二十三卷,元胡一桂《周易本义》附录《纂注》十五卷、《周易启蒙翼传》三篇外篇一篇,元吴澄《易纂言》十三卷,均为传程朱的《易》学。

惟程朱也有不同,如程颐用王弼注本,其书但解上下《经》及《象》《象》《文言》,而《系辞传》《说卦传》《杂卦传》无注,董真卿谓亦从王弼。与此不同,朱子用吕祖谦编古《周易》本,分《上经》《下经》《象上传》《象下传》《象上传》《象下传》《系辞上传》《系辞下传》《文言传》《说卦传》《序卦传》《杂卦传》为十二编。可见程朱不同。而割裂本义以入程传的,如宋董楷、元赵采、明胡广之修《大全》,都不过折衷程朱的传义罢了。程朱以外,《易》宋学最可注意的,是那哲学倾向尤为明显的一列数书:

《横渠易说》三卷 宋张载 此书较程传为简,与《正蒙》可相参看。张载为十一世纪中国唯物主义哲学家,此书作于《正蒙》之

先,当予以重视,有《通志堂经解》本。

《杨氏易经》二十卷　宋杨简　此书解《易》惟以人心为主,而象数事物皆其所略,可与《宋元学案》所载《己易》合看,为以唯心主义解《易》之代表,收入《四库全书》。

《童溪易传》三十卷　宋王宗传　与《慈湖易传》宗旨相同,收入《四库全书》。《总目》说明万历以后,以心学说《易》流别于此二人云。有《通志堂经解》本。

由上可见,《易》宋学中有唯物主义与唯心主义的斗争,不可一概而论。至于从汉儒象数之学,又派生出图书一派,如宋代陈抟出《河图》《洛书》,并《先天图》、古《易》以示。种放受先天四图,复后自著《六十四卦相生相摧卦图》。刘牧有《易数钩隐图》(《通志堂经解》本,《道藏》本洞真部灵图类)。尤以邵康节的《皇极经世》,无异在《易》学中另辟一新世界。其流弊乃竞言图书,绘图满纸,千态万状。毛奇龄所云"宋元间人,凡言《易》象者,自为一图"(见《西河合集·太极图说议》),这所谓《易》学,实源出道家,而与《易》宋学之为义理之学不同,这里只表过不提了。

宋《易》之外更可注意明儒与《易》学的关系,王阳明《玩易杂记》,谓"假我数年以学《易》,其亦可以无大过",可见曾经治《易》。《传习录》中讲《易》的话很多,如云"孔子赞《易》,而天下之言《易》者始一";"《易》是包氏之史",又说"何思何虑";说"敬以直内,义以方外";说"穷理尽性以至于命";说"精义入神,以致中也,利用安身,以崇德也";说"不见是而无闷";说"乐以养正";说颜子"有不善未尝不知,知之未尝复行";又分《易》之辞、《易》之象、《易》之变、《易》之占;说"蓍固是《易》,龟亦是《易》";又答问《易》朱子主卜筮,程《传》主理";答问"通乎昼夜之道而知";又论"先天而天弗违,天即良知也,后天而奉天时,良知即天也";又答《易》"学以聚之""仁以行之"二语;又说:"良知即是《易》,其为道也屡迁,变动不居,周流六虚,上下无常,刚柔相易,不可为典要,惟变所适,此知如何捉摸得?见得透时,便是圣人。"由此可见,王学与《易》学关系甚深,阳明学者虽多以《中庸》代替《易经》的位置,但二书同出一源,清魏源《古微堂集》中有《庸易通义》一篇可见。何况阳明学者如王龙溪即深于《易》(见《致知议辨》),李贽的《九正易因》,更为代表之作,可见以理讲《易》这一观点,宋、明儒是相一致的。

第三,近代《易》学起源于对宋明学术的反动,于明儒则攻击其强攀《中庸》以为证据(说见王夫之《礼记章句》卷三十二《中庸衍》),于宋儒则攻击其以道家中丹鼎之术附会《易》文。本来《易》宋学的贡献,在把以前支配于佛教观念之下的真空观完全推翻,提出《易经》一书来极力肯定宇宙的实在,因而辟一闳大幽渺的新世界观,所以说"吾儒万里皆实,释氏万里皆虚""佛氏偏处只是虚其理,理是实理,他却虚了"(《朱子语类》)。所以《易》宋学在初起时实有元气淋漓的新气象,尤其张横渠的学说和程伊川的《易传》,都是借《易经》来高唱这世界的赞美歌的。但却是到了朱子之手里,便慢慢和图书一派结合起来,所以近代《易》学的首要工作,即在推翻那种包含有周邵《图》《书》成分的为当时功令所宗的《易》宋学。梁启超在《中国近三百年学术史》中明白指出:"清代《易》学第一期工作,专在革周邵派的命。……把濂溪太极图说的娘家——即陈抟自称从累代道士传来的无极图——找出来了。……把所有一切怪诞的图——什么无极太极,什么先天后天,什么太阳少阳太阴少阴,什么六十四卦的丹图方位,一概打扫得干干净净,一千年蒙罩住《易经》的云雾算是开光了,这不能不说是清初学者的功劳。"关于这一时期的著作,以下列数书为代表:

《易学象数论》六卷　清黄宗羲　新安汪虞辑校西麓堂本

《图书辨惑》一卷　清黄宗炎

《太极图说遗议》一卷　《河图洛书原舛编》一卷　《仲氏易》三十卷　《春秋占筮书》三卷　清毛奇龄　《西河合集》本　《清经解》本有《仲氏易》

《易图明辨》十卷　清胡渭　《守山阁丛书》本　《粤雅堂丛书》本　《续经解》本

近代《易》学的贡献，在消极破坏之上，尚有积极建设之一面，不过这种贡献，不是指惠士奇、惠栋、张惠言等所提倡的《易》汉学而言。《易》汉学如对于虞氏《易》，惠栋所述只三百三十则，张惠言所述只四百五十六则，而仪征方申作《虞氏易象汇编》，增至一千二百八则，但这种研究，究竟不出于对过去成绩的整理，而无所发见。我这里所谓有发见贡献的近代《易》学，乃别有所指，即以王夫之的唯物主义《易》学为近代《易》学的新起点，其代表作如下：

《周易内传》六卷（《发例》一卷）《周易大象解》一卷　《周易稗疏》四卷　《周易考异》一卷　《周易外传》七卷　清王夫之　《船山遗书》本

《周易章句》十二卷　《易通释》十二卷　《易图略》八卷　《周易补疏》二卷　《易话》二卷　《易广记》三卷　清焦循　《焦氏丛书》本

王船山与焦里堂均为《易》学专家，其所著书综合《易》汉学、宋学的长处均能以考据与义理并重，且常有极深厚的新哲学的倾向，所以极可珍贵。王船山之辩证的素朴唯物主义《易》学又影响于清末谭嗣同的仁学。焦里堂把数理逻辑引申于哲学体系，也给我们的辩证法开了一条门径。自此以后，如纪大奎的《易问》《观易外编》，孙星衍的《周易集解》，端木国瑚的《周易指》，杭辛斋的《学易笔记》初集、二集，均能自出新解，不依傍古人门户，可算几千年来中国人智慧的发展。至如近代关系于《易经》的文字音训的工作，如顾炎武、江有诰的《易音》，王引之《经义述闻》与孙星衍《孙氏周易集解》十卷的诂义，朱骏声之《六十四卦经解》，乃至宋翔凤《过庭录》卷二、卷三《周易考异·下》等的考证，又今人著作如闻一多之《周易证类纂》《古典新义·上》（《闻一多全集》选刊本），于省吾之《双剑誃易经新证》（一九三七年自印本），高亨之《周易古今注》（一九四七年开明书店版），都是把《易经》从信仰的对象变成了科学研究的对象。《易经》现在已经不是神秘的庙堂，而完全成为古代中国人的智慧的结晶了。

第四讲 《老子》史料学*

《老子》及其成书的年代

中国古代哲学有与《易经》相参证的就是老子。黑格尔《哲学史讲演录》（第一卷）在讲完《易经》之后，接着也就讲道家的创始人老子。扬雄《太玄赋》："观《大易》之损益兮，览老氏之倚伏；省忧患之共门兮，察吉凶之同域。"桓谭在《新论》加以说明，曰："故宓羲氏谓之易，老子谓之道，孔子谓之元，而扬雄谓之玄。"（《后汉书·张衡传》注引）《易》言阴阳，言损益；老子言刚柔，言倚伏，和后来孔子的元，扬雄的玄，都是中国素朴唯物主义和自发辩证法的传统。然而很可惜，许多人不重视这一份极可珍贵的哲学遗产，而有意地把《易经》和老子的绝好的史料之时代拉后。老子其人和《道德经》成书时代，争论很久，有的人说老子生在孔子后面孟子之前，其书也就在那时候写的；有的人说《老子》一书作于《庄子》以后。当然，《老子》书和老子其人不一定完全相同，《老子》其书是纂辑还是专著也成问题。说老子在孔子后的，在我国先有汪中的《述学》，在日本先有海保青陵的《老子国字解》，他们的意思都是在尊崇儒家，贬低道家，认为孔子在老子前。却是章太炎在《菿汉微言》中即驳

---

* 《世界宗教研究》2002 年第 2 期曾以《老子史料学》之名刊载此讲。——编者

此一说,谓:"老子生卒年月,史所未详,世多疑之。汪容甫遽谓老后于孔,彼据段干之封为言。按本传云:'老子之子名宗,宗为魏将,封于段干。'《集解》云:'《魏世家》有段干木、段干子,《田完世家》有段干明,疑此三人是姓段干也,本盖因邑为姓。《风俗通氏姓注》云姓段名干木,恐或失之矣。'是说最谛。段干木为魏文师,则宗封段干尚在魏文之先,容在献子桓子之世,或更在前矣。据《年表》魏文侯斯元年去孔子卒裁五十五年,季宗为将,宜与孔子卒时相近,则老子不在孔后,的然无疑。其以老莱子、太史儋为即老子,本是传疑之言,不为定证。"尽管如此,孔在老前,从梁启超起便信以为真(梁启超说《老子》书作于战国之末,见《古史辨》第四册)。将老子提出诉讼,同意的人就多起来了。梁启超的提诉,虽然也有人证明其所提老子时代的嫌疑各证,或则不明旧相,或则不察故书,或则不知训诂,或则不通史例(见张煦《任公提诉老子时代一案判决案》,同上第四册)。不过在当时梁启超还认"《老子》这部书——到底在庄周前或在其后,还有商量余地",而受梁氏的影响的,却早断定老子是在周以后无疑了。这种认为老子在庄子后,和《老子》书只是对庄子思想的发挥,其实这只要举《庄子》书中所引老聃的话,已够证明老在庄前,所以称引其人其书。不能把古籍关于老子与孔子、老子与庄子的所有资料,完全一笔勾销。庄在老前,固然是大胆的假设,然而不合乎历史事实!案《庄子·天下篇》"关尹、老聃乎,古之博大真人哉!""庄周闻其风而悦之",这分明自述他的思想渊源。《史记·庄子本传》:"其学无所不窥,然其本归于《老子》之言。"即使这些不够证明,则请读《庄子·内篇》之《养生主》《德充符》《应帝王》三篇所引老子文句。至于外篇,王夫之以为《庄子·外篇》或仅为老子作训诂,如《马蹄篇》引老子无为自正之说,《在宥篇》间杂老子之言。焦竑《笔乘》云:"老子之有庄,犹孔之有孟。"事实也是如此。三十三篇中随在记述老子的遗言遗行，以《外杂篇》为例，述老子与孔子及弟子问答的，有《天运》二条、《天地》一条、《天道》一条、《田子方》一条、《知北游》一条；述老子与阳子居问答的，有《寓言》一条；与崔瞿问答的，有《在宥》一条；与士成绮问答的，有《天道》一条；与其门徒庚桑楚等问答的，有《庚桑楚》一条；与柏矩问答的，有《则阳》一条。而《内篇》三条尚不在内。然此问答的话，犹可说是寓言，若其书中所引《老子》原文，且有"故曰"二字以明事情所出，真凭实据，无可讳言。然而日本的帆足万里（《人学新论·原教》）疑之于前，中国则钱穆等承袭其说，以讹传讹。帆足万里宣称：

《老子》，战国好事者，剽窃庄周书作也。其文之温文含蓄之义，与《易·大象》《论语》不同。且据篇中仁义并称，决非当时之言也，传者以为老子将□，西过关；为关尹喜著五千言，则知其书郑韩间人所伪撰。或曰《老子》即韩非所著，《喻老》《解老》所以神其言，然韩非综核名实之学，未必为是无益之事也。

伪《老子》实剽窃而作者，加上文所言，今举二书之言征之，明老窃周，非周引《老》也。

这真是异想天开，然而竟为富于殖民意识的钱穆等所接受，以为《道德经》不会出于《庄子》以前。更趋极端的，甚至以《庄子》中的老子乃是乌有先生，这是不注意那时候的文献史料，只是一味瞎猜，把《庄子》以外，如《韩非子》、《史记》之《孔子世家》与《老子列传》《礼记·曾子问》《吕氏春秋》，乃至叔向（《说苑》卷十引《老子》）、墨子（《太平御览·兵部》五十三《墨子》佚文引《老子》)、颜斶(《战国策·齐策一》引《老子》)与孔子同时及其后所引《老子》，一概不闻不问，抹煞了老子之学。

上所以接史官之传，下所以开百家之学(参考《读子卮言》上卷二第十章)，而颠倒事实，反谓老子学之包涵各学派思想，乃出于庄子之后。这种大胆的假设，实纯出自主观的臆测，而非历史的态度。郭沫若(《十批判书》)有一段很公平的话，说："道统观念很强的人，如象韩愈，认为老子是道家的人所假造出来，想借以压倒孔子的，这是为了争道统，要想维持孔子绝地通天的尊严，我们现在却没有这样的必要。"那么何必多此一举呢？

固然，无可否认老子其人在孔子前，《老子》其书有在孔子前的，也有在孔子后的，我们甚至还可以承认在孔子之后所纂辑成的《老子》，尚经汉人再为编定。《七略》云："刘向雠校中《老子》书二篇，太史公书一篇，臣向书二篇，凡中外书五篇，一百四十二章。除复重三篇六十二章，定著八十一章，上经第一、三十七章，下经第二、四十四章。"(《道藏》宋谢守灏《混元圣纪》引。又董思靖《老子集解叙说》引："刘向定著二篇八十一章，上经三十四章，下经四十七章。"下文云"葛洪等又加损益"，从此遂失中垒旧制矣。)这就是说，当刘向校书时，《老子》的版本不止一种，有太史公的一篇本，也有刘向的二篇本，经校者小心地整理以后，除去重复的三篇六十二章，定为今本上下二篇八十一章。然则今本《老子》成书尚在汉初，那不是说比《庄子》之后还要后一些吗？但问题并不在这里，问题是在刘向校书时，已有《老子》其书，在孔子前，已有老子其人，刘向之校定《老子》好像严君平所传《老子》七十二章，吴澄所分《老子》六十八章，虽有其分合材料的事情，而对原著则没有什么损伤。依我意思，《老子》一书实非一人所能作，今传本《老子》如果把他看作是绝对完整的一人之言，则矛盾百出，若认为是纂辑成书，则《老子》作者显然不止一人。老子思想的产生，是在孔子以前，而《老子》一书的完成，却在孔子以后——今本《老子》是荟萃多人的材料而成的。

案《史记·老子韩非列传》云："老子者，楚苦县厉乡曲仁里人也，姓李氏，名耳，字聃。"又曰："或曰：老莱子亦楚人也，著书十五篇，言道家之用，与孔子同时云。"《正义》云："太史公疑老子或是老莱子，故书之。"在此可见老子实是老聃。司马迁疑其即是老莱子。又《本传》云："自孔子死之后百二十九年，而史记周太史儋见秦献公曰：'始秦与周合，合五百岁而离，离七十岁而霸王者出焉。'或曰儋即老子，或曰非也，世莫知其然否。"毕沅云："古聃儋字通，《说文》：聃，耳曼也。又云：儋，耳垂也。又云：耳大垂也。声义相同，故并借用。"由此，则老子又疑即是太史儋，或《吕氏春秋》中的老聃。但依我研究的结果，则《本传》中的老聃、老莱子、太史儋，实为三人，非即一人。至老子字伯阳之说，据许慎所见，《史记》本无此三字，乃后人取神仙家书改纂的痕迹。现在的问题，乃在辨明老子与老莱子的关系，据《史记》太史公疑老子或是老莱子，而《仲尼弟子列传》云："孔子之所严事，于周则老子……于楚，老莱子……"分明认为二人。实则老子和老莱子虽同属于道家系统，但据《庄子》书中，老子名共二十二见，老聃名四十六见，老莱子名三见；又据《大戴礼记·卫将军文子》《战国策·楚策》中所称老莱子，和《礼记·曾子问》之老聃，《战国策·魏策》之老聃，也决为二人，非一人。不然则同在一书之中，不应前后所用人名不同。《汉书·艺文志》云："老莱子十六篇。"班固自注云："楚人，与孔子同时。"《战国策·楚策四》有老莱子教孔子事君，《孔丛子·抗志篇》以为老莱子语子思。大概就时代言，老莱子当较老聃为晚辈，他著书据《史记》是得之传闻，即使有所论述，当已经归入《道德经》今本之内。至太史儋,则在孔子后一百二十九年才出现,当然和孔子问礼的老聃决非一人,而可认为老莱子的后辈。说他是《老子》一书的真正作者,不如认《老子》一书乃经过长期,才由太史儋把老聃、老莱子这些人的原始材料和他所作的新材料累积而成。这就是说,老子《道德经》开始于孔子之先的老聃,而完成于战国中叶。今本《老子》所代表的思想时代的背景,既反映春秋,又反映战国时代,大概是战国中叶的著作,不过里面最宝贵的部分,却早在春秋之末已经有了。现在试依纂辑次序列表说明如下:

老莱子(右派)…………
《道德经》——老　聃(中派)…………(综合本)
太史儋(左派)…………

固然在我以前,也有人注意到五千言是荟萃种种材料而成(如武内义雄《老子原始》),但却没有注意到,此所荟萃的原始资料,即是《史记》本传中的三位老子著作,因此无法分清眉目,更无法定哪一篇是谁做的。其实在五千言里,疑难之点太多了,但如认为由这三派的传本不同,取舍相反不同,问题便容易解决了。

第一,《老子》书中多重复语,此证明各派所传本子不同。例如,"不贵难得之货"(三章、六十四章);"物或恶之,故有道者不处也"(二十四章、三十一章无"也"字);"侯王若能守之,万物将自宾"(三十二章、三十七章"宾"作"化"字);"信不足焉有不信"(十七章、二十三章"焉"字在"信"下);"生而不有,为而不恃,长而不宰,是为玄德"(十章、五十一章二章前二句同第三句异);"弱之胜强,柔之胜刚"(六十八章、三十六章两句倒置);"挫其锐,解其纷"(四章、五十六章);"和其光,同其尘"(注:和其光,不自表暴光为不耀也；同其尘，不修身以明污，受天下之垢也。四章、五十六章）；"夫唯不争，故天下莫能与之争"（二十二章、六十六章首二字作其，八十一章下句作故无尤）；"为者败之，执者失之"（二十九章、六十四章）；"不言之教"（二章、四十三章）；"没身不殆"（十六章、五十二章）；"物壮则老，是谓不道，不道早已（亡）"（三十章、五十五章）。按此种种重复之处，当与《韩非子·显学》所云"故孔、墨之后，儒分为八，墨离为三"有关。现在《墨子》中，《尚贤》《尚同》《兼爱》《非攻》《天志》《非命》，皆分上、中、下三篇，其情形似略同。

　　第二，《老子》的最早解释书便已不同，这证明各派取舍不同。例如，《庄子》内外篇、杂篇讲述老聃的话，和《韩非子》之《解老》《喻老》中讲老聃的话，看法便大不相同。

　　由上所述，可见今本《老子》不必即出于一人之手，可能在成书之时已含三种学派的见解在内，而以老聃的中派为最早。他所倡学说，很多引用古语，这是出于史官的派头，如第六章"谷神不死"一书，即《黄帝书》语（据《列子·天瑞篇》），是为好例。老莱子次之，如七十八章"弱之胜强，柔之胜刚……是以圣人云'受国之垢，是为社稷主；受国不祥，是为天下王'。正言若反"。这一篇乃老莱子称引圣人之言。据《庄子·天下篇》："老聃曰：'知其雄，守其雌，为天下蹊；知其白，守其辱，为天下谷。'人皆取先，己独取后，曰：'受天下之垢。'"可见圣人即老聃，老莱子为老聃弟子无疑。其学尊重圣人，《庄子·外物篇》老莱子教孔子有"圣人踌躇以兴事，以每成功"之语，这实以老子之学而接近古儒。《说文》曰："儒，柔也，士之称。"此儒乃未成学派前之儒，是一种兼讲礼貌、讲道德吃饭的人。《战国策·楚策》云老莱子教孔子以柔术事君之道，"示之以其齿之坚，六十而尽靡也"，可证其为"近儒派"，这是《老子》书中之右派。次之太史儋。与老莱子比较，其时代更后，就极缺乏的史料来观察，亦可看出两人不同：（1）老莱子却楚之聘，为一隐者；太史儋见秦献公（一位好战的国君），为一野心家。（2）老莱子戏彩娱亲，完全为一个道德家的态度；太史儋言"霸王"之道，是一个政治家态度。（3）老莱子教孔子语，以齿为喻，乃一养生家；太史儋预言后代事，乃一预言家。然而，两种矛盾的思想，实均包含于《老子》一书之中，甚可注意。汪中《老子考异》曾指出：

> 夫助葬而遇日食，然且以见星为嫌，止柩以听变。其谨于礼如是，至其书则曰："礼者，忠信之薄，而乱之首也。"下殇之葬，称引周召史佚。其尊信前哲也如是，而其书则曰："圣人不死，大盗不止。"彼此乖违甚矣。

汪氏只知《老子》一书的矛盾，而不知其所以矛盾。若依哲学史眼光看来，则《老子》书中显然可分三派，以老聃为中派即正统派，老莱子为右派即近儒派，太史儋为左派即近法派，其重要分别如下：

右派（老莱子）	左派（太史儋）
1. 尊圣	非圣
2. 讲礼	讲兵
3. 尚道德	尚法术
4. 清净无为	刻苦奋斗

《史记》本传中的三位老子著作，中派老聃的年代当在纪元前五世纪。他的学说渊源深远，《汉书·艺文志》说出于史官，大概可靠。在古代神权政治时代，史官实为最大的知识者，掌握了所有学术，尤其是关于天文学的知识。只有他们具有探究天道的本领，所

以《国语·周语下》周之单襄公说："吾非瞽史，焉知天道？"老聃相传是柱下史或征藏史，分明是《吕氏春秋》所述终古、向贽之流，是以史官出身的隐士，所以能以初步的科学知识为基础，而产生他的素朴唯物主义与辩证法思想。从初期科学所孕育出来的唯物观念，要穷究到天地万物的起源问题，照人类知识的发展顺序来看，应该是属于较早时期的。老莱子则为单纯的道德家，《史记》云："李耳言道德之意，老莱子言道德之用。"体与用不同，李耳（老聃）偏于本体方面，老莱子偏于工夫方面；李耳言本体方面在先，老莱子言工夫方面在后。有本体而后有工夫，所以老莱子如有著书，也不过发明老子之学而已，后人将其发明的老子之学编入《老子》原书中，自属情理中事。至于太史儋著书，史册无记，仅《史记》之《周本纪》《秦本纪》《老子韩非列传》，略载其言，知其为预言家，属于法术家者流。案《老子》书中有取天下与谈兵处，所云"师之所处，荆棘生焉，大兵之后，必有凶年"，及"偏将军居左，上将军居右"。这些战国的成语，有些是战国的官名，梁启超《老子考》、武内义雄《老子原始》均已提到，似非较晚出之太史儋，不能作此语。因此，汪中及近人罗根泽等均认《老子》为太史儋作，此种全称肯定之说，固不可信，但认《老子》一部分较激烈处为太史儋所著，而以太史儋为《道德经》之最后完成者，似尚无可疑。案三十八章，宋吴子良《林下偶谈》已疑其"绝灭礼乐之老子，与孔子问礼之老子不同"，这不是左派的思想而是什么？最可注意的是在"夫礼者，忠信之薄，而乱之首也"，接着便是"前识者，道之华，愚之始"。《韩非子·解老》云："先物行，先理动之谓前识。"吴澄注："前识犹先知，智也。"这明见利害于未然的前识，分明是预言家言。又六十五章"古之善为道者，非以明民，将以愚之"，亦为政治家语。而遍观《老子》一书，言圣人者有三十处，而同一圣人同一名词，有被称与被黜的矛盾现象。被称者，如二十二章"圣人抱一为天下式"；二章"圣人处无为之事"；四十九章"圣人在天下，歙歙为天下浑其心"，又"圣人无常心，以百姓心为心"；八十一章"圣人不积"。此所谓圣人，与《庄子·天下篇》所云"以天为宗，以德为本，以道为门，兆于变化，谓之圣人"相近，实为中派语。次之如七十九章"圣人执左契而不贵于人"；七十章"圣人被褐怀玉"；六十六章"圣人处上而民不重，处前而民不害"；十二章"圣人为腹不为目"；七十一章"圣人不病，以其病病。夫唯病病，是以不病"。此所谓圣人，均从用处着想，实为右派语。又次圣人之被黜的，如五章"圣人不仁，以百姓为刍狗"；十九章"绝圣弃智，民利百倍"。此所谓圣人圣智，与《庄子·胠箧篇》所抨击的圣人圣智相同，实为左派语。惟左派也有称圣人的，如二十六章"圣人终日行不离辎重"；二十九章"圣人去甚去奢去泰"；五十八章"圣人方而不割"。此三处"圣人"二字，据《韩非子》所引，均作"君子"二字，可见为后来篡改之误。总之，凡《道德经》中称引圣人文句，有出于老聃的，有出于老莱子的。出于老聃的有三十二章、二十八章、六十三章、四十九章、八十一章、六十三章、七章、二章共八章十一见；出于老莱子者有七十九章、七十章、六十六章、七十七章、六十四章、十二章、七十二章、七十一章共八章十见。至于太史儋，非圣轻贤，凡主张"不尚贤"的文句，皆其所出，惟亦有原作"君子"二字而改作"圣人"者，计共有五章、三章、二十九章、二十七章、五十八章、五十七章、四十七章、二十六章、六十章共九章，"圣人"之名九见。这中间似乎仍有矛盾，这种矛盾可解释为左派一方面反对儒家的圣人，一方面主张道家的圣人。左派和右派的区别，即在左派反对普通意义的圣人，右派则肯定普通的圣人。右派言圣人而无矛盾，此则一方面"不尚贤"，一方面又说"圣人之治"（三章）；一方面言"取天下"，一方面又云"圣人云：我无为而民自化"（五十七章）。这种矛盾，正是以圣人抨击圣人，结果便是绝圣弃智，而天下大治。

次之，左、右两派有讲礼和谈兵之不同。右派讲礼，以谦卑自持，如六十六章、七十章、七十八章、十三章，比比皆是。而如五十四章"子孙以祭祀不辍"一语，尚存礼意。左派讲兵，如三十章、三十一章、四十三章、六十七章、六十八章、六十九章，皆为谈兵而作。

再次，左、右两派有尚道德与尚法术的不同。右派讲道德，兼重养生，如四十四章、六章、七章、十章、十二章、十三章、十五章、二十六章、五十章、五十五章、五十二章、五十九章、六十章、七十三章皆其例。左派尚法术，兼重纵横家言，如三十六章、四十七章皆其例。但无论注重"道"与注重"术"，其源皆出于老聃。老聃学说原来就有此二种成分。《汉书·艺文志》列太公望于道家中，兵家中也有"贵后"一派。《吕氏春秋·不二篇》曰："王廖贵先，兒良贵后。"高诱注"王廖谋兵事贵先建策也，兒良作兵谋贵后"；《汉志·兵权谋》有《兒良》一篇，此与《老子》六十九章"吾不敢为主而为客，不敢过寸而退尺"相合。

总之，左、右两派，右派以老莱子为代表，言孝行，与儒家接近；左派以太史儋为代表，言霸术，尚前知，与法家接近。右派讲礼，左派谈兵；右派为道德家言，左派为刑名家言；右派近唯心论而左派近唯物论。此二派皆渊源于老聃，依《庄子·天下篇》《淮南子·道应训》及最早引用《老子》书等文献史料，我们知道五千言中的一章、二章、四章、六章、七章、八章、九章、十四章、十五章、二十章、二十一章、二十二章、二十五章、二十八章、三十二章、三十四章、三十五章、三十七章、三十九章、四十章、四十二章、四十三章、四十四章、四十五章、四十九章、六十三章、七十三章、七十六章、八十一章等共二十八章，皆为老聃原本，也就是老子学的中派。今本《道德经》就是以这中派思想为中心，兼包并容左、右二派的学说资料而成的。若以时代考之，则中派之二十八章在先，右派次之，左派最后；若以思想的性质考之，则中派注重世界观，右派注重伦理思想，左派则注重社会政治观。因其各有偏重之处，分开来固可自成其说，合拢起来也形成一个完整的思想体系，恰似一家之言。而且这三派从思想方法上看，都是用辩证的方法，中派以辩证法说明宇宙的性质，是一有一无，"有无相生"；右派以辩证法说明人生观的性质，是一动一静，"吾以观复"，一彼一此，"去彼取此"；左派以辩证法说明社会政治性质是一歙一张、一弱一强、一废一兴、一夺一与，"将欲歙之，必固张之；将欲弱之，必固强之；将欲废之，必固兴之；将欲夺之，必固与之"。因为《老子》书三派立论虽略有分歧，而可在辩证的方法里统一起来，所以自来注家因重统一而丢掉差别，而以老子俯视百家，则将其视为绝对完整的一家言了。

《老子》的版本问题

知道《老子》是纂辑的书，是以三种不同的资料来源加以系统整理而成的专门著作，那么我们对这些资料，固然有时发现其中不少歧异矛盾，而就大体来看，却可以说是相同的。从太史儋编成五千文，而《老子》一书才普遍地为人所引用。如《战国策·魏策》魏武侯引"故《老子》曰：圣人无积，尽以为人已愈有，既以与人己愈多"；《齐策》颜斶引"《老子》曰：虽贵必以贱为本，虽高必以下为基，是以侯王称孤寡，不是其贱之本与非"。以太史儋的时代考之，均约略相近。但《老子》虽成书于战国中期，而流传至今，在刘向校《老子》时便有许多不同的版本。从这些版本中删除重复的三篇六十二章,成为今传《老子》道德上下二篇。此《道德经》上下二篇,虽在晋代葛洪又加损益,却是那上下篇八十一章本,仍有流传,所以《河上公》本、《经典释文》所载王注本、《道藏》唐傅奕本、石刻唐玄宗注本,尚均有刘向的定本体制,定著二编。刘向雠校所用版本中《老子》书二篇是官方中秘府的藏本,太史公书一篇、向书一篇则为私人的《老子》藏本,合此三种版本共五篇,所以说"凡中外书五篇"(其中当包括古文《老子》)。就中《老子》书及向书均本二篇,是否已分题《道德经》,则此无明文。惟知刘向定著八十一章,上经三十七章,下经四十四章。而据《弘明集·牟子理惑论》云:"所理正于三十七录,兼法老氏道经三十七篇。"孙诒让《札迻》(卷四)引此以证汉时此书已分《道》《德》二经共《道经》三十七章,《德经》四十四章,尚与今本正同。可见今传《老子》道、德二篇之分,实不是从陆德明《经典释文》开始,而在汉初便已如此,但从刘向定本以后,跟着老子学的发展,《老子》的版本也变动很大,因此现在研究《老子》资料,便首先不能不注意到《老子》的版本问题。

究竟现存《老子》书中,以什么版本为最能保存旧本面目而又最适用呢?关于这一点,在我未作肯定的回答以前,先将《老子》版本和关于研究《老子》版本的书,作一简单介绍。

老子《道德经》旧本,流传最广的是河上公和王弼二种。河上本属民间系统,文句简古,其流派为景龙碑本、遂州碑本与敦煌写本,多古字亦杂俚俗。王本属文人系统,文笔流畅,其流派为苏辙、陆希声、吴澄诸本,多善做文章,而参错自己见解,和古《老子》不同。到了开元御注本出,因时世俗尚,依违于河上、王二本之间。今所见《正统道藏》中的,不是开元御注如强思齐、杜光庭、李约、刘惟永辈,即是从政和(宋徽宗)御注如李霖、邵若愚、江澂、彭耜诸本。由此可见，今所传《老子》版本，都非汉代旧本。所可称为古本的如严遵与傅奕。严遵本与河上本相接近，傅奕本则为王弼本的发展，这是《老子》旧本的两大系统。就严本论，近怡兰堂校刊据明姚舜咨手抄蓝格本，较《道藏》本及《秘册汇函》本为胜。惟此书残阙将半，所传经文除可与河上公本相参证外，缺乏成为独立定本的条件。傅奕校定《老子》古本，字句独较他本繁了一些。毕沅据之作《道德经考异》，劳健则参之以范应元本，作《老子古本考》，实则傅本文辞繁多，比较王弼本更进一步。刘师培《老子斠补》，疑傅奕本也曾为后人所改，很正确。范应元本号称古本，而五十五章窜入河上公注文，二十章窜入唐玄宗注文，足证范也不算古。原来五千言古本只河上公本差相仿佛，但现今所传，拿来和《意林》《群书治要》对校，有很多误谬之处，而分章标题，尤为道流者所妄作。惟在河上、王二注并行之中，河上相传已久，王注则多人所改。孙诒让《札迻》(卷四) 已疑今本王注不分《道》《德》二经，和《释文》本不同，为唐时王注有别本之证。洪颐煊《读书丛录》(卷十三) 则竟称"王注出于明代，或后人掇拾为之"。拿河上和王注本相较，《唐书·刘子玄传》称《老子》无河上公注，要废弃它而立王弼，为识者所笑。实则即据宋刊河上本与王本对勘，河上本已较王本为优（详拙著《老子校释》序文）。但同在河上本之中，又有北方传本和南方传本的不同，宋刊本介在南北二本之间，因在王本盛行之后，曾据王本妄改过经文。北方本以敦煌发现的六朝唐写本为代表，即敦煌本。南方本则以日本奈良圣语藏镰仓旧钞卷子残本以及东北大学教授武内义雄所藏室町时代抄本为代表。就中北方本又胜过南方本，以字数来作证，北方本据法京图书馆所藏敦煌本残卷末尾题"道经三十七章二千一百八十四字，德经四十四章二千八百一十五字，五千文上下二卷合八十一章四千九百九十九字"。南方本依室町时期的古写本，有五千三百二字。二本的详略不同，据武内氏说,乃由于南北朝以来,河上本的传播,河北和河南各地风俗言语的影响不同,南本详而北本略,略的字数与五千言古本相同,详的则以意改字,以求合于文人系统。由此可见,敦煌本是很有价值的了。敦煌本有六朝及唐写残卷,罗振玉《道德经考异》所据诸本,合以武内义雄所见法京图书馆所藏残卷,再加上北京图书馆旧藏唐写本《道经》残卷,凡得其全。惟仍美中不足,其中缺的地方,尚须以《道藏》罔字号所收《道德真经次解》与景龙碑本来补足。那么,即取景龙与《次解》做《老子》定本,应该说是更有理由的了。但《次解》本即遂州碑本,因为原碑不存,赖《次解》而成,这是一个缺点,故不如唐景龙二年易州龙兴观《道德经碑》之更为可靠甚明。钱大昕《潜研堂金石文跋尾》认景龙碑本为初唐所刻,字句与它本不同,皆从古字,以为胜过他本。严可均也说世间真旧本,必以景龙碑为最,共异同数百字,文谊简古,胜今本很多。我对《老子》版本的意见是:也认为以景龙碑为最美,其次则有敦煌本和遂州本可供参订。石本参考御注、广明、景福之外,更可参考楼正、邢玄、庆阳、磻溪、高翿、赵孟𫖯诸本。诸刻本中河上公本、宋刊本不如《道藏》李道纯《道德会元》所据白字本。王弼本除明和宇惠本为善本,即黎氏《古逸丛书》集唐字本之外,更可参考《道藏》本、范应元引王本与《道藏》宋张太守汇刻四家注本,其余古本如严遵本、傅奕本、范应元本以及夏竦文《四声韵》所引古《老子》,在考订文字上也都是有用处的。

关于研究《老子》版本的书,重要的有如下列:

(一)傅奕:《道德经》古本篇(《道藏》洞神部玉诀类本,北京图书馆藏刻朱印本)

(二)毕沅:《老子道德经考异》(《经训堂丛书》本)

(三)孙旷:《古今本考正》(见《诸名家评点老子晋注》附,武林溪香馆本)

（四）严可均:《老子唐本考异》(收入《铁桥金石跋》卷二、《聚学轩丛书》第三集）

（五）罗振玉:《老子道德经考异附补遗》(《永丰乡人杂著续编》之一，上虞罗氏刊本）

（六）何士骥:《古本道德经校刊》(一九三六年国立北平研究院《考古学报》第一卷第二号）

余如魏稼孙《绩语堂碑录》之补正严误，纪昀、王昶、吴云之校《老子》，一切与碑本校勘工作有关的文献，均可资考证。这是去伪存真的整理工作。从版本学以至校勘学，其目的务在使《道德经》的文字能够接近原本的本来面目。因此，第一，读本务要全面。《实践论》告诉我们，只有感觉的材料十分丰富（不是零碎不全）与合乎实际（不是错觉），才能根据这样的材料，造出正确的观念与理论来。所以搜集《老子》版本，务要应有尽有，务要根据《老子》文传于今之最古的。先有了可靠的版本做底本，就有可能对于许多版本材料加以批判的选择了。第二是校勘要细致。在选定底本之后，第二步工作是校勘。如严可均将景龙本和御注、河上、王本等校勘，所得三百四十九条，但错误还是不少，魏稼孙在《绩语堂碑录》中或正严误，或补严阙，共四十三条。这只是一例，证明校勘必须细致。如吴云之校广明本（见《二百兰亭斋金石记》），罗振玉校六朝唐写本（见《道德经考异》），前者我曾将它和《道德经幢残石》对勘，后者我曾将它和《西陆秘籍丛残》拓本对勘，均发现前人的错误不少。罗振玉是没有看到严可均《老子唐本考异》的，他说他求之三十年不可得，可见校勘之难。近人做校勘工作的，也有因为材料难得，结果只粗枝大叶，校得很不细致，结果就不可能在校勘工作中做到如《实践论》中所说以去粗取精，去伪存真，由此及彼，由表及里的改造制作工夫了。

《老子》音释

老子史料学,在版本和校勘工作之外,更重要的就是训诂。训诂即是对《老子》文句的解释,这和校勘的工作是分不开的。把校勘和训诂密切地联系起来,这就是所谓"校释",这校释的工作,前人的贡献就很不少,重要的成绩有如下列:

(一)王念孙:《读书杂志余编》(金陵局本《读书杂志》内)

(二)孙诒让:《老子札记》(《札迻》本)

(三)俞樾:《老子平议》(《春在堂全书》第三帙,《诸子平议》通行本)

(四)洪颐煊:《老子丛录》(《读书丛录》本)

(五)刘师培:《老子斠补》(《刘申叔遗书》第二十六册,宁武南氏校刊本)

(六)马叙伦:《老子核诂》(一九二四年排印本,古籍出版社重印本改名《老子校诂》)

(七)陶鸿庆:《读老子札记》(一九一九年序刊本,《老庄札记》铅印本)

(八)奚侗:《老子集解》(一九二五年序刊本)

(九)蒋锡昌:《老子校诂》(一九三七年商务印书馆本)

(十)劳健:《老子古本考》(辛巳影印手写本)

(十一)高亨:《老子正诂》(一九四三年开明书店本)

(十二)罗运贤:《老子余义》(一九二八年成都石印本)

(十三)于省吾:《老子新证》(《燕京学报》第二十期,又《双剑誃诸子新证》本)

此外如日本太田晴轩、武内义雄之说,也有许多可采用的。

训诂包括文字声音的各方面。关于《老子》的音韵之学，因为《老子》本为古代的哲学诗，宋吴棫已叹老子《道德经》周柱下史老聃所作，多韵语，今往往失其读。幸而自清顾炎武以来，对于《老子》的韵读，许多学者都加以注意，有重要成绩可举的如下列：

（一）顾炎武：《唐韵正》（光绪十六年思贤讲舍刊《顾氏音学五书》本）

（二）姚文田：《古音谱》（道光乙巳刊本）

（三）江有诰：《老子韵读》（《江氏音学十书》本）

（四）邓廷桢：《双砚斋笔记》（清光绪二十二年刊本）

（五）李赓芸：《炳烛篇》（古今图书馆据清同治刊本影印）

此外，如刘师培之《老子韵表》（丙午《国粹学报》）、高本汉之《老子韵表》（Bernhard Karlgren: *The Poetical Parts in Lao-Tsi*），及奚侗、陈柱之说《老子》古音，虽多臆说，也有很多对的地方。依我研究的结果，认为老子五千言，有通篇用韵的，有章首用韵而中间或尾声不拘的，有间句助语自为唱叹不在韵例的。《老子韵例》约言之，有一句一转韵例，有二句一转韵例，有三句一转韵例，有四句一转韵例，有五句以上一转韵例，有一章一韵例，有一章数韵例，有二句间韵例，有奇句偶韵例，有偶句奇韵例，有两韵互协例，有两韵句中互协例，有两韵隔协例，有三韵互协例，有四韵互协例，有句中韵例，有首尾韵例，有句首韵例，有首尾上下皆韵例，有韵上韵例，有双声为韵例，有叠字韵例，有助字韵例，有助字不为韵例（详拙著《老子校释》附录《老子韵例》）。而要之，《老子》为哲学诗，其用韵是所谓自由押韵式，就其用韵的格式论，也有和《诗经》相同的，如二十八章："知其雄，守其雌，为天下谿。为天下谿，常德不离，复归于婴儿（歌文通韵）。知其白，守其黑，为天下式。常德不忒，复归于无极（之部）。知其荣，守其辱，为天下谷。为天下谷，常德乃足，复归于朴（侯部）。"又如十章："载营魄抱一，能无离？专气致柔，能婴儿？涤除玄览，能无疵？爱人治国，能无为？天门开阖，能为雌？明白四达，能无知（歌支通韵）？"

但也有不同的，即《诗经》都是吟咏性情之作，而《老子》书则以说理竞长。《老子》和《易经》均为中国最古的哲学诗，五千言与《诗》韵或异或同，而与《易》就几乎相同，这也可见其时代之早。《老子》全书均为韵语，只如三十一章文多错乱、无韵，而实则这一章，正是王弼所疑为后来添进去的，事实也证明了这是较晚出的太史儋的作品，当然和全书有些不同。

结　语

还有研究老子资料，论断务要联系实际，无论考订、校勘、训诂，所有论断其较为正确的，大概都是能合于实际的。这就是说，他们的论断是否正确，不是依靠主观而定，而是依靠客观上与事实相符合，所谓"一切依于地方、时间、条件"这一条原则。在整理老子资料时，同样是适用的。例如，老子是楚人，我们就必须特别注意在他书中所用的楚方言。如四十五章"躁胜寒"，据《〈诗·汝坟〉释文》曰"楚人名火曰躁"。五十五章"终日号而不嗄"，据《庄子·庚桑楚篇》司马彪注"无声曰嗄"。七十章"被褐怀玉"，据《淮南子·齐俗训》注"楚人谓袍为短褐大布"。这不过是任举的例子，证明《老子》书中有许多方言，应用方言来解释某些字义，就是联系实际的治学方法。

当然在《老子》史料学里面，这可算到辑佚学的工作，如马叙伦《老子核诂》中即附录《老子佚文》一篇，仅得八条。又如《易·系辞上》疏"《老子》云'水至清则无鱼，人至察则无徒'"一条，似尚可补入。这一项工作，以五千言流传比较他书完整，遂不见其十分重要，但应用《道藏》本材料重新搜集《老子》古注，还是有其必要。两汉《老子》注十二家，今存只有《河上公章句》及严君平《指归》残本。魏晋六朝《老子》注七十七家，今存只王弼注有全本。如今根据《正统道藏》本诸《老子》集注及张君房、范应元、焦竑及各类书广为辑佚，不但可为河上、严遵、王弼诸注成一定本，更可辑出已佚之《老子》古注，如马融、宋衷、何晏、钟会、孙登、僧肇及鸠摩罗什等数十家。如再收入罗振玉之敦煌残本、梁武帝《老子讲疏》、王维诚辑《王弼指略例》、武内义雄辑《葛仙翁老子序次》等，这不是在辑佚学界中又添上一部"全两汉魏晋南北朝老子注"，可与严可均的书并美吗？

总之，哲学史史料学主要是以批判的分析现存的哲学著作为主，上面以《老子》为例，说明在中国哲学史史料学里，所包含工作有考订、校勘、训诂、辑佚等各方面，这当然只是一个例证罢了。

编后：从1961年12月开始，朱谦之先生就相继在中央民族学院、中国科学院浙江分院哲学社会科学研究所、广东暨南大学和辽宁大学等地讲学，本文即是学术报告之一，收于《东北学术演讲录》（1964年6月，铅印本，未正式出版）。

第五讲 《庄子》书之考证[*]

《易经》与《老》《庄》道家之学，世称"三玄"，而《老》《庄》并称则始于汉代，《淮南子·要略》云："揽掇遂事之踪，追观往古之迹，察祸福利害之反，考验乎老庄之术，而以合得失之势也。"《易》《老》《庄》之所以成为魏晋以来玄学的主题，《颜氏家训·勉学篇》有一段追记，谓："何晏、王弼，祖尚玄宗……直取其清谈雅论，剖玄析微……洎于梁世，兹风复阐，《庄》《老》《周易》总谓'三玄'。"这还是从一方面来看问题，其实"三玄"之学都包含着素朴的唯物主义与自发辩证法的因素，正是中国哲学史上的珍贵遗产。中国唯物主义思想的发展，从《易经》起，发展为老子之道、孔子之元，一方面影响为荀子，再影响为韩非子。荀卿思想来源，一部分本于道家，《荀子·解蔽篇》引《道经》"人心之危，道心之微"，又云"虚一而静"，言"至人"，言"无为"；《荀子·礼论篇》言"太一"，皆道家之言。荀卿又长于《易》教，汪中《述学》称"刘向又称荀卿善为《易》，其义亦见《非相》《大略》二篇"。韩非子则有《解老》《喻老》二篇。又一方面，则以《易经》《老子》影响于《庄子》，再影响于汉桓谭、王充。王充《论衡·自纪篇》述其生平："在乡里慕蘧伯玉之节，在朝廷贪史子鱼之行……贫无一亩庇身，志佚于王公；贱无斗石之秩，意若食万钟。得官不欣，失位不恨，处逸乐而欲不

---

[*]《社会科学研究》2001年第4期与第5期曾以《〈庄子〉书之考证》之名刊载此讲。——编者

放,居贫苦而志不倦。"这拿来和《前汉书》卷一百上《班嗣答桓谭论庄子》的话比较一下:"嗣虽修儒学,然贵老严之术(师古曰:老,老子也。严,庄周也)。桓生欲借其书(师古曰:桓谭),嗣报曰:'若夫严子者……渔钓于一壑,则万物不奸其志;栖迟于一丘,则天下不易其乐。不纬圣人之罔,不嗅骄君之饵,荡然肆志,谈者不得而名焉,故可贵也。'"由这一段可见两者的人格是很相一致的。《论衡·自然篇》云"虽违儒家之说,合黄老之义也","贤之纯者,黄老是也"。虽只称黄老,不称老庄,就其思想实质来说,则实得力于庄子。

《论衡·自然篇》"礼者,忠信之薄,乱之首也"出《老子》,"三皇之时,坐者于于,行者居居,乍自以为马,乍自以为牛,纯德行而民瞳矇"则出于《庄》。但王充虽与韩非子同接受唯物主义思想体系,而和韩非的意见不同,斥韩非为"不养德"。为"杀无辜","是韩子之术亦危亡也"。由于王充与韩非的对立,便知道在中国唯物主义思想的发展中,原有此两派,而王充的唯物思想,在哲学史上的位置,又比较韩非高些。不过说到王充,则也不能不注意他的思想的背景,恩格斯在一八九〇年十月二十七日给施密特的信里说:每一时代的哲学作为分工的一个特定的领域,具有由它的先驱者传给它而它便由以出发的特定的思想资料作为前提。

例如《易经》思想以殷商卜辞为前提,老子的思想以《易经》的思想材料为前提,庄子的思想以老子的思想材料为前提,而王充的思想,是以什么为前提呢?无可疑地就是老与庄,因此我在讲老子的史料学之后,即接着以《庄子》书的考证。

庄子是大文学家,而兼哲学家,因此不如一般哲学家之易于了解。《史记索隐》引刘向《别录》云,庄子,"宋之蒙人也""作人姓名,使相与语,是寄辞于其人,故《庄子》有《寓言篇》"。《史记》

本传："其著书十余万言，大率皆寓言也。"依《庄子·寓言篇》自述，这本书是"寓言十九，重言十七"。这十分之九的寓言是寄寓之言，就是凭空假托一段故事来讲他的哲学，十分之七的重言是引重之言，就是借重古人的名字来讲他的哲学。既然一部《庄子》都是以寓言的体裁为主，那么这种哲学，就应该和屈原的著作等量齐观，而不应该用学究式的看法，一下子就断定他不是唯物论，而加以抹杀。我们要知道中国寓言，到了庄子才达到标准的时代，而庄子出生地的宋国，则为寓言所出的原产地。有人据沈德鸿选的《中国寓言》，做了一个统计，即此书中共选一百二十七个寓言，其中说明主人翁的国籍的，共有二十九个，而宋国就占了十个，楚占八个，齐占四个。庄子之成为寓言大家，无疑乎和此文化地理环境也有关系。因庄子为宋之蒙人，而一生游历多在楚国。我们赞美《楚辞》之想像丰富，情思飘逸，而忽略了《庄子》书中也有同样的风致，同样是我国历史上善于使用我国语言的巨匠之一，相反地，因此诋毁庄子的世界观完全反动，冤哉枉哉！诚然庄子连本身的事迹，也许多寓言化了，例如《齐物论》中的胡蝶梦，《至乐篇》与髑髅的谈话，《山木篇》的雁与异鹊的故事，甚至其与最友善者惠施的往来辩论也不少寓言或故事的色彩，如《逍遥游》的不龟手之药与大树，《秋水篇》的鹓鶵与鱼，《徐无鬼》的后羿，均其好例。但要指定这一个探玄理、平阶级、明自然、顺本性的"洸洋自恣以适己"的文学姿态都是昏话，就未免太可笑了。庄子时代背景是和屈原同时，屈原卒时，庄子六十七岁，《庄子》书中虽看不出其关于屈原的消息，但《知北游篇》有一段狂屈与黄帝对话的寓言，狂屈据宣颖注"狷狂放屈不拘迹相也"，其实是影射屈原。全篇将"知者不言"三句，演作一幅画图，而以狂屈为中心，这也许即因庄子之徒有感于屈原之直言放逐，而故意作此"终于无言"之一段故事。但无论如何，如《史记·屈原本传》所称屈原"濯淖污泥之中，蝉脱于浊秽，以浮游尘埃之外，不获世之滋垢，皭然泥而不滓者也"，这一段精神，一定感动不少人。屈原自沉的惨痛故事，在《大宗师篇》虽未提名，却举有几个和他相似的人物。又《楚辞》中有《渔夫》一篇，相传为"楚人思念屈原，因叙其辞以相传焉"，我以为即庄子之徒所作。《史记》本传云作《渔父》，篇名相同，且其中"夫圣人者，不凝滞于物而能与世推移"，语意也同《庄子》。庄子生当战国弱肉强食的世界，因为不肯与现实的社会妥协，宁可安贫乐道，而不肯"为轩冕肆志，为穷约趋俗"。他说："吾宁游戏污渎之中自快，无为有国者所羁！"这话活绘出一个绝对要求自由的生活意识。庄子是始终站在被统治者被压迫者的立场，反对君主专制，反对现实，由他看来，人生而自由，何须压制？一切平等无差别，何分贵贱？因此他所假托景仰的人物，也完全不是贵族阶级，反而是一些身体残缺不全、从奴隶制社会蜕化出来的典型人物，如《人间世》的支离疏，《德充符》的兀者王骀、申徒嘉、兀者叔山无趾、哀骀它、闉跂、支离无脤、瓮㼜大瘿，有的形体不全（如支离疏），有的刖足（如王骀、申徒嘉、叔山无趾），有的下体盘曲（闉跂）、上身伛偻而缺唇（支离无脤），有的颈瘤大如瓮㼜（瓮㼜大瘿）。这些残形的丑态，居然就是庄子心目中的理想人物。至如《人间世》《徐无鬼》之匠石，《逍遥游》《人间世》中之楚狂接舆，《养生主》的庖丁，《骈拇》之臧与谷，《天地》的为圃者，《达生》之痀偻者、操舟者、养斗鸡者、削木者、东野稷（御者）、工倕，《山木》之伐木者，《田子方》之无择豯工，《知北游》之捶钩者，《让王》之屠羊说，《渔父》之渔人，凡此庄子所极力描写的道德之士，无一不带被统治者、被压迫者的风貌，而为庄子所寄与亲切之同情的。"今世殊死者相枕也，桁杨者相推也，刑戮者相望也。"（《在宥》）相枕谓已死者，相推、相望言其多。这是何等一个不幸的世界，在这世界里奴隶一经解放，便不再做奴隶而希望自由了。这就是"隐士"或"辟世之士"的起源,也是《庄子》书的背景。固然我们今日研究《庄子》必须超越庄子,超越庄子即是对于庄子的批判,而庄子已经自己批判,即《外物篇》所云"得意而忘言"这一位"上与造物者游而下与外死生无始终者为友"的寓言哲学家。荀子批判他"庄子蔽于天而不知人"(《荀子·解蔽》),其实乃是"鸟高飞以避矰弋之害"(《庄子·应帝王》),是反映很深刻的对现实的反感。庄子不是为当时奴隶社会统治阶级服务,这读其书自明,而他是一个素朴的唯物主义者和自发辩证法论者,也是有书可证的。

现在试就《庄子》书作一初步观察。今传《庄子》即郭象的三十三篇本,共得六万五千九百二十三言,约当司马迁所记"著书十万余言"之十分之六。这三十三篇,若认为都是庄子原著,当然犯了重大的错误。

版本与篇目

若认为《庄子》系汇编,包含庄子、庄子弟子乃至后来庄子学派的著述,这大概是没有什么问题的。近人喜欢辨伪,辨伪当然是一桩好事,但因此而并将《庄子》书内篇一概抹杀,认为与庄子学无关,这便未免疑古太过。疑古的精神是可贵的,然而太过也算不得对于史料之合理的批判的态度。我们知道西洋在十七世纪末,也有耶稣会教派 Harduin 因惊于当时伪书之多,遂至根本否认历史的知识,甚至以为如 Pindar、Dionysius、Diodorus、Strabon、Josephus、Varro、Livius、Terence、Vergilius、Horatius、Eusebius、Cassiodorus 等及其他史籍,都是伪作,而加以极端排斥。然而这种极端的怀疑论,是不能建立科学的史料批判学的。即以《庄子》一书为例,依据顾颉刚旧说,完全是伪书。他说:"我的意思,以为《庄子》是战国、秦、汉间'论道之人'所作的单篇文字的总集,正与儒者所作的单篇文字总集为《礼记》一样。"(《古史辨》第一册)事实果然如此吗?《庄子》书中前人所认为可疑者,实则许多是无可疑的。譬如《大宗师》《天道》《天运》,均言孔子说仁义。仁义并举,前人以为始于孟子,疑此不可信,实则儒书在孟子前者如《表记》《中庸》,亦并言仁义,《孟子·公孙丑上》述曾子之言,也并举仁义,墨子《兼爱》《非攻》《节葬》诸篇也连言仁义,如何便可据之以为伪书之证?若从积极方面着想,则本书的特色,正在其史料上的价值,是建立于真凭实据上面。

第一,证之龟甲——案有人曾考殷墟出土的大龟云:"《庄子·外物篇》'乃刳龟,七十二钻而无遗策',此所谓七十二钻乃举大龟之很多数而言,非妄语也,所谓无遗策者,策即册,指龟版而言,遗留也,言七十二钻使龟册无留余之地,则钻之最多者也。今依上列最多之数(六十二)而更推之,则前后左右,可各加二钻,则适合于七十二之数。"(《甲骨学商史》)举此一例,可证向来所认为可疑的杂篇之一,即其最细微之点看来,也可见其时代之古。

第二,参之金石——《列御寇篇》云:"正考父一命而伛,再命而偻,三命而俯,循墙而走,孰敢不轨?"此与鼎铭文略同。《左传》昭七年传作:"故其(正考父)《鼎铭》云:'一命而偻,再命而伛,三命而俯。循墙而走,亦莫余敢侮;饘于是,鬻于是,以糊余口。'"此亦可证《庄子》一书之史料价值。

第三,考之文件——从文字史的眼光看,韵文应出现于散文之前,《庄子》一书大部分为韵文的著作,为从韵文到散文过渡时期的重要著作。关于《庄子》的古韵,可参照顾炎武《唐韵正》、江慎修《古韵标准》、姚文田《古音谐》《庄子韵读》、陈寿昌《庄子古韵考》、阮毓崧《重订庄子集注》等书。但内篇有韵,外杂篇也有韵,甚至向来认为可疑的如《胠箧篇》之诛侯韵("彼窃钩者诛,窃国者为诸侯"）、止起韵（"故绝圣弃知，大盗乃止，擿玉毁珠，小盗不起"），《盗跖篇》之拘侯韵、门存韵（"小盗者拘，大盗者为诸侯，诸侯之门，义士存焉"）。这证明了《庄子》书虽非庄子一手造成，也不会落后到秦汉之间的散文时代。

但《汉书·艺文志》记"《庄子》五十二篇"，何以此原本之五十二篇，竟变成现存郭象注之三十三篇的残本呢？现存的《庄子》版本究竟以何种版本为最重要呢？关于后者，我认为现存《庄子》版本以《续古逸丛书》宋刊本为最善，其次则唐写本、古钞卷子本可供参考，宋刊本尚有《古逸丛书》注疏本、赵谏议本及宋末元初之元和纂图互注本，明刻本有世德堂本、闵刻本、邹之峄刻本、吉藩崇德书院本，清刻本惟王闿运本于文字校勘上有用处。

《续古逸丛书》宋刻本——涵芬楼刊《南华真经》卷一至六南宋本，卷七至十北宋本，此为现存宋本之最古者。

唐写本——敦煌唐写本残卷，现存英伦博物馆的有《胠箧》，藏巴黎图书馆的有《刻意》《山木》《徐无鬼》，藏日本的有《天运》《知北游》，罗振玉所藏有《田子方》。其间除《刻意》《天运》《知北游》首尾完具者外，皆残缺不全，仅供校勘之用。

古钞卷子本——此为日本京都栂尾山高山寺所藏《庄子注》残卷，现存杂篇《庚桑楚》《外物》《寓言》《让王》《说剑》《渔父》《天下》共七卷，《天下篇》末有子玄后语，为极宝贵之新资料。

宋刻本——黎庶昌刻《古逸丛书》中宋刻注疏本，乃南宋刻本，其中原缺《养生主》一卷，《德充符》数叶，后另得之于肆中，尚缺《应帝王》到《至乐》，因取坊刻成疏本相补。又赵谏议本，据《四部丛刊》之《南华真经》卷末所附孙毓修《庄子摘记》中之《校记》，辛丑间发现宋刻《庄子》卷，末有"安仁赵谏议宅一样"云云，亦南宋本。又纂图互注本为明世德堂本所出，卷首附《庄子太极说》《周子太极图》等，虽可考证经文，实非善本。

明刻本——有胡氏世德堂本流行极广，如《二十二子》《二十八子》《三十二子》《四十八子》等均出此本，但较宋本为劣。又闵氏朱墨印本、邹之峄校刻本、吉藩崇德书院本。虽均为精校之本，但时代较晚，马叙伦《庄子义证》曾用崇德书院本。

清刻本——惟王闿运本为最特色，王专注内七篇，并以《寓言》为前序，以《天下篇》为后序，其所据本颇与今本有异文，为武廷绪《庄子札记》所引用。

今人校《庄》有据郭庆藩集释本者，如刘文典之《庄子补正》及《庄子引得》；有据世德堂本者，如陶鸿庆的《老庄札记》，高亨的《庄子今笺》。郭本出自《古逸丛书》而略有改窜，其皆非善本可知，尤其是刘文典所据郭本乃扫叶山房石印本，而非思贤书局刊本，致误谬之处甚多，此亦可见选本之难。

但现在校《庄》工作，最先应注意问题，却是后者，即《庄子》五十二篇何以变为郭象注之三十三篇的版本？依陆德明《释文叙录》，我们知道郭象注之前，尚有各种注本可考，即：（一）司马彪注二十一卷五十二篇，（二）孟氏注十八卷五十二篇，（三）崔譔注十卷二十七篇，（四）向秀注二十卷二十六篇，（五）郭象注三十三卷三十三篇。可列表如下：

	内篇	外篇	杂篇	解说	总计
司马彪注二十一卷	7	28	14	3	52
孟氏注十八卷					52
崔譔注十卷	7	20	无		27
向秀注二十卷			无		28（一作27或26）
郭象注三十三卷	7	15	11		33

案：《释文叙录》"《汉书·艺文志》：《庄子》五十二篇，即司马彪、孟氏所注是也"，这是《庄子》原本。崔譔、向秀注一作二十七篇，一作二十八篇，据《世说新语·文学篇》，知向秀注本乃"聊应崔譔所注，以备遗忘"，可见是以崔注本为根据，《释文》亦多连引崔、向二本，这是晋代的删定本。郭象注本三十三卷，以后卷亦不同，《隋志》作三十卷，目录一卷；两唐《志》作十卷，宋时有十卷本、二十卷本、三十卷本、三十三卷本，明时又有三十五卷本（参见岛田翰《古文旧书考》）。今存者二十卷本。然据日本所得六朝旧本，即高山寺归钞本残卷，知今本十卷，尚系后人所改，和郭象原注不同。武内义雄疑今本郭注《让王篇》注仅有三条，《盗跖篇》又三条，《说剑》无注，《渔父》仅存一条，其注文与全书之例不相似，疑此四篇郭注，隋唐之间已阙佚，而后人以它种注本来补，此说似可成立（参见武内义雄《庄子考》）。案《世说新语·文学篇》记郭注《庄子》事云：

郭象者为人薄行，有俊才，见秀义不传于世，遂窃以为己注，乃自注《秋水》《至乐》二篇，又易《马蹄》一篇，其余众篇，或定点文句而已。后秀义别本出，故今有向、郭二《庄》，其义一也。

这似乎郭象是完全依据向秀注本了。《晋书·郭象传》也沿袭《世说》记事，然钱遵王《读书敏求记》即提异议，以为《晋书》云云，恐未必信。今人考据结果，知郭象虽据向注，惟多少有所变更，不独变更注文，且其经文亦有取舍之形迹，且不仅经文字有出入，其他如杂篇之区别，及各篇之分合，亦各不同。这究竟为什么呢？这乃因郭注本实为崔、向注本与司马注本之综合，即那是：

```
司马彪注本（原本）  ┐
                    ├── 郭象注本（新订本）
崔譔向秀注本（删定本）┘
```

我们试把高山寺《庄子》残卷《天下篇》末一文，和陆德明《释文叙录》(《庄子》)一节对照，《叙录》云：

> 庄子弘才命世，辞趣华深，正言若反，故莫能畅其弘致。后人增足，渐失其真。故郭子玄云："一曲之才，妄窜奇说，若《阏奕》《意修》之首，《危言》《游凫》《子胥》之篇，凡诸巧杂，十分有三。"《汉书·艺文志》"《庄子》五十二篇"，即司马彪、孟氏所注是也。言多诡诞，或类《山海经》，或类占梦书，故注者以意去取。其内篇众家并同，自余或有外而无杂，惟子玄所注特会庄生之旨，故为世所贵。

这里郭子玄云云即是郭象篇末《目录》序，其中所删去的部分即那依据司马彪五十二篇末，删去《阏奕》(高山寺本"奕"作"亦")、《意修》(作"意循")、《危言》(作"尾言")、《游凫》(作"游易")、《子胥》共十分之三，其内容与《山海经》、占梦书多相似。高山寺残卷云：

> ……且辞气鄙背，竟无深澳（奥）而徒难知以因梦。令沉滞失流，岂所求《庄子》之意哉？故略而不存，令（今）唯哉（裁）取其长达致全乎大体者，为三十三篇者（焉）。

陆德明称"子玄所注，特会庄生之旨，故为世所贵"，就版本说确是有一种特色，因为郭注本为司马彪注本与崔譔、向秀注本之综合，其价值自出于两本之上。陆德明《音义·天下篇》末引崔譔的话，极称赞郭注。郭象原从崔、向注本而来，向注又本崔注而来，而崔氏称子玄之注如此，其有价值可知，这也就是郭注本所以传世最久的原因。郭注本虽非《庄子》原本，却是极优良的订正本。在他所定三十三篇之外，尚有逸篇篇名可考的，如高山寺残卷郭象目录所云《阏奕》《意修》《尾言》《游凫》《子胥》各篇，《史记》本传"《畏累虚》《亢桑子》之属"，索隐称"畏累虚"乃篇名，《亢桑子》即今本之《庚桑楚》。又《北齐书·杜弼传》云"弼注《惠施篇》"，按今本《庄子·天下篇》有关惠施约二百余字，当即《惠施篇》原文，而附于此，实为郭氏据司马注本移入所致，因为首先，根据《释文·天下篇》上半多引崔、向音，而"惠施多方其书五车"以下，绝未一引，可见其单独成篇。其次，《列子》张湛注所引惠子语，多出此，也令人想像此部分为《惠施篇》之原因（武内义雄说）。第三，《惠施》佚文可见的，尚有如《太平御览》四六六及九一八所引。因此知道《庄子》原书实不止于三十三篇，而以三十三篇为最优良的订正本，那末我们便应该平心静气来研究，既不必似道家者流，一味崇拜，把《南华真经》看做圣经，一字不可易，也不必如辨伪学家一味抹杀，把全部《庄子》割裂片断，认为秦汉间的伪书，是由一班好事人捏造出来的，我们应该利用新的整理史料的方法，来从《庄子》书中，精密分析出庄子学说的内容是什么。

我们研究《庄子》知道这本书虽有版本不同，但据《释文》云："其内篇众家并同，自余或有外而无杂"，可见内篇七篇大致无问题，现在即此不甚成问题的内篇为起点，来分析一下《庄子》书。

内外篇之关系

原来《汉书·艺文志》五十二篇，本无内、外、杂篇之名。现行郭象注本之分内、外、杂篇，实亦有所本，然要非汉时所见原本，即非当时著书本意。但从有了这内、外、杂篇之分以后，这内、外篇的关系，便成问题。《南齐书》卷三十三《王僧虔传》，虔尝作《诫子书》云："……汝开《老子》卷头五尺许，未知辅嗣何所道，平叔何所说。……《庄子》众篇何者内外……而终日欺人，人亦不受汝欺也。"

可见晋宋学者间已注意及此内、外篇的关系问题。今郭象注本分内、外、杂篇已成定本，而究其所以分之的理由，综合各家不同的说法，有如下六种：

（一）内、外篇互相发明说——可以注释庄子《南华副墨会解》、林云铭《庄子因》及周金然《南华经解释》之说为代表。依注释庄子《南华副墨会解》所定《南华经目》以内篇七篇为主，外、杂二篇附之，如下表：

《逍遥游》	附《缮性》	《至乐》	《外物》	伪书《让王》
《齐物论》	附《秋水》	《寓言》		伪书《盗跖》
《养生主》	附《刻意》	《达生》		
《人间世》	附《天地》	《山木》	《庚桑楚》	伪书《渔父》
《德充符》	附《田子方》	《知北游》	《列御寇》	
《大宗师》	附《骈拇》	《徐无鬼》	《则阳》	
《应帝王》	附《马蹄》	《胠箧》	《在宥》	
	《天道》	《天运》		伪书《说剑》

（二）内理外事说——可以唐成玄英疏为代表。《庄子疏》序云："所言内篇者，内以待外立名……内则谈于理本，外则语其事迹。事虽彰著，非理不通，理既幽微，非事莫显。欲先明妙理，故前标内篇。内篇理深，故每于文外别立篇目。"又："内篇明于理本，外篇语

其事迹，杂篇杂明于理事。"但以事理不同来分别外篇，显然是有矛盾。为解决这个困难，他接着又说："内篇虽明理本，不无事迹，外篇虽明事迹，甚有妙理，但立教分篇，据多论耳。"

（三）内篇明无、外篇明有说——可以唐荆溪《止观辅行口诀》之说为代表。案隋僧智颉《摩诃止观》内引周弘政释三玄云："《庄子》自然，约有无明玄。"《止观辅行口诀》加以说明云："《庄子》内篇，自然为主，如云：'雨为云乎？云为雨乎？孰施降是？'皆其自然。又言有无者，内篇明无，外篇明有。……如云：'夫无形故无不形，无物故无不物，不物者能物物，不形者能形形，故形形物物者非形非物也。夫非形非物者，求之于形物，不亦惑乎？'……又云：'有情有信，无为无形。'"案这里所引内篇三条，第一条"雨为云乎"在外篇《天运篇》，第三条见《大宗师》，第二条"夫无形故无不形"等句，不见今本，或另有所本。

（四）内圣外王说——可以近人王树柟与钱基博之说为代表，王树柟云："其书内篇即内圣之道，外篇即外王之道，所谓静而圣，动而王也。杂篇者杂记内圣外王之事，篇合为章，犹今人之杂记也。"钱基博《读〈庄子·天下〉篇疏记》更推到极端，将《逍遥游》《齐物论》两篇总括内、外、杂各篇；《逍遥游》为内圣之道，《齐物论》为外王之道，内圣得其自在，外王蕲于平等。他以为《庄子》书三十三篇，言《逍遥游》的二十篇，言《齐物论》的十二篇，而《天下》篇为叙录，不计。

（五）内、外篇为师徒之间所著本同说——可以近人刘咸炘之说为代表，他将三十三篇分为三组。

内篇（七篇相属，义已包举，外、杂篇皆衍其义）；

外、杂篇有为条记而首尾一义者，如《达生》（申《养生主》）、《山木》（申《人间世》）、《知北游》（申《齐物论》）、《让王》、《盗跖》。

有皆条记而非一义，凡条记者多老门精语微言，如《在宥》《天地》《天道》《天运》《外物》《寓言》《列御寇》。

有首尾成编而纯驳异者，如《刻意》《缮性》《说剑》《渔父》《天下》(全书之序、《骈拇》《马蹄》《胠箧》《刻意》《缮性》《天下》似其自著)。

他的结论是，大概内篇以所自著，外、杂则师徒之说混焉，凡诸子书皆然。庄徒编为内、外，因已谨而区别矣，外、杂之非自著，不特文势异，义之过放，亦可征，大抵有徒之说。有徒述其言，有庄子述古事，故纯驳当别……又兼有夸尊庄道者，亦有徒所记。此说尚平允，且亦可见《庄子》书所述庄子的学说，实为一家之言。

（六）内篇皆有篇目，外、杂篇只取篇首之字为标题说——可以成玄英《庄子疏》序、宣颖《南华真经解》、林云铭《庄子因》及冯友兰同志之说为代表。案成玄英云："内篇理深，故每于文外别立篇目……自外篇以去，则取篇首二字为其题目，《骈拇》《马蹄》之类是也。"又云："《骈拇》以下，皆以篇首二字为题，既无别义。"宣颖（《南华真经解》卷一）、林云铭（《庄子因·庄子总论》）均同此说。冯友兰同志更加以发挥，认为"其所以如此分类，并有内外之称者，大约书分内外两部分，汉魏六朝人有此习惯""编所谓《庄子》之书者，将有别标题著分为一类，将无别标题者分为一类，前一类称为内篇，后一类称为外篇"云云（《〈庄子〉内外篇分别之标准》）。

由上六种说法，均能言之成理，惟（二）（三）（四）各说，虽也有主观的根据，却缺乏客观的标准；（一）（五）（六）之说，则较为可信。综合起来，即是内篇与外篇可互为发明，而以内篇为主，故另立题目，以与外篇分别。我们今姑假定这有标题的为庄子的手定，无标题的多为庄子学生作，这也就没有什么很大的不合理了。

各篇著作时代

但是接着对于这种无标题的外、杂篇，虽假定为学庄子者所作，而究竟那些篇为庄子后学所加，那些篇为庄子直传门人所作，这当然应该首先注意的。于是为解决这个问题，便发生许多不同的见解，如许地山《道教史》以为外篇与杂篇的年代，可依武内义雄的断定，大体分为五个时期：

（一）庄周直传门人所传为《至乐》《达生》《山木》《田子方》《知北游》《寓言》《列御寇》。

（二）成于稍晚后学的为《庚桑楚》《徐无鬼》《则阳》《外物》。

（三）成于齐王建（公元前二六四——前二二一）时代的为《骈拇》《马蹄》《胠箧》《在宥》。

（四）成于秦汉之际的为《天地》《天道》《天运》《秋水》《刻意》《缮性》《天下》。

（五）秦汉之际所成别派的诸篇为《让王》《盗跖》《说剑》《渔父》。

依这个分法，庄子的思想顺序，便有些眉目了。但依我看法，以为外篇、杂篇无疑乎许多是庄子后学所加，陆德明《释文叙录》所云"庄生弘才命世，辞趣华深，正言若反，故莫能畅其弘致。后人增足，渐失其真"是也；焦竑《焦氏笔乘》云："内篇断非庄生不能作，外篇、杂篇则后人窜入者者多。之、哙让国在孟子时，而《庄》文曰：'庄子身当其时。'昔者陈恒杀其君，孔子请讨，而《胠箧》曰：'陈成子弑其君，子孙享国十二世。'即此推之，则秦末汉初之言也，岂其年踰四百岁乎？曾、史、盗跖与孔子同时，杨、墨在孔后孟前，《庄子》内篇三卷，未尝一及五人，则外篇、杂篇多出后人可知。又'封侯''宰相'等语，秦以前无之，且避汉文帝讳，改田恒为田常，其为假托尤明。"由上可见，今传之外、杂篇，确有不少为后人增入之处，惟此为古书通例，所有诸子书都如此，若因此即谓其全书为秦汉间人所作，即未免近于武断。为辨明这一点，我们试作如下的分析：

第一，外、杂篇所述各条记事式的故事，或精语微言，因庄子弟子述不同，故所记也有所不同。这种情况和"儒分为八，墨离为三"（《韩非子·显学》）相同，今传《墨子》书中，《尚贤》《尚同》《兼爱》《非攻》《天志》《非命》皆分上、中、下三篇，即为墨学三家演墨子的学说所作，其中虽有许多后人加入的材料，但从大体来看，仍然可以代表整个的墨学。同样，庄子以后，其末流不免分出派别，因此，同一寓言，也因传授的关系，各篇所记或有不同，最明显的是各篇文多重复，甚至于一篇之中，也有重复之处。

例一，内篇中本篇重复的，如《逍遥游》既引《齐谐》之言，又引"汤之问棘"，《齐谐》言鲲化为鹏，"汤之问棘"（见《列子·汤问篇》）则未言及此。又内篇与内篇重复的，如《齐物论》"日夜相代乎前，而莫知其所萌"，亦见《德充符篇》。

例二，内篇与外篇重复的，如《齐物论》"形固可使如槁木，而心固可使如死灰"，同见于《徐无鬼》《知北游》《庚桑楚》；"（道通其分也，）其成也毁也"一节，重复于《庚桑楚》；"古之人其知有所至矣，恶乎至"一节，亦重见《庚桑楚》；《大宗师》"泉涸鱼相处于陆"一节，重见于《天运》，"与其誉尧而非桀也，不如两忘而化其道"，重见于《外物》，"忘其肝胆，遗其耳目"，重见于《达生》；《应帝王》"老聃曰：是于圣人也，胥易技系，劳形怵心者也"，重见于《天地》；又《齐物论》《徐无鬼》，均有南郭（伯）子故事，《齐物论》与《寓言》均有罔两问景故事，而文皆大同小异，可相比较。

例三，外、杂篇与外、杂篇重复的。如《天运》"尸居而龙见，雷声而渊默"，重见《在宥篇》；又《天道》"其生天行"一节、"知天乐者无天怨"一节，又"其魂不疲"各句，均重见《刻意篇》；又《达生》"今汝饰知以惊愚"一节重见《山木篇》；又《胠箧》"小盗者钩，大盗者为诸侯，诸侯之门，仁义存焉"重见《盗跖篇》，"仁义"作"义士"。又《至乐》与《达生》均有"海鸟止于鲁郊"故事。《则阳》与《寓言》均有年六十而六十化故事，惟一作"伯牛"，一作"孔子"，可相比较。

由上例证，可见外、杂篇实为庄子门人及后学传述庄学，而因学派分歧之故，以致所记之事不同，所述的理也有矛盾，这一点可以证明《庄子》外、杂篇不是出于一人之手，而实同出于一个源泉。

第二，如云外篇、杂篇多为秦汉间之著作，其最大根据乃在《吕氏春秋》，如许地山曾指出："《逍遥游》底许由与《慎行·论求人》篇底许由同出一源。《胠箧》底盗跖与《仲冬纪·当务篇》所记一样。《天地》底伯成子高见于《恃君览·长利》篇。《山木》与《孝行·必己篇》底一节相同。《田子方》底温伯雪子见于《审应览·精谕篇》。《庚桑楚》为《似顺·论有度篇》底一节。《外物》为《孝行览·必己篇》底篇首。《让王》所取底材料更多；子州支父底话出于《仲春纪·贵生篇》，石户之农、北人无择、瞀光、卞随，出于《离俗览·离俗篇》。大王亶父与子华子、魏牟，出自《开春论·审为篇》。列子出自《先识览·观世篇》。孔子、许由、共伯出于《孝行览·慎人篇》。伯夷、叔齐，出于《季冬纪·诚廉篇》。《盗跖》底'尧不慈，舜不孝，禹偏枯，汤放其主，武王伐纣，文王拘羑里'，与《仲冬纪·当务篇》'尧有不慈之名，舜有不孝之行，禹有淫湎之意，汤武有放杀之事，五伯有暴乱之谋'，同出一源。"（《道教史》）这种比较的研究，是很可贵的，然而这也只能证明一事，即《吕氏春秋》抄录《庄子》，而不能证明《庄子》抄录《吕氏春秋》。按《史记·吕不韦列传》："吕不韦乃使其客人人著所闻，集论以为八览、六论、十二纪，二十余万言，以为备天地万物古今之事，号曰《吕氏春秋》。"又《史记·十二诸侯年表》："吕不韦者，秦庄襄王相，亦上观尚古，删拾《春秋》，集六国时事，以为八览、六论、十二纪，为《吕氏春秋》。"这都是很明白地说出《吕氏春秋》只是"集"出来的书，固然这部集出来的书，件件都有，尤其对于儒、道二家采取兼容并包的态度，然而毕竟和儒、道二家原来的著作不同，至于道家正统的庄子一派，在吕氏门下，似乎颇占势力，因此，庄子的话也称引特多。郭沫若同志述《庄子》与《吕氏春秋》的关系最为明白，他说："在多士济济的吕氏门下……道家颇占势力，其中庄子的门人一定相当多。书中每称引《庄子》（《去尤篇》），有好些辞句与《庄子》书完全相同。如《必己篇》差不多强半是采自《庄子·外物篇》。又如《有度篇》的左例一节，更根据庄子的主张来批判孔、墨。……'故曰'以下乃《庄子·庚桑楚篇》的一节，明明是引书故称'故曰'，只是没有把《庄子》标明出来。"（《十批判书》）

这就是最好的例子，证明了外、杂篇为秦汉时作一说的误会。

至于《胠箧篇》与古本《鬼谷子》的关系，据今本《鬼谷子》的《符言第十二》末有"《转丸》《胠乱》二篇皆亡"一句，《正统道藏》本注云"或有庄周《胠箧》而充次第者"，这分明指出后人以《胠箧》冒充鬼谷子《胠乱》一篇的痕迹，这正足以证明《胠箧》乃在伪书《鬼谷子》之前。至于田成子杀齐君的文句，唐司马贞《史记索隐》中引作《鬼谷子》——可见《庄子·胠箧篇》原文，在其冒充为《鬼谷子》一篇之后，又经过一番窜乱，这就是使《庄子》此篇本无可疑而也成为可疑的原因。

第三，外、杂篇的真伪。尚无定论，如以外篇《缮性》为例，许地山认为成于秦汉之际，而称之为秦汉儒家化的庄子学（《道教史》),但刘咸炘则认为庄子自著。又如杂篇《天下篇》,王安石《庄周论》信为庄子所作;朱熹以为《天下篇》惟取篇首二字为名,实则该括万物之义;余直以为《南华经》之后序,出于学庄子学者,非庄子作;梁启超则以为此篇即《庄子》全书之自序,"庄子书有后人羼附之作,外篇杂篇可疑者更多,无容为讳,惟《天下篇》似无甚怀疑之余地",经他考据之后所得结论是:"此篇文体极朴茂,与外篇中浅薄圆滑之各篇不同,故应认为《庄子》书中最可信之篇。"(《庄子·天下篇》释文)依我意思,《天下篇》历叙古今道术,显然是庄子晚年的著作,这和亚里士多德留传于今的学术著作,均为五十岁以后写成的一样。即使退一步认《天下篇》不是庄子自作,而为庄子直接门人评论百家之学而作,则其中已有"《诗》以道志,《书》以道事,《礼》以道行,《乐》以道和,《易》以道阴阳,《春秋》以道名分"之语,而《天运》之言六经,《庚桑楚》之言仁义礼智信,亦何能即断定其为汉代所作?《天下篇》乃庄子后序,与《寓言篇》可认均为庄子作。王闿运《庄子注》仅注《寓言》《天下》及内篇七篇,不为无见。辨此一点,便知外、杂篇实有其不可轻易抹杀的地方。

实在说,今本《庄子》根据就是注家于原本五十二篇中以意去取的结果,而郭象三十三篇注本,则可以为较可靠之庄学一家之言。若认《庄子》为庄周一人所作,问题很多,若认为一家之言,则大致不错。其中最成问题的,当推《盗跖》《渔父》《让王》《说剑》诸篇。苏东坡疑此四篇非庄子作,宋濂《诸子辨》谓此"诸篇不类前后文,疑后人所剿入";宣颖《南华经解》甚至列之于《天下篇》之后,以为"此四篇叙事弱,议论冗,其文乃在《新序》《说苑》等书之下,况可以溷《庄子》乎?"但事实果然如此吗?武内义雄疑此四篇,郭注《让王》仅三条、《盗跖》三条、《说剑》无注、《渔父》仅一条，以为郭注隋唐之际已阙佚，而后人以他种注本补之。此说近是，惟仍不能因此疑及本文。实则此数篇文体即使与其余前后文不甚同，而其深微之点，固可与内篇互相发明。如以《盗跖》为例，章太炎《检论·儒侠篇》以为："此非寻常攻剽之雄所能有，殆世谓有主义者，而曲士乃言《盗跖篇》为伪托，其亦牵于法制，未蹈大方之门者邪？"而且《盗跖》《渔父》已见《史记》，则由来已久。陆树芝云："《让王》尽有精理，《说剑》较粗耳，然都非实事也。"（《庄子雪》）由我看来，《让王》《渔父》《盗跖》三篇虽非庄子学的正统却为庄子学派所产生。

就中惟《说剑》一篇载庄子见赵惠文王论剑，据有人考证，知乃庄辛非庄周，盖战国有两庄子，韩非子《喻老》"楚庄王欲伐越，庄子谏"亦庄辛，而《文选》卷五十四注引误作"庄周"。庄辛，据《战国策·赵策》"说楚襄王不听，去而之赵，留五月"，其留赵甚久。又辛系文学之士，其说天子诸侯庶人三剑，累累敷陈，显然出于其手，可见《说剑》并非伪篇，但不是庄周之作。删此一篇，则如《让王》《渔父》《盗跖》三篇，反无可置疑之处，以此三篇与《马蹄》《胠箧》诸篇，固同为庄子学左派的代表作品。

庄子三派

我细心研究的结果，以为庄子学的发展，和老子学派的发展有些相同，即可假定其分派——中派、右派与左派。中派为庄子直传弟子，时间最早，所传的如《至乐》《达生》《田子方》《知北游》《列御寇》乃至《山木》《秋水》《则阳》等篇属之。右派与左派发生较后，但当在同时先后不久，为相对立的两派别：右派所传的是《庚桑楚》《徐无鬼》《外物》《天地》《天道》《天运》《刻意》《缮性》诸篇；左派所传的是《骈拇》《马蹄》《胠箧》《在宥》《让王》《盗跖》《渔父》诸篇。试加以分析：

先就庄子著说：内篇七篇及外篇《寓言》、杂篇《天下》，均为庄子所作。内篇各立一题，各成结构，本无问题，《寓言》标出一部大书作法，《天下》历叙古今道术，注家认为非庄子不能作。今姑假定以上九篇，为出一人之手，就内篇言：

《逍遥游》——言逍遥无为者，能游大道也（司马彪语）。以今语释之，即无所往而不自由。

《齐物论》——言齐一万物之理，始之以无彼我，同是非，乃至于一生死，同梦觉（焦竑语）。以今语释之，即一切皆平等。

《养生主》——此言养生之主，在行其所无事，针砭世之言养生者徒养生之形，乃"养过其极，以养伤生"（郭象语）。

《人间世》——概涉世之难，惟先能了尽世间事，然后能随便所适，遯世无闷，此王夫之所谓为涉乱世以自全而全人之妙术。

《德充符》——此篇以全德遗形为主旨，重德而不重形。

《大宗师》——此篇明天人之际，言必游于混茫之一气，人于不死不生，乃是道之大宗（宣颖语）。

《应帝王》——此言为之治，不若无为之治，无为则顺自然，帝王之道，合应如此。

以上《逍遥游》与《养生主》均为人生哲学，《齐物论》为哲学方法论，《人间世》为处世哲学中之积极面，《德充符》为处世哲学之消极面，《大宗师》为世界观，《应帝王》为政治思想。

再就庄子的三派来说：

其一，中派——此派为庄子学之正统派，亦即代表庄子与其直传门人的思想，其与内篇七篇的关系如下：

《逍遥游》——《至乐》

《齐物论》——《秋水》《则阳》

《养生主》——《达生》

《人间世》——《山木》

《德充符》——《列御寇》

《大宗师》——《田子方》《知北游》

《应帝王》——

此派主张"至人无己,神人无功,圣人无名",无我而大我,其大旨乃在实现逍遥自得与齐一万物的境界,与内篇最为接近。

《至乐》——言世俗所乐非真乐,至乐在于逍遥无为,并发明死生一贯之理。

《秋水》——此篇自《齐物论》脱胎而来,旨在说明乐于大道只是天机之动,区区而计大小,就不知大道之乐。

《则阳》——此明大道混然,不必求起止,不必言有无,言默两忘,乃为有当,较之《逍遥游》言无穷之大,此则言无限之小。

《达生》——此言养生之实理在逍遥无为,总要神完而与天为一。

《山木》——此言以有用藏于无用,为全身远害之理。

《列御寇》——此言凡物皆得于天以自成,故圣人于天下因其自然(宣颖语)。泛然无系,譬彼虚舟,任运逍遥(成玄英语)。

《田子方》——此言存真之妙,不可以言传,不言而信,无为而化,可见以辨求胜之陋。

《知北游》——此篇摹写道妙,只是一无。自无而有,此道之所以无穷(宣颖)。

其二,右派——此派可认为儒家化的庄子学,亦即代表庄子门人所受孔子一派的影响,其与内篇的关系,不如中派密切,但仍有痕迹可寻。

《逍遥游》——

《齐物论》——《徐无鬼》《外物》

《养生主》——《刻意》《缮性》

《人间世》——

《德充符》——《庚桑楚》

《大宗师》——《天运》

《应帝王》——《天道》《天地》

此派主张"内圣外王之道",《天道》篇"以此处上,帝王天子之德也,以此处下,玄圣素王之道也……静而圣,动而王",以"玄圣"与"帝王"对称,言不为时用,即静而为玄圣,如为时用,则动而为帝王。静则静退居内,动即出动居外,这种思想和儒家相近,但仍不脱道家的面目。

《徐无鬼》——言有心成美,必致多事而事胜,不如大道之无为。

《外物》——言外物不可必,人何自苦。又极言好知好名之累。

《刻意》——言养神守神,是圣功要领。

《缮性》——此与孟子所性分定,大行不加,穷居不损,意思相同。

《庚桑楚》——言逃名养生之理,其要在以无有为宗。又泰定发光,说者认为周濂溪"静则虚,虚则明"之说所本。

《天运》——言天下无一件不是以道为主,帝王只要效顺造化以化人。

《天道》——言无为者处世之道,有为者任下之道。

《天地》——言道本自然,惟不杂以机巧,则自然与天地为合,此为圣德圣治之极则。又写无为之治,犹孟子所言皋皋如。

最可注意的,是此派拈出"诚"字。《徐无鬼篇》"修胸中之诚,以应天地之情而勿撄""反己而不穷,循古而不摩,大人之诚""吾与之乘天地之诚,而不以物与之相撄""捐仁义者寡,利仁义者多,夫仁义之术,唯且无诚"。又《庚桑楚篇》"不见其诚己而发,每发而不当",此处言"诚",作本体解,这分明是受儒家的思想影响。

其三,左派——此派可认为极端的无治派,亦即代表庄子门人所受老子学左派的影响,其与内篇的关系较浅,文体也有不同。然其深微处,却与内篇相发明。又《大宗师》有"忘仁义、忘礼乐"之语,从忘仁义而至于诋毁仁义,即为庄子说之左倾的发展。

《逍遥游》——《马蹄》

《齐物论》——

《养生主》——《让王》

《人间世》——《渔父》

《德充符》——《骈拇》

《大宗师》——《盗跖》

《应帝王》——《胠箧》《在宥》

此派主张"贵己保真",颇有"拔一毛而利天下不为"之气概。而且抨击仁义,诋毁尧舜,与《天运篇》之"假道于仁,托宿于义,以游逍遥之虚"、《天地篇》之"行事尚贤,大道之行"、《天道篇》之赞美舜的无为之右派思想有很大不同。

《马蹄》——言以仁义为治,则拂人之性,惟无为自化,清净自正。

《让王》——言穷通之皆乐,凡弃我而役役名利者,皆为俗物。

《渔父》——言苦心劳身以危其身者,虽有救世之心,未免为己之累(阮毓崧)。

《骈拇》——言以大道观仁义,等于骈枝,仁义乃性外添出之物。

《盗跖》——讥趋名利事伪巧之徒,甚至斥尧、舜、汤、武皆乱人之徒,实为左派之最极端者。

《胠箧》——言仁义圣智,只足以助盗窃之资,王夫之谓盖惩战国之纷纭,而为愤激之言。

《在宥》——在者自在之意,宥者自得之意,此认为治则天下多事，而安养天下，只有顺其性命之情。

由上庄子学三派——中派、右派、左派——因其各有特异之点，同时也就各有其忽略之点。如中派偏于世界观方面，其结果对于政治不发生兴趣，代表各篇竟无与《应帝王》一篇相当者。右派于"静"的人生哲学，明心见性，无为而无不为，其结果用世之意多，而逍遥之意少。左派偏于无为的政治思想，"拔一毛而利天下不为"，其结果愤激之辞多，而齐物之意少。但无论如何，这三派虽有这些的矛盾，而在《庄子》书中，则自然有其内在的统一，所云"自其异者视之则肝胆越，自其同者视之则万物一"；而极其至，"殊涂而同归，一致而百虑"。分之有中、右、左三派，合之则又是完整之庄子一家之言，这正是庄子学的最大特点。

关于庄子学三派的异同，以在人生态度中表现得最为明显，如《天下篇》庄子说他自己的理想生活是："独与天地精神往来，而不傲倪于万物，不谴是非，以与世俗处……上与造物者游，而下与外死生无终始者为友。"这是纯艺术的人生态度，一种逍遥自得的人生观，生活艺术的极则，即为卷首的《逍遥游篇》：

乘云气，御飞龙，而游乎四海之外。
乘天地之正，而御六气之辨，以游无穷。
无何有之乡，广莫之野，彷徨乎无为其侧，逍遥乎寝卧其下。

这是徜徉自得的艺术境界。《庄子》书中言"游"字地方很多，共八十七见，包括中、右、左三派均有，"逍遥"二字《说文》不收，而见于屈原，可见这种思想是相一致的，不过屈原用骚体来表现，在庄子则用哲学诗来表现。然而可注意的，就是庄子所要求的这种生活艺术，其实现的方法，右派和左派不同。如果说生活艺术的世界，有阿波罗（Apollo）的精神，也有狄安尼索斯（Dionysus）的精神，则在庄子学派中，也可以有右派的静的复性论，和左派的动的复性论两种不同。所谓静的复性论，是要在那静美之中，使私欲的活动停止了，人的本性自然性显露了，这可以右派的《刻意》《庚桑楚》为代表。《刻意》全篇大旨是"虚无恬淡，乃合天德"八个大字，什么喜怒哀乐，什么是非好恶都在禁绝之列。《庚桑楚》也以于物无性、于世无争的婴孩为其理想的人格，这一套思想以后影响了唐李翱的《复性书》，又影响了宋儒理学，这是很值得我们注意的。相反的，左派主张动的复性论。右派主静，左派主动，右派无我，左派有我；右派绝欲，左派纵欲，可以《盗跖》《胠箧》为代表，仁义不要了，圣智也不要了，所有的只是一"任其性命之情"。这一套思想以后影响为魏晋时代伪托《列子·杨朱篇》所主张的"从心而动，从性而游""且趣当生，奚遑死后"的快乐主义，这也是很值得我们注意的。但无论左、右派却有一个共同点，即是一种反本复始思想，要"返于自然"，"返于自然"是庄子学的大旗帜。

再就政治思想来说，庄子的《应帝王》所设"浑沌"的譬喻，证明有为之害而要返于自然状态，这是反映原始公社的自然统治时代。这是中国式的乌托邦，是无为的政治理想。无为的政治有人说乃是失望的哲学家对于暴君专制的最微妙而严重的抗议，可见还是有进步的意义。这种无为政治的理想在中派的《山木篇》便表现为"建德之国"，而传至右派左派，却成为对立的思想，即右派特别注重内圣外王之道，左派则特别注意无治主义。《汉书·艺文志》："道家者流盖出于史官，历记成败存亡祸福古今之道，然后知秉要执本，清虚以自守，卑弱以自持，此君人南面之术也，合于尧之克攘，《易》之嗛嗛，一谦而四益，此其所长也。及放者为之，则欲绝去礼学，兼弃仁义，曰独任清虚，可以为治。"在这里，"秉要执本为君人南面之术"（王先谦谓"君人"当为"人君"之误,《穀梁传序》《尔雅疏序》引此皆不误)与庄学右派相近,而"放者"则指庄学左派之无治主义而言。当然作者是站在儒家立场上的,实则左、右两派无不从庄子引申而来,庄子"有群无治"本为一种矛盾现象,所以流为左、右二派,一方面有如《天道》《天地》《天运》等篇之主张"君道";一方面又如《骈拇》《马蹄》《在宥》《让王》《盗跖》等篇之主张"无治"。一方面,右派说"内圣外王之道",天地无为而化,帝王也无为而治,归结于"静而圣,动而王"(《天道》),这是儒家化的庄学;另一方面,大胆地提出反政治、反政府、反战争的口号,这是确然反对政治社会现状的左派庄学,他们都是很激烈的革命家,他们痛恨那些圣人,以为后世之所以使人失掉本性自然性的有两个东西,一个是仁义圣智,一个是政法赏罚。他们主张破坏这一切而想像至德无为的绝对自由平等的世界。老庄即因有这一派,所以在其学说传播之时,常常反映着农民的原始革命意识,其影响为魏晋的阮籍、鲍敬言与唐之无能子,这也是值得我们注意的。

末了,还有可注意的,就是庄子学的三派,也影响于后来的注《庄》解《庄》的人。就现在流传的《庄》注派别看,颇得于中派的旨趣的,如晋崔譔、向秀、司马彪,其逸文具在,尤以郭象注为此派之集大成。

郭象《庄子注》附《释文》十卷,《续古逸丛书》本、《古逸丛书》本、世德堂本。

司马彪《庄子注》,孙冯翼辑问经堂本、茆泮林辑《十种古逸书》本、黄奭《汉学堂丛书》本。

大概早期的《庄子》注,尚保存中派的特点。次之则为右派注解,可举者如下列:

《南华真经口义》,宋林希逸《道藏·洞神部·玉诀类》本、明嘉靖乙酉江汝璧重刊《三子口义》本、万历三年《三子口义》本、明福清施观民校刻本。

宋吕惠卿《庄子内外篇义》，此据残本影印，题"吕观文进《庄子》内篇义、外篇义"，又有一九三四年陈任中校辑本。

宋王雱《南华真经新传》，《道藏·洞神部·玉诀类》本。

明焦竑《庄子翼》，明刻本、《金陵丛书》本。

清王夫之《庄子解》，《船山遗书》本。

清宣颖《南华经解》，同治五年刻本、康熙间宝旭斋刻本。

清王闿运《庄子注》，见《湘绮楼全书》。

惟左派注解，尚未发现，如《抱扑子》外篇《诘鲍》所举鲍敬言的思想，与嵇康"每非汤武而薄周孔"，皆其左派精神，然而他们都不会有意为《庄子》作注解，故当别论。就中也有可举的如下一书，即：

明李贽《老庄解》，明刻本三册，《老子解》一卷，《庄子解》三卷。

至于以道教解《庄》，则如宋碧虚子《南华真经章句晋义》，褚伯秀《南华真经义海纂微》均收入《正统道藏》中。又以佛教解《庄》，如明陆西星《南华真经副墨》（明刻本、上海古书店石印本），释德清《庄子内篇注》（金陵刻经处本）。民国章炳麟《齐物论释》（《章氏丛书》本）则均为后来的影响，与庄子学本身无关。近人注释《庄子》书有郭庆藩《庄子集释》（湖南思贤书局本）、王先谦《庄子集解》（同上）、阮毓崧《庄子集注》（中华书局本）、马叙伦《庄子义证》（《天马山房丛书》本、商务印书馆本）、刘文典《庄子补正》（商务印书馆本）、王叔岷《庄子校释》（《国立中央研究院历史语言研究所专刊》之二十六、商务印书馆本）等专书，亦仅供参考。

第六讲　桓谭与王充的著作考

桓谭的著作

从《庄子》到王充，中间经过了《吕氏春秋》《淮南子》和作为王充唯物主义哲学的先导者——扬雄、桓谭。《吕氏春秋》和《淮南子》号称杂家，而实以儒道二家为主，即主张儒道合流。儒道合流是中国秦汉以来素朴的唯物主义的哲学传统，而实际则以《易》《老》《庄》为其中心环节，不谈中国古代的素朴唯物主义与自然的辩证法则已，否则必须首先追溯到《易》《老》《庄》。不过在儒和道合流之中，有的先《老》《庄》而后六经（包括《易经》在内），有的先六经而后《老》《庄》，至于只一味以六经为主的，则是纯粹墨守儒家，而与唯物论无缘了。淮南子所著《淮南九师道训》，是聘善为《易》者九人撰成的，但就其留传下来的《淮南子》二十一卷来看，则分明是先《老》《庄》而后儒家。扬雄所著有《法言》《太玄》。《法言》拟《论语》，《太玄》拟《易》，从外表形式上看，是纯粹儒家，却是《法言》注从李轨以来，即右道左儒。《太玄》妙极阴阳之数，与《易》道相同，而"惟清惟静，惟渊惟默"之语，朱熹以为"皆是老子意思"，"看来其学似本于老氏"。《太玄赋》"观《大易》之损益兮，览老氏之倚伏"，此即其儒道合流之确证。扬雄书甚易得，《法言》有元纂图互注本、明世德堂本、天启间朱蔚然合诸名家评点本、明新安程荣校本、清嘉庆二十三年石研斋秦氏覆刻宋治平监本,又徐养原校李赓芸刻本,汪荣宝《法言义疏》亦可资参校。《太玄》有范望《太玄经注》,明玉镜堂依宋刊本;司马光、许翰等集注有孙氏《古棠书屋丛书》本、《道藏》本、湖北崇文书局本、《四部备要》本;又孙澍集注,清道光十一年岷阳孙氏鹅溪大学刊本;又陈本礼《太玄阐秘》,清光绪刊本亦可资参校。桓谭极称道扬雄,《新论》:"扬子云何人耶?答曰:才智开达,能入圣道,汉兴以来,未有此人也。"又以《玄经》次五经,谓扬雄作《玄》书,以为"玄者,天也,道也,故宓羲氏谓之易,老子谓之道,孔子谓之元,而扬雄谓之玄"。然而自汉以后,《法言》大行,而《玄》终未显。桓谭与扬雄同反对当时谶讳为怪诞不经,故在思想斗争中均表现其唯物主义的倾向。《法言·重黎篇》"或问赵世多神,何也?曰神怪茫茫,若存若亡,圣人曼云";《君子篇》"或曰世无仙则焉得斯语,曰语乎者,非嚣嚣也与,惟嚣嚣,能使无为有""有生者必有死,有始者必有终,自然之道也"。这种鲜明的无神论思想,实为桓谭所继承。桓子《新论》现已失传,《隋书·经籍志》入儒家类,实亦儒道合流,如称"老子其心元远,而与道合"(《文选·袁彦伯〈三国名臣序赞〉》注引)。又《汉书·扬雄传》:"桓谭曰:'……昔老聃著虚无之言两篇,薄仁义,非礼学,然后世好之者尚以为过于五经,自汉文景之君及司马迁皆有是言。'"此亦其一证。其关于无神论与唯物主义思想,则更丰富极了,《后汉书》二十八上《桓谭传》,载其《抑谶重赏疏》云:

> 凡人情忽于见事而贵于异闻,观先王之所记述,咸以仁义正道为本,非有奇怪虚诞之事,盖天道性命,圣人所难言也。自子贡以下,不得而闻,况后世浅儒,能通之乎?今诸巧慧小才伎

数之人，增益图书，矫称谶记，以欺惑贪邪，诖误人主，焉可不抑远之哉！臣谭伏闻陛下穷折方士黄白之术，甚为明矣，而乃欲听纳谶记，又何误也！其事虽有时合，譬犹卜数只偶之类。

当时光武帝看了大为不悦，"其后有诏曾议灵台所处。帝谓谭曰：'吾欲以谶决之，何如？'谭默然良久，曰：'臣不读谶。'帝问其故，谭复极言谶之非经。帝大怒曰：'桓谭非圣无法，将下斩之。'谭叩头流血，良久乃得解，出为六安郡丞，意忽忽不乐，道病卒，时年七十余"。这一位反宗教迷信的唯物论者的结局，我们可以看出两汉间唯物主义与唯心主义的斗争何等剧烈。《新论》二十九篇虽已亡佚，就其残存的一点来看，已可见桓谭唯物主义的思想色彩，如云：

谶出《河图》《洛书》，但不兆朕而不可知，后人妄复加增依托，称是孔丘，误之甚也。(《意林》卷三引)

刘子骏信方士虚言，谓神仙可学，余见其庭下有大榆树久老剥折，指谓曰彼树无情，然犹朽蠹，人虽欲爱养，何能使不衰。(《艺文类聚》卷八十八《木部》，《太平御览》卷九五六《木部》)

昔楚灵王骄逸，轻下简贤，务鬼信巫祝之道，斋戒洁鲜以祀上帝，礼群神，躬执羽绂，起舞坛前。吴人来攻，其国人告急，而灵王鼓舞自若，顾应之曰："寡人方祭上帝，乐明神，当蒙福祐焉。"不敢赴救，而吴兵遂至，俘获其太子及后姬，甚可伤。(《太平御览》卷五二六引)

余尝与郎冷喜出，见一老翁粪上拾食，头面垢丑，不可忍视。喜曰："安知此非神仙？"余曰："道必形体如此，无以道焉。"(《太平御览》卷三八二引)

余与刘子骏言养性无益,其兄子伯生曰:"天生杀人药,必有生人药也。"余曰:"钩䑛不与人相宜,故食则死,非为杀人生也。譬若巴豆毒鱼,礜石贼鼠,桂害獭,杏核杀猪,天非故为作也。"(《太平御览》卷九九〇引》)

汉高祖建立鸿基,侔功汤武,及身病,得良医弗用,专委妇人,归之天命,亦以误矣。此必通人而蔽者也。(《文选·谢灵运〈庐陵王墓诗〉》注引)

无仙道,好奇者为之。(《博物志》引)

桓谭关于政治社会的开明的见解,收入唐魏徵《群书治要》卷四十四,共十三节;关于无神论的思想体系,收入梁僧祐《弘明集》卷五《桓君山新论形神》;其余片言只语,见于《意林》《文选》注、《艺文类聚》《北堂书钞》《太平御览》《初学记》《史记集解》《汉书》注、《后汉书》注等书共约三百余事。《后汉书·桓谭传》云:"初,谭著书言当世行事二十九篇,号曰《新论》,上书献之,世祖善焉。《琴道》一篇未成,肃宗使班固续成之,所著赋、诔、书、奏凡二十六篇。"唐章怀太子贤注云:"《新论》一曰《本造》,二《王霸》,三《求辅》,四《言体》,五《见征》,六《谴非》,七《启寤》,八《祛蔽》,九《正经》,十《识通》,十一《离事》,十二《道赋》,十三《辨惑》,十四《述策》,十五《闵友》,十六《琴道》。《本造》《述策》《闵友》《琴道》各一篇,余并有上下。《东观记》曰:'光武读之,敕言卷大,令皆别为上下,凡二十九篇。'"又注曰:"《东观记》曰:'《琴道》未毕,但有发首一章。'"由此可见,《新论》尚非全书。《太平御览》卷六〇二《文部》引《新论》云:"余为《新论》,术辨古今,亦欲兴治也,何异《春秋》褒贬耶?今有疑者,所谓蚌异蛤,二五为非十也,谭见刘向《新序》、陆贾《新语》,乃为《新论》。"这在当时原为崭新的著作，而竟不能全传，《弘明集》虽收入《论形神》一篇，但如明汪道昆本、金陵刻经处本均误为晋人，可谓谬妄之至。近人研究中国唯物主义哲学知有王充而不知有桓谭，如侯外庐等《中国思想通史》（第二卷上册）提及桓谭而叙述甚少，姚舜钦《秦汉哲学史》则竟未加叙述，此皆因未接触原著之故。马国翰《玉函山房辑佚书》，辑书起汉迄唐计六百三十二种，而竟无此书，近商务印书馆印《四部丛刊》亦无此书，中华书局《四部备要》虽有其书，而所据校刊乃沈阳孙冯翼《问经堂丛书》中辑本，遗漏极多，实不适用，这不能不说是《新论》一书在传播上的厄运。

今案桓谭《新论》辑本，共有两种，另有一种未刊行。孙冯翼辑《桓子新论》，在《问经堂丛书》第三函，嘉庆七年（一八〇二）九月刊本，据其自序云："《宋史·艺文志》不载谭书，晁公武、陈振孙亦皆未言及，则其亡轶当在南宋时。"孙辑逸篇惟《琴道》篇据《文选》注所引有标题，其余则恐怕"昔人征引其辞，未尝显标其题，必欲臆为分别，恐蹈武断"。又云"陶宗仪《说郛》所引《新论》二十七事，其书不足据，故未采录"（案《说郛》有各种版本，如商务印书馆据明抄本铅印一百卷本四十册，内即缺此一书。顺治间两浙督学周南、李际期重刊本一百卷，内卷五十九有桓谭《新论》，当为孙冯翼所据）。这种治学的态度，尚属严谨，但其缺点，黄以周批评它，谓其"惟以《文选》注明引《琴道》，遂以是篇居首，次以《意林》所载，余皆以所采书为先后，殽杂而无伦，重复而迭见，无由见本书之橾栝"（《桓子新论序》，见《儆季杂著·子叙》）。其实最大缺点，还在搜罗不广，如《弘明集》卷五《桓君山新论形神》，《群书治要》卷四十四，均为极重要之资料，均未采及。而且重复的地方太多了，如"古《孝经》千八百七十一字，今异者四百余字"共三见，"三皇以道治，五帝以德化"一节二见，"图王不成亦可以霸"二见，"谓狐为狸,以瑟为箜篌"一节二见,"以贤代贤谓之顺"二见,"圣人皆形解仙去"一节二见。严可均辑本见《全上古三代秦汉三国六朝文》之《全后汉文》卷十二至卷十五,有湖北黄冈王毓藻刊本。其自序并见《铁桥漫稿》(心矩斋校本)。兹录其要语,以见一斑。

案二十九篇而十七卷者,上下篇仍合卷,为十六卷,疑复有录一卷,故十七卷。其书亡于唐末,故宋时不著录。《全谢山外集》卷四十称常熟钱尚书谓《新论》在明季尚有完书,恐非其实。今从《群书治要》得十五事,审是《求辅》《言体》《见征》《谴非》四篇,从《意林》得三十六事,审是《王霸》《求辅》《言体》《见征》《谴非》《启寤》《祛蔽》《正经》《识通》《离事》《道赋》《辨惑》《琴道》十三篇。又从各书得三百许事,合并复重联系断散为百六十六事,依《治要》《意林》次第理而董之,诸引仅《琴道》有篇名,余则望文归类,取便检寻,其篇名黑质白文以别之,定十六篇,为三卷。君山博学多通,同时刘子骏《七略》征引其《琴道》篇,扬子云《难穷》《立毁》所作《盖天图》,其后班孟坚《汉书》据用甚多。王仲任《论衡》之《超奇》《佚文》《定贤》《案书》《对作》篇皆极推崇,至谓子长、子云论说之徒,君山为甲,则其书汉时早有定论,惜久佚失,所得见者仅此。然其尊王贱霸,非图谶,无仙道,综核古今,佪偻失得,以及仪象典章、人文乐律,精华略具,则虽谓此书未尝佚失可也。

严可均录成此书在嘉庆乙亥(一八一五)六月,后孙冯翼十三年,《全后汉文》收桓谭文从卷十三至卷十五,共三卷。文集收《仙赋》《陈时政疏》《抑谶重赏疏》《上便宜》《陈便宜》《启事》《答扬雄书》。卷十三至卷十五，桓子《新论》，此为乌程严可均所辑全上古三代秦汉三国六朝作者三千四百九十五人中之一人，其功力之大，搜罗之广，是很值得我们学习的。然而不幸地是，黄以周竟未见其书，只读其《漫稿》中所载《自叙》，即妄肆讥评，谓其"以《群书治要》所录十五事，《意林》所录三十五事为纲，而以义之相类者比附其间，是岂能一复本书之旧哉？武断之讥，恐不能免矣"。因此黄以周又另有辑本，据《儆季杂著》中载黄本序文云："魏（徵）、马（緫）二书所录皆仍本书次序，今举其语之明显者以类相从，而不标题篇目，残文片语无由如其命意所在，则附书后，俾读是书者，生千百年后，犹得见其体，岂不愈于孙辑之杂陈迭见哉。"黄辑尚未刻，闻其原稿归于仁和许益斋，其书即使愈于孙辑，是否即出于严本之上？日本武内义雄著《桓谭新论考》（见江侠庵编译《先秦经籍考》下）竟称"据此考之，严本与黄本最为完备"，不知其何所见而云然？武内义雄尚未见孙冯翼辑本，竟谓"严可均既见孙本，孙本佚文，必与严本无异，亦无强见之必要"（同上）。此亦未免过于武断。孙本虽缺点极多，但注明所引史料来源，尚较严本为详，此亦未可一概抹煞。武内义雄与黄以周均皆未见原本而先下断语，举此一例，亦可见考证工夫之难。

桓子《新论》的最大贡献，在他所给王充《论衡》的影响。王充推重《新论》，无微不至。《论衡·超奇篇》云："近世刘子政父子、扬子云、桓君山，其犹文武周公，并出一时也。"又："王公子问于桓君山以扬子云，君山对曰：'汉兴以来，未有此人。'君山差才，可谓得高下之实矣。采玉者心羡于玉，钻龟者知神于龟，能差众儒之才，累其高下，贤于所累。又作《新论》，论世间事，辨照然否，虚妄之言，伪饰之辞，莫不证定。彼子长、子云说论之徒，君山为甲。"又《佚文篇》："玩扬子云之篇，乐于居千石之官；挟桓君山之书，富于积猗顿之财。"又《定贤篇》:"世间为文者众矣,是非不分,然否不定,桓君山论之,可谓得实矣。论文以察实,则君山,汉之贤人也。陈平未仕,割肉闾里,分均若一,能为丞相之验也。夫割肉与割文同一实也,如君山得执汉平,用心与为论不殊指矣。孔子不王,素王之业,在于《春秋》,然则桓君山素丞相之迹,存于《新论》者也。"又《案书篇》:"仲舒之言,道德政治,可嘉美也。质定世事,论说世疑,桓君山莫上也,故仲舒之文可及,而君山之论难追也。"这总是赞叹不置,正好似桓谭之赞美扬雄,以《玄经》次五经,王充也赞叹桓谭,以《新论》拟《春秋》。所以《案书篇》又云:"孔子作《春秋》,采毫毛之善,贬纤芥之恶……《新论》之义与《春秋》会一也。"《论衡》之作,很明白即受《新论》的影响,所以《对作篇》云:"众事不失实,凡论不坏乱,则桓谭之论不起。……《论衡》之造也,起众书并失实,虚妄之言胜真美也。"《意林》卷三引《新论》:"子贡问蘧伯玉曰:子何以治国,答曰弗治治之。"案此一节亦见《论衡·自然篇》,"弗治治之"作"以不治治之",下文"夫不治之治,无为之道",可见王充与桓谭思想的一致性。桓谭是扬雄之一继承,而王充又是桓谭之一继承。章炳麟《检论·学变》说明两汉儒术变迁,便早注意及此唯物论之思想传统,而因此桓谭与王充的著述,在中国唯物主义史上的位置,也就更容易明白的了。

王充《论衡》在思想领域,积极方面受桓谭的影响,在消极方面则为对于班固一派的反动。据《后汉书》卷七十九本传,知他曾"师事班彪",但虽学于儒,而与俗儒有思想斗争。《论衡》之反天人感应的迷信,最重要的一点,即在反对当时白虎观诸儒的议议。据《后汉书》所载白虎观议论诸儒有魏应、楼望、李育、贾逵、班固等十四人,其中班固是《白虎通义》的撰集者。王充既师事班彪,则其学术渊源和班固相同,而立场不同,观点也不同。近人金德建著《古籍丛考》曾将《论衡》和《白虎通义》对比，认为《论衡》许多地方是针对《白虎通义》而作。例如《通义·圣人篇》主张"圣人无过"，《论衡》之《实知》《知实》二篇驳它。《通义·号篇》主张帝王受命，《论衡》之《初禀》《奇怪》二篇驳它。又如《通义》中的五行说、灾异谴告说、符瑞说、卜筮说、祭祀说，这些都是一套地主阶级哲学，《论衡》无不一一加以批判分析，这证明王充的思想路线是和纯粹儒家地主阶级思想的路线相对立。王充虽反对纯粹儒家，而对于扬雄、桓谭，则称道不置。这无疑乎是由于扬雄、桓谭著作之中，本混合着唯物论的因素，如扬雄《太玄》本所以赞《易》，而在其中却部分采取了老子思想，而且通过了《老》《易》的模拟，而表示出唯物论的色彩（参看侯外庐等《中国思想通史》第二卷上册）。桓谭以不善谶流亡，他的反谶纬的思想，虽只依据五经，但他是第一个赏识《太玄》的人，也具着儒道合的倾向。王充思想即从这儒道合的观点出发，但他更敢于批判，《论衡》许多地方"儒者论曰"，接着即是"此言妄也"。他反对儒家，即反对地主思想，反对以谶纬说为幌子的宗教化儒家，所以自称"违儒家之说，合黄老之义"。但他也不是老庄学说的因袭者，他指出老子的缺点，是在不能拿人事证明天道。

> 道家论自然，不知引物事以验其言行，故自然之说，未见信也。（《自然篇》）

老庄的自然还是没落贵族的"自然无为"，而王充的自然，则为农民性的"自然亦须有为"。所以说：

> 然虽自然，亦须有为辅助。耒耜耕耘，因春播种者，人为

之也。及谷入地，日夜长大，人不能为也，或为之者，败之道也。(《自然篇》)

从儒道合出发，而达到儒道批判的新观点，这可见王充思想的独创性，即因此，使他成为我国古代最卓越的素朴的唯物主义者。

王充的著作

现在只就王充的著作，作一个问题来讨论。

王充所著书，据《自纪篇》，有《讥俗》《节义》之书，有《政务》之书，有《论衡》之书，有《养性》之书，今所传者，只《论衡》一书，据《后汉书》本传共八十五篇，内《招致》一篇，有录无书，实八十四篇。清《四库提要》据《自纪》谓《论衡》当时应有百篇，可见今本尚非完本。惟此百篇本之《论衡》，实为王充晚年所定，观其自述中有"年渐七十乃作《养性》之书"可见。在此定本之外，王充是否还有著作？在定本《论衡》之中，是否混合着其所著《讥俗》《节义》《政务》《养性》数书而成？这个问题虽曾经有人提出，而证据不足，得不到确切的解决（见东南大学《国学丛刊》第二卷第三期张右源《王充学说的梗概和治学方法》。除提出问题之外，可靠的证据，只有"《论衡》篇以十数"一语）。依我研究结果，识为王充的著作，除在明帝永平年间所作《六儒论》不传之外，他所有著作如《讥俗》之书、《节义》之书、《政务》之书、《养性》之书，实均已包括在今本《论衡》之内，换言之，王充的整个思想体系，实已包括在今本《论衡》之中。惟《论衡》一书实经过三次纂集，定本《论衡》则为《论衡》之最后纂集。第一次纂集，《论衡》只有十几篇，其内容很明白的就只是九《虚》、三《增》、《论死》、《订鬼》各篇，而以《佚文》篇为其总序。所以说：

> 诗三百，一言以蔽之，曰"思无邪"。《论衡》篇以十数，亦一言也，曰"疾虚妄"。

第二次纂集是在《政务》之书写成之后，把《论衡》和《政务》合并成一书，而以《对作》篇为其总序。所以说：

> 不得已故为《论衡》，文露而旨直，辞奸而情实。其《政务》言治民之道，《论衡》诸篇，实俗间之凡人所能见，与彼作者无以异也。若夫《论衡》诸篇（此四字原在"治民之道"句下，校改移此），九《虚》、三《增》、《论死》、《订鬼》，世俗所久惑，人所不能觉也。

又说：

> ……今《论衡》就世俗之书，订其真伪，辨其实虚，非造始更为，无本于前也。……况《论衡》细说微论，解释世俗之疑，辨照是非之理……《政务》为郡国守相、县邑令长陈通政事所当尚务。欲令全民立化，奉称国恩。《论衡》九《虚》、三《增》所以使俗务实诚也。《论死》《订鬼》所以使俗薄丧葬也。
> 《论衡》《政务》，其犹《诗》也。冀望见采，而云有过……《论衡》实事疾妄，《齐世》《宣汉》《恢国》《验符》《盛褒》《须颂》之言，无诽谤之辞，造作如此，可以免于罪矣。

把《论衡》和《政务》对举，或即《对作》篇之原来意义，而此时所纂集的《论衡》则为《论衡》与《政务》二书的合订本,《对作篇》即为此合订本之自序。这时《论衡》之书的内容,当较以前有所扩充,如以当时四分历与太初历之争为背景,增入《谈天》《说日》二篇,此为王充在科学上之最高成就。《政务》之书的内容,则包含一部分如上所述《齐世》《宣汉》《恢国》《验符》《须颂》各篇。

但王充在写《论衡》之书以前,曾作《讥俗》《节义》之书,在写《论衡》之书以后,又曾作《养性》之书。《讥俗》《节义》之书为《论衡》之书作思想准备,所以在思想上比较幼稚一些,如《论衡》之书《死伪篇》以杜伯之鬼为无,而《讥俗》之书《言毒篇》尚以杜伯之鬼为有。又以《节义》之书与《政务》之书比较,《节义》之书《定贤篇》以与黄老同操为非贤,《政务》之书《自然篇》则说贤之纯者黄老是也,这种矛盾只能解释为他后来思想进步了的原故。写《讥俗》之书时,王充年约二十余岁。《本传》所云"仕郡为功曹,以数谋事不合去",这是废退穷居之时。《政务》之书则作于其后,因所语涉及当时政治,顾忌多,故"愁精苦思",作书颇费时间,增改的次处也比较多。《齐世》《恢国》《验符》均有与《论衡》一书合并之后尚增入汉代事的痕迹。自此以后,以至《论衡》之第三次纂集,这已经是在"章和二年,罢州家居,年渐七十……乃作《养性》之书"之后,这时王充暮年晚景,自觉"既晚无还,垂书示后",把一生精力所著《讥俗》之书、《节义》之书、《政务》之书、《论衡》之书和《养性》之书,结集成一巨册,这就是约百篇多之定本《论衡》。所以《自纪篇》说:

> 按古太公望,近董仲舒,传作书篇百有余。吾书亦才出百,而云泰多……

正如《对作篇》之为《论衡》第二次纂集的总序一样,《自纪篇》就作为《论衡》第三次纂集的总跋。因为《论衡》定本是纂集各书而成,故《自纪篇》历叙生平,将所有著作,从《讥俗》《节义》《政务》《论衡》,以至《养性》之书作一次思想的大总结。

由上所述《论衡》纂成的三个时期,经过时间是三十余年。依时代顺序,则第一次纂集时期,当汉明帝永平元年至章帝建初元年(公元五九—七六),在王充三十三岁至五十岁时,《会稽典录》云"《论衡》造于永平末,定于建初之年",《须颂篇》云"《论衡》之人,在古荒流之地",此认《论衡》作于归乡里时,即指《论衡》之单独成书时代。第二次纂集时期,当汉章帝建初二年至元和三年(公元七七—八六),在王充五十一岁至六十一岁时。《对作篇》云:"建初孟年……《论衡》之人……退题记草,名曰《备乏》……名曰《禁酒》。"《备乏》《禁酒》均已失传。《须颂篇》云:"治有期,乱有时,能以乱为治者优,优者有之。建初孟年无妄气至,圣世之期也。皇帝执德,救备其灾,故《顺鼓》《明雩》为汉应变。"可知《顺鼓》《明雩》《乱龙》《遭虎》《商虫》各篇亦当于此时完成,即所谓"实俗间凡人之所能见,与彼作者无以异也",其价值不过如此。所以讲到土龙求雨事,竟为董仲舒辩护,因此也有人疑这些篇为后人伪造。第三次纂集时期,当章帝元和四年至和帝永元八年(公元八七—九六)在王充六十二岁至七十岁。《自纪篇》述他在约七十岁的时候,写成《养性》之书,以时代考之,是公元九〇年和帝永元二年,充年六十四岁,这是他志力衰耗的时候,所以在思想上极度表现为悲观的宿命论的色彩。"贫无供养,志不娱快,历数冉冉,庚辛域际,虽惧终徂,愚犹沛沛,乃作《养性》之书,凡十六篇。"(《自纪篇》)于是把《养性》之书和一生所有著作合拢起来,集成约百篇多之定本《论衡》,再加上《自纪篇》。《抱朴子·自叙》云:"王充年在顺耳,道穷望绝,惧声石之偕灭,故《自纪》终篇。"毫无疑问地,这最后一次的纂集,是王充晚年的著作。

但问题乃在这王充晚年的最后纂集,应该不止今存的八十五篇,而应该有百余篇,所以说"吾书亦才出百,而云泰多"。这些佚篇篇名,以《论衡》本书为证,如《答佞篇》引:"故《觉佞》之篇曰人主好辩,佞人言利。"《须颂篇》云:"斯盖三《增》、九《虚》所以成也;《能圣》《实圣》所以兴也。"此云《觉佞》与《能圣》《实圣》均为佚篇名。又《对作篇》称"《齐世》《宣汉》《恢国》《验符》《盛褒》《须颂》之言",又"《论衡》之人……退题记草,名曰《备乏》……名曰《禁酒》"。《盛褒》与《备乏》《禁酒》亦为佚篇,由此可见,《论衡》全书失传的已经不少。《论衡》第三次纂集,把最后完成的《养性》之书,放在全书前面,这表示了王充晚年的思想情况。同时,这次纂集曾把一生著作,重新整理一番,最可注意的,是《自纪篇》末引或曰:

今所作新书,出万言,繁而不省,则读者不能尽,篇非一,则传者不能领。

这分明认这第三次纂集的《论衡》,是一部新书,不幸地这一部新书,当时却是秘传本子。《抱朴子》述及此书流通情形道:"王充所著《论衡》,北方都未有得之者,蔡伯喈常到江东得之,叹其文高,度越诸子,及还中国,诸儒觉其谈论更远,嫌得异书,或搜之隐处,果得《论衡》,提取数卷持去,伯喈曰惟吾与汝共之,弗广也。"这被提取的数卷,或即《备乏》《禁酒》之类,但这么一来,定本《论衡》,便只剩得八十五篇了。

《讥俗》之书考

《讥俗》之书是王充的第一部著作。《自纪篇》云："俗性贪进忽退，收成弃败，充升擢在位之时，众人蚁附，废退穷居，旧故叛去，志俗人之寡恩，故闲居作《讥俗》《节义》十二篇。"此处将《讥俗》《节义》二书合并而言，所重在《节义》之书，其实《讥俗》与《节义》本为二书，说见下节。惟《自纪篇》也有单独提及《讥俗》之书的，如云：

> 充既疾俗情，作《讥俗》之书。
> 《讥俗》之书欲悟俗人，故形露其指，为分别之文。

这《讥俗》之书从来认为是在《论衡》八十五篇之外，久已失传，但依我研究结果，即在于今本《论衡》之内，即卷二十三至卷二十五之各篇共十二篇：

《言毒》《薄葬》《四讳》《䜺时》《讥日》《卜筮》《辨祟》《难岁》《诘术》《解除》《祀义》《祭意》。

这十二篇所以断定为《讥俗》之书，因其对于当时迷信陋习都有所评论。因为这是对俗人俗事辩论文章，"文刺于俗，不合于众""论说辩然否，安得不谲常心，逆俗耳"（《自纪篇》）。所以《讥俗》之书以《言毒篇》为首，说：

> 故美味腐腹，好色惑心，勇夫招祸，辩口致殃。四者世之毒也。辩口之毒，为害尤酷……《诗》曰："谗言罔极，交乱四国。"四国犹乱，况一人乎？故君子不畏虎，犹畏谗夫之口，谗夫之口，为毒大矣。

这书作于王充废退穷居之时，所云"逸夫之口"必确有所指，《讥俗》之书，亦即以这"讥俗情"开端，以下接着为分别立文，就具体的迷信陋俗一一加以严正的批判，例如：

《薄葬》——指出"世尚厚葬，有奢泰之失""或破家尽业以充死棺，杀人以殉葬，以快生意"。不知死人无知，"使死者有知，倍之非也；如无所知，倍之何损"。结论是："夫如是，世俗之人可一评览，评览如斯，可一薄葬矣。"

《四讳》——指出当时"俗有大讳四：一曰讳西益宅……二曰讳被刑为徒，不上丘墓……三曰讳妇人乳子，以为不吉……四曰讳举正月五月子，以为正月五月子杀父与母"。结论是："夫忌讳非一，必托之神怪。……畏避忌讳之语，四方不同，略举通语，令世观览。"这也是《自纪篇》所云"《讥俗》之书欲悟俗人，故形露其指"之意。

《调时》——指出"世俗起土兴功，岁、月有所食，所食之地，必有死者"。这所云岁月之神"如考实之，虚妄迷也"。如神能食之，则"神之口腹，与人等也。人饥则食，饱则止，不为起功乃一食也。岁、月之神，起功乃食，一岁之中，兴功者希，岁、月之神饥乎？仓卒之世，人民亡，室宅荒废，兴功者绝，岁、月之神饿乎？"

《讥日》——指出"世俗既信岁时，而又信日"。如（一）葬择日，（二）祭礼择日，（三）沐择日，（四）裁衣择日，（五）起宅盖屋择日，（六）学书举乐择日。如葬择日谓葬以藏棺，敛以藏尸，敛不避凶，何为葬独择吉？又如洗盥浴不择日，而沐独有日，又"在身之物，莫大于冠，裁冠无禁，裁衣有忌"，可见"俗人所重，失轻重之实也"。

《卜筮》——指出"俗言卜筮，谓卜者问天，筮者问地，蓍神龟灵，兆数报应""如实论之，卜筮不问天地，蓍龟未必神灵""且天地口耳何在，而得闻之？"结论认为，卜筮之显有吉凶，纯为个人心理作用，与天地蓍龟无关。

《辨祟》——指出"世俗信祸祟,以为人之疾病死亡,及更患被罪,戮辱欢笑,皆有所犯",其实"逢福获喜,不在择日避时,涉患丽祸,不在触岁犯月"。且以事实为证:"历阳之都一夕沉而为湖,其民未必皆犯岁、月也。……赵军为秦所坑于长平之下四十万众,同时俱死,其出家时,未必不择时也。"又:"夫使食口十人,居一宅之中,不动镬锤,不更居处,祠祀嫁娶,皆择吉日,从春至冬,不犯忌讳,则夫十人比至百年,皆不死乎?"

《难岁》——指出"俗人险心,好信禁忌",禁忌之大者,为移徙忌触太岁之神,其实"令太岁恶人徙乎?则徙者皆有祸;令太岁不禁人徙,恶人抵触之乎?"而且:"十二月为一岁,四时节竟,阴阳气终,竟复为一岁,日、月积聚之名耳,何故有神而谓之立于子位乎?……岁则日、月、时之类也。岁而有神,日、月、时亦复有神乎?"这篇目的也是"今略实论,令亲览""总核是非,使世一悟"。

《诘术》——当时民间盛行相宅之术,即观人房屋位置以定吉凶。这篇指其妄:"夫人之在天地之间也……其有宅也,犹鸟之有巢,兽之有穴也。谓宅有甲乙,巢穴复有甲乙乎?甲乙之神,独在民家,不在鸟兽何?"又:"天地开辟有甲乙邪?后王乃有甲乙?如天地开辟本有甲乙,则上古之时,巢居穴处,无屋宅之居,街巷之制,甲乙之神何在?"这么一诘,便把图宅术的迷信推翻了。

《解除》——"世信祭祀,谓祭祀必有福;又然解除,谓解除必去凶。"解除即禳解之术。其术"比夫祭祀,若生人相宾客矣。先为宾客设膳,食已,驱以刃杖。鬼神如有知,必恚止战,不肯径去。若怀恨,反而为祸。如无所知,不能为凶,解之无益,不解无损"。在这篇里王充提出无鬼论的思想,为《论衡》之书《订鬼》《死伪》诸篇作思想准备。

《祀义》——"世信祭祀,以为祭祀者必有福,不祭祀者必有祸",执意以为死人有知。这篇指其妄,谓"祭祀之意,主人自尽恩勤而已,鬼神未必歆享之也"。为什么?因为"今所祭死人,死人无知,不能饮食"。如祭天地,"使天地有口能食祭,食宜食尽。如无口,则无体,无体则气也,若云雾耳,亦无能食"。以此类推,天地日月、山川风雷以及五祀之类并不能歆享饮食。"夫不能歆享,则不能神,不能神则不能福,亦不能为祸。"

《祭意》——这篇分祭祀为二种:"一曰报功,二曰修先。报功以勉力,修先以崇恩。""祭犹斋戒畏敬,若有鬼神。"据实来说,"未必有鬼而享之者",因为鬼神实无,"经传所载,贤者所纪,尚无鬼神,况不著篇籍,世间淫祀非鬼之祭,信其有神为祸福矣"。总结起来,正如《解除篇》所说:

夫论解除,解除无益;论祭祀,祭祀无补;论巫祝,巫祝无力。竟在人不在鬼,在德不在祀,明矣哉。

《讥俗》之书以《言毒》始,以《祭意》终,这十二篇均为"疾俗情"而作。正如《自纪篇》所云"冀俗人观书而自觉,故直露其文,集以俗言,或谴谓之浅",浅是浅极了,因所论为丧葬、祭祀、岁时禁忌,为图宅术,为当时四讳,这都是俗人俗事,"欲悟俗人,故形露其指,为分别之文",安得不浅?由上可见《讥俗》之书,是在今本《论衡》之内,如果这十二篇不算《讥俗》之书,不算分别之文,那里更有什么《讥俗》之书和分别之文可言。

《节义》之书考

《节义》之书和《讥俗》之书同作于王充废退穷居之时,所以《自纪篇》云"闲居作《讥俗》《节义》十二篇",惟《讥俗》与《节义》

实为二书，观下文"充既疾俗情作《讥俗》之书"，单提"讥俗"可见。即认当时有二书的合订本，亦应作《讥俗》十二篇、《节义》××篇，现存《论衡》卷二十三至卷二十五共十二篇，以《言毒》始，以《祭意》终，为《讥俗》之书共十二篇。卷十一至卷十四及卷二十七共九篇，以《答佞》始，以《状留》终，又《定贤篇》亦疑为即《节义》之书。合二书为二十一篇，《自纪》十二篇就《讥俗》书言，本不误，惟《节义》篇数未明，似有缺文。如《须颂篇》举及《能圣》《实圣》，当与《定贤篇》为一类，今将《定贤》归入《节义》之书，《能圣》《实圣》失传无可考。现将《节义》之书篇目，定之如下：

《答佞》《程材》《量知》《谢短》《效力》《别通》《超奇》《状留》《定贤》

《节义》之书以《答佞篇》为首，意在"志俗人之寡恩"。王充在废退穷居之时，对当时官吏，深恶痛绝，故其中多愤激语，如斥文吏说：

> 文吏幼则笔墨，手习而行，无篇章之诵，不闻仁义之语。长大成吏，舞文巧法，徇私为己，勉赴权利。考事则受略，临民则采渔，处右则弄权，幸上则卖将。一旦在位，鲜冠利剑，一岁典职，田宅并兼。（《程材篇》）

这说明了当时官吏贪污腐败到了极点，所以《节义》之书直斥之为佞人，为小人。

> 恶中之逆者，谓之无道；恶中之巧者，谓之佞人。（《答佞篇》）

至于和文吏相对立的儒生，在《节义》上说是好些，却是书呆子。所谓：

儒生以节优,以职劣。(《程材篇》)

呆到什么地步?

夫知古不知今,谓之陆沉。然则儒生所谓陆沉者也……夫知今不知古,谓之盲瞽……然则儒生所谓盲瞽者也。(《谢短篇》)

王充一则斥"然则儒生不能知汉事,世之愚蔽人也"(《谢短篇》),再则斥"秦汉之事儒生不见,力劣不能览也"(《效力篇》),那么总之,文吏与儒生,都只是饭桶而已。所以他在指斥文吏"尸位素飧"之外,更借题发挥,语及儒生:

今则不然,饱食快饮,虑深求卧,腹为饭坑,肠为酒囊,是则物也。倮虫三百,人为之长。"天地之性人为贵",贵其识知也。今闭暗脂塞,无所好欲,与三百倮虫何以异?而谓之为长而贵之乎?(《别通篇》)

这简直言之,不是饭坑酒囊是什么?是蜘蛛:"任胸中之知,舞权利之诈,以取富寿之乐,无古今之学,蜘蛛之类也。"《状留篇》末了一段,言:"长吏妒贤,不能容善,不被钳赭之刑,幸矣。焉敢望官位升举,道理之早成也?"王充抑郁不平,故语极沉痛。于无可奈何之中,只好叹息:

人不通者,亦能自供,仕官为吏,亦得高官。……是皆美命随牒之人,多在官也。(《别通篇》)

这里提出一个"命"字，即为后来写《养性》之书时所执，悲观的宿命说……①从《答佞》至《状留》，主旨在"节义"二字。所以称之为《节义》之书。《答佞篇》说贤佞之别，是"利益相伐，正邪相反，义动君子，利动小人"。《程材篇》分别文吏与儒生，是"文吏以事胜，以忠负；儒生以节优，以职劣"。《超奇篇》以周长生为人所抑，说及"二将怀俗人之节，不能贵也"。《状留篇》说贤儒稽留难进，是因为"方节而行，无针锥之锐，固安能自穿、取畅达之功乎"，《定贤篇》说"大贤寡可名之节，小贤多可称之行……故节行显而名声闻也"，又"故世不危乱，奇行不见；主不悖惑，忠节不立"，又论避世离俗……②清节自守，不知时行则行，时止则止……③书，其中即有许多穿插，而其根本……④凶真意，来和"俗人之寡恩"相对。

《政务》之书考

《政务》之……⑤，《自纪篇》在说《讥俗》之书即接着说：

> ……又闵人君之政，侍欲治人，不得其宜，不晓其务，愁精苦思，不睹所趋，故作《政务》之书。

《政务》之书的内容，是些什么？这在《对作篇》给我们以一些消息：

---

① 此处有十字左右，稿中模糊不清，难以识别。——编者
② 同上。——编者
③ 同上。——编者
④ 同上。——编者
⑤ 此处多个文字模糊难辨识。——编者

其《政务》，言治民之道。

《政务》为郡国守相、县邑令长陈通政事所当尚务。欲令全民立化，奉称国恩。

又将《政务》与《论衡》合并而言：

古有命使采诗，欲观风俗，知下情也。《诗》作民间，圣王可云"汝民也，何发作"，囚罪其身，殁灭其《诗》乎？今已不然，故《诗》传至今。《论衡》《政务》，其犹《诗》也，冀望见采，而云有过，斯盖《论衡》之书所以兴也。且凡造作之过，意其言妄而谤诽也。《论衡》实事疾妄，《齐世》《宣汉》《恢国》《验符》《盛褒》《须颂》之言，无诽谤之辞，造作如此，可以免于罪矣。

这里所云"《论衡》《政务》，其犹《诗》也"，《诗》是什么？"《诗》可以兴，可以观，可以群，可以怨。"（《论语·阳货篇》）《政务》之书作于废退穷居之后，恐还不少一个"怨"字，这在当时已有人"意其言妄而谤诽也"；所以王充给自己辩护说"《齐世》《宣汉》《恢国》《验符》《盛褒》《须颂》之言，无诽谤之辞"，这还不够，还加上一句"造作如此，可以免于罪矣"。则是《齐世》《宣汉》《恢国》《验符》《盛褒》《须颂》之言，其中必有为免罪起见，而这为着免罪而作的几篇，也就构成了《政务》之书内容的一部分，可不是最重要的部分。最重要的部分是王充政治哲学之基本宗理的《自然篇》。今将《政务》之书篇目试列举如下：

《寒温》《谴告》《变动》《明雩》《顺鼓》《乱龙》《遭虎》《商虫》《讲瑞》《指瑞》《是应》《治期》《自然》《感类》《齐世》《宣汉》《恢

国》《验符》《须颂》。

共十九篇，以《须颂》为《政务》之书的后序。因为在结集时《政务》与《论衡》为合订本，而总称之曰《论衡》。所以《须颂篇》云：

> 汉家功德，颇可观见。今上即命，未有褒载，《论衡》之人，为此毕精，故有《齐世》《宣汉》《恢国》《验符》。

又说：

> 汉家著书，多上及殷周，诸子并作，皆论他事，无褒颂之言，《论衡》有之。

又说：

> 是故《春秋》为汉制法，《论衡》为汉平说。

王充为什么要这样为汉代歌功颂德呢？他有个答覆：

> 孔子称周曰："唐虞之际，于斯为盛，周之德，其可谓至德已矣。"孔子，周之文人也，设生汉世，亦称汉之至德矣。(《佚文篇》)
>
> 臣子当褒君父。(《须颂篇》)

因为《政务》之书是在专制主义统治之下，不得不作褒颂之文，然而《政务》的褒颂，意在讽汉。更加《论衡》之人本有今代胜前代的思想。言今代胜前代是也，褒颂至过其实，讽之也。分析《政务》之书的内容有如《须颂篇》所述：

《宣汉》——"《宣汉》之篇，论汉已有圣帝，治已太平。"

《恢国》——"《恢国》之篇，极论汉德非常，实然乃在百代上。"

《讲瑞》——"古今圣王不绝，则其符瑞亦宜累属。符瑞之出，不同于前，或时已有，世无以知，故有《讲瑞》。"

《是应》——"俗儒好长古而短今，言瑞则渥前而薄后，《是应》实而定之，汉不为少。"

《治期》——"儒者称圣过实，稽合于汉，汉不能及。非不能及，儒者之说使难及也。实而论之，汉更难及。谷熟岁平，圣王因缘以立功化，故《治期》之篇，为汉激发。"

《顺鼓》《明雩》——"治有期，乱有时，能以乱为治者优，优者有之。建初孟年，无妄气至，圣世之期也。皇帝执德，救备其灾，故《顺鼓》《明雩》，为汉应变。"

又《恢国篇》云："《宣汉》之篇，高汉于周，拟汉过周。"《政务》之书以种种事例，证明了"汉在百代之末，上与百代料德"（《须颂篇》），"汉亦一代也，何以当少于周？周之圣王，何以当多于汉？……非以身生汉世可褒增颂叹，以求媚称也。核事理之情，定说者之实也"（《宣汉篇》）。王充批判了尊古卑今之非历史观念，提出社会发展的历史观。"夫上世治者，圣人也；下世治者，亦圣人也。圣人之德，前后不殊，则其治世，古今不异。"（《齐世篇》）可见《政务》之书又不但以免罪为事，实包含着历史的进化观。

然而《政务》之书，最重要的贡献还在于他提出了接近唯物的历史观，以社会物质生活条件说明历史。《治期篇》指出："世之治乱在时不在政，国之安危在数不在教。贤不贤之君，明不明之政，无能损益。"又说:"世称五帝之时,天下太平……或时不然;世增其美,亦或时政致。"这是基本上否定了政治史观,而在正面却提出了以社会物质生活条件为人类历史过程中的首要作用。

夫饥寒并至而能无为非者寡,然则温饱并至而能不为善者希。传曰:"仓廪实民知礼节,衣食足民知荣辱。"让生于有余,争起于不足……故饥岁之春,不食亲戚;穰岁之秋,召及四邻。不食亲戚,恶行也;召及四邻,善义也。为善恶之行,不在人质性,在于岁之饥穰。由此言之,礼义之行,在谷足也。案谷成败,自有年岁。年岁水旱,五谷不成,非政所致,时数然也。

这虽然还只限于机械主义的历史观,但却也初步把握了恩格斯所说"人类必须吃喝穿住"之一明确的科学真理。

还有就是存在于《政务》之书的反专制主义思想,表现于他主张"以不治治之",《自纪篇》述其生平"在乡里,慕蘧伯玉之节",什么是蘧伯玉之节呢?《自然篇》说:

蘧伯玉治卫,子贡使人问之:"何以治卫?"对曰:"以不治治之。"夫不治之治,无为之道也。

因为看重无为的政治,所以赞美黄帝老子"其治无为",赞美尧舜"恭己无为而天下治";暗中即批判了汉代的有为,是"不似天地""不类圣贤"。《自然篇》告诉我们《政务》的基本原理是:

天道无为,听恣其性,故放鱼于川,纵兽于山,从其性命之欲也。不驱鱼令上陵,不逐兽令入渊者,何哉?拂诡其性,失其所宜也。夫百姓，鱼兽之类也。上德治之，若烹小鲜，与天地同操也。

《自然篇》所以成为《政务》的基本原理这只要看见篇末所说的一段就明白了。

> 夫《寒温》《谴告》《变动》《招致》，四疑皆已论矣。谴告于天道尤诡，故重论之，论之所以难别也。说合于人事，不入于道意。从道不随事，虽违儒家之说，合黄老之义也。

案《寒温》《谴告》《变动》《招致》皆《政务》之书的篇名，这几篇在汉代灾异说盛行的时代，却说明了"灾异之致非人君以政动天"，不但否定了灾异在历史上的作用，而且否定了人君个人在历史上的作用。这是《政务》之书之一进步观念。结论是：

> 故人在天地之间，犹蚤虱之在衣裳之内，蝼蚁之在穴隙之中。蚤虱、蝼蚁为逆顺横从，能令衣裳、穴隙之间气变动乎？（《变动篇》）
>
> 寒温，天地节气，非人所为，明矣。……夫天道自然，自然无为。二令参偶，遭适逢会，人事始作，天气已有，故曰道也。使应政事，是有〔为〕，非自然也。（《寒温篇》）
>
> 夫天道，自然也，无为；如谴告人，是有为，非自然也。黄老之家，论说天道，得其实矣。（《谴告篇》）

结论均归本于天道自然，和《自然篇》完全相合。这证明什么？证明王充的观点是站在接近农民立场的"黄老之家"来讲《政务》之书的。

《论衡》之书考

《论衡》之书是继《政务》之书而作。《对作篇》云:"《论衡》《政务》,其犹《诗》也。冀望见采,而云有过,斯盖《论衡》之书所以兴也。"在合订本的《论衡》中,《政务》意在讽汉,所以似《诗》;《论衡》之书,则实事疾妄,是散文不是诗了。《自纪篇》在述《讥俗》之书、《政务》之书后,即接着说:

又伤伪书俗文,多不实诚,故为《论衡》之书。

把《论衡》之书和《讥俗》之书、《政务》之书并列,可见这《论衡》之书和定本《论衡》八十五篇不同。定本《论衡》把《讥俗》之书、《节义》之书、《政务》之书、《论衡》之书、《养性》之书包括在内,约百余篇,所以说"吾书亦才出百,而云泰多"(《自纪篇》);原来《论衡》之书却只有十几篇。所以《佚文篇》说:

《诗》三百,一言以蔽之,曰"思无邪"。《论衡》篇以十数,亦一言也,曰"疾虚妄"。

这十几篇的《论衡》之书,有一定的著书宗旨,即是"疾虚妄"。《对作篇》说得最明白:

是故《论衡》之造也,起众书并失实,虚妄之言胜真美也。故虚妄之语不黜则华文不见息,华文放流则实事不见用。故《论衡》者,所以铨轻重之言,立真伪之平,非苟调文饰辞为奇伟之观也。

今《论衡》就世俗之书,订其真伪,辨其实虚,非造始更为,无本于前也。

况《论衡》细说微论,解释世俗之疑,辨照是非之理,使后进晓见然否之分,恐其废失,著之简牍。

《论衡》实事疾妄。

这很明白地说出《论衡》之书的动机,是对种种虚妄和伪书为一反抗。你看他"心喷涌,笔手扰,安能不论?论则考之以心,效之以事,虚浮之事,辄立证验"(《对作篇》)。在这书里他提出最重要的科学思想方法,就是"证验"或"效验"。对一切虚妄谬说的最坚决的驳论就是这一个"验"字。《语增篇》:"考察前后,效验自列。自列,则是非之实,有所定矣。"《刺孟篇》讥"论不实事考验,信浮淫之语"。《雷虚》《说日》《问孔》诸篇均有"何以验之"的疑问词,如"夫论雷之为火有五验,言雷为天怒无一效,然则雷为天怒,虚妄之言"(《雷虚篇》)。因此,《论衡》即本此种见地来批判一切,这就是所谓九《虚》、三《增》之说。《对作篇》云:

《论衡》九《虚》、三《增》,所以使俗务实诚也;《论死》《订鬼》,所以使俗薄丧葬也……今著《论死》及《死伪》之篇,明死无知,不能为鬼,冀观览者将一晓解约葬,更为节俭,斯盖《论衡》有益之验也。

又说:

……不得已,故为《论衡》。文露而旨直,辞奸而情实。其《政务》言治民之道。《论衡》诸篇,实俗间之凡人所能见,与彼作者无以异也。若夫九《虚》、三《增》、《论死》、《订鬼》,世俗所久惑,人所不能觉也。

由这几段来看，很明白《论衡》之书的内容，即是今本《论衡》中下列之各篇：

《书虚》《变虚》《异虚》《感虚》《福虚》《祸虚》《龙虚》《雷虚》《道虚》《语增》《儒增》《艺增》；

《问孔》《非韩》《刺孟》《论死》《死伪》《纪妖》《订鬼》。

共十九篇。《书虚》《变虚》《异虚》《感虚》《福虚》《祸虚》《龙虚》《雷虚》《道虚》是所谓"九《虚》"；《语增》《儒增》《艺增》，即所谓"三《增》"；加以《论死》《死伪》《纪妖》《订鬼》及作为总序之《佚文》一篇，即构成了《论衡》初次纂集的全部内容。由此内容我们更可以断定了《佚文篇》所说"《论衡》篇以十数"意思是说《论衡》之书有十余篇，这个数字在初结集时是极正确的。不幸的，今人尚有认为"十数当作百数，各本皆误"（黄晖《论衡校释》第三册引刘盼遂说）。实则各本并不误，《论衡》实事疾妄，篇只十数，故言十数，何得以不误为误？辨此一点，亦可见《论衡》初结集时，实与今本不同。其第二次纂集，与《政务》合成一书，以当时四分历与太初历之争为背景，可能增入《谈天》《说日》二篇，又可能增入《奇怪》一篇，《正说》《书解》《案书》三篇。在《论衡》第三次纂集时，已是王充所著书的集大成，把《论衡》之书也包括在内，可说是百余篇；若专就原本《论衡》之书来说，是没有这么多的篇数，则可断言。

《养性》之书考

《论衡·自纪篇》："年渐七十，时可悬舆……乃作《养性》之书，凡十六篇。养气自守，适食则酒，闭明塞聪，爱精自保，适辅服药引导，庶冀性命可延，斯须不老。既晚无还，垂书示后。惟人性命，长短有期，人亦虫物，生死一时。年历但记，孰使留之？"这一段话在

《后汉书》本传变成:"年渐七十,志力衰耗,乃造《养性书》十六篇,裁节嗜欲,颐神自守。"可是在《会稽典录》中,"养性"便变成了"养生""年渐七十乃作《养生》之书凡十六篇"。在刘勰《文心雕龙·养气篇》又变成"养气"了:"昔王充著述,制《养气》之篇,验己而作,岂虚造哉。"《自纪篇》说"年渐七十",到了韩愈《后汉三贤赞》也变成"年七十余乃作《养性》一十六篇"。由此可见,《养性》之书见于《自纪篇》以后,已渐传闻失实,《养性》书早已变成养生延年术而不是性命之书了。《后汉书》"颐神自守"是《自纪篇》"养气自守"一句的变形。其实王充此书隋唐《志》皆不著录,原包括于《论衡》中卷一至卷三、卷二十六各篇,即是:

《逢遇》《累害》《命禄》《气寿》《幸偶》《命义》《无形》《率性》《吉验》《偶会》《骨相》《初禀》《本性》《物势》《实知》《知实》

这是王充的晚年著作,卷一至卷三《逢遇》至《物势》共十四篇,内《物势》是性命说的基本理论,《本性》与《率性》是说性的,《逢遇》《累害》《命禄》《气寿》《幸偶》《命义》《无形》《吉验》《偶会》《初禀》是说命的,《骨相》是说性与命现于骨法的,就中《初禀》一篇名在《恢国篇》提及,时代似应该早些,其实这只是《初禀篇》"王者生禀天命"之另一节,……① 最后纂集时,窜入《恢国篇》中。至于卷二十六《实知》《知实》二篇为王充思想方法的总结,亦非晚年不能作。《知实》……② 东证明"圣人不能先知",《实知》更明白说出"天地之间,含血之类,无性知者",可见是和性说有关,……③,与《自纪篇》"作《养性》之书凡十六篇"完全相合,《养性》之书而是性命之书,《自纪篇》云:

---

① 此处有三四字难以辨识。——编者
② 同上。——编者
③ 同上。——编者

孔子称命，孟子言天，吉凶安危，不在于人。昔人见之，故归之于命，委之于时，浩然恬忽，无所怨尤。

这话绘出王充的暮年晚景，也就是《养性》之书的思想背景。《逢遇篇》说明"进遇"与"退隐"两不相慕。《命禄篇》说明"信命者，则可幽居俟时，不须劳神苦形求索之也"。《幸偶篇》引孔子"君子居易以俟命"，凡此各篇，均与《自纪篇》所云"惟人性命，长短有期，人亦虫物，生死一时"之义相合。至于"养气自守，适食则酒，闭目塞聪，爱精自保，适辅服药引导，庶冀性命可延，斯须不老"，这一段正是王充一向所反对的延寿度世之术。和《道虚篇》所云"或时闻曼都好道，默委家去，周章远方，终无所得"是同一样的讥讽，所以下文接着说"既晚无还，垂书示后"，以明这些延寿度世之术，只是徒然，人生既有生便不能无死。《养性》之书明人生有命，性命禀于自然，生死寿夭、贵贱贫富都在于命，命不可改变，而性则可以转移："人之性善可变为恶，恶可变为善。"（《率性篇》）这性可以人力转移之说，实本于周人世硕，《本性篇》云：

周人世硕，以为人性有善有恶，举人之善性，养而致之则善长；性恶，养而致之则恶长，如此则性各有阴阳，善恶在所养焉。

所谓"养性"即是如此意义，当然和"养气"或"养生"之术不同，由王充以往的学说看来，人是没有不死的。"有血脉之类无有不生，生无不死"（《语增篇》），"人有死生，物亦有终始"（《辨祟篇》）。因为人不能有生而无死，所以"养气"之说只算虚妄之谈。《气寿篇》说明禀寿夭之命，以气多少为主性也。"人之禀气或充实而坚强，或虚劣而软弱；充实坚强其年寿，虚劣软弱，失弃其身。"这就是说人在初禀气的时候,命已经定了。"强弱夭寿,以百为数,不至百者,气自不足也。"(《气寿篇》)因为"性命系于形体"(《骨相篇》),形体有限制,所以"延寿度世者复虚也"(《道虚篇》)。《道虚篇》指出:

> 世或以老子之道为可以度世。恬淡无欲,养精爱气。夫人以精神为寿命,精神不伤则寿命长而不死。成事:老子行之,逾百度世,为真人矣。夫恬淡少欲,孰与鸟兽?鸟兽亦老而死。鸟兽含情欲,有与人相类者矣,未足以言。草木之生何情欲?而春生秋死乎?夫草木无欲,寿不踰岁;人多情欲,寿至于百;此无情欲者反夭,有情欲者反寿。夫如是,老子之术以恬淡无欲延寿度世者,复虚也。

知道"裁节嗜欲"不是《养性》之书的宗旨,更要知道"服药导引,庶冀性命可延"之说,更是王充所反对。《偶会篇》告诉我们"死者命当尽也",服药导引不特不能成仙,且不能延长其应得的寿命。为什么?

> 夫人,物也,虽贵为王侯,性不异于物。物无不死,人安能仙?……且以人鬓发物色少老验之……人之少也发黑,其老也发白……白为人老效……发白,虽吞药养性终不能黑。……吞药养性,能令人无病,不能寿之为仙。(《道虚篇》)

"养性"二字,在此"性"与"生"字通,意即养生,知道吞药养生有它的制限性,则好道学仙的人,欲人不死,也只是徒然了。晓得王充的根本思想和神仙方术不同,就知道他的《养性》之书,为什么不是养气和养生之书,所谓性书失传之说,也可以不攻自破了。

一个建议

最后，我对于桓谭与王充的著作试作总结，并提出一个建议。依我意思，桓谭《新论》可以重新加以辑校。首先，是将严可均本为主与孙冯翼本对校，删去孙本重复之处，对于所引史料来历，则加以保留。严本虽可用，但其认《新论》"佚于唐末"，与孙本认"其亡佚当在南宋时"同为一失。案全谢山《鲒埼亭集外编》四十《扬子云生卒考》云"常熟钱尚书（谦益）谓《新论》在明季尚有完书，惜无从得以见之"。证之以明陶宗仪《说郛》卷五十九所载，以与孙、严二辑比较颇有异文，知其实有来源，非"不足据"。又如明刘基说《七国考》引桓子《新论》篇十二条（见中华书局一九五六年版），其中讲刑法数条均辑本所未见，可见明代《新论》一书尚存。其次，严本辑成时所用诸刻本，实未全备，如《太平御览》有北宋刊本与日本仿宋刊本，《群书治要》有日本天明本，《意林》有《道藏》本，严皆未见。案《群书治要》卷四十四《新论》（天明本）"不肯与诸明习者通共"，严本"共"作"兵"，下注有"脱误"，举此可见严未见天明本《治要》。又《言体》第四"据长沙以临越"，《道藏》本《意林》作"长江"。严不校，可见未见《道藏》本《意林》，而有重新取以校勘的必要。再其次，则严本所辑亦有脱漏，如引《后汉书·张衡传》注"老子谓之道，孔子谓之元，而扬雄谓之玄"，严、孙均作"孔子谓之玄"，中脱四字。又引《抱朴子·内篇》十六《黄白》，脱下"宁有作此神方，可于宫中而令凡人杂错共为之者哉"二十一字，又另一节脱"得其人道路相遇，辄教之，如非其人"十四字。由上种种例证，可见桓子《新论》尚可重新辑校，至于是否要"望文分系，仍如各篇旧名"，倒是余事了。

王充的著作据我从以上本身考证的结果，也有一个建议，即认为除佚篇之外，可将今本《论衡》八十四篇，以《自纪》《对作》冠首，为总序，其余略按著作年代次序，重新编次如下：

第一：序篇

《自纪篇》《对作篇》

第二：《讥俗》之书

《言毒篇》《薄葬篇》《四讳篇》《䜛时篇》《讥日篇》《卜筮篇》《辨祟篇》《难岁篇》《诘术篇》《解除篇》《祀义篇》《祭意篇》

第二：《节义》之书

《答佞篇》《程材篇》《量知篇》《谢短篇》《效力篇》《别通篇》《超奇篇》《状留篇》《定贤篇》

第四：《政务》之书

《寒温篇》《谴告篇》《变动篇》《明雩篇》《顺鼓篇》《乱龙篇》《遭虎篇》《商虫篇》《讲瑞篇》《指瑞篇》《是应篇》《治期篇》《自然篇》《感类篇》《齐世篇》《宣汉篇》《恢国篇》《验符篇》《须颂篇》

第五：《论衡》之书

《书虚篇》《变虚篇》《异虚篇》《感虚篇》《福虚篇》《祸虚篇》《龙虚篇》《雷虚篇》《道虚篇》《语增篇》《儒增篇》《艺增篇》《问孔篇》《非韩篇》《刺孟篇》《论死篇》《死伪篇》《纪妖篇》《订鬼篇》《佚文篇》《谈天篇》《说日篇》《奇怪篇》《正说篇》《书解篇》《案书篇》

第六：《养性》之书

《逢遇篇》《累害篇》《命禄篇》《气寿篇》《幸偶篇》《命义篇》《无形篇》《率性篇》《吉验篇》《偶会篇》《骨相篇》《初禀篇》《本性篇》《物势篇》《实知篇》《知实篇》

第七讲 《列子》书与魏晋清谈家之关系

　　魏晋玄学从清谈开始，清谈的主题，是《易》《老》《庄》"三玄"。《世说新语·文学篇》："殷仲堪云：'三日不读《道德经》，便觉舌本间强。'"又："庾子嵩读《庄子》，开卷一尺许便放去，曰：'了不异人意。'"正始玄风的领袖人物何晏善谈《易》《老》，又以《老子》义作《论语集解》，王弼则一面注《老子》，一方又注《周易》，这都是儒道合流的倾向。《文学篇》："王辅嗣弱冠诣裴徽，徽问曰：'夫无者，诚万物之所资，圣人莫肯致言，而老子申之无已，何邪？'弼曰：'圣人体无，无又不可以训，故言必及有，老、庄未免于有，恒训其所不足。'"又注引《文章叙录》："自儒者论以老子非圣人，绝礼弃学，晏说与圣人同，著论（《道德论》）行于世也。"可见王、何还是站在儒家的名教立场，来求与老、庄自然思想相合。到了后来竹林名士阮籍、嵇康，便思想界的情形一变，即在儒道中，对儒家的礼法名教挑战，而完全站在老子的自然思想立场。阮籍有《达庄论》、嵇康有《通老论》，老、庄思想竟成为实践的目的。而其实造成这一时"贵灵"的学风的，在老、庄之外，更应该加上伪托的《列子》，且以《列子》书中的杨朱思想成为一时领导思想的倾向。

　　清谈的起源，如《晋书·王衍传》及赵翼《廿二史札记》均认起于魏正始年间何晏与王弼二人的谈论，近人也有说刘邵的《人物志》是魏晋玄学思想的萌芽，其实把时代放得太晚了些。清谈的起源还应该追溯到汉代的王充。《论衡·自然篇》云："道家论自然，不知引物事以验其言行,故自然之说未见信也。"相反地,也提出了要有效验的事实来证明老庄假设的正确,所以说,"凡论事者违实,不引效验,则虽甘义繁说,众不见信"(《知实篇》),"事莫明于有效,论莫定于有证"(《薄葬篇》)。例如庄子说"渺乎小哉,以属诸人,謷乎大哉,独游于天",这当以何为验呢?《论衡》中屡次证明了这个理论是:

> 然则人生于天地也,犹鱼之于渊,虮虱之于人也。(《物势篇》)

> 天人同道……人虽生于天,犹虮虱之生于人也,人不好虮虱,天无故欲生于人。(《奇怪篇》)

> 人在天地之间,犹虮虱之著人身也,如虮虱欲知人意,鸣人耳旁,人犹不闻。(《卜筮篇》)

这种有"证验"的玄谈,也就是魏晋人所抱的虱子处裈的人生观的起源。阮籍《大人先生传》云:

> 且汝独不见夫虱之处乎裈中乎?逃乎深缝,匿夫坏絮,自以为吉宅也。行不敢离缝际,动不敢出裈裆,自以为得绳墨也。饥则啮人,自以为无穷食也。然炎丘火流,焦邑灭都,群虱死于裈中,而不能出。汝君子之处区之内,亦何异夫虱之处裈中乎?

《论衡》之所以成为后来清谈之助,就是因为这部书包含着可以证验老、庄自然的资料。《后汉书·王充传》唐章怀太子注云:

> 《袁山松书》曰:"充所作《论衡》,中土未有传者,蔡邕入

吴始得之，恒秘玩以为谈助。其后王朗为会稽太守，又得其书，及还许下，时人称其才进。或曰，不见异人，当得异书。问之，果以《论衡》之益，由是遂见传焉。"《抱朴子》曰："时人嫌蔡邕得异书，或搜求其帐中隐处，果得《论衡》，抢数卷持去。邕丁宁之曰：'唯我与尔共之，勿广也。'"

近人孙道昇关于清谈的起源，搜集了略如以上的材料（《东方杂志》第四十二卷第三号），并据《三国志·魏志·王粲传》《钟会传附王弼传》裴松之注，证明了正始名士由王弼手中获得王充《论衡》之思想，王弼由其叔祖王粲手中获得王充《论衡》之思想，而王粲则由蔡邕手中获得王充《论衡》之思想。不但如此，竹林名士思想，也是同出一个来源，根据《三国志·魏志·阮瑀传》，证明了竹林名士由阮籍手中获得王充《论衡》的思想，阮籍则家学渊源，由其父亲阮瑀的家训中获得王充《论衡》的思想，而阮瑀则由其师蔡邕处获得王充《论衡》之思想，因此孙道昇得到如下结论，即："魏晋清谈之思想，直接出于蔡邕，间接出于王充，王充《论衡》所含的老庄自然思想，蔡邕一传再传遂即开拓出来震古铄今的魏晋清谈之玄风，这便是所谓清谈的思想之渊源。"

当然这只是从思想源流上看问题，还没有提到产生清谈思想的社会背景。若就社会背景来说，则正始之音和竹林名士不同，其最大关键即在于社会背景的不同。正始名士的清谈，是站在儒家的立场，谈"三玄"；而竹林名士的一味放诞，则完全是站在老庄的立场。而且专就思想的继承而言，则王充《论衡》当时只是给清谈以一谈助，影响不算很大。影响大的乃是魏晋间人所伪托的《列子》一书。如果说正始名士的清谈，是谈"三玄"，则在竹林名士之间，事实上已于"三玄"之外加上了伪托《列子》书，可以称"四玄"了。《列子》据钱大昕说是晋人始行，恐即晋人依托。马叙伦则谓"夫辅嗣为《易》注，多取诸老庄，而此书亦出王氏，岂弼之徒所为与"（《列子伪书考》，见《天马山房丛著》）。二说以后说更合事实。此书案刘向《别录》云："至于《力命篇》一推分命，《杨子》之篇唯贵放逸，二义乖背，不似一家之书，然各有所明，亦有可观者。"其实"推分命"是王充的悲观宿命论的思想余波，读《论衡》中《逢遇》《累害》《偶会》《命禄》《命义》《骨相》诸篇自明。而"贵放逸"却是《列子·杨朱篇》的中心思想，同时也是伪托《列子》全书的中心思想。魏晋清谈的思想来源，不但出自"推分命"的王充《论衡》，更重要的是出于"贵放逸"的《列子》书中的杨朱思想，因此为搞清这一个时代的哲学，《列子》书的真伪考订，便成为绝对必要的了。

《列子》伪书考证

首先，应该指出，列子其人乃是《庄子》书中捏造的人物，是叫做"神人""至人"之类。《庄子·逍遥游篇》"至人无己，神人无功"，"至人"之上有"神人"，《人间世篇》"神人之所以为大祥"，《外物篇》"圣人之所骇天下，神人未尝过而问焉"，但最形象化的是《逍遥游篇》所描写的藐姑射之山的神人，还有《天地篇》把神人与浑沌合为一体。只有达到这种神秘的境界，才可叫做"神人"。其次，就是"至人"了。至人仍含神秘的色彩，所以《齐物论》称："至人神矣！大泽焚而不能热，河汉冱而不能寒，疾雷破山、飘风振海而不能惊。若然者，乘云气，骑日月，而游乎四海之外。"大概这在庄子不过利用寓言，借以暗示人生之神秘境界，而在后来寓言却认做实事了，乃有投机者流的神仙家的产生。尤其可注意的，就是《庄子》书中以为当时堪称"至人"这一个名称的，只有列御寇一人，所以全书凡叙列子之处，都一致推崇，更无异辞，这是因为庄子的思想人格，即以此神秘的人物——列子——为大假托的原故。

案刘向《列子书录》云：

> 列子者，郑人也。与郑缪公同时，盖其有道者也。其学本于黄帝老子，号曰道家。

班固《汉书·艺文志》自注云：

> 名圄寇，先庄子，庄子称之。

今按《庄子·让王篇》及《列子·说符篇》均载列子不应郑子阳招聘的故事，郑子阳卒于缪公二十五年（纪元前三九六），因此武内义雄考证，认为列子可说是郑缪公时代的人。他所著书现残存《列子》八篇，有人疑为后人伪作，武内作《列子冤辞》却认为其中有很古的材料，应适当地分开研究。实则此书依高似孙《子略》，谓与庄子合著十七章，这分明是《列子》荟萃《庄子》而成，而非《庄子》用《列子》。而且《天瑞篇》有"太易"，有"太始"，有"太素"一章，张湛注云"此全是《周易乾凿度》也"。那么这出于战国的著作，列子缘何得知？又《周穆王篇》叙驾八骏见西王母于瑶池的故事，和《穆天子传》同，《汤问篇》所言多《山海经》中事，《仲尼篇》"西方之人有圣者焉"，更分明是指佛教东传而言。凡此种种，均可证《列子》之为伪书（详见马叙伦《列子伪书考》），而且许多是本于《庄子》寓言而来。依我看法，不但《列子》一书为伪，即列子亦无其人，不然《天下篇》叙述道术源流，举及关尹、老聃，何以对于列御寇，竟一言不发一字不提？《吕氏春秋·不二篇》"（列子）贵虚"，实本于《庄子·应帝王篇》"（列子）三年不出……体尽无穷，而游无朕。尽其所受乎天而无见得，亦虚而已"。这纯是一派寓言，所以司马迁《史记》不为列子立传，知其为乌有先生而已。晓得列子是这么一个庄子所假托为至人的人物，而后才好进一步来领会庄子书中所述列子的几段故事和对话：

其一，《田子方篇》 列御寇为伯昏无人射，伯昏无人说至人的故事。

其二，《逍遥游篇》 列子御风而行，旬有五日而后反的故事。

其三，《达生篇》 子列子问关尹，关尹告以至人的故事。

其四，《应帝王篇》 列子见壶子，壶子变化莫测的故事。

案《朱子语类》："老子之学，大抵以虚静无为，冲退自守为事。……若曰旁日月，挟宇宙，挥斥八极，神气不变者，是庄周之荒唐。"但其荒唐之极，尤莫过于《应帝王》列子见壶子的一例。本节亦见《列子·黄帝篇》而未录其全文，显然为抄袭《庄子》而来。还有《庄子》"渊有九名，此处三焉"，不举九渊全名。马叙伦根据成玄英、林希逸等认此章之旨，有如佛教所言止观，三机正当三止三观，乃《列子》此篇竟将《庄子》所言九渊，列举出来，未免画蛇添足，露出破绽来了。总而言之，列子之在《庄子》书中，只是神话所假托的人物。高似孙疑"观太史公殊不传列子，如庄周所载许由、务光之事，汉去古未远也，许由、务光，往往可稽，迁独疑之。所谓御寇之说，独见于寓言耳。迁于此讵得不致疑耶？周之末篇叙墨翟、禽滑釐、慎到、田骈、关尹之徒，以及于周，而御寇独不在其列者，其亦所谓鸿蒙、列缺者欤"（《子略》卷二）。这段很精彩，知道列子乃是鸿蒙、列缺一流人物，而后便可明白庄子为什么要拿他来代表"神人""至人"一类的理由了。

列子既无其人，则《列子》书也当然非列御寇所自著。柳宗元指出其言魏牟、孔穿皆出列子后，不可信。《四库提要》指出《汤问篇》并有邹衍吹律事，亦出列子后，亦不可信。最近《新建设》（一九五六年七月号）发表杨伯峻同志《从汉语史的角度来鉴定中国古籍写作年代的一个实例——〈列子〉著述年代考》，又一次应用了科学方法来证明《列子》是一部伪书：托名为先秦古籍，却出现了不少汉以后的词汇，甚至是魏晋以后的词汇，这是无论如何说不过去的。《列子》是伪书，已成定论的了，但是在这伪书之中，是否可能有《杨朱》一篇不伪？和这伪书的作者为谁？这些还是问题。如就《杨朱篇》来说，有人认为《列子》八篇之中只有这一篇专记一个人的言行，或者当时有这样一种记杨朱言行的书，后来被编造《列子》的人糊涂拉入《列子》里面，凑成八篇之数，比如张仪说秦始皇的书，如今竟成了《韩非子》的一篇（胡适《中国哲学史大纲》）。这种看法，本也不是什么创见，如柳宗元言"其《杨朱》《力命》，疑其杨子书"；宋濂言"至于《杨朱》《力命》则为我之意多，疑即古杨朱书，其未亡者勒附于此"（《诸子辨》）。再看张湛序文中述其父语云：

　　……吾先君与刘正舆、傅颖根皆王氏之甥也。……遭永嘉之乱，与颖根同避难，南行车重，各称力并有所载，而寇虏弥盛。……先君所录书中，有《列子》八篇，及至江南，仅有存者，《列子》唯余《杨朱》《说符》《目录》三卷，比乱，正舆为扬州刺史，先来过江，复在其家得四卷。寻从辅嗣女婿赵季子家得六卷。参校有无，始得全备。

这好似《列子》八篇中，惟《杨朱》《说符》二篇，经晋代永嘉之乱尚能原本保存下来，其余则后来补缀聚拢而成。因此也有人断定

《杨朱篇》是汉初以来一种有历史的有来源的书,是前代一种独立的书(陈此生《杨朱》,一九二八,商务版)。却是据杨伯峻同志从语言的角度来考查的结果,从《杨朱》《说符》《力命》三篇所揭发的情况看来,这三篇也和其他各篇同样地不可靠,那么我们应该怎样去解释它呢?

固然也有人疑《列子》即是东晋张湛即《列子》注作者,采集道家之言,凑合而成(梁启超《古书真伪及其年代》)。又据张湛序文,则书原出湛手,其即为湛伪托无疑(顾实《〈汉书·艺文志〉讲疏》)。但问题并不是如此简单。《列子》虽伪托而实有特点,且据张湛序言,是由数卷拼成,而数卷皆与王弼家有关:刘正舆是王氏之甥,在其家得四卷;赵季子是王氏女婿,在其家得六卷。这都是有名有姓的,所以说即张湛所伪托,绝无其事,而必出于另一人之手。此人为谁?当即为王弼的戚属,最可能就是赵季子。《列子》一书会萃补缀的痕迹极为明显,其中有十分之六见《庄子》,十分之二见《吕氏春秋》《韩非子》,还有采用《管子》《晏子》《论语》《山海经》《韩诗外传》《淮南》《说苑》《新序》《新论》乃至佛说,作者亦可称极群书,而其为文叙事,简净有条理,刘勰称其"气伟采奇",柳子厚称"《列》较《庄》尤质厚",宋景濂、王元美均称其"简劲有力,似胜于周"。虽均溢美的话,然而就文论文,却非大手笔如王辅嗣的女婿不能作。这当然只是推测之辞,不过说明了魏晋玄学中集大成的作品,不能因其伪托而轻视了它。《列子》是伪书,然而伪书也有它的产生的时代。既然证明了一部书所用的词汇,许多是在汉后,那么就可以假定这是魏晋间人所作。既然证明了《列子》八篇均出于王弼戚属之家,那么在晋代玄学盛行之时,作者当也可能假定是和王氏家最有关系的他的女婿赵季子(因为当时习惯,选女婿是一件大事)。再说《列子》一书的最大特色,是全书以杨朱思想为基调。黄震《黄氏日抄》称此书"其静退似老聃，而实不为老聃，老聃用阴术而列子无之。其诞谩似庄周，而亦不为庄周，庄周侮前圣，而列子无之。不过爱身自利，其学全类杨朱，故其书有《杨朱篇》，凡杨朱之言论备焉"。这一段话，很扼要地道出伪托《列子》一书的特色。同时也可见《列子》书中虽还保留王充《论衡》之悲观的宿命论思想余波，如《力命》一篇，但仍不失其前后一贯，成一家之言。考杨朱言行见于《列子》书里的，如《仲尼篇》有"季梁之死，杨朱望其门而歌；随梧之死，杨朱抚其尸而哭"的一节；《力命篇》有杨布问杨朱一节，季梁为杨朱作歌一节；《说符篇》有杨朱语二节，杨朱邻人亡羊事一节，杨朱告其弟杨布事一节。由上可见，伪托《列子》并不是如人所想像的只是抄袭或杂拼而成的书，它是有其中心思想的，这中心思想就是依据于《庄子》《韩非子》《吕氏春秋》《孟子》诸书所说关于杨朱的故事，而加以扩大加以发挥，又托名《列子》，以求见重。其实这种伪托古人之名，先秦诸子中所常见，既然是伪托，就不能不利用已有的关于古人的言行思想的资料，这当然和窃取他人之作为己作的人不相同。《列子》作者是有他的主义思想贯彻其中，他所以托名的原因，也许是为避祸，不敢自名，也许只是想借重于人，也许这两个原因都有，而要之，作者乃是杨朱的信徒，所以伪托列子以宣传其杨朱的思想，这是确定无疑的了。

魏晋思想与杨朱的关系

《列子》书传播杨朱思想，杨朱思想也就成了魏晋清谈家的领导思想，是适合于它们的时代、生活的要求的。而因此蔡元培先生所著《中国伦理学史》，其中第八章《清谈家的人生观》一节，也就以《列子·杨朱篇》为代表。这初看似乎很奇怪，其实再正确也没有了。不但《列子·杨朱篇》反映魏晋清谈家的生活、思想,而且《列子》全书也反映魏晋清谈家的生活思想之多方面。但问题乃在认为杨朱即是庄周,这是可能的吗?是不可能的。依此说:

> 庄子盖稍先于孟子,故书中虽诋儒家而不及孟,而孟子之所谓杨朱,实即庄周。古音"庄"与"杨","周"与"朱"俱相近,如荀卿之亦作孙卿也。孟子曰:"杨子为我,拔一毛而利天下不为也。"又曰:"杨朱、墨翟之言盈天下,杨子为我是无君也。"《吕氏春秋》曰:"阳子贵己。"《淮南子·氾论训》曰:"全性保真,不以物累形,杨子之所立也,而孟子非之。""贵己""保真"即"为我"之正旨。庄周书中,随在可指。如许由曰"予无所用天下为",连叔曰"之人也,之德也,将磅礴万物以为一。世蕲乎乱,孰弊弊焉以天下为事!……是其尘垢秕糠,将犹陶铸尧舜者也,孰肯以物为事"。其他类是者,不可以仆数,正孟子所谓"拔一毛而利天下不为也"。子路之诋长沮桀溺也,曰"废君臣之义",曰"欲洁其身而乱大伦",正与孟子所谓"杨氏无君"相同。

案此说据唐钺《杨朱考》云起于日本人久保天随,蔡元培先生本之。实则严复亦有此说(如《庄子评点》云"颇疑庄与杨为叠韵,周与朱为双声,庄周即《孟子》七篇中所谓杨朱")。又《朱子语类》论庄子云:

> 列庄本杨朱之学,故其书多引其语。庄子说"子之于亲也命也,不可解于心,至臣之于君则曰义也……无所逃于天地之间";是他看得君臣之义,却似是逃不得,不奈何须着臣服他,

更无一个自然相胥为一体处，可怪。故孟子以为"无君"，此类是也。

这话当给庄周即杨朱说以一大暗示，但不合事实。庄子主张即与杨朱有些接近，而仍无碍其为两个人，因为《庄子》书中有许多处提到杨子（《骈拇》《胠箧》《天地》《徐无鬼》），而且都是极端排斥他。如唐钺先生《杨朱考》所云："庄子如就是杨子，这岂不是自己打自己的嘴巴吗？"还有《庄子》称阳子居的地方不少（《山木》《应帝王》《寓言》），《释文》以为即"姓杨名朱字子居"，证之以《吕氏春秋·不二篇》"阳生贵己"，杨亦作阳。又郑宾于《杨子传略》云：

《孟子·尽心上》云"杨子取为我"，赵岐注云"杨子，杨朱也"，赵读误。原孟子此处之作杨子取，亦犹庄子或作阳子居耳。古人有字若符其名，其作"子居"或"子取"者，取其切音成"朱"字而已。可见杨朱之字子居或子取，竟与司马子长说庄周字子休的意义完全相同。

由上可见，《庄子》书中杨墨之杨，与阳子居为一人。依据于这些《庄子》所引杨朱或阳子居的话，则杨朱即庄周说，即不能成立。依我看来，杨朱先于庄子，故庄子称他。《庄子》书固然包含着杨朱思想的主要成分，乃至庄子学的左派深刻地受了他的影响，但不能因此便误会庄子即杨朱。先秦诸子确有杨朱其人，其年代当在老子之后孟子之前，相传是老子弟子（见《庄子·寓言》《应帝王》。又陈澧《东塾读书记》引《老子》"故贵以身为天下，则可以寄天下，爱以身为天下，则可以托天下"，元吴草庐注云"爱惜贵重此身，不肯以之为天下，杨朱为我之学原于此"）。有人考据定杨朱为纪元前四一四至三三四年间的人，此说如可信（陈此生《杨朱》），则杨朱思想可与希腊之伊壁鸠鲁（Epicurus）学派相比，伊壁鸠鲁的年代为纪元前三四一至二七一年，与杨朱相差不过数十年，颇值得我们注意。至杨朱学说在当时的影响也决不在伊壁鸠鲁之下。如《孟子》说"杨朱、墨翟之言盈天下，天下之言，不归杨则归墨""逃墨必归于杨，逃杨必归于儒"。又《庄子》书中屡称"儒墨杨秉"（《徐无鬼》），或并称"杨墨"（《骈拇》《胠箧》《天地》）。《韩非子》亦称"杨朱、墨翟，天下之所察也"（《八说》）。可见杨朱是当时显学，而庄子思想就有承接着他的地方，这是道家思想的一致性。但虽如此，杨朱所重既在全性保真，而且如《孟子》所说"拔一毛而利天下不为"，所以除以言行传世之外，实没有著作传世。《汉书·艺文志》有《列子》八篇，但非杨朱之书，顾实《讲疏》引《淮南子》"《兼爱》《尚贤》《右鬼》《非命》，墨子之所立也，而杨子非之，全性保真不以物累形，杨子之所立也，而孟子非之"，以为"以《墨子·兼爱》《尚贤》诸篇目例之，必全性保真皆杨朱书篇名，本志不载《杨朱篇》，而淮南犹及见之"。此显为臆说，不可信。但杨朱虽无书，而魏晋间人所作的《列子·杨朱篇》，却即为杨朱思想的传播，这虽只是魏晋间人作品，不能说是杨朱的言论，但把这从魏晋间人所反映的杨朱思想，来看先秦诸子的杨朱实相吻合。这就是说，《列子·杨朱篇》虽只能当作魏晋间人的思想去研究，但他却真实反映了先秦诸子的杨朱思想，而且加以具体化和扩大化了。举例如就先秦诸子杨朱的思想来分析，杨朱思想的一般内容，不外如下三者，即是：

（一）贵己，（二）放逸，（三）无君。

"贵己"（《吕氏春秋·不二篇》）就是"为我"（《孟子·尽心上》），也就是"全性保真，不以物累形"。这是杨朱思想的中心内容，反映在《列子·杨朱篇》就是：

> 故智之所贵，存我为贵，力之所贱，侵物为贱。

"存我"就是"为我"，是极端个人主义，但和司忒奈（Max Stirner）的极端个人主义不同。司忒奈所著《唯一者及其所有》是资产阶级的剥削思想，是"侵物"的思想，相反地，杨朱是隐士一流，"存我"而并不"侵物"，为纯粹之无为论。所以说：

> 不逆命，何羡寿？不矜贵，何羡名？不要势，何羡位？不贪富，何羡货？……天下无对，制命在内。

这是"安分知足"的"存我论"，用孟子批评他的话来说，就是"古之人，损一毫利天下不与也，悉天下奉一身不取也。人人不损一毫，人人不利天下，天下治矣"。

其次放逸。刘向《列子叙录》云："杨子之篇，惟贵放逸。"放逸即是任自然，是庄子右派的根本主张。《骈拇篇》"任其性命之情"与"自适其适"，《盗跖篇》"今吾告子以人之情，目欲视色，耳欲听声，口欲察味，志气欲盈"，这都是托于盗跖之言，以明杨朱放逸思想，反映于《列子·杨朱篇》便是：

> ……则人之生也，奚为哉？奚乐哉？为美厚尔，为声色尔。而美厚复不可常厌足，声色不可常玩闻。乃复为刑赏之所禁劝，名法之所进退，遑遑尔竞一时之虚誉，规死后之余荣；偶偶尔顺耳目之观听，惜身意之是非；徒失当年之至乐，不能自肆于一时。重囚累梏，何以异哉？太古之人知生之暂来，知死之暂往，

故从心而动，不违自然所好；当身之娱非所去也，故不为名所劝。从性而游，不逆万物所好，死后之名非所取也……

肆之而已，勿壅勿阏。……恣耳之所欲听，恣目之所欲视，恣鼻之所欲向，恣口之所欲言，恣体之所欲安，恣意之所欲行。

这是极彻底的放逸思想。"生则尧舜，死则腐骨，生则桀纣，死则腐骨。腐骨一矣，孰知其异。且趣当生，奚遑死后。"这种厌世主义的倾向，可以说是魏晋社会背景所激成者，是杨朱学说的发挥。

再说无君。《孟子·尽心上》称："杨氏为我，是无君也。"无君即是反抗政府，这在庄子左派的《马蹄》《胠箧》《在宥》《让王》诸篇，都表示得很清楚。"在宥"就是任人民绝对自由，这反映在《列子·杨朱篇》，便托公孙氏的话道：

夫善治外者，物未必治，而身交苦。善治内者，物未必乱，而性交逸。以若之治外，其法可暂行于一国，未合于人心。以我之治内，可推之于天下，君臣之道息矣。

"君臣之道息"即是无政府主义，无政府则如忠义的旧道德也可以废弃了。所以说：

忠不足以安君，适足以危身；义不足以利物，适足以害生。安上不由于忠，而忠名灭焉；利物不由于义，而义名绝焉。君臣皆安，物我兼利，古之道也。

由上所述三点，可见伪托《列子·杨朱篇》在吸收先秦诸子杨朱思想这一点，可以算是完全成功了，因此在此书传播之后，在魏晋不当权的豪族地主阶级之间，便发生很大的影响。说到此，应该研究分析一下魏晋清谈家的社会经济背景及其阶级关系。原来魏晋玄学的产生，从社会经济的背景来说，是在封建社会地主阶级中，内部的矛盾斗争的结果，固然这也有它的政治背景，但还不如经济背景更重要。清谈家时代正如顾亭林所云"蔑礼法而崇放达，视其主之颠危若路人然，即此诸贤为之倡也"（《日知录·正始》）。在政治立场上如此不定，当然不能单纯以此判断它的哲学观点。魏晋时代社会的主要矛盾，是农民对于地主阶级的斗争，但在地主阶级内部则贯串着"豪族地主"与"皇族地主"的斗争历史。清谈家代表豪族地主在丧乱时代，一受迫害于曹魏政权，再受迫害于司马晋政权，其结果乃使豪族地主屈于皇族地主政权之下，而倡为西晋初期向（秀）、郭（象）对于司马氏政权让步的所谓"名教"即是"自然"的学说。但在不久以后，即可看出在豪族地主之外，如代表农民思想的鲍敬言，仍然对皇族地主反对下去。豪族地主固然是剥削阶级，但当其反对皇族地主、反对君主专制、反对封建道德的时候，不能和皇族地主没有意见的分歧，不可一概而论。还有据《晋书》卷四十三《王衍传》称何晏、王弼之祖述老、庄，谓"贤者恃以成德，不肖恃以免身"。当魏晋之际，"天下多故，名士少有全者"（《晋书》卷四十九《阮籍传》）。宋人吕南公《灌园集》卷二《竭真君殿诗》："念昔魏晋间，士流罕身全。高人乐遗世，学者习虚玄。"在这时社会矛盾集中表现为朝廷内外大地主阶级两个不同阶层的斗争之时，豪门名士产生了消极革命的思想，所谓玄学，也决不是偶然的，所以不能说豪族地主本质上有什么进步的意义。然而也不能说，豪族地主在对于皇族政权极端压迫之下的抗议，没有任何的思想意义可言。魏晋君主均从豪族地主出身，但兴起之后皆极力诛锄异己，曹操如此，司马懿也如此。《世说新语·尤悔篇》王导答晋明帝"前世所以得天下之由"，历叙宣王（司马懿）创业之始,诛灭名族,宠树同己。事实上司马懿之诛曹爽、何晏等八族,司马昭之诛嵇康、吕安等,和曹操之诛夷汝南袁氏等一模一样。曹操与司马氏同出于豪族地主,但曹操"本非岩穴知名之士",不能列入"清流",他只是拥有许多以门生故吏和部曲集合起来的势力,这参看陈琳《为袁绍檄豫州文》中最明显。在曹操初起兵时,如荀彧、田畴等之率宗族,任峻、吕虔等之领家兵,李典、许褚等之部曲相从,这证明他是那时候豪族地主领袖,代表了他们的利益。然而当曹操由豪族地主变成了一个大军阀,感觉到"设使国家无有孤,不知当几人称帝几人称王"的时候,他便逐步走上了皇族地主的地位,对于他所认为有危害性的豪门世族,便开始加以压迫了。曹氏政权抑压豪族,是采用屯田制、唯才是举的三诏令,还有就是户调的新诏令。《魏志·武帝纪》建安九年八月条注引《魏书》载曹操令:

> 有国有家者,不患寡而患不均,不患贫而患不安。袁氏之治也,使豪强擅恣,亲戚兼并;下民贫弱,代出租赋,衒鬻家财,不足应命。……其收田租亩四升,户出绢二匹、绵二斤而已,他不得擅兴发。郡国守相明检察之,无令强民有所隐藏,而弱民兼赋也。

这表面上是以抑豪强,实际上是代表皇族地主的利益。魏的屯田,晋的占田,在中国封建社会土地所有制形式上说,都是代表这种倾向。占田虽也兼顾豪族地主的利益,而非把土地一律由皇族独占,但实际上仍是以豪族地主为其争取劳动力的斗争对象,因为这同在大地主阶级中有矛盾也有统一,因此很容易使我们误会认为占田是保障豪门世族而不是和它有斗争的。魏晋玄学的产生即是由于豪族地主对抗皇族地主而产生,同时又含有皇族地主联合豪族地主以剥削农民的意味。

分析这两层不同的性质,就可以明了魏晋玄学产生的社会历史条件。

豪族地主源远流长,在东汉为党锢的名士,在魏晋即为清谈的名士,所以《世说新语》竟把东汉名士与清谈的名士列在一起。而东汉名士,事实上便多出于所谓"四世三公"之家,即所谓"名世家""世族"。以今术语表之,即豪族地主。如马融之"达生任性,不拘儒者之常",蔡邕之以王充《论衡》为"谈助",这已经给清谈家开一道路。魏晋清谈的起源,近则应从建安七子的王粲、陈琳等算起,远则可追溯及王充,而皆为玄学的自然论派。固然近人也有主张以言名理的刘邵《人物志》为清谈家的萌芽,实则刘邵《人物志》和钟会《才性论》这些都是站在皇族地主立场,而要人君行"名教"明"法治"来治理天下的,这根本和玄学的自然派精神不同。而且在刘邵同时据《隋书·经籍志》所载名家著作有七种,如魏文帝所撰《士操》一卷,及撰者不明之《刑声论》一卷,现均不传。在这些讨论名理的著作中,《人物志》不过偶然流传下来,不能即以此偶然传下来的,即认为玄学思想的元祖。而且名理派和玄学派针锋相对。名教是皇族地主思想,而自然则为豪族地主思想,名教与自然的对立,意味着皇族地主与豪族地主的对立。刘邵《人物志》主张名教以裁抑豪族,加强中央的控制力量,这即是为皇族地主服务,是法家与儒家思想的混合,当然不能归入玄学范围。又曹操提倡法治,用人唯才,也是从豪族地主中分化出来的皇族地主作风。相反地,言"名教即自然"的如王、何之流,固然未免站在儒家立场来与老、庄自然思想相合,但所重仍在自然。如何晏著《无名论》、王弼作《周易略例》主张得意忘言,这是以自然为主,不拘拘于名教。嵇康和钟会的思想斗争也是这两派斗争的具体例子。清谈家的阶级性应该肯定是豪族地主,而不是皇族地主,这也是很显然的。《抱朴子·疾谬篇》曾给魏晋清谈作一总结性的批判,指出清谈家们:

> 率多冠盖之后，势援之门……或假财色以交权豪，或因时运以佻荣位，或以婚姻而连贵戚，或弄毁誉以合威柄。

这是很明白地道出清谈家的阶级性是豪族地主。清谈家乃豪族地主势力，故所尚"浮华交会"，而曹魏政权，则专力要"破浮华交会之徒"；清谈家颇纵情奢侈（如何晏），而魏政权反之矫情尚俭；清谈家所重自然，而魏晋政权循名责实，所重在名教。曹魏政权基本上是和豪族地主对立，也就是和正始间仍是王弼的思想对立。《抱朴子》是站在极端拥护皇族地主立场，提倡尊君，为礼教的守护者，因而不免极力反对他们了。何晏、王弼都是豪族地主，《世说新语·夙惠篇》：

> 何晏七岁，明惠若神，魏武奇爱之，因晏在宫内，欲以为子。晏乃画地令方，自处其中。人问其故，答曰："何氏之庐也。"魏武知之，即遣还。

这虽年幼时事，已证明何晏和魏武有联合也更有距离。何晏、王弼虽倡言老庄自然，而同时留心儒家的名教，对农民而言，它还是剥削的地主阶级，还是名教的伪善者，但就其思想上继承东汉名士思想反对皇族地主精神来看，却又染上了进步的色彩。如王弼是王粲后裔，王粲据《魏志》本传，世代为汉三公，据曹子建《王仲宣诔》，更明白是世族地主。王弼由其祖父王粲手中获得王充《论衡》的思想，而王粲则由蔡邕手中获得王充《论衡》的思想。"蔡邕有书近万卷，末年载数车与粲，粲亡后……邕所与书悉入业。"（《魏志·钟会传附王弼传》裴松之注引《博物志》）王弼即业之子，其思想本也继承了进步的思想因素，但因其为豪族地主的原故，和人民之间便不能没有矛盾。习凿齿《汉晋春秋》(《三国志·魏志》卷二十八《王凌传》引)记曹爽、何晏被诛时,"同日斩戮,名士减半,而百姓安之,莫之或哀,失民故也",可见豪族地主和人民之间有重大矛盾。至于阮籍、嵇康主张"名教"与"自然"对立,其实即是强调皇族地主与豪族地主的对立,而以豪族地主为主要方面。就阶级性来说,阮籍之父阮瑀,为建安七子之一,建安中瑀为司空军谋祭酒,管记室。《太平御览》卷三一引《竹林七贤论》云:"诸阮前世儒学,善居室,内足于财,唯籍一巷,尚道业,好酒而贫。"可见虽贫也还是世族。嵇康据《晋书》本传与魏宗室婚,拜中散大夫,据吕安《与嵇叔夜书》,其中一段云"芳苑清流,华屋云肆",皆信嵇康所居,可证阮、嵇都绝不是过中小地主阶层生活,如有些人所想像的。若阮、嵇之友王戎,更是典型的豪族地主,《晋书》卷四十三称其"性好兴利,广收八方园田水碓,周遍天下,积实聚钱,不知纪极。每自执牙筹,昼夜算计,恒若不足。而又俭啬,不自奉养,天下人谓之膏肓之疾"。竹林七贤就是这一阶级的代表,不过像王戎这样吝啬的却少见罢了。竹林七贤站在豪族地主立场,在皇族地主压迫之下,徘徊进退,结果发生分裂的局面,如山涛、向秀即其例,即以豪族地主的不当权派而转变为当权派。嵇康既被诛,向秀对司马昭说:"巢、许狷介之士,不足多慕。"结果便成为与皇族地主结合的投降派了。豪族地主与皇族地主的相结合,标志了豪族地主屈服于皇族地主的时代开始,即在经济上、政治上也已造成了可以合作的历史条件。第一,是农民起义已被镇压下去。第二,是九品中正制度已变了质,正如《晋书·卫瓘传》所云:"高门华胄有世及之荣,庶姓寒人无寸进之路。"九品中正已经不是抑压豪族地主,反而是拥护豪族地主之变相的封建世袭制度。第三,即是在皇族政权之下,豪族地主已没有反抗的力量,可以向秀为例。又《世说新语·言语篇》:"司马景王(师)东征,取上党李喜以为从事中郎,因问喜曰:'昔先公辟君不就,今孤召君,何以来?'喜对曰:'先公以礼见待,故得以礼进退,明公以法见绳,喜畏法而至耳。'"可见清谈家已经是完全被镇压了。魏晋玄学的结束,同时就是反映极端封建专制主义的抬头。从王充《论衡》一线相延的名虚玄而实庸俗的唯物论的作风也没有了。

魏晋清谈家从表面上看,是"玄学",从实质上看,应该是属于所谓庸俗唯物论,而其思想脉络,竟可寻到先秦诸子杨朱的思想上去。为要证明这一点,最好是注意一下伪托《列子·杨朱篇》:

杨朱曰:"丰屋美服,厚味姣色,有此四者,何求于外?有此而求外者,无厌之性。无厌之性,阴阳之蠹也。"

这就完全代表豪族地主所说的话。丰屋、美服、厚味、姣色,绝不是人人有的。杨朱思想的体现者,如篇中所云的公孙朝"聚酒千钟,积麹成封",与"穆之后庭,比房数十,皆择稚齿婑媠者以盈之",这更明白是豪族地主所为。问题乃在这豪族地主竟具有无神论与唯物主义的倾向,如云:

既死,岂在我哉?焚之亦可,沉之亦可,瘗之亦可,露之亦可,衣薪而弃诸沟壑亦可,衮衣绣裳而纳诸石椁亦可,唯所遇焉。

不能否认,这种代表豪族地主阶级的观点,是有极大的限制性,但也无疑乎其为当时一种具有进步意义的唯物观点。从此观点出发可以看出魏晋清谈家思想的两面性,一方面对权威之消极不合作的反抗,一方面是颓废的生活方式。"且趣当生,奚遑死后",这八个字道破了魏晋清谈家的秘密，虽具有唯物主义思想因素，而是把唯物主义变成庸俗化了。

把魏晋清谈家的生活方式来和伪托《杨朱篇》作一个比较，即可明了《杨朱篇》实是反映魏晋人的时代、生活的要求。由于名门世族的高等知识分子，他们的思想是现实的，同时在当时政治压迫之下，又是找不到出路，在极度悲观之余，走上了逃避现实的路上去。所谓玄学就是这样产生的。因为玄学的底子，是以现实的肯定为前提，所以虽然厌世，而反对自杀。《杨朱篇》：

> 孟孙阳曰："若然，速亡愈于久生；则践（一本作蹈）锋刃，入汤火，得所志矣。"杨子曰："不然，既生，则废而任之，究其所欲，以俟于死。将死，则废而任之，究其所之，以放于尽，无不废，无不任，何遽迟速于其间乎？"

《杨朱篇》以眼前的快乐，为人生的最高目的，以为戚戚于贫贱、汲汲于富贵的人，都与人生的目的有害。所以说：

> "原宪之窭损生，子贡之殖累身。""然则窭亦不可，殖亦不可，其可焉在？"曰："可在乐生，可在逸身。"

豪族地主当然不会欢迎贫穷，但也不同意于商人阶级的营利生活，他是有闲生活的代表者，所以乐自然之生，而逸自然之身，这就变成一种养生论了。《杨朱篇》托于晏平仲问养生于管夷吾一节所述养生之说，是"肆之而已，勿壅勿阏"，即是一任自然，这和《庄子》养生说相同。一任自然，"去废虐之主，熙熙然以俟死，一日一月一年十年，吾所谓养。拘此废虐之主，录而不舍，戚戚然以至久生，百年千年万年,非吾所谓养"。这既得何等明白,只乐自然之生,不受任何的约束,名誉也罢,礼教也罢,由杨朱看来,都是陷于违背自然,不识人生。这杨朱思想反映于魏晋清谈家的生活方式,清谈家以豪族地主的身份,而以魏晋间"去就易生嫌疑"(《晋书》卷九十四孙登戒嵇康语),以当时"天下多故,名士少有全者"(《晋书》卷四十九《阮籍传》语),所以不能无所托而逃,他们假"三玄"而立说,故有的托《列子》之书。当然他们不一定个个人都熟读过《列子》,但他们的生活方式,则几乎一致地和杨朱思想的一部或全部相合。大概说来,魏晋清谈家他们对于生之欲望,都是极强烈的,且具有庸俗唯物论的倾向。他们之中甚至有只图快活地享受眼前快乐的,如《世说新语·任诞篇》:"张季鹰纵任不拘,时人号为江东步兵,或谓之曰:'卿乃可纵适一时,独不为身后名邪?'答曰:'使我有身后名,不如即时一杯酒。'"又:"毕茂世云:'一手持蟹螯,一手持酒杯,拍浮酒池中,便足了一生。'"这不和《杨朱篇》的公孙朝、公孙穆、端木叔一类的生活思想吗?他们之中也有服药希望得到长年益寿的,这也可说是起源于王充,《论衡·自纪篇》云:"适辅服药引导,庶冀性命可延。"寒食散创于何晏,首获神效,由是大行于豪族地主之间,服者相寻(参《世说新语·言语篇》注)。另一面也有求生命的绝对延长的神仙家思想,也发现于这一个时代,葛洪就是代表人物,不过那已不是杨朱的思想了。杨朱思想和此相反,正如《古诗十九首》所云:"服食求神仙,多为药所误。不如饮美酒,被服纨与素。"又范云《赠学仙者诗》:"春酿煎松叶,秋杯浸菊花。相逢宁可醉,定不学丹砂。"清谈家并不信那些撒谎胡说的神仙的书,他们服茶饮酒,都是为了享乐人生,尤其是饮酒可以说是魏晋清谈家的一种生活方式。竹林名士无不酣饮,酒成了他们生活中的高尚享乐,酒成了他们逃避政治上迫害的一种手段,令有罪的可以"以酣醉获免"

(《晋书·阮籍传》)。惧祸事临头的，可以"终日昏酣，不综府事"（同上《顾荣传》），沈约《七贤论》云："彼嵇、阮二生，志存保己，既托其迹，宜慢其形。慢形之具，非酒莫可。故引满终日，陶兀尽年。"由此可见魏晋清谈家既假托于列子以宣传其杨朱思想，又假托于酒，以逃避人事的纷纠。陶渊明《饮酒诗》第十三首："一士常独醉，一夫终年醒。醒醉还相笑，发言各不领。"奇哉妙哉！魏晋清谈家的生活方式。

再把魏晋清谈家的思想方法来和伪托《杨朱篇》作一比较，也可以说是完全相合。《杨朱篇》说：

　　实无名，名无实，名者，伪而已矣。

因为实无名，所以桀、纣二凶"生有从欲之欢，死被愚暴之名。实者，固非名之所与也，虽毁之不知，虽称之弗知，此与株块奚以异矣"。因为名无实，所以舜、禹、周、孔"凡彼四圣者，生无一日之欢，死有万世之名。名者，固非实之所取也，虽称之弗知，虽赏之不知，与株块无以异矣"。这当然是对当时主张名教的人以一种极端的讽刺，而站在老庄自然立场说话的。陈寅恪先生曾经指出魏晋时代"在当时主张自然与名教互异之士大夫中，其崇尚名教一派之首领如王祥、何曾、荀颢等三大孝，即佐司马氏欺人孤儿寡妇，而致位魏末晋初之三公者也（参《晋书》三三《王祥传何曾传》三九《荀颢传》)。其眷怀魏室不趋赴典午者，皆标榜老庄之学，以自然为宗"（《陶渊明之思想与清谈之关系》)。名教与自然二派之不同，也即是主名与主实二派的不同，有了皇族地主集团之遵行名教，即以名为主，就有与之相反的豪族知识分子之反名教，即以实为主。清谈家之初起，何晏著《无名论》说：

自然者，道也。道本无名，故老氏曰强为之名。仲尼称尧荡荡无能名焉，下云巍巍成功，则强为之名，取世所知而称耳，岂有名而更当云无能名焉者邪？夫惟无名，故可得遍以天下之名名之，然岂其名也哉。(《列子·仲尼篇》注引)

又释《论语》"为君子儒，无为小人儒"云："君子为儒，将以名道，小人为儒，则矜其名。"又王弼注《老子》谓："本在无为，母在无名，名虽美焉，伪亦必生。"这里虽指名的害处，还没有对于儒家的名教下全攻击，却是到了竹林名士便不然了。嵇康"每非汤武而薄周礼"，有《与阮德如诗》云："荣名秽人身，高位多灾患。未若捐外累，肆志养浩然。"他们已经完全不相信乐广所说的"名教中自有乐地"，以为名教与实际生活无关，所以敢于放弃旧道德，阮籍说："礼岂为我设哉？"(《晋书·阮籍传》)鲍敬言说："夫混茫以无名为贵，群生以得意为欢。"在封建地主阶级专政的时候，居然揭起了"反名教"的大旗帜。由此可见，就思想方法来说，魏晋清谈家的学说，也是和伪托杨朱思想是一鼻孔出气的。

魏晋思想家的类型

既然明了清谈家的思想是以伪托《列子》为其领导思想，那么我们就可以进一步应用《杨朱篇》的思想，试来详细分析一下魏晋思想家的类型。依照上面所说，杨朱学说可包括于以下三点，即：(一)存我，(二)放逸，(三)无君。因此魏晋的思想家类型，以竹林七贤为例，也可以包括如下三种：

(一)存我型：可以嵇康为代表。嵇康有集十五卷，见严可均《全三国文》卷四十七至卷五十二，又鲁迅从明吴宽丛书堂钞本钞出，用黄省曾等刻本以及类书、古注等引文加以核勘,有一九五六年文学古籍刊行社影印本。嵇康为人,据《世说新语·德行篇》注引《康别传》曰:"康性含垢藏瑕,爱恶不争于怀,喜怒不寄于颜,所知王濬冲(戎)在襄城,面数百,未尝见其疾声朱颜,此亦方中之美范,人伦之胜业也。"实则嵇康性格本来是一个"尚奇任侠"的人(《三国志》),其生活态度上的和光同尘,实由于其学养生之术。"阮嗣宗口不论人过,吾每师之,而未能及"(《与山巨源绝交书》),道破了这一个"每非汤武而薄周孔"的人,在政治的压迫之下,所生的人生忧患之感。《幽愤诗》:"抗心希古,任其所尚。讬好老庄,贱物贵身。志在守朴,养素全真。"《与山巨源绝交书》说:"吾顷学养生之术,方外荣辱,去滋味,游心于寂寞,以无为为贵。"《养生论》说:"悟生理之易失,知一过之害生,故修性以保神,安心以全身,爱憎不棲于情,爱喜不留于意,泊然无感,而体气和平。"又:"外物以累心不存,神气以醇白独著,旷然无忧患,寂然无思虑……无为自得,体妙心玄,忘欢而后乐足,遗生而后身存。"又《答难养生论》说:"以大和为至乐,则荣华不足顾也;以恬憺为至味,则酒色不足钦也。苟得意有地,俗之所乐,皆粪土耳,何足恋哉!"这种"全性保真""安分知足"的养生论,和伪托《杨朱篇》的"贵己"思想可以说是完全一致,此亦可见魏晋清谈家基本思想形式之一面。

(二)放逸型:《世说新语》中《栖逸》《任诞》《简傲》诸篇所载,皆此思想类型,尤可以阮籍为代表。阮籍有集十三卷,见严可均《全三国文》卷四十四至卷四十六。《晋书》本传:

> 尤好《老》《庄》,嗜酒能啸,善弹琴。当其得意,忽忘形骸。……籍本有济世志,属魏晋之际,天下多故,名士少有全者。籍由是不与世事,遂酣饮为常。文帝初欲为武帝求婚于籍,籍醉

六十日，不得言而止。钟会数以时事问之，欲因其可否而致之罪，皆以酣醉获免。……籍闻步兵厨营人善酿，有贮酒三百斛，乃求为步兵校尉。遗落世事……性至孝，母终，正与人围棋，对者求止，籍留与决赌。既而饮酒二斗，举声一号，吐血数升。及将葬，食一蒸肫，饮二斗酒，然后临诀，直言穷矣，举声一号，因又吐血数升，毁瘠骨立，殆致灭性。……籍又能为青白眼，见礼俗之士，以白眼对之。……籍嫂尝归宁，籍相见与别。或讥之，籍曰："礼岂为我设邪！"……

其所著有《达庄论》《通老论》《通易论》诸论，又著《大人先生传》，说："夫大人者乃与造物同体，天地并生，逍遥浮世，与道俱成，变化散聚，不常其形。"因而讥刺礼法之士，如群虱之处裈中。此外留有如刘伶之作《酒德颂》，说："有大人先生以天地为一朝，万期为须臾，日月为扃牖，八荒为庭衢，行无辙迹，居无室庐，幕天席地，纵意所如。止则操卮执觚，动则挈榼提壶，惟酒是务，焉知其余。"这种放情肆意的人生态度，拿来和伪托《杨朱篇》的放逸思想比较，也可以说是完全一致，这是魏晋名士思想形式在人生态度上的表现。

（三）无君型：可以鲍敬言为代表。鲍敬言生平不可考，他的无君思想，见《抱朴子·外篇》卷四十八《诘鲍篇》，《抱朴子》有《道藏》本，《四部丛刊》据明鲁藩刊本，《四部备要》据《平津馆丛书》校本。他虽不是竹林居士，却与竹林名士思想很相通。《抱朴子》称："鲍生敬言，好《老》《庄》之书，治剧辩之言，以为古者无君，胜于今世，故其著论云……"实则这种思想在阮籍《大人先生传》已开其端，如云"盖无君而庶物定，无臣而万事理"；"夫无贵则贱者不怨，无富则贫者不争，各足于身，而无所求也"；"汝君子之礼法，诚天下贱贼乱危死亡之术耳，而乃自以为美行不易之道，不亦过乎？……故不通于自然者，不足以言道"。鲍敬言即继承这种思想，所以他竟把封建君主制度攻击得体无完肤，依他意思：强暴的人压迫软弱的人，聪明的人欺骗愚蠢的人，这便是君主制度的由来。所以说：

> 儒者曰"天生烝民而树之君"，岂其皇天谆谆言，亦将欲之者为辞哉？夫强者凌弱，则弱者服之矣；智者诈愚，则愚者事之矣。服之，故君臣之道起焉；事之，故力寡之民制焉。然则隶属役御，由乎争强弱而校愚智，彼苍天果无事也。

又反对人君生活淫侈，不念民生："人君后宫三千，岂皆天意？谷帛积则民饥寒矣。"又："人之生也，衣食已剧，况又加之以敛赋，重之以力役，饥寒并至，下不堪命。"因此他理想的是没有君臣阶级的社会。

> 夫混茫以无名为贵，群生以得意为欢。故剥桂刻漆，非木之愿；投鹞裂翠，非鸟所欲；促辔衔镳，非马之性；荷扼运重，非牛之乐。……曩古之世，无君无臣。穿井而饮，耕田而食。日出而作，日入而息。泛然不系，恢尔自得。不竞不营，无荣无辱。

这样就走向无政府的绝对自由平等的理想社会了。当然这种老庄的"无君"思想，只是原始公社的生活的一种反映，是不能实现的，但在当时却代表了农民对于专制政治的抗议。这和伪托《杨朱篇》的政治思想是完全一致的，是魏晋名士思想形式在政治方面的表现。

由上所述，魏晋思想家三种基型，当然是互相联系不可分开的，这里只是从各思想家的特点来作分析的研究。魏晋这种思想方式，影响到六朝时代的思想家，有的偏于存我型的，有的偏于放逸型的，如郭璞："京华游侠窟，山林隐遁栖。朱门何足荣，未若托蓬莱。……进则保龙见，退为触藩羝。高蹈风尘外，长揖谢夷齐。"（《游仙诗》）又如谢灵运之"达人贵自我，高情属天云"；颜延年之"屏欲""明性"等，皆存我型的例。尤以晋宋间的陶渊明思想，兼有此思想家之三种基型，最为特色。《陶渊明之思想与清谈家之关系》，陈寅恪先生已有专书（燕京大学刊），其中指出渊明不尽同于嵇康之自然，盖其己身之创解乃一种新自然说，惟其仍是自然，故消极不与新朝合作，并取《形影神赠答释诗》加以解说。如《形赠影》，为对于旧自然者求长生学神仙的批评："我无腾化术，必尔不复疑。愿君取君言，得酒莫苟辞。"此谓旧自然说者如阮籍、刘伶借沉湎于酒，以图苟全性命，或差可耳。又《影答形》则托为是名教者非旧自然说之言。而渊明之所自托，则如《神释》所云"甚念伤吾生，正宜委运去。纵浪大化中，不喜亦不惧。应尽便须尽，无复独多虑"，及《归去来辞》所谓"聊乘化以归尽，乐夫天命复奚疑"。陈寅恪先生以此证明渊明是和范缜同主神灭论者。缜本世奉天师道，而渊明于家传的教义尤有所创获，这二人同主神灭之说，必非偶然的。现在试就渊明的思想内容来分析一下他所含有的三种基型。就存我型说，渊明的新自然说主旨在委运任化。这委运任化的思想随处可见，如《自祭文》中"乐天委分以至百年"，即《神释》诗"正宜委运去"及"应尽便须尽"之义。又《影答形》在述主名教育之言："身没名亦尽，念之五情热。立善有遗爱，胡为不自竭。"《自祭文》说："嗟我独迈，曾是异兹。宠非己荣，涅岂吾淄。捽兀穷庐，酣饮赋诗。识运知命，畴能罔眷。余今斯化，可以无恨。"这"识运知命"即标明其"乘化归尽，乐天知命"的存我思想。其次是放逸型。梁昭明太子《陶集序》："有疑陶渊明诗，篇篇有酒，吾观其意不在酒，亦寄酒为迹者焉。"这是说渊明的放逸于酒，也同竹林名士一样是有托而逃。"理也可奈何，且为陶一觞。"(《杂诗》第八首)《宋书》本传载:"贵贱造之者有酒辄设,潜若先醉,便语客:我醉欲眠卿且去。"所以"清歌散新声,系酒开芳颜"(《诸人共游周家墓柏下》),"谈谐终日夕,觞至谈倾杯"(《乞食》)。这便成为诗人的生活方式。诗人惟托于醉,而后可以忘忧:"中觞纵遥情,忘彼千载忧。"(《游斜川》)可以称情:"何以称我情,浊酒且自陶。"(《己酉岁九月九日》)可以求欢:"忽与一觞酒,日夕欢相持。"(《饮酒》第一首)杜甫诗称:"宽心应是酒,遣兴莫过诗。此意陶潜解,吾生后汝期。"(《可惜》)渊明的放逸生活和阮籍、刘伶的方式不同,而放逸之意则同。《宋书》本传又言:"潜不解音声,而蓄素琴一张,无弦,每有酒适,辄抚弄以寄其意。"渊明的无弦琴,和他的《闲情赋》,都可见其率性之情与逸身之意,把放逸思想更加美化了。其三是无君型。渊明所崇拜的,是荆轲(《咏荆轲》)、田畴(《拟古》之一)。他是带性负气之人,"少时壮且厉,抚剑独行游"(《拟古》),"刑天舞干戚,猛志固常在"(《读山海经》)。他不是懦夫,所以敢于揭穿现实政治的黑幕,而持阮籍、鲍敬言的同一理想。有名的《桃花源记》,他的理想社会是无君臣官长尊卑名分的制度,正如王安石所称"虽有父子无君臣"(《桃源行》)。渊明身遭乱世,虽勉强也算世族而家贫不复肯仕(陶侃本出于业渔之贱户,本陈寅恪说),所以有此反映农民性的思想表现。总而言之,陶渊明实兼有魏晋思想家之三种基型,他的全部思想,实对于伪托《列子》中杨朱的学说,作一有力的阐扬,只要读他的《饮酒诗》的第三首,就很容易明白了。

  道丧向千载,人人惜其情。有酒不肯饮,但顾世间名。所以贵我身,岂不在一生?一生复能几,倏如流电惊。鼎鼎百年内,持此欲何成!

伪托《杨朱篇》被道学先生们误解得太多了，其实乃是中国唯物论思想在魏晋时代的特出的作品。陶渊明《饮酒诗》第十一："虽留身后名，一生亦枯槁。死去何所知，称心固为好。客养千金躯，临化消其宝。裸葬何必恶，人当解意表。"然而这种唯物主义的思想，只是一定社会环境的产物，是庸俗的，很多人都只能从表面上去理解他，只有陶渊明能够更深刻地去体现了它。陶渊明是杨朱学说的继承者，是魏晋清谈家的光荣的下场的人物。

第八讲 《弘明集》之研究

《弘明集》之撰集及其背景

《弘明集》十四卷，梁释僧祐撰。僧祐本姓俞氏，彰城下邳人（《开元释教录》第六、《四库提要》作"彭城下邳人"），初出家扬都建初寺，武帝时居钟山定林寺，事迹见梁《高僧传》卷十一《明律篇》。僧祐生于宋元嘉二十二年乙酉（四四五年），卒于梁天监十七年戊戌（五一八年），年七十四，门徒一万余人。所著尚有《释迦谱》十卷，《出三藏集》十五卷。《出三藏集》卷一为《经异记》，卷二至卷六为《经录》，卷十二《杂录序》十篇，卷十三至十五共传三十二篇，内卷六至卷十一共经序一百十篇，支那内学院刊本称《出三藏记集》。《弘明集》通行大藏经本（露四），又《四部丛刊》据明汪道昆本和金陵刻经处本均可用。北京大学藏宋崇宁三年刻《弘明集》残本第四卷，又《中国历史参考图谱》第九辑有全刻本书影。惟汪刻本无前序，《四库全书总目》卷一百四十五收纪昀的家藏本十四卷云"末有僧祐后序，而首无前序，疑传写佚之"，此盖未见藏本前序的缘故。惟藏本有前序，又有后序。据陈垣先生《中国佛教史籍概论》（卷三）考证，谓："其实今《弘明集》卷末所载僧祐后序，本名《弘明论》，不名后序。《出三藏记集》载《弘明集》目录，明题此为《弘明论》，本论前数行，亦自称《弘明论》，藏本前序亦谓附论于末，则此非后序明矣。"此证后序实乃《弘明论》，甚确。至此书内容，《四库提要》称其"所辑皆东汉以下至于梁代阐明佛法之文，其学主于戒律，其说主于因果，其大旨则主于抑周孔排黄老而独伸释氏之法（中略）。然六代遗编流传最古，梁以前名流著作今无专集行世者，颇赖以存，终胜庸俗缁流所撰述，就释言释，犹彼教中雅驯之言也"。这样评论，也还算是公正的。

继僧祐《弘明集》之后，有唐释道宣所撰《广弘明集》三十卷。道宣姓钱氏，丹徒人，隋末居终南白泉寺，又迁丰德寺、净业寺，至唐高宗时乃卒，事迹见《宋高僧传》十四。此书宋元藏本皆三十卷，明南北藏及清藏本四十卷，《四库总目》卷一百四十五所著录纪昀的家藏本为三十卷，并云："《唐志》载《广弘明集》三十卷，与此本合，然二十七卷以后，每卷各分上、下，实三十四卷也。"此三十卷本与四十卷本，均可用。通行《四部备要》本乃据常州天宁寺本校刊，即四十卷本。严可均《全南北朝文》引《广弘明集》，如《全宋文》用十卷本，《全南齐文》用三十卷本，《全晋文》《全梁文》《全后周文》则两本参用（参照《中国佛教史籍概论》）。此书内容乃续梁僧祐《弘明集》而作，体例稍有不同，《弘明集》不分篇，此则分为十篇，每篇前各为小序，叙述及辩论列代佛法兴废等事，其目如下：

一、《归正》，二、《辨惑》，三、《佛德》，四、《法义》，五、《僧行》，六、《慈济》，七、《戒功》，八、《启福》，九、《悔罪》，十、《统归》。

《四库提要》称其书"大旨排斥道教，与僧祐书相同，其中如《魏书·释老志》本于二氏神异各有纪录，虽同为粉饰，而无所抑扬。道宣乃于叙释氏者具载其全文，叙道家者潜删其灵迹。然则冤亲无等，犹为最初之佛法，迨其后世味渐深，胜负互轧，虽以丛林古德，人天瞻礼如道宣者，亦不免门户之见矣"。实则何止于此。即作为史料看,《广弘明集》亦未可尽信,如卷四道宣《叙齐高祖废道法事》云:"昔金陵道士陆修静者,道门之望,在宋齐两代祖述三张,弘衍二葛……会梁祖启运,下诏舍道,修静不胜其愤,遂与门人及边境亡命,叛入北齐。又倾散金玉,赠诸贵游,托以襟期,冀兴道法。帝惑之也,于天保六年九月乃下敕,召诸沙门与道士学达者十人,亲自对校。"陈国符《道藏源流考》指出陆静修已先于宋后废帝元徽五年(四七七年)去世,距北齐文宣帝天保六年(五五五年)尚有七十八年。又按《北齐书·文宣帝纪》及《北史·齐本纪》皆不载对校道释之事,可见上说荒诞不可信。拿《弘明集》和《广弘明集》比较,终觉前者参胜。《四库总目》又说:"《神僧传》称……道宣前身即为僧祐。殆因道宣续僧祐之书,故附会是说。"这点辨明,是真确的,然因此附会,也可以见道宣和僧祐的思想关系了。

现在即依据以上两书——《弘明集》《广弘明集》——阐明一下中古时代儒、释、道三教斗争史料。因为三教斗争是中国中古哲学史上的重大节目,从汉代永平求法的传说,以至唐代道、佛二教的斗争,均记录于《弘明》两集之中,所以《弘明集》的研究,也可以说主要地就是关于三教斗争史料的研究,分析这些史料的来源、种类、思想背景,乃至于真伪问题,因此也就成为十分必要的了。

先就史料的思想背景来说,三教斗争是跟着玄学的演变而来,魏晋清谈家本包含着两种学术因素,一是玄学,一是方术。由方术演变而与天师道相结合,成为道教。由玄学演变与佛教结合,而成为佛教玄学。本来道家之所谓"道"是内容多种多样的,他上可以包括老庄的高尚思想,下也可以包括方术符谶以至房中术,所以刘勰的《灭惑论》(《弘明集》卷八)中即提出道家三品之说:

　　　　案道家立法,厥品有三,上标老子,次述神仙,下袭张陵。

释道安作《二教论》(《广弘明集》卷八），也依此区别道教云："一者老子无为，二者神仙饵服，三者符箓禁厌。"

在这里"老子无为"即玄学思想，"神仙饵服"如葛洪、魏伯阳，"符箓禁厌"即所谓"下袭张陵"了。又上算老子，是属于道家范围，"次述神仙"与"下袭张陵"，乃所谓道教。就魏晋玄学说，如何晏、王弼等祖述三玄，尚不带任何道教的色彩，但到了竹林七贤，嵇康便已注意到呼吸吐纳、服食养身的一套把戏（《养生论》），阮籍也说什么"木老于未，水生于申，而坤在西南。火老于戌，木生于亥，而乾在西北"（《通易论》），把《易经》完全方术化了（参看范宁《论魏晋时代知识分子的思想分化及其社会根源》第二节"所谓三玄与名士方士的合流"）。这意味着什么？意味着玄学已一方面与天师道相结合，而有道教的倾向。天师道始于后汉张道陵之利用老子。案《三国志·张鲁传》："祖父陵（道陵）客蜀，学道鹄鸣山中，造作道书以惑百姓，从受道者出五斗米，故世号米贼。陵死，子衡行其道。衡死，鲁复行之……鲁遂据汉中，以鬼道教民，自号师君，其来学道者，初皆名鬼卒，受本道已信，号祭酒。各领部众，多者为治头大祭酒，皆教以诚信不欺诈，有病自首其过，大都与黄巾相似。"《注》引《典略》云：

> 熹平中，妖贼大起，三辅有骆曜。光和中，东方有张角，汉中有张修。骆曜教民缅匿法，角为太平道，修为五斗米道。太平道者，师持九节杖为符祝，教病人叩头思过，因以符水饮之，得病或日浅而愈者，则云此人信道，其或不愈，则为不信道。修法略与角同，加施静室，使病者处其中思过。又使人为奸令祭酒，祭酒主以《老子》五千文，使都习，号为奸令。为鬼吏，主为病者请祷。

由此可见，天师道的起源是与农民起义同时，而且即为农民起义的宗教信仰。因为天师道在当时能分布各地，据险自守，成为农民的保障，所以信从的人很多。其后张鲁虽投降曹操，而天师道尚盛行于全国。晋代虽豪门地主的知识分子也有许多奉天师道的，例如：

王羲之——琅邪王氏为晋代最著名之天师道世家。《晋书·王羲之传》："羲之次子凝之，为会稽内史，王氏世事张氏五斗米道，凝之弥笃。"

范缜——见《梁书》四八、《南史》五七《儒林传·范缜传》，参照《中央研究院历史语言研究所集刊》第三本，陈寅恪《天师道与海滨地域之关系》中论范蔚宗条。

梁武帝——《广弘明集》载其舍事道法文，略云"弟子经运迷荒，耽事老子，历叶桐承，染此邪法"云云。

谢灵运——钟嵘《诗品》云："灵运生于会稽……其家以子孙难得，送灵运于杜治养之，十五岁还都，故名客儿。"（傅勤家《道教史概论》云此所谓治者，即天师道所设，人家以婴儿托之，信其可得神佑也）。

孔稚珪——见《南齐书》四八《孔稚珪传》、《南史》四九《孔稚珪传》及陈寅恪前著"论范蔚宗条"。又《弘明集》卷十一载其《答竟陵王》略云："民积世门业，依奉李老。……民仰攀先轨，自绝秋尘，而宗心所向，犹未敢坠。至于大觉明教，般若正源，民生平所宗，初不违背。……民齐敬归依，蚤自净信……所以未变衣钵，眷眷黄老者，实以门业有本，不忍一日顿弃。心世有源，不欲终朝悔遁。既以二道大同，本不敢惜心回向，实顾言称先业，直不忍弃门志耳。"

陶渊明——其家世宗教信仰为天师道，见陈寅恪著《〈魏书·司马睿传〉江东民族条释证及推论》，又《陶渊明之思想与清谈之关系》中云："（渊明）盖其平生保持陶氏世传之天师道信仰，虽服膺儒术，而不归命释迦也。"又云："故渊明之为人，实外儒而内道，舍释迦而宗天师者也。"

由于天师道本为农民起义军的领导思想，所以两晋南北朝士大夫，其家世夙奉天师道的人，也常常有进步思想的表现，而与皇族地主往往不能合作，因之对皇族地主所信仰的佛教和神不灭论，也能提出抗议，如范缜、陶潜即其好例。固然其中也有舍弃其家世相传的天师道而皈依佛教的，如梁武帝；持调停道、佛二家的两面派态度的，如南齐之孔稚珪。但那都不过充分表现皇族地主或是投降皇族地主的的本色。至于能对于其家传信仰独具胜解的人，也不是没有。陈寅恪先生即举及天师道世家河北清河崔氏为例。他说："至若对于其家传之天师之教义具有创阐胜解之人，如河北之清河崔浩者，当日之儒宗也，其人对于家传之教义不仅笃信，且思革新。故一方结合寇谦之'除去三张伪法、钱税及男女合气之术'，一方利用拓跋焘毁灭佛教（详见《魏书》一一四《释老志》及同书二五《崔浩传》，《北史》二一《崔宏传附浩传》），尤为特著之例。"依我意思，以为天师道即至唐代尚成为对当时皇族地主的反抗力量。例如《无能子》及《化书》著者谭峭亦即其例。无能子假严陵答光武的话称"天子之贵何有哉"（《道藏》本《无能子》卷中）。谭峭曾师嵩山道士十余年，又游三茅，事迹见《云笈七签》卷一百十三下（《四部丛刊》本）。有人疑其即宋马令《南唐书》卷三十四《方术传》之"谭紫霄"（萧公权《中国政治思想史》），这是大有可能的。如《化书·神道篇》中称"太上者虚无之神也"，又云"知真不死者，能游太上之京"，这"太上"二字即道家官府的称号，道家言"三清九宫"，"凡称太上者皆一宫之尊"。《云笈七签》卷二十八引张天师二十四治图，"太上"之名屡见，可见谭峭也是奉天师道的，其思想所以接近农民，而与农民的利益相符合，这决不是偶然的。相反地，与天师道对立的如著《抱朴子》之葛洪，此即神仙服食一派，所重乃在炼金丹，而他极反对天师道，见《抱朴子·极言篇》，又曾亲参加镇压农民暴动，当然也就反对鲍敬言，反对作为农民起义宗教的天师道。他崇拜黄金至于极端，这是代表剥削统治阶级的立场，和谭峭之提倡"食化""俭化"的农民立场便有绝对的不同。辨此一点，也可见魏晋玄学之演变而为天师道，虽然把三玄之学变成宗教了，而正如梁刘勰的《灭惑论》中所加于他的辛辣的批判："标名大道，而教甚于俗；举号太上，而法穷下愚。……事合氓庶，故比屋归宗，是以张角、李弘毒流汉季，卢悚、孙恩乱盈晋末，余波所被，实蕃有徒。"可见，天师道即使不足以称为大道，却正是农民起义的宗教，封建社会农民思想自必配合以宗教文化，所以天师道一开始就带有宗教色彩，这正如马克思在一八六二年《中国事件》中所云"这是东方各种运动所共有的一个特点"。魏晋玄学到了后来所以混入于天师道里头，这虽然和直接领导农民起义的三张尚有不同，但在崇拜和信仰方面，却站在同一战线之上，而起一些反抗统治压迫努力和外族寺院地主的作用，这也是决无可疑的了。

然玄学演变，在天师道之外，更有别派，即所称佛教玄学。这在思想上是玄学和佛教的携手并进，在阶级立场上则是豪族地主对于皇族地主与外族寺院地主之一让步或妥协。正如天师道主要是为被压迫被统治的阶级服务，佛教玄学则主要是为统治压迫的大地主阶级服务。在汉末以前佛教初来中国，实依附黄老方伎，造成佛、道不分的局面，当时佛教，只作为道术之一种。汤用彤先生在《汉魏两晋南北朝佛教史》（上册）所作关于这个时代佛教的总结，认为："佛教在汉世，本视为道术之一种。其流行之教理行为，与当时中国黄老方伎相通。其教因西域使臣商贾及热诚传教之人，渐布中夏，流行于民间。上流社会，偶因好黄老之术，兼及浮屠，如楚王英、明帝及桓帝皆是也。至若文人学士，仅襄楷、张衡略为述及，而二人亦擅长阴阳术数之言也。此外则无重视佛教者。故牟子《理惑论》云'世人学士,多讥毁之',又云'俊士之所规,儒林之所论,未闻修佛道以为贵,自损容以为上';及至魏晋玄学清谈渐盛,中华学术之面目为之一变,而佛教则更依附玄理,大为士大夫所激赏。因是学术大柄,为此外来之教所篡夺。而佛学演进已入另一时期矣。"这一个结论,我以为是完全正确的。佛教只因与魏晋玄学相接触,而才变成佛教玄学;变成了佛教玄学之后,佛教才能脱离方术而大有发展。汤先生在同书《两晋际之名僧与名士》一章,指出:"然吾人观西晋竺叔兰、支孝龙之风度,东晋康僧渊、帛高座等之事迹,则《老》《庄》清谈、佛教玄学之结合,想必甚早。王、何、嵇、阮之时,佛法或已间为学士所眷顾。及名士避世江东,亦遂与沙门往还。"这证之以当时盛行所谓"格义"之法,即可见以中国老庄思想以拟佛书的风气,决不是偶然的。《高僧传》载:

> 竺法雅……少善外学,长通佛义。衣冠士子,或附咨禀。时依雅门徒,并世典有功,未善佛理,雅乃与康清朗等以经中事数,拟配外书,为生解之例,谓之格义。及毗浮昙相等,亦辩格义,以训门徒。

又《高僧传·慧远传》:"远年二十四,便就讲说,尝有客听讲,难实相义,往复移时,弥增疑昧。远乃引《庄子》义为连类,于是惑者晓然。"这"格义"和"重类"之法,陈寅恪先生《支愍度学说考》(《蔡元培先生纪念册》)及汤先生同上书均有说明,此不具述。引此只是表明佛教之援用老庄玄学,是以老庄为佛教宣传的工具,所以释道安虽后来认为"先旧格义,于理多违"(《高僧传·释僧光传》引),而也不得不"特听慧远不废俗书"(《高僧传·慧远传》),并且承认"经流秦土……于十二部毗曰罗（方等）部最多，以斯邦人老庄教行，与《方等》经兼忘相似，故因风易行也"（《鼻奈耶序》）。大概佛教玄学的开始，可以追溯到后汉牟子的《理惑论》，三十七章中兼取释、老，自云："吾睹佛经之说，览《老子》之要，守恬憺之性，观无为之行。"这已经把汉代佛教推向玄学的路上去。到了晋代般若教义盛行，名僧与名士打成一片，东晋孙绰作《道贤论》至以七道人与竹林七贤相比，如以于法兰比阮籍，以帛法祖比嵇康，竺道潜比刘伶，支遁比向秀，可以想见当时融合佛教玄理的关系人物很多。就中尤以支遁（道林）谈《逍遥游》给清谈家所倾倒不置。《世说新语·文学篇》云：

> 《庄子·逍遥篇》旧是难处，诸名贤所可钻味，而不能拔理于郭、向之外，支道林在白马寺中将冯太常共语，因及《逍遥》，支卓然标新理于二家之表，立异义于众贤之外，皆是诸名贤寻味之所不得，后遂用支理。

佛教玄学既有如支道林之"饮握玄标"（《弘明集·日烛》中语），再加以高僧如释道安、僧肇、慧远、竺道生等之提倡，遂发达到极点。现在试就僧祐编《出三藏记集经序》中，就佛教玄学之有关系人物的言论，摘录其一二。

释道安——"夫道地者，应真之玄堂，升仙之奥室也。无本之城，杳然难陵矣，无为之墙，邈然难逾矣。……其为像也，含弘静泊，绵绵若存，寂寥无言，辩之者几矣。恍惚无行，求矣漭乎其难测。圣人……乃为布不言之教，陈无辙之轨……归精谷神，于乎羡矣。"（卷十《道地经序第一》）"真际者无所著也，泊然不动，湛尔玄齐，无为也，无不为也。万法有为，而此法渊默，故曰无所有者，是法之真也。……诸五阴至萨云若,则是菩萨来往所现法慧,可道之道也。诸一相无相,则是菩萨来往所现真慧,明乎常道也……此两者同谓之智,而不可相无也。"(卷七《合放光光赞略解序第四》)

支道林——"夫《般若波罗密》者,众妙之渊府,群智之玄宗……其为经也,至无空豁,廓然无物者也。无物于物,故能齐于物;无智于智,故能运于智。是故夷三脱于重玄。齐万物于空同,明诸佛之始有,尽群灵之本无。……是故言之则名生,设教则智存。智存于物,实无迹也;名生于彼,理无言也。何则?至理冥壑,归乎无名,无名无始,道之体也,无可不可者,圣之慎也。……是以诸佛因般若之无始,明万物之自然。……设玄德以广教,守谷神以存虚,齐众首于玄同,还群灵乎本无。"(卷八《大小品对比要钞序第五》)

释僧肇——"《百论》者……理致渊玄,统群籍之要……有婆薮开士者……远契玄踪,为之训释。……其为论也……萧焉无寄,而理自玄会。返本之道,著乎兹矣。"(卷十一《百论序第三》)"玄道在于妙悟,妙悟在于即真,即真则有无奇观,齐观则彼己莫二,所以天地与我同根,万物与我一体。"(《涅槃无名论》)

释慧远——"夫宗极无为以设位,而圣人成其能;昏明代谢以开运,而盛衰合其变。是故知崄易相推,理有行藏,屈伸相感,数有往复。由之以观,虽冥枢潜应,同景无穷。……于是乃即之以成观,反鉴以求宗,鉴明则尘累不止,而仪像可睹;观深则悟彻人微,而名实俱玄。……生缘无自相,虽有而常无。常无非绝有,犹火传而不息。"云云(卷十《大智论钞序第二十一》)"心本明于三观,则睹玄路之可游,然后练神达思,水镜六府,洗心净慧,拟迹圣门。寻相因之数,即有以悟无,推至当之极,动而入微矣。"(卷十《阿毗昙心序第十一》)

释道生——"象以尽意,得意则象忘。言以诠理,入理则言息。

自经典东流，译人重阻，多守滞文，鲜见圆义，若忘筌取鱼，始可与言道矣。"(《佛祖统纪》二十六)

但是佛教玄学不是到了两晋南北朝就完了，甚至隋唐时代中国僧人所创佛教，如华严、天台、禅之诸宗派，其中许多教义，实皆为佛教与玄学的携手，即佛教玄学的思想体系。华严宗尤其明白，如唐清凉山华严寺沙门澄观所作《华严法界玄观》，魏国西寺沙门法藏所作《玄义章》，只就题目来看，已很明白是佛教玄学。程伊川门人刘元承问伊川曰："某尝读《华严经》，第一真空绝相观，第二事理无碍观，第三事事无碍，其理如何？"伊川答道："一言以蔽之，不过万理归一理。"贤首之《法界观门》，可称佛教玄理之极致，把西晋以来的佛教玄学更推进一步了。其次是天台宗，如《大乘止观法门》，明方法互摄，举小收大，无大而非小；举大摄小，无小而非大，这完全与华严法界观义同。又止观二门也与三玄义通。至禅宗本与华严合流，如宗密即其人。《六祖坛经》一派，心即佛，无为无事，此亦与道家宗旨极近，既然是念念无相，念念无为即是佛，则一切佛法总不用学，当然也就无所谓玄学罢了。问题乃在虽不名为玄学，而也是从佛教玄学中生来。由此可见，中国佛教史上除却如玄奘、窥基之宣扬法相，乃至佛教中与道教符箓派相当的所谓密宗均为纯粹印度之产物以外，中国所自创的教派，均带玄学的色彩。印度佛教即通过此民族形式之佛教玄学，而建立起外族宗教的基地，所以佛教玄学虽与印度佛教有差别，而毕竟是要为外族的宗教服务。唐玄奘西行取经，规模极大，但当时皇室，因和老子是本家的关系，反而提倡道教思想。《续高僧传》二集："敕令翻《老子》五千文为梵言，以遗西域，奘乃召诸黄巾述其玄奥，领叠词旨，方为翻述。"玄奘是和佛教玄学最无关系的人，尚且如此，可见佛教之在中国，毕竟只能通过佛教玄学才能发生巨大的影响。佛教玄学的成立，在阶级立场上是为皇族地主服务，是为外族统治剥削阶级服务。虽然从一方面看，他也使中国佛教摆脱了印度佛法的束缚而独立，造成中国佛教之新的形态，但基本上应该肯定它是外来宗教的移植和变形，因之它的本身具有反动性，是一个大骗局。

《弘明集》与《广弘明集》中占绝大部分的道、佛二教的言论，即是反映如上所述天师道的信徒和佛教的信徒之间的矛盾和斗争。佛教玄学虽偏于佛、道二教的调和方面，但仍有论争。这是因为佛教玄学和天师道在思想渊源上虽同出于魏晋玄学，有其可以调和的部分，但从阶级立场上说，却有其绝不可调和的部分。这只要注意到历代佛教为谁服务的问题就可以知道了。据后赵石虎时王度上书所述东汉时"唯听西域人得立寺都邑，以奉其神，其汉人皆不得出家。魏承汉制，亦修前轨"（《高僧传》卷九《竺佛图澄传》），可见这时佛教只是西域胡商的信仰对象。直到两晋之间，石勒、石虎等统治中国，才有特殊的僧侣阶级产生。同上书卷九同传："沙门甚众，或有奸宄避役，多非其人。"外族统治阶级认识了佛教可以作为剥削统治的工具，因此不惜全力提倡它，使之为外族封建统治阶级服务，包括投降外族的固有封建势力在内。这就是说佛教征人和外族征人是同时并行的。所以当佛图澄、鸠摩罗什等东来时，即引起了对于这外来的外族宗教的迎拒问题，而当日执政者为保持外族入主中华的政治地位，如石勒、石虎、苻坚等都是主张迎佛的。《高僧传》石虎下书云：

度（王度）议云"佛是外国之神，非天子诸华所可宜奉"，朕生自边壤，忝当期运，君临诸夏，至于飨祀，应兼从本俗，佛是戎神，正所当奉。

这是何等明显地宣传外族的宗教，以外族宗教为统治中国人民的工具。我们知道西晋末五胡乱华，中原沦没，这是中国历史上的一大关键。当时外族之盛达于极点，如今陕西、甘肃、山西、河南各地，都在外族统治之下凌虐汉人。据宋陆游在《老学庵笔记》云："今人称贱丈夫曰汉子，盖始于五胡乱华时。"外族以汉族为贱人、为奴隶，当然需要一种统治奴隶、束缚奴隶以巩固外族封建剥削统治的工具，而这就是当时"佛教"。所以就为外族统治阶级服务这一点来看，佛教便与道教不同，道教是为固有的封建势力服务，这是和佛教的立场、观点不同，是不可能调和的。

当然无论道、佛教，二教都是代表地主阶级统治地位，和广大人民群众的阶级有基本矛盾，但即在地主统治阶级之中，既因有外族与本土之不同，而发生内部矛盾，又因同在地主阶级之中，尚有"皇族地主"与"豪族地主"之不同，而更加了它的矛盾斗争。但特别要注意的，夹在这矛盾斗争之间，还有"寺院地主"，如以南朝的阶级关系来看，在豪族地主之间，又可分别为北方侨族地主和南方大族地主。当时自北而南，大规模的土地兼并和土地霸占，所谓"营立屯邸，封闭山泽"，都可看出侨族地主和南方地主的矛盾，正如唐长孺在《南朝的屯、邸、别墅及山泽占领》（《历史研究》第三期）一文所得结论是：

> 屯、邸、别墅所以在山泽之地发展的原因，是由于北来侨人（包括皇族、士族、军人等）在南方获得已垦熟田之不易，其土地欲望不得不以占领山泽方法获得满足，而南方大族的发展，也因北来侨人的挤入，而走向山泽。

由于北方侨族和南方大族在经济利益上划出一道界线，所以反映在政治上也有主客之争。东晋王导门阀最盛，过江后即一方面劝元帝扩充北方侨族势力，一方面又起用南方望族如颜荣、贺循一流人物

(《晋书》六五），不过侨族地主势力，始终超过南方大族地主。《南史》三一《张率传》云"秘书丞天下清官，东南胄少有为之者"，又同书三七《沈文季传》"南土无仆射，多历年所"。但是南北豪族地主虽有矛盾，而对于联合皇族地主来压迫人民，却是一致的，在他们不断地土地兼并和剥削之下，人民大众破产了，农业的耕地被分占了。又南朝豪族地主和皇族地主之间又有矛盾。豪族地主常常利用血统门阀对抗皇室，尤其寒族出身的皇室为他们所看不起。然而反一方面来看，皇室方面据赵翼《廿二史札记》所说则"宋齐梁陈诸君，无论贤否，皆威福自己，不肯假权于大臣"。可见，南朝皇室对豪族势力是加以压抑的。豪族的势力虽庞大，然而皇室的努力也就不少，所以在历史上如宋武帝、孝武帝及梁武帝三朝都有压抑豪门大族的记载。如《宋书》卷八十二《沈怀文传》"上（宋孝武帝）又坏诸郡士族，以充将吏，并不服役，至悉逃亡，加以严制不能禁，乃改用军法，得便斩之，莫不奔窜山湖，聚为盗贼"，又天监十一年（五一二年）梁武帝曾强买王导子孙王骞田八十顷，送给钟山大溪敬寺，又宋明帝之迫害王彧（《南史》卷二十三）等例，均可见皇族与豪族地主之统治内部的矛盾斗争是很剧烈的。在这剧烈的斗争场面中，我们更应该注意有"寺院地主"的存在，寺院地主和皇族地主豪族地主在经济上都有矛盾，但三者同属于统治阶级层，所以它也是压迫人民剥削人民的，是为封建统治阶级服务的。只因它的地位是介在皇族地主和豪族地主之间，在皇族与豪族的斗争中，竟可以成为两方面都要争取的对象。皇族地主利用它的精神的力量（迷信的力量）来欺压豪族地主，豪族地主也可以利用它作掩护，以免动不动为皇族所吞并。因为寺院初期还没有独立的经济能力，所以一方面要靠豪族的捐助，一方面又要靠皇族的供养，他的经济来源的两面性，使他有时站在皇族方面，有时又倒向豪族方面，他不是与皇族豪族对抗的一种力量，而是为皇族豪族的经济利益服务。不过有时因着皇族豪族两者的利害相持,而更可以给它从中取利罢了。但相反的情形也有,因为有一个时期,当豪族与皇族利害一致而对寺院地主取压抑的态度的时候,皇族豪族也可以联合起来打倒寺院,如北周时卫元嵩等豪族帮助周武帝灭佛,然后瓜分寺院的财产。不过这种情况比较少,一般都是寺院和豪族或皇族联合在经济阵线上剥削与压迫人民的。豪族有田地有田农有佃客衣食客,可以放债取利,寺院也有田地有寺奴也有佃客,也放高利贷。又豪族有特权,寺院也有特权,如免税权和免役权,不独寺院豪族能免除税役,他们所隐蔽的人户也能免税役,因此问题就大了。因为从经济上看,寺院和豪族有共同点,所以皇族地主在要削弱豪族的势力时,便有和寺院势力联合起来的必要,联合寺院就等于在土地和人民的争夺中,多了一股生力军,增加了皇族阵营的物质的力量。而且通过寺院也可以用软化的政策,使豪门大族"竭财以赴僧,破产以趋佛"(范缜《神灭论》),因而也就削弱了敌对方面豪门地主的物质的力量。还有,寺院经济一方面有它对于皇族的经济依赖性,一方面也有它寺院经济的相对独立性,这就是因为寺院在免税免役特权之下,寺院变成了违逃薮。北齐文宣帝时下诏云:"乃有缁衣之众,参半于平俗,黄服之走,数过于正户,所以国给为此不充,王用因兹取乏。"又梁武帝时郭祖深言事说:"都下佛寺五百余所,穷极宏丽。僧尼十余万,资产丰沃,所在郡县,不可胜言。道人又有白徒,尼则皆畜养女,皆不贯人籍,天下户口几亡其半。……恐方来处处成寺,家家剃落,尺土一人,非复国有。"(《南史》卷七十《郭祖深传》)可见寺院经济与皇族经济是有矛盾的。寺院地主一面享受皇室的供养,一面又隐蔽了豪门贵族。《魏书·释老志》记魏武帝太平真君五年(四四四年)因为发现沙门住宅里面"大有弓矢矛盾"这些武器,武帝大怒,认为"'此非沙门所用,当与盖吴通谋,规害人耳'。命有司案诛一寺，阅其财产，大得酿酒具及州郡牧守富人所寄藏物，盖以万计"。北朝如此，南朝可知。僧慧远《与桓玄论料简沙门书》中也说："若有族姓子弟，本非役门，或世奉大法，或弱而天悟，欲弃俗人道，求作沙门，推例寻意，似不塞其清途。"这就是以寺院经济掩护豪门经济的好例。由上可见，寺院经济是有它的两面性的，寺院地主与豪门地主皇族地主形成了统治剥削阶级的三角关系，而寺院地主即因此成了中间势力，在封建统治社会，颇有举足轻重的地位，这是不容忽视的。

然而寺院地主也有两种，一种是佛教寺院，一种是道教寺院。佛教寺院的主要施主是"皇族"，而道教寺院的主要施主却是豪族地主。大概这些豪族地主有民族的反抗性而又有宗教上的要求，所以他们帮助发展道教以反抗外来的佛教。道教虽然在思想上比较落后，不易接受新事物，但信奉他的人，因其具有民族的反抗因素，因而也就加以利用，而道佛之间的思想斗争，又演成寺院经济之内部的矛盾斗争。不过名为斗争，还只是道教向外来的佛教争取其生存权。道教在南朝有陶弘景见重于梁武帝，北朝有寇谦之见重于崔浩，因而助成了魏太武灭佛。这种矛盾的表现，详于《弘明集》与《广弘明集》。

在道、佛二教思想斗争最剧烈的时候，产生了不少伪经、伪书。佛经初输入时依附老子，而道教因与佛教竞争，亦倡为老子西游化胡成佛之说。《后汉书·襄楷传》："或言老子入夷狄为浮屠。"《魏书·于阗传》云："此摩寺是老子化胡成佛之所。"鱼豢《魏略·西戎传》云："浮屠所载与中国《老子经》相出入。盖以为老子西出关，过西域，之天竺，教胡浮屠属弟子别号二十有九。"道经有《老子西升经》《老子化胡经》之类。《唐书·艺文志》有戴诜《老子西升经》一卷，韦处玄集解《老子西升经》二卷，知此书唐代已盛行。今《道藏》洞神部收《西升经》，晁公武云"《西升经》四卷，题曰太上真人尹君纪录。老子将游西域,既为关令尹喜说五千言,又留秘旨,凡三十六章,喜述之为此经。其首称老君西升,闻道竺乾,有古先生,是以就道。说者以古先生,佛也。事见《广弘明集·辩惑论》……"(《郡斋读书志》)。又《老子化胡经》谓老子西游化为胡人,释迦为其侍者。此经为西晋末道士王浮所作,浮尝与帛远法师辩论,屡为所屈,愤而成此书。《出三藏记集》卷十五《帛远传》云:"有一人姓李名通,死后复苏,云见祖法师在阎罗王处,为王讲《首楞严经》……又见祭酒王浮,一云道士基公,被锁械,求祖忏悔……乃作《老子化胡经》以诬谤佛法。"此亦可见两晋时二教论争之激烈。另一方面佛教徒也伪造经典,谓道教根源于佛经,老子之师名释迦文,如《弘明集》卷一《正诬论》即有一例,云"其经云闻道竺乾有古先生,善入泥洹,不始不终,永存绵绵",因而证明"老子即佛弟子也"。又道安《二教论》引《清净行法经》云:"佛遣三弟子震旦教化,儒童菩萨彼称孔丘,光净菩萨彼称颜渊,摩诃迦叶彼称老子。"又《辩正论》引《造天地经》云:"吾(佛)令迦叶在彼为老子,号无上道,儒童在彼号曰孔丘,渐渐教化令其孝顺。"又云:"按《西域传》云,老子至罽宾国,见浮图,自命不及,乃说倡供养,对佛陈情云:'我生何以晚(新本改云"佛生何以晚"),佛出一何早(新本改"泥洹一何早"),不见释迦文,心中常懊恼。'"上所引经皆释藏中所无,亦系伪造。盖道、佛两教相争,其后又有儒家加入辩论,遂成三教相争的局面。从南朝以至唐代,帝王往往召集三教名流,互相辩驳,民间也造为三教吸酸图,书儒生、僧人、道士三人,共围一醋瓮,持杯攒眉而吸醋(参照傅勤家《道教史概论》)。而《弘明集》《广弘明集》则是站在佛教立场,抑道、儒二教而独宣传佛法,两书收集材料很多,其中亦收入佛教所造伪书如《汉显宗开佛化法本内传》之类,因此作为中古思想史上反映三教斗争的原始资料来利用,是可贵的。《弘明集》卷一《牟子理惑论》，题汉牟融撰，附注云"一名苍梧太守牟子博传"，胡应麟疑此书（《四部正讹》），梁启超以此《论》为伪，认为两晋六朝人所作（《梁任公近著》第一辑中卷《佛教之输入》），周叔迦（《牟子丛残》）、陈垣（《中国佛教史籍概论》）、汤用彤（《汉魏两晋南北朝佛教史》上册）则均认为此《论》不伪，实则此《论》断于辨夷狄之教非不可用，可见在后汉佛教初输入时，即均已发生对于外族宗教的迎拒问题，这正可见本《论》的史料价值，怎可因此断定其为晋后伪书？举此一例，可见研究《弘明集》与《广弘明集》所保存的史料的重要性。

《弘明集》中所见三教思想斗争之一般内容

现在试就两《弘明集》中所见三教思想之一般内容，加以分析的研究，有如下数项：

（一）夷夏论

（二）神灭论

（三）报应论

（四）沙门不敬王者论

（五）沙门袒服论

就中尤以（一）（二）（四）项为最重要，（三）项与（二）项相关系，（五）项与（四）项相关系。（一）项发生最早，反映当初外族统治阶级利用佛教以求消灭民族之矛盾斗争，这是正当般若的佛教学说发展的时代。（二）（三）发生稍后，反映佛教已占统治地位更加利用它来消灭被压迫阶级之矛盾斗争，这是涅槃的佛教学说发展的时代。（四）（五）项乃关于寺院地主对封建统治阶级的依赖和斗争的问题。现在试约为三大项，以次加以说明：

第一，夷夏论——文献方面参考：《牟子理惑论》第十五条，《高僧传》第九《竺佛图澄传》，同书第七《慧远传》，《南史》卷七十五《顾欢传》，《广弘明集》第六第七《辩惑篇》第二之二、三，《弘明集》卷六僧绍《正二教论》，谢镇之《与顾道士书》，同书卷七朱昭之《难顾道士夷夏论》，朱广之《咨顾道士夷夏论》，慧通《驳顾道士夷夏论》，僧愍《戎华论折顾道士夷夏论》等。因为佛教初发达时，是为外族封建阶级服务，而这时所传的佛教教义，是有意地提倡般若空宗这一派佛学。如以鸠摩罗什所译经典为例，范围很广，部帙浩繁，据《出三藏记》有三十二部，《开元录》有七十四部，其所尽力之处都属于般若宗的范围，僧肇就是它的门徒。由此可见，当时外族封建统治阶级所用以统治人民的工具，就是般若佛教学说。要知道般若佛教学说，所以成为当时外族统治阶级的工具，须明了当时的社会矛盾情况。当时的社会矛盾是以民族矛盾占第一位，其次才是阶级矛盾。因为民族矛盾居先，所以正当五胡之初，后赵石勒、石虎和佛图澄提倡佛教，同时就有中书郎王度上书说："佛出西域外国之神，功不施民，非天子诸华所应祠奉。"中书令王波附和他，然而石虎居然说出了"佛是戎神，正所应奉"，可见宗教思想的矛盾，正是不折不扣的民族矛盾之表现。继此如东晋成帝时秘书监蔡谟说："佛者夷狄之俗，非经典之制。"（《晋书》六六，《广弘明集》六）相反地，信佛的人，则或谓华夷一般（如朱昭之《难顾道士夷夏论》），或谓天竺即中国（僧愍《戎华论折顾道士夷夏论》）；排佛者如顾欢《夷夏论》（《弘明集》未载，见《南史》卷七十五、《南齐书》卷五十四），则力斥其以"中夏之性，效西戎之法"。虽然时代后些，但亦可以证明佛教问题里面，有民族问题。直到唐代韩愈《谏迎佛骨表》，更指出"伏以佛者，夷狄之一法耳"。韩愈《赠译经僧》云："万里休言道路赊，有谁教汝度流沙？只今中国方多事，不用无端更乱华。"佛教是外族乱华时的输入品,是为外族统治阶级服务的,所以在佛教玄学思想的掩护之下的般若佛教学说,事实上也就有麻痹中国人民,使之走向脱离现实对外族斗争途径的作用。举例如当时以玄学解说佛理的支道林,他所作《大小品对比要抄序》说:"至无空豁,廓然无物者也,无物于物,故能齐于物。"既然连"物"都不存在了,还有什么夷夏的分别?什么阶级的分别?鸠摩罗什的弟子僧肇,他的《物不迁论》基本上否定了客观世界的发展。还有《般若无知论》谓鸠摩罗什之来中国,是当"弘始三年(四〇一年),岁次星纪,秦乘入国之谋,举师以来之意也。北天之运数其然矣。大秦天王者,道契百王之端,德洽千载之下,游刃万机,弘道终日,信季俗苍生之所天,释迦遗法之所仗也"。把一个外族君主捧到九天之上,又把一个天竺沙门的宣传般若和符秦"入国之谋"联系起来,我们对于这一位似佛教徒又似汉奸的口吻,不得不加以警惕。总而言之,般若学说的建立和发展,由我看来最根本之点还是用来麻痹和消灭民族意识,因而解决了民族的矛盾斗争,但是斗争还是继续下去的。《弘明集》中不录顾欢的《夷夏论》,也不录司徒袁粲托道士通公《驳夷夏论》文,只录朱昭之《难顾道士夷夏论》等,这无疑还是门户之见,所以我们利用这些史料时,还必须参考《南史》《南齐书》各史书。

第二,神灭论与报应论——文献方面参考《弘明集》卷一所收《牟子理惑论》第十三条第十四条,卷五罗含《更生论》,慧远《形尽神不灭论》(《沙门不敬王者论》第五),卷二宗炳《明佛论》(一名《神不灭论》),又沙门慧琳著《白黑论》(参见《高僧传》卷七、《广弘明集》卷七《叙列代王臣滞惑解》,《白黑论》一名《均善论》),否定灵魂,宗炳《难白黑论》(见《弘明集》卷十一何尚之《答宋文皇帝赞扬佛教事》),又《答何衡阳书》(见《弘明集》卷三),何承天反驳宗炳,作《释均善难》,又示宗炳《再答何衡阳书》,何重答宗均见《弘明集》。以上为白黑论之争。又何承天著《达性论》（见《弘明集》卷四），否定灵魂的不灭，宋颜延之作《释达性论》，何承天作《答颜光禄》，颜延之复《重释何衡阳》，何承天《重答颜光禄》（同上书）。又颜延之父颜之推《家训·归心篇》倡灵魂不灭，并载《广弘明集》卷三。对何承天之反驳，尚有郑道子之《神不灭论》（露四），又《高僧传》卷七《释僧会传》（致二）著《无三世论》，今不传，盖亦主神灭论的。以上为达性论之争。又南齐范缜著《神灭论》，见《南史》卷五十七及《弘明集》卷九萧琛《难神灭论》中所引范缜的话，总共三十一条。对于范缜的反驳，重要文献有萧琛之《难神灭论》、曹思文《难神灭论》（露四）、沈约之《难范缜神灭论》（露六）。对此范缜亦作《答曹舍人》（露四），曹思文作《重难神灭论》。又《弘明集》第十所载大梁皇帝（梁武帝）《敕答臣下神灭论》（参《续高僧传》卷五《法云传》），及《弘明集》第十所载对法云所问六十二人之奉答书，皆主灵魂不灭说。以上为关于神灭论之论争。白黑论以沙门慧琳为中心，达性论以何承天为中心，神灭论以范缜为中心，要之，皆主张无神论唯物论，而与宗炳、颜延之、郑道子、萧琛、曹思文、沈约等主张有神论唯心论者相对立。

又主张神灭论的人，同时极力否认因果报应之说，因而又发生了与神不灭论者关于因果报应说的争论。文献方面早如孙绰之《喻道论》（露四），慧林之《明报应论答桓南郡》（露四）。反驳者为戴安公著《释疑论》（露六），不信有因果报应。周道祖作《难释疑论》（露六），戴安公再作《释疑论答周居士难》（同上），并以《释疑论》附书呈慧远，慧远答书，又戴安公《重答周居士难释疑论》，亦呈慧远，慧远乃作《三报论》与戴安公（露四），因此戴安公又有《答与远法师书》（露六）。又宗炳《明佛论》，宗答何书，《答何衡阳难释白黑论》，又何承天与颜延之往返三度论难，与何承天与刘少府论难所作《报应对》(露六)，刘少府答何承天(同上)，又颜之推《家训·归心篇》第二条(露五)，《弘明集》卷十一所载何尚之《答宋文皇帝赞扬佛教事》(露四)，及竟陵王子良与范缜间之争论(《南史》卷五十七《范缜传》)，批评范缜说沈约所作《形神论》(《广弘明集》第二十二)，皆涉及因果报应之问题。即一方有孙绰、慧远、宗炳、刘少府、竟陵王子良、沈约等之主张因果报应，一方又有戴安公、何承天、范缜等之否定因果报应。这从哲学方面来说，即是关于因果问题上唯物论对唯心论的斗争，是极可宝贵的文献史料。

惹起这一番重要的哲学论战，是有其政治的意义的。正如般若佛教学说发展是在东晋佛教滋长蔓延的第一阶段，所重在消灭民族的矛盾斗争，所以有夷夏论的问题，而到了南北朝佛教滋长蔓延的第二阶段，这时因门阀制度强化，严重的阶级压迫制度下，故特提倡涅槃佛教学说，所重在消灭阶级的矛盾斗争，所谓神不灭论的问题。门阀制度在西晋末东晋初已经是根深蒂固，在石勒时代虽然以外族压迫汉人，但对门阀也加以优待。石勒有"不得侮易衣冠华族"的严令(《晋书》)，石虎又予十七姓门阀以特别蠲免兵役，认他们为特殊阶级加以笼络。可见外族所压迫的汉人，主要的还是以普通人民为对象。至于门阀，它为着稳定自己的统治权力，还要借大姓力量加以利用。然而北朝大族究竟到了北魏末叶才大发达，而南朝大族则自东晋计划过江以后，始终没有衰落，当时高门大族，门户已成。赵翼《廿二史札记》说：

> 六朝最重世族……其时所谓旧门、次门、后门、勋门、役门之类，以士庶之别为贵贱之分，积习相沿，遂成定制。……侯景请婚王、谢，梁武曰："王、谢门高，可于朱、张以下求之。"一时风尚如此。

由此可见，以门阀制度强化严重的阶级压迫制度来说明涅槃佛性学说的流行，是极正确的（汤用彤、任继愈说，见《晋宋间般若涅槃佛教学说的发展和它的反动的政治意义》），完全合于历史事实的。不过应该注意的，就是这种涅槃学说的产生，在社会背景之外，还有思想的背景。东晋以来形神的论战，因果报应的论战，均与涅槃佛教学说相关。南朝佛教以梁武帝（萧衍）时为最盛，梁武帝是主张神不灭之中心人物，他的学问宗旨即在涅槃。《均正大乘四论玄义》卷七分佛性学说有本三家末十家，末十家中第四即梁武帝，主真神为正因体，即神明成佛义。又《制旨大涅槃经讲疏》十帙合目百一卷，又天监八年（五〇九年）敕宝亮作《涅槃义疏》，并为制序，又自讲涅槃之字，又请当时涅槃宗匠法藏讲说，亲临听讲（参照《汉魏两晋南北朝佛教史》下册）。凡此可见涅槃佛教学说与神不灭论之关系，正如般若佛教学说以夷夏论为思想骨干，涅槃佛教学说实以神不灭论为其思想骨干，以求消灭阶级间之矛盾斗争。神不灭论本身就是佛性论。在何承天与宗炳的白黑论之争中，宗炳答书，提出神不灭论，谓"若身死神灭是物之真性，但当即其必灭之性，与周孔并力致教。……何（为）诳以不灭，欺以佛理，使烧祝发肤，绝其胖合……以伤尽性之美"（宗答何书）。又说："夫火者薪之所生，神非形之所作，精神枉则超形独存，无形而神存，法身常体之谓也。"（参何衡阳《释白黑论》，见《弘明集》卷二）这法身常住说亦即《大般涅槃经》四十卷所说法身常住、佛陀真身不灭之说，可见神不灭即是佛性不灭的雏形。所以《弘明集》后序所作总结的话是："若疑人死神灭无有三世，是自诬其性灵……"由法身不灭一转而成"一切众生皆有佛性"；佛的法身不仅常住，而且所有一切众生的法身和佛的法身并无差别，这就是释道生学说的根据。自从道生提出"善不受报，顿悟成佛"与"一阐提皆得成佛"的宗旨以后，再加后来涅槃大乘到了中国，证明这种消灭阶级的学说是很有根据，于是涅槃的学说便得到了很快的发展。在统治阶级的阵营中，皇族地主信佛，豪族地主也信佛，侯外庐先生等《中国思想通史》（第二卷下册）曾统计得当时王者信佛的有四十二人，士族信佛的有七十九人，他的材料是参考《汉魏两晋南北朝佛教史》（下册）所载补订而成。统治阶级所以信佛即因佛教学说可以提供利用来模糊人民反压迫的意志，神不灭论与因果报应说都是为统治阶级服务，其目的所在，正如列宁所说贱价出售升入天堂享乐的门票，利用佛教学说来欺骗人民的。

第三，沙门不敬王者论与沙门袒服论——文献方面参考东晋咸康六年（三四〇年）庾冰与何充的争论（何充事迹见《佛祖历代通载》第七），见《弘明集》卷十二《尚书令何充奏沙门不应尽敬表》（露四）。又元兴二年（四〇三年）桓玄《与八座论沙门敬事书》，桓玄《与王中令书难沙门应敬王事》，王答桓书，桓难；王重答，桓重难；王重答，桓重书；重难，王重答；桓玄书与远法师，远法师答，桓太尉答，以上均见同上书。又元兴三年（四〇四年）慧远作《沙门不敬王者论》五篇，见《弘明集》卷五，又同卷书载慧远《沙门袒服论》，对之何镇南作《难袒服论》。在这论争中表示了佛教与名教的矛盾，也就是寺院地主与世俗地主的矛盾。佛教总要把沙门说成超俗世的政权的统治以外，其实际意义，乃是提出寺院对于统治阶级的依赖和斗争的问题。因为寺院经济有它的相对的独立性，因此，对于皇族统治阶级有依赖也有斗争。寺院经济的来源有两种，一是靠皇族供养，一是靠豪族捐助。凡是由豪族捐助多的，对于皇族最高的统治权便有可能有条件取对抗的地位，当然这种对抗也是相对的表面的，例如在庐山的慧远，所作《沙门不敬王者论》，主张沙门抗礼万乘。慧远与鸠摩罗什，当时称南北二大派，罗什为北派，受政府宠遇，是给皇族地主服务；慧远为南派，他在庐山结念佛社即历史上有名之白莲社，白莲社的支持者为谢灵运,入社者百三十三人,有僧有道,内多避世之士,实即豪门地主,如谢灵运。据沈约作传:"灵运因父祖之资,生业甚厚,奴僮既众,义故门生数百,凿山浚湖,功役无已。"他是一个和皇族斗争到死的人物,而白莲社即由于他凿池东林寺前植白莲而得名。慧远即以这样豪族地主为其背景,所以竟可说:"在家奉法则是顺化之民……出家则方外之宾,迹绝于物。其为教也,达患累缘于有身,不存身以息患,知生死由于禀化,不顺化以求宗。……故凡在出家皆遁世以求其志,变俗以达其道。变俗则服章不得与世典同礼,遁世则宜高尚其迹。"在这里分别在家——顺化,出家——不顺化,即是以寺院地主和皇族地主对立,但也只是对立而已,并不发生如欧洲中古时期把教会威力放在各国君主之上的事实。因为基本上寺院还要依赖于皇族的势力,所以在这王权与教权的矛盾之中,只好如《魏书》——四《释老志》中法果对于魏道武帝的屈服的诡辨似的,说:"我非拜天子,乃是礼佛耳。"又如《续高僧传·五智藏传》,当他知道梁武帝欲自为白衣僧正时,愤然说:"佛法大海!非俗人所知!"这说明了寺院和最高政权有矛盾,尤其是当最高政权侵入到寺院的时候。所谓沙门不敬王者与沙门袒服论的政治意义就是如此。

《弘明集》与《广弘明集》中三教斗争史料

晓得《弘明集》中所见三教思想斗争之一般内容,那末进一步来考察《弘明集》与《广弘明集》中三教斗争史料,就格外容易明白了。《弘明集》是一部护法的书,正如僧祐自己所说:"余所撰《弘明》,并集护法之论。"(卷十二)所谓护法,即是站在佛教徒的立场,以反对儒、道二教,就中尤以对于道教的思想斗争最为剧烈。此为寺院地主之内部的矛盾斗争,因之斗争的情形更为突出。对于儒教尚不过把"方内""方外"分清界线，僧祐所云："《易》之蛊爻，不事王侯，礼之儒行，不臣天子。"意在反对世法，而所引却为儒家之言，可见其自相矛盾之至。现在试就两《弘明集》中所载三教斗争史料，略为介绍之如下（参看久保田量远《支那儒道佛三教史论》）：

首先，是佛教的输入之三教斗争史料。如《广弘明集》卷一所载《汉显宗开佛化法本内传》《吴主孙权论叙佛道三宗》，《弘明集》卷一《牟子理惑论》等皆是。《汉显宗开佛化法本内传》称迦叶摩腾竺法兰抵洛阳后，五岳十八山道士于永平十四年（七一年）正月上奏与佛僧斗法于白马寺，"便置三坛……道士……等各赍《灵宝真文》《太上玉诀》《三元符录》等五百九卷置于西坛，茅成子、许成子、黄子、老子等二十七家子书二百三十五卷置于中坛，馔食奠祀百神置于东坛……佛舍利经像置于道西，十五日斋讫，道士等以柴荻和檀沉香等为炬，绕经泣曰……今胡神乱夏，人主信邪……臣等敢置经坛上，以火取验……便纵火焚经。经从火化，悉成煨烬。道士等相顾失色，大生怖惧"，而同时"佛舍利光明五色，直上空中……摩腾法师，踊身高飞，坐卧空中，广现神变"。结果是道士六百二十人与诸官妇女二百三十人皆愿出家，而南岳道士领袖以所试无验，自憾而死。这当然是一派神话。此书《法苑珠林》、《集古今佛道论衡》卷甲、《续集古今佛道论衡》（露七）均引用，久保田量远《支那儒道佛三教史论》（第一章）考据疑其为晋代所作，汤用彤先生则认为元魏僧所伪造（《汉魏两晋南北朝佛教史》第二章）。要之，此书虽时代未确定，仍不失为佛教初输入时道佛二教斗争之绝好史料。又《牟子理惑》，后人据《隋志》儒家类有《牟子》二卷，题后汉太尉牟融撰，以为著《理惑》之牟子，即后汉之牟融，陈垣先生《中国佛教史籍概论》认为："《隋志》太尉牟融乃后汉初人，著《理惑》之牟子乃后汉末逸士；太尉牟融所著之《牟子》是儒家，后汉末逸士所著之《牟子理惑》是释家。"又："《三藏记集》目，只作《牟子理惑》，不著撰人姓名。宋咸淳间，志磐撰《佛祖统纪》二十六，犹云'《牟子》不得其名'，则今本《牟子理惑》题汉牟融撰，实不可据。"按陈说是也，《牟子理惑》据《弘明集》"一云苍梧太守牟子博传"，博字乃因下文传字而误衍，此云"一云"，可见原文并未肯定牟子为谁，故有此疑词，但牟子作者虽未能确定，而此书乃站在佛教立场，而兼取佛、老，为道、佛二教调和论之先声，这却是可以确定的。

其次，是两晋南北朝之三教斗争史料。这除前面所述《弘明集》中所见三教思想斗争之一般内容，如夷夏论、神灭论、沙门不敬王者论等之外，我们更可算到如在魏晋时代曹植之《辩道论》，孙盛之《老聃非大贤论》，孙盛《老子疑问反讯》，见《广弘明集》卷五，未详作者之《正诬论》见《弘明集》卷一，又北魏太武帝废佛事见《广弘明集》卷二《魏书·释老志》、卷八《叙元魏太武废佛法事》，参考志磐之《佛祖统纪》第三十八（致九），念常之《佛祖历代通载》第九（致十），《北史》卷二、卷十三、卷二十一关于寇谦之、崔浩等事迹。又宋末南齐时道佛二教之异同论争，见《弘明集》第六（露四）张融《门论》、周颙《答张书》、张融《答周颙书》。其后景翼《正一论》，亦主道佛二教同一说，见《南史》卷七十五所引，又张、周事迹参考《南史》卷三十二、卷三十四。又梁、魏、齐代道佛二教的思想斗争，关于梁武帝之压迫道教，见《广弘明集》第四所载《上武帝舍事道法启》《叙高祖我帝舍事道法》及《南史》卷七《高祖武帝本传》。关于北魏清道观道士姜斌与融觉寺法师昙无最道佛先后之讨论，见《续高僧传》第二十三《昙无最传》及《集古今佛道论衡》卷甲（露七）等。关于北齐文宣帝（高洋）之道教斗争见《广弘明集》第四《叙齐高祖废道法事》（露五）、《集古今佛道论衡》卷甲《北齐高祖文宣皇帝下勅废道教事》（露七）、《续高僧传》第二十三

《昙显传》等。又北周武帝对于道佛二教之废弃事，见《广弘明集》卷八《叙周武帝集道俗议灭佛法事》、《集古今佛道论衡》卷乙、《广弘明集》卷七《叙列代王臣滞惑解》、《续高僧传》第二十五。就中《广弘明集》卷九周甄鸾《笑道论》（上中下共三十六条）、卷八《二教论》《大唐内典录》第五（结二）僧勔作十八条《难道章》，三书立论形式不同，而皆批判道教，极论道教的弊害及缺点（参看久保田量远书），因而引起了北周武帝与张宾、智炫之间关于道、佛二教废立的论议，见《续高僧传》第二十三《释智炫传》（致三）及《广弘明集》卷八。又《广弘明集》卷十《叙释慧远抗周武帝废教事》中载武帝与净影寺慧远的讨论，《叙任道林辨周武帝除佛法诏》载任道林在殿上与武帝之抗论，《叙王明广请兴佛法事》载僧王明广驳卫元嵩被佛议六条。以上关于两晋南北朝之三教斗争史料，《弘明集》及《广弘明集》均站在护法的立场，故所载史料均对道教多所不利，如《广弘明集》删《魏书·释老志》中道教灵迹，即其显例。又如关于寇谦之、卫元嵩等事迹，均须参考正史，方能明其真相。两《弘明集》固然在南北朝三教斗争最剧烈的时候，保存了许多珍贵史料，但不能算做惟一正确的史料，这一点是要特别加以注意的。

再次，就是隋唐时代的三教斗争史料。隋代偏于三教调和方面，其先梁沈约著《均圣论》，见《广弘明集》卷五，以调和儒、佛二教为宗旨。道士陶隐居著文驳它（见同上陶隐居《难均圣论》）。但尽管如此，提倡儒佛两教调和，说"周孔即佛，佛即周孔"的仍代不乏人，如《广弘明集》卷三颜之推《家训·归心篇》，《弘明集》卷三孙绰《喻道论》都是。到了隋代，这种论潮更盛行一时，如《佛祖历代通载》第十一所载李士谦、王通之言论。又《文中子·周公篇》《礼乐篇》《问易篇》皆言三教一致，这当然是反映那时候三教之间趋于平衡发展的局面。却是到了唐代情形又不同了，道、佛二教的思想斗争见于《广弘明集》的，如第七及第十一《太史令朝散大夫臣傅奕上减省寺塔僧尼事十有一条》，这就是道教对于佛教开始攻击，应战的有法琳所著《破邪论》二卷，见《广弘明集》卷十一，参考《唐护法沙门法琳别传》（致八）。法琳弟子李师政也著《内德论》，驳傅奕之说，见《广弘明集》卷十四。论分三篇：一辩惑篇，二通命篇，三空有篇。又绵州振响寺释明槩亦驳傅奕，见同上书第十二《决对傅奕废佛僧事》。又李仲卿著《十异九迷论》，别进喜著《显正论》，与傅奕同攻真佛教，前者见《广弘明集》第十三所载法琳之《辩正论》。《辩正论》上、下二卷，上卷《十喻篇》破《十异论》，下卷《九箴篇》即为破《九迷论》与《显正论》。又关于道、佛二教的先后问题，在两教之间也有争论，如慧乘与道士李仲卿的争论，见《续高僧传》第二十四《释慧乘传》。又贞观十一年（六三七年）智实上表，见同上书智实传并《广弘明集》卷二十五《令道士在僧前诏并表》。自此以后道、佛二教的争论，参考《古今佛道论衡》卷丙、《佛祖历代通载》第十五（致十）。又《化胡经》的伪作问题，见《佛祖统记》第四十。代宗时代偏重佛教，但到了武宗会昌元年（八四一年）则因过信道教，佛教竟遭废斥，事详《旧唐书》卷十八、《佛祖统纪》第四十二、《佛祖历代通载》第二十三。此外，日本僧人圆仁所作《大唐求法巡行记》（《东洋文库丛》第七册附篇共四卷——据京教东寺观智院藏本影印大正十五年《东洋文库》本），其中卷二所述唐废佛毁寺之事，亦为极珍贵之原始资料，有必须参考的价值，却是这已经超出《广弘明集》所记载的时代范围之外了。①

---

① 作者在油印稿此讲结尾空白处写有以下几句："Ⅰ.隋唐以后三教斗争史料，Ⅱ.耶律楚材与丘处机、李屏山，Ⅲ.明代三教合一史料（包括李卓吾、焦竑）。"——编者

第九讲　四朝"学案"批判

中国哲学史史料学包括关于中国哲学著作之考订、校勘、分类、训诂、辑佚等特殊工作，但也包含着关于批判文件作者的诚实和正确问题，用现在的话来说，即关于文件作者的立场、观点和方法的问题了。因为我们不能假定文件作者个个都很诚实，也许他凭着他的阶级利益，而说出许多假话，或歪曲史实，或对于不值得赞美的人而歌功颂德，这就是阶级立场问题。但史料批判不但注意作者的立场，还要更进一步批判他们的观点是否符合于客观事实。在哲学基本问题上，是属于唯物主义，还是唯心主义？还有他所用的研究方法是否周密靠得住？如果有错误，错误是在什么地方？例如唐刘知幾作《史通》，在《六家篇》里讥《尚书》为例不纯，《载言》篇里讥《左传》不遵古法，这种对于史料批判，虽其批判者也当受批判，但总不失其为史料批判学的一种作风。因为史料批判是知人论世之学，就中国哲学史这一门学问来看，更万万少不得，所以我现在即以四朝"学案"作例，来讲明一下史料批判的范式。

首先，我们知道在阶级社会里，人是有阶级性的。人的阶级性是由人的阶级地位决定的。在阶级社会中，人们的一切思想、言论、行动、一切社会制度、一切学说、都贯串阶级性（参看刘少奇《人的阶级性》）。四朝"学案"的作者，因为都是拥护封建社会的道德传统，所以都具有封建统治阶级的阶级特性，即地主阶级的通性。但问题乃在：在外族征入中国时，除了阶级立场以外，还应该注意到民族立场。宋元时代有坚决反对民族压迫的地主阶级立场，也有讨好外族不惜出卖民族利益的地主阶级立场。《宋元学案》里反映了这种种不同的立场，因而便产生了作者他自己的立场，所以关于立场问题的史料批判，我即以《宋元学案》作为代表。其次，是观点。有不同的立场便产生不同的观点，一个文件作者的观点，是和他的立场为不可分的关系。由地主阶级立场应该产生唯心主义观点，却是当地主阶级倾向于人民性或革命性那一边的时候，他也可能超出唯心主义思想的限界，而成为唯物论者。如《明儒学案》的作者黄宗羲，就是一个很好的例子。《明儒学案》当然不可能是完全的唯物主义著作，但其中却孕育着唯物主义的哲学史观点的萌芽，所以关于观点问题的史料批判，我即以《明儒学案》作为代表。再次就是方法了。讲到历史方法，本来就是研究矛盾的东西，换言之，即辩证法。"因为辩证法在其意义上说来，是对象的最本质的矛盾之研究。"（列宁）如以清代哲学为例，分析清代哲学中唯物主义与唯心主义的斗争，研究清代思想之最本质的矛盾，这正是清代哲学史的任务。然而所有"清儒学案"，无论是唐鉴的《国朝学案小识》，或是徐世昌的《清儒学案》，都不能完成这种工作。相反地，在清代考证学已经发达，而他们所用的还是背死书或教条主义的思想方法，真再陈旧也没有了。因此关于方法问题的史料批判，我也即以《学案小识》作为最坏的例子。我们知道以上所述四朝"学案"，如《明儒学案》《宋元学案》尚可以说是科学的中国哲学史的先驱，如《学案小识》本不能列为一谈，可一旦坊刻如上海文瑞楼石印本，既已将四朝"学案"印在一起，且颇流行，那么对于此四朝"学案"的史料价值，也有加以检查的必要。《明儒学案》成书在《宋元学案》之前，从《明儒学案》来看，在它以前的思想史著作不是没有，但都不及它，不是陷于教条主义，就是流于宗派主义。自有《明儒学案》以后，中国哲学史才开始具有科学研究的雏形，不完全是道统论了。因此在四朝"学案"之中，对于《明儒学案》应该特别加以表扬，不过就时代的先后的顺序来看，仍应先从《宋元学案》说起。

《宋元学案》批判

两宋理学兴起的原因，虽甚复杂，但重要之点，在于以学术思想巩固了封建君主政权。在欧洲十一世纪后半期到十二世纪后半期是封建君主贵族军阀政治的成熟时代，国王同教王冲突，结果是国王胜利，成功了宗教革命。在中国就是唐代及前后的"三武一宗"（北魏太武帝、北周武帝、唐武宗、后周世宗）打倒佛教运动。那时中国政教之间发生很大的矛盾，佛教的势力扩大，一般贵戚富豪都想跑进寺院之中，避去徭役、租税，真可谓"不忠不孝，削发而揖君亲；逆手游食，易服而逃租税"的教权集中君权衰落时代，当时学者如姚崇、狄仁杰、李峤、韩愈等大声疾呼，提倡屈教权尊皇帝的学说，都不外这个意见。因此当时就出了几个很有远见的君主，与佛教势力作斗争，不久便有武宗会昌法难发生，一举手便把那佛教的旧势力打得粉碎，把所有"还俗僧尼，放充税户……驱游惰不业之徒五十万，废丹艧无用之室六万区"（诏）。到周世宗时还废去寺院三万百三十六所，民间铜器佛像总五十日以内，官买铸钱，这种宗教改革不是巩固了君主在政治上的封建势力吗？自宋至清都是实行君权集中，都是封建君主贵族军阀的政治局面，但这种局面无论欧洲、中国都是从宗教改革开始，我很可惜许多研究政治历史的，都把这一段重要史实忽略过去。两宋理学代表封建君主贵族军阀政权，故初起时即对佛教取极端反对的态度，其渊源可追溯到唐韩愈。韩愈作《原道》《谏迎佛骨表》等都是站在儒家立场，排斥佛教，给宋初儒者以很大的刺激，如欧阳修作《本论》三篇即受其影响。由于宋代君权凌驾教权,寺院地主被裁抑,寺庙寺庄及教徒人口与财产的免税特权是没有了。僧尼的数目被限制,甚至沙汰僧尼黥刺为兵(《宋史》四三二《胡旦传》)。王安石变法时,"宋阙伯微子庙皆为贾区",让给商人做买卖了(《宋史》三一八《张方平》),可见不但佛教打倒,连一切宗教庙宇的存在都成问题了。而排佛废释的运动,在唐代已经是儒、道二教共同所向的目标。宋代君主如宋徽宗与真宗,皆以道教护法者自居,所以宋初儒者一方面虽排斥佛教,一方面又可以站在儒教立场与道教调和。在土著寺院地主与外族寺院地主的斗争之中,道教渐与儒教打成一片。陈钟凡先生《两宋思想述评》第二章述及两宋学术复兴的原因,其中一节指出:

> 五代之乱,天下扰攘者四五十年,贤人君子黄冠弃世,遁迹山林,尤难指数。如陈抟之栖华山,种放之隐终南,魏野之在陕州,林逋之在杭州,张正随之居信州,或著述自娱,或勤行修练,并为当代王者所宗仰,而图书之学,赖之以传。

这话证之以朱震《进汉上易说表》所云(见《宋史》本传及《宋元学案》三十七《汉上学案》)而更为明白了。据朱震所说:

> 陈抟以《先天图》传种放,种放传穆修,修传李之才,之才传邵雍。放以《河图》《洛书》传李溉,李溉传许坚,许坚传范谔昌,谔昌传刘牧。修以《太极图》传周敦颐,敦颐传程颢、程颐。是时张载讲学于程、邵之间,故雍著《皇极经世书》,牧陈天地五十有五之数,敦颐作《通书》,程颐述《易传》,载造《太和参两》等篇。

虽然《宋元学案》全谢山案语谓"汉上谓周、程、张、刘、邵氏之学出于一师,其说恐不足信",实则就宋初图学发达的情形来看,是不会没有来源的。即使穆修传周敦颐说不能成立(元刘因《记太极图说后》,谓穆死于明道元年,周子时年十四,有人考证说是十六),而无极之说,在周子之前已有,则为事实。老子"复归于无极",柳宗元"无极之极",邵康节"无极之前,阴会阳也,有极之后,阴会阴也"。据北溪陈淳云"其主意不同,老子、柳子、邵子以气言,周子则专以理言",实则"无极而太极",无极是混然,太极是一气,基本观点还是出于老庄(《庄子·在宥》有"入无穷之门,以游无极之野")。这就怪不得陆象山要对朱子提出疑问(陆与朱书云:"朱子发谓濂溪得《太极图》于穆伯长,伯长之传出于陈希夷,其必有考。希夷之学,老氏之学也。'无极'二字出于《老子》'知其雄'章,吾圣人之书所无有也,老子首章言无名天地之始,有名万物之母,而卒同之,此老氏宗旨也,无极而太极,即是此旨。"见《宋元学案》卷十二附录)。而后来如毛奇龄之《太极图说遗议》,胡渭之《易图明辨》,黄宗炎之《易学辨惑》,都要肯定此图出自道家的了。即因宋儒理学的兴起和儒、道二教的融合不无关系。所以北宋五子一般说来,均具有辩证的素朴唯物主义的倾向。北宋理学当以邵康节(一〇一一——一〇七七年)为首,次周濂溪(一〇一八——一〇七三年),次张横渠(一〇二〇——一〇七九年),次程明道(一〇三二——一〇八五年),程伊川(一〇三三——一一〇七年)。邵康节的先天学,乃就气而言。王船山《思问录·外篇》云:"邵子之言先天,亦倚气以言天耳,气有质者也,有质则有未有质者。"《淮南子》云:"有夫未始有无者。"所谓先天者,此也。而神与气合一,所谓"气者神之宅"(《观物外篇》)。"气一而已,主之者神也,神亦一而已,乘气而变化,能出入于有无死生之间,无方而不测者也。"(同上)把神看做变化或作用,这是以泛神论思想,而接近于唯物论。所以《击壤集序》中认为道即是物,而心只是道中之一物,如云:"性者道之形体也……心者性之郛郭也,身者心之区宇也……物者身之舟车也。"这就是说"性"包括于"心","心"包括于"身","身"包括于"物"。所以说"性伤则道亦从之矣,心伤则性亦从之矣,身伤则心亦从之矣,物伤则身亦从之矣"(如右图)。

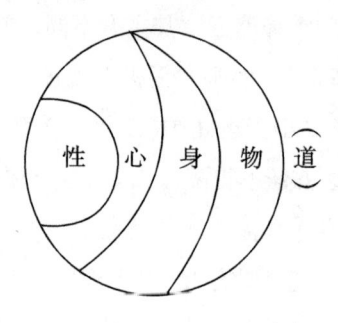

性　心　身　物　道

邵康节的数学,说者谓本于回回《九执历》(陈钟凡说,见《两宋思想述评》),也有人说是本于印度之《太衍历》(宇野哲人说),但其基本哲学观点,则出自《易》《老》《庄》。周濂溪更不消说。《太极图》说:"一阴一阳互为其根。"这"根"字,说者谓其即从《老子》"玄牝之门是为天地根"而来。二程和张载也一样,同受《易》《老》影响,发展了辩证的素朴唯物主义。程颢说:"气外无神,神外无气。"(《程子遗书》十一)又说:"生之谓性,性即气,气即性。"(《遗书》一)又说:"形而上为道,形而下为器……器亦道,道亦器。"(同上)程颐说:"道则自然生物。"(同上,卷十五)又说:"道之外无物,物之外无道。"(同上,卷四)二程主理气一元论,拿来和朱子比较,朱子分事理为二,程子主事理一致;朱子分理气为二,程子说理气为一;朱子分知行为二,程子说知行合一;朱子对鬼神疑信参半,而且信有神仙,程子主无鬼论,不信神仙。

可见，在哲学基本问题上，朱子是唯心主义思想体系，而二程则接近于唯物主义思想体系。明道《答横渠先生定性书》，谓："今以恶外物之心，而求照无物之地，是反鉴而索照也。"结论是："圣人之喜怒哀乐不系于心，而系于物也，是则圣人岂不应于物哉？乌得以从外者为非，而更求在内者为是也。"（《明道文集》卷三）伊川也怀疑太虚之说："或说惟太虚为虚，曰无非理也，惟理为实。"（《粹言》一）"又语及太虚，曰亦无太虚"，"曰皆是理，安得谓之虚？天下无实于理者"（《学案》十五）。这虽只是名词的争论，然亦可见二程哲学之具有唯物主义的倾向。至于张横渠更不消说了。用明高攀龙《正蒙释》的话来解释他的气一元论，就最明白："太和，阴阳会合冲和之气也。《易》曰：'一阴一阳之谓道。'张子本《易》，以明器即是道，故指太和以明道。盖理之与气一而二、二而一者也。理无形而难窥，气有象而可见，假有象而无形者可默识矣。"然张横渠之说也有所本，本于以《老》《庄》言《易》，朱彝尊《曝书亭集》卷五十九《王弼论》（《四部丛刊》本）云：

> 吾见横渠张子之《易说》矣，开卷诠乾四德即引"迎之不见其首，随之不见其后"二语，中间如谷神、刍狗，三十辐为一毂，高以下为基，皆《老子》之言，在宋之大儒何尝不以《老》《庄》言《易》。

由上所述，可见北宋五子皆"儒道合流"者。正如我在第六讲中所说，儒道合流是中国秦汉以来素朴的唯物主义的哲学传统，而北宋五子的哲学也不出此例。

从北宋五子传到南宋，朱熹曾经以"空同道士邹䜣"的名义写《周易参同契考异》一书，又给蔡季通的信说："《参同契》更无缝隙，亦无心思量，但望他日为刘安之鸡犬耳。"朱子是客观唯心主义者，究竟尚不能脱"阳儒阴道"的现象，所接受的却未必是道家的好处。盖学到了南宋，又分为二派：一派即朱子学派，继承"道教"的思想系统；一派即陆象山，继承了佛教玄学的思想体系。朱、陆往复论辩，其实也只是地主阶级思想中之内在的矛盾斗争，即朱子近道，陆子近禅。宋儒吸收了天师道的图学，同时又与佛教玄学中之"禅宗"发生了不即不离的关系。中国禅宗出自达摩一派，达摩本南天竺一乘宗，《续僧传·习禅篇》称："摩法虚宗，玄旨幽赜。"此派历代相传，或奉楞伽，或奉金刚般若，要之，皆为大乘空宗，而与中国玄学最接近（参照汤用彤《两汉魏晋南北朝佛教史》）。陆象山固然受其影响，即朱子以虚灵不昧为心，以明善复初为教，由陆象山看来，也未尝不可当他做禅宗来攻击（《象山全集》二《与朱元晦书》），这也就是《学蔀通辨》的作者陈建所证明的"朱子早年尝出入禅学，与象山未会而同，至中年始觉其非，而返之正也"（前编卷上）。总而言之，宋学是继承唐五代三教斗争的局面而来，当然不免染上了道佛二教的色彩，"阳儒阴道"的朱学和"阳儒阴释"的陆学，在近世哲学史里所以纠缠不清，这决不是偶然的。朱、陆以后，宋学里更有代表商业资本的一派，这即是永嘉永康学派。全谢山在《宋元学案》中称之为"吕学"者是。谢山《同谷三先生书院记》云（《宋元学案》卷五十一，又《鲒埼亭集外编》卷十六，《四部丛刊》本）：

> 宋乾淳以后，学派分而为三，朱学也，吕学也，陆学也。三家同时，皆不甚合。朱学以格物致知，陆学以明心，吕学则兼取其长，而复以中原文献之统润色之。门庭径路虽别，要其归宿于圣人则一也。

其实这三派即代表三种不同的阶级立场,所谓宋学正统派即朱学,代表大地主阶级,起于元祐,盛于淳熙。在朱子学极盛时代,却有陆象山一派与之对立。陆象山反对"豪家拥高赀,厚党与,附会左右之人"(《全集》九),提倡"损下益上谓之损,损上益下谓之益",这是代表小地主阶级思想。同时,更有与朱、陆鼎足而立、提倡"义利双行,王霸杂用"的浙学派,如从吕祖谦一派出来的永嘉的叶水心、永康的陈同甫。这派谈制度、谈历史、讲文辞,这是代表小地主兼市民阶级思想。合上就是南宋以来宋学的三大派。但虽有此三大派,而毕竟同出于儒,有其异也有其同,有其异所以有内在的矛盾斗争,有其同即同为封建社会的意识形态,同为封建统治阶级服务。但就此三派的优劣而论,朱子学在初起时候,生气勃勃,在政治上也站在主战派方面。朱子对孝宗说"金人与我有不共戴天之仇""非战无以复仇,非守无以制胜"(《宋元学案》卷四十八)。这是中国传统的尊王攘夷思想。尽管朱子学所注重的不超过于现象的抽象之理,但他毕竟反对了中古佛教的空寂,使知识分子在外族压迫之时,起而为讲求圣学,植纲常,拥护他们所称的"天理"而战。例如宋之文天祥、元之刘因、明之方孝孺与东林学派,他们都是笃信朱子,表现极强烈的民族意识,就这一点,朱子学在那时候是有其进步的意义的。但从另一方面看,朱子学既然高谈性命之学,为封建大地主阶级服务,其结果乃常相反,正如浙学派陈亮所指出的话:

  今世之儒士,自以为得正心诚意之学者,皆风痹不知痛痒之人也。举一世安于君父之大仇,而方且扬眉拱手以谈性命,不知何者谓之性命乎?(《龙川学案》—《上孝宗书》)

到了朱子学者假名欺世回避现实问题不谈之时,当然便有其他急

进些的学派发生,来完成反对外族侵略的任务。陆象山宣称:

> 二圣之仇,岂可不复?可欲有甚于生,所恶有甚于死。今吾人高居无事,优游以食,亦可为耻。乃怀安,非怀义也。(《象山全集》卷三十五)

他主张变法,认为王安石"新法之行,当时诋诽之人当与荆公共分其罪"(《全集》卷九)。这可见是代表小地主阶级立场而与朱子学的立场不同。朱子学未免议论无益,其门人多腐化,而陆象山之学传至王阳明,仍生气勃勃,明袁宏道推崇良知之学。他说:

> 宋时讲理学者多腐,而文章事功不腐,今代讲文章事功者腐,而理学犹不腐。宋时君子腐,小人不腐,今代君子小人多腐。故仆谓当代可掩前古者,惟阳明一派良知学问而已。(《袁中郎尺牍·又答梅先生》)

宋代文章事功不腐是指浙学派。浙学派继承王安石的思想体系,谈论古今,说王说霸,其实反映了城市商业资本的萌芽思想,而陆象山之学传到王阳明,正值明中叶以后,中国封建社会经济已发生裂痕,沿海中国商人资本与封建统治阶级利益矛盾的时候。王阳明一派代表小地主,也代表市民,所以提倡个性解放。"泰州之后,其人多能以赤手搏龙蛇。"(《明儒学案》卷三十二)虽然就思想来看,不可讳言是"阳儒阴释"——在明代禅宗特别发达,不能不与"禅"相结合——然而可注意的即禅宗乃是佛教中具有市民性的色彩的宗教,恰似恩格斯在《费尔巴哈论》中所说基督新教之具有市民性的色彩一样,禅宗实从大城市(广州)起点,而广泛传播于全国市民与小地主阶级之间,如寒山、拾得,即提倡自由解放,与阳明左派几无不同。由此可见,宋明哲学是有它的阶级性的,有不同的阶级立场便产生不同的学术流派;全谢山所说的宋学三派,实即代表地主阶级之不同的三个阶层。现在试问一下在全谢山等所撰的《宋元学案》是否就能充分反映了这三个阶层的哲学思想呢?我的答案:以为这种阶级立场的认识在《宋元学案》中不是完全没有,但是有意把它弄乱了。

《宋元学案》初起稿于黄梨洲。全谢山为《梨洲神道碑》文云:"晚年于《明儒学案》外,又辑《宋儒学案》《元儒学案》,以志七百年儒苑门户……尚未成编而卒。"王梓材、冯云濠作《宋元学案考略》,指出此书原版本有梨洲黄氏原本、谢山全氏修补本、二老阁郑氏刊本、月船卢氏所藏底稿本、樗庵蒋氏所藏底稿残本及余姚黄氏校补本。就中谢山修补《宋元学案》时间很长,但尚未成书。二老阁郑氏刊本所刻止《序》《录》与第十七卷《横渠学案》,《序》《录》可见谢山完本百卷的次序。谢山卒后,《学案》稿归其弟卢配京(月船)及蒋学镛(樗庵),蒋本多与卢本重复,但也有特别的。而梨洲的后人所纂辑的八十六卷的校补本,也列谢山于续修,而冠其百卷序录于首。惟八十六卷之目,究于《序》《录》未能印合,故今传鄞县王梓材、慈溪冯云濠、道州何绍基所校刊的定本,仍以百卷本为准。《宋元学案》定本中,有为黄氏原本全氏修定或补定,有为全氏补本,而王梓材等校刊之功亦不可没。梨洲原本无多,有待于黄百家的纂辑与全谢山的修补,而谢山原本未全的,也有待于王梓材的参补。王梓材、冯云濠并别著《宋元学案补遗》一百卷附录三卷,刊入《四明丛书》中,惜流传不广。由此可见,《宋元学案》是一部罕见的中国哲学史家的集体著作,虽创自黄梨洲,而著成之功,当首推全谢山,其次即黄百家。现在我们要就《宋元学案》的著作来作批判,也应该先明了这三个人的阶级立场，看他们是否在《宋元学案》中，正确地反映了历史事实。

先讲黄梨洲，据全谢山所作《梨洲神道碑》，知《宋元学案》之作，实后于《明儒学案》，而且是梨洲的晚年未完成的著作，那么要问梨洲写成《明儒学案》之后，跟着大时代的转变，他个人的立场、观点，是否有一些改变呢？我以为是可能有的。其间消息，可看他作[①]的《二程学案》二卷。《四库全书总目》卷九十七儒家类存目论《二程学案》云："是编以二程造德各殊，因辑《二程语录》及先儒议论二程者各为一卷，百家又以己意附论各条之下，然黄氏之学出王守仁，虽盛谈伊洛，姚江之根柢终在也。"其实反过来说，黄梨洲本为姚江之学，而今乃盛谈伊洛，这已经是思想上有些转变了。姚江之学代表中小地主阶级与商业资本的携手，伊洛之学则代表大地主阶级，自宋以后在思想战线上，历来皇族地主或豪族地主一得政权，则必提倡程朱之学，即因程朱代表大地主阶级的利益，所谓程朱与陆王之争，陆王代表中小地主，所以王学左派竟可以走向接近农夫、樵夫、陶匠一途，而程朱则无论何时均接近于大地主政权，为统治阶级服务。元明如此，清代也如此；中国如此，日本也如此。康熙尊朱子为十哲，又命李光地编《性理大全》《朱子全书》等颁布天下。为什么不提倡陆王？这是很明显的界限，证明程朱之学是常和大地主阶级相联系，而黄梨洲之从姚江之学转而注意伊洛之学，也就是从中小地主立场而站向大地主阶级立场。这种思想战线上的转变，是有它一定的理由的。原来清室入关以后，社会的主要矛盾是民族矛盾暂时超过了阶级的矛盾，如明末以阶级矛盾为主体，则清初实以民族矛盾为主体。清入关后土地制度大有变动，"大圈地"消灭了土著人民的大

[①] "作"上原有"可"字，疑衍，据上下文删。——编者

地主阶级，因此遂促成了土著人民之间大地主与中小地主的联合战线，以反抗外族地主。照那时候的社会历史条件来说，对于外族地主之将中国社会逆转为奴隶社会（据《东华录》天命、天聪、崇德朝等记载，清室未入关前，目的都在俘获人口为奴隶）。中国代表地主阶级的思想家，无论是大中小各阶层，都一致坚决反对。在这民族地主反对外族地主的斗争中所形成的反清运动，其提倡反清的，据李文治《晚明民变》一书附表十一所录，其中即有：山东巡抚一人——知县二人——推官一人——参将一人——乡官八人——进士一人——举人一人——贡生二人——诸生十七人。贡生二人中之一人即黄梨洲，这是极值得注意的。即是这些反清运动的人物有大地主有中小地主，而对于外族地主而言，均可称之为民族地主立场。这站在民族地主立场的，除黄梨洲之外，还可算到和我们哲学史有关的好些人物，如代表湖南的王船山、代表浙江的朱舜水，在江苏的顾炎武，在广东的屈大均，在山西的傅青主。例如王船山，我们同志中就有人把他划入中小地主阶层，我觉着有很大疑问。我以为这一位伟大的爱国主义者王船山，他确然代表民族地主对外族地主的斗争，但他本身即是没落的大地主阶层，并不是中小地主阶层。这从他的出身来看，据其子启所作《姜斋公行述》（《船山遗书》卷首）、潘宗洛《船山先生传》和《姜斋文集》卷十《家世节录》中，都可看他虽处在乱世时代，大地主阶级已渐没落，但他所代表的仍是大地主阶级的利益。其次就王船山的言论来看，如他看不起农民，把"庶民"比做禽兽，这是已经很够了。在《读通鉴论》卷十九有一段说："有世禄者有世田，即其所世营之业也。名为乡大夫，实则今乡里之豪族而已。世居其土，世勤其畴，世修其陂池，世治其助耕之氓，故官不侵民，民不欺官，而田亦不至于污莱。"这是肯定乡里的豪族世代私有其土地是合理合法的。又《宋论》卷十二，更是站在大地主立场说话："兼并者非豪民之能钳束贫民而强夺之也。……均一赋也，豪民输之而轻，弱民输之而重；均一役也，豪民应之而易，弱民应之而难。于是豪民无所畏于多，有田而利有余，弱民苦于仅有之田而害不能去。有司之鞭笞，吏胥之挫辱，迫于焚溺，自乐输其田于豪民，而若代为之受病，虽有经界不能域之也。"这简直把大地主之吞并中小地主乃至剥削农民，说成是中小地主和农民的心甘情愿，这种反动言论不是代表大地主阶级的利益是什么？但虽如此，大地主阶级即如程朱派的正统王船山，在其拥护封建社会上看，虽是剥削阶级立场，而当外族侵入的时候，他却最能号召人民起领导民族革命的作用。所以在明末清初的反清斗争中，大地主阶级已经不是绝对地和人民对立，而是可以和人民结合起来从事反外族地主斗争的民族地主立场。民族地主反异族，不是反封建。反异族，所以王船山著《黄书》《噩梦》，朱舜水著《阳九述略》；不反封建，所以均仍站在大地主阶级立场。黄梨洲却与此不同，他本提倡姚江之学，不但反外族，也可以站在市民立场来反封建，如《明夷待访录》中《原臣》《原君》即为反封建的有名著作。他又著《日本乞师记》一卷，《海外恸哭记》一卷，现收入清薛凤昌辑《梨洲遗著汇刊二十九种》中（上海时中书局铅印本）。全祖望《梨洲神道碑》文曾述及此，并以《避地赋》为证（《鲒埼亭集》卷十一）。案《南雷文定》（前集卷十二）《避地赋》云"越长岐与萨师玛兮"云云，《鲒埼亭集》"长岐"作"埼"，"萨师玛"作"萨斯玛"。狩野直喜考证认为两书均误，应作"长崎"与"萨摩"（《中国哲学史》第六编第二章，岩波书店本）。可见梨洲当时的反清斗争，是极其热烈的。他在奔走国事完全失败之后，才一变而从事著述和学问，因之而有《明儒学案》和《宋元学案》之作。尤其《宋元学案》是在晚年眼见得地主阶级在反清斗争中有联合战线的必要和可能，所以他也不惜从中小地主阶级而转向接近于大地主阶级的思想，所以才有《二程学案》与原本完全的《横渠学案》之作。梨洲的苦衷,我们是很容易了解的。晚年思想的一些转变,并不是抛弃了他一向的立场、观点,而是他在反清斗争中,更坚定地站在从中小地主阶级立场移向民族地主的立场。

梨洲如此,他第三个儿子黄百家(字主一,号秉史。参看黄嗣艾《南雷学案》卷九《主一公传》)继承家学。二老阁校刻梨洲《宋儒学案》卷十七标云:"男黄百家编,门人杨开沅、顾湜分辑。"今定本《宋元学案》中有百家案语很多,且精彩处,胜过全谢山。他编刻《宋元学案》止第十七卷《横渠学案》,也就受了横渠学说的影响。全谢山《宋元学案·序录》称:"横渠先生……其言天人之故,间有未当者,梨洲稍疏证者,亦横渠之忠臣哉。"梨洲《孟子师说》"天地间只有一气",这完全是唯物主义者口吻,百家继之更发展了气一元论的观点,如云:

> 天地之间,只一气之循环而已。(《宋元学案》卷十七,文瑞楼石印本)
>
> 盖虚空即气,为物不二者也。(同上)
>
> 生者,气也,生之理,性也。(同上)
>
> 杨晋庵东明曰:气质之外无性,盈宇宙只是浑沦元气,生天生地,生人物万殊,都是此气为之,而此气灵妙自有条理,便谓之理。夫惟理、气一也……先遗献谓晋庵之言,可谓一洗理、气为二之谬。(同上)
>
> 释氏以理能生气,天道之运行气也。求道于未有天地之先,而曰有物先天地,无形本寂寥……总由其不知天命、不识理即是气之本然,离气无所谓理,忘认气上一层别有理在,理无穷而气有尽,视天地乃理之所生,转觉其运行覆载之多事,真所谓夏虫之疑冰者与。(同上)

性即气之有条理者是,非别是一物也。(卷四十九)

理在气中一语,亦须善看,一气流行,往来过复,有条不紊。从其流行之体谓之气,从其有条不紊谓之理,非别有一理在气中也。(卷九十二)

由上所举,可见黄百家确然在哲学观点上是家学相承,但在阶级立场上是不是也继承了他的父亲呢?这就大谬不然。百家有许多开明思想,如关于儒林、道学之辨(卷二),关于反对先天卦图、太极图的见解(卷十、卷十二),关于表彰二程(卷十六)、调和朱陆(卷五十七、卷五十八),都和他的父亲一脉相承,但那都只属于观点方面。至于阶级立场,因为百家曾应清室之聘,入京都参史局,例授翰林院编纂官,食七品俸。就这样他便与他的父亲不同,只有地主阶级立场,而失却民族立场了。例如关于元儒的批判,黄梨洲曾这样说过:

陆氏之学流于浙东,而江右反衰矣。至于有元,许衡、赵复以朱氏学倡于北方,故士人但知有朱氏耳。然实非能知朱氏也,不过以科目为资,不得不从事焉。则无肯道陆学者,亦复何怪?(《宋元学案》卷九十三)

这就是挖苦宋亡后仕元的朱子学派,是站在民族立场上说话。百家却不然,同书卷九十百家案语云:

自石晋燕云十六州之割,北方之为异域也久矣。虽有宋诸儒叠出,声教不通。自赵江汉以南冠之囚,吾道入北,而姚枢、窦默、许衡、刘因之徒,得闻程朱之学,以广其传,由是北方之学郁起。

这两种不同的观点，即是反映了两种不同的立场。在外族统治的时候，起而应征仕元的儒学教授，如许衡之流，实属苟合干进者流，梨洲的批语是极正确的。至于刘静修（因）不受集贤之命，持身高洁，又应作别论，如何可混为一谈？明此一点，可见在阶级立场上说，百家虽不是幸进之徒，但却不能不说脚根是有些模糊的了。

《宋元学案》定本的著成者为全谢山，名祖望，字绍衣，浙江鄞县人。他是黄梨洲的私淑者，"年十四补诸生，始谒学官，至名宦乡贤祠，见谢太仆三宾、张提督杰木主，曰此反复卖主贼，捶之不碎，投池频"（严可均《全绍衣传》，见《铁桥漫稿》卷七，《心矩斋丛书》本）。"又尝与同里黄之传读《明夷待访录》，之传云：'是为经世之文，虽然，犹有憾。夫箕子受武王之访，不得已而应之。若以贞艰蒙难之身，存一待时之见于胸中，则麦秀之恫荒矣，作者亦偶有不察耳。'谢山乃瞿然下拜道：'是言乃南雷忠臣，亦天下万世纲常所寄。'则祖望所谓宁饿死无失节者，殆亦此志也欤？"（刘光汉《全祖望传》，见《左盦外集》卷十八）以这样看重气节的人，应该是有明确的、民族的立场了，所以严可均称："黄梨洲著述甚多，其最传者《南雷文定》，于残明碧血，刻意表彰。祖望踵南雷之后，亦刻意表彰，详尽而朴实，可当续史。"（《全绍衣传》）刘光汉则简直认全祖望为民族思想巨匠之一，《全祖望传》作赞云：

明社既墟，惟两浙士民，日茹□□之痛。晚村讲学，庄氏修史，华周抒策，嗣庭讽诗，此尤彰彰在人耳目者。以吾所闻，秀水朱彝尊曾举鸿博而官编修，晚作《吊李陵文》以自抒怀抱，钱溏杭世骏目击□汉之失平，以言事落职，此可以觇浙人之志矣。祖望生雍乾之间，诛奸谀于既死，发潜德之幽光，其磊落英多之节有足多者。后人以儒林目之，岂祖望之志哉？又祖望既殁,浙人承其志者,有仁和龚自珍、德清戴望,攘□之思,形于言表,然祖望表彰节烈之功则固诸子不所逮也。

这种过分的赞扬,证之以我依《宋元学案》分析的结果,所得结论几乎相反。依我的意思,谢山只有地主阶级的立场,而没有足够的民族立场。而就地主阶级立场上说,也是摇晃不定,主要还是站在大地主阶级立场。这不是有意挖苦我们民族的思想家,实在事实如此。补修《宋元学案》当然有许多优点,如卷首《序录》中称邵康节不在乎《皇极经世》,称司马光不在乎《潜虚》,证明伊洛不传濂溪之学,永嘉诸子兼传关学,这都是极卓越的见解。即其在驳西河谓宋儒讲学者无一死节(参《答诸生问思复堂集帖》,见《宋元学案》卷七十三)也证明了如下事实:

> 夫宋儒死节多矣。蕲州死事,李诚之最,在理度二朝忠臣之先,东莱之高弟也。欧阳巽斋为朱门世嫡,其弟子为文山。徐径畈为陆氏世嫡,其弟子为叠山。二公为宋之大忠,其生平未尝有语录行世,故莫知其为朱陆之私淑者。……况朱子后人有浚,南轩后人有唐。而赵良淳者,双峰之高弟也。许月卿者,鹤山之高弟也。其余如唐震、吕大圭之徒,不胜屈指。而曰无一死节,是梦中呓语也。潭州之陷,岳麓三舍诸生,荷戈登陴,死者尤多,史臣不能博访,附之《李芾传》后。

又《宋元学案》卷八十八《巽斋学案》,列入巽斋门人文天祥,认为晦翁三传。谢山看重气节,这是和梨洲所说:"新安之学自山屋一变而为风节,盖朱子平日刚毅之气凛然不可犯,则知斯言之为嫡传也。"(《宋元学案》八十九)其说很相近。却是谢山生长在乾隆年间,外族入主中华时间久了,地主阶级忍辱出仕的多,不能如贫苦人民那样坚持民族立场,这在《宋元学案》卷九十一所载《谢山书文靖退斋记》后,反映得最为明白:

> 许文正、刘文靖,元北方两大儒也,文正仕元而文靖则否。以予考之,两先生皆非宋人,仕元无害。然以元开创规模言之,其不足有为可知,则不仕者自此远矣。……文正之仕元,世多遭议,予盖不尽以为然。

又《书刘文靖〈渡江赋〉后》云:

> 许文正与文靖皆元人也,其仕元又何害?论者乃以夷夏之说绳之,是不知天作之君之义也,岂有身为元人而自附于宋者,真妄言也。

在这里谢山好像也告诉我们他自己是清人,不可能以夷夏之说责备他,即不可能要他站在民族立场上说话,而如曾充任清统治剥削的工具如李光地、汤斌一流,都可以宽恕他了。代表地主阶级的全祖望,他只知道"天作之君之义",这是封建社会的天经地义,他给许文正辩护,给宋亡后仕元的大儒辩护,也就是给李光地、汤斌之一流人物辩护,给他自己辩护。然而何以便和他所私淑的黄梨洲对于许衡的评价如此不同呢?这当然是由于阶级立场的不同罢了。谢山只有地主阶级立场,没有足够的民族立场,所以他修补《宋元学案》也是为封建地主阶级服务的。黄梨洲的调和朱、陆之说,意在巩固民族地主的统一战线,而谢山的调和朱、陆之说(《宋元学案》卷五十八、卷六十三、卷八十六),则意在使中小地主与大地主联成一起,因而取消了封建社会统治阶级间的内部矛盾。还有谢山和梨洲的不同,即因梨洲站在中小地主阶级立场转向大地主阶级,而谢山则站在大地主阶级立场混进了中小地主阵营,如他对永嘉学派所取的态度,即为好例。他在序录中称这一学派为"永嘉之学"又称为"浙学"(《东发学案序》),有时又称"婺学"(《说斋学案序》)、"吕学"(《同谷三先生书院记》),他好似很看重这一学派,并且承认"吕学"在宋学三派中居第一位(《宋元学案》卷五十一)。但即在《宋元学案》同一卷中,他又翻过来说:

  谨案:朱、张、吕三贤,同德同业,未易轩轾。张吕早卒,未见其止,故集大成者归朱耳。

"归朱"才是大地主阶级的真正立场、真实面貌,而所说吕学"兼取其长"的话,就完全变成不足信了。这只要一读其所著《陈同甫论》(卷五十六)和《龙川学案序录》之攻击永康学派,可见谢山并不是站在中小阶级立场,而是混进了中小地主阶级阵营。再看他对于王安石的态度,而更加明显。《宋元学案》卷九十八《荆公新学略》中序录说:

  且荆公欲明圣学而杂于禅,苏氏出于纵横之学而亦杂于禅,甚矣西竺之能张其军也。

他又说:"安石晚年学说溺于释典,是以近制禁学者无习而已。"(卷九十八)又说:"谨案:道原每言荆公面带妖气。"(卷八)这对于王安石的攻击,可见大地主阶级思想怎样和中小地主思想分歧。黄百家说过:"欲明为儒者不识吾性之即为礼义,猖猖焉欲以沿门乞火为秘旨，凡有反求诸己者，即便妄诋之为禅，不可言也。"（卷一）这话应用来批判谢山，也是再恰当没有了。谢山的修补《宋元学案》，虽也有许多优点，但决不能如梁启超所称似的："比《明儒学案》更进化了。"（《中国近三百年学术史》，中华书局本）只就其立场来看，幸而他不生在清初，不然便与伪学者如李光地、汤斌还不是一样。至于梁启超评论谢山的为人"是纯然得力王学"（同上书），这也是毫无根据的。王学代表中小地主阶级与商业资本的携手，而谢山乃代表大地主阶级混进了中小地主阵营，他的思想渊源，很明白是出于朱学而与陆调和。他所作《庆历五先生书院记》（《宋元学案》卷三），很羡慕宋学初起时，是"亦会值贤者在朝，安阳韩忠献公、高平范文正公、乐安欧阳文忠公，皆卓然有见于道之大概，左提右挈"；又说："睢阳学统至近日而汤文正公发其光。"他的阶级立场是和当时大地主阶级工部尚书、《洛学编》的著者汤斌相一致，那么怎样可以说是纯然得力于王学呢？分析了全谢山的阶级立场，也可以肯定修补《宋元学案》的史料价值，比较《明儒学案》是更有其制限性的。还有继《宋元学案》之后，王梓材与冯云濠所著《宋元学案补遗》一百卷，外附《宋元儒博考》一卷，卷首增入张寿镛《序录》。拿来和《宋元学案》比较，虽此书本为参校《宋元学案》正编随卷补辑而作，但也有几个优点，如多取材于志乘诸书，且多采聚珍版诸书，"以其多本《永乐大典》，是固谢山所欲尽观而不得者"（凡例），"各传俱用原文：惟删繁就简，略清眉目，并无参杂己语"。传下亦各注所出，这在治哲学史方法上说，是有进步的意义的。至于立场方面，如论王安石引《吴草庐序荆公集记》，谓"一时议公者非偏则私"，这把对全谢山的批评也包括在内了。此书收入《四明丛书》第五集中，惟以篇幅庞大，作为史料看，可称为《宋元学案》之一补充，而尚欠整理的工夫，以致形成史料的堆积，价值也就不大，可惜。

《明儒学案》批判

现试回头来看，黄梨洲的《明儒学案》作于著者六十七岁的时候，那时已经是康熙十五年（一六七六年）了，距离他晚年所作未完稿的《宋元学案》约早十九年。梨洲熟于明代史事，又以此书为明室数百年学脉，从《崇仁学案》开始以至《蕺山学案》，这六十二卷分源别派，实际上即是叙述了他自己的学术渊源。此书先以钞本流传，据乾隆四年（一七七九年）郑性《序》文"康熙辛未鄞万氏刻其原本三分之一而辍，嗣后故城贾氏一刻杂以臆见，失黄子著书本意，今续完万氏之未刻"。今传《明儒学案》有清雍正十三年甘陵贾氏修补康熙三十二年刊本、慈溪二老阁郑氏刊本、道光元年会稽莫氏重刻本、光绪十四年豫章徐兆澜等重刻本、长沙刻本、文瑞楼石印本、《四部备要》据郑氏补刻校刊本、梁启超节钞本（《饮冰室丛著》第六种）及陈叔谅、李心庄《重编明儒学案》四十五卷本。此书影响很大，梁启超至称清代"史学之祖当推宗羲，所著《明儒学案》，中国之有学术史，自此始也"（《清代学术概论》）。实则此书最大特点，在于提出了新的观点。《明儒学案》发凡云：

> 大凡学有宗旨，是其人之得力处，亦是学者之入门处。天下之义理无穷，苟非定以一二字，如何约之使其在我。故讲学而无宗旨，即有嘉言，是无头绪之乱丝也。学者而不能得其人之宗旨，即读其书，亦尤张骞初至大夏不能得月氏要领也。是编分别宗旨，如灯取影。杜牧之曰丸之走盘，横斜圆直，不可尽知，其必可知者，知是丸不能出于盘也，夫宗旨亦若是而已矣。

第九讲 四朝"学案"批判

这"宗旨"二字用现代语来说,即是"观点"。黄梨洲《明儒学案》,穷原竟委,博采兼收,使宗旨历然,虚心体察了各人的观点,而同时也就是阐扬了他自己的观点。黄梨洲《明儒学案》的观点,具见于其《移史馆论不宜立理学传书》中(见《南雷文定》前集卷四,《梨洲遗著汇刊》本):

> ……姑以四款言之。其一以程朱一派为正统,是矣。薛敬轩、曹月川、吴康斋、陈剩夫、胡敬斋、周小泉、章枫山、吕泾野、罗整庵、魏庄渠、顾泾阳、高景逸、冯少墟十余人,诸公何以见其滴骨程朱也?如整庵之论理气,专攻朱子理气,乃学之主脑,则非其派下明矣。……其二言白沙、阳明、甘泉,宗旨不合程朱。此非口舌可争,姑置不论。其言象山、慈湖,例入《儒林》,按《宋史》慈湖未尝入《儒林》也。……又言罗念庵本非阳明弟子,其学术颇似白沙,与王甚别。《阳明年谱》为念庵所定。……当日之定论如此,今言与王甚别,不知其别者安在也,且不知白沙、阳明学术之异,又在何等也。……其三言浙东学派,最多流弊,有明学术白沙开其端,至姚江而始大明,盖从前习熟先儒之成说,未尝反身理会,推见至隐,此亦一述朱,彼亦一述朱。高景逸云"薛文清、吕泾野语录中,皆无甚透悟",亦为是也。逮及先师蕺山,学术流弊,救正殆尽。向无姚江则学脉中绝,向无蕺山则流弊充塞。凡海内之知学者,要皆东浙之所衣被也。今忘其衣被之功,徒訾其流弊之失,无乃刻乎?其四言学术流弊,宜归一是。意不欲稍有异同也。然据《宋史》所载,道学即如邵尧夫。程子曰"尧夫犹空中楼阁",曰"尧夫豪杰之士,根本不帖帖地"。是则尧夫之学未尝尽同于程子也。又曰"阳明之学流弊甚多,程朱门人必不至此"。按朱子云:"游、杨、谢三

君子初皆学禅,后来余禅尤在……"是程子高第弟子已不能无流弊。……如以弟子追疑其师,则田常作乱之宰予,杀妻求将之吴起,皆足为孔曾累矣。

梨洲尤其反对封建统治的道统之说,为道学立传,他接着说:

> 夫十七史以来,止有《儒林》。以邹鲁之盛,司马迁但言《孔子世家》《孔子弟子列传》《孟子列传》而已,未尝加以"道学"之名也。《儒林》亦为传经而设,以处夫不及为弟子者,尤之传孔子之弟子也,历代因之,亦是此意。周程诸子道德虽盛,以视孔子则犹然在弟子之列,入之《儒林》,正为允当,今无故而出之为道学,在周程未必加重,而于大一统之义乖矣。……某窃谓《道学》一门,所当去也。一切总归《儒林》,则学术之异同皆可无论,以待后之学者择而取之。……

在这洋洋数千言的《移史馆书》,黄梨洲应用了接近科学的浙东史学观点,驳斥了"此亦一述朱,彼亦一述朱"之学术史上的宗派主义、教条主义。他们的关于废去《道学传》的主张,以后影响及于《明史》。他在道学正在很时髦的时候,而能从学术史上着眼,提出抗议,这不能不称是史学史上之新的贡献。浙东史学虽如永嘉、金华两派兼取朱陆而辅之以文献之学,而实则与程朱的关系较浅、与陆王的关系却深。章实斋《文史通义·内篇》五"浙东学术"中说得最为明白:

> 浙东之学虽出婺源,然自三袁之流,多宗江西陆氏,而通经服古,绝不空言德性,故不悖于朱子之教。至阳明王子,揭孟子之良知,复与朱子抵牾。蕺山刘氏本良知而发明慎独,与

朱子不合亦不相诋也。梨洲黄氏出蕺山刘氏之门,而开万氏弟兄经史之学,以至全氏祖望辈尚存其意,宗陆而不悖于朱者也。……世推顾亭林氏为开国儒宗,然自是浙西之学,不知同时有黄梨洲氏出于浙东,虽与顾氏并峙,而上宗王刘,下开二万,较之顾氏源远而流长矣。顾氏宗朱,而黄氏宗陆。……浙东贵专家,浙西尚博雅,各因其习而习也。(《章氏遗书》卷二,商务印书馆本)

因为"浙东之学言性命者必究于史"(同上),所以,所成就的不是历史哲学,就是哲学的历史。这一派实首创以治史的方法治经,且有五经皆史的主张。最早如王阳明,《传习录》中有一段说:

> 以事言谓之史,以道言谓之经,事即道,道即事,《春秋》亦经,五经亦史。

又说:

> 《易》是庖牺氏之史,《书》是尧舜以下之史,《礼》《乐》是三代之史。

这以经学为史学的新观点,实为后来章实斋、龚定盦等"六经皆史"说之所本,这也可见浙东学源的渊源了。从阳明一转为刘蕺山,虽不是史学家,而所著《人谱》,以史实证明理学,实为浙东史学之过渡人物。再传而为黄梨洲。《清史稿·黄宗羲传》据他自述谓:"学者必先穷经,然拘执经术,不适于用。欲免迂儒,必读史。"全谢山《甬上证人书院记》云:

> 自明中叶以后，讲学之风，已为极敝，高谈性命，束书不观，其稍平者则为学究，皆无根之徒耳。先生始谓学必源本于经术，而后不为蹈虚，必证明于史籍，而后可以应务。源源本本，可据可依，前此讲堂锢疾，为之一变。

又《南雷余集》，曾慨乎其言地说：

> 自科举之学兴，史学遂废。若蔡京、蔡卞当国，欲绝灭史学，至于废《资治通鉴》之版，然卒不能。今未有史学之禁，而读史顾无其人，此人才所以有日下之叹也。

这就可见梨洲是怎样提倡史学，不愧称为清代史学之开山祖了。而他平生著史的成绩，不在于教训的历史，而在学术的历史。他尝有志辑《宋史》未成，存《丛目补遗》二卷，又辑《明史案》二百四十四卷未成，只流传《行朝录》九种，及《赐姓本末》等，可见在这方面的贡献尚不算大。但就《明儒学案》将明代二百余年的学术源流，说得源源本本，比较同时所著关于学术史的著作，又不知进步得许多了。《移史馆书》中梨洲在述其学术宗旨的时候，给阳明学派辩护，但并未讳言阳明学的末流已入于禅，更不讳言有了刘蕺山的救正，而后阳明学才恢复其真正价值。黄梨洲所见的王阳明，是属于浙东学术的。把阳明和朱子比较，朱子分理气为二，而阳明主张理气为一，谓天下无理外之物，也无物外之理。所以说：

> 理者气之条理，气者理之运用。

日本林罗山是一个朱子派学者，但也极钦佩阳明这个学说，《文集》卷六十八随笔四：

程子曰:"论性不论气不备,论气不论性不明,二之则不是。"古今论理气者多矣,未有过焉者。独大明王守仁云:"理者气之条理,气者理之运用。"

理气一而二、二而一,是宋儒之意也。然阳明子曰"理者气之条理,气者理之运用";由之思焉,则彼有支离之弊,由后学起,则右之二语,不可舍此而取彼也。

黄梨洲所受王阳明的影响,也就是在这理气合一论上。理气合一论是唯物主义的观点,也就是黄梨洲在《明儒学案》中所坚持的观点。用这新的观点作武器,批判诸家哪个纯哪个驳,哪个浅哪个深。同时也表现了他自己思想的唯物主义的倾向。例如《崇仁学案》三批判魏庄渠云:

理也、气也、心也,歧而为三,不知天地间只有一气,其升降往来即理也。人得之以为心,亦气也。气若不能自主宰,何以春而必夏、必秋、必冬哉?草木之荣枯,寒暑之运行,地理之刚柔,象纬之顺逆,人物之生化,夫孰使之哉?皆气之自为主宰也。以其能主宰,故名之曰理。其间气之有过不及,亦是理之当然,无过不及,便不成气矣。若先生之言,气之善恶,无与于理,理从而善之、恶之,理不特死物,且间物矣。(卷三)

批判余切斋云:

其《性书》之作,兼理气,论性深辟"性即理也"之言,盖分理是理,气是气,截然为二,并朱子之意而失之。(卷三)

《河东学案》，批判薛敬轩云：

其谓"理气无先后，无无气之理，亦无无理之气"，不可易矣。又言"气有聚散，理无聚散"。以日光飞鸟喻之。……羲窃谓，理为气之理，无气则无理，若无飞鸟而有日光，亦可无日光而有飞鸟，不可为喻。盖以大德敦化言之，气无穷尽，理无穷尽，不特理无聚散，气亦无聚散也。（卷七）

《浙中王门学案》，批判季彭山云：

夫大化只此一气，气之升为阳，气之降为阴，以至于屈伸往来、生死鬼神皆无二气。故阴阳皆气也，其升而必降，降而必升，虽有参差过不及之殊，而终必归一，是即理也。今以理属之阳，气属之阴，将可言一理一气之为道乎？先生于理气非明睿所照，以考索而得者，言之终是鹘突。（卷十三）

《江右王门五学案》，批判王塘南云：

盖佛氏以气为幻，不得不以理为妄。世儒分理气为二，而求理于气之先，遂堕佛氏障中。非先生岂能辨其毫厘耶？（卷二十）

《北方王门学案》，批判杨晋庵云：

其学之要领，在论气质之外无性，谓"盈宇宙只是浑沦元气，生天生地，生人物万殊，都是此气为之，而此气灵妙，自有条理，便谓之理。夫惟理气一也，则得气清者理自昭著，得气浊者理自昏暗，盖气分阴阳，中含五行，不得不杂揉，不得不偏胜，此人性所以不皆善也。然太极本体立二五根宗，虽杂揉而本质自在，纵偏胜而善根自存，此人性所以无不善也"。先生此言，可谓一洗理气为二之谬矣。而其间有未莹者，则以不皆善者之认为性也。夫不皆善者是气之杂揉，而非气之本然，其本然者，可指之为性，其杂揉者，不可以言性也。（卷二十九）

《诸儒学案》上二，批判曹月川云：

然先生之辨虽为明晰，然详以理驭气，仍为二之。气必待驭于理，则气为死物。抑知理气之名，由人而造，自其浮沉升降者而言，则谓之气，自浮沉升降不失其则者而言，则谓之理。盖一物而两名，非两物而一体也。（卷四十四）

又《诸儒学案》中四，批判王廷相云：

先生主张横渠之论理气，以为气外无性，此定论也。但因此而遂言性有善、有不善，并不信孟子之性善，则先生仍未知性也。盖天地之气有过、有不及，而有愆阳、伏阴，岂可遂疑天地之气有不善乎？……先生受病之原，在理字不甚分明，但知无气外之理，以为气一则理一，气万则理万，气聚则理聚，气散则理散，毕竟视理若一物，与气相附为有无。不知天地之间只有气更无理，所谓理者以气自有条理，故立此名耳。亦以人之气本善，故加以性之名耳。如人有恻隐之心，亦只是气，因其善也，而谓之性，人死则其气散，更何性之可言？然天下之人各有恻隐，气虽不同而理则一也，故气有万气，理只一理，以理本无物也。宋儒言理能生气，亦只误认理为一物，先生非之，乃仍蹈其失乎？（卷五十）

由上关于理气的批判，真可谓牛毛茧丝，无不辨晰。总而言之，即是以唯物主义的观点，批判了各种各式唯心主义的观点。固然《明儒学案》原序里，有开首一句：

盈天地皆心也。

这似乎他到了将近晚年变成唯心主义的俘虏了。但细细研究一下，却又不然。因为依照梨洲一向的言论，都主张心即是气，例如卷首《师说》中论罗整庵云：

心即气之聚于人者，而性即理之聚于人者，理气是一，则心性不得是二，心性是一，性情又不得是二。使三者于一分一合之间终有二焉，则理气是何物？心与性情又是何物？天地间既有个合气之理，又有个离气之理，既有个离心之性，又有个离性之情，又乌在其为一本也乎？

《河东学案》批判薛思庵云：

先生之论，特详于理气。其言"未有无气质之性"，是矣，而云"一身皆是气，惟心无气""气中灵底便是心"，则又岐理气而二之也。气未有不灵者，气之行处皆是心，不仅腔子内始是心也，即腔子内亦未始不是气耳。（卷七）

第九讲 四朝"学案"批判

《甘泉学案》二批判吕巾石云：

> 理不能离气以为理，心不能离身以为心，若气质必待变化，是心亦须变化也。今日心之本来无病，由身之气质而病，则身与心判然为二物矣。（卷三十八）

又《宋元学案》卷三十九（《孟子师说》卷二文同）云：

> 天地间只有一气充周，生人生物。人禀气以生，心即气之灵处。……理不可见，见之于气，性不可见，见之于心，心即气也。

因为梨洲言心即是气，又言必不能离身而独立，这分明是唯物主义，拿来和原序所云"盈天地皆心也"一比，可见其宗旨不合。按《蕺山学案》中很分明说"盈天地间皆气也"，而此却说盈天地皆心，可见原序云云为伪作无疑。全谢山《鲒埼亭集外编》卷二十五（《四部丛刊》本）《南雷黄子大全集序》曾指出，梨洲《文约》雕本中，多冒附之作。又指出"先生之文，累有更窜"，而当以其晚年手迹为据。《明儒学案》原序又见于《南雷文定四集》卷一（《梨洲遗著汇刊》本），与《学案》卷首所载字许多不同，尤以首末两段为最明显。例如，《文定》本序首有"穷心则物莫能遁，穷物则心滞一隅"，《学案》本无此二句。《文定》本序末"览者未终一纸，已欠伸思睡，能读之终篇惟王益柔尔"二十一字，《学案》本只"世人毕读者少"六字。又《学案》本末有"康熙三十二年癸酉黄宗羲序"十二字，《文定》本无。既然序文自认此为"病几革"时"暂彻呻吟口授"之作，也可见其无甚价值。伪作者谁？可能即自称"北地隐士贾若水"之子贾醇庵（《文定》四集本无"隐士"二字）。黄嗣艾《南雷学案》卷九黄百家传载，康熙三十年仇沧柱函陈：北地贾醇庵，富贵好名，拟刻南雷《明儒学案》。南雷老病在床，倚枕口授序文，百家笔录。可见其中颇有曲折。百家笔录，亦不足信。郑性《序》谓"故城贾氏一刻，杂以臆见，失黄子著书本意"，此说是也。今已无暇详考，而要之，此原序为好事者所妄作或改窜则为事实。《明儒学案》作者黄梨洲与阳明后之学者，测度想像、以心法起灭天地的人，实有其本质的不同。梨洲虽然在学术史上还未脱王学正统的思想体系，但他却无疑乎是一个新王学者，扬弃了王阳明的主观唯心主义而创辟了唯物主义的新方向。所以他在《学案》卷十论王阳明，可以说："得羲说而存之，而后知先生之无弊也。"

新王学者黄梨洲，在所著《明儒学案》之外，还曾更彻底地表现着他的唯物主义的思想倾向。他所著有《明夷待访录》和《破邪论》。前书以《原君》《原臣》《原法》为题阐明他的革命民主思想。后书斥地狱为佛氏之私言，对于不合理的社会现象，一一加以批判。他又反对神仙家所谓洞天福地之说："颇怪此等妄说，不可以欺愚者。"（《南雷文约》卷四，《梨洲遗著汇刊》本）反对伪造的阿育王舍利之神异说，以为"亦不过世俗自欺欺人之说"（同上，卷四《阿育王寺舍利记》）。而在其反对鬼荫之说时（同上，卷三《读葬书问对》），居然接近了过去的一位无神论者范缜的《神灭论》了。

夫子孙者，父祖之分身也。……堕地以来，日远日疏，货财婚宦，经营异意，名为父祖，实则路人。勉强名义，便是阶庭玉树，彼生前之气已不相同，而能同之于死后乎？子孙犹属二身，人之爪发，托处一身，随气生长，剪爪断发，痛痒不及，则是气离血肉，不能周流。至于手足指鼻，血肉所成，而折臂刖足，蒿指劓鼻，一谢当身，即同木石。枯骸活骨不相干涉，死者之形骸，即是折臂刖足薫指劓鼻也。在生前其气不能通一身，在死后其气能通子孙之各身乎？昔范缜作《神灭论》，谓神即形也，形即神也，形存则神存，形谢则神灭。……后来儒者言，断无以既尽之气为将来之气者，即神灭之说也。……而鬼荫之说……言死者之骨骼，能为祸福穷通，乃是形不灭也，其可通乎？

他又漫谈《七怪》，站唯物主义的观点上，批判了那些迷信虚伪等种种陈腐不堪的怪东西，而不胜其深恶痛绝之感。《七怪》开首便云：

王孙满云：魑魅魍魉，莫能逢之，言川泽山林也。嵇叔夜羞与魑魅争光，言昏夜也。今通都大邑，青天白日怪物公行，而人不以为怪，是为大怪。（《南雷文案》卷四《梨洲遗著汇刊》本页三）

不过这一位反宗教迷信的素朴唯物主义者，实际上还只是继承其师刘蕺山理气合一之说，虽取范缜的《神灭论》之例证，却不必如侯外庐同志所说（见《近代中国思想史》上册），即接受了范缜思想的影响。所以在《宋元学案》卷十二案语中他说："使其学而果非也，即日取二氏而谆谆然辩之，则范缜之《神灭论》，傅奕之《昌言》，无与乎圣学之明晦也。"这点也可说是梨洲思想的制限性。

但是梨洲虽然不是什么彻底的唯物主义，而却能应用他所有素朴的唯物观点来写成他的名著《明儒学案》。在《明儒学案》以前，并不是绝无具有学术史雏形的著作，如朱熹于宋孝宗乾道九年（一一三七年）所作《伊洛渊源录》十四卷，记周敦颐以下及二程交游门弟子言行，这是宋儒谈道学宗派的开始，为《宋史·道学》《儒林》诸传所本，这已经是《明儒学案》的起源了。即在《明儒学案》著作的同时，也有很多的学术史已经出世。但只可惜那些都是根据唯心主义观点造成的道学正统图。《明儒学案·发凡》中指出：

> 从来理学之书，前有周海门《圣学宗传》，近有孙钟元《理学宗传》，诸儒之说颇备。然陶石[①]篑《与焦弱侯书》云："海门意谓身居山泽，见闻狭陋，常愿博求文献，广所未备，非敢便称定本也。"且各家自有宗旨，而海门主张禅学，扰金银铜铁为一器，是海门一人之宗旨，非名家之宗旨也。钟元杂收，不复甄别，其批注所及，未必得其要领，而其闻见亦犹之海门也。学者观羲是书，而后知两家之疏略。

这不是梨洲自己的夸大狂，实际上《圣学宗传》与《理学宗传》两书都只限于主观主义唯心观点，当然不能和《明儒学案》相比美。《圣学宗传》十八卷，原书久佚，近有吴兴刘承干影印明刻原本，惟前后均有缺页，跋文未声叙，可怪。前缺开卷所列奉新黄苞的《道统正系图》，今据费密《弘道书》下（怡兰堂校刊本）录之如下：

道统正系图

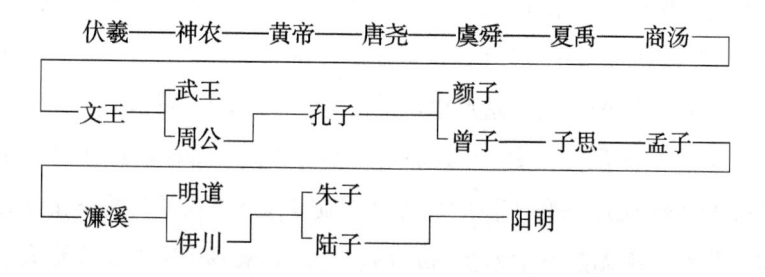

伏羲——神农——黄帝——唐尧——虞舜——夏禹——商汤——文王——武王/周公——孔子——颜子 / 曾子——子思——孟子——濂溪——明道/伊川——朱子/陆子——阳明

[①] "石"，原作"在"，误，据《明儒学案》中华书局本改。——编者

周汝登称此图"其信阳明笃,叙统系明,非实有所诣者不能,而何其名实之未甚显赫也?余作《圣学宗传》,此图足相发明,故以冠宗传无端"云云,可见《圣学宗传》的道统观念。《明史·儒林传》附载《王畿传》末,称王守仁传王艮,艮传徐樾,樾传颜钧,钧传罗汝芳,汝芳传杨起元及汝登,起元清修姱节,然其学不讳禅,汝登更欲合儒释而会通之,辑《圣学宗传》,尽采先儒语类禅者以入,盖万历以后士大夫讲学者多类此云云。可见纯是宗派主义的唯心主义著作。例如,书中云"仲尼即天地,我即仲尼也"(卷三),"太极即吾心是也……生天生地万事万物者此也"(卷一)。就观点言,是一派胡诌。惟作为史料看,此书卷十三至十八录阳明学派资料颇多,尤以卷十八附朱恕、韩贞、夏廷美,可与《明儒学案》卷三十二《泰州学案》比看,各有详略。而此书注明史料来历,见于楚侗耿公所称述,此等处尚可用。又孙奇峰《理学宗传》,也同以"宗传"为名,而实以天为宗,其神秘主义观点,和周海门没有不同,梨洲批判它"杂收",还只是就他的方法上说,观点更不必说了。试读康熙五年(一六六六年)他的巨作《理学宗传》的《序》:

呜呼!学之有宗,尤国之有统,家之有系也。系之宗有大有小,国之统有正有闰,而学之宗有天有心也。今欲稽国之运数,当必分正统焉,溯家之本原,当先定大宗焉,论学之宗传,而不本诸天者,其非善学者也。先正曰:"道之大源出于天,神圣继之。尧舜而上,《乾》之元也,尧舜而下,其亨也。洙、泗、邹、鲁,其利也,濂、洛、关、闽,其贞也。"(光绪庚辰浙江书局刻本)

尽管此书经三十年的工夫来写,但是观点一错,方法也就错了。

当然这样极端的反理性的唯心主义著作，一看便知其纯系教条主义的大集合物，正如张沐序中所称"大哉《宗传》乎！非目为一书，特合五经四书为一大部书也。又非为十一子，特合尧舜禹汤文武周公孔子为一大流人也"（同上），真是教条主义史家的供状！其缺乏作为史料的价值可知。却是可怪的，就是这一类教条主义的学术思想，在黄梨洲时代的前后，出现了很不少，只就收入《四库全书总目·史部》"传记"类和"儒家"类及"存目"中的，便有如下的十余种：

《元儒考略》四卷　明冯从吾撰　是编乃集元代诸儒事实各为小传，大抵以《元史·儒林传》为主，而参以志乘。体例颇为丛杂，又名姓往往错误。

《伊洛渊源续录》六卷　明谢铎撰　是书所录共二十一人，盖继朱子《伊洛渊源录》而作，以朱子为宗主，所载多全录《宋史·道学》及《儒林》两传。

《考亭渊源录》二十四卷　明宋端仪撰　薛应旂重修　是编系仿《伊洛渊源录》，先列宋学师承所出，次载朱子及其友人，次则备列朱子门人自黄勉斋以下二百九十三人。此书重修本，以陆九渊兄弟三人列入《录》中，可见体例杂，名实也不符。

《台学源流》七卷　明金贲亨撰　是书叙述台州先儒，自宋徐中行至明方孝儒、陈选共三十八人，其书调停朱陆，谓朱陆先异后同。

《新安学系录》十六卷　明程瞳撰　是书辑新安诸儒，自宋至明共一百〇一人。《四库总目》批评说："夫圣贤之学天下所公也，必限以方隅，拘以宗派，是门户之私矣。"

《道南源委录》十二卷　明朱衡撰　是书托始于杨时，附以游酢，明代惟录陈真晟等四人，乃其视学闽中所作。

《儒林全传》二十卷　明魏显国撰　所录自孔子至元吴澄，皆采录前史。

《圣学嫡派》四卷　明过庭训撰　是书自汉董仲舒至明罗洪先所取共三十六人，各略录其言行。

《浙学宗传》无卷数　明刘鳞长撰　是书采自宋至明两浙诸儒言行，排纂成帙，大旨以阳明为主，而援入朱子一派。

《诸儒学案》八卷　明刘元卿撰　是书辑自宋至明二十六家语录，而增入耿定向之说。其说出于阳明，但亦择程朱一派之近陆者。

《道学正宗》十八卷　明赵仲全撰　是书分古今圣贤为正宗、羽翼二门，以伏羲、神农以及明罗钦顺、罗洪先诸人为正宗，以颛顼、高辛以及明湛若水、吕枏诸人为羽翼，随意分别，绝无义例。

这十余种中，所见如《元儒纪略》《伊洛渊源续录》《道南源委》数种，要之，皆与《理学宗传》为同一类型的唯心主义著作，和《明儒学案》相形之下，益见《学案》为极有价值的著作。梁启超称《学案》："将来做哲学史科学史的人，对于他的组织虽有许多应改良之处，对于他的方法和精神，是永远应采用的。"（《中国近三百学术史》）这句话如照观点来说是极正确的。《明儒学案》的出世，使唯心主义的学术史顿为失色，因此攻击《学案》的人，拿出卫道的面孔的也有，妄行毁谤的也有。首先就是《四库全书总目》卷五十八中的批判，他指出此书的缺点是：

> 大抵朱陆分门以后，至明而朱之传流为河东，陆之传流为姚江，其余或出或入，总往来于二派之间。宗羲生于姚江，欲抑王尊薛则不甘，欲抑薛尊王则不敢。故于薛之徒阳为引重而阴致微词，于王之徒外示击排而中存调护。夫二家之学各有得失，及其末流之弊，议论多而是非起，是非起而朋党立，恩仇轇轕，毁誉纠纷，正嘉以还，贤者不免。宗羲此书尤胜国门户之余风，非专为讲学设也。

这一段话似公平而实也是门户之见，不过是站在朱、薛的立场罢了。唐鉴《国朝学案小识》与《四库全书总目提要》是一鼻孔出气，他也批判此书，谓其以陈（白沙）、王（阳明）、薛（敬轩）、胡（敬斋）为例，为不识道统。殊不知梨洲根本上即否认这种狭隘固陋的道统观念。唐鉴又说："学者喜其采之广而言之辨，以为天下之虚无怪诞，无非是学，而不知千古学术之统纪，由是而乱，后世人心之害陷，由是而益深也。"（卷十二）这真是卫道先生的口吻！《明儒学案》居然变成异端邪说了。正唯卫道先生把梨洲此书看作异端邪说，所以更显得出此书的史料价值。梨洲的弟子万斯同著《儒林宗派》十六卷，有浙江图书馆据文渊阁校刊本，此书上始孔子下迄明季诸儒，缕析条分，使诸儒传授源流，一目了然，而且第一卷列入老墨诸家，可见眼光之大。尽管如此，此书究不过图表性质，就内容来说，当然不如梨洲的书远甚，然而《四库全书总目》（卷五十八）却有意抑彼扬此，以为"然较之学统学案诸书，可谓湔除锢习，无畛域之见矣"。这是拿梨洲的弟子作幌子，来暗中攻击《明儒学案》的。还有和梨洲同时的沈佳作《明儒言行录》十卷《续录》二卷。是书仿朱子《五朝名臣言行录》之例，编次有明一代儒者，各征引诸书，述其言行，始于叶仪，终于金铉，共七十五人，附见者七十四人；《续录》所列从宋濂至黄淳耀共五十九人，附见者九人。沈佳之学出于汤斌而一宗朱子，故是编大旨以薛瑄为明儒之宗，于陈白沙则颇致不满，虽收王阳明，而删汰其弟子。这是一本无论在立场、观点、方法上都是庸俗的教条主义的著作，《四库全书总目》（卷五十八）却要特别加以表扬，拿来和《明儒学案》比较，认为："黄宗羲作《明儒学案》，采摭最详，顾其学出于姚江，虽于河津一派不敢昌言排击，而于王门末流诸人流于猖狂恣肆者，亦颇为回护。门户之见，未免尚存。佳撰此《录》，盖阴以补救其偏。鄞县万斯大，宗羲之弟子也，平生笃信师说，而为佳作是《录》序，亦但微以过严为说，而不能攻击其失，盖亦心许之也。学者以两家之书互相参证，庶乎有明一代之学派，可以得其平允矣。正不必论甘而忌辛，是丹而非素也。"这一段似极公平，其实仍是朱子学派的代表薛敬轩来反对王阳明，拿万斯大作幌子攻击其师。薛瑄曾经宣称："自考亭以还，斯道已大明，无须著作，直须躬行耳。"站在教条主义立场，尽管闭着眼睛看不见《明儒学案》的价值，但是事实胜于雄辩，究竟这《明儒言行录》著作给人的印象深，还是《明儒学案》的影响大呢？

《学案小识》批判

再从教条主义的学术史的著作，来进一步分析一下关于清代学者所作的学术史，也多半都是应用教条主义的方法，而且变本加厉了。黄梨洲虽给学术史开了一条新途径，而在梨洲以后，整个清代竟无一个可称为有真正史料价值的学术史，这究竟是为什么呢？原因很简单，就因为自此以后，在清三百年专制统治之下，大多数儒者的立场、观点都几乎和梨洲的人民立场、唯物观点背道而驰，既然没有正确的立场、正确的观点，也就不可能有正确的科学治史方法。清儒所作的非科学的学术史，并不算少，都是教条主义方法的粗制滥造。因为清政府提倡朱子学，他们也都成为朱子学的应声虫了。关于这一类作品，《四库全书总目》所录可见一斑。

《圣学知统录》二卷、《圣学知统翼录》二卷，清魏裔介撰。前者共载伏羲、神农以至许衡、薛瑄二十六人，意在发明道统。《翼录》中录伯夷、柳下惠以至顾宪成、高攀龙二十二人，自序谓以羽翼圣道，鼓吹六经，实为任意去取之作。

《闽中理学渊源考》九十二卷，清李清馥撰。他是李光地之孙，此书原题《闽中师友渊源考》，所述断自杨时，而分别支流，下至明末。四、五百年之中，谱牒秩然有序，盖宗派主义著作的典型。

《理学正宗》十五卷，清窦克勤撰。是编列宋周、张以至许衡、薛瑄共十五人，人各一传。

《学统》五十六卷，清熊赐履撰。此书以孔子、颜子、曾子、子思、孟子、周子、二程、朱子九人为正统，以闵子以下至明罗钦顺二十三人为翼统，以冉伯牛以下至明高攀龙一百七十八为附统，以荀卿以下至王守仁七人为杂统，以老庄杨墨告子及二氏之流为异统。而陆象山、陈白沙、王阳明均入杂统之中，纯然是门户之见。

《道统录》二卷附录一卷，清张伯行撰。此书乃仇熙所著《道统传》的增辑。

《道南源委》六卷、《伊洛渊源续录》二十卷，前书本明末朱衡《道南源委录》旧本重加考订，后书因明谢铎《伊洛渊源续录》采辑不全，加以补正。

《关学编》五卷，清王心敬撰。是书本明冯从吾《关学编》。冯著始于孔门弟子秦祖，终于明代王之士，心敬续辑，于秦祖之前增伏羲、泰伯、仲雍、文王、武王、周公六人，自汉至明，均有增补。

《闽学志略》十七卷，清李清馥撰。是书仿汤斌《洛学编》之例，大旨以朱子为宗，录其以后传教的人。朱子以前，亦仿汤斌例为前编。

《全闽道学总纂》三十八卷，清陈福林撰。是书亦以朱子为宗，篇内源流远近，派别是非，均以此为断。所列宋儒二百三十六人，元儒十七人，明儒七十二人，清儒二十四人，同治癸酉年刊本，《四库》未收。

盖自孙奇逢作《理学宗传》，又指导其门人魏鳌（莲陆）著《北学编》，汤斌（荆岘）著《洛学编》，已给教条主义的治史方法奠定下基础。《洛学编》四卷（《汤文正公全集》同治庚午刊本）分前编、正编,前编列汉杜子春、唐韩愈、宋穆修等六人,正编列宋二程、邵雍、吕希哲,元许衡,明薛瑄、吕坤等三十五人。其后尹会一(元学)又辑《续编》一卷,列清儒孙奇逢、汤斌、张伯行等七人,并前共五卷,为地方封建主义张目。此类著作不胜枚举,而要之,实为清儒所著学术史之一大特色。清儒所作学案,以及清儒学案本身,不带地方主义、宗派主义的极为少数,这是应用教条主义治史方法之必然的结果。就中尤其侥幸而享盛名的,即为唐鉴所批《国朝学案小识》十五卷,有清光绪十年据四砭斋重刊本、《四部备要》据原刻校刊本、上海文瑞楼石印本十四卷、上海群学社新标点本八卷。此书坊刻取与《宋元学案》《明儒学案》相配合,称《清儒学案》,实则是对于前三朝"学案"之一侮辱。唐鉴专主程朱之学,他所推崇的是清初二陆(陆陇其、陆世仪)、二张(张覆祥、张伯行),而于汤斌以兼宗陆王的,尚多加以批评。可见其见解狭窄,眼光短小,尚在汤斌之下。此辈所知只有朝廷的功令,所讲的也不过富贵、利禄,然而居然以哲学史家自居,至窃四朝"学案"之名,此可忍孰不可忍?读《学案小识·自叙》就很明白了。

> 欣逢圣朝,昌明正学,崇奖斯文,特示优隆。重加尊奉朱子,升祔十哲之次,诚千载一时,亿万祀学统人心之所系也。宜乎真儒跃起,辨是与非,扫新奇而归荡平,玄歧趋而入堂奥。还吾程朱真途辙,即还吾颜、曾、思、孟真授受,更还吾夫子真面目。

这真是道貌岸然的伪君子的开场白!全书《学案》十四卷,卷末一卷,分:《传道学案》《翼道学案》《守道学案》《经学学案》《心宗学案》。卷十二《经学学案》中列入余姚黄先生,所下评语,居然说:"孔子曰:'攻乎异端,斯害也已。'孟子曰:'生于其心,害于其事;发于其事,害于其政。'是言岂欺我哉。"真狂悖已极,侮辱先哲,不值一驳的话。然而此书既经其徒曾国藩为校字付梓并加提倡,则其恶影响所及,当在意料之中。此书所用治史方法和当时盛行的考证学方法无关,这只要注意曾国藩的书后,便容易明白了:

> 近世乾嘉之间,诸儒务为浩博,惠定宇、戴东原之流,钩研诂训,本河间献王实事求是之旨,薄宋贤为空疏。……别有颜习斋、李恕谷氏之学,忍嗜欲、苦筋骨,力勤于见迹等于许行之并耕,病宋贤为无用,又一蔽也。

唐鉴、曾国藩之流,反对当时的进步思想及其治学方法,这是有他们的反动的阶级立场、观点的,《国朝学案小识》无疑乎是给压迫人民的清封建统治阶级服务,他们的提倡朱子学,是朱子学的厄运,而他们所反对的戴东原及颜李学,则正是戴东原及颜李学的幸运。继此,民国徐世昌所作的二零八卷的《清儒学案》(一九三九年北京修绠堂刊本一百册),其书列入正案者一百七十九人,附九百三十二人,《诸儒学案》六十八人,共一千一百六十九人,虽就体例说,只算教条主义的著作,是史料的罗列,不能称为科学的学术史,且其作书的动机,也不过沽名钓誉,本不足取,但就其提倡颜李学,与别撰《颜李师承记》这一点,其见解仍出于《学案小识》之上,而且搜罗资料,取材于《汉学师承记》《宋学渊源记》《洛学编》《濂学编》《学案小识》,《先正事略》之《名儒经学》,《碑传集》之《理学经学》,《续碑传集》之《儒学》,《耆献类征》之《儒学经学》,虽不免"杂收",而方法上可说是比唐鉴高明多了。此外,如江藩之作《宋学渊源记》,自称"我朝圣人首出庶物，以文道成天下，斥浮伪，勉实行，于是朴械之士，彬彬有洙泗之遗风焉"（卷上，中华书局聚珍仿宋本），这是一派阿谀奉承的话，接着便抬出元和惠氏手书楹帖云"六经尊服郑，百行法程朱"，这是又一个给封建剥削阶级作叩头虫的门户之见，决也不在唐鉴之下。因此黄宗羲、顾炎武只能附列入《汉学师承记》卷八，而附于册后，变成尾巴了。

总而言之，四朝"学案"以黄梨洲的《明儒学案》为最珍贵的哲学史遗产，其他《宋元学案》因全祖望的立场不稳，便减少了史料的价值。至如《学案小识》一类的玩意儿，既与当时的科学的方法无缘，也就不能当作学术史看。但即就《明儒学案》来说，其缺点还很多。《学案》虽保存了许多原始资料，而当我们在作进一步的科学研究时，便觉得很不够。举例如王学左派李贽，当时名溢妇孺，"卓吾书盛行，咳唾间非卓吾不欢，几案间非卓吾不适"（陈明卿语），然而《学案》中一点原始资料的消息也没有，这不能不说是最大缺点。但《学案》虽对史料选择有其思想的制限性，一般说来治史方法还是好的，如《明儒学案发凡》说："每见钞先儒语录者，荟撮数条，不知去取之意谓何。其人一生精神未尝透露，如何见其学术？是编皆从全集纂要钩玄，未尝袭前人之旧本也。"这就是《明儒学案》所以高于其他的地方。《宋元学案》因有冯云濠与王籙轩所作的补遗，也可以讹漏较少，却是清儒学案直到现在尚没有满人意的著作，可称为尚未开垦的境地。从前缪荃孙有《国史·儒林传叙录》（《古学汇刊》第一集本），易顺鼎有《国朝学案目录》（琴志楼杂刻之一），刘师培有《近儒学案序目》（《左盦外集》卷十七《刘申叔遗书》），虽均有目无书，但较唐鉴等似尚高明一些。编纂学案的时代，现在是成过去了，代替它的乃是科学的中国哲学史或哲学断代史。这极伟大的科学研究工作，是应该完全站在工人阶级立场，用唯物观点与科学方法，即在马克思列宁主义历史研究方法论的基础上来从事的。谈何容易！然而无论如何，这一门的科学研究，既已由浙东学术开其端，我们只要脚踏实地，在前人的成绩上百尺竿头，更进一步，科学的中国哲学史是一定会完成其任务的。

第十讲　近代思想史料选题

　　中国近代思想史的史料整理方法，和古代哲学史料的整理方法有些不同，即古代哲学史料的整理，主要在"去伪存真"，而近代思想史料的整理，则主要在"去粗取精"。因为近代时代较晚，史料太多了。近代思想史的第一任务乃在怎样理解目前世界历史和中国历史思想的大转变，换言之，即使近代思想史的研究工作和现代思想发生密切的联系。因此近代思想史的史料学，应该方向转变，即从单纯的辨别真伪一变而尤注重史实的解释与历史的现代性。当然在史料的搜集时，我们也不应该忘记那些校勘考订和一般改正文字错误的方法。但即在改正文字错误的时候，也须联系时代背景，近代思想史料和古代哲学史料的不同地方，在近代思想史料，有一部分文献是在外国的记载中，把外文译成中文，就已经会有许多问题发生。举例如马克思《资本论》第一编第一章注二十五（莫斯科马恩列学院德文本一九三二年版，中译见《马恩论中国》）："Man erinnert sich, dass China und die Tische zu tanzen anfingen, als alle übrige Welt still zu stehn schien—Pour encourager les autres (um die Anderen zu ermutigen)."

　　这当然是关于太平天国很好的思想史料，却是这一段在《万人丛书》英译本（Everyman's Library，848，Eden 与 Cedar Paul 合译）便完全省略。中译本（王亚南、郭大力译，读书出版社版，三联书店版文同）：

我们想起了这样的话，当一切其余的世界皆静着不动时，瓷器和桌子舞蹈起来了。

在这一段费解的文句里，"瓷器"一名据河上肇、宫川实的日译本，译作"陶器"，本质上没有什么不同，只多出一句：

吾々は、他のすべての世界が静止しているように見えるとき、他のものが起こさぬまに、陶器と机が踊り出す、そういうふうな話を思い出す。（第一卷第一分册页105，岩波文库创刊版131）

实则"陶器"二字，原为 China 之译文，应作"中国"解释。里阿查诺夫（Riazanov）在《在马克思主义旗帜下》（第一年度）发表马克思在一八五三年《纽约每日论坛报》(The New-York Tribune)所作《中国与欧洲革命》(Die Revolution in China und in Europa)，并作解说，其所引《资本论》这一段话，正作"中国"解。原来这里"中国"和桌子舞蹈起来，即是指太平天国革命。马克思在一八六二年七月七日《泼莱塞报》第一八六期上，并未署名，发表《中国事件》也说及：

在桌子开始跳舞以前不久，在中国，在这块活的顽石上开始了革命酝酿。（《马克思恩格斯论中国》，解放社版）

我们能将这里"中国"一名解作"瓷器"或"陶器"吗？不能。因为桌子振动，为欧洲当时流行的一种迷信，据马恩列学院编辑部注："这是指一八五零年代初，欧洲贵族界中很流行的请仙扶乩，使桌子跳舞。"马克思不过借来表明太平天国革命使中国开始翻身的意

思而已。为想明白这一段《资本论》的文句,最好是把里阿查诺夫说明《中国与欧洲革命》一文的时代背景引证一下:

> 正好在这个时候,欧洲的反动派奏着凯歌,共产者同盟解散了,马志尼及其徒党所组织的米兰暴动(1853年2月),结果是失败了。马克思因此把这看作最近继续着的危机的前兆而欢迎它,而他更多地欢迎远东方面革命运动的崛起。神经硬化了底欧罗巴,直到如今尚缺乏什么动作,把他和开始活动的中国对照一下,谁也一目了然只颠覆了帝位和祭坛底文明欧罗巴,现正热中于跟着美洲舶来的流行品而亦步亦趋。马克思以后想到这个事情,在《资本论》中说:"人们想起来了当一切其余世界都处在静止状态的时候,中国和桌子开始跳舞起来,正如来鼓动大家也来跳舞似的了。"

这不过一个例,证明了即在近代思想史料中,也需要有校勘、考订的工夫,不过不能把这种工夫作为近代思想史料学的惟一方法罢了。中国近代思想史资料,开始于外国资本主义势力侵入后地主阶级社会改革思想和人民革命思想的兴起,终结于五四运动时期资产阶级、小资产阶级革命思想的分化和马克思主义在中国的传播,中国经过了太平天国革命、戊戌维新运动、辛亥革命以迄五四运动(参看《中国近代思想史讲授提纲》,人民出版社)。这单举中文史料上说已经是太丰富了,即因其太丰富了的缘故,所以不能不"去粗取精"。"精"是指民主性的精华,"粗"是指封建性的糟粕,这关于思想史料的选题标准,当然适用于中国哲学全史,而在近代思想史上尤其显得突出。近代思想史是民主主义与封建主义斗争,并且标志着民主主义逐步胜利的历史。民主主义是从唯物主义哲学出发,封建主义则从唯心主义哲学出发，因此这种漫长的过程，同时也就标志着唯物主义与唯心主义两个对立面的斗争过程。现在即马克思所称打破了"天朝"万古不朽思想，推翻了与文明世界隔绝的闭关主义（《马恩论中国》），即从鸦片战争所引起的反封建的运动开始。

鸦片战争时期的思想史料

鸦片战争时期地主阶级的知识分子抵抗外国资本主义的侵略和要求社会改革的思想，可以龚自珍、林则徐、魏源为代表。现先从龚自珍说起，自珍所著有关于文字学的（《说文段注札记》，见《观古堂汇刻书》），关于文学的（《定盦诗集》定本二卷词一卷集外未刻诗一卷，见《风雨楼丛书》册一；《定盦词》五种，见《清名家词》），有关于地理的（《蒙古水道志》《蒙古台卡志》《青事宜论》《居庸关说》《昌平州说》，均见《小方壶斋舆地丛钞》），有关于经学的（《大誓答问》一卷，《春秋决事比》见《清经解续编》），但关于思想的主要著作，则收入如下三书：

《龚定盦集》一卷，据魏默深、龚孝拱手定原本校刊，见《风雨楼丛书》。

《龚定盦全集》十五卷，清光绪二十三年（一八九七年）万本书堂精刊本五种八册（此书较别集缺文、拾遗、年谱等）。

《定盦文集》三卷、《续集》四卷，又《文集补》及《补编》四卷、《佚文》一卷，《文集》《续集》为武林吴氏据龚定盦手写定本，《补编》为兰山汤氏所定，《万有文库》本。

就中重要论文有关于抵抗外国资本主义侵略的如《送钦差大臣侯官林公序》（《定盦文集补编》卷二），文中决定鸦片为"食妖"，主张严厉禁绝，并禁止外货如呢羽毛之类，积极方面则请求火器。关于反对专制政治的，如《古史钩沉论一》(《文集续编》卷二)、《乙丙之际箸议第九》(《文集》卷上)。又《古史钩沉论四》(《文集续编》卷二)亦为对清室种族歧视而发的抗议。关于要求社会改革思想的，最早见于《平均篇》(《文集》卷上)指出贫富的不平等，由小不相齐，渐至大不相齐，大不相齐即至丧亡天下，又《乙丙之际箸议第七》(同上)、《上大学士书》(《文集补编》卷二)均表现改良主义思想，为后来变法运动所本。《述思古学议》(《续集》卷二)指出时文流弊，《祀典杂议之二》(同上)提议废文昌帝君及魁星，均与后来维新思想有关。又《五经大义终始答问七、八》(同上)发明太平大一统，与《春秋》三世之义，亦为康有为大同说所本。关于哲学思想，如《壬癸之际胎观第五》(同上)发明变化的规律是一而立，再而反，三而如初，这是自发的辩证法思想。《论私》(同上卷一)与《农宗》(《文集》卷上)言上古不讳私，表现其个人主义思想。又《古史钩沉论二》(《续集》卷二)主张六经皆史，诸子皆出于史，则为浙东学派历史哲学之一继承，至于《释魂魄》(《文集补编》卷三)，提出魂有知的疑问。《最录神不灭论》(同上)以神不灭为亦儒者之言，则完全跳入唯心主义的圈套中，此亦可见龚定盦思想的制限性。

其次林则徐，著书有关于文学的如《云左山房诗钞》八卷(清光绪十二年家刊本)，关于地理的如《俄罗斯纪要》一卷(见《洋务丛钞》)、《滇轺纪看戈纪程》(见《小方壶斋舆地丛钞》)，有关于水利的如《畿辅水利议》一卷(见《海粟庐丛书》，又光绪二年刊本)。而最特色的是译书二种:《华事夷言》《四洲志》(见《小方壶斋舆地再补编》)。但单就其抵抗外国资本主义势力侵略的思想史料来看，则只《林则徐政书》和《信及录》二种，就已经够了(光绪三年长洲黄氏所刻《政书蒐遗》可供参用)。《政书》有四家奏议合钞本二卷，清光绪十一年刊本三十七卷，咸丰侯官林氏家刻本三集七种，附李元度撰《林文忠公事略》，近刻有《万有文库》第二集第144种本。《信及录》为林则徐所遗留的钞本，一九二四年在广东虎门烧烟九十年纪念时刊行，收入《神州国光社内乱外祸丛书》中。

再次魏源，本林则徐幕客，道光十年（一八三〇年）曾与林则徐、龚自珍等结成一南诗社，其所著主要关于历史地理方面。历史有《元史新编》九十五卷（清光绪三十一年邵阳魏慎微堂刊本），地理书见《小方壶斋舆地丛钞》，约共二十余种。关于经学有《诗古微》（《清经解续编》）、《书古微》（同上），子学有《老子本义》二卷（《渐西村舍丛刻》）。但使他成为思想史上重要人物的，却在于以下三书：

《圣武记》十四卷，清道光二十二年古微堂刻本、光绪七年粤垣榷署重刊本、光绪二十八年上海书局石印本、民国十七年上海中华据古微堂原刻校刊《四部备要》本。

《海国图志》五十卷，清道光二十二年活字版印本；又六十卷　道光二十九年古微堂杨州刻本、道光二十四年邵阳魏氏古微堂活字本；又一百卷　同治六年彬州陈氏刊本、光绪二年平庆泾固道署重刊本、光绪六年邵阳急当务斋刻本、光绪二十八年文贤阁石印本，附林乐知等编译《海国图志续集》。

《古微堂内外集》十卷，清光绪四年淮南书局刊本，内《默觚》前十四篇论学，后十六编论治；又《外集》卷三、《皇清经世文编叙》《海国图志叙》、卷八《军储》篇均为重要思想史料。

案魏源实为中国重商主义元祖，《海国图志》据光绪元年（一八七五年）左宗棠叙："海上用兵，泰西诸国互市者纷至，西通于中，战争日亟，魏子忧之，于是蒐辑海谈，旁摭西人著录附己见。"其书自叙称："为以夷攻夷而作，为以夷款夷而作，为师夷长技以制夷而作。"第一是兵战，第二即商战。重商学派重货币，魏源作《圣武记》，卷十四《军储篇》一、二、三、四篇主张"源之利"，前三篇言货源，后一篇言食源。"语今日缓急之法，则货务先于食""货源莫如采金"，所以极力主张开银矿。开银矿"不惟足以实边储，且力足以捍外海"，这是很明白的重商主义思想。因重商所以重城市过于乡村，《默觚》卷三《治篇》可见。这和顾炎武《日知录》卷十二"人聚"重乡村之重农派思想绝不相同。魏源思想影响颇大，日本明治维新曾受《海国图志》之影响（见范文澜《中国近代史》、梁启超《论中国学术思想变迁之大势》第八章第三节），分析他的史料时，是应特别注意他和后来戊戌维新思想的关系。

在鸦片战争前后，地主阶级知识分子要求社会改革的思想以外，还应注意那时候中国人民抵抗外国侵略和反对卖国投降的思想。这重要史料，在《中国近代思想史参考资料简编》（三联书店版）中所举的如《广东乡民与英夷告示》及道光二十六年五月初八日揭帖。这三种史料之外，近广东省文史研究馆所编三元里人民抗英史料，如何玉成之《揽翠山房诗辑》等，亦可供参考之用。

太平天国思想史料

于是从鸦片战争时期的思想史料，再进来搜集一下农民革命运动高潮时期太平天国的革命思想材料就更多了，而且这些材料的整理现已成为一种新兴的专门学问。自从孙中山为《太平天国战史》作序开始，以后国内研究太平天国的便分史料考订和史料整理两大派分途并进：一派注重史料之考订整理，如《太平天国丛书》（萧一山编）、《太平天国杂记》（简又文编）、《太平天国史事论丛》（谢兴尧）、《太平天国辨伪集》（罗尔纲）之类。一派则注重史料之解释，如张霄鸣之《太平天国革命史》、李一尘之《太平天国革命运动史》。两派互有短长，即前一派注重史料之考订，是其所长，而缺乏史料之解释，是其所短。后一派注重史料之解释，是其所长，而缺乏史料之考订，是其所短。到了现在，太平天国史料的研究法，基本上有了改变，从前注重史料考订的一派，如罗尔纲等都已转变方向，综合了两派的所长而去其所短，以马克思主义历史方法为依据，将史料考订和史料解释联系在一起，这是太平天国史料学的新倾向。

现在试述一下太平天国史料之考订方面，太平天国史料应包括史料之各方面，即：（一）民俗学的史料（传说），（二）文献学的史料（文献），（三）考古学的史料（遗物），就中尤以文献学的史料为最丰富。民俗学的史料，如简又文的《金田之役及其他》(《太平天国杂记》二辑，一九四四年商务版），广西省太平天国文史调查团所作《太平天国起义调查报告》，其中从洪秀全等故乡所得的太平天国新史料中不少即为传说史料。考古学的史料，如太平天国起文钱（参照《太平天国杂记》），据云为起义各首领在金田起义时，私铸此以为群雄聚义——群虎会风云——之纪念品。又如浙江嘉兴之太平天国遗碑二种，一为永安炮台碑，一为长乐炮台碑，均可考见太平军占领嘉兴的史绩。又如绍兴太平天国壁画（调查记见《历史研究》一九五六年第二期），南京如意里太平天国壁画（见同上，第五期），罗尔纲均为考证。其余如太平军器之类，现存者尚不少，可见考古学的史料，对于太平天国史的研究，也是很有帮助的。

然而史料之最丰富者，还是文献学的史料。这类史料又可分为二类，一为依文字传承者，一为依绘画传承者。后者如呤唎：《太平天国革命史》(Lindley: *Ti-Ping Tien-Kwoh: The History of the Ti-Ping Revolution*）中所载太平军队、太平教堂及忠王肖像、忠王亲临军事会议图之类。又如《贼情汇纂》卷四《伪军制》中"阵法"一节所绘各阵图和营垒各图，又同书卷六《伪礼制》中"伪朝仪"一节所绘帽、龙袍、马褂等图，以上各图可考见太平军之兵制服饰，故甚可贵，且为《太平天国野史》所无，惟《野史》有"号帽图"，较《贼情汇纂》卷五所绘更为精美。以上为依绘画传承者。

就文献史料之依文字传承者，又可分为十四类如下：

（一）官书　如太平天国所印诏书，所谓"旨准颁行诏书"，如①《太平礼制》，②《幼学诗》，③④《天父下凡诏书》（第一部、第二部），⑤《天命诏旨书》，⑥《天条书》，⑦《太平诏书》，⑧《太平军目》，⑨《太平条规》，⑩《颁行诏书》，⑪《天父上帝言题皇诏》，⑫⑬《新旧遗诏圣书》，⑭《太平天国癸好三年新历》，⑮《三字经》，⑯《太平救世歌》，⑰《建天京于金陵论》，⑱《贬妖穴为罪隶论》，⑲《诏书盖玺颁行论》，⑳《天朝田亩制度》，㉑《天理要论》，㉒《天情通理书》，㉓《御制千字诏》，㉔《行军总要》，㉕《天父诗》，㉖《醒世文》，㉗《王长次兄亲目亲耳共证福音书》。以上共二十七部，内①②⑧⑮原刻本藏德国柏林普鲁士国家图书馆，③④⑤⑩⑰⑱藏法国东方语言学校东方图书馆，⑥⑦⑨⑪⑭⑯⑲⑳㉒至㉗藏英国不列颠博物院，㉑藏英国剑桥大学图书馆。现分别收入程演生《太平天国史料》、萧一山《太平天国丛书》及王重民《太平天国官书十种》、罗邕、沈祖基合编《太平天国诗文钞》中。官书有不见于《旨准颁行诏书总目》中的，如㉘太平天国甲寅四年，㉙戊午八年，㉚辛酉十一年新历三种。㉛《太平礼制第二部》，㉜《资政新篇》，㉝《天父天兄天王太平天国己未九年会试题》，㉞《开朝精忠军师干王洪宝制》，㉟《钦定军次实录》，㊱《钦定英杰归真》，㊲《钦定士阶条例》，㊳《太平天日》，㊴《幼主诏书》，共十三种。内㉚㊲㊴不列颠博物院藏，㊱旧国立南京图书馆藏。均收入《太平天国丛书》第一集，余均为剑桥大学藏本，收入王重民《太平天国官书十种》。

清室方面官书如朱学勤等纂《钦定剿平粤匪方略》，亦属此种。

（二）诏谕　如太平天国文书、谕、呈、尺牍、职凭等，见北京故宫博物馆编《太平天国文书》，北平研究院萧一山编《太平天国诏谕》《太平天国书谕》。

（三）供状　如李秀成供状（湘乡曾富厚堂藏自传原稿，有罗尔纲笺证本）、干王洪仁玕供状、幼主洪天福贵供状、邱王洪仁政供状、昭王黄文英供状（胡友棠藏原刻本载《逸经》第二十期、第二十一期）、洪大全供状（载民国二十三年九月一日《大公报》图书副刊第四二期）、遵王赖文光供状（柴小梵辑《梵天庐丛录著录》），及杨辅清福州供词等。供状之史料价值甚高，如洪仁玕供状与李秀成供状比较，两者同叙述洪杨等广西起义的情形，洪氏偏重宗教方面，李氏叙述则偏经济方面，而两人针锋相对，参考《沈文肃政书》卷三《讯明逆首供情折》（同治三年十月十三日）便知。要之，这两供状均为无尚珍贵的史料，如以洪秀全之出身言，依清官书及笔记所载，各种说法不同，如（1）护送烟土洋货说（《贼情汇纂》卷一），（2）演命卖卜说（《平定粤匪纪略》附记一《王定安湘军记》卷四、《求阙斋弟子记》卷四、《庸闲斋笔记》卷四，广州传雅堂本）均不可靠。护送烟土与太平天国宗旨根本不合，断无此事，演命卖卜说当系误以洪大全的传说和洪秀全并作一谈。惟李秀成、洪仁玕两供状（3）读书说为可信，《瓮牖余谈》与《金壶七墨》亦有此说，乃本于供状。举此一例即可以证明供状之史料价值。

（四）战纪　如韦以成《太平天国战纪》及杜文澜《平定粤匪纪略》、秦湘业《平浙纪略》、鲍照《战功纪略》、王闿运《湘军志》及王定安《湘军记》、陈昌《霆军纪略》、罗尔纲《湘军新志》等。

（五）类纂　如张德坚所编《贼情汇纂》，为言太平天国典章文物必备之书，为《太平天国野史》所本。太平天国官书为太平天国宣传，《贼情汇纂》则为太平天国作反宣传。但此反宣传的编者张德坚，除了反宣传的语句以外，采访事实是很能抱科学态度的，观其自序可知。此书首列采访姓氏，分官绅、兵勇、难民、俘贼四等。书中各篇，系何人所见所说，皆于一编之末注明，而且其书其名，决非敷衍塞责者比。最有趣的是在凡例里说明他一片苦心，求人原谅。他说："一切伪制本属荒谬暴虐者，皆极力丑诋之。然披猖至此，似非毫无伎俩，于军制诸条殊多记其能事。剧盗在前，詈之何益？览者谅焉。"此书共十二卷，总分九类，实为太平天国文化研究之一重要史料，因为太平官书虽极可靠，但尚非有系统的著作，此则条理明白。现在拿来和凌善清所著《太平天国野史》比较，《野史》据著者自序，实本于《洪杨纪事》抄本。实则《洪杨纪事》所记太平故实，止于咸丰五年（太平四年），于职官兵制考订周详，实即《贼情汇纂》一书的变名。又有《洪杨汇纂史略》抄本（清华大学图书馆藏），与民国十七年北京广业书社所刊行《太平天国别史》亦均出于《贼情汇纂》。而《太平天国野史》为从《洪杨纪事》抄本增补订正而成则决无可疑也。把《野史》与《汇纂》比较，如《太平野史》所删削的文字，均为《汇纂》所认为"一切伪制本属荒谬暴虐"、应"极力丑诋"的。《野史》所改正的文字，如《汇纂》卷八"贼文告"改作"文告"，"伪文字"改作"文字"，此一条首一句"考古篡窃之君"，"篡窃"改为"革命"，此可见《野史》为全从《汇纂》改编之痕迹。又《野史》所增加的文字，以列传为最多。又太平军所颁檄文，亦为《汇纂》所无、《野史》所特有。《野史》与《汇纂》颇有异同，而均为文化史资料。《汇纂》原抄本旧藏南京国学图书馆，现已散失，影印本流传亦不广，故特为之说明如上。

（六）奏疏　如《曾文正公奏稿》（《全集》第二册）、《胡文忠全集》（包括奏疏及书牍共八十六卷）、《左文襄公奏疏》（初、续二编内初编三十八卷《剿匪》可参考）、《李文忠公奏疏》（二十卷，或《李文忠公全书奏稿》本）、《骆文忠公奏议》（十六卷，又续刻《四川奏议》十一卷附录一卷）、《沈文肃公政书》（七卷）、《彭刚直公奏疏》（八卷）、《李文恭公奏议》《江忠烈公遗集》（三册）、《忠武公会办发逆奏疏》（清华大学藏钞本）、《杨勇悫公奏议》《刘壮肃公奏议》《曾忠襄公奏议》（六十四册）、《皇朝道咸同光奏议》（王延照、王树敏辑共二十八册）。此项奏议甚多，如上所举曾国藩、胡林翼、左宗棠、李鸿章、骆秉章、沈葆桢、彭玉麟、李星沅、江忠源、向荣、杨岳斌、刘铭传、曾国荃等已十三家，其奏报军情战绩虽未免夸张失实，不足称为信史，但是我们只要用新的治史方法，来整理它、批判它，则未尝不可发现新史料。如第一将各家奏疏互对比看，王闿运作《湘军志》，看胡奏稿，又看曾奏疏，发觉曾不及胡，即是应用这种方法。又如左宗棠自同治甲子后与曾国藩绝交不通音问，这事薛福成《庸盦笔记》卷二曾有记载。但其绝交的理由，事关幼天王洪福瑱，详细情形可并看曾、左、沈三人奏疏。此即一例。第二是将各家奏疏与家书函牍并看。咸丰以来名臣有奏疏的多也有家书，如《曾文正家书》《左宗棠家书》《李鸿章家书》《彭玉麟家书》之类。奏疏虽多夸张粉饰的话，家书中间有涉及军情战报的，则较为可信。如前耶鲁大学海尔（Hall）所著《曾国藩与太平天国》（*Tseng Kuo-fan and the Taiping Rebellion*）即专根据曾国藩的信件为资料而成功的。

（七）文集　如冯桂芬之《显志堂稿》卷四有《上海守城记》，卷六有张国梁、程学启等传，及郭嵩焘《泰知书屋文集》、梅曾亮《柏枧山房文集》、汪士铎《梅村剩稿》，均可资旁证。

（八）笔记　如谢稼鹤《金陵癸甲纪事略》（有谢兴尧《太平天国丛书》十三种排印本，《国粹丛书》第三集国学保存会本颇有删节，改名《金陵癸甲摭谈》），朱圭《思痛记》（上海振震书房校录原稿改订本名《太平军中被难记》），樗园退叟《盾鼻随闻录》（《小说月报》第六卷第九号至第十一号）之类，均为专记太平军事者。如陈其元《庸闲斋笔记》、薛福成《庸盦笔记》、王韬《瓮牖余谈》、黄钧宰《金壶浪墨》、汪士铎《乙丙日记》则皆涉及太平军者，均极精彩。又《上海掌故丛书》中有关于太平军占领上海的笔记，谢兴尧《太平天国丛书》十三种第二辑《珍籍汇编》，亦均属这一类。

（九）方志　如《同治浔州府志》《民国桂平志》《光绪贵县志》均可见洪杨起义时情形。又《上海县志》《宁波志》《镇江府志》等均可见太平军进至上海附近时的情形。

（十）传记　如朱孔彰《中兴将帅别传》（坊刻作《中央名臣事略》，或作《续先正事略》），又如王定安《求阙斋弟子记》共三十二卷，专为曾国藩作评传，卷十附《贼酋名号谱》，为研究太平天国封爵之参考资料。

（十一）外人著作　如英国蓝皮书（*Taiping Rebellion: Papers Respecting the Civil War in China, 1853–1863*）出版各册，呤唎（Lindley）著 *The History of the Ti-Ping Tien-kwoh Revolution, Including a Narrative of the Author's Personal Adventures*（2Vols., London，一八六六年；孟宪承译《太平天国外纪》三册，商务印书馆一九一五年版）。瑞典人韩山文（Rev. Theodore Hamburg）著 *The Visions of Hung-sin-tshuen and Origin of the Kwang-si Insurrection*（一八五四，香港）。此书洪仁玕所述，有简又文译本，载《太平天国杂记》，又中西文合璧有燕京大学图书馆本。此外如 Hake、Meadows、Rine、Callery and Yuen 等所著关于太平天国的著作文件，未经汉译者，依戈尔逊（H. Cordier）《中国学图书目录》（*Bibliotheca Sinica* Vol. I. PP. 645-664, Vol. IV. PP. 3106-3107, Vol. V. PP. 3483-3484）所载英文著作有一百七十种，法德文著作有三十种，均可资参证。

（十二）近人著作　如刘成禺《太平天国战史》、王钟麒《太平天国革命史》（商务）、罗尔纲《太平天国史纲》（商务）、李一尘

《太平天国运动史》（光华）、张霄鸣《太平天国革命史》（神州国光社）、谢兴尧《太平天国的社会政治思想》（商务）、李群杰《太平天国的政治思想》（真理出版社）、罗尔纲《太平天国史稿》（开明）、范文澜等《太平天国运动》、彭泽益《太平天国革命思潮》（商务）、简又文《太平天国广西省义史》等，皆属通史性质。或专论社会政治思想者。其属于考证方面，如郭廷以《太平天国史事日志》《太平天国历法考订》。就中尤以罗尔纲最近的著作为多，有《太平天国史记载订谬集》《太平天国史事考》《太平天国史料辨伪集》等。

（十三）史料丛刊　如《文献丛编》《掌故丛编》（故宫博物馆）中之太平军事件史料，《中国近百年史资料》正、续编（中华）之太平天国史料。尚有程演生《太平天国史料》第一集（北京大学出版社），刘复辑录《太平天国有趣文件十六种》（北新），及罗邕、沈祖基编《太平天国诗文钞》，则为专辑太平天国史料而不及其他者。《史料》第一集收录巴黎东方语言学校所藏史料，《有趣文件》收录不列颠博物院所藏史料，惟多琐碎小品，其藏普鲁士国立图书馆的最精彩，由俞大维摄影，张菊生校补，共计八种，罗邕据以编入《太平天国诗文钞》。又谢兴尧编《太平天国丛书》十三种（一九三八年北京瑶斋丛刻本），第一辑论著，第二辑珍籍汇编，第三辑太平诗史。

（十四）新闻杂志　如邸报兼录上谕奏疏，惜不多见。英文《华北先驱周刊》（North China Herald）与《中国邮报》（China Mail），为数十年前在上海香港出版的，颇多珍贵之太平天国史料。《遐迩贯珍》（Chinese Serial）咸丰三年至六年在香港出版，其中有关太平天国史料，现已收入《明清史料》第二种《太平天国史料》（北京大学文学研究所、北京图书馆合编，开明书店版）中，又解放前杂志如《逸经》《经世》《国闻周报》《大风》及现出版之《历史研究》，均有关于太平天国文献的报道。

由上所述文献学史料共十四种，实则应用参考书目，决不止此数。如研究太平天国背景，则如《清经世文编》《续经世文编》《东华续录》（道光朝、咸丰朝、同治朝）、《清史稿》，均不能不加注意。由于太平天国史料太丰富了，使我们得以见到史料之多样性之一范例。又因在海外所藏太平天国当时之直接史料，现均从外国方面不断地归回本国，使我们对于清政府官书所作对于太平天国的歪曲记载，得以纠正。有了这样巨大的收获，而后太平天国的革命思想才好讲。不过太平天国革命思想史料，虽然所涉范围极广，而应用起来则不能不去粗取精。如关于史料的解释，马克思在一八五三年《纽约每日论坛报》所作《中国与欧洲革命》、一八五〇年一月三十一日所作《国际概况》、一八六二年七月七日所作《中国事件》、一八五八年九月二十五日所作《鸦片贸易》（第二编），均能科学地分析太平天国革命的原因，这是太平天国革命思想研究的绝好材料。马克思不但在《拿破仑第三政变记》和《资本论》中应用了历史唯物主义的理论，即在论太平天国革命各篇，也都是这理论的应用上的一个非常辉煌的例子，真是再正确也没有了。至于太平天国思想史料本身，它固然是太平天国史料的精华所在，但却不就等于所有太平天国史料。所以在太平天国史料之中，选出那是革命思想史料，这便成为必要的了。这些史料，约可分为数类：

（一）官书

《原道救世歌》（一八四五——一八四六），洪秀全

《原道醒世训》（一八四五——一八四六），洪秀全

《原道觉世训》（一八四五——一八四六），洪秀全

《天条书》（一八五〇）

《天朝田亩制度》（一八五三）

《天父下凡诏书》（一）（一八五一），蒙得天、曾天芳纪录

《天父下凡诏书》(二)(一八五三)

《天命诏旨书》(一八四九——一八五三)

《太平救世歌》(一八五三)

《天情道理书》(一八五四)

《幼学诗》(一八五一)

《醒世文》(一八五八)

《天父诗》(一八五〇——一八五九),洪秀全

《王长次兄亲目共证福音书》,洪仁玕

《英杰归真》(一八六一),洪仁玕

《太平天日》(一八四八年作,一八六二年刊行)

《资政新篇》(一八五九),洪仁玕

《军次实录》(一八六一),洪仁玕

(二)诏谕

《诛妖诏》(《贼情汇纂》卷七"贼文告"),洪秀全

《戒吸鸦片诏》(同上),洪秀全

《赐西泽番弟诏》(王重民据英剑桥大学钞本载《逸经》第二十三期),洪秀全

《奉天诛妖救世安民谕》(一八五二),杨秀清、萧朝贵

《奉天讨胡檄布四方谕》(一八五二),杨秀清、萧朝贵

《救一切天生天券中国人民谕》(一八五二),杨秀清、萧朝贵

《檄告招贤文》(一八五二),石达开

《攻湖南檄文》,石达开

《诰四民安居乐业谕》(一八五三),杨秀清、萧朝贵

《诲谕殿右壹拾检点陈玉成弟》(一八五五),秦日昌

《照会天朝国宗石兄》(一八五四),罗大纲

《劝谕弃暗投明檄》(一八六〇),洪仁玕、陈玉成、李秀成等

《戒浮文巧言谕》（一八六〇），洪仁玕、蒙时雍、李春登

（三）供状

《李秀成自传原稿》（一八六四），李秀成

《干王洪仁玕供状》（一八六四），洪仁玕

（四）诗文

《颁行历书序》（一八五四）

《常熟报恩牌坊碑序》（一八六二）

《白龙洞题壁诗》，石达开

《歌咏忠王民歌》（一八六四）

（五）其他

《讨粤匪檄》（一八五三），曾国藩

《上逢天义刘大人禀》，黄畹

太平天国虽然是农民性的反对封建革命，但却与从前中国历史上的农民革命不同，即从前的农民革命是在闭关时代，而太平天国则处在中国的海禁大开时代。前者革命之经济原因纯然为反封建的剥削，后者革命之经济的原因，则在帝国主义侵略与封建统治的剥削两层经济的压迫之下。太平天国起义中人，因其与西方的宗教文化接触，因亦最早"向西方国家寻找真理"。史料中如《天朝田亩制度》提出"有田同耕，有衣同穿，有钱同使，无处不均匀，无人不饱暖"的伟大理想，这尚不过空想的农业社会主义，是《周礼》一书和早期基督教徒《使徒行传》中思想的结合。但到了洪仁玕的《资政新篇》，便不然已。洪仁玕是农民革命队伍中受过西方资本主义思想影响的启蒙人物，从他以后，中国的思想界便孕育着资本主义的萌芽思想，如太平天国革命以后、戊戌维新以前的思想界即是包围在这资本主义的萌芽思想的气氛之中，这就是从封建统治阶级中初步分化出来的具有资产阶级观点的改良主义。

戊戌维新思想史料

在国际帝国主义侵略下的中国,初期资本思想乃从官僚资本开始,其次才有商业资本的集积,但还不是工业资本。商业资本在中国和在欧洲一样,它是工业资本主义发展的历史前程。马克思曾指出商业斗争是与工场手工业之兴起同时,一般地出现于十五世纪之末与十六世纪之初,这和封建制之解体有关(《德意志意识形态》)。在十六、十七世纪与地理发现一同发生并曾迅速促进商人资本发展的商业大革命,在封建生产方法到资本主义生产方法的过渡上是一个主要的推进原因(《资本论》)。因为商业资本先于产业资本。真正所谓资本主义生产方式占统治地位是在资本主义的机器时期,而真正所谓机器,创始于十八世纪之末(《哲学之贫困》)。在此之前工场手工业还不是用机器之近代的工业。因此可以说在工场手工业时期,即在资本主义社会的前阶段,是商业支配工业(《资本论》)。为要指明这在以商人为代表的商业资本怎样和产业资本不同,马克思曾指斥近世经济学就连它的最上流的代表,也在把商业资本和产业资本混同,并且把商业资本的特征忽视(《资本论》)。因为商业资本是产业资本的历史前驱,所以他在封建生产方式变为资本主义生产方式中起了巨大的推进作用;同时又因为商业资本和产业资本不同,他的独立发展有助于为数众多的封建残余的保存。正如斯大林在一九二七年时事问题简评《关于中国》(《列斯论中国》)中所云:封建残余的统治,同乡村商人资本的存在相结合。这就是中国产业落后与不容易发展的原因。

现在专就戊戌维新时期来说,这时候中国资本——商业资本和高利贷资本——已占统治地位。而在生产领域内,资本才走上了第一步,尚在工场手工业时期,是商业支配产业,不是产业支配商业。所谓工业,大体属于商办或官商合办,虽从外国输入机器,但还不能自己制造。这时候二十一省所办"新政"据胡思敬《戊戌履霜录》(光绪癸丑南昌退庐刊本,题退庐居士撰)卷四所载"工商""矿务""股票"各表,其中"股票"一项,"官股"之外,如"盐商""典商""钱行丝绸工业""商股""商""中商""吉商"股,均为商业资本和高利贷资本。"工商"一项如"立总商会""设商务局"固然是重商,就是"创工业赛会场",设劝工学堂,立缫丝厂、纺纱厂、设装茶公司,也不过是讲工艺以兴实业,尚属于工场手工业性质的。至于"开矿",本和重商为一件事。光绪以后士大夫竞言富强,华商之集矿股,正因为黄金和白银流出国外的数目太多了(参薛福成《筹洋刍议矿政篇》,马建忠《适可斋记言上李伯相论漠河开矿事宜禀》)。由重商主义者看来,商业战争首先必须使流入国内的金银尽量的多,流出国外的尽量的少,所以开矿乃所以保护封建社会内新兴的资产阶级利益(参陈炽《续富国策维持矿政说》)。这是清道咸以来重商主义产生的背景,同时也是"戊戌维新思想"的背景。

中国商业资本的兴起,反映在清中叶以来的重商主义者的学说中,首先可以算到魏源。戊戌以前的维新思想,即继承其重商思想而来。毛泽东同志在《中国革命与中国共产党》中说:

> 事实上,由于外国资本主义的刺激和封建经济结构的某些破坏,还在十九世纪的下半期,还在六十年前,就开始有一部分商人、地主和官僚投资于新式工业。到了同世纪末年和二十世纪初年,到了四十年前,中国民族资本主义便开始了初步的发展。

由于一部分商人、地主和官僚是中国资产阶级的前身,所以中国资产阶级一产生便特别显出他的软弱性,尤其半殖民地的商业高利贷资产阶级,根本还是封建社会的产物。

> 帝国主义列强从中国的通商都市直至穷乡僻壤,造成了一个买办的和商业高利贷的剥削网,造成了为帝国主义服务的买办阶级和商业高利贷阶级……
>
> 于买办阶级之外,帝国主义列强……首先和以前的社会制度的统治阶级——封建地主、商业和高利贷资产阶级联合起来,以反对占大多数的人民。(同上)

这就是说伴随着帝国主义的商品侵略,还有"中国商业资本的剥蚀"。在这里,那从帝国主义列强侵入中国以来所产生的买办阶级,首先是以洋务派的官僚资产阶级为代表,其次才是封建地主和商业资产阶级,也就是列宁所称为君主自由资产阶级,这是从洋务派中分化出来的改良主义。其初起时都和洋务派或多或少保持着一种关系,洋务派和他们都一样讲求富强之道,但洋务派首先讲的是"求强",所谓强就是练洋操、用洋军器,所以提倡官办军用工业,购买外国的船和枪炮,设船政局、机器局,每年所耗费的巨大款项,全属军事性质。他们是在封建集团加入了极大的买办成分,因之他们所谓强也只是培养对内武力,所谓富也只是各自私饱贪囊而已。相反地戊戌以前的维新思想,虽和洋务派一样讲富强,正如薛福成所说"而既厕于邻敌之间,则富强之术,有所不能废"(《筹洋刍议》,《庸盦全集》光绪十三年刻本)。但欲求自强则必先致富,所以说:"治国以富强为本,而求强以致富为先。"(马建忠《适可斋记言·富民说》)求强在先练兵、采用洋操,致富则在于和外国通商(参何启、胡礼垣《新政真诠》四编,格致新报馆本)。在这里可以看出戊戌以前维新思想仍然没有跳出买办成分，但重要分别是洋务派的"新政"，是官僚而兼买办，维新派的通商，则一般是站在民族立场，所谓"为华民开一分生计，即为瀚海塞一分漏卮，为闾阎开一分利源，即为国家多一分赋税；为中国增一分物业，即为外国减一分利权"（陈炽《续富国策自叙》），就这样成为所谓商业资产阶级的代言人了。商业资产阶级的改良主义思想可以是封建地主阶级的知识分子，如冯桂芬、王韬、陈炽、陈虬；也可以是从官僚转变出来的如容闳、薛福成、马建忠、郭嵩焘；而更具有特色的则是代表商人的，如郑观应、何启、胡礼垣。现在试就他们的思想史料，分别介绍之如下：

冯桂芬——所著有《说文解字段注考正》十五卷（吴县冯氏据原稿影印本）、《校邠庐逸笺四卷》（光绪十一年上海点石斋石印本），均属于文字学类的。其关于思想方面有《校邠庐抗议》二册，光绪十年吴县冯芳桂豫章刻本，又光绪癸未秋九月津河广仁堂校刊书第十一册本。又《显志堂稿》十二卷，光绪二年校邠庐刊本，此书卷十一卷十二与《校邠庐抗议》相同各篇，可互看。冯桂芬是林则徐门生，《抗议变科举议》中有"昔年侍饮先师林文忠公署"一语，可证。又郑观应《盛世危言三编》卷二（光绪二十四年图书集成局铅印本页5—15）录《抗议》十三篇，可见其影响。今据光绪癸未刊本，录其要目：

《变科举议》

《制洋器议》

《善驭夷议》

《采西学议》

《寓兵于工议》

《上海设立同文馆议》

王韬——所著书关于地理的，如《日本通中国考》之类，见《小方壶斋舆地丛钞》。关于西学的，如《西学辑存》六种（英伟烈亚力口译、王韬述，清光绪十六年淞沪既庐排印本）、《法国志略》二十四卷（光绪十六年淞沪庐排印本）、《普法战纪》十四卷（同治十二年排印本）、《火器略说》（光绪七年排印本）。关于小说笔记的，如《瓮牖余谈》八卷（《清代笔记丛刊》）、《后聊斋志异图说》十二卷（光绪十七年上海鸿文书局石印本）、《遁窟谰言》十二卷（见申报馆聚珍版丛刊）、《淞沪琐语》（光绪二十三年商务铅印本）等。其关于思想方面，只有《弢园文录外编》八卷，清光绪九年弢园老民刊于香港，共四册，要目如：

《变法上》（卷一）

《重民下》（同上）

《兴利》（卷二）

《西人渐忌华商》（卷四）

《六合将混为一》（卷五）

《原道》（卷一）

《洋务一》（卷二），《火器说略后跋》（卷十）

陈炽——所著《裒春林屋诗》一卷（见《四子诗录》）以外，如《庸书》内编、外编各二卷（清光绪二十二年序刊本），《续富国策》四卷（光绪丙申夏月刊本，署名瑶林馆主）。二者均属思想史料。兹拟选《庸书》要目：

庸书内外篇自叙（《庸书》外篇卷下）

《名实、自强、厘金》（内篇卷上）

《学校》（同上，卷上）

《洋务、商部》（《庸书》外篇卷上）

《税则》（同上，卷上）

《考工》（同上，卷上）

《商务》（同上，卷上）

《税司》（同上，卷上）

《公司》(同上,卷上)

《轮船》(同上,卷上)

《议院》(同上,卷下)

《电学》(同上,卷下)

《格致》(同上,卷下)

陈虬——所著除《治河议》《筹边议》(见《小方壶斋舆地丛钞再补编》)外,关于思想史料有《蛰庐丛书》六册,光绪甲午瓯雅堂刊本,内容为《报国录》二卷、《经世博议》四卷、《救时要议》一卷、《治平三议》一卷、《蛰庐文略》一卷。《经世博议》以下又名《治平通议》,自序云"报国录为团防而作",可见其地主立场。就中《经世博议》论法天,变法一至七,均拟选,《救时要议》中《富策》《强策》,皆可选录。《蛰庐文略》拟选如下三篇:《求光社记》《书校邠庐抗议后》《书颜氏学记后》。

就中《求光社记》叙其从事封建式的新村运动,至被人诋为布衣党事,甚可注意。

容闳——所著以《西学东渐记》(徐凤石、恽铁樵译,民国四年上海商务印馆版)为最有名。尚著《自立军对外宣言》,载冯自由《中华民国开国前革命史》上卷(第十一章);《请创办银行章程》,见郑振铎《晚清文选》,皆可入选。兹特录《西学东渐记》要目:

第十章:《太平军中之访察》

第十一章:《对于太平军战争之观感》

第十三章:《与曾文正之谈话》

第十四章:《予之教育计划》

又前引冯自由书(民国三十五年沪版)第九章《正气会及自立会》、第十一章《庚子唐才常汉口之役》、第十五章《壬寅洪全福广州之役》,均可考容闳史实,可参看。

薛福成——所著关于地理的，如《滇缅分界疏略》之类，见《小方壶斋舆地丛钞再补编》。关于笔记的如《庸盦笔记》六卷，见《清代笔记丛刊》。《庸盦全集》十种四十七卷，清光绪十年至二十四年家刊本；又《庸盦内外编》十二册，清光绪二十四年长沙铸新垒校刊本，内容有《庸盦文编》四卷，《庸盦海外文编》四卷，《外编》四卷，《筹洋刍议》一卷，《续编》一卷，《出使英法义比四国日记》六卷，就中尤以《筹洋刍议》为最有思想史料价值。兹据内外篇录其要目：

《应诏陈言疏》——《文编》卷一

《创开中国铁路议》——《文编》卷二

《代李伯相议请试办铁路疏》——《庸盦文续编》卷上

《英吉利用商务开垦荒地说》——《海外文编》卷三

《西法为公共之理说》——同上

《西法诸国导民生财说》——同上，卷三

《用机器殖财养民说》——同上

《治术学术在专精说》——同上

《西洋各国教民立法》——同上，卷六

《地球万国内治之治》——同上，卷五

《筹洋刍议》——《庸盦内外编》第九册，拟选下三篇：商政　船政　变法

《论公司不举之病》——《海外文编》

《考旧知新说》——同上

马建忠——所著《马氏文通》十卷（清光绪三十年成都官书局铅印本，民国十六年上海商务《万有文库》本），及见《小方壶斋舆地丛钞再编补》关于地理游记之类，与《法国海军职要》一卷（见《质学丛书》）之外，关于思想史料有《适可斋记言记行》十卷，清光绪二四年著易堂石印本二册，兹选录《记言》要目：

《富民说》《铁道论》《借债以开铁道说》(卷一)

《法国海军职要序》《上李伯相言出洋工课书》《巴黎复友人书》《玛赛复友人书》(卷二)

《上李伯相复议何学士奏设水师书》(卷三)

《上复李伯相札议中外官交涉仪式洋货入内地免厘禀拟设翻译书院议》(卷四)

郭嵩焘——所著有《养知书屋遗集》,清光绪十八年刊本三种,五十五卷,二十八册。内有《养知书屋文集》二十八卷,《养知书屋诗集》十五卷,《郭侍郎奏疏》十卷。兹选其思想史料要目:

《伦敦致李伯相》,《养知书屋文集》卷十一

《致李傅相》,同上,卷十三

《与友人论仿行西法》,同上,卷十三

《铁路后议》,同上,卷二十八

郑观应——所著《防边危言》《防海危言》见《小方壶斋舆地丛钞再补编》。《罗浮偫鹤山人诗草》(上海著易堂排印本)、《陶斋志果》八卷(清光绪二十六年刊本)。关于思想史料有《盛世危言》六卷二编四卷三编六卷(清光绪二十四年香山郑氏铅印本)、《盛世危言新编》十四卷(光绪二十四年著易堂石印本)、《盛世危言后编》十五卷(清季香山郑氏自刊本八册)。兹拟选题如下:

自序(光绪十八年壬辰)见光绪二十四年三月图书集成局铅印本卷首

《西学》,《盛世危言》卷一

《议院》,同上,卷一

《商务》,同上,卷二

《商战》,同上,卷三

《纺织》,同上,卷四

《开矿》，同上，卷五

《商务》，《盛世危言二编》一

《开矿》，同上，卷一

《议政》，同上，卷一

《商务一》，《盛世危言三编》卷一

《商务二》，同上，卷一

《商务四》，同上，卷一

《商务五》，同上，卷一

《商战下》，同上，卷二

《开矿》，同上，卷二

《公举》，同上，卷二

就中《农功》篇，和另外不知名目的一篇，相传是孙中山写的。说见陈旭麓《辛亥革命》（上海人民出版社）。

何启、胡礼垣——合著《新政真诠》六编七册，清光绪二十七年上海格致新报馆铅印本，卷前有朱印光绪上谕一道，内容为《曾论书后》《新政论议》《新政始基》《康说书后》《新政安行》《劝学篇书后》《新政通变》。又《中国宜改革新政论议》，有光绪二十一年香港文裕堂铅印本，封面题《新政议论附曾侯中国论》。又《胡翼南先生全集》六十卷，民国九年香江胡氏铅印本，十八册，亦收入《新政真诠》一书。兹据全集本卷十三、卷十四选要题如下：

《前总序》《后总序》《曾论书后》（作于丁亥之夏）

《新政论议》（作于甲午冬、刊于乙未春中日和约未订之前）

《新政始基》（戊戌春在政变前七月）

《康说书后下》（政变前五月）

《劝学篇书后》（己亥春）

由上从封建统治阶级中初步分化出来的具有资产阶级观点的改良

主义思想史料,实即为戊戌维新的思想前导。以戊戌维新思想初起时,实际上亦只代表商业资产阶级。据康南海自编《年谱》,曾述其与陈炽(次亮)的关系(《中国近代史资料丛刊·戊戌变法》第四册),又述其与澳商的关系(同上)。据《梁启超年谱》,他在二十四岁时从丹徒马相伯、眉叔兄弟习拉丁文(同上)。可见康梁变法实为戊戌以前维新思想之一个继承和发展,从康、梁以后资产阶级性的改良主义才达到思想的高潮。然而戊戌维新运动主要还只是代表这个时期从地主官僚转化过来的具有初步资产阶级知识的改良主义的政治倾向。康、梁之外,更有西方资产阶级民主主义文化的传播者严复,与改良主义政治运动的激进分子谭嗣同,他们因尚局限于国际帝国主义的通商关系,因之他们的利益,对内可以和地主一致,而和封建官僚政治妥协,如康有为之拥护封建君主统治;同样对外亦可以和帝国主义的洋商买办妥协,如谭嗣同曾为安得马尼矿与英人傅兰雅(John Freyer)订立合同(见《谭嗣同书简》附录二《欧阳中鹄书》、附录一《唐才常与欧阳中鹄书》),这告诉我们那时候中国资本主义尚未发达,华商必须依赖洋商,这就客观上规定了初期自由资产阶级只可能是商业资产阶级的性质。但尽管如此,戊戌维新运动毕竟是为中国在不同时期的不同程度上企图反对帝国主义与封建势力的改革运动。戊戌维新的社会背景,标志着自一八九四年中日战争后中国社会的三种基本矛盾,第一在经济方面,是中国民族资本的开始萌芽和国际帝国主义经济侵略的矛盾。由于列强在经济上、政治上瓜分中国,操纵了中国经济命脉,使中国民族工业不发达,民族资产阶级被压迫。第二在政治方面,由于各帝国主义间夺取中国斗争的阵线不统一,形成中国封建官僚间的不统一,即封建统治间内在的矛盾,如亲英派和亲俄派的对立,帝党和后党的对立,还有它外在的矛盾,即为国际资产阶级服务的统治阶级集团和人民间的矛盾。第三在文化方面,这时一般知识分子的知识来源,一方面从广学会所刊布的书报及西方名著介绍所译诸书得来，一方面从儒学的传统，接受了古籍如《公羊春秋》《易》《礼》《四书》等影响，这是中西学之间的矛盾。由上三种矛盾，主要矛盾是在经济方面。为着解决这些矛盾，便发生站在统治阶级立场上的守旧与维新的反对运动，守旧派代表贵族、军阀、旧官僚、大地主阶级、大买办阶级及旧式商人，是完全站在反革命的帝国主义一边的。维新派代表新官僚、开明地主，地主阶级知识分子和商业资产阶级，是属于不当权部分的统治集团。他们虽不完全站在反帝反封建的立场，但就其企图自上而下的政治改革，就其呼号奔走维新事业，卒能使中国思想界跳出旧风气而造成新风气，这已经是为革命民主的思潮开了先路，是很有进步的意义的。现在即从这一运动的中心人物，选录其思想史料要目。

康有为——所著书，据《万木草堂丛书目录》(《沧海丛书》第十一册)：经部十八种，史部六十二种，子部二十二种，集部二十六种，共一百二十二种，合补目共一百三十七种，其中尚不包括《万木草堂口说》(三卷抄本)与自著《年谱》。兹录其思想史料方面：

(1)《人生于地之乐》(一八八四)，《诸天讲》"地篇"第二(第一册)

(2)《地上人即天上人》(一八八四)，同上

(3)《大同书绪言》(一八八四)，《大同书》甲部(第九行第十三字止)中华书局本

(4)《人所尊尚之苦》(一八八四)，同上

(5)《戊子上皇帝书》(一八八八)，见张伯桢《南海先生传》，《沧海丛书》第十七册。

(6)《长兴学记》(一八九一)，《论性》《论学》二节见《蛰云垒斋丛书》第十四册。参叶德辉《长兴学记驳义》，见《翼教丛编》卷四。

（7）《乙未上皇帝书》（一八九五），案光绪二十一年四月即甲午战争的下一年，联合十八省举人连名所上万言书，即所称"公车上书"。乙未刻，戊戌、庚子两奉伪旨毁版，载《清经世文编》卷十六。

（8）《乙未上皇帝书》（二）（一八九五年闰五月），《戊戌政变记》（《饮冰室全集》专集之一）。又以上《上皇帝书》有《南海先生四上书记》，上海时务报石印本。又《中国近代史资料丛刊·戊戌变法》第二册。

（9）《进呈俄罗斯大彼得变政记序》（一八九八戊戌正月），《戊戌奏稿》附，日本东京刊本。

（10）《进呈日本明治变政考序》（一八九八戊戌正月），同上

（11）《进呈突厥削弱记》（一八九八五月），同上

（12）《应诏统筹全局折》（一八九八正月初八日），《戊戌奏稿补编》

（13）《呈请代奏皇帝第七疏》（一八九八正月），同上，补编

（14）《敬谢天恩并统筹全局折》（一八九八五月），同上

（15）《请告天祖》《誓群臣》《以变法定国是折》（一八九八四月），《戊戌奏稿》

（16）《请废八股试帖楷法，试士改用策论折》（一八九八四月），同上

（17）《请停弓刀石武试，改设兵校折》（一八九八四月），同上

（18）《请开学校折》（一八九八五月），同上

（19）《请广译日本书、派游学折》（一八九八五月），同上

（20）《请厉工艺奖创新折》（一八九八五月），同上

（21）《请定立宪、开国会折》（一八九八六月），同上

（22）《请禁妇女裹足折》（一八九八六月），同上

（23）《请计全局、筹巨款，以行新政、筑铁路赴海陆军折》（一八九八七月二十日后），同上

（24）《请断发易服改元折》（一八九八七月二十日后），同上

（25）《保国会章程》（一八九八三月），《戊戌政变记》中见《饮冰室全集专集》之一。又孙灏《驳保国会章程》，见叶德辉编《觉迷要录》卷四。御史文悌《严参康有为折》，见《翼教丛编》卷二，苏舆编本。

（26）《保国会第一集演说辞》（一八九八），《戊戌政变记》见同上

（27）《强学会序》（一八九五），《康南海文集》第五册（一九一四年上海共和编译局本），又《戊戌政变记》。

（28）《日本书目志序》（一八九七），《日本书目志》中，丁酉印于上海，又见《康南海文集》第五册。

（29）《物质救国论序》（一九〇五二月），见《物质救国论》第六版，一九一九上海长兴书局单行本。

（30）《论欧人之强在物质、而中国最乏》（一九〇五），见《物质救国论》单行本。

（31）《论中国古教以农立国，教化可美而不开新物质则无由比欧美文物》（一九〇五），见《物质救国论》单行本。

（32）《六经皆孔子改制所作考》，《孔子改制考》卷十中之一节，原书光绪丁酉印于上海，戊戌、庚子两次焚版禁行，此据庚申重印本。

（33）《新学伪经考原序》，见《新学伪经考》，光绪辛卯初刊于广州甲午毁版，戊戌、庚子再奉伪旨毁版，此据丁巳重印本。

（34）《礼运注》上"大道之行至是谓大同"一节（一八八四），见《礼运注》,《演孔丛书》本。

（35）《中庸注》"成己仁也"一节（一九〇一），见《中庸注》，《演孔丛书》本。

（36）《孟子微》"民为贵"一节、"尧以天下与舜"一节、"汤伐桀武王伐纣"一节（一九〇一），见《孟子微》，万木草堂本。

（37）《论语注》"老者安之"一节、"子不语怪力乱神"一节（一九〇二），见《论语注》，《万木草堂丛书》本。

（38）《春秋笔削微言大义考》（一九〇一），有《万木草堂丛书》本。拟选卷三、卷六，共五节。

梁启超——所著收入《饮冰室合集》中，共文集十六册，专集二十四册，民国二十五年上海中华书局铅印本，共四十册。又关于其思想史料，均以早期所作为代表，如清光绪二十八年上海广智书局刊《饮冰室文集》上下二册，民国十三年商务印书馆刊行四版《饮冰室丛著》十三种，民国五年上海中华书局刊《饮冰室全集》四十八册亦尚可用。

（1）《变法通议》（三节）（一八九六），《饮冰室合集》文集之一：（一）《自序》，（二）《论不变法之害》，（三）《论变法不知本原之害》。

（2）《南学会序》（一八九七），同上，文集之二

（3）《知耻学会序》（一八九七），同上，文集之二

（4）《保国会演说辞》（一八九八），同上，文集之三，又载入叶德辉编《觉迷要录》卷四，作《梁逆保国会第二集演说》，系由《知新报》转录。

（5）《上陈宝箴书》（一八九七），时务学堂钞稿，此据叶德辉《觉迷要录》卷四"逆迹类"三，未收入《饮冰室合集》内，为极珍贵之史料。

（6）《湖南时务学堂课艺日记批语》（一八九七），见叶德辉编《觉迷要录》卷四"逆迹类"三，光绪辛丑孟冬编撰，乙巳夏五月刊行，题为"梁逆批时务学堂课卷"（刻本三则）、"梁逆批时务学堂日记"（手书本六则）。又《翼教丛编》卷五宾凤阳、彭祖尧等八人《上王益吾院长书》末附录，内容与《觉迷要录》同。

（7）《自由书》（拟选二节），《饮冰室合集》专集之二：（一）《成

败》,(二)《破坏主义》。

（8）《新民说》（一九〇二）（拟选六篇），《饮冰室合集》专集之四：（一）《论新民为今日中国第一要务》，（二）《释新民之义》，（三）《论国家思想》，（四）《论自由》，（五）《论进步》，（六）《论政治能力》。

（9）《敬告我同业诸君》（一九〇二），《饮冰室合集》文集之十一

（10）《论专制政体有百害于君主而无一利》（一九〇二），同上，文集之四

（11）《保教非所以尊孔论》（一九〇二），同上，文集之四，分八节：（一）《论教非人力所能保》，（二）《论孔教之性质与群教不同》，（三）《论今后宗教势力衰颓之征》，（四）《论法律上信教自由之理》，（五）《论保教之说束缚国民思想》，（六）《论保教之说有妨外交》，（七）《论孔教无可亡之理》，（八）《论当采群教之所长以光大孔教》。

严复——所译《严译名著丛刊》，内容：《天演论》《原富》《社会通诠》《群己权界论》《孟德斯鸠法意》《群学肄言》《名学浅说》《穆勒名学》共八种，民国二十年上海商务印书馆版。著作有《愈懋堂诗集》二卷，民国十五年铅印本；《政治讲义》一册，上海金马书堂民国十九年改版；《评点老子道德经》二卷，民国二十二年上海商务印书馆本；《庄子评点》一卷，《岷云堂丛刊》第一种本。其关于思想史料最重要的是《侯官严氏丛刻》五种（清光绪二十七年读有用书斋排印本四册本），及《严几道文钞》二卷（见《当代八大家文钞》上海国学扶轮社本）。要目如下：

（1）《上今皇帝万言书》，《侯官严氏丛刻》卷一

（2）《原强》，同上，卷三

（3）《救亡决论》，同上，卷四

（4）《论世变之亟》，同上，卷五

（5）《辟韩》，《严几道诗文钞》卷三

（6）《主客评论》，同上，卷一

（7）《论中国教化之退》，同上，卷二

（8）《论中国之阻力与离心力》，同上，卷二

（9）《论中国分党》，同上，卷二

（10）《政治讲义自序》，同上，卷三

（11）《国闻报缘起》，同上，卷四

（12）《社会通诠序》，同上，卷四

（13）《天演论序》，见《严译名著丛刊·天演论》

（14）《法意按语》，见《严译名著丛刊·法意》

（15）《评点老子道德经》，参光绪乙巳夏曾佑序

（16）《庄子评点》，此为严氏未刊遗著之一，计分总评、评证、注释、圈点四项，评证中颇有精彩语。

谭嗣同——近刊《谭嗣同全集》一九五四年三联书店版较备。旧刊本可见者四种：（一）《东海褰冥氏三十以前旧学四种》，包括《寥天一阁文》《莽苍苍斋诗》《远遗堂集外文》《石菊影庐笔识》，一八九七年金陵刊本，又一九一一年谭氏重刊本。《秋雨年华之馆丛脞书》一种，一九一二年长沙刊本。（二）《戊戌六君子遗集》，一九一七年裴文济编，内第一册第二册收入《寥天一阁文》《莽苍苍斋诗》《远遗堂集外文》三种。（三）《谭浏阳全集》，陈乃乾校一九一七年初版，一九二五年四版上海文明局本，共六册。收入《文集》三卷、《诗集》一卷、《仁学》二卷、《笔记》二卷及《续编》一卷。三十以后所作诗，散见于各报者均加采辑。（四）《谭嗣同书简》，欧阳予倩编，一九四二年初版，一九四三年再版，桂林文化供应社本，所录《与欧阳瓣薑师书》第一函见《谭浏阳全集·文集》卷上《寥天一阁文》卷，第二函见《秋雨年华之馆丛脞书》，第三函、

第二十七函初次收入。又附录一《唐才常书简》、附录二《欧阳中鹄书》，均为极珍贵的文献名料，兹拟要目如下：

（1）《仁学自叙》（一八九六），《谭浏阳全集》第一册文集卷上。先述思想背景，后言当冲决各种网罗，是一篇思想革命宣言。

（2）《仁学》（一八九六），同上第四册分上下二卷，卷上《仁学界说》二十七条，多谈哲学，卷下多谈政治。此书曾假名"台湾人所著书"，攻击清政府，在日本印后，影响很大。

（3）《与唐绂尘书》（一八九六年九月），见《秋雨年华之馆丛脞书》，论中国所以不可为，由上权太重，民权尽失，对当时官办商办之事，力主商办，末唱欧美均贫富之说，颇为社会主义思想张目。收入《谭嗣同全集》卷二。

（4）《兴算学议致欧阳瓣薑师书》（一八九七），见《丛脞书》，又《谭嗣同书简》，两史料比较，《书简》谭自注文字较多，《丛脞书》上有欧阳批语数千言，书简缺，可互校补。又《报贝元征书》见《谭浏阳全集续编》与此篇文亦有互见之处。

（5）《谭嗣同书简》（一八九七），上欧阳瓣薑师第三函《书简》提出"杀身灭族"四字，并为今日中国能闹到新旧两党流血遍地，方有复兴之望。

（6）《湘报》后叙上（一八九八），《谭浏阳全集》第六册续编，明日新之义，大旨谓昨日之新至今日而已旧，今日之新生明日而又旧，说明新是发展的。

（7）《湘报》后叙下（一八九八），同上，述湖南新政，并主张"报纸即民史"之说。

唐才常——所著有《觉颠冥斋内言》四卷（光绪二十四年长沙刊本四册）最重要，散文所见有《正气会章程序文》，见冯自由《中华民国开国前革命史》上卷第九章；《唐宋黎夷得失论》，见郑振铎《晚清文选》;《江标传》《致江标书》见《逸经》第三集第二十三期。兹拟选其思想史料要目：

（1）《觉颠冥斋内言自叙》，卷首
（2）《弭兵会》，卷一《各国政教公理论第四》
（3）《民主表》，卷一，同上，第七
（4）《各国猜忌实情论证》（节录），卷二
（5）《强种说》，卷三《各国种类附录第二》
（6）《湘报叙》，卷四
（7）《论势力上下》，卷四
（8）《质点配成万物说》，卷四（案此篇颇具唯物主义思想色彩）

戊戌维新虽失败，而自庚子（一九〇〇）以后，清统治阶级知道非变法便将丧失人心，在那年十二月初十日便在西安下诏变法。这一方面是假变法来欺骗人民，减低人民的不满和革命风潮，一方面却是借变法来求"友邦"之见谅，"结与国之欢心"。由于这遮羞的变法诏旨所生的反响，我们可在一九零二年王绍康辑《维新奏议》（上海书局石印本卷十七至二十）中看到如下各省督抚的条陈变法折：

《江督刘鄂督张会奏条陈法第一折》（卷十七）
《江督刘鄂督张会奏条陈变法第二折》（卷十八）
《江督刘鄂督张会奏条陈变法第三折》（卷十八）
《粤督陶覆奏条陈变法折》（卷十八）
《皖抚王覆奏条陈变法第一折》（卷十九）
《皖抚王覆奏条陈变法第二折》（卷十九）
《奏请广设算学专门学堂折》（同上）
《署浙抚覆奏条陈变法折》（同上）
《粤督陶覆奏变通武科折》（卷二十）
《粤督陶覆奏培养人材折》（同上）

《闽督许覆奏条陈变法折》（卷二十）

《东抚袁覆奏条陈变法折》（卷二十）

就在这个时候，民族资产阶级以张謇为代表，也提出了他的变法主张，张謇是否即为江楚三折的起草人之一，虽还不敢作决定，但他无疑乎这时是在幕府帮助着刘坤一和张之洞。至张謇所作的《变法平议》，见《张季子九录》《政闻录》卷二（案《张季子九录》，张怡祖编，八十卷，民国二十年中华书局仿宋印本三十册），时在戊戌（一八九八）后三年、庚子（一九〇〇）后一年。这是一篇很仔细斟酌中国的历史习惯所作的富于计划性、建设性的大文章，是从戊戌以至辛丑变法条陈的经验总结，虽然只主张在不流血革命的状态范围以内的改良主义，但基本精神却与维新派不同，即重工过于重商。他指出："中国庶而不富，厚民生者，工且尤切于商。日本以商业抗欧洲，输出数骤赢皆制造品，不愿以生货供欧厂也，以生货与人而我失工之利，以熟货与人而我得分人之利。……日本新政植基工商，工尤商之源矣。"（《政闻录》卷二《变法平议》）这重工主张，可见工业资产阶级已经起来代替了商业资产阶级了。

辛亥革命思想史料

戊戌维新的失败，证明了改良主义无前途，代替它的便是孙中山发起的资产阶级民主革命运动。原来自一八四〇年鸦片战争后，谁想打倒帝国主义，谁就必然会对清室举起革命的叛旗，然而毕竟举起反清革命旗手的，是共和革命资产阶级民主派的孙中山，而不是君主自由资产阶级民主派的康有为。列宁在《社会民主党在民主革命中的两个策略》中指出在批判火星派时，"必须善于分清共和革命资产阶级民主派与君主自由资产阶级民主派之间的差别"（新华书店版）。把列宁所举在俄国出现在民主主义旗帜之下的君主派即所设立宪民主党的特征，来和康有为的变法运动比较一下，变法即是以"立宪会议"看作彻底胜利，即是将实际政权保存在清帝手里，即是反对"起义"底不可避逃性，反对革命。康的弟子陆乃翔等给康作传记，说"先生为中国首倡民权之人，主张立宪法以维持于君臣上下之间。……先生心在立宪而行在专制，义在民权而事在保皇，似相反而实相成"（《南海先生传》上编），活绘出一个自相矛盾的君主自由资产阶级民主派即立宪派的面貌来。相反地孙中山所领导的民主革命，正如列宁在一九一二年《中国的民主主义与民粹主义》中所指出：

  孙逸仙所代表的革命资产阶级民主派，正确地从政治改革和土地改革事业上尽量发展农民群众底自动性、坚决性和勇敢中间，寻找中国更新的道路。

  孙中山革命党所提出的口号，正是"君主制度底肃清与共和制度"（《两个策略》第四节），正是"应如何把革命推向前进"。它不但坚持临时革命政府必要性，而且提出有土地纲领的革命主张。这是站在农民群众的立场，而同时也代表了民族资产阶级、小资产阶级（包括手工业主、知识分子）、半无产阶级（包括小手工业者，店员、小贩等）、无产阶级（包括国际资本主义所雇佣的中国工人）乃至游民无产者（会党分子）所联合而成的反帝国主义反封建的革命势力。即因如此，所以当革命达到高潮，民族资产阶级，也渐从改良主义向革命转变，张謇就是好例。张謇所作《与洪汤蛰先复北方将士促进共和电》《劝告袁内阁速决大计电》《致库伦商会及各界电》(《政闻录》卷二、卷四）在辛亥革命时也表现了民族资产阶级的积极性。但辛亥革命时民族资产阶级大部分不在国内而在国外，首先就是华侨资本，这是孙中山提倡革命的主要经济力量。

关于辛亥革命的代表思想家，以孙中山为首，尚可举革命知识分子如章炳麟、邹容、秋瑾、陈天华、吴越诸人。关于这一时代的革命思想史料很多，现在只略为一述：

孙中山——《中山全书》，一名《中山丛书》，太平洋书店增补本，民国十八年八版四册，武昌光明书店铅印本二十版四册。甘乃光编《中山全集》，上海良友图书印刷公司版二册，民国十六年上海孙文学说研究社再版四册，同年上海中山书局本二册附图，十七年上海新文化书社二十版四册。尚有《孙文全集》《中山文选》《总理遗教全集》《中山文集》《中山演讲录》《孙中山丛书》《孙中山全集补编》之类，名目繁多，但可称为善本的，却只有民智书局民国十九年二月初版八月再版之《总理全集》一种。兹即根据于此，参照一九五七年人民出版社版《孙中山选集》，按时代先后，试拟要目如下：

（1）《甲午上李鸿章书》（一八九四，《总理全集》第三集，《孙中山选集》）

（2）《兴中会宣言及章程》（一八九四，《全集》第二集、第一集，《选集》）

（3）《伦敦被难记》（一八九七，《全集》第一集，《选集》）

（4）《三十三年落花梦序》（一九〇二，《全集》一）

（5）《敬告同乡书》（一九〇四，《全集》三，《选集》）

（6）《太平天国战史序》（一九〇四，《全集》一，《选集》）

（7）《中国问题的真解决》（一九〇四，《全集》一，《选集》）

（8）《中国民主革命之重要》（一九〇五，《全集》二，《选集》）

（9）《同盟会宣言》（一九〇五，《全集》二，《选集》）

（10）《民报发刊词》（一九〇五，《全集》一，《选集》）

（11）《三民主义与中国民族之前途》（一九〇六，《全集》二，

《选集》)

（12）《共和与自由之真谛》（一九一一,《全集》二,《选集》）

（13）《民生主义与社会革命》（一九一一,《全集》二,《选集》）

（14）《社会革命之正道》（一九一一,《全集》二,《选集》）

（15）《提倡民生主义之真义》（一九一四,《全集》二,《选集》）

（16）《致黄兴书》（一九一四,《选集》）

（17）《讨袁檄文》（一九一五,《全集》二,《选集》）

（18）《二次革命后对国民之宣言》（一九一六,《全集》二,《选集》）

（19）《建国方略》（一九一七——一九二一,《全集》一,《选集》）①社会建设（民权初步）（一九一七）,②心理建设（孙文学说）（一九一八）,③物质建设（实业计划）（一九二一）

（20）《护法宣言》（一九一九,《全集》二）

（21）《改造中国之第一步只有革命》（一九一九,《全集》二,《选集》）

（22）《民国八年国庆纪念词》（一九一九,《全集》一,原名《八年十月十日》）

（23）《救国之急务》（一九一九,《全集》二,《选集》）

（24）《钱币革命之通电》（一九二〇,《全集》,参看《廖仲恺集》之《钱币革命与建设》）

（25）《关于五四运动》（一九二〇,《选集》,《全集》三）

（26）《致俄罗斯苏维埃社会主义共和国外交部信》（一九一一,此函一九五〇年十月在《布尔什维克杂志》第十九期发表,收入《选集》）

（27）《实行三民主义改造新国家》（一九二一,《全集》二,《选集》）

（28）《党员不可存心做官发财》（一九二三，《全集》二，《选集》）

（29）《中国国民党改组宣言》（一九二四，《全集》二，《选集》）

（30）《要靠党员成功不专靠军队成功》（一九二三，《全集》二，《选集》）

（31）《党员应协同军队来奋斗》（一九二三，《全集》二，《选集》）

（32）《革命成功全须宣传主义》（一九二三，《全集》二，《选集》）

（33）《革命在最后一定成功》（一九二四，《全集》二，《选集》）

（34）《中国现状及国民党改组问题》（一九二四，《全集》二，《选集》）

（35）《主义胜过武力》（一九二四，《全集》二，《选集》）

（36）《国民党第一次全国代表大会宣言》（一九二四，《全集》二，《选集》）

（37）《国民党宣言趣旨》（一九二四，《全集》二，《选集》）

（38）《复苏俄驻北京代表电》（一九二四，《选集》）

（39）《列宁逝世演说及电文》（一九二四，《选集》）

（40）《中国国民党第一次全国代表大会闭幕词》（一九二四，《全集》二，《选集》）

（41）《救国救民之责任在革命军》（一九二四，《全集》二，《选集》）

（42）《女子要明白三民主义》（一九二四，《全集》二，《选集》）

（43）《建国大纲》（一九二四，《全集》一，《选集》）

（44）《五权宪法》（一九二四，《全集》一，《选集》）

（45）《俄国革命后民族主义与国际主义的新结合》（一九二四，《民族主义》第一讲，《全集》一，《选集》）

（46）《中国所受经济压迫》（一九二四，《民族主义》第二讲，《全集》一，《选集》）

（47）《反对民权必归灭亡》（一九二四，《民权主义》第二讲，《全集》一,《选集》）

（48）《国民党员不可反对共产主义》（一九二四，《民生主义》第二讲,《全集》一,《选集》）

（49）《中国工人所受不平等条约之害》（一九二四,《全集》二,《选集》）

（50）《陆军军官学校开学演说》（一九二四,《全集》二,《选集》）

（51）《农民大联合》（一九二四,《全集》二,《选集》）

（52）《耕者要有其田》（一九二四,《全集》二,《选集》）

（53）《为广州商团事件对外宣言》（一九二四,《全集》二,《选集》）

（54）《向麦克唐纳政府抗议者》（一九二四,《选集》）

（55）《北伐宣言》（一九二四,《全集》二,《选集》）

（56）《北上宣言》（一九二四,《全集》二,《选集》）

（57）《国民会议为解决中国内乱之法》（一九二四,《全集》二,《选集》）

（58）《与长崎新闻记者之谈话》（一九二四,《全集》二,《选集》）

（59）《中国内乱之原因》（一九二四,《全集》二,《选集》）

（60）《与门司新闻记者的谈话》（一九二四,《全集》二,《选集》）

（61）《致苏联遗书》（一九二五,《选集》）

（62）《总理遗嘱》（一九二五,《选集》）

章炳麟——所著:《章氏丛书》（一名《章太炎先生所著书》,民国十三年上海古书流通处印本十四种二十册,又民国六年至八年浙江图书馆校刊本十四种二十四册,又上海古文社铅印本十二种二十四册）、《章氏丛书续编》（民国二十二年余杭章氏刊本七种四册）各种,其中如《国故论衡》《检论》《齐物论释》《菿汉微言》《菿汉昌言》及

《太炎文录别录》均富思想性。兹录其与革命思想有关的：

（1）《驳康有为论革命书》（一九〇四），《章氏丛书》（古书流通处本）《文录》卷二

（2）《记政闻社大会破坏状》（一九〇七），同上，《别录》卷二

（3）《革命道德说》（一九〇〇后），同上，《别录》卷一

（4）《中夏亡国二百四十二年纪念会启》（一九〇二），同上，《文录》卷二

（5）《社会通诠商兑》（一九〇二—一九〇七），同上，《别录》卷二

（6）《讨满洲檄》（一九〇七），同上，《文录》卷二

（7）《驳建立孔教论》，同上，《文录》卷二

（8）《代议然否论》（一九〇七），同上，《别录》卷一

（9）《无神论》，同上，《别录》卷二

（10）《五无论》，同上，《别录》卷二

（11）《国家论》，同上，《别录》卷二

（12）《儒侠》，同上，《检论》卷三

（13）《事变》，同上，《检论》卷三

（14）《訄书》，光绪己亥（一八九九）木刻本，乙巳（一九〇五）铅印本，其中《序种》《原教》《算书》《哀焚书》《哀清史》《解辫发》《明农》《明版籍》，均极精彩。

邹容——所著有《革命军》一种，章炳麟作序，一九〇三年癸卯刊本，分《绪论》《革命之原因》《革命之教育》《革命必剖清人种》《革命必先去奴隶之根性》《革命独立之大义》及《结论》七章。又辛亥（一九一一年）石印小本，改题《光复论》。又民国元年（一九一二）又有与章炳麟《驳康有为书》的合订本。

秋瑾——有王芷馥编《秋瑾诗词》，章炳麟、苏子穀序，何震跋，收诗词各一卷。又有佚名编《秋瑾》一书，光绪丁未

（一九〇七）铅印本，内容录《秋瑾传》及其部分作品。又无名氏编《鉴湖女侠秋瑾》，出版处及年月不详，较前一种略有增加。又黄民编《秋雨秋风》，光绪三十三年（一九〇七）鸿文书局刊，为秋瑾案文献总集，内有秋瑾所作弹词残篇。又《秋瑾遗集》，王灿芝编，民国十八年（一九二九）中华书局刊最完备，同年王绍基编《秋瑾遗集》，明日书店刊。兹据遗集本选录要目：

（1）《致某君书》

（2）《自拟檄文》（其一）

（3）《自拟檄文》（其二）

（4）《中国女报发刊词》

（5）《诗词》、（《感怀》、《失题》、《感时》、《吊吴烈士樾》、《满江红》二首、《日人石井君索和即用原韵》）

陈天华——有《陈天华集》（一九四四年中国文化服务社版）。内容首传记、祭文，次本文分上中下三编，上编遗文、中编《猛回首》、下篇《狮子吼》，均为小说。又《警世钟》，见曹亚伯《武昌革命真史》，本集未收。兹拟选要目：

（1）《中国革命史论》（上编）

（2）《论中国宜改箇民主政体》（同上）

（3）《绝命书》（同上）

（4）《猛回首》（中编）

（5）《警世钟》

吴樾——有《血花集》，兹拟选目为：

（1）《暗杀时代有序》

（2）《敬告我同志》

（3）《敬告我同胞》

（4）《意见书》

（5）《与妻书一》

（6）《复妻书二》（以上各文亦见《革命诗文选》，一九四一年刊本）

案辛亥革命为中国资产阶级革命。革命思想家一方面受我国传统的革命思想影响，如孙中山早年曾私自刊印黄梨洲《明夷待访录》等书，卷端加一小引，自称杞忧公子，为清吏所校，原疏文藏故宫博物馆；又一方面则受欧美资产阶级革命思想的影响，如邹容《革命军序》，既举郑成功、张煌言，又卢梭、华盛顿、威曼。吴樾《复妻书》，勉其妻为罗兰夫人行革命。当时书刊，据张于英所作《辛亥革命书征》（第六辑，一九四一年四月开明版，转载《中国近代出版史料初》）其中所收有《国粹文学丛书》（内容文天祥《指南录》、郑所南《心史》）、《国粹丛书》、《梨洲遗著汇刊》，亦有《路家别论》（杨廷栋译，文明版）、《弥勒约翰自由原理》（马君译，一九〇三年刊），斯宾塞、达尔文、社会主义、无政府主义及各国革命史、独立战史之类，这证明了辛亥革命时小资产阶级分子的革命的积极性，是中国传统的革命思想的发展，同时也受到欧洲的资产阶级与小资产阶级的革命思想的影响。即如孙中山所提出的三民主义，虽已超出旧的世界资产阶级民主主义革命的思想体系，但尚不免存在着许多弱点。孙中山的民主革命派虽然批判了维新派的改良主义，但还不能彻底反帝和反封建，正如毛泽东同志所指出"中国人向西方学很不少，但是行不通，理想总是不能实现。多次奋斗，包括辛亥革命那样全国规模的运动，都失败了"（《论人民民主专政》）。于是从辛亥革命转到五四运动，由于五四运动，由于资产阶级小资产阶级革命思想的分化，和马克思主义在中国的传播，中国历史才走上新的阶段。五四运动时期涌现出许多新的革命思想，就中占统治地位的是马克思列宁主义，但关于这一个时期的思想史料，已经进到现代思想史的范围，这里只好表过不提。古典哲学史料学的终结，正是中国新兴哲学史料的开始了。

附录　古典哲学著作要目

I. 古代哲学

（一）群经哲学

十三经注疏四百一十六卷，清乾隆四年武英殿刻附考证本，同治十年广州书局覆刻殿本，阮刻附校勘记本，上海扫叶山房石印本

周易正义十卷（魏王弼、晋韩康伯注，唐孔颖达等正义）

尚书正义二十卷（汉孔安国传，唐孔颖达等正义）

毛诗正义七十卷（汉毛亨传，郑玄笺，唐孔颖达等正义）

周礼注疏四十二卷（汉郑玄注，唐贾公彦疏）

仪礼注疏五十卷（汉郑玄注，唐贾公彦疏）

礼记正义六十三卷（汉郑玄注，唐孔颖达等正义）

春秋左传正义六十八卷（晋杜预集解，唐孔颖达等正义）

春秋公羊传注疏二十八卷（汉何休解诂，唐徐彦疏）

春秋穀梁传注疏二十卷（晋范宁集解，唐杨士勋疏）

孝经注疏九卷（唐玄宗注，宋邢昺疏）

论语注疏二十卷（魏何晏等集解，宋邢昺疏）

孟子注疏十四卷（汉赵岐注，宋孙奭疏）

尔雅注疏十卷（晋郭璞注，宋邢昺疏）

古经解钩沉三十卷（清余萧客辑），原刻本，鲁氏重刻本

古微书三十六卷（明孙瑴辑），守山阁本，墨海金壶本，又清赵在翰辑七纬三十八卷，福州小积石山房刻本

玉函山房辑佚书经编第一册至六十册（清马国翰辑），清光绪九年长沙重刊本，十八年湖南思贤书局本，济南新刻本

以上经总集

周易程氏传四卷（宋程颐撰），程氏全书本，光绪九年江南书局重刊本，古逸丛书覆元至正本六卷附系辞精义二卷

周易本义十二卷（宋朱熹撰），清曹寅扬州书局刻仿宋本，武英殿重刻宋大字本

杨氏易传二十卷（宋杨简撰），明万历中刊本，四库全书本

周易内传十二卷外传七卷（清王夫之撰），船山遗书本

周易述二十一卷易微言二卷（清惠栋撰），卢氏刻本，清经解本，又四部备要据经解本校刊，附江藩、李林松二氏周易述补

易章句十二卷易通释二十卷易图略八卷（清焦循撰），焦氏丛书本，清经解本

周易姚氏学八卷（清姚配中撰），汪守成刻本

以上易类

书集传六卷（宋蔡沈撰），通行本

尚书集注音疏十二卷（清江声撰），清经解本

尚书今古文注疏三十卷（清孙星衍撰），平津馆本，清经解本

今文尚书经说考三十二卷欧阳夏侯遗说考一卷（清陈乔枞撰），续经解本，左海续编本

洪范五行传三卷（清陈寿祺辑），左海集本

以上书类

春秋公羊通义十一卷（清孔广森撰），顨轩所著书本

春秋正辞十三卷（清庄存与撰），清经解本，味经斋本

公羊何氏释例十卷（清刘逢禄撰），清经解本

公羊何氏解诂笺一卷（清刘逢禄撰），清经解本

公羊义疏七十六卷（清陈立撰），续经解本

春秋笔削大义微言考十一卷（康有为撰），万木草堂民国五年刊本

以上公羊春秋类

周官新义十六卷（宋王安石撰），钱仪吉刊新镌经苑本，民国二十四年沈卓然序刊本附考工记解二卷

周礼详解四十卷（宋王昭禹撰），民国二十四年商务印书馆影印四库全书珍本初集本

礼经会元四卷（宋叶时撰），乾隆五十年桐柏山房刊本

周礼正义八十六卷（清孙诒让撰），排印本附三家佚注一卷

以上周礼类

大戴礼记卢辩注十三卷，雅雨堂校本

大戴礼记补注十三卷叙录一卷（清孔广森撰），顨轩所著书本，扬州局本，清经解本无叙录

大戴礼记解诂十三卷叙录一卷（清王聘珍撰），广雅书局本

以上大戴礼记类

礼记集说一百六十卷（宋卫湜撰），通志堂经解本

云庄礼记集说十卷（元陈澔撰），江宁五经大全刻本，明监本，扬州鲍氏、南昌万氏及武昌局本

续卫氏礼记集说一百卷（清杭世骏撰），活字版本

礼记补疏三卷（清焦循撰），焦氏丛书本，清经解本

以上礼记类

孝经郑氏注一卷（清严可均辑），自著四录堂类集本
孝经郑注疏二卷（清皮锡瑞撰），师优堂本，又四部备要本
孝经义疏补九卷（清阮福撰），文选楼本，清经解本

以上孝经类

四书章句集注十九卷（宋朱熹撰），通行本，清乾隆内府刊本十册附或问
四书纂疏二十六卷（宋赵顺孙撰），通志堂经解本
读四书大全说十七卷（清王夫之撰），船山遗书本
四书训义三十八卷（清王夫之撰），船山遗书本，又清光绪十三年潞河啖柘山房重刊本附四书稗疏一卷四书考异一卷
四书讲义四十三卷（清吕留良撰，陈纵编），清初刊本

以上四书总类

大学（礼记四十九篇之第四十一篇）
大学证文四卷（清毛奇龄撰），西河合集本，龙威秘书本
大学古义说二卷（清宋翔凤撰），浮溪精舍本
大学古本旁注（明王守仁撰），函海第十九集
传习录、大学问（明王守仁撰），阳明先生集要卷一、二、四
大学传注四卷（清李塨撰），民国十二年四存学会刊颜李丛书本
大学辨业四卷（清李塨撰），同上，又畿辅丛书本

以上大学类

中庸（礼记四十九篇之第三十一篇）

中庸传（宋晁说之撰），清咸丰蒋氏校刊涉闻梓旧本

四书正误卷二中庸（清颜元撰），颜李丛书本

中庸传注一卷（清李塨撰），颜李丛书本

中庸注一卷（康有为撰），清光绪二十七年序铅印本

以上中庸类

论语郑注十卷（清宋翔凤辑），浮溪精舍本

论语义疏十卷（梁皇侃撰），殿本，知不足斋本，经解汇函重刻本

论语正义二十卷（清刘宝楠撰），江宁刻本

论语通释一卷（清焦循撰），焦氏丛书本，清经解本，木樨轩丛书本

论语注二十卷（清戴望撰），南菁书院丛书本

论语注二十卷（康有为撰），民国六年京师美使馆美森院校刊本

论语集注补正述疏十卷（简朝亮撰），广州刻本

以上论语类

孟子赵注补正六卷（清宋翔凤撰），浮溪精舍本

孟子师说七卷（清黄宗羲撰），梨洲遗著汇刊本，道光间刻本，光绪八年慈溪醉经阁冯氏重刻本，适园丛书第十一集吴兴刻本

孟子正义三十卷（清焦循撰），焦氏丛书本，清经解本

孟子微八卷（康有为撰），光绪二十七年自序铅印本

以上孟子类

（二）诸子哲学

二十二子，浙江图书馆据浙江书局本覆刻三百四十六卷

百子全书（一名子书百家），湖北崇文书局刊本九类一百种一百一十册，又民国四年上海扫叶山房石印本九类一百种八十册

玉函山房辑佚书子编（清马国翰辑）

以上子部总集

老子古义三卷（杨树达撰），中华书局仿宋聚珍印本附汉代老学者考

老子古注二卷（李翘撰），民国十八年芬薰馆印本

古本道德经校刊（何士骥编），一九三六年国立北平研究院史学研究会刊本

道德真经注疏八卷（汉河上公注，晋顾欢疏），吴兴刘氏嘉业堂刊本，道藏本

道德指归论十三卷（汉严遵撰），学津讨原第二十集本，唐鸿学成都怡兰堂据明钞本校刊本

老子注二卷（魏王弼撰），浙江书局本，古逸丛书集唐字本

道德真经传四卷（唐陆希声撰），指海本第二十集

道德经注二卷（唐玄宗撰），道藏本

老子注二卷（宋徽宗撰），道藏本

老子道德经古本集注二卷（宋范应元撰），续古逸丛书影印江安傅氏双鉴楼藏宋刊本

老子口义二卷（宋林希逸撰），道藏本，又明刊鬳斋三子口义本

道德真经注四卷（元吴澄撰），道藏本

老子翼三卷考异一卷（明焦竑撰），金陵丛书甲集本，万历刊本，渐西村舍本

评点老子道德经二卷（严复撰），光绪三十一年，日本东京朱墨印本

老子核诂四卷失文一卷（马叙伦撰），天马山房丛著本，又一九五六年古籍出版社本

以上老子类

墨子十五卷（明李贽批点），明堂策槛刻本

墨子注十五卷目录一卷（清毕沅撰），经训堂本，四部丛刊影明本

墨子间诂十四卷（清孙诒让撰），商务印书馆影印本，扫叶山房印本，又李笠定本墨子间诂校补，民国十四年商务印书馆印本

墨子经说解二卷（清张惠言撰），茗柯集本，上海神州国光社本

墨子校释一卷（梁启超撰），商务印书馆本

墨子校注十五卷（吴毓江撰），一九四四年重庆独立出版社铅印本

以上墨子类

敦煌卷子残本庄子

南华真经注疏十卷（晋郭象注，唐成玄英疏），古逸丛书影宋本

司马彪庄子注一卷补遗一卷（晋司马彪撰，清孙冯翼辑），问经堂本，茆鲁山辑十种古逸书本

庄子口义三十二卷（宋林希逸撰），道藏本

庄子翼八卷（明焦竑撰），明刻本，金陵丛书本

南华真经正义四册附识余及古韵考一册（清陈寿昌撰），上海古书流通处影印本

庄子集释十卷（清郭庆藩撰），湖南思贤书局本，扫叶山房石印本

庄子补正（刘文典撰），商务印书馆本

以上庄子类

列子注八卷（晋张湛注），附殷敬顺释文，清汪继培校湖海楼本，又任大椿燕禧堂五种本列子释文考异

冲虚至德真经解二十卷（宋江遹撰），道藏本

列子鬳斋口义八卷（宋林希逸撰），明嘉靖间刊本，道藏本

列子解八卷（清卢重元撰），秦恩复校刻本

以上列子类

荀子注二十卷（唐杨倞注），古逸丛书影宋本，世德堂本

荀子补注二卷（清郝懿行撰），郝氏遗书本，又据齐鲁先哲遗书本，见周秦诸子校注十种

荀子补注一卷（清刘台拱撰），刘氏遗书本

荀子集解二十卷（清王先谦撰），扫叶山房石印本

荀子简释（梁启雄撰），一九三六年上海商务印书馆本，一九五七年古籍出版社本

以上荀子类

管子注二十四卷（唐尹知章撰），明赵用贤校本附刘绩补注，浙江书局二十二子本，又上海商务印书馆万有文库本附戴望校正

管子榷二十四卷（明朱长春撰），明万历刊本

管子义证八卷（清洪颐煊撰），传经堂本

管子集校（郭沫若、闻一多、许维遹撰），一九五六年科学出版社本

以上管子类

商子五卷（清严可均辑），平津馆别刻本，指海本

商子解诂（清姚焕撰），稿本

商君书解诂定本（朱师辙撰），广州中山大学印本

以上商子类

韩非子二十卷，清吴鼒校刻本附顾广圻识误三卷，又明赵用贤校管韩合刻本，明周孔教刻大字本

韩非子集解二十卷（清王先慎撰），上海商务印书馆万有文库本

韩非子校释十卷（陈启天撰），上海中华书局铅印本

以上韩非子类

公孙龙子注三卷（宋谢希深撰），守山阁丛书本，墨海金壶本，明梁杰订本，又道藏本

公孙龙子注一卷（清辛从益撰），豫章丛书本

公孙龙子斠释六卷考证二卷解故一卷（张怀民撰），民国二十六年中华国学会铅印本

公孙龙子悬解（王琯撰），民国十七年上海中华书局本

以上公孙龙子类

孙子十家注十三卷（魏武帝等撰，清孙星衍、吴人骥校），岱南阁丛书本

以上孙子类

吕氏春秋注二十六卷（汉高诱注，清毕沅校），经训堂本

吕氏春秋集释二十六卷（许维遹撰），民国二十四年清华大学出版事务所刊本

以上吕氏春秋类

（三）子部伪书类

阴符经疏（汉张良注，唐李筌疏），墨海金壶本，湖北先正遗书本

阴符经考异（宋朱熹撰），朱子遗书本，指海本

阴符经解（明焦竑撰），见宝颜堂秘笈

黄帝内经素问二十四卷（唐王冰注，宋林亿等校正），四部备要据浙江局刻校刊本

鹖冠子二卷（唐逢行珪注），守山阁本，墨海金壶本，道藏本

文子二卷（唐徐灵府注），守山阁本，墨海金壶本，明吴勉学刻二十子本

文子缵义十二卷（宋杜道坚撰），武英殿聚珍本，四部备要本

关尹子一卷（宋陈显微注），明吴勉学刻二十子本，珠丛别录本

鹖冠子三卷（楚人撰，陆佃注），学津讨原本，聚珍本，又道藏本

子华子二卷（明郎兆玉点评），墨海金壶本，珠丛别录本，又道藏本十卷

计倪子一卷（周计然撰），百子全书

申子一卷（清马国翰辑），玉函山房辑佚书本

邓析子一卷（清钱熙祚校），指海本，又邓析子五种合校，中国学会影印本二册

尹文子一卷附校勘佚文（清汪继培校本），湖海楼丛书本，钱熙祚校守山阁丛书本，道藏本

慎子一卷附佚文（清严可均辑），守山阁本，又慎子三种合帙，民国中国学会影印本

尸子一卷附存疑（清汪继培辑注），湖海楼本，平津馆本，问经堂本

晏子春秋八卷（清孙星衍校本），浙江书局经训堂丛本

晏子春秋（清苏舆校），湖南思贤书局本

鬼谷子（晋陶弘景注），秦恩复校本，四部丛刊本，道藏本

于陵子一卷（齐陈仲子撰），秘册汇函本

六韬七卷（周太公望撰），武经七书本

司马法三卷（齐司马穰苴撰），平津馆本，武经七书本

吴子二卷（周吴起撰，孙星衍校），平津馆本，武经七书本

尉缭子二卷（周尉缭撰），武经七书本，百子全书

孔丛子三卷（宋宋咸注），明绵渺阁刊本，浙江刻影宋巾箱本，汉魏丛书本，指海本，四部丛刊据明翻宋本影印本

孔子家语十卷（晋王肃注），汲古阁丛书本

孔子集语十七卷（清孙星衍、严可均辑），平津馆本

子思子辑解七卷（清黄以周辑），清光绪二十二年自序刊本

孟子外书四卷（熙时子注），函海本、珠尘本、经苑本，又拜经楼丛书辑刻晋綦毋邃孟子外书注一卷

Ⅱ. 中古哲学

（一）两汉哲学

淮南鸿烈解二十一卷（汉刘安撰，高诱注，明陆时雍校），明崇祯刊本，又清庄逵吉校通行本

许慎淮南子注一卷（清孙冯翼辑），问经堂本，附淮南万毕术一卷

淮南鸿烈间诂（清叶德辉撰），观古斋丛书本

淮南集证（刘家立撰），中华书局本

淮南鸿烈集解二十一卷（刘文典撰），商务印书馆本

春秋繁露十七卷（汉董仲舒撰，清戴震、卢文弨校），聚珍本，福本，抱经堂本

春秋繁露注十七卷（汉董仲舒撰，清凌曙注），古经解汇函本

春秋繁露义证（清苏舆撰），原刻本

董子文集一卷（汉董仲舒撰），畿辅丛书本，又董胶西集，汉魏六朝百三家集本

新语二卷（汉陆贾撰），汉魏丛书本，四部丛刊影明本

新书十卷（汉贾谊撰），清卢文弨校抱经堂本，四部丛刊影明本

贾长沙集（汉贾谊撰），汉魏六朝百三家集本

新序十卷（汉刘向撰），汉魏丛书本

说苑二十卷（汉刘向撰），四部丛刊影明本

刘子政集（汉刘向撰），汉魏六朝百三家集本

刘子骏集一卷（汉刘歆撰），同上

盐铁论注十卷（汉桓宽撰，明张之象注），四部丛刊影明本，又清张敦仁考证三卷，岱南阁丛书本

盐铁论集释十卷（徐德培撰），民国间铅印本

扬子法言十三卷音义一卷（汉扬雄撰，晋李轨注），清秦恩复仿宋大字本，徐养源校李赓芸刻本

法言五臣注十卷（晋李轨，唐柳宗元，宋宋咸、吴秘、司马光注），明世德堂本

法言义疏二十卷（汪荣宝撰），民国癸酉铅印本

太玄经集注十卷（汉扬雄撰，宋司马光、许翰注），古棠书屋丛书本，湖北崇文书局本，四部备要本，道藏本

太玄经解赞（晋范望撰），四部丛刊据明万玉堂翻宋本

桓子新论（汉桓谭撰，清严可均辑），见全上古三代秦汉三国六朝文之全后汉文卷十二至卷十五，湖北黄冈王毓藻丛刊本，又四部备要据孙冯翼问经堂辑本，不全

白虎通疏证十二卷（汉班固撰，清陈立注），清经解续编本

论衡三十卷（汉王充撰），四部丛刊据明通津草堂影印本，又明刘光斗评，天启六年虎林阁氏刊本

论衡校释三十卷（汉王充撰，黄晖注），民国二十七年长沙商务印书馆本

潜夫论笺（汉王符撰，清汪继培注），四部丛刊影述古堂精写本，湖海楼本，汉魏丛书本无笺

昌言（汉仲长统撰，清严可均辑），四录堂类集本，又马国翰辑一卷，玉函山房辑佚书本

政论（汉崔寔撰，清严可均辑），四录堂类集本

忠经（汉马融撰，郑玄注），见二十二子全书本，又说郛本，百子全书本

申鉴五卷（汉荀悦撰，明黄省曾注），汉魏丛书本，又四部丛刊影明本

魏子一卷（汉魏朗撰，清马国翰辑），玉函山房辑佚书本

正部论一卷（汉王逸撰，清马国翰辑），同上

中论三卷（汉徐干撰），汉魏丛书本，四部丛刊影明本

牟子丛残（汉牟融撰，周叔迦辑），民国十九年公记印书局铅印本

周易参同契一卷（汉魏伯阳撰，宋朱子考异），守山阁本，汉魏丛书本

（二）魏晋哲学

典论一卷（魏文帝撰），问经堂辑本

辨道论（魏曹植撰），严可均辑曹子建集，见全三国文卷十八，又四部丛刊影印明活字本卷十及广弘明集卷五收此文，均不全

老子注（魏钟会撰，严可均辑），四录堂类集本

无名论（魏何晏撰），列子之仲尼篇张湛注引

周易略例一卷（魏王弼撰，邢璹注），汉魏丛书本，学津讨原本，又四部备要本附周易后

老子指例略（魏王弼撰，王维诚辑），铅印抽印本

论语释疑一卷（魏王弼撰，清马国翰辑），玉函山房辑佚书本

道论一卷（魏任嘏撰，清马国翰辑），同上

人物志三卷（魏刘劭撰），守山阁本，墨海金壶本，四部丛刊影明正德本，古籍出版社本

政要论（魏桓范撰），见群书治要第四十七，日本天明刊本，又玉函山房辑佚书本一卷

物理论一卷（晋杨泉撰），平津馆辑本

诸葛武侯文集四卷附录二卷（蜀诸葛亮撰，清张澍辑），沔县祠堂本，汉魏六朝百三家集本

嵇中散集十卷（晋嵇康撰），明嘉靖四年黄省曾南星精舍刻本，四部丛刊影明刊本，鲁迅据明吴宽丛书堂钞本影印本

阮嗣宗集十三卷（晋阮籍撰），明汪士贤刻汉魏六朝二十名家集本，又见严可均全三国文卷四十五至卷四十六

周易向氏义一卷（晋向秀撰，清马国翰辑），玉函山房辑佚书本

论语体略一卷（晋郭象撰，清马国翰辑），同上

傅子一卷（晋傅玄撰），聚珍本，又清光绪二十二年傅氏演慎斋重刊本

孙子一卷（晋孙绰撰，清马国翰辑），玉函山房辑佚书本

苻子一卷（晋苻朗撰，清马国翰辑），同上

少子一卷（齐张融撰，清马国翰辑），同上

陶靖节集十卷（晋陶潜撰），明万历十五年休阳程氏刊本，四部丛刊影印宋刊巾箱本

葛仙公老子序次（晋葛玄撰，武内义雄辑），见译注老子，岩波文库本

抱朴子内外篇八卷（晋葛洪撰，清孙星衍校），平津馆本，四部丛刊据明鲁番刊本，道藏本

神仙传十卷（晋葛洪撰），龙威秘书本

列仙传（旧题汉刘向撰，清王照图校），郝氏遗书本，古今逸史本，琳琅秘室本

华阳陶隐居集二卷（梁陶弘景撰，傅云编），道藏本

真诰七卷（梁陶弘景撰），学津讨原本二十卷，道藏本

支遁集三卷（晋释支道林撰），邵武徐氏丛书

世说新语三卷（宋刘义庆撰，梁刘孝标注），四部丛刊影明本

（三）六朝隋唐哲学

弘明集十四卷（梁僧祐撰），大正新修大藏经第五十二卷史传部四（关于佛经论有南北藏本，参释智旭编阅藏知津，下同，又金陵刻经处扬州藏经院等板本概从略）

广弘明集三十卷（唐道宣撰），同上

出三藏记集十五卷（梁僧祐撰），同上，第五十五卷目录部，又金陵刻经处抽刻经序六卷

集古今佛道论衡四卷（唐道宣撰），同上，第五十二卷史传部四

续集古今佛道论衡一卷（唐智昇撰），同上

开元释教录二十卷（唐智昇撰），同上，第五十五卷目录部

高僧传十四卷（梁慧皎撰），同上，第五十卷史传部二

续高僧传三十卷（唐道宣撰），同上

高僧法显传一卷（晋法显撰），同上，第五十一卷史传部三

大唐西域记十二卷（唐玄奘述，辩机撰），同上

大慈恩寺三藏法师传十卷（唐慧立撰），同上，第五十卷史传部二

大唐西域求法高僧传二卷（唐义净撰），同上，第五十一卷史传部三

四十二章经一卷（传后汉迦叶摩腾、竺法兰同译），同上，第十七卷经集部四

肇论一卷（后秦僧肇撰），同上，第四十五卷诸宗部二

肇论疏三卷（唐元康撰），同上

肇论新疏三卷（元文才述），同上

宝藏论一卷（后秦僧肇撰），同上

维摩诘所说经（后秦鸠摩罗什译），同上，第十四卷经集部一

注维摩诘经十卷（后秦僧肇选），同上，第三十八卷经疏部六

妙法莲华经七卷（后秦鸠摩罗什译），同上，第九卷法华部

大般涅槃经四十卷（北凉昙无谶译），同上，第十二卷涅槃部

首楞严义疏注经（唐般剌蜜帝译，宋子璿集），同上，第三十九卷经疏部七

金刚般若波罗蜜经一卷（后秦鸠摩罗什译），同上，第八卷般若部四

金刚般若经疏一卷（隋智𫖮说），同上，第三十三卷经疏部一

般若波罗蜜多心经一卷（唐玄奘译），同上，第八卷般若部四

般若纲要（葛䵻编），扬州藏经院本

大乘义章二十六卷（隋慧远撰），大正新修大藏经第四十四卷诸宗部一

十二门论疏三卷（后秦鸠摩罗什译，隋吉藏疏），同上，第四十二卷论疏部三

中观论疏十卷（后秦鸠摩罗什译，隋吉藏疏），同上

百论疏三卷（后秦鸠摩罗什译，隋吉藏疏），同上

三论玄义一卷（隋吉藏撰），同上，第四十五卷诸宗部二

二谛义（梁昭明太子撰），说郛本

二谛章二卷（隋吉藏撰），大正新修大藏经第四十五卷诸宗部二

大智度论一百卷（后秦鸠摩罗什译），同上，第二十五卷释经论部上

大乘掌珍论二卷（唐玄奘译），同上，第三十卷中观部

妙法莲华经玄义二十卷（隋智𫖮撰），同上，第三十三卷经疏部一

妙法莲华经文句二十卷（隋智𫖮撰），同上，第三十四卷经疏部二

摩诃止观二十卷（隋智𫖮撰），同上，第四十六卷诸宗部三

四教义十二卷（隋智𫖮撰），同上

大乘止观法门四卷（陈慧思撰），同上

金刚錍一卷（唐湛然撰），同上

楞伽经，刘宋求那跋陀罗译四卷本、北魏菩提流支译十卷本、唐

实叉难陀译七卷本三种合刻，又同上，第十六卷经集部三

解深密经（唐玄奘译），同上，经集部三，又敦煌本经疏十卷，唐圆测撰，见同上卷

瑜伽师地论一百卷（唐玄奘译），同上，第三十卷瑜伽部上

大乘阿毘达磨杂集论十六卷（唐玄奘译），同上，第三十一卷瑜伽部下

辩中边论（唐玄奘译），窥基述记三卷，同上，第四十四卷论疏部五

摄大乘论本三卷（唐玄奘译），同上，第三十一卷瑜伽部下

唯识三十论颂一卷（唐玄奘译），同上

大乘五蕴论一卷（唐玄奘译），同上

大乘百法明门论一卷（唐玄奘译），同上，窥基论解二卷，同上，第四十四卷论疏部五

观所缘缘论一卷（唐玄奘译），同上，第三十一卷瑜伽部下

成唯识论十卷（唐玄奘撰述），同上

成唯识论述记二十卷（唐窥基撰），同上，第四十三卷论疏部四

因明入正理论一卷（唐玄奘译），同上，第三十二卷论集部

因明正理门论（唐义净译），同上

正理门论述记一卷（唐神泰撰），同上，第四十四卷论疏部五

因明入正理论疏三卷（唐窥基撰），同上

大方广佛华严经六十卷（东晋佛驮跋陀罗译），同上，第九卷华严部上

大方广佛华严经八十卷（唐实叉难陀译），同上，第十卷华严部下

大方广佛华严经疏六十卷（唐澄观撰），同上，第三十五卷经疏部三

大方广佛华严经随疏演义钞九十卷（唐澄观撰），同上，第三十六卷经疏部四

新华严经论四十卷（唐李通玄撰），同上

大方广圆觉修多罗了义经一卷（唐佛陀多罗译），同上，第十七卷经集部四

大方广圆觉修多罗了义经略疏注二卷（唐宗密述），同上，第三十九卷经疏部七

华严一乘十玄门一卷（隋杜顺说，唐智俨撰），同上，第四十五卷诸宗部二

华严法界玄镜二卷（唐澄观撰），同上

注华严法界观门一卷（唐宗密撰），同上

华严经旨归一卷（唐法藏撰），同上

华严一乘教义分齐章四卷（唐法藏撰），同上

金师子章云间类解一卷（唐法藏撰，宋净源述），同上

略释新华严经修行次第决疑论四卷（唐李通玄撰），同上，第三十六卷经疏部四

原人论一卷（唐宗密撰），同上，第四十五卷诸宗部二

大乘起信论（唐实叉难陀译），同上，第三十二卷论集部

大乘起信论义记五卷（唐法藏撰），同上，第四十四卷论疏部五

无量寿经义疏二卷（魏康僧铠译，隋慧远疏），同上，第三十七卷经疏部五

观无量寿经义疏二卷（隋慧远撰），同上

观无量寿佛经疏四卷（唐善导撰），同上

阿弥陀经义疏一卷（后秦鸠摩罗什译，宋元照疏），同上

梵网经二卷（后秦鸠摩罗什译），同上，第二十四卷律部三

梵网经菩萨戒本疏六卷（唐法藏撰），同上，第四十卷律疏部

坐禅三昧经二卷（后秦鸠摩罗什译），同上，第十五卷经集部二

楞伽师资记（唐净觉撰），敦煌本

六祖坛经（唐宗宝编），敦煌本及大正新修大藏经第四十八卷诸

宗部五

神会语录，敦煌本

三隐集（唐寒山子与拾得等撰），四部丛刊本

禅源诸诠集都序（唐宗密述），大正新修大藏经第四十八卷诸宗部五

景德传灯录三十卷（宋道原集），同上，第五十一卷史传部三，又四部丛刊影宋本

古尊宿语录四十八卷（赜藏主撰），大藏经（南）本，又缩刷本

老子化胡经（第一—第十），同上，大正新修大藏经第五十四卷外教部

梁武帝集十二卷（梁武帝撰），明刊本

金楼子六卷（梁元帝撰），知不足斋本

刘子新论十卷（北齐刘昼撰，唐袁孝政注），汉魏丛书本，又道藏本

颜氏家训七卷（北齐颜之推撰，清赵曦明注，卢文弨补注），抱经堂本，知不足斋本

中说十卷（隋王通撰，宋阮逸注），世德堂本

元经十卷（隋王通撰，薛氏传），汉魏丛书苏州坊刻本，育文书局石印本，乾隆重刻本

帝范四卷（唐太宗撰），武英殿聚珍版丛书本，又粤雅堂丛书本

臣轨二卷（唐武则天撰），佚存丛书本

韩昌黎集五十卷（唐韩愈撰），四部备要据东雅堂刊本

柳河东集四十五卷（唐柳宗元撰），四部备要据蒋氏三经藏书本校刊

因论一卷（唐刘禹锡撰），百川学海本

天论（唐刘禹锡撰），全唐文本

李文公集十八卷（唐李翱撰），三唐人文集本，又清光绪元年南海梁氏校刊日本文政二年本

续孟子二卷（唐林慎思撰），知不足斋本

伸蒙子三卷（唐林慎思撰），知不足斋本，珠尘本

元子（唐元结撰），见全唐文

天隐子一卷（唐司马承祯撰），百子全书，又道藏本甚四与素履子同卷

玄真子一卷（唐张志和撰），同上，又道藏本

亢仓子一卷（唐王士元撰），墨海金壶本

无能子三卷（唐无名氏撰），百子全书本，又道藏本

两同书二卷（五代罗隐撰），续百川学海本，又宝颜堂秘笈本，又二十二子全书本

谗书五卷（五代罗隐撰，清吴骞校），见邵武徐氏丛书本，又拜经堂丛书七种本

罗昭谏集八卷（五代罗隐撰，张瓒辑刻本），道光四年平江吴氏补刊本

化书六卷（五代谭峭撰），宋刻本，明刻本，北京图书馆藏明刻二十子本，宝颜堂秘笈本，墨海金壶本，又道藏本

Ⅲ．近古哲学

（一）宋元哲学

宋元学案八十卷（明黄宗羲撰，全祖望修，王梓材增补），清道光中伍氏刻本，光绪中慈溪冯氏校刊本

宋元学案补遗一百卷（清王梓材、冯云濠撰），四明丛书第五集本

司马文正公集八十卷（宋司马光撰），四部丛刊影宋本

潜虚一卷（宋司马光撰），附潜虚发微论（宋张敦实撰），四部丛

刊影宋本，知不足斋本

范文正公集九卷（宋范仲淹撰），正谊堂全书本

邵子全书二十四卷（宋邵雍撰），明徐必达刊本

皇极经世书十二卷（宋邵雍撰），明刊本，道藏本，性理诸家解本十卷

伊川击壤集二十四卷（宋邵雍撰），四部丛刊影印明成化刊本

渔樵问答（宋邵雍撰），百川学海本

直讲李先生文集三十七卷外集三卷（宋李觏撰），四部丛刊影明成化本，康熙四年李氏刊本名盱江集

临川集一百卷目录二卷（宋王安石撰），四部丛刊影明嘉靖三十九年抚州刊本

苏老泉先生集二十卷附录二卷（宋苏洵撰），邵仁泓刻本原名嘉祐集，四部丛刊影抄本

东坡七集一百一十七卷（宋苏轼撰），四部丛刊影宋本，眉州祠堂本，江西明刻本

栾城集五十卷后集二十四卷三集十卷应诏集十二卷（宋苏辙撰），四部丛刊影明本

梦溪笔谈二十六卷（宋沈括撰），四部丛刊续编本

周濂溪集十三卷（宋周敦颐撰），正谊堂全书本，又周子全书九卷，彭洋中校本

太极图说述解（明曹端撰），清道光十二年刊曾月川遗书本

通书述解（明曹端撰），同上

张子全书十四卷（宋张载撰），明徐必达刊本，高安朱氏刊本，上元叶氏刊本，夏州张氏刊本内有易说三卷，正谊堂本所无

张子语录（宋张载撰），四部丛刊影宋本

张子正蒙注九卷（清王夫之撰），船山遗书本

正蒙会稿四卷（明刘玑撰），惜阴轩丛书本

正蒙初义十七卷（清王植撰），乾隆中刊本

正蒙集说十七卷（清杨方达撰），清乾隆间复初堂刊本

二程全书六十五卷（宋程颢、程颐撰，明康绍宗重编），明弘治刊本，清康熙中刊本，光绪中澹雅堂重刊本，又四部备要据江宁刻本校刊本

上蔡语录三卷（宋谢良佐撰，曾恬、胡安国录，朱熹删定），吕氏刊朱子遗书本，正谊堂本

杨龟山集四十二卷（宋杨时撰），宋刊本三十五卷，明弘治中李氏刊本十六卷，后常州东林书院刊本三十五卷，万历间林氏刊本四十二卷，又康熙中杨绳祖重刊本

胡子知言六卷附录一卷（宋胡宏撰），明吴中坊刊本，又粤雅堂丛书本有疑义二卷

豫章文集十七卷（宋罗从彦撰），元至正许氏刊本，明成化中冯氏刊本，又正谊堂全书本十卷

李延平集四卷（宋李侗撰），正谊堂全书本

延平答问一卷附录一卷（宋朱熹撰），明刊大字本，朱子遗书本

张南轩集七卷（宋张栻撰），正谊堂全书本

朱子大全集一百一十二卷（宋朱熹撰），四部丛刊影明本，又清李光地编朱子全书六十六卷，古香斋袖珍本

朱子语类大全一百四十卷（宋黎靖德编），明成化中陈炜刊本，石门吕氏刊本

朱子议政录（清邢廷荚编），光绪己亥刊本

近思录集解十四卷（宋朱熹、吕祖谦同撰，清江永注） 原刻本，武昌局本，吴氏望三益斋本，又清张伯行集注十四卷，正谊堂全书本

伊洛渊源录十四卷（宋朱熹撰），正谊堂全书本

附录　古典哲学著作要目

　　黄勉斋集四十卷（宋黄干撰），同上
　　至言一卷（宋蔡沈撰），明嘉靖秦府刻本，十万卷楼丛书本
　　北溪先生字义四卷（宋陈淳撰，王隽编），爱荆堂刻本，惜阴轩丛书本
　　象山全集二十八卷外集四卷（宋陆九渊撰），明正德中李氏刊本，又三十二卷语录二卷，四部丛刊影明本
　　慈明遗书（宋杨简撰），明刊本，四库全书本
　　先圣大训二十卷（宋杨简撰），明万历中刊本，复性书院刊本
　　东莱吕太史全集四十卷（宋吕祖谦撰），金华丛书本
　　止斋文集五十一卷附录一卷（宋陈傅良撰），陈用光重刻本
　　水心文集二十九卷（宋叶适撰），永嘉丛书本，四部丛刊影明本
　　水心别集十六卷（宋叶适撰），武昌局本，四部丛刊影明本
　　习学记言（宋叶适撰），瑞安黄体芳江陵刻本
　　龙川文集三十卷（宋陈亮撰），金华丛书本，永嘉丛书本
　　昨梦录一卷（宋康与之撰），顺治间重刊说郛本
　　伯牙琴一卷附遗书一卷（宋邓艾撰），见武林德哲遗著本，又国粹丛书本，知不足斋丛书本
　　郑所南心史（宋郑思肖撰），明崇祯十二年刊本
　　云笈七签一百一十卷（宋张君房撰），明嘉靖间刊本，四部丛刊本，又道藏本
　　屏山李先生鸣道集五卷（金李纯甫撰），北京图书馆藏明钞本
　　长春真人西游记上下二卷（元邱处机撰，王国维注），清华大学研究院铅印本
　　长春子磻溪集六卷（元邱处机撰），香山郑观应刊本
　　湛然居士文集十四卷（元耶律楚材撰），四部丛刊影印写本
　　西游录一卷（元耶律楚材撰），丁卯六月上虞罗氏印本
　　许鲁斋集六卷（元许衡撰），正谊堂全书本，清康熙四十七年序

刊本

静修先生文集十二卷（元刘因撰），畿辅丛书本，又四部丛刊影元本

吴文正公集一百卷（元吴澄撰），明刊本

辨惑编四卷附录一卷（元谢应芳撰），守山阁丛书本，说郛本

（二）明代哲学

明儒学案六十二卷（清黄宗羲撰），乾隆中慈溪郑氏刻本，又故城贾氏刻本

理学宗传十八卷（明周汝登撰），吴兴刘承干影印明刻原本

宋学士全集四十二卷（明宋濂撰），金华丛书本

王文忠公集二十卷（明王祎撰），同上

华川卮辞一卷（明王祎撰），同上

诚意伯文集二十卷（明刘基撰），四部丛刊影明本

逊志斋集二十四卷（明方孝孺撰），明正德刻本，成化刻本三十卷，又四部丛刊影明本

草木子一卷（明叶子奇撰），百陵学山本，续说郛本卷二

读书录十一卷（明薛瑄撰），正谊堂全书本

读书续录十二卷（明薛瑄撰），乾隆丙寅薛氏家刻本

康斋先生集十二卷（明吴与弼撰），道光乙未刻本

月川语录一卷夜行烛一卷（明曹端撰），明刊月川亲著本

居业录八卷（明胡居仁撰），正谊堂全书本

胡敬斋集三卷（明胡居仁撰），同上

白沙子全集十卷附录一卷（明陈献章撰），清康熙顾嗣协刻本，又乾隆辛卯陈俞等重校刊本

南川冰蘗全集十二卷（明林光撰），东莞明伦堂刻本

湛甘泉先生文集（明湛若水撰），清康熙丁酉江东黄楷重刊本，同治资政堂刻本

白沙子古诗教解上下二卷（明湛若水撰），乾隆辛卯刻本，又附白沙子全集后

王文成公全集三十八卷（明王守仁撰），明隆庆中新建谢氏刊本，清康熙中俞氏刊本

阳明先生集要十五卷（明王守仁撰，施邦曜辑），四部丛刊彭明施氏刊本

阳明先生道学钞八卷（明李贽选），明万历三十七年刻本卷八年谱上下

王龙溪先生全集（明王畿撰，王应斌、王应吉编），清道光壬午会稽莫晋校刊本

龙溪先生文录钞九卷（明李贽选），明万历二十七年山阴何继高刊本

双江聂先生文集十四卷（明聂豹撰），明隆庆六年序刊本

罗念庵先生文录十八卷（明罗洪先撰），光绪十二年喻震孟校刊本

王心斋先生全集十三卷，附王一庵、王塘南、王东崖等集（明王艮撰），清末东台袁氏编订排印本，又心斋约言一卷，学海类编本，又清道光六年刊本王文贞公全集五卷

罗整庵集存稿二卷（明罗钦顺撰），正谊堂全书本

困知记二卷，续二卷，三续一卷，四续一卷，续补一卷，外编一卷，附录一卷（明罗钦顺撰），明万历七年刊二年重校印本，又正谊堂全书本四卷，不全

学蔀通辨十二卷（明陈建撰），正谊堂全书本，又聚德堂丛书本

胡子衡齐（明胡直撰），豫章丛书本

衡庐精舍藏稿及续稿十一卷（明胡直撰），光绪二十八年齐思书

塾重刊本

家藏集三十卷（明王廷相撰），明原刊本清顺治十二年杨氏补刊本

内台集七卷（明王廷相撰），明嘉靖十五年刊本

慎言十三卷（明王廷相撰），明嘉靖十二年成都焦氏校刊本

性理三解（明韩邦奇撰），清乾隆十七年西河书院重刊本四册，内正蒙拾遗一卷、启蒙意见四卷、洪范图解一卷

阴阳管见一卷（明何塘撰），百陵学山本

叔苴子内篇六卷外篇二卷（明庄元臣撰），百子全书本，又粤雅堂丛书本

荆川文集十七卷（明唐顺之撰），四部丛刊影明万历刊本

盱坛直诠（明罗汝芳撰），德性书院本

梁夫山遗书（明何心隐撰，杨坦、周复编），清同治元年梁继翰重刻本

李氏焚书六卷（明李贽撰），国粹丛书本，又上海扫叶山房张氏据明原刊重印本

李氏藏书六十八卷（明李贽撰），明万历二十七年金陵刊本

李氏六书六卷（明李贽撰，李维桢删订，顾大韶参订），明刻本

疑耀七卷（明李贽撰，张萱订），明万历刻本

易因上下二册（明李贽撰），明刊本

李温陵外纪五卷（明潘曾纮编），明刊本，北京市立图书馆藏

焦氏笔乘六卷，续集八卷（明焦竑撰），粤雅堂丛书本

澹园集四十九卷，续集二十七卷（明焦竑撰），金陵丛书本

管子惕若斋集四卷，续集二卷（明管志道撰），明万历刻本

袁中郎全集四十卷（明袁宏道撰），明崇祯二年武林刊本，又上海中央书店排印本

张文忠公全集（明张居正撰），万有文库第二集本

海刚峰集二卷（明海瑞撰），正谊堂全书本

去伪斋文集十卷（明吕坤撰），清康熙十三年矩其居重刊本

一斋集（明陈第撰），道光二十八年陈斗初重刻本

顾端文公遗书十三种（明顾宪成撰），光绪三年泾里家祠重刊本

高子遗书（明高攀龙撰，陈龙正编），光绪二年，无锡重刊本

黄漳浦文集五十卷（明黄道周撰），陈寿祺重编本

榕坛问业十八卷（明黄道周撰），乾隆郭文焰重刊本

刘子全书四十卷，卷首一卷（明刘宗周撰，董玚编），清道光四年至十五年会稽吴氏刊本

刘子全书遗编二十二卷（沈复粲辑本），沈复粲辑本

徐文定公全集五卷，附李之藻文稿一卷上（明徐光启撰），慈母堂第二次排印本

徐氏庖言（明徐光启撰），一九三四年土山湾印书馆本

辟妄一卷（明徐光启撰），一九三五年土山湾印书馆本

农政全书六十卷（明徐光启撰），清道光十七年刊本

名理探十卷（明李之藻译），民国二十四年万有文库第二集本

寰有诠六卷（明李之藻译），明崇祯元年刊本

（三）明清之际哲学

日知录三十二卷（顾炎武撰，黄汝成集释），四部备要据原刊校刊本

亭林诗文集六卷（顾炎武撰），四部丛刊影印康熙刊本

日知录残存卷一至八（自署蒋山佣稿本），北京大学图书馆藏

明夷待访录二卷（黄宗羲撰），清光绪二年据海山仙馆丛书校刊本，又梨洲遗著汇刊本一卷

破邪说一卷（黄宗羲撰），昭代丛书本，又广雅丛书本，又梨洲遗著汇刊本，又北京图书馆藏清钞本戴望校并跋

孟子师说七卷（黄宗羲撰），梨洲遗著汇刊本

易学象数论六卷（黄宗羲撰），四麓堂刊本

南雷文案四卷外集一卷（黄宗羲撰），梨洲遗著汇刊本

南雷文定前集十一卷，后集四卷，三集三卷，诗历四卷（黄宗羲撰），粤雅堂丛书本，又梨洲遗著汇刊本

南雷文约四卷（黄宗羲撰），梨洲遗著汇刊本

舜水先生文集二十八卷，附录一卷（朱之瑜撰），日本享保五年刊本，又稻叶岩吉编明治四十五年刊本，又马浮编民国二年刊本乃据明治本改编不全

霜红龛集四十卷，附录三卷（傅山撰），清末山阳丁氏刊本，又二卷，附一卷，清光绪年间平遥王晋荣刊本

翁山文外十六卷（屈大均撰），民国九年吴兴嘉业堂刊本

翁山文钞四卷附翁山佚文辑三卷（屈大均撰，徐信符辑），广东丛书第一集

道援堂诗集十二卷，附词一卷（屈大均撰），清道援堂原刻本

黄书一卷（王夫之撰），船山遗书本，古籍出版社本与噩梦合刊，案船山遗书有清同治四年湘乡曾氏金陵节署刊五十种本与民国二十四年上海太平洋书店铅印再版七十种本两种

噩梦一卷（王夫之撰），同上，又宝墨斋丛书本

俟解一卷（王夫之撰），船山遗书本，古籍出版社本与思问录合刊

思问录内外篇各一卷（王夫之撰），同上

搔首问一卷（王夫之撰），船山遗书本

读通鉴论三十卷（王夫之撰），同上

宋论十五卷（王夫之撰），同上

姜斋文集十卷（王夫之撰），同上，又四部丛刊本六册

物理小识十二卷，卷首一卷（方以智撰），清光绪十年宁静堂刊

本，又万有文库第二集本

博依集十卷（方以智撰），明崇祯间刊本

广阳杂记五卷（刘献廷撰），功顺堂丛书本，又国粹丛书本

费氏遗书三种五卷（费密撰），怡兰堂丛书本，内弘道书三卷

二曲全集五种四十四卷（李颙撰），关中书院刊本

夏峰先生集十六卷（孙奇逢撰），清道光二十五年大梁书院重刊本

潜书四卷（唐甄撰，王闻远编），清康熙四十二年华亭王氏刊本，古籍出版社本

吕用晦文集八卷，续集四卷（吕留良撰），国粹丛书本

四存编十一卷（颜元撰），民国十二年北京四存学会铅印增补颜李丛书本，又畿辅丛书本

习斋记余十卷（颜元撰），同上，又畿辅丛书本

四书正误二十二卷（颜元撰），颜李丛书本

颜氏学记十卷（清戴望撰），清同治十年刊本，国粹丛书本，又清代学术丛书本，万有文库第一集本

论语传注二卷，传注问一卷（清李塨撰），颜李丛书本

瘳忘编二卷，续编一卷（清李塨撰），颜李丛书本，又国粹丛书本

拟太平策七卷（清李塨撰），颜李丛书本，又畿辅丛书本

恕谷后集十三卷（清李塨撰），同上

平书订十四卷（清李塨撰），同上

圣经学规纂二卷，附论学二卷（清李塨撰），同上

颜习斋先生年谱二卷（清李塨撰），清康熙四十六年跋刊本，又国粹丛书本，畿辅丛书本

（四）清代哲学

古文尚书疏证八卷（清阎若璩撰），乾隆乙丑刊本，武亿刊本，续经解本

易图明辨十卷（清胡渭撰），守山阁本，粤雅堂本，清经解续编本

禹贡锥指二十一卷（清胡渭撰），清经解本

周官辨非一卷（清万斯大撰），清嘉庆元年辨志堂刊万氏经学五书本

古今伪书考一卷（清姚际恒撰），知不足斋丛书本，古籍考辨丛刊第一集本

河图洛书原舛编太极图说遗议（清毛奇龄撰），西河合集本

古文尚书冤词八卷（清毛奇龄撰），西河合集本

李穆堂诗文集一百五十卷，类稿五十卷，续稿五十卷，别稿五十卷（清李绂撰），清道光十一年奉国堂重刊本

鲒埼亭集三十八卷，外编五十卷（清全祖望撰），四部丛刊影印姚江借树山房本

东原集十二卷（清戴震撰），经韵楼丛书本，又四部丛刊本据经韵楼本影印，附年谱一卷，覆校札记一卷，段玉裁撰

孟子字义疏证三卷（清戴震撰），国粹丛书本，孔戴遗书本，又民国十三年北京朴社戴氏三种本

原善三卷（清戴震撰），孔戴遗书本，又国粹丛书本，又戴氏三种本

绪言三卷（清戴震撰），粤雅堂丛书本，又戴氏三种本

原象一卷（清戴震撰），孔戴遗书本

孟子私淑录三卷（清戴震撰），北京大学图书馆藏抄本

述学内外篇六卷（清汪中撰），粤雅堂丛书本，又四部备要据扬州诗局校刊本

容甫先生遗诗五卷（清汪中撰），四部丛刊据无锡臧氏影印本

校礼堂文集一卷（清凌廷堪撰），清经解本，不全，原三十六卷

雕菰楼集二十四卷（清焦循撰），文选楼丛书本，又文学山房丛书本

揅经室集七卷（清阮元撰），清经解本，不全，原六十卷

癸巳存稿四卷（清俞正燮撰），清经解续编本，又十五卷，连筠簃丛书本

癸巳类稿六卷（清俞正燮撰），清经解续编本，又安徽丛书本十五卷

章氏遗书十一种二十四卷（清章学诚撰），浙江图书馆据徐氏铸学斋排印本，又商务印书馆本

崔东壁遗书八十八卷（清崔述撰），上海古书流通处本，又顾颉刚编订考信录，上海亚东图书馆本

东塾读书记二十一卷（清陈澧撰），四部备要据原刻本校刊本

汉儒通义七卷（清陈澧撰），番禺陈氏东塾丛书初集本

东塾集六卷（清陈澧撰），清光绪十八年菊坡精舍刊本

无邪堂答问五卷（清朱一新撰），广雅丛书本

佩弦斋杂存八卷（清朱一新撰），清光绪葆真堂刊本

汉学商兑四卷（清方东树撰），朱氏槐庐丛书本，又万有文库第二集本

书林扬觯（清方东树撰），望三益斋所刻书本，又文学山房丛书本

刘礼部集十二卷（清刘逢禄撰），清道光十年思误斋刊本

谪麟堂遗集文二卷，诗二卷（清戴望撰），风雨楼丛书本据会稽赵氏本校印

学案小识十五卷（清唐鉴撰），四砭斋原刻本，光绪中重刊四部备要本

汉学师承记八卷（清江藩撰），粤雅堂丛书本，淮南书局本

宋学渊源记二卷（清江藩撰），附汉学师承记后

Ⅳ. 近代思想

　　林文忠公政书三十七卷（清林则徐撰），清咸丰侯官林氏家刻本，光绪十一年刻本，万有文库第二集本

　　华事夷言（清林则徐译），见小方壶斋舆地丛钞再补编册七十七

　　四洲志（清林则徐译），同上

　　龚定盦全集十五卷（清龚自珍撰），清光绪二十三年万本书堂精校本五种

　　古微堂内外集十卷（清魏源撰），清光绪四年淮南书局刊本

　　海国图志一百卷（清魏源撰），光绪六年邵阳急当务斋刻本，又光绪二十八年文贤阁石印本附林乐知等海国图志续集二十五卷

　　圣武记十四卷（清魏源撰），道光二十二年古微堂刻本，光绪七年粤垣榷署重刊本，又四部备要据原刻校刊本

　　原道救世歌（洪秀全撰），见太平天国史料第一集，太平诏书

　　原道醒世歌（洪秀全撰），同上

　　原道觉世歌（洪秀全撰），同上

　　天条书，太平天国丛书第一集本

　　太平诏书，同上

　　太平礼制，太平天国诗文钞本，据柏林普鲁士国家图书馆藏本

　　太平军目，北京图书馆摄照普鲁士国家图书馆藏本

　　太平条规，太平天国丛书第一集本

　　天朝田亩制度，同上

　　天情道理书（以上十种太平天国旨准颁行诏书），同上

　　太平天国诗文钞（罗邕、沈祖基编），民国二十四年商务印书馆本

　　太平天国诏谕（附考释），民国二十四年国立北平研究院印本

太平天日（洪仁玕撰），太平天国官书十种影印剑桥大学藏本

资政新篇（洪仁玕撰），同上

英杰归真（洪仁玕撰），太平天国丛书第一集本

钦定军次实录（洪仁玕撰），太平天国官书十种影印剑桥大学藏本

忠王李秀成自传（李秀成撰，罗尔纲笺证），一九五一年开明书店本

太平天国文选（罗尔纲编注），一九五六年上海人民出版社本

弢园文录外编八卷（王韬撰），清光绪九年弢园老民香港刊本

西学辑存六种（王韬述），清光绪十六年淞隐庐排印本

西学东渐记（容闳撰，徐风石、恽铁樵译），民国八年上海商务印书馆本

自立军对外宣言（容闳撰），见冯自由中华民国开国前革命史上卷第十一章

请创办银行章程（容闳撰），见晚清文选

校邠庐抗议上下二卷（清冯桂芬撰），宝墨斋丛书本，又津河广仁堂所刻书册

显志堂稿十二卷（清冯桂芬撰），清光绪二年校邠庐校本

曾文正公全集五十六卷（清曾国藩撰），清光绪二年传忠书局刊本，又光绪二九年鸿宝书局石印本

李文忠公全集六种一百册（清李鸿章撰），清光绪三十一年至三十四年金陵刊本

养知书屋全集五十五卷（清郭嵩焘撰），清光绪十八年刊本

庸盦内外篇十二册（清薛福成撰），清光绪二十四年长沙铸新斋校刊本

适可斋记言记行十卷（清马建忠撰），清光绪二十四年著易堂石印本

法国海军职要（清马建忠撰），见质学丛书

拙尊园丛稿六卷（清黎庶昌撰），清光绪二十三年石印本

江楚会奏变法折三卷（清刘坤一、张之洞同撰），西湖书院刊本

劝学篇内外篇各一卷（清张之洞撰），见渐西村舍丛刻，又光绪二十四年江苏书局刻本，西湖书院刻本

庸书内外编各二卷（清陈炽撰），清光绪二十二年序刊本

续富国策四卷（清陈炽撰），光绪丙申夏月刊本署名瑶林馆主

治平通议八卷（清陈虬撰），清光绪十九年瓯雅堂刊本

六斋卑议（清宋恕撰），民国十七年永嘉黄氏校印本

盛世危言六卷，二编四卷，三编六卷（清郑观应撰），清光绪二十四年香山郑氏铅印本

盛世危言新编增订十四卷（清郑观应撰），清光绪二十四年上海著易堂石印本

盛世危言后编（清郑观应撰），清末香山郑氏自刊本

危言四卷（清汤震撰），清光绪二十三年质学会刊本，见质学丛书

袁太常戊戌条陈一册（清袁昶撰），光绪二十九年刊本

采风记四册（清宋育仁撰），光绪二十二年刊本，附时务论一卷

经世财政学六卷（清宋育仁撰），未著年月及出版处，附录二十篇

新政真诠六编（何启、胡礼垣同撰），清光绪二十七年格致新报馆排印本

四益馆经学丛书四种（清廖平撰），光绪二十二年成都刻本

新学伪经考十四卷（清康有为撰），清光绪十七年广州康氏万木草堂刊本

孔子改制考十卷（清康有为撰），民国九年刊本

大同书十卷（清康有为撰），民国二十四年上海中华书局刊本，古籍出版社本

诸天讲十五卷附图（清康有为撰），民国十九年仿宋聚珍版本

附录 古典哲学著作要目

南海先生四上书记四卷（清康有为撰，徐勤编），见西欧丛书

南海先生戊戌奏稿一册（清康有为撰），清末上海广智书局铅印本

康南海文集十二卷（清康有为撰），民国三年上海共和编译局刊本

桂学答问一卷（清康有为撰，顾颉刚序），民国十八年中山大学文史研究所铅印本

万木草堂口说（清康有为撰），北京大学图书馆藏抄本三册

仁学（清谭嗣同撰），日本大字铅印本，又文明书局谭浏阳全集本，一九五四年三联书店谭嗣同全集本卷一

东海褰冥氏三十以前旧学四种（清谭嗣同撰），附秋雨年华之馆丛脞书，清末至民国元年谭氏刊本五册

谭嗣同书简三卷（清谭嗣同撰，欧阳予倩编），一九四二年桂林铅印本

觉颠冥斋内言五卷（清唐才常撰），光绪二十四年长沙刊本四册

正气会章程序文（清唐才常撰），见冯自由中华民国开国前革命史上卷第九章

清儒学案二百零八卷（徐世昌撰），民国二十八年北京修绠刊本

清代学术概论（梁启超撰），商务印书馆本

中国近三百年学术史（梁启超撰），同上

饮冰室文集八十卷（梁启超撰），民国十五年中华书局聚珍仿宋本

饮冰室丛著十三种（梁启超撰），民国十三年商务印书馆本

湖南时务学堂课艺批及上陈宝箴书（梁启超撰），见叶德辉觉迷要录卷四

政治讲义（严复撰），上海金马书堂民国十九年改版本

侯官严氏丛刻五种四册（严复撰），清光绪二十七年读有用书斋排印本

严译名著丛刊八种（严复译注），民国二十年上海商务印书馆本

愈懋堂诗集二卷（严复撰），民国十五年铅印本

汪穰卿遗著八卷（汪康年撰），民国九年汪诒年辑印本

静盦文集（王国维撰），清光绪三十一年海宁王氏排印本四册附诗稿

观堂集林二十卷（王国维撰），民国十二年刊本

訄书（章炳麟撰），清光绪三十年日本东京铅印本

国故论衡（章炳麟撰），民国六年至八年浙江图书馆校刊章氏丛书十四种本，又民国十三年上海古书流通处刊本

检论（章炳麟撰），同上

菿汉微言（章炳麟讲，吴承仕记），同上，又民国五年铅印本

菿汉昌言六卷（章炳麟撰），民国二十二年章氏丛书续编本

太炎文录初编五卷补编一卷（章炳麟撰），浙江图书馆章氏丛书本，又上海古书流通处本

齐物论释一卷（章炳麟撰），同上，又民国元年频伽精舍本

张季子九录八十卷附录十卷（张謇撰），民国二十年上海中华书局本

革命军（邹容撰），一九〇三年癸卯刊本，又民国元年共章炳麟驳康有为书合订本

陈天华集（陈天华撰），一九四四年中国文化服务社本

血花集（吴樾撰），一九二八年民智书局革命文库第三种本

秋瑾遗集（秋瑾撰），王绍基编民国十八年明日书店本

孙中山选集（孙文撰），一九五六年人民出版社本

朱执信集（朱执信撰），一九二一年上海民智书局本

廖仲恺集（廖仲恺撰），一九二六年铅印本

一九五四年六月初稿
一九五七年三月增补

中国哲学史提纲

(汉—清)

朱谦之先生任教北京大学哲学系期间，曾与张岱年先生等合开"中国哲学史"课程，朱先生主讲汉至清一段。中山大学哲学系藏有《中国哲学史提纲》（汉—清）油印书稿一册，封面有朱先生亲题"朱谦之讲，1958年师范大学印"。2002年收入福建本第四卷。本次整理，以中大哲学系藏油印本为底本，以福建本为校本。又，福建本有"第八讲　维新改良派思想"一节，原非《中国哲学史提纲》内容，而为单独一册，今将其析出，遵讲义原貌以《康有为、梁启超、谭嗣同、张謇思想》为题收入本卷"文章辑录"中。

——编者

目　　录[①]

第一讲　封建社会胚胎期的哲学概况 ……………………457
　（一）转型期的哲学趋势 ………………………………457
　（二）大一统的思想 ……………………………………458
　（三）中国科学技术与外来文化的接触 ………………458

第二讲　封建社会定型期的哲学——第一阶段：两汉唯物主义
　　　　与方士化经学的斗争 ……………………………460
　（一）阴阳五行说影响下之两种世界观与两种历史哲学………460
　（二）经今古文学的争论 ………………………………462
　（三）王充与张衡——汉代卓越的唯物主义者 ………464

第三讲　封建社会定型期的哲学——第二阶段：魏晋南北朝地主
　　　　阶级内部之思想斗争 ……………………………466
　（一）《列子》书与魏晋清谈家之关系 …………………468
　（二）无论（唯名论）与有论（唯实论）之思想斗争 …………470
　（三）无神论与有神论的思想斗争 ……………………472

第四讲　封建社会定型期的哲学——第三阶段：隋唐三教斗争
　　　　与中国哲学的定型化 ……………………………476
　（一）隋唐佛教统治政策与中国佛教之建立 …………478
　（二）道教与佛教的斗争 ………………………………481

---

① 底本原目录，与正文各章节标题文字不完全一致。今以正文标题为准，对目录文字略加修正。——编者

（三）反二氏斗争中儒学之形成 484

第五讲 封建社会发展期的哲学——第一阶段：新儒学运动、经制派与性理派的斗争 489

（一）经制学——周礼学与春秋学的斗争 492

（二）性理学的产生——北宋五子 498

（三）南宋三派——经制学与性理学之分合 509

第六讲 封建社会发展期的哲学——第二阶段：初期市民性的启蒙运动 521

（一）气一元论思想家之一群 524

（二）王阳明与左派王学 533

（三）西学影响下诸哲学流派——天学派与东林学派 542

第七讲 封建社会发展期的哲学——第三阶段：民主与科学思想之先躯 551

（一）十七世纪唯物主义与民主主义思潮 553

（二）十八世纪考证学派之科学与哲学 563

（三）新经制派（今文家）——重商（魏源）与重农（龚自珍） 578

第一讲　封建社会胚胎期的哲学概况

中国哲学史是中国唯物主义世界观及其规律的胚胎、发生和发展的历史——中国社会历史的发展规律——（一）原始共产社会——（二）奴隶制社会——（三）封建社会——（四）半封建半殖民地社会——（五）社会主义社会——中国哲学史是依照各时代社会物质生活的发展阶段和阶级斗争的历史而发展。

（一）转型期的哲学趋势

封建社会胚胎期＝奴隶制社会转型期（战国、秦）——从春秋至战国奴隶制之解体过程——商鞅变法——先秦诸子是中国唯物主义发展的思想基础——孔老墨形成进步思想之统一战线——先秦唯物论的矛盾性与脆弱性——儒家之阶级根源（公食贡、大夫食邑、士食田、庶人食力）（士有隶子弟）——孟子（儒道令）与荀子（儒道法令）之比较——荀子为过渡到大地主经济思想代表——"王夺之人，霸夺之与，强夺之地"——强道（秦）与霸道（楚、六国）——民权与君权，托古与反古——荀子"用国者义立而王，信立而霸，权谋立而亡"。李斯"秦四世有胜兵，强海内，威行诸侯，非以仁义为之也"。韩非"忠劝邪止而地广主尊者，秦是也"。

（二）大一统的思想

秦始皇建立了统一的专制主义的封建国家——"一千年之政，秦政也，皆大盗也；二千年之学，荀学也，皆乡愿也"（谭嗣同）——三纲之说出于《韩非子》——"臣事君、子事父、妻事夫，三者顺则天下治，三者逆则天下乱"（《忠孝篇》）——泰山刻石"贵贱分明，男女体顺"——"狱吏"政策——吕不韦与秦始皇——《吕氏春秋》之和平统一思想——《审分览·不二篇》"齐万不同"——群众路线——"天下者，天下之天下"（《贵公篇》）——《顺民》《爱类》《用众》各篇思想——上帝鬼神否定论——秦始皇是封建社会有神论的元祖——《史记·封禅书》——"秦始皇自以为当[①]保有九州，见万民碌碌，犹群羊聚豕，皆可以竿而驱之，故遂以败也"（桓谭）。

（三）中国科学技术与外来文化的接触

中国和印度交通起源很早——孔拉弟（Conrady）论战国诸子书所受印度影响——《摩奴法典》——Kautilya——旃涂·白州玄都、含涂、身毒、天竺、天笃、贤豆、新头、信度——《封禅书》"求仙人羡门之属"——外国沙门释利防等来化秦始皇（《佛祖历代通载》）——阿育王——室利防为印度人名 Sribandhu 之译音——婆罗门之沙门多能幻术及祭祀之术——中国古代在自然科学上之贡献——战国至汉，印度的占星术、阴阳、谶纬、数学、音乐、医学等的输入——《历代三宝记》中之"五明论"——山东中、印交通路线——

[①] "当"字原脱，据桓谭《新论》补。——编者

齐稷下学者阴阳家驺衍、驺奭——《史记·孟荀列传》"驺衍……乃深观阴阳消息，而作怪迂之变，《终始》《大圣》之篇十余万言，其语闳大不经……先列中国……因及海外……以为……中国外如赤县神州者九，乃所识九州也"。——《吕氏春秋·名类篇》引"五德纵所不胜，虞土、夏木、殷金、周火"——主运——"必先驺小物，推而大之"的科学方法与讲"符应"讲"天地来生"的神秘思想的矛盾——阴阳[①]五行说具"进步"与"反动"之两面性——孔拉弟论驺衍学说与印度人之世界观——《史记·封禅书》"自齐威、宣之时，驺[②]子之徒论著五德终始之运，及秦帝而齐奏之，故始皇采用之，而宋毋忌、正伯侨、充尚、羡门子高，最后皆燕人，为方仙道，形解销化，依于鬼神之事"。——秦始皇的水德，服族、旌节、旗皆尚黑，"事皆决于法，刻削毋仁恩和义，然后合五德之数"——阴阳五行说是科学和神秘之说相结合。

---

① "阳"，原作"音"，误，据福建本改。——编者
② "驺"字原脱，据《史记》补。——编者

第二讲　封建社会定型期的哲学

——第一阶段：两汉唯物主义与方士化经学的斗争

封建社会定型期的哲学，是中国哲学与印度哲学接触而向前发展的时期——第一阶段是以两汉经学为中心，展开唯物唯心的斗争——荀子是经学的传承人，汉初经学即荀学——荀子重君权之影响——叔孙通、公孙宏、董仲舒——汲黯骂公孙宏"阿人主取容"——《春秋繁露·深察名号篇》训"君"为"原""权"——经学为二千年来封建堡垒——经学的宗教化合于封建统治者的要求——董仲舒之春秋灾异学说——《天人三策》要以方士化经学统一天下——西汉今文学多走骑衍的道路——秦博士兼司方士的职务——《论今文学与受骑衍的影响》（刘师培）——扬雄、桓谭、王充反对骑衍与谶纬家言。

（一）阴阳五行说影响下之两种世界观与两种历史哲学

正统儒学是儒与阴阳家的结合，异端是道家与阴阳家的结合——秦楚之际，儒道二家与秦始皇的斗争——孔甲、郦食其、陆贾、朱建、楚元王刘交——张良、曹参、陈平——张苍——汉初儒道之争——叔孙通制朝仪——窦太后与窦婴、田蚡、赵绾、王臧——汉武帝好鬼神之祀——"公孙宏以《春秋》白衣为天子三公"——董仲

第二讲　封建社会定型期的哲学

舒与淮南王安，董为正宗儒家，以后者为异端——《史记·淮南王传》"怨望、欲畔逆"——《淮南鸿烈篇》——《枕中鸿宝秘书》及驺衍《重道延命方》——"使鬼物为金之术"——茆泮林辑《淮南万毕术》——物理聚光之理与合金之术——淮南医术——在阴阳五行说影响下之两种世界观——（第一）关于宇宙起源问题——《淮南子·天文训》与《春秋繁露·五行相生篇》均以"气"为宇宙发展原理——五行顺序（水生木、木生火、火生土、土生金、金生水）相同——《淮南子》说"气"是具体的物质的——"夫道，有形者皆生焉""道始于一"——"一"即是气，阴阳二力亦即道之本身——董仲舒"道之大原出于天"，以"天"为"气"之发展原理，天是有意志的——"恶之属尽为阴，善之属尽为阳，阳为德，阴为刑"——伦理的目的性——（第二）关于阴阳尊卑的问题——董仲舒的阳尊阴卑说——三纲——"阴者阳之合，妻者夫之合，子者父之合，臣者君之合"——"天道右阳而不右阴"——《淮南子》认阴阳只是相互对立与平等的关系——阴阳无定位——《道应训》托田骈语"材不及林，林不及雨，雨不及阴阳，阴阳不及和，和不及道"——君民平等观——两种"圣人"观——群众路线——（第三）关于天道变化的问题——"天不变道亦不变"说——《繁露·楚庄王篇》"故王者有改制之名，无易道之实"——《淮南子》的天道变化观——《齐俗训》"圣人论世而立法，随时而举事"——刍狗、土龙的譬喻——"百家异说，各有所出"——斥儒家"行货赂，趣势门，孔子之术也"——《汉书·五行志》所载唯心主义者压迫唯物主义者的血腥的斗争史——在阴阳五行说影响下之两种历史哲学——司马谈《论六家要旨》所见之阴阳家——司马迁参与《太初历》的制订——公羊春秋董氏学与《太史公书》的对立——"先黄老而后六经"的司马迁——班彪、班固、扬雄论司马迁"是非颇谬于经"——（第一）关于历史哲学的原理问题——董仲舒以"天"为历史真理的绝对标准——"人受命于天""为人者天也"——天子——天人感应说——"春王正月","春者,天之所为也,王次春,上承天之所为"——司马迁对"天"的批判——《六国年表序》讽刺刘邦——《秦楚之际月表》讽刺叔孙通——《伯夷列传》"天之报于善人其何如哉""所谓天道是邪非邪"——(第二)关于历史发展的阶段问题——"三教说"相同(夏上忠、殷上敬、周上文)——历史循环论——三统、三正的神秘主义历史哲学与三教归纳为一质一文之历史辩证法之对立——三统说(汤:质,白统;文王:文,赤统;孔子:先质后文,黑统)——《白虎通义·三教篇》——历史只有"量"的损(缩小)益(扩大)而无"质"的变化——作为历史观之文质说的起源(《论语·雍也》《颜渊》《礼记·表记篇》)——《史记·孔子世家》"以一质一文"之历史观——《平准书》"是以物盛则衰,时极而转,一质一文,终始之变也"——"原始察终,见盛观衰"——张居正、李贽所受之影响——(第三)关于社会政治哲学的问题——《繁露》"元者为万物之本""君人者,国之元"——"体国之道在尊神""崇本则君代为神"(《立元神》)、"君之所以为君者,威也"(《保位权》)——《史记》里面的民主思想——《游侠列传》(朱家、郭解)、《刺客列传》(曹沫、专诸、豫让、聂政、荆轲)、《货殖列传》——赞美人物(蔺相如、鲁仲连、田横)——反对人物(酷吏如张汤、杜周)——"好贵夷贱,哲之乱也"(《悲士不遇赋》)——董仲舒"以春秋灾异之变,推阴阳所以错行"是唯心主义历史哲学,司马迁"欲以究天人之际,通古今之变"是唯物主义历史哲学。

(二)经今古文学的争论

经学开始形成为封建统治工具的时代——"一经说至百余万言,

大师众至千余人，盖禄利之路然也"（《汉书·儒林传》）——"以《禹贡》治河，以《洪范》察变，以《春秋》治狱，以三百五篇当谏书"的今文学——经学的神学化——反对图谶之古文学的产生（孔安国、毛公、王璜、贾逵）——今文学即谶纬家之经学——《四库全书总目提要》"董仲舒《春秋阴阳》，即是纬书"——古文学以新发现"壁中书"为根据——司马迁从孔安国受古文学——刘歆《让太常博士书》——古文（籀书）与今文（隶书）——思想战线问题——今古文的争论是经学内部的斗争，也是封建统治阶级内部意识形态上的斗争——桓谭《新论·正经篇》三传——刘歆一家之古文学——《周礼》与王莽之土地国有、均产、废奴政策——"六筦""五均"——桓谭批判刘歆、王莽——"王翁好卜筮，信时日而笃于事鬼神"，终于变成谶纬学的信徒——扬雄——《太玄》与《法言》——桓谭论扬雄以《太玄》次五经——"宓牺氏谓之易，老子谓之道，孔子谓之元，扬雄谓之玄"——"玄者，幽摘万物而不见其形者也"——"玄"即指"元气"之变而不测而言——《太玄》是依素朴的辩证法推演而成（"一昼一夜，阴阳分索""极寒生热，极热生寒"）——因与革（渐变与突变）——平等观（高者下之，卑者举之）——对于卜筮、阴阳、神仙之说的批判——扬雄思想的制限性——桓谭是与今文学斗争的中心人物——对王充《论衡》的影响——《论衡·超奇》《佚文》《定贤》《案书》各篇推重桓谭与二人思想之一致性——《新论》之儒道合流思想——《抑谶重赏疏》——反谶纬迷信——《新论》的三种辑本（孙冯翼、严可均、黄以周）——论形神为《论衡·论死篇》所本——"精神居形体，犹火之然烛"的譬喻——古文学在两汉之学术地位——郑玄与王肃。

（三）王充与张衡——汉代卓越的唯物主义者

反谶纬论者之一群（郑兴、尹敏、贾逵）——贾逵与李育——汉章帝建初四年之白虎观论议——班固《白虎通义》——白虎观论议的参加者（《鲁诗》：魏应、鲁恭；《韩诗》：召驯；《严氏春秋》：楼望；《公羊春秋》：李育；《欧阳春秋》：张酺、桓郁、丁鸿；《左传》《国语》：贾逵、杨终）——王充"俗儒"的批判（"释物类同异，正时俗嫌疑""以为俗儒守文，多失其真"）——《正说篇》斥儒者是指《白虎通》与议诸儒——《论衡》是对今文家谶纬之书的反驳——《初禀篇》驳《白虎通》之"帝王受命说"——《谴告篇》驳"灾变说"——《物势篇》驳"五行为天行气说"——王充传略——"违儒家之说，合黄老之道"，从儒道合出发，达到儒道批判之新观点——王充的唯物主义与无神论——唯物主义世界观产生的思想背景——王充的天文学知识——王充唯物论的两个特点——说明天地万物并无主宰（《自然》《说日》《刺孟》《物势》）——说明人是有意识的物质（《辨祟》《论死》）——无神论思想（《道虚》《订鬼》《祀义》）——论太岁之神（《难岁》）、甲乙之神（《诘术》）、土神（《解除》）、龙神（《龙虚》）、雷神（《雷虚》）——优胜劣[1]败之物类竞争原理（《物势》）——唯物主义历史观（《治期》）——反专制主义思想（《自纪》《自然》）与天道自然观——张衡——文学（《二京赋》《南都赋》《定清赋》《思玄赋》）、科学（《灵宪图》《浑仪图注》《算罔论》《地形图》）兼哲学家（《太玄经注》《灵宪》《玄图》《周官训诂》）——古文学派的优良传统——言日蚀与王充同——扬雄对于张

---

[1] "劣"下原有"义"字，疑衍，据福建本删。——编者

衡的影响——《反对图纬疏》——《玄图》"玄者无形之类，自然之根，作于太始，莫与为先，橐籥天地，禀受无穷"——《灵宪》（铸浑天仪，总序经星，设之《灵宪》）——《灵宪》佚文（洪颐煊、严可均辑本）——"溟滓"乃道之根，"道根既建自无生有""有物浑成先天地生"，是谓"庞鸿"乃道之干，"道干既育，万物成体，于是元气剖判，刚柔始分"——讲"浑天"，讲"宇宙"，"宇之表无极，宙之端无穷"——浑天学说——太阳运行的规律——日与月的关系，"就日则光尽""当日则光盈"——星辰的神话化，脱阴阳家色彩——"中世张衡为阴阳之宗"（范晔）——科学技术的发明（"三轮可使自转，木雕犹能独飞"，又制"浑天仪"，发明"候风地动仪"）——张衡为继王充之后最卓越的唯物主义哲学家。

第三讲　封建社会定型期的哲学

——第二阶段：魏晋南北朝地主阶级内部之思想斗争

魏晋玄学产生的历史条件——豪族地主的出现——"徒附"与"客""门生""故吏""义附""部曲"——豪族地主与皇族地主的矛盾——黄巾大起义后的社会情形（仲长统《昌言·理乱篇》）——曹操的屯田制度——争夺劳动人口的斗争（荫庇户口与搜括户口）——"筑坞"——顾炎武《日知录》"正始"一节论清谈家的政治立场——玄学代表豪族地主——受迫害于曹魏政权，再受迫害于司马晋政权——向（秀）郭（象）"名教即自然说"是对当时政权的让步——鲍敬言反对皇族地主——当魏晋之际"天下多故，名士少有全者"（《晋书·阮籍传》）——吕南公《灌园集》诗"念昔魏晋间，士流罕身全，高人乐遗世，学者习虚玄"——在此时，社会矛盾集中表现为朝廷内外大地主阶级两个不同阶层的斗争时，豪门名士产生了消极革命思想，即玄学——王导《答晋明帝》"前世所以得天下之由"——曹操诛汝南袁氏，司马懿诛曹爽、何晏，司马昭诛嵇康、吕安——曹操从豪族地主领袖变为皇族地主——抑压豪族的三政策，即①屯田制，②唯才是举的三诏令，③户调的诏令——晋之占田制——东汉党锢的名士与魏晋清谈的名士——魏晋清谈的起源，近则从建安七子的王粲、阮琳等起，远则可追溯王充——刘邵《人物志》与钟会《才性论》都是站在皇族地主立场——名教派与自然派的对立，即意味着

第三讲　封建社会定型期的哲学　　467

皇族地主与豪族地主的对立——《人物志》是法家与儒家思想的混合——何晏《无名论》、王弼《周易略例》均代表自然派——嵇康和钟会的思想斗争——《抱朴子·疾谬篇》对清谈家的批判"率多冠盖之后，势援之门"——清谈家所尚"浮华交会"，魏政权反之矫情尚俭，清谈家重自然，魏晋政权循名责实，所重乃名教——何晏和魏武的矛盾——何、王昌言老庄自然，同时对儒家的名教让步，对农民言还是剥削的地主阶级——王弼是世族地主王粲后裔，由王粲获得王充《论衡》的思想——蔡邕与王粲——曹爽、何晏被诛时"同日斩戮名士减半，百姓安之，莫之或哀，失民故也"（习凿齿《汉晋春秋》）——豪族地主和人民之间的矛盾——阮籍、嵇康的阶级性——《竹林七贤传》"诸阮俱世儒学，内足于财，唯籍好酒而贫"——吕安《与嵇叔夜书》指嵇所居"芳苑清流，华屋云肆"——王戎"性好兴利，广收八方园田水碓，周遍天下"，是典型的豪族地主。

南北朝是中印文化接触，而印度文化渐融化于中国文化之中的时代——般若宗传入中国，与老庄思想调和——庙[①]佛图澄、鸠摩罗什等东来，引起对外来宗教的迎拒问题——石勒、石虎、苻坚等主张迎佛——石虎下书"度（王度）议云，佛是外国国神，非诸华天子所宜奉。朕生自边壤，忝当期运，君临诸夏，至于飨祀，应兼从本俗，佛是戎神，正所应奉"——信佛之"华夏一般说"（朱昭之《难夷夏论》）、"天竺即中国说"（僧愍《戎华论》）——排佛者斥中夏之人效西戎之法（顾欢《夷夏论》）——外族地主与本土地主的矛盾斗争——佛教为外族地主势力服务，道教为旧封建势力服务——寺院地主之间的矛盾斗争——矛盾斗争的多样性——寺院地主在皇族地主与豪族地主之中间地位——南朝的阶级关系——豪族地主中，北方侨族地主和南方大族地主的矛盾（主客之争），"营立屯邸，封闭山

---

① "庙"疑应为"竺"。——编者

泽"——南朝豪族地主与皇族地主的结合与斗争——宋武帝、孝武帝及梁武帝之抑压豪门大族——梁武强买王导子孙田,送给钟山大爱敬寺——寺院地主在皇族与豪族的斗争中成为两方面都要争取的对象。皇族地主利用它的精神力量(宗教)来欺压豪族,豪族地主也利用它作掩护,以免为皇族所吞并——寺院经济来源的两面性——皇族豪族联合打倒寺院地主之例证(北周时,卫元嵩助周武帝灭佛)——寺院地主在免税、免役特权之下有其经济的相对独立性——北齐文宣帝诏"乃有缁衣之众,参半于平俗,黄服之徒,数过于正户,所以国给为此不充,王用因兹取乏"——梁武帝郭祖浮言事"僧尼十余万,资户丰沃……尼皆畜养女,皆不贯人籍,天下户口几亡其半。恐方来处处成寺,家家剃落,尺土一人,非复国有",北朝——魏武帝之排佛——寺院地主中,佛教寺院以"皇族"为主要施主,道教寺院以"豪族"为主要施主——豪族地主有民族的反抗性,也有宗教上的要求,故帮助发展道教以反抗外来的佛教——初期儒道佛三教之思想斗争内容——历代佛教为谁服务的问题。

(一)《列子》书与魏晋清谈家之关系

清谈的主题:《易》《老》《庄》三玄——正始玄风是站在儒家立场谈三玄,竹林名士则完全站在老庄立场——阮籍《达庄论》、嵇康《通老论》——清谈起源于王充之有"证验"的玄谈——"人在天地之间,犹虮虱之着人身也"(《物势》《怪奇》《卜筮》各篇)——《大人先生传》"虱之处裈中"的譬喻——四玄——《列子》书中的杨朱思想为魏晋的领导思想——《列子》伪书考证——列子乃《庄子》书中搜造的"神人"——"列子贵虚"本于《庄子·应帝王篇》——《列子·杨朱篇》亦伪——张湛与赵季子——魏晋思想与杨朱的关系——杨朱是先秦显学，但无著作传世——《杨朱篇》为魏晋间人所作——杨朱思想内容（1）贵己（为我，全性保真，不以物累形）——（2）放逸（从性而游）——（3）无君（杨氏为我是无君也，君臣之道息）——《杨朱篇》"丰屋、美服、厚味、姣色"代表豪族地主立场——唯物主义的庸俗化——"既死岂在我哉，焚之亦可，沉之亦可"——颓废的生活方式，"且趣当生，奚遑死后"——《杨朱篇》反映魏晋人的时代生活的要求——服药与饮酒——魏晋清谈家的思想方法——"实无名，名无实，名者伪而已矣"——名教派如王祥、何曾、荀颙等三大孝，即佐司马氏欺人孤儿寡妇而致位三公——何晏《无名论》、王弼《老子注》——嵇康"每非汤武而薄周孔"——阮籍"礼岂为我设哉"——魏晋思想家的类型——（1）存我型——嵇康"托好老庄，贱物贵身，志在守朴，养素全真"——（2）放逸型——《世说新语》中《栖逸》《任诞》《简傲》诸篇所载——阮籍"嗜酒、能啸、善弹琴，当其得意，忽忘形骸""见礼俗之士，以白眼对之"——刘伶《酒德颂》（"行无辙迹，居无室庐，幕天席地，纵意所如，惟酒是务，焉知其余"）——（3）无君型——鲍敬言——《抱朴子·诘鲍篇》"以为古者无君，胜于今世""盖无君而庶物定，无臣而万事理""夫强者凌弱，则弱者服之矣，智者诈愚，则愚者事之矣，服之，故居臣之道起焉，事之，故力寡之民制焉""曩古之世，无君无臣，穿井而饮，耕田而食，日出而作，日入而息，泛然不系，恢尔自得，不竞不营，无荣无辱"——郭璞——谢灵运——陶渊明思想兼有此三种基型——新自然说"甚念伤吾生，正宜委运去，纵浪大化中，不喜亦不惧，应尽便须尽，无复独多虑"——《归去来辞》"聊乘化以归尽，乐夫天命复奚疑"——陶诗篇篇有酒，"理也且奈何，且为陶一觞"——"无弦琴"与《闲情赋》——《咏荆轲》——《桃花源记》的理想社会——《饮酒诗》的第十一首："虽留身后名，一生亦枯槁。

死去何所知，称心固为好。客奉千金躯，临化消其宝。裸葬何必恶，人当解意表。"之庸俗唯物论的倾向。

（二）无论（唯名论）与有论（唯实论）之思想斗争

魏晋关于有无学说之三类型——（1）本无说——般若宗的空观——"无所有不可得"——物的存在完全属于因缘——僧肇的《肇论》——《宗本义》"本无实相，法性缘会一耳"——"实相即本无"为空宗的基本教义——《物不迁论》"旋岚偃岳而常静，江河竞注而不流，野马飘鼓而不动，日月历天而不周"——《不真空论》引《中观》"诸宗不有不无者第一真谛也"——"有非真有，虽有亦不可谓之有"——幻有论"譬如幻化人，非无幻化人，幻化人非真人也"——（2）现实赞美论——裴頠《崇有论》为儒家入世求仕者的思想代表——《晋书》本传"頠深患时俗，放荡不崇儒术，何晏、阮籍不遵礼法，乃著《崇有》三论"——"夫至无者，无以能生，故始生者自生也"，与郭象说同——郭《齐物论注》认为一切现存的都是合理——"臣妾之才而不安臣妾之任，则失矣，故知君臣上下、手足外内，乃天理自然，岂真人之所为哉"——奴隶只好永远作奴隶，这是"有论"的基本思想——"贱有则必外形，外形则必遗制，遗制则必忽防，忽防则必忘礼，礼制弗存，则无以为政矣"——中心思想在于"为政"和"入世"，求仕者所当奉的礼教亦即名教——老庄之自然与周孔之名教相对立——《阮瞻传》"见司徒王戎，戎问：'圣人贵名教，老庄明自然，其旨同异？'瞻曰：'将无同'"——嵇康—向秀"巢许狷介之士，不足多慕"是从老庄改节遵奉名教——郭象《庄子注》反映名教与自然一致，为地主阶级长远利益服务的思想——《大宗师注》

第三讲 封建社会定型期的哲学 471

"故天地万物，凡所有者，不可一日而相无也"，《知北游注》"夫唯无不得化而为有也，有亦不能化而为无矣，是以夫有之为物，虽千变万化而不得一为无也"——存在的东西绝对不能消灭，表面上似唯物主义，实际即取消否定之否定的法则，取消革命——《田子方注》"存亡，更在于心之所措耳，天下竟无存亡"——《庄子注》属于唯心主义思想体系——（3）有无合一的主无说——此派继承三玄，并以《列子》书为领导思想——《天瑞篇》"有太易，有太初，有太始，有太素。太易者，未见气也。太初者，气之始也。太始者，形之始也。太素者，质之始也"，又"天积气耳，亡处亡气"，用物质（气）来说明万物所以生成变化，同时在生成变化中看出辩证法的发展，是自无而有又自有而无者，此为魏晋唯物主义的特色——《晋书·王衍传》"正始中，何晏、王弼等祖述老庄立论，以为天地万物皆以无为本，无也者，开物成务，无往不存者也"——何晏《道论》"有之为有，恃无以生，事而为事，由无而成。夫道之而无语，名之而无名，故能昭音响而出气物"——《无名论》"夫道惟无名，故可以天下之名名之，然岂其名也哉"——王弼与裴徽问答，弼曰："圣人体无，无又不可以训，故言必及有，老庄未免于有，恒训其所不足"——《老子注》"凡有皆始于无""天下之物皆以有为生，有之所始，以无为本，欲将全有，必反于无也"——《老子微旨例略》"夫物之所以生，功之所以成，必生乎无形，由乎无名。无形无名者，万物之宗也，苞通天地，靡所不经。若温也则不能凉矣，宫也则不能高矣。形必有所分，声必有所属。故象而形者，非大象也，音而声者，非大声也"——有论派所用方法，"在物体中，矛盾是不可能的"，有无合论派认"否定性是存在于万有底自动和生命性中的脉搏跳动"——纯粹有及纯粹无都是抽象的唯心主义，而真理并不在于有，亦不在于无，而在乎有在无中、无在有中，这即所记"易"，所记"道"——"唯名论"（主无论，即有无合一论）与"唯实论"（主有论）的论争——唯名论主"无"拥护自然，唯实论主有拥护名教——马克思《神圣家族》"唯名论……唯物论第一次的萌芽"——名实二派斗争的历史——《管子·宙合篇》"名实之相怨久矣，是以绝而无交，惠者知其不可两守，乃取一焉"——《庄子·则阳篇》"季真之莫为"是"莫之为"，是"道不可有，有不可无"，是唯实派，"接子之或使"是"或之使"，是"名之为名，所假而行"，是唯名派。庄子谓"或使莫为，在物一偏"，是认主实、主名均为一偏之见——主名派尚同，主实派尚异，例如坚白、白马之论——嵇康"越名教而任自然"，谓"夫元气陶铄，众生禀焉"（《明胆论》），是唯名论，而具唯物主义因素——阮籍《大人先生传》"逍遥浮世，与道俱成，变化散聚，不常其形"——鲍敬言"无君而庶物定，无臣而万事理""无贵则贱者不怨，无富则贫者不争"——范缜"在刘瓛门下积年"，刘瓛《周易义》"自无出有曰生"——范缜《神灭论》"若知陶甄禀于自然，森罗均于独化，忽焉自有，恍尔而无"，这是自然派主无论，反对他的如马元和称"神灭之为论，妨政实多，非圣人者无法，非孝悌者无亲，二者俱违，难以行于圣世矣"，这是名教派主有论。

（三）无神论与有神论的思想斗争

魏晋清谈家之两种学术因素——玄学与方术，由方术演变而与天师道结合，成为道教——道家三品：上标老子，次述神仙，下袭张陵——葛洪、魏伯阳——竹林七贤（阮、嵇）与天师道相结合——天师道的起源——张陵、张鲁——太平道——天师道为农民起义的宗教信仰，在当时分布各地——晋代豪族地主奉天师道之人[①]（王羲之、范

[①] "人"下原有"人"字，疑衍，据福建本删。——编者

缜、谢灵运、孔稚珪、陶渊明）——天师道世家清河崔浩——一方结合寇谦之，一方利用拓跋焘毁灭佛教——玄学与天师道结合，所起反抗统治压迫势力和外族寺院地主的作用——玄学之另一演变：佛教玄学——佛教玄学主要是为统治压迫的大地主阶级服务——所设"格义"和"连类"——《三出藏记集·经序》中之佛教玄学的关系人物——释道安、支道林、僧肇、慧远、道生——《弘明集》与《广弘明集》中道佛二教言论，即反映天师道与佛教信徒之间的矛盾斗争——佛教玄学虽偏于调和二教，但从阶级立场上却有绝不可调和的部分——关于《弘明集》中争论的几个问题——（1）以顾欢为中心之夷夏论的论争——西晋王浮《老子化胡经》——《牟子理惑论》第十五条"问者"——王度《上石虎书》——东晋蔡谟——民族意识之争——顾欢据风俗习惯说"佛道齐乎达化，而有夷夏之别"——"温"与"虐"，消极破坏与积极为善，"今以中夏之性，效西戎之法，舍华效夷，义将安取"——对夷夏论的反驳：① 明僧绍《正二教论》，② 谢缜之《与顾欢书》，③ 朱昭之《难夷夏论》，④ 朱广之《疑夷夏论》，⑤ 惠通《驳顾道士》，⑥ 僧愍《戎华论》"佛据天地之中，而清导十方，故知天竺之土即中国也"——夷夏论是爱国主义与世界主义的斗争——（2）以何承天与范缜为中心之神灭论的论争——神不灭论的起源——《牟子理惑论》第十三条——罗含《更生论》人物有定数，彼我有成分，有不可灭而为无，彼不得化而为我"——慧远论形尽神不灭，"感物而非物，故物化而不灭"，又以火与薪为喻——宗炳与慧琳、何承天关于白黑论与达性论之论争——宗炳"既本立于末生先，则知不灭于既死之后""神主形从，神妙形粗"——慧琳设白学先生与黑学先生问答，"徒称无量之寿，孰见期颐之叟，咨嗟金刚之固，安觌不朽之实"——何承天与宗炳的几次论争——何承天继承桓谭，如《报应问》"形神相资，古人譬以薪火，薪弊火微，薪尽火灭"。可见受桓谭影响——《达性论》"生必有死，形毙神散，犹春荣秋落，四时代换，奚有于更受形哉"——何承天无神论的制限性（僧佑《弘明集》评语："信鬼于五经，而疑神于佛说"）——范缜（445—508）《神灭论》及《答曹思文难神灭论》（《弘明集》九）是中国唯物主义史上最富战斗性的文献——萧琛《难神灭论》"内兄范子真著《神灭论》，以明无佛"——神灭论即无佛论——"浮屠害政，桀门蠹俗""竭财以赴僧，破产以趋佛"——萧琛、沈约、萧□之围攻与反击——与因果应报理论相关之神不灭论——范缜的基本论点——①"神即形也，形即神也，是以形存则神有，形谢则神灭""形者神之质，神者形[①]之用，是则形称其质，神言其用，形之与神，不得相异"——形神关系是同——物之两面，名异面本体同——②"神之于质，犹利之于刃，形之于用，犹刃之于利。利之名非刃也，刃之名非利也，然而舍利无刃，舍刃无利，未闻刃没而利存，岂容形亡而神在也"，此以譬喻说明形与神本体相同，否定了灵魂不灭说——③就有知无知而论及质的不同，"今人之质，质有知也，木之质，质无知也，人之质，非木质也，木之质，非人质也，安在有如木之质，而复有异木之知""人无知知之质，犹木无有知之形"，并证明形神之灭虽有顿渐，而皆归于灭之必然性——④述神与手足等之关系，对形与神作极微细的分析——⑤更通过经典，对于神灭论的疑问有所答复，如《孝经》"为之宗庙，以鬼飨之"，此不过"圣人之教然也，所以从孝子之心，而厉偷薄之意，妖怪茫茫，或存或亡，理死者众，不皆为鬼"——梁武帝敕文"观三圣设教，皆云不灭"，认范缜无神论为"违经背亲"，为封建社会罪人——六十二人之《奉答书》均主有神论——神灭论斗争中关于因果报应说的论争——论争之政治

[①] "形"，原作"神"，误，据《梁书·范缜传》改。——编者

的意义——在南北朝门阀制度强化，严重的阶级压迫制度下，提倡涅槃佛教学说，所重在消灭阶级斗争——赵翼《二十二史札记》论六朝最重世族——涅槃学说产生之思想背景——梁武帝（萧衍）为主神不灭论之中心人物，他的学问宗旨即在涅槃——梁武帝的《神明成佛义》——《大涅槃经讲疏》——神不灭论本身即佛性论——宗炳之"法身常住说"——"一切众生皆有佛性"说——道生"善不受报，顿悟成佛"与"一阐提皆得成佛"——列宁所说"贱价出售升入天堂享乐的门票"——对于欺骗人民的宗教迷信予以严重打击，是南北朝唯物主义者重大的哲学收获。

第四讲　封建社会定型期的哲学

——第三阶段：隋唐三教斗争与中国哲学的定型化

隋唐封建经济发展期中，世俗地主与寺院地主及寺院地主之间所展开唯物主义与唯心主义的思想斗争——隋时全国耕地面积增至五千余万亩，人口增至四千六百余万——唐初户口减少，贞观初不过三百万，到盛唐（754年）增至九万六千余户，当时户口是国家财政的源泉，因搜检户口，皇族地主对豪族地主与寺院地主有斗争——《通典》七《历代盛衰户口》述开元盛况是谷贱绢贱，"天下无贵物"——安史之乱，封建经济开始下落——盛唐是封建庄园经济最高度发达时代，因农村与都市发展不平衡，以致"稼穑之人少，商旅之人多"，农村户口单弱，商业资本破坏了自然经济——封建经济危机原因之一是僧尼道士均不生产者，而唐代均田法对他们给予土地且免除课役——《唐六典》"凡道士给田卅亩，女冠廿亩，僧尼亦如之"——《白氏六帖》授田令——"道士受《老子》经以上，道士三十亩，僧尼受具戒准此"——唐以老子为本家，保护道教，贞观时，敕令玄奘翻译《老子》为梵语——玄宗自注《老子》，令全国立老子庙，学生习《道德经》——孔子庙的寺院化（《旧唐书》二十四）——把宗教和政治结合对唐皇族是有利的，但给僧尼道士以土地，便分散了公有土地，减少国家税收——农民因不堪租（地税、户税）、庸（徭役劳动）、调（绫绢、绵麻布）的负担相率为道士、僧——《唐六典》：开元时，"凡天下寺总五三五八所，三二四五所僧，二一一三所尼"——《资治通鉴·唐纪》会昌五年"天下寺四六〇〇，兰若四万，僧尼二十六万五百"——僧人可受度而不出家，以度牒为免税证——《旧唐书·辛替否传》"当今出财倚势者，避役奸讹者，尽度为沙门，殖货营生，畜养妻孥"——唐高祖①《沙汰僧尼诏》"苟免徭役，妄为剃度，托号出家，嗜欲②无厌，营求不息，聚积货财，估贩成业"——狄仁杰疏"避丁逃罪，并集法门"——安史乱后用裴冕策，"卖官鬻爵，度尼僧、道士"——武宗会昌五年制"天下所拆寺四千六百余所，还俗僧尼二十六万五百人，拆招提、兰若四万余所，收膏腴上田数千万顷，收奴婢为两税户十五万人"——皇族地主对寺院地主斗争的大胜利——唐代道佛的斗争——道士太史令傅奕上书十一条，又著《高识传》——李仲卿《十异九迷论》——刘进喜《显正论》——贞观十一年诏改三教席次，道在僧尼之前——与道士抗辩之佛教徒：慧净、法琳、智实——韩愈《谏迎佛骨》并称："释老之害过于杨墨"，皇族地主有时崇道抑佛，有时崇佛抑道，有时二教并斥——中国佛教（华严、天台、禅）代替印度佛教，但亦不能有大发展，会昌以后乃至"以寺材葺廨，驿以金银像付度支，以铁像铸农器，以铜像、钟磬铸钱"——佛教之再兴——中国长期封建社会里，三教有好似三个封建堡垒——儒学经典之定型化——颜师古之《新定五经》与孔颖达之《五经义疏》——五经定本出，而后经籍无异文；《五经正义》出，而后经义无异说——道教之定型化——尊老子为太上玄元皇帝，庄子为南华真人，列子为冲虚真人——置博士助教以教授老学并举行科举——佛教之定型化——唐太宗《大唐三藏圣教序》——善导之念佛宗，慧能之禅宗，道宣之戒律宗，法藏之华严宗，

---

① "祖"，原作"宗"，误，据中华书局1983年版《全唐文》改。——编者
② "欲"，原作"睹"，误，据中华书局1983年版《全唐文》改。——编者

玄奘三藏之法相宗——三教斗争与三教调和，形成中国唯物主义与唯心主义斗争之主要形式。

（一）隋唐佛教统治政策与中国佛教之建立

隋唐继南北朝崇信佛教而更为向前发展，是佛教的极盛时代——隋文帝（杨坚）是窃国大盗（赵翼《廿二史札记》）——隋王朝要求一种具统一精神的上层建筑，为其封建基础服务——天台宗（智顗）之举一全收事理不二之一大法华佛教哲学体系，最受欢迎——《历代三宝记》引《胜天王经》，以文帝比转轮圣王——又《德护长者经》"月光童子当来世佛法末时，于阎浮提脂那国内作大国王，名为大行，彼王能令脂那国一切众生，住佛法种种诸善根"——那连提耶舍（Narendrayasas）于开皇三年（583）出此经，称佛预言月光童子即托生为隋国王——法汉学家烈维称此种预言非梵文所有——《隋祖起居注》"初在寺养，帝至十三方始还家"，自云"我兴由佛法"——隋文自称大行菩萨国王，开皇五年敕"佛以正法付嘱国王，朕是人尊受佛付嘱"——又诏文"朕归依三宝，重兴佛教，思与四海之内一切人民，俱发菩提，共修福业"——僧昙迁之"三尊说""佛为世尊，道为天尊，帝为至尊"——隋文提倡之下，佛教发达的状况——① 旧所经行处四十五州，皆造大兴国寺——② 每月常请僧读《一切经》——③ 任听出家，官写《一切经》置于寺内，民间佛经多于六经数十百倍——④ 召诸学徒，普会京师，任其披化——度僧二十三万人，建寺三七九二所，写经论四大藏一三二八四卷，修治故经三八五三部（法琳《辩正论》）——道教之提倡，诏云"佛法深妙，道教虚融""沙门坏佛像，道士坏天尊者，以恶逆论"——儒教之被压抑，仁寿二年诏"国家胄子，垂将千数，州县诸生，咸亦不少，徒有名录，空度几时，未有德范，升任国用，良由设学之理，多而未精，今宜简省"——罢国子学，唯立太学一所，置博士五人，从五品学士七十二人——《隋书·高帝纪》"不悦诗书，废除学校"——废除学校诏令发布之当日，"其日颁舍利于诸刹"——唐太宗营斋追悼死者，贞观二年诏"凡所伤殪，难用胜纪，手所诛剪，将近一千……弥增悔惧，爰命有司京城诸寺皆为建斋行道，七日七夜，竭诚礼忏"，这是意在一面赎罪，一面表功——《大唐内典录》"四方坚垒，成立伽蓝，立碑表德，以光帝业"——玄奘译经于弘福寺——佛光王（中宗）——武则天天授二年（691）颁《大云经》，借佛说作篡唐的掩护。又诏佛教在道法之上——唐代译经事业——玄奘是"中印文化合作的象征"（拉德哈里希南语）——《大慈恩三藏法师传》与《大唐西域记》——玄奘从印度输入佛经，大乘经三二四部，论一九二部，小乘一七八部，外道四九部，共六五七部，译出佛经七五部、一三三五卷——实义难陀、义净、菩提流志、不空——《八十华严》——佛教传入中国后，据尼赫鲁云，"变成最肯定人生的突出的榜样"——佛教从荀济所斥"以中华之盛冑，方尊姚石羌胡之轨躅"——变而有中国的佛教之建立——（1）天台宗——经典以《法华》及《涅槃经》为主——惠文、惠思、智顗——《中论》"因缘所生法，我说即是空，亦名为假名，亦名中道义"，惠文读此而悟——空有不二之辩证法——由有入空（真谛），由空入有（俗谛），非空非有，空有不二（中道）——空假中三谛说——俗谛有，真谛空，真俗二谛不离之关系，即非有非空之中道义——"三谛圆融，一念三千"之说——空（平等）与假（差别）之关系，空即假，假即空，不偏于空假，即名中道，三即一，一即三——三谛圆融，故三千无碍，三千即空假中，皆具足于一妄念之中，此一妄念之外，别无三千诸法——心是一切法，一切法是心，这是典型的主观唯心主义——止观双修，企图综合一切教义与禅法——《大乘止观》"所言止者，谓知一切诸法从本已来，性自非有，不生不灭，但以虚妄因缘故，非有而有；所言观者，虽知本不生、今不灭而犹如幻梦，非有而有，故名为观"——由观而止与由止而观，知"有即非有，惟是一心，体无差别"，即中道观——天台宗以空假中一心三观的辩证法，在唯心主义基础上，把一切差别相归一于绝对者里面，符合于隋建国时封建统治者的要求——（2）华严宗——创译《华严经》的觉贤（佛驮跋陀罗）与鸠摩罗什的争论——觉贤"大被谤黩，将有不测之祸"，乃率弟子四十余人南下，依慧运译今《六十华严》——贤首与玄奘以"见识不同而出译场"——贤首（法藏）反对法相之学——宗密说贞观学风，"爰及贞观名相，繁兴以权为实，致使真趣屈于异端，虽余乳色，浑无乳味"——贤首抑唯识为大乘始教——五教分判：小乘教（阿含、婆娑、俱含）、大乘始教（相始教：深密、唯识，空始教：般若、三论）、大乘终教（楞伽、起信）、大乘顿教（维摩）、大乘圆教（华严）——华严元祖杜顺之"五教止观"——华严宗的基本观点"三界虚妄但是一心作，十二缘分，皆是依心"——《法界观门》——（一）真空观——令色归空观——明空即色观——空色无碍观——（二）理事无碍观——（三）周遍含容观——一即一切，一切即一，理事无碍，事事无碍，把对立境界融化为绝对唯心的境界中——《金狮子章》——法藏取镜十门，八方安排，面面相对，中安一佛像，并燃一炬，互影交光，以明刹海涉入无尽之义——圆融无碍的辩证法——因陀罗网（珠网）每一珠中现一切珠，又现一切珠中之一切珠——华严宗之泛神论的倾向与《易经》相合——（3）禅宗——相传菩提达摩于梁武帝时来中国，为中国禅宗之始——"以心传心，不立文字"，称为教外别传——达摩以四卷《楞伽经》授慧可——神秀——六祖慧能奉《金刚经》——《六祖坛经》载慧能至黄梅拜五祖事——神秀"身是菩提树，心如明镜台。时时勤拂拭，莫使惹尘埃"，慧能"菩提本无树，明镜亦非台。本来无一物，何处惹尘埃"——"不是风动，不是幡动，仁者心自动"——慧能为中国禅宗开创人——北宗神秀为唐封建王朝服务，南宗慧能后分五家流传民间——唐代二大禅风：曹洞宗（洞山良价）与临济宗（临济义玄）——禅宗的思想方法——"不思善，不思恶，还我父母未生时面目"——"无念为宗，无相为体，无住为本"——在日常生活中，无著亦无所得，即是妙道，此即禅宗的直觉方法——石头希迁《参同契》与临济义玄《四料简》中之辩证法——"门门一切境，回互不回互，回而更相涉，不尔依位①住"——"本末须归宗，尊卑用其语"——"夺人不夺境，夺境不夺人，人境俱夺，人境俱不夺"——对于普遍的相对性之唯心主义的解释，不是客观地分析矛盾，而是主观地取消矛盾——中国佛教是中国人自制的"鸦片烟"——"他从锁链下解放了肉体，因为他把人心套上了锁链"（马克思《黑格尔法律哲学批判》）。

（二）道教与佛教的斗争

从印度佛教变为中国佛教之重要关键，在北周武帝之灭佛事件，表面上似是对佛道二教的斗争，实际是道教对佛教的斗争——三教斗争的历史资料见《弘明集》与《广弘明集》——僧佑之佛教徒的立场——《汉法本内传》（白马寺的佛道斗争，迦叶摩腾与五岳道士）——北魏太武帝废佛——宋末南齐时，道佛二教之异同争论——梁武帝之压迫道教——北齐文宣帝（高洋）与道教斗争——北周武帝与张宾、卫元嵩等关于道佛二教废立的论议——道士张宾"以黑释为国忌，以黄老为国祥"——卫元嵩本佛教徒，其主谋毁佛，乃佛教之

---

① "位"字原脱，据《五灯会元》卷五补。——编者

内部矛盾——卫元嵩书"我不事二家,惟事周祖,以二家空立其言,而周祖亲行其事,故我事帝,不事佛道"——天和四年(569)周武亲量三教优劣,儒先佛后,道教最上——甄鸾上《笑道书》,道安上《二教论》——毁像焚经,僧令还俗——道宣述二教,并废之,由是"无奈理通众口,义难独留,遂二教俱除"——建德三年(574)五月断二教,六月即复立通道观——通道观释道并收,"置学士百二十员,著衣冠笏履,沙门道安以死拒,不食而终,静蔼遁入终南山"——翌年智颛入天台山——建德六年,周武伐齐,并毁齐佛教经像,僧尼还俗者三百余万——周武论任道林请开法事,"帝王即是如来,宜停丈六,王公即是菩萨,省事文殊。……即是而言,何如非道"——佛教经过了通道观时代,不能不有改变,这已为天台、华严铺平了道路——周隋际,重兴佛法,置菩萨僧,谓"遵道之人,勿须剪发毁形,以乖大道"——隋初为适应这菩萨佛教的要求,使更可能为封建最高统治阶级服务,乃产生如天台之"诸法实相说"(三谛三千说)与华严之"周遍含容观"——隋代之三教调和说,"周孔即佛,佛即周孔"——文中子(王通)《周公》《礼乐》《问易》三篇言三教一致,即反映当时三教之趋于平衡发展——唐代道佛二教的斗争——太史令傅奕上《减省寺塔僧尼事十一条》,这是道教对佛教的开始攻击——法琳《破邪论》;李师政《内德论》与释明概皆驳傅奕——李仲卿《十异九迷论》;刘进喜《显正论》与傅奕同攻击佛教——道宣《广弘明集》分别"减僧而不谤佛"之卫元嵩与"谤佛者"之傅奕——唐高祖武德九年(626)下诏沙汰僧尼,傅奕因集魏晋以来驳佛教者为《高识篇》——唐代为道教极盛时代,傅奕屡上疏请废佛教,对佛教最不利——傅奕注《老子》,曾主张裸葬,他是道家而兼崇孔子——武德四年(621),奕上表"搢绅门里,翻受秃丁邪戒,儒士学中,倒说妖胡浪语""佛为一家之家鬼也,作鬼不兼他族,岂可催驱生汉,供给死胡",此完全是顾欢《夷夏论》之续篇——"不忠不孝,削发而揖君亲,游手游食,易服而逃租税,演其妖书,述其邪说……恐吓愚夫,诈欺庸品……布施一钱希万倍之报,持斋一日冀百日之粮""寺饶僧众,妖孽必作,如后赵沙门张光……等皆作乱者""帝王无佛则国治年长,有佛则政虐祚短""广置伽蓝,壮丽非一,劳役工匠,独坐泥胡,撞华夏之洪钟,集番僧之伪众,动谆民之耳目,索营私之货贿"——傅奕上疏七回,使佛教的发展受了限制,同时也使佛教变质为中国佛教之重大原因——武则天专政时抑制李氏远祖老君的地位,玄宗时又大倡道教,自注《道德经》——开元年间始纂《道藏目录》,名《三洞琼纲》,三洞即洞真、洞玄、洞神,乃模仿《释藏》之经、律、论——唐五代之著名道家——李筌、孙思邈、白履仲、吴筠、司马永祯、张志和、袁天罡、罗公远、王远知、张果老、天隐子、无能子、罗隐、谭峭、杜光庭——玄宗时元结、僖宗时无能子、五代时罗隐及谭峭,均具若干进步思想——元子(元结)"时化""世化"之说——无能子对暴君苛政之总批判,为鲍敬言无君论之继承——"人者裸虫也,与夫鳞毛羽甲虫俱焉,同生天地,交炁而已,无所异也"——人虫之分,尊卑之分,乃后世圣人强命名之结果——"彼始无尊无卑,孰谓之君臣,吾强分之乃君乃臣"——假托严陵对光武语"夫中国天子之贵,在十分天下一二分中,征伐战争之内自尊者尔……老至而死,匹夫匹妇一也,天子之贵何有哉"——理想社会是人类绝对自由,平等之人虫什处,"无男女夫妇之别,父子兄弟之序,任其自然,遂其天真,无所司牧,濛濛淳淳"——此种复古思想是对当时专制政治的一种抗议——罗隐著《两同书》《谗书》《甲乙集》,批判暴君而不反对政治——假托唐虞以明天下者,天下之天下——谭峭《化书》——《道化篇》的世界观:气——食化说,"自天子至于庶人,暨乎万族,皆可以食而通之"(《无为》),"食为五常之本，五常为食之本"（《鸱鸢》）——俭化说，"俭者均食之道也"（《太平》）——理想政治是"我心熙熙，民心怡怡，安用旌旗，安用赏罚，安用行伍"——道家思想之两面性（落后的与进步的）——道教全盛时代，唐诸帝均信道士神仙之术——道佛二教斗争是宗教迷信之内部矛盾，两者均为封建最高统治阶级服务——所谓"会昌法难"（845年，唐武宗与李德裕决计破佛事）——武宗信道教，召道士赵归真等八十一人于禁中，在三殿修金箓道场——摩尼教、景教、火教等在会昌毁佛后混入道教之内——日本僧圆仁《大唐求法巡行记》——五代宋时道教人物：孙光庭《广成集》、吕纯阳《吕祖全书》、张君房《云笈七签》、林灵素与宋徽宗——灵素妄言蔡京、童贯等皆名列仙官——道教除《老》《庄》外，俱系后人捏造不实文字，此种诳惑人民、说谎造谣之作，实无何等学术价值，只能成其为低级的宗教。

（三）反二氏斗争中儒学之形成

隋唐是释道二教极盛时代，同时是儒家经典的统一时代——汉代儒家定于一尊，唐代更统一了义疏之学——钦定义疏为儒家经典之定型化——隋代结束南北朝分立局面，学术亦倾向统一，《隋书·儒林传序》"于是四海九州强学待问之士，靡不毕集京邑，达于四方，皆启黉校，讲诵之声，道路不绝，中州儒雅之盛，自汉魏以来，一时而已"——隋代学术归一，给唐义疏学创造了有利条件——唐贞观四年，诏命颜师古于秘书省考定五经，复诏房玄龄集诸儒重加详议——新定五经之颁行——诏孔颖达等作《五经正义》，合贾公彦《周礼》《仪礼疏》、徐彦《公羊传疏》、杨子勋《穀梁传疏》称"九经义疏"——京师学馆及府州县学与明经取士，必用《五经正义》——正义及疏"主于诠解注文，不欲有所出入"——"注不驳经，疏不驳注"——佛经注疏体裁之采用——儒学经典之定型化促进了儒家思想的发达——模仿孔子的王通（文中子）——《中说·叙篇》"文中子之教，继素王之道"——续《礼》、续《诗》、续《书》、赞《易》——重老庄而排道教，重释迦而排佛教——"或问佛子，曰：圣人也，西方之教也，中国则泥"——尊中国的爱国主义思想，"《元经》抗帝而尊中国""主中国者将非中国也""噫非中国不敢以训"——《元经》的汉魏晋的正统论，"江东中国之旧也""晋宋一衣冠文物之旧，君子不欲其先亡"——韩愈《原道》以孔孟正传自命——韩愈（768—824）排老佛二氏，站在中国的立场——《论佛骨表》申明夷夏的界限，"佛者夷狄之一法耳"——"万里休言道路赊，有谁教汝度流沙。只今中国方多事，不用无端更乱华"——《原道》"今也举夷狄之法，而加之先王之教之上"，《与孟尚书》之"圣贤之道不明，则三纲沦而九法斁，礼乐崩而夷狄横，几何其不为禽兽也"，夷狄之分变成人禽之分——《原道》"人其人，火其书，庐其居，明先王之道以道之，鳏寡孤独废疾者有养也，其亦庶乎其可也"——"佛法入中国尔来六百年，齐民逃贱役，高士著幽禅。官吏不之制，纷纷听其然。耕桑日失隶，朝署时遗贤"——《论佛骨表》"事佛求福，乃更得祸"，"宋齐梁陈元魏以下，事佛渐谨，年代尤促"等语犯帝讳，被贬潮州刺史——韩愈排佛分清了儒教和老佛的界限，助长了后来新儒家的生长，又因排二氏理论是排事实讲道理，无神秘思想在内，所以当时影响较大——排佛之先导者：狄仁杰、姚崇、李峤、辛替否——武则天营造大佛像，狄仁杰上疏"列刹盈衢，无救危亡之祸；缁衣蔽路，岂有勤王之师"——中宗时度僧尼，姚崇上奏"图澄最贤，无益于全赵；罗什多艺，不救于亡秦，何充、苻融皆遭败灭，齐襄、梁武未免灾殃，但苍生安乐即是佛身，何用妄度奸人，令坏正法"——李峤上书"崇作寺观，功费浩大，用吁嗟之物，以营土木，恐怨结三灵，谤蒙四海"——睿宗为二公主作大观，辛替否上疏"造寺不止，枉费财者数百亿，度人不休，免租庸者数十万，夺百姓之食以养残凶，剥万人之衣以涂土木，于是人怨神怒，众叛亲离"——排佛的影响，如肖仿《谏懿宗奉佛疏》"昔年韩愈已得罪于宪宗，今日微臣固甘心于遐徼"——柳宗元（773—819）、刘禹锡（772—843）与韩愈比较，韩为人文主义者，柳与刘已接近唯物主义思想——白居易（772—846）《三教论衡》，提倡儒佛二教归一——儒教的六义与佛教十二部比，以孔门四科与佛之六度比，以孔门十哲与如来之十大弟子比——此与宗密《圆觉经略钞》从佛教义释《易经》相似，对后来宋儒亦有影响——宋儒于二氏有取舍，所舍处受韩愈影响，所取处受白影响——柳宗元《天说》，刘禹锡《天论》上中下三篇——韩愈"人能贼元气阴阳，而残人者则有功"，此种厌世主义实深受佛老之影响——《天说》驳韩愈，认为天不过是"有形之大者"，不能为人主宰——"彼上而玄者，世谓之天……是虽大，无异果蓏、痈痔、草木也""其乌能赏功而罚祸乎，功者自功，祸者自祸，其望其赏罚者大谬，呼而怨，欲望其哀且仁者，愈大谬矣"——天人不相干，所以"生殖与灾荒皆天也，法制与悖乱皆人也，二之而已，其事不相预"——柳宗元反对"天人感应说"，对董仲舒、刘向之流"皆沿袭嗤嗤，推古瑞物以配天命，其言类淫巫瞽史，诳乱后代，不足以知圣人立极之本"——批判神权，"力足者取乎人力，不足者取乎神"——"死之长短而在宗祝，则谁不择良宗祀而祈寿焉"——柳宗元思想之先驱者：吕才（卒于665年）——《阴阳书》五十三卷——《旧唐书》卷七十九列传所载《叙宅经》《叙禄命》《叙葬书》三篇——吕才引证《诗》《书》《易》《礼》《春秋》及《孝经》可证其思想属于儒家——二元论的世界观（乾坤、刚柔、昼夜、男女），其中含唯物主义的方向——（第一）否认了宗教迷信家依据《堪舆经》以"五姓"

配"五声"之神秘主义思想(《叙宅经》)——"此则事不稽古,义理乖僻者也"——(第二)是否认了统治阶级的"禄命长生论"(《叙禄命》)——指出禄命不验有五点——"今时有同年同禄,而贵贱悬殊,共命同胎,而夭寿更异"——(第三)否认了安葬吉凶的宗教迷信(《叙葬书》)——"巫者诈其吉凶,愚人因而徼幸。遂使擗踊之际,择葬地而希官品;荼毒之秋,选葬时以规财禄"——刘禹锡认柳宗元"有激而云,非所以尽天人之际",作《天论》三篇,提出"天与人交相胜"之说——"天之道在生殖,其用在强弱,人之道在法制,其用在是非"——"天恒执其所能以临其下,非有预乎治乱云尔,人恒执其所能以仰乎天,非有预乎寒暑云尔"——天乃物质之天,"天形恒圆而色恒青,周回可以度得,昼夜可以表候"——"乌有天地之内有无形者耶,古所谓无形,盖无常形耳,必因物而后见耳,乌能逃乎数耶"——天不可以干预人,而人定可以胜天,"倮虫之长,为智最大。能执人理,与天交胜",由此对于有神论加以否定——柳宗元不排斥释老,见《送元十八山人南游序》"余观老子,亦孔氏之异流也,不得以相抗",又"太史公没,其后有释氏,固学者之所怪骇舛逆其尤者也……要之与孔子同道"——《送僧浩初序》自述与韩愈观点不同,"浮屠诚有不可斥者,往往与《易》《论语》合,诚乐之其于性情奭然,不与孔子异道……退之忿其外而遗其中,是知石而不知韫玉也"——韩愈弟子李翱所作《复性书》三篇中吸收了佛学的成分,影响宋儒——《复性书》上篇总论性情及圣人基本思想,出于《中庸》"喜怒哀乐之未发谓之中,发而皆中节谓之和"二语——"人之所为圣人者,性也,人之所以惑其性者,情也",分情性为二,亦影响宋儒——《复性书》中基本思想出于禅学——"弗虑弗思,情则不生,情既不生,乃为正思",此与禅宗"无念"之说同——"方静之时,知心无思者，斋戒也，知本无有思①，动静皆离，寂然不动者，是至诚也。无不知也，无不为也，其心寂然，光照天地，是诚之明也"，此云"诚明"，与《六祖坛经》说同——《复性书》下基本思想出于老庄——"作乎作者，与万物皆作，休乎休者，与万物皆休。作非吾作也，作有物；休非吾休也，休有物"，与老子"万物作焉而不辞""万物并作，吾以观复"之旨相同——李翱融化三教为一家，是在三教斗争环境中自然产生的混合物，宋儒理学即从此混合物的基础上提炼出来——中古哲学到唐末便告结束，所留给近古的哲学遗产，一方面是从三教斗争的理论中表现唯物主义思想，一方面即从三教混合中表现唯心主义的思想残余。

---

① "思"字原脱，据中华书局 2021 版《李翱文集校注》补。——编者

第五讲　封建社会发展期的哲学

——第一阶段：新儒学运动、经制派与性理派的斗争

封建社会发展期的特点——长期封建割据局面的结束——经济政治中心的南移——沿海国际贸易促进了都市商业与手工业的发达——唐中叶以来，北方农村荒废，财赋多在淮南、江南——"当今国用多出江南，江南诸州，苏为最大"（白居易）——五代十国战争与契丹统治者的侵略，黄河道屡次溃决，造成北方经济的大衰落——北宋兴起全靠先夺取南方富源为根据地——南渡后南方经济的空前发展——江南人口宋代增至六倍，明初增至十四倍，超全人口半数以上——手工业生产情况（《宋史·地理志》）——衣服工业与席、毡、磁器、漆器、纸等——手工业的专门化——技术——造纸与印刷术——商业——国际市场（《宋史·食货志下》"互市舶"条）——手工业生产品占有国际市场的位置——《马哥·波罗游记》所记中国手工业发达的程度，在威尼斯、米兰等地之上——都市的繁荣（广州、泉州、扬州、松江）——泉州被称为世界最大商港——农业——土地私有制度的巩固与法典化——大地主的成分——南方地主抬头与南北地主集团之间的斗争——王安石新党代表南方中小地主，司马光旧党代表北方大地主——理学生长的社会政治背景，正当外族压迫吃紧之时，经济中心南移，当时地主阶级无论南北，均发生抗拒外族与尊王思想——孙复《春秋尊王发微》、胡安国《春

秋胡氏传》、朱熹《通鉴纲目》——周濂溪与王安石——王安石"与周敦颐相遇,语连日夜,安石退而精思,至忘寝食"(《宋史纪事本末》卷八十)——濂溪之学——一传为二程,一传为王安石,孝宗时,谢廓然乞戒有司,毋以程颐、王安石之说取士——北宋理学巩固了封建君主政权——理学家首先反对外来的佛教——欧洲十一、十二世纪,封建君主贵族政治的成熟时代,国王与教王冲突成功了宗教革命。中国唐末宋初"三武一宗"(北魏太武帝、北周武帝、唐武宗、后周世宗)发起打倒佛教运动——两宋理学代表封建君主军阀政权,故初起时即反佛教,其渊源可追溯到唐韩愈——宋代君主如徽宗、真宗皆以道教的护法者自命,宋初儒者虽反佛教,却可以站在儒教立场与道教调和,结果道教与儒打成一片——北宋五子一般均具有辩证的素朴唯物主义的倾向——南宋三派——全谢山"宋乾淳以后,学派分而为三,朱学也,吕学也,陆学也,三家同时皆不甚合"——三派代表三种不同阶级立场——朱学(大地主阶级),陆学反对豪家,提倡损上益下(小地主阶级),吕学(吕祖谦、永嘉永康学派提倡义利双行、王霸杂用,代表小地主兼市民)——三派同为封建统治阶级服务,有联合也有斗争——朱学初起时为主战派,朱熹说"金人于我有不共戴天之仇","非战无以复仇",这是传统的尊王攘夷思想——宋文天祥、郑所南,元刘因,明方孝孺与东林学派皆朱熹[①],表现极强烈的民族意识——朱学高谈性命,陈亮指出,"今世之儒士,自以为得正心诚意之学者,皆风痹不知痛痒之人也,举一世安于君父之大仇,而方且扬眉拱手以谈性命"——陆象山主张变法,说"二圣之仇,岂可不复,所欲有甚于生,所恶有甚于死,今吾人高居无事,优游以食,亦为可耻",可见小地主阶级立场与朱

---

① "皆朱熹",福建本作"皆与朱熹同"。——编者

学不同——张溥论道学说:"当日士学宗程氏,宗程氏者皆黜和议,桧(秦)心坏惭无所发愤,则反噬以图快意耳。"由此一点,可见理学基本方向是符合当时巩固民族封建统治的要求。

宋代哲学批判了汉唐一千年间唯心主义哲学,继续发展传统的素朴唯物主义——中国的文艺复兴,反映了封建发展期的上层建筑与统一政权的新局面——汉唐儒者一陷于阴阳五行禁忌等迷信,次陷于超现实的佛教,三陷于儒教本身之义疏训诂——(一)宋儒首先打破宗教迷信,给穷理之学开辟道路——孙奭疏时议十条:"夫国家将兴听于民,将亡听于神"——林和靖诗"茂陵他日求遗稿,犹喜曾无封禅书"——程明道表叔侯可建立制度,废去信鬼陋俗——程珦(明道父)与佛首放光迷信的斗争——程明道捕龙破迷信——宋仁宗不信太岁之神——宋儒以理学代替灾异迷信,是思想上之一进步——(二)其次是打破佛教之超现实的思想——孙复《儒辱论》斥佛老以死生祸福、虚无报应惑人,是以夷狄之法扰乱圣人之道——石介《怪说》三篇,上篇怪时人不学圣贤之道而学佛老,是"去祖宗而祀夷狄"——《中国论》斥佛老——《辨惑》断言天地间有三必无之物,即神仙、黄金术与佛——李觏《富国论十策》举佛十害,一论佛家之说,兼杨墨之二弊——欧阳修《本论》主兴儒无佛——胡寅(致堂)《崇正辨》论佛,四弊即破纲常、绝伦类、轻现世、避赋役——胡宏上《与原仲兄书》,明佛儒不同之点,在佛家为自私自利——范仲淹《近名论》批判老庄——司马光《论风俗劄子》斥老庄"乃匹夫独行之私言,非国家教人之正术也"——宋代阮士相率归俗——王安石论李杜优良,推许杜甫忧国爱民——(三)宋儒从钦定注疏中解放了经说经义——郑樵谓"汉儒穷经而经绝"——袁说友《汉儒辨》谓"经以汉儒而杂"——张南轩《两汉儒者名节何以不竞论》谓汉代"往往以占毕训诂为儒""明经取青紫"——吕南公谓汉儒学问与人格有矛盾——陈亮谓章句训诂之学非圣人之学——宋儒之新经学，如孙瑗、孙复、石介之《春秋》，周敦颐、程颐、张载、邵雍之《易说》，王安石之《新经义》，皆汉唐所未见——宋学的局限性是，他们的思想运动只是一种复古运动。

（一）经制学——周礼学与春秋学的斗争

新经学学派：经制学与性理学即所称理学——性理学派注重形而上学与自然哲学，以《周易》与《中庸》为中心，经制学派注重政治历史，以《周礼》与《春秋》为中心——经制学的派别：（甲）《周礼》学，如李觏、王安石；（乙）《春秋》学，如孙复、胡安国、司马光——经制学主经世致用，汉代已开始——刘向、贾谊、司马迁均谓"《春秋》辨是非，故长于治人"——宋儒以《春秋》鼓吹尊王思想，南渡后，主眼在讲华夷之辨与复仇论——孙复、欧阳修以六经与政事结合，宋理宗更以六经为治国平天下之唯一标准，比六经治国策，即所称经术——司马光"取士之道，当以经术为先"，王安石诗"先王有经制，颁赉上所行，后世不法古，贫穷主兼并"，此所云经术、经制，即通经致用之学，与性理派谈心性之学不同——《周礼》派以《周礼》为周公治天下之大经大法——李觏、陈亮、陈傅良、吕祖谦均重《周礼》，王安石设经义局，自为《周官义》十余万言——《周官新义》今本——杨时作《周礼辨疑》专驳安石，可见二派矛盾——《周礼》派与《春秋》派的矛盾，如王安石诋《春秋》为断烂朝报——王安石自著《三经新义》，独不提倡《春秋》，使《春秋》学一废于熙宁至元祐，再废于从绍圣至绍兴——《周礼》学主经世，《春秋》学主正名，二派斗争反映经制派之内在矛盾——孙觉以《春秋》学致连贬累斥——晁说之著《儒言》，非议新法，首句云"六艺之志在《春秋》，攻击安石之废《春秋》——赵瞻著《春秋经解》，不用于王安石，而用于司马光——沈躬行摹石经《春秋》，戒其子孙"世守之，不得以学官废《春秋》辍其业"——司马光有废《周礼》的密奏，谓"昔刘歆用此法以佐王莽，至使农商失业，涕泣于市道，卒亡天下，安足为圣朝法也"——晁说之攻击《周礼》为庇护新室暴政的伪书——蒲列哈诺夫在与列宁争论土地问题时，曾举王安石改革为土地国有不能成功的例子，列宁曾予以反驳——《周礼》之遭司马光排斥决不是偶然的。

1. 李觏（1007—1059）

《周礼致太平论》十卷及《富国强兵安民策》三十篇、《礼论》七篇、《易论》三篇均见《直讲李先生集》中——清陆林序"濂洛关闽之学，皆先生有以启其端"——李觏首倡《易》教，把《易经》看作实用的学说——根据《王制》讲《易》，此为经制派的作风——性理派贵义贱利，李觏则云"人非利不生，曷为不可言""治国之实，必本于财用"，性理派贵王贱霸，李觏则云"所谓王道安天下也，所谓霸道尊京师也，非粹与驳之谓也"——他提倡尊君，所以不喜孟子，"孟子之道，人皆可以为君也"——《周礼致太平论》内容：内治、国用、军卫、刑禁、官人、教道——《国本》十六篇如定税制、置平准于京师、泉府定轻重之制、使商贾不得操市井之权及均力役等，均为王安石新法所本——均田的土地政策——耕者有其田，"无田而责之耕，犹徒手而使战也，法制不立，土田不均，富者日长，贫者日削"——李觏注重"食"，是拿经济的原因研究社会历史。

2. 王安石（1021—1086）

上万言书，献富强之策，"因天下之力以生天下之财，取天下之财以供天下之费"——王安石著述考——"经术正所以经世务,但后世所说儒者,大抵皆庸人,故世俗皆以为经术不可施于世务尔"(《宋史》本传)——"天变不足畏,祖宗不足法,流俗不足恤"——世界观,"道有体有用,体者元气之不动,用者冲气运行于天地之间,其冲气至虚而一,在天则为天五,在地则为地六,盖冲气为元气之所生,既至虚而一,则或如不盈"(《老子注》)——"一阴一阳之谓道,而阴阳之中有冲气,冲气生于道,道者天也,万物之所生,故为天下母"(同上)——"冲气"在所著《洪范传》中就表现为阴阳五行之相互作用,"土者冲气之所生也,冲气则无所不和"——讲五行是具体的物质性的东西——《礼乐论》说神与形之关系,"神生于性,性生于诚,诚生于心,心生于气,气生于形,形者有生之本",这肯定形是第一性的,神是有形之后才有的——世界观虽受老子影响,而在社会观则批判老子为"务商之过""以为涉乎形器者,皆不足言也,不足为也,故大抵去礼乐刑政而惟道之称焉,不察于理而务高之过也"——老子欲复古,王安石说:"太古之道果可行之万世,圣人恶用制作于其间,为太古之不可行,顾欲引而归之,是去禽兽而之禽兽,奚补于化哉"——王安石要以人力戡天,要大有为,故倡新法——免役法出于《周官》所谓府吏胥徒,保甲法出于乡遂,市易法出于司市——富国(均输、青苗、免役、市易、市田、均税)与强兵(保甲、保马)——青苗法为新法的代表,理论上是以常平、广惠社仓米为资本,贷之农民,取息二分,此本《周官》泉府与旅师之职——苏辙谓"即出纳之际,吏缘为奸,法不能禁,钱入民手,虽良民不免妄用,及其纳钱,虽富民不能逾限,恐鞭棰必用,州县之事不胜烦矣"——新法失败与当时党争有关——司马光奏弹王安石"学非言伪,王制所诛,虽同良臣,是为民贼"——"安石诚实,性不晓事而愎,此其短也"——苏轼上万言书反对新法,但后自云"吾侪新法之初，辄守偏见，至有异同之论，虽此心耿耿，归于忧国，而所言差谬，少有中理者"——朱熹"青苗者，其立法之本意，固未为不善也，子程子尝论之，而不免悔于其已甚"——王安石任用贪污分子与不能团结知识分子是失败原因——"王安石成为了中国历史上一个伟大的政治家，有目的、有政见、有胆量，秦汉以后的第一个大政治家就是他，他的政见主要由人民立场出发"（郭沫若）——与《周礼》派对立之《春秋》派倾向保守——《周礼》派主实利，《春秋》派主正名，前者具唯物主义因素——《春秋》派产生有其社会政治背景，尊王攘夷反映当时地主阶级的爱国思想——《春秋》家又分二种派系，一为经解派，如孙复、胡安国；一为修史派，如欧阳修著《新唐书》及《新五代史》、司马光著《资治通鉴》。

3. 孙复（992—1057）

《春秋尊王发微》十二卷，全书以尊王攘夷为宗旨——"尊天子贵中国所以贱夷狄也，尊天子所以黜诸侯也"——尊王即反对割据的局面——桓十年春王正月条"此年书，王者无十年不书也，十年无王则人道灭矣"——僖公元年，齐师宋师相率救邢条"至此称师者，以齐威攘夷狄、救中国之功渐见，少进之也"——孙复门下朱长文《春秋通旨》与同时叶梦得《春秋考》，均以振起礼教、维持名分为《春秋》学之主旨。

4. 胡安国（建宁崇安人）

《宋史》本传以王安石废《春秋》，认为"乱伦灭理，用夷变夏，殆由乎此"——《春秋胡氏传》自序"尊君父、讨乱贼、辟邪说、正人心，用夏变夷，大法略具"——庄公十三年夏六月，齐人灭遂条——僖公十九年梁亡条"乘人之危，恶易见也；灭人之国，罪易知也；自取亡灭者，其事微矣……凡有国家者，土地虽广，人民虽众，兵甲虽多，城郭虽固，而不能自强于政治，则日危月削"——《胡传》尊王贱霸，尤严于华夷之辨——隐公二年春，公会戎于潜条"中国之有戎狄，犹君子之有小人"——宣公八年条"吴越势益强大，为中国忧，而民有被发左衽之患矣，经斯世者当以为惧，有攘却之谋而不可忽，则圣人之意也"——主张复仇论，以复仇为《春秋》主旨——桓公三年条"桓公弑君而立……鲁之臣子义不共戴天，反而事仇，曾莫之耻……故自是而后不书王者，见桓公无王与天王之失政而不亡也"——胡安国在《春秋》学中提出"天理"二字——《胡传》强词夺理，尤侗批评他"此宋之《春秋》，非鲁之《春秋》也"——此书除极顽固的封建社会意识之外，有巩固民族阵容的作用。

5. 欧阳修（1007—1072）

《易童子问》疑《易·文言》《系辞》非孔子作，以《河图》《洛书》为怪妄，又在《进大策问》中断定《中庸》非子思作，似此观点均以性理派对立——《答李翊第二书》"六经之所载，皆人事之切于世者，至于性，百不一二言之""故为君子者，以修身治人为急，而不穷性以为言"——《新唐书》（与宋祁合撰）与《新五代史》——教训式历史哲学——《新唐书》的纪、志、表"学《春秋》每务褒贬"——《新五代史》自云"得《春秋》遗意"，"昔夫子作《春秋》，因乱世而立治法，予述本纪，以治法而正乱君，此其志也"——赵翼《廿二史札记》"欧史书法谨严"一条——两相攻曰攻，以小加大曰伐，有罪曰讨，天子自往曰征——《新唐书》鼓吹士节，《新五代史》奖励节义，都是给封建社会统治阶级服务——《新五代史·十国年谱序》——在历史记载中应用春秋笔法，此为教训主义历史哲学的特点。

6. 司马光（1017—1086）

司马光是与王安石对立，为一公开的唯心主义者——注《法言》与《太玄》，对扬雄作了唯心主义的解释——以心居第一位，物质居第二位——《潜虚》模仿《太玄》，"万物皆祖于虚，生于气，气以成体，体以受性，故虚者物之府也，气者生之户也，体者质之具也，性者神之赋也"，这里"虚"与"气"分作两截——张敦实《潜虚发微论》以《潜虚》与《通鉴》比，谓"自《通鉴》视之，则心学也"——王应麟《潜虚》心学也"——《迂书·学要》，"学者所以求治心也"，又《治心》，"小人治迹，君子治心"，此与王安石重礼乐刑政之说相反——王安石之有为论与司马光之主张自然无为——《迂书·无为赞》"治心以正，得天有命，夫复何为，莫非自然"——《士则》"知愚勇怯，贵贱贫富，天之分也"——《道德真经论》中发挥"任物自然"之理——王安石主变革，司马光主保守，谓"使三代之君，常守禹汤文武之法，至今存可也，由此言之，祖宗之法不可变也"——王安石主人民平等，司马光则认"夫民之所以有贫富者，由其材性愚智不同，富者知识差长，贫者皆窳偷生，不为远虑……至于鬻妻卖子、冻馁填沟壑而不知自悔也"，完全抹煞了人剥削人的事实——《资治通鉴》乃奉诏，经十九年完成——同编纂人有刘颁、刘恕、范祖禹，此书上起晚周，下迄五代，凡一千三百六十二年间事，共二百九十四卷，合《目录》《考异》等书共三百五十四卷——《自序》"取关国家兴衰，系生民休戚，善可为法，恶可为戒者，为《编年》一书"——帝王教科书——林之奇论《通鉴》与左氏相接——《通鉴》的正名论，"天子之职莫大于礼，礼莫大于分，分莫大于名；是故……贵以临贱，贱以承贵，上之使下，犹心腹之运手足，根本之制枝叶……君臣之位，犹天地之不可易也。《春秋》抑诸侯尊王室，王人虽微，序于诸侯之上"——《资治通鉴》是教训式历史课本。陈振孙《解题》云:"今观其诸论,于历代兴衰治乱之故,反复开陈,靡不洞中得失,洵有国有家者之炯鉴,有裨于治道者甚深"——前后两司马,一个首创了教训的纪传史,一个创始了教训的编年史,为中国历史哲学史上之千古佳话——《通鉴》的影响——袁枢《通鉴纪事本末》——朱熹《通鉴纲目》——日本北畠亲房《神皇正统纪》——把历史的事实来拥护"名教",这是《春秋》学之进一步的发展,有巩固封建统治的作用。

(二) 性理学的产生——北宋五子

性理学简称"理学",又名"道学",是中国古代哲学传统在新的社会经济发展和自然科学知识发展的基础上,作为和汉唐以来印度化的社会意识形态的对立物而建立起来——他们反对佛老不是单纯的否定,而是将佛老思想装入儒家的思想中——宋儒以《易经》为根据,发展了以理当作实物的泛神主义世界观,这是对于佛家的空观而辟一具有物质性的世界观——他们受了华严宗的影响,但那只是反对的影响,把从前支配于佛教思想之下的真空观完全推翻,而极力肯定宇宙的实在——"吾儒万理皆实,释氏万理皆虚""佛氏偏处只是虚其理,理是实理,他却虚了"——佛教不讲这个实理,所以"空豁豁地更无一物"。宋儒要讲这个实理,所以说"日月便要行,天地便要运"(《朱子语类》)——李翱《复性书》与《中庸》——苏辙之"中庸即佛法"说(《老子解》),朱子驳他"又并释氏而弥缝之,可谓舛矣"——儒家之提倡《中庸》正所以对抗佛老,所以朱子说,"老子以圣人之道为伪,是故子思说诚抗之,《中庸》之书实与老子争辩之书也"——《中庸章句》朱序,"以斥夫二家似是之非,盖子思之功于是为大"——诚即佛典所谓"根本无明"——范祖禹认《中庸》为治性之书,"是书祖述圣人理性之学,最为详备"——宋儒标榜《易经》和《中庸》来做文艺复兴运动的新旗帜——依据《易经》建立泛神主义世界观,依据《中庸》认识"理性之光"——天空海阔,鸢飞鱼跃,充塞全宇宙,都是生意春气——他们还要拥护封建剥削阶级政权,拥护名教来巩固他们自己的父家长权,所以唯物论是不适用的,用以反对佛老空观的乃是泛神主义——性理学的基本思想:(1)泛神主义思想,(2)理气关系论,(3)人性本善的学说——(第一)泛神主义思想,如周濂溪"物则不通,神妙万物"——邵康节"气一而已,主之者神也,神亦一而已,乘气而变化,能入于有无死生之间,无方而不测者也"——"气者神之宅也,侠者气之宅也""神无所在,无所不在,道与一,神之强名也"——张横渠"惟神为能变化,以其一天下之动也,人能知变化之道,其必知神之为""天下之动,神鼓之也,神则主乎动,故天下之动,皆神为之也""一物两体,气也,一故神(两在故不测),两故化(推行于一)"——程明道"《中庸》言诚便是神""生生之谓易,生生之用则神也"——杨龟山"变化者神之所为也,其所以变化,孰从而见之,因其成象于天,成形于地,然后变化可得而见焉","鬼神体物而不遗,盖其妙万物而无不在也"——朱晦庵"阴阳不测之谓神,不测是在这里,又在那里,便是这一个物事,走来走去,无处不在""神无方而易无体,神便是在阴的又忽然在阳,在阳的又忽然在阴""神妙万物而为言者,物物自妙也"——(第二)理气关系论,即认天地之间有理有气,气之所在即理之所在。他们主张虽有理气一元论与理气二元论之不同,但均认天地万物总一太极所成,太极即理,理寄于物,不能离物而独立。这种思想基本上有唯物主义倾向——周濂溪"无极而太极,太极动而生阳,动极而静,静而生阴,静极复动,一动一静,互为其根,分阴分阳,两仪立焉,阳变阴合,而生水火木金土,五行一阴阳也,阴阳一太极也，太极本无极也""二气五行，化生万物"——邵康节"无极之前阳含阴也，有象之后阳分阴也""一气分而为阴阳""本一气也，生则为阳，消则为阴，故二者一而已矣""一气才①分，两仪已备，圆者为天，方者为地，变化生成，动植类起，人在其间，最灵最贵"——张横渠"有两则有一，是太极也……一物而两体，其太极之谓""天地之气，虽聚散攻取百涂，然其理也顺而不妄""太虚不能无气，气不能不聚②而为万物，万物不能不散而为太虚"——程明道"天者理也""天地万物之理，无独必有对，皆自然而然，非有安排也"——程伊川"一阴一阳之谓道，道非阴阳也，所以一阴一阳道也，如一阖一辟③之变""离了阴阳更无道，所以阴阳者是道也，阴阳气也，气是形而下者，道是形而上者，形而上者则是密也"——宋儒认天地间只有理气二者，可见者气，不可见者理，阴阳五行是气，太极是理。理一本，气万殊，万物各具一理，万理同出一源——（第三）人性本善的学说，是与佛教的无性论相对立——鸠摩罗什"法无定相，相由感生，即谓性无自性，象感而起"，又谓"大乘法中，幻花水月，但诳心眼，无有定法"，无有定法即是性空，故慧远《法性论》谓"本无与法性，同实而异名"——中国哲学倾向人本主义，故注重人性问题——孟子称"孔子读诗至'天生烝民，有物有则，民之秉彝，好是懿德'而叹曰：'为此诗者，其知道乎'"，此《烝民》诗实为人性本善说之起源——"性相近也，习相远也"。王阳明谓"说性相近，即孟子说性善"，戴东原言"相近正见人无有不善"——《论语》"人之生也直"。顾炎武谓与孟子说同，刘宝楠谓直，诚也——《易·系辞》言性善，为宋儒所本，如"一阴一阳之谓道，继之者善

---

① "才"字原脱，据中华书局2010版《邵雍集》补。——编者
② "聚"，原作"散"，误，据《张子全书》卷二改。——编者
③ "辟"字原脱，据中华书局1981版《二程集》补。——编者

也,成之者性也"。张横渠谓"言继继不已者善也,其成就者性也"。杨龟山谓"继之者善无间也,成之者性无亏也"。朱熹谓"流行造化,是善凝成于我者,即是性,继是接续绵绵不息之意,成是凝成有主之意"——《易·系辞》"成性存存,道义之门"。朱熹谓"只是此性,万善完具,无有见阙,故曰成性""成性犹言见成底性,这性元自好了,但知崇礼卑,则成性便存存""《易》说成性是不曾作坏的,存谓常在这里,存之又存"——《文言》"元者善之长也"。程明道道"天地之大德曰生,天地絪缊,万物化醇,生之谓性,万物之生意最可观,此元者善之长也,斯所谓仁也""生之谓易是天之所为,道也,天只是以生为道,继此生理者,即是善也,善便有一元的意思,元者善之长,万物皆有春意,便是继之者善也,成之者性也,成却待他万物自成其性便得"——但宋儒说性善还是和孟子不同,他们以为理是善的,气是恶的,如孟子说"形色天性也"。张横渠却说"气质之性,君子有弗性者矣"。宋儒把性分为本然之性和气质之性,而孟子则以为形色也属于性。孟子说"为不善,非才之罪也",程子说"性无不善而为不善者,才也",这认不善是后天的影响,是才之罪也,和孟子不同。所以颜习斋《存性篇》批判宋儒"若谓气恶则理亦恶,若谓理善则气亦善,盖气即理之气,理即气之理,乌得谓理纯一善,而气偏有恶哉"。谓气为恶,这还是宋儒受佛老的影响——人性本善的学说和实际的人性有距离,把人类天性看作先天无缺的东西,这当然是唯心主义,相反地马克思主义不谈人性本善,但也根本反对人性本恶的学说,如斯大林在《论苏联卫国战争》中指斥最恶毒的反动派希特勒的性恶论——在阶级社会里没有超阶级的抽象的人性,而只有带着阶级性的人性(《毛泽东论文艺问题》)——斯大林《无政府主义还是社会主义》中指出,随着生产工具与生产资料所有制的消灭和社会主义生产的对立,人们的"野蛮人"个人主义的情感和观点也会消灭的，这是真正科学的结论。宋儒的人性论和中国传统的人性论都是指超阶级的抽象的人性，是属于先天的人性论，无论说性善还是性恶，都是唯心主义——宋儒在佛老的思想里面，虽表现唯物主义的思想倾向，但基本上还是属于唯心主义思想体系——同在唯心主义的思想体系之中，也有内在的矛盾，例如北宋五子同否定佛老，而在否定之中仍各有所保留。如周濂溪、邵康节、张横渠保留了道家思想，是"援道入儒"。程明道、程伊川保留了佛家思想，是"援释入儒"，两者比较，前者倾向于唯物主义成分多些，后者倾向于唯心主义成分多些。

周濂溪（敦颐，字茂叔，1017—1073）——"胸怀洒落，如光风霁月，著《太极图》，明天理之根源，究万物之终始"（《宋史·道学传》）——《爱莲说》——《太极图说》与《通书》，可称《易》与《中庸》二书的义疏——《太极图说》据朱震谓出于陈抟，黄宗炎则溯源于河上公，毛奇龄、朱彝尊、胡渭均认其出自道家——老子"复归于无极"，柳宗元"无极之极"，邵康节"无极之前阴含阳也"，是周子以前已有无极之说，但均以气言，周则兼以理言，太极是一气，无极是混然，无极而太极，即浑然一气，亦即原始的物质本体——太极之说本出易纬《乾凿度》，"夫有形生于无形，故曰有太易、有太初、有太始、有太素，太易未见气也，太初者气之始也，太始者形之始也，太素者质之始也，炁形质具而未离，故曰浑沦，浑沦者，言万物相浑成而未相离，视之不见，听之不闻，循之不得，故曰易也，易无形畔"。又"太易始著太极成，太极成乾坤行"，案此云"太易"即"无形畔"之"无极"，太易始著太极成，即自无极而为太极。要之即为之气生天地之说——太极即《通书》所言之"诚"，诚为周濂溪哲学的基本概念——"诚者，圣人之本也，大哉乾元，万物资始，诚之原也，乾道变化，各正性命，诚斯立焉，纯粹至善者也，故曰一阴一阳之谓道，继之者善也，成之者性也""圣，诚而已矣"

（《通书·诚》上下）——诚即天所赋于人的理性，故至善——"诚"是天道，"诚之者"是人道，言天道句句指圣人，此天人合一——"寂然不动者诚也，感而遂通者神也，动而未形，有无之间者几也"，几是在诚与神之间，不可言有，亦不可言无，在此善恶未分的局面中间，当如《太极图说》所云，"圣人定之以中正仁义而主静，立人极焉"——"故君子慎动"（《通书》），慎动即主静，主静即动而无动，此与《庄子·徐无鬼》《庚桑楚》言诚之处有一脉相通，这寂静主义反映当时地主阶级不当权派的消极态度，和经制派之为当时地主阶级当权派之积极态度不同。

邵康节（雍，字尧夫，1011—1077）——他是自然哲学者，也是历史哲学者，是隐士，也是哲学诗人，《皇极经世书》继扬雄之后，是以数理的关系说明天人性命之际，是神秘与科学之说的结合——他的思想体系是神秘的，如《先天卦位图说》"先天学，心学也，图皆自中起，万化万事生于心也"，又《观物外篇》"心为太极，道为太极"——《击壤集序》里则认"心"是依着"身"而存在，他说"性者，道之形体也，心者，性之郭郭也，物者，身之舟车也"，以图表之，则心与性之关系，可见"心"是能藏之具，性是所藏之物，而身又包括于物，所以说"心伤则性亦从之矣，身伤则心亦从之矣，物伤则身亦从之矣"，基本上先承认有一个客观世界，不过在这客观世界中，人心之理便是个至极处，所以叫作太极——"心在人身号太阳，

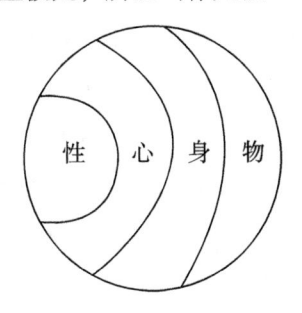

能于事上发挥光",在"身"之外求"心"不合邵子思想。王船山说先天学是指气而言——和《太极图》比较,《太极图》是自一而二,自二而四,乃其加一以为五行,而遂下及于万物,先天学讲宇宙发生的顺序是自一而二,自二而四,自四而八,这是加一倍法,此更向下推演,结果变成一种公式,而且穿凿附会之至——在历史哲学上,应用"元会运世"解释时间,一元十二会,一会三十运,一运十二世,有三百六十年,即一元共计十二万九千六百年,这是天地的变化。元会运世由于阴阳消长,有春夏秋冬,人类的历史也因礼乐的污隆而有皇帝王伯与之相配合,实际这种历史哲学,虽似运用了科学方法,却不合于科学思想,还不如《击壤集·观棋大吟》具极丰富的历史辩证法——"得者失之本,福为祸之梯""前日之所是,今日之或非。今日之所强,明日之或羸""乐极则悲至,恩交则害携。时来花烂漫,势去叶离披""消息夫旋运,阴阳道范围。吉凶人变化,动静事枢机。疾走者先颠,迟茂者后萎"——客观主义的科学方法,"圣人之所以能一万物之情者,谓其圣人之能'反观'也,所以谓之反观者,不以我谓观物也,不以我观物者,以物观物之谓也",又"以物观物,性也。以我观物,情也。性公而明,情偏而暗",又"夫所以谓之观物者,非以目观之也,非观之以目,而观之以心也,非观之以心,而观之以理也,天下之物,莫不有理焉,所以谓之理者,穷之而后可知也"。邵康节之提倡客观的穷理方法是有进步的意义,又其数理哲学,如所演《六十四卦次序图》,影响欧洲的哲学家莱布尼兹(Leibniz)。

张横渠(载,字子厚,1020—1077)——所著《正蒙》《易说》《东西铭》及《语录》,《正蒙》本出于《易说》,为其一生思想的结晶,《西铭》在当时理学家中评价极高——张载接受道家影响,《易说》开卷即老子语,此据朱彝尊《曝书亭集》卷五十九说——张横渠以"太虚"为宇宙本体,为万物生生之本原,他说"虚者,天地之元祖,天地从虚中来""太虚者气之体,气有阴阳,屈伸相感之无穷",此把空若无物之清虚一大认为宇宙本源,比周濂溪更接近道家思想——"气块然太虚,升降飞扬,未尝止息,《易》所谓绸缊,此虚实动静之机,阴阳刚来之始,浮而上者阳之清,降而下者阴之浊,其感遇聚散,为风雨、为雪霜,万品之流形,山川之融结,糟粕煨烬,无非教也"——从一气而有万气发生,就中主宰之力就是神,"神者,太虚妙应之目,凡天地法象,皆神化之糟粕耳"——气和太虚的关系,好比冰与水的关系,"气之聚散于太虚,犹冰凝积于水,知太虚即气,即无无"——"太虚无形,气之本体,其聚其散,变化之客形尔。至静无感,性之渊源,有识有知,物交之客感尔。客感客形与无感无形,惟尽性者一也"。案"客感客形"与"无感无形"的统一,即有与无的统一,这又称"太和","太和所谓道,中涵浮沉、升降、动静相感之性,是生绸缊、相荡、胜负、屈伸之始",也即是包涵阴阳二性。其本身即一物两体之太极——因为"太虚不能无气,气不能不聚而为万物,万物不能不散而为太虚",所以天地万物经常是一聚一散,一往一来。气聚则形成具体的物而见有形,气散则具体的物毁坏而不见形,然而无形也不是无——他的世界观是一气的变化,太虚发为一气,一气流行而有阴阳聚散,其变化的客形即物质的现象界,这种思想是倾向于唯物主义。但他又以"太虚为清,清则无碍,无碍故神,反清为浊,浊则碍,碍则形",把太虚和气、神和形分为两截,虽与老氏不同,而究竟倾向于"无"之消极一面——横渠言虚言气似为一事,而言气言神则为二事。如云"殊散而可象者为气,清通而不可象为神"。程明道驳他,"气外无神,神外无气,或者谓清者神,则浊者非神乎",在此明道之说是一元论,横渠反而是二元论了——太虚一名,伊川亦以为近于虚玄,故说"或谓惟太虚为虚,曰无非理也,惟理为实""曰亦无太虚,曰是皆理,安得谓之虚,天下无实于理者"——案《张子语录》"虚者静之本,静犹对动,虚则至一",此说疑本司马光《潜虚》,又朱子谓"横渠辟释氏轮回之说,然其说聚散屈伸处,其弊却是大轮回"——横渠的"民胞物与"主义,《西铭》云,"乾称父,坤称母,予兹藐焉,乃浑然中处。故天地之塞,吾其体,天地之帅,吾其性。民吾同胞,物吾与也。尊高年,所以长其长,慈孤弱,所以幼其幼。凡天下之疲癃残疾、惸独鳏寡,皆吾兄弟之颠连,无告者也"。此一般话颇有"天地与我并生,万物与我为一"之气概,亦即其自称"为天地立心,为生民立命,为往圣继绝学,为万世开太平",乃中国大同的理想,亦即民主性的精华——林栗《西铭说》谓"大君者,吾父母宗子"一语,乃"易位乱伦,名教之大贼"。程门弟子也有认《西铭》与墨子兼爱之说同,加以排斥,却是我们今日不但重视横渠世界观里唯物主义因素,而且重视他在封建社会里反抗旧传统的社会主义思想的萌芽。

程明道(颢,字伯淳,1032—1085)——与弟颐从周敦颐论学,是一个有隐士的风格的人,所作诗"云淡风轻近午天,傍花随柳过前川。时人不识予心乐,将谓偷闲学少年",又"闲来无事不从容,睡觉东窗日已红。万物静观皆自得,四时佳兴与人同。道通天地有形外,思入风云变态中。富贵不淫贫贱乐,男儿到此是豪雄",均可见——他是洛学的开山祖,早年出入老释者几十年,与弟颐均好佛学,尤得力于华严与禅,但并不妨碍其后以儒学对抗佛学,发挥儒学的特点——程明道"学习虽有所受,天理二字却是自家体贴出来"——"天理"无所不包,而实皆备于我之自然之理"天理云者,百理俱备,元无少欠,故反身而诚""天理云者,这一个道理,更有甚穷已,不为尧存,不为桀亡,人得之,故大行不加,穷居不损,这上头来,更怎生说得存亡加减,是它元无少欠,百理俱备"——这自然完备的天理,不受时空的限制,天人一理,故说"观天理亦须放开意思,开阔的心胸便可见""理则天下只是一个理，故推至四海而皆准，须是质诸天地，考诸三王不易之理"，但天理自整个之理观之，是相对中之绝对，若从绝对中寻找相对之理，则处处见其相对，所以"天地万物之理，无独必有对，皆自然而然，非有安排也""事有善有恶，皆天理也，天理中物，须有善恶，盖物之不齐，物之情也"。在整个天理上说，善固然是天理，恶也是天理，但善是天理的流行，恶是善的停滞处。"如冬至前天地闭，可谓静矣，而日月星辰亦运行不息，谓之无动可乎"——万物皆只是一个天理，所以人与天地也只是一物，这就是"仁"，仁即是以天地间万物与我为一体，"所以谓万物一体者，皆有此理，只为从那里来，生生之谓易，生则一时生，皆完此理，人则能推，物则气昏推不得，不可道他道不与有也，人只有自私，将自家躯壳上头起意，故看得道理小了"——观天理其实即是观仁，认得万物一体，即知万物皆从天理出来，便自然痛痒相关，所以"医书言手足痿痹为不仁，此言最善名状，仁者以天地万物为一体，莫非己也，若不有诸己，自不与己相干，如手足不仁，气已不贯，皆不属己，故博施济众乃圣人功用"——把这体认天理的学说体系化起来即《识仁篇》。"学者必先识仁，仁者浑然与物同体……此道与物无对，大不足以明之，天地之用皆吾之用，孟子言，万物皆备于我，须反身而诚，乃为大乐，若反其身而未诚，则犹之二物有对，以己合彼，终未有之，又安得乐……盖良知良能元不丧失，此理至约，惟患不能守。既能体之而乐，亦不患不能守也"。这里提出"乐"字，"乐"亦即天理，识仁乃涵养工夫之最高者，所云良知良能，已给陆、王开辟了道路，所云得道之乐，颇有禅家悟道的气象，朱子《通书序》云"至其指夫仲尼颜子之乐，而发明其吟风弄月之趣者，则不可得而闻矣"，可见周程之乐的境界，正是道学家之自己陶醉的神秘境界，是反科学的。

程伊川（颐，字正叔，1033—1107）——和明道性格不同，明道与人议论不合,则曰"更有商量",伊川则直曰不然,明道是一个"从容和乐气象",伊川则"自度少温润之气",二人治学方法亦不同,伊川之学自外而内故重知,教人必先格物,谓"须是识在所行之先",明道之学自内而外故重行,教人以"良知良能,元不丧失",但从世界观上却大致相同,不过明道言"天理",伊川言"天道"——"莫之为而为,莫之致而致,便是天理,司马迁以私意妄窥天道,如曰颜何为而夭,跖何为而寿,皆指一人,计较天理,非知天也",天道即天理,非二——伊川以"道"为宇宙的本体,道即宇宙万物自然运用之理,《易传序》"太极者,道也;两仪者,阴阳也,阴阳一道也"。《遗书》"一阴一阳之谓道,道非阴阳也,所以一阴一阳,道也,如一阖一辟谓之变""离①了阴阳更无道,所以阴阳者是道也,阴阳气也,气是形而下者,道是形而上者,形而上者则是密也"。凡是有形可见者皆属于气或器,应该不是道了。然而一动一静、一阖一辟,天理流行,这一切事物当行之理,便即是道。所以宇宙间,道非无往而不在的——"道之外无物,物之外无道,天地之间无适而非道也"。道即是流行,所以"和靖尝问于伊川如何为道,伊川曰行处是"——道体浩浩无穷,所以自然生万物,"道则自然生万物,今夫春生夏长了一番,皆是道之生,后来生长不可道,却将既生之气,后来却要生长,道则自然生生不息",在生生不息之中,有感即有应,道即是一感一应,"天地之间只有一个感与应而已,更有正事"——"动静无端,阴阳无始",这种循环往复,正是道体在永远实现、永远变化的过程中,"天下之理,终则有始,所以恒而不穷,恒非一定之谓也,一定则不能恒矣,惟随时变易,乃常道也"。这"随时变易"乃"道"之真义——生生之理,以屈伸往来之义为喻,"屈伸往来之义,只于鼻

---

① "离",原作"异化",误,据《二程遗书》卷十五改。——编者

息之间见之,伸屈往来只是理,不必将既屈之气,复为方伸之气,生生之理自然不息"——伊川不信鬼神,即因其不承认既尽之气有复归其本原之理,"盛则便有衰,昼则便有夜,往则便有来",这是自发的辩证法,为伊川所作穷理方法的根据——依二程,宇宙间无一物无理,无一事非理,明道说:"皆实理也,人知而信者为难。"伊川说"凡有一物必有理,穷而至之,所谓格物者也""一草一木亦皆有理,不可不察",因要穷理,所以主张格物致知,先有格物穷理之事,而后才能达到格物知至之境,但致知格物在明道则为"万物之理皆备于我",所重在直觉方法,伊川则以为"物之所以然,学者皆当理会",所以重在归纳方法——"然而格物亦非一端,或如读书讲明义理,或论古今人物而别其是非,或应接事物而处其当否,皆穷理也""自一身之中,以致万物之理,理会得多,自当豁然有个觉处"——物理是穷不尽的,所以伊川注重积累的工夫,"穷理者,非谓必尽穷天下之理,又非谓止穷得一理,须积累多后,自然脱然有悟处",这种方法用得太容易了,结果说"物我一理,才明彼即晓此""万物各具一理,而万理同出一原,此所以可推而无不通也",这便走向演绎的方法去——北宋五子虽在反佛教上看出它的进步作用,但他们理论只能在传统的儒教经典上打圈子,所以受了传统思想的束缚,不能大发展。例如具有唯物主义思想因素的张横渠,在伦理关系上主张"阳遍体众阴,众阴共事一阳,理也",这就是给一夫多妻制以借口。举此一例,可见性理学派之所谓理,还是给封建统治阶级服务的,这就是规定了他们思想的制限性,同时也就规定了他们哲学之科学的制限性。

(三)南宋三派——经制学与性理学之分合

从北宋到南宋,不但经济中心南移,政治中心亦南移。南方经济空前发展，都市均极繁荣，这就扩大了封建地主阶级的消费欲望。在屈辱之偏安局面，统治集团尚过着荒淫奢侈的生活，这就自然激起了理学家提倡似迂腐而合实际"存天理去人欲"的学说。同时，又由于城市发达，商业资本兴起，因此理学之中亦发生不同的学派，如永嘉、永康学派——全谢山"宋乾淳以后，学派分而为三，朱学也，吕学也，陆学也，三家同时，皆不正合。朱学以格物致知，陆学以明心，吕学则兼取其长，而又以中原文献之说润色之，门庭径路虽殊，要其归宿于圣人则一也"——三派即代表三种不同的阶级立场，朱学代表大地主阶级，陆象山提倡"损下益上谓之损，损上益下谓之益"，代表小地主阶级立场，同时与朱陆鼎足而立，提倡"义利双行，王霸杂用"的浙学派，如以吕祖谦一派出来的永嘉叶水心、永康的陈同甫，是代表小地主兼市民阶级思想——三派同为封建统治阶级服务，但也有其内在的矛盾，三派在当时均以社会政治危机为其背景。朱子学初起时，在政治上站在主战派方面，朱子对孝宗说："金人与我有不共戴天之仇""非战无以复仇，非守无以制胜"。这是在外族压迫之时，起而为拥护他们所称纲常（天理）而战，但朱学既然是高谈性命之学，结果便相反，正如浙学派陈亮所指出，"今世之儒士，自以为得正心诚意之学者，皆风痹不知痛痒之人也，举一世安于君父之大仇，而方且扬眉拱手以谈性命，不知何者谓之性命乎"。因此便有陆象山学派发生，宣称"二圣之仇，岂可不复，所欲有正于生，所恶有正于死，今吾人高居无事，优游以食，亦为可耻，乃怀安，非怀义也"。他主张变法，认为王安石"新法之行，当时诋排之人，当与荆公共分其罪"，这可见是代表小地主阶级立场，与朱子学立场不同。但无论三派，在政治上均为巩固本民族封建统治社会而服务。

朱熹（字元晦，号晦庵，1130—1200）——在南宋三派中，吕学谈制度讲历史，是北宋经制派的发展；陆学提倡心学，是性理派的发展；旧所谓宋学正统派的朱学即朱熹，则为经制学与性理学两派之综合的发展——所谓"濂洛关闽"——朱子学说内，包含周之《太极图》说、邵之先天易说、张之心性说、大程之仁说、小程之格物说而为其集大成者——主要著述关于经制学的有各种经解，虽无《周礼》著作，但尊信《周礼》为周公遗典，虽无《春秋》著作，但在史学上有《资治通鉴纲目》五十九卷，是司马光《通鉴》学的发展，同时也是欲以《春秋》条例来讲惩劝之法与定名分的。关于性理学的有《语录》百四十卷及《太极图说》《通书》《西铭》《正蒙》诸解，《近思录》与《伊洛渊源录》等——就经制学方面，朱子重点在维护封建统治阶级利益，首先提倡"帝学"，从三十三岁《上封事奏札》至六十五岁提倡帝学——淳熙十六年《上封事十事》，第一讲学正心，第十修政事、攘夷狄，"所谓讲学正心者，人主之心一正，则天下之事无有不正，人主之心一邪，则天下之事无有不邪"。朱子以为天下安危，只在最高统治阶级一心之转——经制学中，王安石提倡《周礼》，朱子则提倡《大学》《中庸》，以《大学》为入徒之门，以《中庸》为孔门传心之法——朱子重视《春秋》内中国、外夷狄的遗训。《通鉴纲目》之作，虽只手定《凡例》一卷，其纲皆门人依《凡例》而修，其目则由赵师渊所担任，但此书影响甚大，可代表朱学的正名论与复仇论——朱子三十三岁奏札文已注意修攘大计，"今日之计，不过乎修政事、攘夷狄而已矣，非隐奥而难知也，然其计所以不时定者，以讲和之说疑之也。夫金虏于我有不共戴天之仇，则其不可和也，义理明矣"——"恭维国家之与北虏，乃陵庙之深仇，言之痛切，有非臣子所忍闻者""故记《礼》者曰：君父之仇，不与共戴天，寝苫枕戈，不与共天下也"——朱子当南渡时鼓吹尊王，高唱复仇，这是《春秋》家孙复、胡安国等思想的发展——李方子与王胡《通鉴纲目序》——朱子经制学有制限性，但他以此拥护王朝，拥护名教，对于维持和巩固当时封建社会统治以对抗外族发生了作用——就性理学方面，程朱并称，但朱子之学更倾向于唯心主义，程门三杰即谢上蔡（良佐）、杨龟山（时）、游鹰山（酢），已把程学之唯物主义倾向转一大弯，而与老佛接近，朱子虽批评程门诸子，早年亦曾受佛老影响，但朱子究竟从此摆脱，在批评佛学中提高了他对于客观世界的认识——朱子批评佛学有三点：第一，佛学分别天理与人心为二物，只理会一心，不管天理；第二，佛学只道高明，不说中庸；第三，佛学说正觉、说顿悟，缺乏穷理功夫——把佛老比较，朱子以为佛家更为灭绝义理，佛家以天地万物为幻，倾向主观唯心主义，朱子认天地万物只是一个理，人所受的一分叫做性，性就是理，这是倾向客观唯心主义——朱子承认有此客观世界，同时这客观世界的理是自然的法则，也是伦理道德的法则，"宇宙之间一理而已，天得之而为天，地得之而为地，而凡生于天地之间者，则又各得之以为性，其张之为三纲，其纪之为五常，盖皆此理之流行，无所适而不至"——"父子、兄弟、夫妇皆是天理自然"。由此可见，此所谓理，即是封建社会道德秩序，拥护三纲五常，即所以扶持天理。并且以这个理为基本，反转来讲宇宙万物之理，把宇宙万物之理都讲成是抽象的东西了——程朱之不同，朱子说"某说大处自与伊川合，小处却时有意不同"，实际程是一元论者，朱是二元论者。程所谓理，是理气合一、是具体的，朱所谓理，是理气二元，是抽象的——程氏认为人和物在天地间道理相通，所谓物我一理，所谓事理一致，"道之外无物，物之外无道"，即通天地之间，无往而不是物，即无往而不是道，朱子则相反地首先要分别形上之道与形下之器，"凡有形有象者即器也，所以为之器之理者则道也"，道是抽象的原理，器才是具体的事物，是先有了抽象的原理，而后才发生具体的事物——"无极而太极，只是无形而有理""当初皆无一物，只有此理而已，惟其理有许多，故物有许多""做出那事,便是这里有那理,凡天地生出那物,便是那里有那理",这便是认理是在物之先,即未有此物,而先有此物之理——"若在理上看,则虽未有物,而已有物之理,然亦但有其理而已,未尝实有其物也",这样则在天地未分之前,便应该有一理世界的存在。"徐问:天地未判时,下面许多都已有否,曰:只是都有此理"——在理世界里有一个具最高道德标准的理,即所谓太极,"太极只是个极好至善的道理,周子所谓太极是天地人物万善至好的表德""太极只是天地万物之理,未有天地之先,毕竟是先有此理,动而生阳亦只是理,静而生阴亦只是理"。佛氏因看不到太极,所以"他皆以君臣父子为幻妄"。朱熹看到了这理,所以说,"要之理之一字,不可以有无论,未有天地之时,便已如此了也"——程朱世界观的不同,即程氏不肯离物言道,所以道外无物,物外无道,这是唯物主义倾向。朱熹认为未有之先,已有此道此理,所以属于唯心主义思想体系[①]——关于理气的先后问题,朱子一方面主张理气本无先后,一方面又说须先有是理,后生是气,一方面说理是气之中,一方面又说未有天地之先,毕竟是先有理。一方面由前者言是理气一元论,由后者言是理气二元论——以前者言如"天下未有无理之气,亦未有无气之理""理气本无先后之可言,然必欲推其所由来,则须说先有是理,然理又非别为一物,即存乎是气之中,无是气则是理亦无挂搭处"——以后者言,则理气截然二物,"所谓理与气决是二物""有是理后生是气""先有个天理了却有气""未有天地之先,毕竟也只是理,有此理便有此天地,若无此理,便亦无天地、无人、无物,都无该载了,有理便有气流行发育万物"——朱子认"三纲""五常"之理先天地而存,即使天地毁灭,而此"三纲""五常"之理还是存在。这当然是

[①] 底本有朱谦之旁批曰:"朱子论鬼神,说见《阅微草堂笔记》卷十四所引。"——编者

由于极端拥护封建统治的社会秩序所得到的抽象结论——在知行学说上程朱亦不同，程子主张边干边学，知行合一，注重点在实用实行，朱子分知行为二，反对边干边学；程子以为学须有用，反对为穷经而穷经的主张，以为学了亦必须能行，"未有知之而不能行者，谓知之而未能行，是知之未至也"。这种知行合一论实为王阳明所本，因为看重行，所以有人问"如何是道"，他答"行处是"——朱子主先知后行，知行分为两截，"泛论知行之理，而就一事之中以观之，则知之为先，行之为后，无可疑者"——关于致知格物说，程朱亦不同，程氏主"无物无理，惟格物可以尽理"，又说"物理最好玩"，因重物理，故把格物看得比诚意、正心还重要，"不知格物而欲意诚、心正而后身修者，未有能中于理者也"，朱子则认格物穷理须先求之于心，"人之一心，万理具备者，能存得便是圣贤，更有何事"。程子说"一草一木亦皆有理，不可不察"，朱子驳他，"乃兀然有心于一草一木一器用之间，此是何学问，如此而望有所得，是炊沙而欲其成饭也"——朱子讲格物，把他缩小到尊经、应事和尚论古人三事，结果一生只格了书本子的物，给书呆子开辟了道路——关于宗教迷信问题，程朱亦不同，程子不信鬼神，"尝问好谈鬼神者，皆所未曾闻见，皆是见说，烛理不明，便传以为信也，假使实所闻见亦未足信，或是心疾或是目病"。朱子对鬼神之有无，则抱犹疑不决的态度，尤其用阴阳二气来说明鬼神的存在，这是很幼稚的鬼神精怪论——朱子信有神仙，并注《参同契》，陈亮批判他对于"阴阳、卜筮、书画、伎术，凡世所有而未易去者，皆存而信之，岂有悦物而不留于物者，固若此乎"。此可见永嘉学派与朱子不同——朱子是经制派与性理派的综合，即在当时便逢了左右进攻的敌人，一方面有陈亮、叶适等经制派从左面批判朱子，驳斥了朱子二元论中的唯心主义成分，一方面又有陆象山的性理派从右面批判朱子，驳斥了朱子二元论中唯物主义成分，而在朱子方面，则站在正统派的立场，一方面批判陈亮是"义利双行，王霸杂用"，一方面又排斥陆象山，认为"陆子静之学只管说一个心""陆子静分明是禅"，这是唯心唯物的混合战。

陆九渊（字子静，号象山，1139—1191）——与朱子同时而学问系统不同，朱子祖述程伊川，象山则渊源于程明道。明道以一理说明宇宙一切现象，象山也说"塞于宇宙者惟一理"——心即理说，"四方上下曰宇，往古来今曰宙，宇宙便是吾心，吾心便是宇宙"，"此心此理，实不能有二"——朱子以心为理之在个人的一个"郛郭"，象山以为心即是理，心外求理便错了。朱子教人读书，象山挖苦他"易简工夫终久长，支离事业竟浮沉"，问"尧舜以前所读何书"——"格物者，格此者也，伏羲仰象俯法，亦先于此尽力焉耳，不然，所谓格物，末而已矣"，所谓"此"即直指本心，懂得自己的心便是格物了——"明德在我，何必他求""近有议吾者云，除了先立乎其大者一句，全无伎俩，吾闻之曰诚然""学苟知本，则六经皆我注脚""六经注我，我注六经乎"，这完全看重主观的直觉，当然和朱子格物说不同——象山所谓心是指道德心而言，"盖心，一心也。仁即此心也，此理也""四端即此心也，人皆有此心，心皆有此理，心即理也"，即因心是道德心，是永远不变的道德规律所在，故"千百世之上有圣人出焉，此心同也，此理同也，千百世之下有圣人出焉，此心同也，此理同也"——强调伦理的唯心主义，主旨乃在以封建社会道德，认为具有永恒性与普遍性的先天存在——"孟子曰，所不虑而知者，其良知也，不学而能者，其良能也。我固有之，非由外铄我也，故曰万物皆备于我矣，反身而诚，乐莫大焉，此吾之本心也""汝耳自聪，目自明，事父自能孝，事兄自能弟，本无见阙，不必他求，在自立而已"。只要认得此心此理本天所以与我，真能作主，则外物不能移，邪说不能惑，而永远一心一意跟着封建社会秩序走了，这就是陆象山所提倡的奴性的道德——伦理的唯心主义到象山弟子杨简（慈湖）更趋极端，变成唯我主义世界观——杨简的认识方法是直觉主义，"此不可以言语解也，不可以思虑得也，故孔子曰何思何虑""此非心思之所能及也，非言语之所能载也，我之所自有也，而不可知也不可识也"。这是彻底的反知主义，由此出发完全是主观唯物论[①]，以为宇宙都从我心变见出来，宇宙只是一个心，也只是一个我——"于是而忽觉焉，则天在我矣，云之所以行者，我也，雨之所以施者，我也，而人不自知""天地自我而生，四时自我而变，万物自我而成，思神自我而行，九州四海人蛮自我而安""易者己也，非有他也，以易为书不以易为己，不可也；以易为天地之变化，不以易为己之变化，不可也。天地我之天地，变化我之变化，非他物也。私者裂之，私者自小也"，这是狂妄之极的主观唯心主义，是性理学与禅学世界观的结合。

陈亮（字同甫，号龙川，1143—1194）与叶适（字正则，号水心，1150—1223）——南宋经制派，上承北宋王安石，喜谈历史，谈事功与政策。其源出于金华吕祖谦，又分二派，永康以陈亮为首，永嘉以叶适为首——陈亮为人喜谈兵，曾作《中兴五论》，反对和议，他虽然反对道学，却注意经学的注疏，说"圣人作经之大旨，非豪杰特立之士不能知，而纤悉曲折之际，则注疏亦详矣"，这是经注家的派头——"至于堂堂之陈，正正之旗，风雨云雷交发而并至，龙蛇虎豹变见而出没，推倒一世之智勇，开拓万古之心胸，自谓差有一日之长"——他反对当时空疏迂阔之义理之学，以为"为士者耻言文章行义，而曰尽心知性；居官者耻言政事书判，而曰学道教人，相蒙相欺以尽废天下之实，而终于百事不理而已"——又驳程朱派以天理人欲为王伯之辨说，"诸儒遂谓三代专以天理行，汉唐专以人欲行。其间

[①] "唯物论"疑应为"唯心论"。——编者

有与天理暗合者,是以亦能长久,信斯言也,千五百年之间,天地亦是架漏过时,人心亦是牵补度日,万物何以阜蕃,而道何以常存乎"——他提出一种由王而伯的历史哲学,认为五伯不能法三王,犹之乎三代不能法上古——《复朱元晦书》"夫天下何物非道,千途万辙,因事作则,苟能潜心玩省,于已发处体认,则知夫子之道忠恕而已",这里说"何物非道"与从事上磨炼的思想,颇与后来颜习斋同,基本上接近唯物主义。

叶适著《习学记言》《水心文集》等主经世之说,"立志而不存于忧世,虽仁无益也"——提倡功利主义,"正其谊不谋其利,明其道不计其功,初看极好,细看全疏阔,古人以利与人,而不自居其功,故道义光明,既无功利,则道义乃无用之虚语耳"——道光与之关系是"物之所在道则在焉,物有止道无止,非知道者不能该物,非知物者不能至道,道至广大,理备事足,而终归于物",基本上倾向于唯物主义——反对唯心主义思想方法,"奈何舍实事而希影象,弃有用而为无益,此与孟子所谓毁瓦画墁何异,盖学者之大患也"。一方面则看重归纳的方法,"夫欲折衷天下之义理,必尽考详天下之事物,而后不谬"——与陈亮比较,陈亮看重周濂溪"穷太极之蕴",叶适则以为"奈何反为太极无极、动静男女、清虚一大,转相夸授,自贻蔽蒙,悲夫",但两人均站在小地主阶级而给商人辩护的立场——陈亮上书痛惜于"不重征税,而大商无巨万之藏,国势日以困竭",又"青苗之法,惟恐富民之不困也,均输之法,惟恐商贾之不折也"。叶适反对传统的"重本抑末"之说,谓"夫四民交致其用,而后治化兴,抑末厚本非正论也""今天下之民不齐久矣,开阖敛散轻重之权,不出于上,而富人大贾分而有之,不知其几千万年也,而遂夺之可乎?嫉其自利,而欲国利可乎?"——在经学方面,叶适与陈亮均重《周礼》,陈亮《周礼篇》从《周礼》看出"因时制法"之重要法,谓

"通变之理，具在周公之道"。叶适则认《周礼》"言道则兼艺，古人所谓道者，上下皆通知之"，这是和日常生活的实用不能分开的——吕祖谦之学与永康、永嘉诸人互相呼应，亦重《周礼》，其《周礼说》云："须知上之人所以教子弟，虽将以为他日之用，而子弟之学则非所以希用也，盖生天地间，岂可不知天地间事乎。"可见，《周礼》为经制派之重要典籍，无不加以提倡，但他们也并不一味模仿。如王安石以市易法夺商贾之利，叶适即站在商人立场说"呜呼，居今之世，周公固不行是法也"，这是南宋经制派对北宋经制派的批判——朱子学有二元主义之内在矛盾，所以后来又有分派，一派倾向于唯物主义，一派倾向于唯心主义，在中国如罗钦顺、王廷相、王夫之皆属于朱子学之唯物主义派，如许衡、薛敬轩、吴与弼皆属于朱子学之唯心主义派，在日本如新井白石、室鸠巢、见原益轩、中井履轩属朱子学之唯物主义派，如海南朱子学派、暗斋学派、宽政三博士则属于朱子学之唯心主义派。

但特别可注意的是，朱子学的经制学方面看重君臣大义与复仇论，在宋元之际发生颇大影响——统治民族与被统治民族之思想斗争——为统治民族说教的哲学流派：道教与佛教——道教以丘处机（长春真人）为代表，佛教以耶律楚材为代表——大江以南均为杨慈湖弟子，而金人李屏山（纯甫）著《鸣道集》自号"中国心学"，实际即以唯心主义思想给外族统治阶级服务——李屏山"学至于佛，无可学者，乃知佛即圣人，圣人非佛，西方有中国之书，中国无西方之书也"，有轻中国的倾向——耶律楚材以佛教麻醉被统治民族，与李屏山一鼻出气，"余以此求三圣人垂化之理，而后知吾佛之所以为天师无上大法王者，非诸圣所能牟也，学至于佛，则无可学者，乃知佛即圣人，圣人非佛"——丘处机以道教麻醉中国人民，著《长春真人西游记》，内有诗如"莲华未到神仙境，洞府先观道士家""四山五岳都游遍,八表飞腾后入神""我之帝所临河上,欲罢干戈致太平",都是劝人忘记现实,憧憬仙界,甘心为元代顺民——耶律楚材《西游记》中[①]许丘公十事是代表寺院地主之内部矛盾斗争,而其同点则在替统治民族尽了以宗教迷信麻醉人民的任务——相反地,朱子学在宋元之际,发挥了鼓动爱国主义的英勇抵抗的作用——文天祥(文山)《衣带中赞》"孔曰成仁,孟曰取义,惟其义尽,所以仁至,读圣贤书,所学何事,而今而后,庶几无愧"——《正气歌》"天地有正气,杂然赋流形。下则为河岳,上则为日星。于人曰浩然,沛乎塞苍溟……是气所磅礴,凛烈万古存。当其贯日月,生死安足论。地维赖以生,天柱赖以尊。三纲实系命,道义为之根"——郑所南(思肖)《心史》"身可杀,心不可杀,形可泯,理不可泯"——《古今正统大论》与《大义略叙》均本朱子学——元代任用儒臣,"仁宗尝与群臣语,握拳示之曰:'所重乎儒者,为其握持纲常如此其固也。'"1313年,竟替道学定了正统,"以宋儒周敦颐、程颢、颢弟颐、张载、邵雍、司马光、朱熹、张栻、吕祖谦及故中书左丞许衡从祀孔子庙廷"。朱子学又成为封建统治的工具了——与地主阶级投降派许衡对立,不屈于外族统治势力的处士刘因(静修)——刘因以孔孟、程朱自居,同时受陶渊明、邵康节的影响,有《燕歌行》一首表现其爱国主义的热忱——隐士邓牧(字牧心,自号三教外人,1247—1306)著《伯牙琴》以"至德之世"为政治目标——论《君道》以秦始皇为暴君的典型,"竭天下之财以自奉,而君益贵""凡所以固位而奉尊者,无所不至,而君益孤,惴惴然者,匹夫怀一金,惧人之夺其后,亦已危矣"。他指出帝王即是盗贼,"天下何常之有,败则盗贼,成则帝王"——论《吏道》指出,"大小之吏布于天下,取民愈大,害民

[①] "中",原作"十",疑误。——编者

愈深",吏治好比"率虎狼牧羊豕",是"白昼肆行"的盗贼。结论邓牧认为,"然则如之何?曰:得才且贤者用之,若犹未也,废有司,去县令,听天下自为,治乱安危,不犹愈乎"——邓牧的爱国主义热忱,"呜呼,茫茫九原,龙蛇居之,衣冠礼乐之封,交鸟迹与兽啼,洪水之患岂至此,圣人不多起,已而已而"。他虽不是朱子派的学者,但很明显的是儒道合之一个民主主义的信徒。

第六讲　封建社会发展期的哲学

——第二阶段：初期市民性的启蒙运动

封建社会发展期第一阶段，尤其是南宋商品经济在比较发达的地区和部门已有发展。第二阶段更由于封建社会内部商品经济，在原有基础上大规模地发展，形成十六世纪八十年代（明万历年间），中国资本主义萌芽的开始阶段——十四世纪反元民族斗争的胜利和明帝国的建立，加强了中央集权的封建统治，洪武元年至十三年，农业生产的恢复和发展，据吴晗《明初社会生产力的发展》一文，"一方面为纺织工业提供了原料，一方面农民所增加的购买力又促进了、刺激了商业市场的繁荣，出现了许多新的以纺织工业为中心和批发绸缎棉布行号的城市"——明初纺织工业中心是苏州、松江、杭州，据徐一夔《织工对》所述，当时杭州"有饶于财者，率居工以织，每夜至二鼓，一唱众和，其声欢然，盖织工也……且过其处，见老屋将压，杼机四五具，南北向，列工十数人，手提足蹴，皆苍然无神色，进而向之。工曰：'吾业虽贱，月佣为钱二百缗，吾衣食于主人，而以日之所入，养吾父母妻子，虽食无甘美，而亦不甚饥寒。'于凡织作，咸极精致，为时所尚。故主之聚易以售，而佣之直亦易以入"，案此已具可见资本主义工场手工业的情形。又云"顷见有业同吾者，佣于他家，受直略相似。久之乃曰：吾艺固过于人，而受直与众工等，当求倍直者而为之佣，已而他家果倍其直佣之。主者阅其织，果异于人。退而自喜曰，得一工，胜十工，倍其直不吝也"。此可见劳动力的商品化——明中叶以后，由于封建经济主要部分农业经济的发展与人口的增加，手工业生产的进步，商业的繁荣，交通的发达，尤其永乐时期的对外政策，对南洋、日本、朝鲜关系的恢复与加强，使后来华侨在南洋各地的经济打下基础——手工业的城镇的产生，如苏州"多以丝织为生，东北半城皆属机户，郡城之东皆习织业"（《苏州府志》），湖州"正嘉以前，南溪仅有纱帕，隆万以来，机杼之家相沿比业，巧变百出"（乾隆《湖州府志》），景德镇"天下窑器所聚，其民繁富，甲于一省……万杵之声殷地，火光烛天，夜令人不能寝，戏目之曰，四时雷电镇"（《纪录汇编》），又《醒世恒言》描述嘉靖年间，吴江县盛泽镇之发展为丝织业市镇，"镇上居民稠广，俱以蚕丝为业，络纬机杼之声通宵彻夜，那市卜两岸绸丝牙行，约有千百余家。远近村坊织成绸匹，俱到此上市，四方商贾来收买的，蜂攒蚁集"——十六世纪，由于封建经济继续发展，约在万历年间，随着生产力提高，手工业商业的发展，城市经济进一步发达，市民阶层越发扩大，因而开始发生了资本主义生产方式的萌芽。以丝织业为例，有剥削雇佣劳动者的少数"机户"，如当时有潘壁成，其家"起机房织手，至名守谦者，始大富，至百万"（沈德符《野获编》）。一方面则有与之对立的雇佣劳动者，如苏州"东城之民，各习机业，机户各隶官籍，佣工之人，计日受值，各有常主，其无常主者，黎明立桥以待唤。缎工立花桥，纱工立广化寺桥，又有以车纺丝者曰车匠，立濂溪坊，什百为群，粥后始散"（《吴县志》）——但在明代后期，虽在封建社会内部孕育着商业资本，孕育着初期的市民运动，而此时土地、商业资本、高利贷资本三者尚结合在一起，基本上封建社会并无变动，而且只在加强。在这资本主义萌芽的开始阶段，整个经济结构既不能摆脱那高于城市之上的、一个庞大的封建专制主义，又不能一跃而进于新的经济发展，这就形成经济上的矛盾现象——明代由于沿海一带国外贸易的发达，航运事业也获得一定程度的发展，然而在明末封建政权的海禁政策之下，要进行海外贸易，只得在走私的方式之下进行，因此广泛的市民，乃至小生产者方式的各种职业工人，在不断地参加斗争之后，自然产生个人主义的倾向，这种个人主义助长了王阳明学的发展——例如"海阳居民，市者多工贾，工多奇技，逐末者多挟资以航海，而视家如寄"（《海阳县志·风俗志》），这"视家如寄"的市民和封建统治者有深刻的矛盾，他们发起反奴役斗争，反钱法斗争，反海禁斗争、盗矿斗争乃至城市民变，总之，即初期市民性的反封建斗争，王阳明学也助长了这种斗争——明代哲学为宋学之一，否定明继元后认宋学为封建统治的工具。明太祖定朱子学说为考试制义的根据，成祖御制《性理大全》《四书大全》等书，对于这种只给封建最高地主阶级服务、给专制政治服务的宋学，到了陈白沙、王阳明，由于当时市民阶层的勃兴，涌现出自由解放，反封建思想的萌芽而后，形势才有改变——陈白沙创始了以"元气"为主之突破一切束缚与抑制的、自由自在的人生观，王阳明的知行合一论，倾向于行为实践，袁宏道推崇阳明，指出"宋时讲学者多腐，而文章事功不腐，今代文章事功者腐，而理学尚不腐。故仆谓当代可掩前古者，惟阳明一派良知学问而已"（《袁中郎尺牍·又答梅先生》）。宋代文章事功不腐，指永康、永嘉学派，其实反映了城市商业资本的萌芽思想。阳明学正值明中叶以后，封建经济已发生裂痕，沿海商人资本与封建统治利益矛盾，王学代表小地主，也代表市民，所以提倡个性解放，"泰州之后，其人多能以赤手搏龙蛇"（《明儒学案》卷三二），即因其具有初期市民性的启蒙思想色彩，所以生气勃勃——颜山农、何心隐、李卓吾所谓王学左派，实即反映初期市民性之反封建斗争思想——明末东林学派是在反对极端封建最高统治政权的斗争过程中形成的，它是东南沿海，特别是江浙地区的中小地主与商人阶级的利益的代表者,所以始终支持并参预市民性的反封建特权的斗争,因之也为市民阶层所拥护。

(一)气一元论思想家之一群

明初继元代朱子学一尊的局面,举行考试制度,以朱子派的经义为主(如洪武间所定举式),1414年(永乐十二年)敕胡广等撰《四书大全》《五经大全》,顾炎武称"自八股行而古学弃,《大全》出而经说亡"。朱子学成为教条主义,使本身走上腐化——薛瑄(敬轩,1389—1464)"学一本程朱,尝曰自考亭以还,斯道已大明,无烦著作,直须躬行耳"(《明史》卷二八二本传),"夫以孔子之大圣犹述而不作,是故学不述古圣贤之言,而欲创立己说,可乎"(《读书续录》),"四书五经、周程张朱之书,道统正传,舍此而他学,非学也"(《读书录》),这样反对个人思想,甘心做宋儒的奴隶,在积极方面,提倡"主敬",提倡"事天","事天而天心悦矣""圣帝明王事天如事父母"(《读书续录》),完全是宗教家的态度——吴与弼(康斋,1392—1469)也是朱子学的迂阔圣徒,除四书五经、宋儒著作之外,概不注意,他常常梦见圣人,梦"孔夫子到此相访""梦侍晦庵先生侧""梦朱子父子来枉顾"(《康斋先生集》),这种活见鬼的把戏,不是神经病,便是作伪欺人。在这朱子学神道化的当时,在朱子学传人之中却有另一种倾向,即将朱子学变质化——例如宋濂(景濂,1310—1381)所著《梦山杂言》已为后来心学开一先路,说"世求圣人于人,求圣人之道于经,斯远已,我可圣人也,我言可经耳,弗之思耳"——王祎(子充,1321—1373)所著《华川卮辞》带很浓厚的心学色彩,说"圣贤有心学焉,先之以求放心,次之以养心,节之以尽心,是故心学废,人之有心者犹无心矣,无心则无以宰其身，伥伥焉，身犹一物耳，何名为人哉"，又尝引孔子"心之精神是为圣"，这分明受杨慈湖的影响——朱子学的卓越者方孝孺（希直，1357—1403）是宋濂的门人，所著《逊志斋集》，《明儒学案》称其"持守之严，刚大之气，与紫阳真相伯仲，为有明之学祖也"，实际是把朱子学向经世派的一面走——"圣人之道载于经可知矣，未尝使人求道于博物约礼之外。弃书语，绝思虑，锢其耳目而不任，而侥幸于一旦之悟，此西域之异说，愚其身而不用于世之术也"，这可用于世之术，当然是经术，和宋濂"求圣人之道于经，斯远矣"是一种否定。因为看重实用，所以批判当代学者卑陋，不知周公孔子之大，"故显而在位则不足以淑世，约而在野则不足以淑人"——他主张实行井田以平均贫富，根据"夷夏"的民族思想来讲历史上的"正统"与"变统"，都可看出是一个经制派的态度——重视人民群众，说"夫人民者，天下之元气也"，此"元气"二字又规定了明一代的哲学方向，明代气一元论思想家的一群，谓为继承朱子学，不如谓为继承方孝孺所说"元气"一语而来。

1. 叶子奇（世杰，洪武时人）

所著《草木子》四卷，卷一《管窥篇》开首即倡气一元论思想，"天始惟一气尔，庄生所谓溟涬是也，计其所先，莫先于水，水中滓浊，历岁既久，积而成土，水土震荡，渐加凝聚，水落石出，遂成山川，故山形有波浪之势焉，于是土之刚者成石，而金生焉，土之柔者生木，而火生焉，五行既具，乃生万物，万物化生而变化无穷焉"。此以水为气之起点，和希腊泰利士（Thales）猜测水为万物之始相似——一气之中分别阴阳，"世间唯一阳之气周流尔，阳气不及之处则为阴"，有阴阳则有贵贱，有动物四种之异，即胎生、卵生、湿生、代生——世间万物虽一气所生，而一成之后便永久不变，"物之气类，万古不移，此主宰所以谓之帝也"（卷二《观物篇》）。此与《荀子·非相篇》"古今一也，类不悖，虽久同理"均认物种不变，从气一元论之唯物主义思想因素，走向唯心主义所谓"帝"之宗教迷信上去。——又以道心、人心分别理气，"人心是根于气，耳目口鼻之欲是也，道心是原于理，仁义礼智之性是也"，此完全为朱子学唯心主义阵营中的俘虏。

2. 陈献章（公甫，广东新会白沙人，1428—1500）

《明史·儒林传》"原夫明初诸儒，皆朱子门人之支流余裔，曹端、胡居仁守先儒之正传，无敢改错，学术之分则自陈献章、王守仁始"——曹端（号月川）《太极图说述解》疑朱子谓"理之乘气，犹人之乘马，马之一出一入，而人亦与之一出一入，若然则人为死人，而不足为万物之灵，理为死理，而不足以为万物之原"，虽主点在以理取气，分理气为二，但已敢于驳朱子——胡居仁（叔心，1437—1484），他研究过水利、历法，也看到朱子的不是处，如云"《参同契》《阴符经》朱子注之甚无谓，《调息箴》亦不当作"（《居业录》），可见和薛敬轩[①]的教条主义不同——陈献章是胡居仁认为"不觉流于黄老的"，实亦朱子学的别派，曾受学于吴与弼，但他反对受朱子学的束缚，要自信、自得，以自然为宗——"此学以自然为宗，自然之乐乃真乐也，今之学者各标榜门墙，不求自得，诵说虽多，影响而已""学者以自然为宗，不可不着意理会"——朱子要人读书，白沙要我读书，"夫学贵乎自得也，自得之然后博之以典籍，则典籍之言，我之言也，否则典籍自典籍，而我自我也"——即因陈白沙教人放开书本自己思想，所以陈清澜《学蔀通辨》认为是禅学、陆学，当

---

① "敬轩"，原作"敬瑄"，误，据《明儒学案》卷一改。——编者

时即有争论——白沙虽一代儒宗，而实未著书，所著诗文之类，乃弟子所辑，他是邵康节一流人物，是哲学诗人，应该用哲学的诗人来评价——白沙借诗讲学，如"凉夜一蓑摇艇去，满身明月大江流"，"讲到鸢飞鱼跃处，正当随柳傍花时""托仙终被谤，托佛岂多修"，这些描写自然乐趣之诗，随在皆是——早年宗朱子，"吾道有宗主，千秋朱紫阳，说敬不离口，示我入德方"，以后自成一家，不说敬而说静，是从朱子而追踪北宋濂溪之学——"人不能外事，事不能外理，二障佛所名，吾儒宁有此"，可见与禅学不同——气一元论的世界观："元神诚有宅，灏气亦有门。神气人所发，孰谓老氏言。下化囿其迹，上化归其根。至要云在兹，自余安足论"，又"元气塞天地，万古常周流"，又《云潭记》"天地间一气而已，屈信相感，其变无穷"——《崖山吊古诗》"忍夺中华与外夷，乾坤回首重堪悲。镌功奇石张弘范，不是胡儿是汉儿"，可见其爱国主义思想。按张弘范破宋师后，勒石于崖门云"张弘范灭宋于此"，白沙加上"宋"字于上，成"宋张弘范灭宋于此"，并作此诗，可见白沙乃继方孝孺学风者——弟子湛若水（甘泉，1466—1560）不讲气而讲心，认为整个宇宙只是一心，"心也者，体天地万物而不遗者也，故心也者，包乎天地万物之外，而贯乎天地万物之中者也，中外非二也，天地无内外，心亦无内外"，这是客观唯心主义，与白沙所讲"气"不同，甘泉治学方法"随处体认天理"，不脱白沙本旨，但偏重心学，谓"夫圣人之学，心学也"，与王阳明思想融合，所以阳明有"予求友于天下，三十年来未见此人"之叹。

3. 罗钦顺（号整庵，江西泰和县人，1466—1547）

曾任南京国子司业，因反对当时奸臣刘瑾之怒，削职为民，瑾诛复职，官至吏部尚书。《明儒学案》卷四十七称其气一元论思想云：

"盖先生之论理气最为精确，谓通天地亘古今，无非一气而已，气一而已，而一动一静、一往一来、一阖一辟、一升一降，循环无已，积微而著，由著而微，为四时之温凉寒暑，为万物之生长收藏，为斯民之日用彝伦，为人事之成败得失。千条万绪，纷纭轇轕而卒不克乱，莫知其所以然而然，是即所谓理也。初非别有一物依于气而立，附于气以行也。"此节见《用知记》卷上，是否认朱子理气为二，理在气先之说——整庵之学出于程颢，他虽站在朱子立场反对王阳明，而实与朱子不同。日本德川时代唯物主义者贝原益轩，最佩服整庵敢与阳明论辩，"可谓聪明英俊之人也""罗氏师尊程朱，而不阿其所好，其所论最为合当。宋季以下，元明之诸儒所言及也，可谓豪杰之士也"（《大疑录》卷上）——罗氏指出"理须就气上认取"，接着又说"然认气为理便不是"，其意乃谓理乃气之理，没有气便没有理，"理只是气之理，当于气之转折处观之，往而来，来而往，便是转折处也"，理只是气之自然的法则，天地间翻来覆去，都只是一感一应，而理即表现于此一感一应之中——"理一也，必因感而后形，感则两也，不有两即无一也，然天地间无非感应，故无适而非理"，此因天地间气之一感一应，以明理之无所不在，但在人则须于动静两端求之，"至理之源，不出乎动静两端而已，静则一，动则万殊，在天在人一也。此理之在人也，不于动静求之，将何从而有见哉？然静无形而动有象，有象者易识，无形者难明，所贵乎穷理者，正欲明其所难明尔"，把穷理归结于"静而无形"之一面，这是他的唯心主义思想的残余——又接受宋儒性即理与理一分殊之说，谓人"形质既具，则其分不得不殊，分殊故各私其身，理一故皆备于我，夫人心虚灵之体，本无不该"，把"人心"看作"虚灵之体"，而以为"静而无形"之理尽在其中，这正如黄梨洲批判他"明明先立一性，以为此心之主，与理能生气之说无异，于先生理气之论，无乃大悖乎"——但整庵气一元论虽不免带唯心主义,却与陆象山、杨慈湖的主观唯心主义不同,他驳杨慈湖说,"盖发育万物自是造化之功用,人何与焉。况天地之变化,万古自始,人心之变化与生俱生,则亦与生俱尽,谓其常住不灭,无是理也,慈湖误矣,藐然数尺之躯,乃欲私造化以为己物,何其不知量哉"——又反对王阳明格物之说,认为人只是万物中之一物,天人物我不能分而为二,理无内外,所以学也不应有内外,以为不要格物,只反观内省便得了——又驳阳明古本《大学》之作,"详《大学》古本之复,盖以人之为学,但当求之于内,而程朱格物之说,不免求之于外,窃谓圣门设教,文行兼资,博学于文,厥有明训",此乃站在程朱学立场——整庵与王阳明的分歧,乃客观唯心主义与主观唯心主义的分歧,但就气一元论观点来说,整庵思想最初具有唯物主义的思想因素。

4. 王廷相(号浚川,河南仪封人,1474—1544)

曾任御史,与宦官廖鹏斗争,被逮入狱。他的气一元论思想受张载影响,却与罗整庵不同。罗主理一分殊,是气有万气,而理只一理。王廷相更进一步,主气有万气,则理有万理,这就是说,理是随气之分殊而分殊的——《雅述》上"天地之间一气生,生而常有变,万有不齐,故气一则理一,气万则理万,世儒尊言理一而遗万偏矣,天有天之理,地有地之理,人有人之理,物有物之理,幽有幽之理,明有明之理,各各差别"。王廷相认"元气即道体,有虚即有气,有气即有道,气有变化,是道有变化,论者或谓气有变,道一而不变,是道自道,气自气,歧然二物,非一贯之妙也"。因此把"天不变道亦不变"的保守观点打破了——黄梨洲批判他"但知无气外之理,以为气一则理一,气万则理万,气聚则理聚,气散则理散,毕竟视理若一物,与气相附为有无,不知天地之间只有气更无理,所谓理者,与气自有条理，故立此名耳"。实则王廷相何尝不知"理无形质"，但天地间有各种不同的事物，便应有各种不同的理，黄梨洲说"天地之间只有气"，王廷相则更认天地之先也只有气，他称之为"元气"——"天地之先，元气而已矣，元气之上无物，故元气为道之本""老庄谓道生天地，宋儒谓天地之先只有此理，此乃改易面目立场耳，与老庄之旨何殊，愚谓天地未生只有元气，元气具，则造化人物之道理即此而生，故元气之上无物、无道、无理"。又解释太极云，"太极者，道化至极之名，无象无数，而天地万物莫不由之以生，实混沌未判之气也，故曰元气。元气化为万物，万物各受元气而生"——"元气"是世界的根本，所谓"道"，所谓"理"均存于元气之中。"有形亦是气，无形亦是气，道寓其中矣，有形生气也，无形元气也，元气无息，故道亦无息"，"天内外皆气，地中亦气，物虚实皆气，是故虚受乎气，非能生气也，理载于气，非能始气也"。气和理的关系是，"气物之原也，理气之具也，器气之成也"——王廷相实亦受道家影响，在《太极辨》中，斥南宋以来儒者以理言太极而不言气，为"支离颠倒"之后，接着"所谓太极，不于天地未判之气主之，而谁之耶"。他举程子"冲漠无朕，万象森罗已具，正此谓耳"，可见他与程氏的关系，但他的元气之说与庄列亦有关，故云"儒者之为学，归于明道而已，使论得乎道真，虽纬记稗官，亦可以信，况庄列乎"，又称"诸儒中惟邵子'太极已是气'之论独有得"。可见廷相气一元论可远溯源于北宋五子，亦得力于儒道合流之唯物主义思想传统——驳形神二元论者何塘《阴阳管见》。何塘（号柏斋，1474—1543）说"造化之道，一阴一阳而已矣，阳动阴静，阳明阴晦，阳有知阴无知，阴有形阳无形，阳无体以阴为体，阴无用待阳而用，二者相合则物生，相离则死"。在这里阳便是神，阴便是形——就人而论，"阴形阳神，合则生人，所谓精气为物也，离则人死，所谓游魂为变也，方其生也，形神为一，未易察也，及其死也，神则去矣"。何塘分别形神二元，而以神居第一位，所以驳王廷相云："浚川谓鬼神无知觉灵应，凡经训祸福祭享之类，皆谓止是圣人以神道设教，实无此理，此大误也，人血肉之躯尔，其知觉感应孰为之哉，盖人心之神也，心之神何自而来哉，盖出于造化之神也。人有形声可验则谓有，神无形声可验则谓之无，浅矣"——王廷相《阴阳管见辨》中驳他道，"夫神必借形气而有者，无形气则神灭矣。纵有之，亦乘夫未散之气而显者，如火光之必附于物而后见，无物则火尚何在乎，仲尼之门论阴阳必以气，论神必不离阴阳，执事以神为阳，以形为阴，愚以为异端之见矣"。又"愚谓天地水火万物皆生于有，无无也，无空也，其无而空者，即横渠之所谓容形耳，非元气本体之妙也。今柏斋谓神为无，形为有，且云有者始终有，无者始终无，所见从头差异如此"。王廷相和何塘的不同，也就是唯物主义与唯心主义思想的分界线。

5. 吴廷翰（号苏原，正德年间进士）

所著《吉斋漫录》二卷、《椟记》一卷、《瓮记》一卷，中国已佚，日本内阁藏《苏原集》，又《吉斋漫录》等三书有翻刻本——《江南通志》卷一六七"吴廷翰，字崧伯，无为人，正德进士，官至山西参议，被命授端溪砚，己不持一枚，其廉谨多类此，著《漫录》《丛言》《椟记》《志略考》《湖山小稿》《苏原诸集》"——就中《吉斋漫录》，给日本古学派元祖伊藤仁斋的唯物主义思想很大影响，如云"何谓道？一阴一阳之谓道，何谓气？一阴一阳之谓气。然则阴阳何物乎？曰气，然则何以谓之道？曰气即道，道即气，天地之初，一气而已矣"。又"道者，以此气之为天地人物所由以出而言也，非有二者也，然又以其变易则谓之易，生生之谓易是也"，又"理也者，气得其理之名，非气之外别有理也"。案苏原驳宋儒之说，而倡气一元论，其时代与王廷相同时而稍后,可能是受王廷相影响,而又把这种思想传入日本去。

6. 庄元臣(忠甫,松陵人,生卒未详)①

所著《叔苴子》内编六卷、外编二卷,见《粤雅堂丛书》第26—28册,书中一条末有"此得之杨升庵云"语,知其与升庵为同时人——元臣基本思想为气一元论,内篇云"天地间一气耳,气之清而强者为火,清而弱者为水,浊而沉者为土,浊而浮者为木,浊而实者为金,皆一气之清浊,而流派为五也,一气分五行,而五行中又各具五行"——就人而论,"人之生气之聚耳""人处积气之中,犹鱼处积水之中也""人吸天地之气以充其肤革,犹橐龠之吸风以自饱也"。元臣得力于道家,所以注重养气,又以为"圣人之道,犹天地之气也""圣人者,阴阳之纯气也",这还可以理解,至于说到"物之精者,气必飞扬,故金铁至重而莫干成龙,玉石至沉而白虹成气,况圣贤抱阴阳之气,乘中和之精,宜其生有紫云之上腾,而死为箕尾之列宿哉",这便近于道家的神道的说教了。

7. 韩邦奇(号苑洛,陕之朝邑人,1479—1555)

曾上疏论时政被谪,所著书有《性理三解》,即《正蒙拾遗》《启蒙意见》《洪范图解》。他是音乐家而兼唯物主义者,由《苑洛志乐》一书可见与汉桓谭、南朝宋何承天一脉相承——他的气一元论继承张横渠,《正蒙拾遗》开始云,"自孔子而下,知道者惟横渠一人",又发挥《正蒙》思想云,"气块然太虚,惟横渠真见道体之实,而以一气字贯之,此浑沌之未辟,无极而太极也、动阳静阴、浮清降浊,

---

① 底本有朱谦之先生旁批曰——《四库全书总目》卷一三八子部类书类存目二存庄元臣所著《三才考略》十二卷,云:"明庄元臣撰,元臣字忠原,归安人,隆庆戊辰进士,是书备科举答策之用,分十二门,皆撮《通典》《通考》诸书为之。"——编者

万品之流，两仪立万物也""天地混沌后，若无此气，则开辟之时矣，人心既静，若无是气时，则死而再无动时矣，达乎此则可知老氏之非，及诸子见道未真者也"——他和王廷相论性相似，黄梨洲谓王廷相"主张横渠之论理气，以为气外无性，此定论也，但因此而遂言性有善有不善，并不信孟子之性善"。韩邦奇注《正蒙》"爱恶之情同出于太虚"句下云，"此横渠灼见性命之真，故敢为此言，自孟子言性善之后，诸儒不敢为此言""孟子言性善，非谓性全无欲"，其说与王廷相实质上是一致的，此亦唯物主义人性观所必然得到的结论。

明代的气一元论思想家之一群，从叶子奇、陈白沙、罗整庵、王廷相、吴苏原、庄元臣、韩邦奇，都是从朱子学出发，而接近于唯物主义思想体系，此为明代唯物主义的最大特点。明代唯物主义与唯心主义思想斗争，关键在于气一元论，里面尚有内部的矛盾斗争，一方面有站在朱子学立场的罗整庵与王阳明的论争，王廷相与何塘的论争。一方面又有站在阳明学立场的气一元论，有明一代，王学极占势力，但亦接受气一元论思想之影响，所分别在王阳明以"心"与"理"与"气"合一，而上列气一元论思想家之一群则以"理"与"气"合一，是同在气一元论名称之下，也有唯物主义与唯心主义的不同。例如，罗整庵之气一元论影响于日本贝原益轩，吴苏原之气一元论影响于日本之伊藤仁斋，王阳明之气一元论则影响于日本之林罗山。

（二）王阳明与左派王学

明代初期，"此亦一述朱，彼亦一述朱"，据《明儒学案》吴康斋"一禀宋儒成就"，薛敬轩"恪守宋人矩矱"，这时"宋人规范犹在"。到了阳明时代，此种封建地主阶级的哲学，已渐不能成为维持封建统治秩序的力量，于是代替它的，乃有一方面从程朱学里生长出来的气一元论思想，一方面更有从程朱思想束缚摆脱出来、代表中小地主也代表早期市民的王阳明之学——王阳明提倡个性解放，他的思想体系属于唯心主义，可是这唯心主义，正是初期市民阶级性的启蒙思想的表现，一方面代替朱子学，来继续为封建社会秩序服务，一方面已给初期城市市民开辟了反传统势力的新道路。

王阳明（伯安，1472—1528），浙江余姚人，学者称阳明先生。早年为宋儒格物之学，"思先儒谓一草一木皆涵至理，即取竹格之，沉思其理不得，遂遇疾"（《年谱》），稍后"泛滥于词章，出入二氏之学"，三十五岁以后才改志学儒。1506年上疏反对宦官刘瑾，受贬为贵州龙场驿丞，三十七岁在龙场万难之中，忽大悟格物致知之旨，"如知圣人之道，吾性自足，向之求理于事物者误也"（《年谱》）。四十一岁以后专以"存天理，去人欲"教，五十岁始揭"致良知"之教，自云"我此良知二字，实千古圣圣相传一点滴骨血也"——即因阳明思想是"从百死千难中得来"，所以依我所见，他的思想最可珍贵的，应算五十三岁以后所倡"万物一体观"，这即见于《答聂文蔚》（第一书，五十五岁）、《述大学问》（五十六岁）、《答顾东桥》（五十四岁）、《与黄勉之》（五十三岁）诸篇，此乃阳明的晚年定论，在此提倡了气一元论思想——"大人者，以天地万物为一体者也，其视天下犹一家，中国犹一人焉，若夫间形骸而分尔我者，小人矣，大人之能以天地万物为一体也，非意之也，其心之仁本若是。是故见孺子之入井而必有怵惕恻隐之心，是其仁之与孺子而为一体也，孺子犹是同类者也；见鸟兽之哀鸣觳觫，而必有不忍之心焉，是其仁之与鸟兽而为一体也，鸟兽犹有知觉者也；见草木之摧折而必有不忍之心焉，是其仁之与草木而为一体也；草木犹有生意者也；见瓦石之毁坏而必有顾惜之心焉，是其仁之与瓦石而为一体也，是其一体之仁也。虽小人之心亦必有之,是乃根于天命之性,而自然灵昭不昧者也"(《大学问》)——"世之君子,惟务致其良知,则自能公是非、同好恶、视人犹己、视国犹家,而以天地万物为一体"(《答聂文蔚》),"仁人之心,以天地万物为一体,訢合和畅,原无间隔"(《与黄勉之》)——阳明晚年著作提倡《礼运·大同》的世界观,在《大学问》里所用文句"其视天下犹一家,中国犹一人,非意之也"即本《礼运篇》——气一元论的根据,"盖天地万物与人原为一体,其发窍之最精处,是人心一点灵明,风雨露雷、日月星辰、禽兽草木、山川土石与人原只一体,故五谷禽兽之类皆可以养人,药石之类皆可以疗疾,只为同此一气,故能相通耳"(《传习录》下),"可知充塞天地中间,只有这个灵明,人只为形体自间隔了我的灵明,离却天地鬼神万物,亦没有我的灵明,如此便是一气流通的,如何与他间隔得"(同上)——大同的理想,"夫圣人之心,以天地万物为一体,其视天下之人,无外内远近,凡有血气,皆其昆弟赤子之亲,莫不欲安全而教养之,以遂其万物一体之念""故其精神流贯,志气通达,而无有乎人己之分,物我之间,譬之一人之身,盖其元气充周,血脉条畅,是以痒疴呼吸、感触神应,有不言而喻之妙"(《答顾东桥书》),"夫人者天地之心,天地万物本吾一体者也,生民之困苦荼毒,孰非疾病之切于吾身者乎?"在此"人者天地之心"一句出于《礼运》。又五十四岁作《亲民堂记》,"人者天地之心,大人者以天地万物为一体也",至"吾乃今知天下为一家,中国之为一人矣",更明连用了《礼运》语句,其宗旨在天下为公,"是谓大同"。《答聂文蔚书》云:"共明良知之学于天下,使天下之人能知自致其良知,以相安相养,去其自私自利之蔽,一洗谗妒胜忿之习,以济于大同"——《亲民堂记》"是故亲吾之亲以及人之父,而天下之父子莫不亲矣,亲吾之兄以及人之兄,则天下之兄弟莫不亲矣",又同年作《重修山阴县学记》,"圣人之求尽其心也,以天地万物为一体也,吾之一家饱暖逸乐矣,而天下有未饱暖逸乐者焉,其能以亲乎?义乎?别、序、信乎?吾心未尽也"。语意皆本于《礼运·大同》,王阳明站在唯心主义立场,提倡封建社会的乌托邦,不能不认为具有初期市民性的要求社会平等自由幸福的表现。

王阳明世界观的制限性,在他把"气"之概念建立在主观唯心主义的基础上,心即是气,气即是理,所以理气合一,即是心与理合一,用公式表示即心=气=理——"理者气之条理,气者理之运用,无条理则不能运用,无运用则亦无以见其所谓条理者矣"(《传习录》中)。这是很有名的理气合一论,但据实来说,这所谓气,实即是心,所以说"可知充天塞地中间,只有这个灵明"(《传习录》下),"万化根源总在心"(《咏良知》),"亦是天地间活泼泼地,无非此理,便是吾良知的流行不息"(《传习录》下),所谓"灵明""心""良知"和他所说与天地万物流通的一气,是一个东西——把天地万物人格化,认为草木瓦石也有人的良知,所以我的灵明可以和天地万物相应,离开我的灵明便没有天地万物了。这作为气一元论来看,无疑乎是主观唯心主义的产物。罗整庵说"气"即是"理","初非别有一物,依于气而立,附于气以行",王阳明却说心外无理,"心即性也"(《传习录》上),"心即性,性即理",又性与气之关系,"气亦性也,性亦气也"(《传习录》下),"生之谓性,生字即气字,犹言气即是性也,若见得自性明白时,气即是性,性即是气,原无性气之可分也"(《传习录》中)。把这些联系来看,便知阳明所谓心、所谓性、所谓理,都只是"气"。阳明是一个负气任性的人,所以倔强地相信自己本心的善,而提倡其"致良知"之学——"这良知人人皆有""自己良知,原与圣人一般",所谓"吾心自有光明月,千古团圆永无缺",认"良知本来自明""愚不肖者,虽其蔽昧之极,良知又未尝不存""良知即是天理"。把道德律中所谓良心，认为即自然界的规律，所以主张天地万物一体之仁，说"良知是造化的精灵"——主良知也主格物，所谓格物是格其心之物，训格为正，格物即正其不正，以归于正，又因不认心外之理，不认心外之物，所以言格物也只是致其良知，"随时就事上致其良知，便是格物"——致良知是当下便有实地步可用功，所以致良知是知行合一工夫，"知是行的主意，行是知的功夫""知是行之始，行是知之成，圣学只一个功夫，知行不可分作两事""真知即所以为行，不行不足谓之知"，反对"有一种人，茫茫荡荡悬空去思索，全不肯着实躬行"，这提倡边干边学的学风，影响左派王学，"泰州之后，其人多能以赤手搏龙蛇"（《明儒学案》卷三二），影响日本产生例如中江藤树、大盐中斋及其后林子平、西乡南洲、吉田松阴，这些维新时代人物，均受知行合一说的影响——我们不要忘记，阳明学基本上属于唯心主义思想体系，在其血脉骨髓，充满着禅学的意味，例如，游南镇时与友指岩中华树说："你未看此华时，此华与汝心同归于寂，你来看此华时，则此华颜色一时明白起来，便知此华不在你的心外。"这完全是巴克莱式的主观唯心主义之僧侣的说教，又天泉问答之四句教"无善无恶是心之体，有善有恶是意之动，知善知恶是良知，为善去恶是格物"，这也是使他一部分的弟子流入禅学的原因。又日本禅僧桂梧了庵归国时，王阳明作《送日东正使了庵归国序》，此文流传日本，虽全集未收，却可见和禅的关系甚明——阳明学与佛学不同，"先生尝言，佛氏不著相，其实著了相，佛怕父子累却逃了父子，怕君臣累却逃了君臣，怕夫妇累却逃了夫妇，都是为个君臣父子夫妇著了相，便须逃避"。他不同意二氏个人主义，又以为这些要出离生死、诱人入道的都但有了上一截，遗了下一截，都是自私自利。相反地，阳明要为封建统治社会服务，所以批判佛氏不可以治天下，批判他失之虚罔空寂，把他批判二氏的话和他自己晚年的抱负相比,如云"故夫为大人之学者,亦惟去其私欲之蔽,以自明其明德,复其天地万物一体之本然而已耳"。这当然有绝大的区别——阳明代表初期市民思想,不但批判二氏,而且批判孔子,说"夫学贵得之心,求之乎心而非也,虽其言之出于孔子,不敢以为是也,而况其未及孔子者乎?求之于心而是也,虽其言之出乎庸常,不敢以为非也,而况其出于孔子乎?"(《答罗整庵书》),这是大胆地提倡个人解放,对于初期市民阶层发生了启蒙的作用。

阳明以后,他的弟子并没有发展其晚年之天地万物一体的世界观,而只发展了致良知之教,并且就其性之所近加以改造,大概可分二派——(一)左派,浙中学派:钱绪山、王龙溪;泰州学派:王心斋、王东崖、罗近溪、李贽。(二)右派,江右学派:聂双江、罗念庵、王塘南、万思默。这左右两派中,左派主动,右派主静,左派主张本体即是工夫,近于顿悟,右派主张由工夫达到本体,近于渐修。左派的学说,浙中和泰州不同,浙中的钱绪山和王龙溪不同,阳明在时已有争论。钱绪山比较和江右学风接近,但和双江、念庵又自不同。王龙溪主张"良知自能收敛,不须更主于收敛,自能发散,不须更期于发散,当下现成,不假功夫修整而后得,致良知原为未悟者设,信得良知过时,独往独来如珠之走盘,不待拘束而自不过其则也"。这些话可代表当时市民要求解放的思想——右派如聂双江主张要"归寂以通天下之感",罗念庵深表同情,自己则以静为圣学的传。王塘南、万思默继之,都极端主静,万思默形容静的好处,"当下恬然,有与天地万物同居其所气象,一道清泠,万古常寂"。这种极端个人主义的静的人生观,实际乃代表当时有闲地主阶级思想——阳明学派中当以左派为王学正传,王阳明说"乐是心之本体,仁人之心与天地万物为一体,䜣合和畅,原无间隔"。王龙溪说"乐者心之本体,人心本是和畅,本与天地相为流通""一念自信,独往独来,大行不加,穷居不损"。王心斋说"须见得自家一个真乐,直与天地万物为一体,然后能宰万物而主经纶"。王东崖说"日用头头,无非妙动,而纤力不与,快乐难名"。罗近溪说"所谓乐者,窃意只是快活而已,岂快活之外复有所谓乐哉"。这种以"乐"为教的快活人生观,适合于一般市民的要求,使没读过很多书本的人,也可接受道德的修养和人生的快活——王阳明教人"这良知人人皆有""良知良能,愚夫愚妇与圣人同",又说"满街都是圣人",这良知的平等性,也反映初期市民的要求平等,泰州学派从王心斋到颜山农、何心隐、李卓吾,个人乐利思想更趋极端,市民性的启蒙运动,竟成为一个不可抑遏的反封建专制的潮流。

1. 颜山农与何心隐

案李贽《焚书》(卷二)叙述王学左派的历史:"当时阳明先生门徒遍天下,独有心斋为英灵。心斋本一灶丁也,目不识丁。心斋之后为徐波石,为颜山农,山农以布衣讲学,雄视一世而遭诬陷。山农之后为罗近溪、何心隐,心隐以布衣出头倡道而遭横死,近溪虽得免于难,然亦幸耳,卒以一官不见容于张太岳,盖英雄之士,不可免于世而可以进于道。"可见,左派王学都是英雄之士,这些英雄之士力求打破封建传统的思想形式,正如黄梨洲所说,"泰州之后,传至颜山农、何心隐一派,遂非复名教之所能羁络矣。诸公掀翻天地,前不见古人,后不见来者"(《明儒学案》卷三二)。他们都出身于社会中下层阶级,心斋之后如泰州樵夫朱恕、兴化陶匠韩乐吾(贞)、繁昌田夫夏廷美,都是以具有市民性的个人自觉精神出现,尤以韩贞影响最大,黄梨洲称其"以化俗为体,随机指点,农工商贾从之游者千余,秋成农隙则聚徒讲学,一村既毕,又之一村,前歌后答,弦诵之声,洋洋如也"。代表封建地主的王世贞曾对此派作一总结:"嘉隆之际,讲学者盛行于海内，而至其蔽也，借讲学而为豪侠之具，复借豪侠而为贪横之私，其术本不足动人，而失志不逞之徒，相与鼓吹羽翼，聚散闪倏，几令人有黄巾五斗之忧，盖自东越之变为泰州，犹未至大坏，而泰州之变为颜山农，则鱼馁肉烂，不可复矣。"此虽不足为凭，但亦可见当时左派王学，怎样使反动统治者恐惧战栗的情形——"颜钧字山农，吉安人也，其学人心妙万物而不测者也，性如明珠，原无尘染，有何睹闻，着何戒惧，平时只是率性所行，纯任自然，便谓之道，及时有放逸，然后戒慎恐惧以修之，凡儒先见闻道理格式，皆足以障道，此大旨也"（《明儒学案》），"颜山农者，楚人，读经书不能句读，亦不多识字，而好意见穿凿文义，为奇邪之谈，间得一二语合，亦自洒然可听，所至必先使其徒预往张大街、耀其术，至则无识浅中之人，亦有趋而附者，每言人之好贪财色皆自性生，其一时之所为，实天机之发，不可壅阏之，第过而不留，勿成固我而已"（王世贞《弇州史料》）——把《学案》和《史料》合看，可见颜山农是一个豪侠之士，他代表市民阶层，故为市民所拥护，《史料》中诬蔑他的话，却也活绘一个豪侠之士的作风——何心隐即梁汝元（江西永丰县人，1517—1579），耿天台祭文说他"其学学孔，其行类侠，假万金之产了不惜，犯三公之怒以为欣"。顾宪成《小心斋札记》说："李卓吾以何心隐为圣人"，又"东坡讥伊川曰：何时打破这敬字，愚谓近世如王泰州座下颜何一派，直打破这敬字矣"，又"何心隐辈，坐在利欲胶漆盆中，所以能鼓动得人，只缘他一种聪明，亦是有不可到处。耿司农择家童四人，每人授二百金令其生殖，内有一人，从心隐请计，心隐授以六字，曰一分买一分卖，又以四字，曰顿买零卖，其人尊用之，起家至数万。试思心隐两言，岂不至平易、至巧妙，以此处，天下事可迎刃而解，假令其正其心术，固是一有用才也"。这些话出于反对派之口，却说明心隐是具市民性的性格——《明儒学案》记何心隐"在京师，辟各门会馆，招来四方之士，方技什流无不从之"，与用计间严嵩事，与《永丰县志》所云为嵩所忌变姓名事合。所著《爨桐集》卷三，他说"意与气，人孰无之，顾所落有大小也，孔门师弟之意与气相与以成道者也，其所落也大，圣贤之气必养，养必养其塞乎天地之间之养也，养其塞乎天地之间，而气与道配矣"。这种重意气的思想，表现在气一元论盛行之时，决不是偶然的——李氏《焚书》有《何心隐论》与《答邓明府书》，认何心隐真是英雄莫比，是真道学，顾炎武《日知录》说："龙溪之学，一传而为何心隐，再传而为李卓吾。"

2. 李贽（号卓吾，泉州晋江县人，1527—1602）

李贽思想的产生，是中国近代新旧思想的一个斗争的开始，在他以前，中国思想以封建社会的意识形态为主，在他以后，封建社会意识形态之中已经萌芽了自由解放的市民性思想，以与传统的封建意识形态相对立，详见拙著《李贽——十六世纪中国反封建思想的先驱者》（湖北人民出版社）——李贽思想给近代启蒙运动以重大影响的，是他所提历史真理的进化观，否定了以孔夫子之定本为真理的标准，"人之是非，初无定质，人之是非人也，亦无定论。汉唐宋中间千百余年，而独无是非者，岂其人无是非哉？有之，以孔子之是非为是非，故未尝有是非耳，夫是非之争也，如岁时然，昼夜更迭，不相一也，昨日是而今日非矣，今日非而后日又是矣，虽使孔夫子复生于今，又不知作如何是非也，可遽以定本行赏罚哉？"这里反封建的真理标准，充分表现出他的独立自由思想，但要以自己的是非为是非，则受主观唯心主义的影响——反封建道德，大胆地抨击孔子，讥笑当世儒夫"一步一趋，舍孔子无足法者""夫天生一人，自有一人之用，不待取给于孔子而后足也，若必待取足于孔子，则千古以前无孔子，终不得为人乎"——反对假道学，假道学夸夸其谈的谈名教，谈名教故必讳言利，讳言私，轻视妇女，李贽反之，以为真学问注重实利实功，所以不讳言欲、言利，"好货好色，与民同乐，邪道而归正也，天机只在嗜欲中矣"。又不讳言私，"夫私者，人之心也，人必有私，而后其心乃见，若无私则无心矣"。这当然是市民性的庸俗见解，但在封建社会开始变革时，却有其现实的意义——主张人人平等、男女平等。"人有男女则可，谓见有男女岂可乎？谓见有长短则可，谓男子之见尽长，女人之见①尽短，又岂可乎？"在李贽时代，内地妇女还在忍气吞声，在闺阁的牢狱里讨生活的时候，沿海妇女已经是"芒履负担，与男子杂作"，这就是主张妇女解放的背景——李贽思想影响日本吉田松阴，也影响五四运动提出"打倒孔家店"的口号。

（三）西学影响下诸哲学流派——天学派与东林学派

十六、七世纪耶稣会士的远东传教，是借宗教来巩固它的政治经济势力之殖民主义者的文化侵略。他们披上科学的文化外衣，事实上却希望以宗教来麻醉中国人民，却是中国一时朝野的士大夫和他们殷勤结纳，甚至于信奉受洗，也是为其科学的糖衣炮弹所中——利玛窦来中国所贡自鸣钟、地舆图与西琴等物，均中国所无，利玛窦、汤若望，尤其是金尼阁携来彼国的图书和仪器很多，图书有教皇赠给中国传教会的书籍七千余部，包括神学、哲学、数学、物理学及其他科学——耶稣会士用汉文著译的科学书有天文学、数学（几何、三角、

---

① "见"，原作"长"，疑误。——编者

算术)、地理学、物理学(地震学、光学、水学、力学、炮术)、气象学、生物学、生理学、医药学、语文学、乐律学、论理学等,对中国近代科学思想的发达有重大贡献——徐光启与李之藻均感西人卓越科学思想而信教,全谢山诗"就中大臣徐与李,心醉谓足空古今",又杨廷筠为《同文算指通编》作序,亦为吸收科学文化者,三人被称为初期天文之三大柱石。

天学派

1. 徐光启(子先,江苏上海人,1562—1633)

父为商人,他自己是王学左派焦竑的门生,颇重视王阳明,作《阳明先生批武经序》。焦竑笃信李贽,二人均与利玛窦发生关系,焦竑评利玛窦《交友论》"其言甚奇亦甚当"。李贽在南京曾访利玛窦并赋诗为赠,徐光启之从王学左派转入天学,是有一段思想线索可寻——1600年在南京遇见利玛窦后受洗礼,名保禄(Paul Hsü),他是崇祯初年以西洋新式练兵法与清兵对抗的人物,因为当时大地主阶级权贵所阻,不得志而殁。他从西洋人学得天文、历算、火器,并遍习兵机、屯田、水利诸书,所著书有奏章、经义、诗文及科学书二百余部,《四库提要》收入《农政全书》《新法算书》《测量法义》等书,尤以《农政全书》给十八世纪欧洲重农学派以影响——提倡西学,即他所称为知天事天、穷理尽性之学,《泰西水法序》"泰西诸君子,其实心、实行、实学,诚信于士大夫也,其谈道也,以践形尽性、钦若上帝为宗。余尝谓其教必可以补儒易佛,而其绪余,更有一种格物穷理之学。凡世间世外,万事万物之理,叩之无不河悬响答,丝分理解,退而思之,穷年累月,愈其说之必然而不可易也。格物穷理之中,又复旁出一种象数之学,大者为历法、为律吕,至其他有形有质之物,有度有数之事,无不赖以为用,用之无不尽巧极妙者"——建议朝廷尽召西士，使共译西来经传，"凡事天爱人之说、格物穷理之论、治国平天下之术，下及历算、医药、农田、水利等兴利除害之事，一一成书"——他一方面传"事天爱人"之天学迷信，一方面提倡历算等格致之学，这乃本于他的市民性的实用主义思想，对于事物不仅求其当然，是要求其所以然。《测量法义叙目》云"法原者，法之所以然也。凡是不明其所以然，则其已然者，茫茫不知所求；其当然者，昧昧不知所往，即使沿其流、齐其末，穷智极虑，求法已确然不易，弗可得也"——主张用西洋技术改造火炮，崇祯三年上《西洋神器既见其益宜尽其用疏》，又主修改历法历书，并请用汤若望、李天经等耶稣会士，以后由于推算日月蚀的成功，长期担任钦正监监正一职。实由徐光启所倡导——反对佛学，把天学与佛学对立，《辨学章疏》"佛教东来千八百年，而世道人心未能改易，则其言似是而非也，必欲使人尽为善，则诸陪臣所传事天之学，真可以补益王化，左右儒术，救正佛法者也"，又著《辟释氏诸妄》一书，指出一破狱之妄，二施食之妄，三无主孤魂血湖之妄，四烧纸之妄，五持咒之妄，六轮回之妄，七念佛之妄，八禅宗之妄。这是宗教唯心主义阵营之内在矛盾。在当时，佛教之宗教迷信已成积压势力，完全为旧封建地主落后势力服务，天学则既为初期市民阶级服务，又为外国殖民主义服务，同在具有反动思想之中，而有新旧之争，我们尊重徐光启之提倡科学，但不要忘记天学之反动性。

2. 李之藻（我存，杭州仁和人）

万历二十九年利玛窦进京，李之藻与之过从甚密，助成《天主实义》一书，又兼治几何、算术、美术、音乐、工艺诸学，译成《乾坤体义》，复自著《浑盖通宪图说》《圜容较义》等书——他攻击佛教兼及后儒，但对朱子仍表示敬意，如《天主实义重刻序》"谈天莫辩乎《易》,《易》言帝出乎震,而紫阳氏解之,以为帝者天之主宰,然则天主之义,不自利先生创矣。"但他虽未反朱,却与沈㴶及袾宏等有极激烈的思想斗争。他首先介绍亚里斯多德的论理学与形而上学,作为天学的入学先资,与傅汎际共译《名理探》十卷本亚氏辩证法大全疏解,《寰有诠》六卷本亚里斯多德宇宙学——艾儒略《西学凡》介绍亚氏,"有一大贤名亚理斯多,其识超卓,其学渊深,其力旷逸。此大贤每物见其当然,而必索其所以然,因其既明,而益觅其所以明,由显及微,从粗及细,排定物类之门,极其广肆,一一钩致而决定其说,各据实理之坚不破者,以著不刊之典。而凡属人学所诠性理,无不曲畅旁通,天学得此以为先导"——李之藻《寰有诠序》"夫佛氏《楞严》亦说地、水、火、风,然究竟归在真空,兹惟究论实有,有无之别,含灵共晓",在此分有无,可见进步与落后之争。又序云"原夫人禀灵性,能推义理,故谓小天地。又谓能参赞天地,天地设位而人成其能,诚观古人所不知,今人能知,今人所未知,后人又或能知,新知不穷,因验人能无尽,是故有天地不可无人类也"。此段很明白代表初期市民性的启蒙思想,承认了人类思想是能够认识真理的问题。

3. 杨廷筠(号淇园,浙江钱塘人)

他是同情于西士之反理学运动的,利玛窦《天主实义》中攻击宋儒所谓"理",提出"理依于物""理无灵资""理卑于人"。艾儒略、利类思等附和其说,我们著书宗旨,据说是"知道中国学者受宋朝理学派唯物主义的流毒,开始便在《天主实义》序文中解释天地之间有一真主云云"(H. Bernard 斐化行说)。杨廷筠也如此,在《代疑篇》中"答造化万物,归主者之作用"条云,"物汇至多,问谁始造,或云一气之所为,或云气中有理,皆漫说也","夫气无知觉，理非灵才，若任气之所为，不过氤氲磅礴，有时而盈，有时而竭，有时而逆，有时而顺，焉能吹万不同，且有律有信也"，"即谓之理，理本在物，不能生物"。这是站在宗教唯心主义立场，反对宋儒之唯物主义思想因素的。《代疑篇》作于1621年，当时即引起争论，如兰溪释行闻《拔邪略引》驳道，"殊不知气乃万灵具本之元，弥乎混沌之始，纯是一真之体，灵通不息，遂有动静二相，以动静相生、刚柔相济，理成物、物显理，理物浑融不二之道，晓然明矣"（《辟邪集》卷下）。案此次争论不但理出天学之宗教唯心主义，且现出在当时反天学的人，也有站在气一元论之唯物主义立场的——《鸨鸾不并鸣说》中攻击佛教为"左道惑众""邪说"，虽欲以新观点代替佛学的旧观点，但全文充满殖民主义文化侵略的气味，由于天学本身之宗教的缺点，结果对于人民群众变成仇人，而只能给统治阶级服务了。

东林学派

1. 顾宪成与高攀龙

东林学派与天学派同时而受其影响，据西教士鲁德昧（Bartoli）说，约在1624年，在无锡成立之东林书院，徐光启、李之藻、杨廷筠等亦曾在讲学，西士因其有利于传教，亦重视此书院云——东林党领袖叶向高（《点将录》以比宋江）、邹元标（《东林本末》云诸君子中，邹元标称首）皆与西士往来甚密，《帝京景物略》有叶向高赠西国诸子诗，邹元标《愿学集》有《答西国利玛窦书》。又1624年，叶向高往杨廷筠家，邀艾儒略至闽开教，邹元标荐杨廷筠为河南按察司副使，由上事实，可见东林学派与天学派之关系，是西学影响之下的新学派——天学派从王学左派出来，东林学派则从程朱学出，天学派以西学为主，是为外国陪臣争取教权。东林派则以中国旧学为主，为兼营工商业的地主阶级争取政权服务——当时宦官（如魏忠贤）及与宦官勾结的内阁，代表旧的腐朽的贵族大地主的反动势力，东林党的产生，主要则以比较开明的南方地区兼营工商业的地主阶级为首领与之对立，形成两大集团的政治斗争——东林八君子，六个是无锡人，二个是武进人，当1594年顾宪成被革职回原籍时，得当地士绅资助，于1604年修复东林书院，与高攀龙、钱一本、史孟麟等聚众讲学，借学术团体的名义，与当时内阁与宦官作政治斗争，他们所依靠的是开明地主与市民的联合战线，他们认为"魏忠贤者，小人之城社也"，把地主阶级内部的政治斗争，变成"君子"与"小人"之封建道德的斗争——《明史》卷二三一"当是时，士大夫抱道忤时，率退处林野，闻风响附，学舍至不能容""讲习之余，往往讽议朝政，裁量人物，朝士慕其风，多遥相应和，由是东林名大著，而忌者亦多"。黄梨洲《东林学案序》"东林讲学者不过数人耳，其为讲院，亦不过一郡之内耳，乃言国本者谓之东林，争科场者谓之东林，攻逆阉者谓之东林，以至凡一议之正，一人之不随流俗者，无不谓之东林，若是乎东林标榜遍于域中，延于数世"——由于东林的活动得到舆论的支持，取得市民的拥护，所以大贵族地主政权对于东林的政治压迫，也就引起激烈的民变，如周顺昌被逮时，"不期而集者数万人，蜂拥大呼，势如山崩，倡乱者佩韦等皆市人也"——顾宪成《东林会约》"其有响慕而来者，即草野之齐民，总角之童子，皆得环而听教，所联属多矣"，可见其群众的力量——东林所讲学，既不是明哲保身，也不是传食诸侯，"泾凡一日喟然叹息，泾阳曰：'何叹也？'曰：'吾叹今之讲学者，恁是天崩地陷，他也不管，只管讲学耳。'泾阳曰：'然则所讲何学？'曰：'在缙绅只明哲保身一句，在布衣只传食诸侯一句。'"东林反对阳明学之空谈，提倡如下三事，即（1）辨是非，（2）尚气节，（3）重学习。

（1）辨是非。东林派反对阳明派"无善无恶"思想，以为这只阉然媚世的机会主义，把是非打破了，顾宪成《小心斋札记》"无善无恶，合下便成一个空见，一切含糊，无复拣择，圆融者便而趋之，委曲迁就，无可无不可"。相反地，东林派相信人性有充分的判别是非善恶的能力，不是无善无恶而是至善，"语本体只是性善二字""孟子不特道情善，且道形善，所谓形色，天性也""善即是心之本色"，类此的话，即为其主张明辨是非的大前提——顾宪成"是非之心人皆有之，只以不真之故，便有夹带"。高攀龙"佛氏最忌分别是非，如何纪纲得世界，纪纲世界只是非两字，亘古亘今，塞天塞地，只是一生机流行，所谓易也""惟是知是必行，知非必去，斩斩截截，洁洁净净"，因要辨是非，所以敢于主持清议，使他成为历史上一次大规模的反对恶势力的思想斗争。

（2）重气节。即拥护封建社会的正义思想，尤其是在被逼害的环境之下能够不屈不挠的人——顾宪成"史际明曰：宋之道学在节义之中，今之道学在节义之外，予曰：宋之道学在功名富贵之外，今之道学在功名富贵之中，在节义之外则其据弥巧，在功名富贵之中则其就弥下"，"富贵一关也，贫贱一关也，造次一关也，颠沛一关也，到此真令人肝腑具呈，手足毕露，有非声音笑貌所能勉强支吾者"。高攀龙"古人何故最重名节，只为自家本色原来冰清玉洁，着不得些子污秽"，"气节而不学问者有之，未有学问而不气节者"。顾泾凡"夫假节义乃血气也，真气节即理义也，血气之怒不可有，理义之怒不可无"。东林学派见义勇为，高攀龙之自沉，顾泾凡之狂者气概，虽有他们封建伦理之制限性，但胆敢于肯定自我的价值，坚定不为黑暗势力所屈抑，这是值得赞扬的。

（3）重学习。东林继王学之后，反对讲"不学而能"而提倡学习，如史孟麟说："往李卓吾讲心学于白门，全以当下指点后学，说个个人都是见见成成的,圣人才学便多了,不知误了多少人"——顾宪成《虎林书院记》与《东林会约》中均主学习的重要性,"至乃枵腹师心,目空千古,见子路曰:何必读书,然后为学?则亦从而和之曰:何必读书,然后为学。见象山曰:六经注我,我注六经,则亦从而和之曰:六经注我,我注六经。呜乎,审若是孔子大圣一腔苦心,程朱大儒穷年毕力,都付诸东风也已矣"。东林学风影响所及,在王学本身也引起反动,这即是刘蕺山证人学派的产生。

2. 刘宗周（蕺山,号念台,浙江山阴人,1578—1645）

他上疏劾马士英等,在杭州失守,潞王降清时,绝食二十日而卒。这种节义之风是东林学派的继承,又他的"慎独"思想偏向于静之一面,却是就其主张性善一点,则与东林相同,如云"孟子曰:乃若其情,则可以为善矣,何言乎情之善也?孟子言这恻隐之心就是仁,向善如之,仁义礼智皆生而有之,所谓性也,乃所以为善也,指情言性,非因情见性也"。这"情善"的主张,显然打破宋儒性善情恶之二元的见解——主张气一元论,如云"盈天地间一气而已矣,有气斯有数,有数斯有象,有象斯有名,有名斯有物,有物斯有性,有性斯有道,故道其后起也,而求道者辄求之未始有气之先,以为道生气,则道亦何物也?而能遂生气乎","盈天地间一气而已矣,气聚而有形,形载而有质,质具而有体,体列而有官,官呈而性著焉,于是有仁义礼智之名","盈天地间,凡道理皆以形器而立,绝不是理生气也,于人身何独不然",这里不承认理生气,即反对朱子理气为二之说——"理即是气之理,断然不在气先,不在气之外,知此则知道心即人心之本心,义理之性即气质之本性,千古支离之说可以尽扫","性者心之理也,心以气言,而性其条理也,离心无性,离气无理。虽谓气即性、性即气,犹二之也,恻隐、羞恶、辞让、是非皆指一气流行之机，呈于有知有觉之顷，其理有如此，而非于所知觉之外，另有四端名色也"。这"离心无性，离气无理"之说，虽然仍是王阳明派心＝气＝理之说，不脱阳明学的范围，但气一元论乃明一代哲学思想的特色，刘蕺山深切体会于此，给后来明清之际学者开辟一条新路，同时也算给明一代思想以光荣的下场。

第七讲　封建社会发展期的哲学[①]

——第三阶段：民主与科学思想之先躯

中国封建社会的解体过程孕育了资本主义的萌芽，从十六世纪中叶至十九世纪初叶经历四个时期：一、从明嘉靖、隆庆开始至万历年间，是资本主义萌芽开始时期；二、明清之际至清康熙二十年（1681）以前，由于满人征服中国，对于中国新生产力的大破坏，使资本主义因素停滞不前时期；三、康熙二十年以后至乾隆、嘉庆，由于经济的迅速恢复和巩固，形成资本主义萌芽的发达时期；四、道光以后，外国资本主义侵入，形成了外国资本主义势力和中国封建势力结合，以压抑中国资本主义因素发达的新时期。

先就第一时期即资本主义萌芽开始时期，用顾炎武《天下郡国利病书》中可充分说明，"迨至嘉靖、隆庆间，末富居多，本富益少，富者愈富，贫者愈贫，迄今三十余年，富者百人而一，贫者十人而九，金令司天，钱神卓地"——第二时期由于满族侵服中国，把东南沿海地区正在发展的资本主义因素包括劳动力在内，加以严重的破坏。"扬州十日""嘉定三屠"、苏州"死无算"、广州"居民几无噍类"、南昌"降者杀，不降者亦杀"，据统计，明末天启三年户口数约5166万，顺治十七年约1909万，相差三千一百余万，人口减少，当然资本主义因素没有持续的可能——康熙年间，吕留良说"今

[①] 底本有朱谦之先生旁批，本讲标题改为"封建社会内资本主义萌芽时期"。——编者

日之穷，羲皇以来所仅见"，据户部题本，四川"民无遗类，地尽抛弃"，江西"官虽设而无民可治，地已荒而无力可耕"，这是社会生产大破坏的时代——当时社会的主要矛盾是民族矛盾，对于满族地主之将中国社会逆转为奴隶社会，中国汉族地主阶级的知识分子，无论大中小各阶层均一致反对，新起的市民更不消论。清入关后的"大圈地"消灭了土著人民的大地主阶级，促成了土著大中小地主的联合战线，以反抗清皇族地主——明清之际学者和清皇族地主的斗争，一方面代表地主，一方面代表市民，反对清统治者对工商业的种种勒诈行为。王夫之《黄书·大正篇》、黄梨洲《明夷待访录·财计三》、顾炎武《钱粮论》上，均反映此思想——第三时期由于经济的迅速恢复和巩固，形成资本主义萌芽的发达的阶段，用陆陇其的话说"自康熙二十年以后，海内始有起色"——当清统治巩固之后，便以恢复封建经济作为重要的政治任务，首先在整理田赋、垦荒和治河等措施之下恢复了农业经济，跟着也推动了手工业生产——"文明较低的人民之每一次侵略，当然中断了经济的发展，并破坏了许多生产力，但是在长期征服中，文明较低的征服者，在最大多数的场合上，不得不与被征服国度的较高的经济情况相适应，他们为被征服的本地人民所同化，而且极大部分还引用了他们的言语。"(《反杜林论》)——第三时期不但恢复到明万历年间水平，且有新发展。明代工商业限于东南沿海地区，而清中叶以后则遍及各地，不但东南的苏、松、嘉、湖、杭和广州各地工商业发达，即远至陕西四川，亦极其繁荣，且商品经济部门，亦不限于明代之丝织业、陶瓷业、矿冶业和农业等，且发展为包括了丝织、棉织、制瓷、造纸、冶铁、铁器制造和木材等各行业部门，尤其是丝织、制瓷、雕漆等美术工艺品极受欧洲人的欢迎——清代经济的恢复和巩固，是由劳动人民辛勤劳动争取而来，清前期的市民斗争，如苏州数起的工匠的反抗暴动，"偷开矿厂之徒"之敢于

"聚众生事"，可见是反对统治者的压迫、摧残、剥削和限制之下取得胜利的——清统治者方面，一面大兴文字狱，实行高压政策，一面则用怀柔政策，收买知识分子，来巩固封建地主政权，康熙尊朱子为十哲，又命李光地编《性理大全》等颁布天下，目的是用封建秩序的"理"来消灭市民性的"欲"。同时，又提倡和现实政治脱离关系的考证学、编纂《四库全书》等，目的是把一些学者的"欲"寄托在书本子上，成为书呆子，就不会抗清了——十八世纪是清帝国统治相对安定时期，同时也是考证学发达时期，在明清之际讲经世之学尚继承经制派的学风，到十八世纪考证学派就只埋头在古典文献的整理和考据上面——考证派的卓出人物有"自幼为贾贩，转运千里，复具知民生隐曲"（章太炎语）的戴震，他站在市民阶级立场主张"理者存于欲者也"，即欲谈理，这就是对于当时统治者压迫市民的抗议，是符合于资本主义因素萌芽的发达阶段的要求——第四时期由于中国封建制度的长期性，一直到道咸以后，外国资本主义侵入才发生重大的变化。这时中国封建社会内商品经济的发展已经孕育资本主义的萌芽，却来了外国资本主义，在这过程中产生了反映商业资本思想，如魏源的学说。魏源鼓吹对外贸易，确认国家应以奖励和保护对外贸易为主要的施政方针，所著《圣武记》主"开源之利"，可算中国资产阶级思想的前身，其后随着帝国主义的商品侵略，帝国主义与封建势力的结合，竟唤起了中国人民反封建与反半殖民地的革命运动。

（一）十七世纪唯物主义与民主主义思潮

明清之际学者一群，他们都是出身封建社会的知识分子，都同情市民，具有一定程度的民主主义或唯物主义的思想因素。他们不是属于一个流派，也不代表同一阶层，但有一个共同点，即同不满清统治，同具强烈的民族意识，同欲改造现实社会政治，因之基本上可算是起进步作用的。又因他们在社会政治思想方面要与腐朽的势力斗争，所以反对阳明一派良知的空谈，而提出他们的经世致用的思想方法。

1. 黄宗羲（号梨洲，又号南雷，1610—1695）

他是主持正义的东林党人黄尊素的儿子、刘蕺山的门生，曾加入抗清武装斗争，屡遭迫害，计被悬赏访缉二次，指名捕拿一次，困于围城一次，被汉奸告发谋反二次，中间还到日本乞师，著《日本乞师记》一卷、《海外恸哭记》一卷，重要著作有《明儒学案》六十二卷、《明夷待访录》二卷及关于天文算学地理的著作——他主张理气合一，但和王阳明不同。阳明是唯心主义的说法，梨洲则一转而接近唯物主义的说法，他坚持这一观点，在《明儒案》中用作武器批判诸家，那个纯、那个驳、那个浅、那个深？同时也表现了自己思想之唯物主义的倾向——批判魏庄渠云，"理也、气也、心也，歧而为三，不知天地间只有一气，其升降往来即理也，人得之以为心，亦气也"（卷三）。批判余讱斋云"分理是理，气是气，截然为二，并朱子之意而失之"。批判薛敬轩云"理为气之理，理无气则无理"（卷七）。批判季彭山云"夫大化只此一气"（卷十三）。批判王塘南云"世儒分理气为二，而求理于气之先，遂坠佛氏障中"。批判杨晋庵云"夫惟理气一也，则得气清者理自照著，得气浊者理自昏暗"。批判曹月川云"理气之名由人而造，盖一物而两名，非两物而一体也"。批判王廷相云"天地之间只有气更无理，所说理者，以气自有条理，故立此名耳"——《明儒学案序》"盈天地皆心也"，与梨洲一向主张心即是气之说不合，批判罗整庵云"心即气之聚于人者"。批判薛思庵云"气未有不灵者，气之行处皆是心，不仅腔子内始是心也，即腔子内未始不是气耳"。批判吕巾石云"理不能离气以为理，心不能离身以为心"。又《孟子师说》卷二云"天地间只有一气充周,生人生物,人禀气以生,心即气之灵处"。可见梨洲言心即是气,而心不能离身而独立,这分明是唯物主义,《序文》云云乃伪作无疑,全谢山指出梨洲《文约》雕本中多冒附之作,《学案序文》又见《南雷文定四集》卷一,与《学案》卷首所载文字多不相同,尤以首尾两段最明显,可能为好事者所妄改或改窜——《明夷待访录》以《原君》《原臣》《原法》为题,阐明革命民主思想,《破邪论》斥天主教以人鬼当天主,斥地狱为佛氏之私言,对不合理的社会现象一一加以批判——《南雷文约》中反对神仙家言,反对伪造的阿育王舍利之神异说,而在其反对鬼荫之说时,居然接近过去范缜的神灭论——《明夷待访录》对于向来所视为天经地义的纲常名教、君臣大义,从根本上加以怀疑,揭穿了"为天下之大害者,君而已矣",对于专制君主的自私自利、牛马奴隶人民的欺骗性加以攻击,在这一点带着民主主义反封建专制的色彩——历史哲学方面,梨洲是清代史学的开山祖,提倡"欲免迂儒,必先读史",所著《明儒学案》《宋史学案》影响极大,为中国有哲学史之始,《明儒学案·发凡》提倡"学有宗旨",以现代语表之即是"观点",《学案》虚心观察了各人的观点,同时也就阐扬了自己的观点——《学案》的观点,见于其《移史馆论不宜立理学传书》,应用了接近科学的浙东史学观点,驳斥了"此亦一述朱,彼亦一述朱"之学术上的宗派主义、教条主义,关于废去《道学传》的主张,影响及于《明史》。

2. 王夫之(号姜斋,世称船山,1619—1692)

他和黄梨洲的学术思想的出发点不同,而归着于素朴唯物主义的路线相同,黄从阳明学出发,代表中小地主,也代表市民。王从朱子学出发,代表地主,却说不上代表市民。黄有极明显的民主主义色彩,王则有极坚定的民族主义立场，二人均有关于君主起源的学说，但黄重民权，近卢梭的民约论，王重君权，近霍布士的民约论——明末抗清的民族地主战线，有代表湖南的王船山、代表浙江的朱舜水、在江苏的顾炎武、在广东的屈大均、在山西的傅青主，王船山出身，据其子敔《行述》，和《姜斋文集》中《家世节录》，均可见所代表的仍是大地主阶级的利益，又就言论来看，如《读通鉴论》十九论豪族、《宋论》十二论兼并，均可见民族地主反异族不是反封建——王船山的素朴唯物主义世界观得力于张载，张载在反对佛家唯心主义斗争中确具唯物主义思想因素，王船山作《张子正蒙注》，正确地加以解释与发挥——首先，他承认世界按其本质是物质的，这就是他所谓"有"或所谓"器"。《系辞》"形而上者谓之道，形而下者谓之器"，有器而后有道。故"君子之道尽夫器而已矣"（《周易外传》），唯器论即是破无形立有形，"故谓之形而上而不离乎形，道与器不相离"（《周易内传》），也就是破无立有，破妄立常——其次，在认识论上肯定物质世界的存在，把佛家的三界唯心、万法唯识的说法推翻了，依《尚书引义》卷五关于"能""所"的分析，客观是不依靠人的主观认识而独立存在——再次，是承认物质运动的规律性，这即是理，但理是气的规律，理与气的关系即物质与其规律的关系，"天下之务因乎物，物有其理矣"（《尚书引义》卷一），理气不可分，"理与气相互为体，而气外无理，理外亦不能成其气"（《读四书大全说》卷十），又驳理先于气之说，"理即是气之理，气当得如此便是理，理不先而气不后"（同上），在理气关系之中，气居第一位，"气者理之依也"（《思问录》）——"气化日新"之说即认物质是运动变化的、发展的，不特动为常，而静还是本动的，天地间没有绝对的静，所以一切均在变化发展之中，"天下日动而君子日生，天下日生而君子日动，动者道之枢，德之牖也"（《周易外传》），由"气化日新"即知物质能力之不灭（说见《正蒙注》卷一上）——物质无生灭,只有气化,气化是无穷的,"惟其富有,是以日新",在此王船山充分应用了素朴的辩证法,看得生死幽明都不过一屈一伸、一损一益、一聚一散的辩证的发展——王船山素朴辩证法的唯物主义,其局限性表现在他的思想仍不脱宋儒泛神主义的影响,如把人的生命扩大化为宇宙的生命,这乃是人类中心主义,把物质的运动与变化看成生命的运动与变化了,结局便走向天人感应的神秘主义上去——社会政治（著作如《黄书》《噩梦》）全部贯串着爱国主义,依船山的理论,君主只是为保障民族的利益而设,是由民族自己选择来的,所以历代君主必须是本民族的人,如果他违反本民族的信托而有私天下意思,那便是本族的罪人,便是祸乱的根本了——民族主义的理论基础是地理决定论。"夷狄之与华夏所生异地,其地异,其气异矣,气异而习异,习异而所知所行蔑不异矣,乃察其中亦自有其贵贱焉,特地界分,天气殊而不可乱,乱则人极毁,华夏之生民亦受其吞噬而憔悴,防之于早,所以定人极而保人之生,因乎天者也。"把气候和土壤的差异来坚持夷夏之大防,这是封建社会的民族主义思想特点——王船山爱国主义基本上站在封建地主阶级立场,所以在实际运动上面便忽略了民众的力量,他和李贽根本不同,即李贽代表他所称为"商贾者于小人之类为巧"的"小人",而他则自命代表"君子"。李贽反封建,故不能不反对作为地主阶级所归依的孔子之道。王船山反异族,故不能不反坚持中国封建文化的优越性,以与游牧落后之异族地主对抗,"天下之大防,华夏夷狄也,君子小人也"（《读通鉴论》卷十四）,华夷之分即文野之分,所以偏重"文"的历史观。

3. 顾炎武（字宁人,号亭林,1613—1682）

江苏昆山地主,十四岁时加入复社,清兵下江南,曾就地起兵抗战,三十八岁时被人告发,乃化名蒋山佣,乔装商人逃亡,四十七岁六谒孝陵后,遍游四方,从事反清爱国斗争——所著书《天下郡国利病书》一百二十卷、《日知录》三十二卷,皆一生精力所举,后来汉学家仅取其能考订,不知"亭林原本经术而发为经世之学"(俞樾《仪顾堂文集序》)——自称"经世之学"是圣人之道,"有亡国有亡天下,亡国与亡天下奚辨,曰易姓改号谓之亡国,仁义充塞而至于率兽食人,人将相食,谓之亡天下"。他反对空谈家"置四海困穷不言,而终日讲危微精一",这就是经世家的抱负——《日知录》卷八至十二讲政事,卷十二至十三讲社会问题。自述著书宗旨是"有王者起,将以见诸行事,以跻斯世于治古之隆"——亭林思想在一定程度上具有素朴唯物主义与民主主义的思想因素,又在反异族侵略的条件下,他和王船山都把夷夏之防放在君臣之分之上。

4. 傅山(字青主,山西阳曲人,1606—1684)与屈大均(字翁山,广东番禺人,1630—1696)

顾炎武生平结交的爱国志士,北有傅山,南有屈大均。傅山著《霜红龛全集》,充分表现民主主义思想,反对奴才,"不拘甚事,只不要奴。奴了,随他巧妙雕钻,为狗为鼠而已",他挖苦宋儒无用之学,称之为"奴君子"——"天地有腹疾,奴物生其中",他眼见明清之际奴儒们一个一个投降愤极了,故诋之无所不至——屈大均所著三外:《诗外》《文外》《易外》。诗中充满爱国主义思想,《易外》基本上是唯心主义,但在说明世界发展过程中,仍是素朴的唯物主义思想倾向——"盈天地间皆生气充周",而气有水火二种,最重要的是水,水为万物之原,在社会伦理方面,屈大均则大倡其男女平等之说。

5. 吕留良(字用晦,号晚村,1629—1683)与唐甄(字铸万,1630—1704)

在反异族统治斗争中所唤起的民主主义思想,有从朱子学出发的吕留良,有从阳明学出发的唐甄,二人比较,唐甄思想更能反映商人和手工业者利益,吕留良不过主张要封建统治阶级对人民让步而已——吕留良出身大地主阶级,明亡散财结客,密谋恢复,所著书为清廷销毁,现传《四书讲义》与《吕用晦文集》,当时朱子学成为官学,大地主官僚如李光地、魏象枢、熊赐履、陆陇其等皆奉朱学,提倡君权,为清室服务。吕留良相反地借朱熹的"义理"之学,并评点八股文,以发挥"严夷夏之防"的爱国主义思想,恢复了朱子学的攘夷论——他主张"君臣大义,域中第一事,人伦之至大……看'微管仲'句,一部《春秋》大义,尤有大于君臣之伦",把夷夏之辨看得比君臣之义还重要,是明清之际朱子学的新倾向——他所著《文集》里有论赈饥的、论保甲的,曾静即因见其中所评时文有论井田封建的话与反君主专制思想受其影响。

唐甄出身于破落小地主家庭,所著《潜书》揭发了清民族统治下人民生活的悲惨情形,"清兴五十余年,四海之内,日益困穷,农空、工空、市空、仕空,是四空也"。他站在人民立场,自称"吾犹是市里山谷之民",虽继承阳明学而所重则在事功,切感当时社会的不平等、不幸福,而起强烈的同情与反感——他提倡平等,"天地之道故平,平则万物各得其所",不平的最大原因由于封建最高的统治者,他是剥削阶级的统帅,是盗贼,是刽子手,"自秦以来凡为帝王者皆贼也"——他坚决反对君主专制,但仍不敢说废君,而只主张裁抑君主,尚未完全摆脱封建社会阶级的见解——他在批评了封建专制所造成的"无人不穷"的局面之后,即提出反封建传统的重视商人和富民的主张,并给商人的利益辩护——又主张男女平等,见《潜书·内伦》《夫妇》《居室》各篇,虽然他基本上是唯心主义者,但就其代表市民立场来看,可算是当时一个比较彻底走向民主主义的思想家。

6. 方以智（字密之，1611—1671）与刘献庭（字继庄，号广阳子，1648—1695）

明清之际唯物主义与民主主义思想因素的产生，是和当时科学的发达相联系的，如方以智与刘献庭即为好例——方以智明亡出家为僧，所著书今传《通雅》《物理小识》及《药地炮庄》等，他学问广博，不但对于科学和哲学有系统的研究，且精通文学和医学、艺术等——《通雅》是一部百科全书，荟萃古今学术知识的大成，而且厚今薄古，主张"考古所以决今"。方以智看重知识，批判"儒者株守常格，至于俯仰远近，历律医占，会通神明，多半茫然"——他认为"核物穷理之学"可以分为两种，一种是"通几"，一种是"质测"。"通几"是哲学，"质测"是各种科学，而哲学即寓于各种科学，所以说"质测即藏通几"。科学须有哲学为指导，所以说"通几护质测之穷"——厚今薄古说，"世以智相积，而才日新，学以收其所积之智也，日新其故，其故愈新"。又"先辈岂生今而薄今耶，时未至也，其智之变亦不暇及也，不学则前人之智非我有矣，学而循迹引量，不失尺寸，则诵死人之句耳"——关于科学知识，方以智很受西士影响，但他不信天主教，尤其不信他们所尊奉的上帝。由他看来，西洋长于科学，而哲学则非所长——方以智站在反宗教迷信的基础上，建立了素朴的唯物主义世界观，他认为世界只是物质充塞着，用传统的名词来表达，即世界是气的世界，气是形声光各物质现象的原因，同时也是精神现象的原因，至于理与气的关系，他主张理气合一、理在气中与道器不相离之说，"性命之理必以象数为征，未形则无可言，一形则上道下器，分而合者也"——方以智在社会观方面亦倾向民主主义思想。

刘继庄继方以智以后，提倡厚今薄古，所著书今传《广阳杂记》五卷。"今之学者率知古而不知今，纵使博极群书，亦只算半个学者。"他论学主经世实用,"今之儒者之心,为刍狗之所塞者久矣,而以天下大器使之为之,爱以图治,不亦难乎?"——他是音韵学者、地理学者,《广阳杂记》中述及职官、钱币、户口、赋税等,可见其关心于社会政治,又对于当时农民起义颇能认识,其见解尚在王船山之上。

7. 颜元(号习斋,1635—1704)与李塨(字刚主,号恕谷,1659—1733)

十七世纪唯物主义与民主主义思潮,一方面表现在传统的哲学诸流派,另一方面则表现在从此分化出来的新起的哲学诸流派,如"颜李学派"是——颜元所著《四存编》,《存治》乃壮年宗宋儒时所作,原名《王道论》,《存性》《存学》乃思想发生根本转变时所作,《存人》原名《唤迷途》,四十八岁作,是专为反对佛道,劝人不要迷信的通俗文——李塨服膺习斋学说,后又远游江南与陕西,以宣传师说为己任,所著书有《大学辨业》《圣经学规纂》《周易传注》及《瘳忘编》《平书订》《拟太平策》等关于社会政治等著作——颜李学派基本上是站在地主兼市民阶级立场,猛烈攻击为清统治者所利用的宋学,而提倡他们的"古学",但这种"古学"有颂古非今的意思,所以具一定的进步作用,但既以"古学"为旗帜,便要拥护封建制度,在此又和落后的思想分不开——颜李学派反对朱子学有几点:第一,是反对朱子读死书、死读书,"朱子言教人无宗旨,只是随分读书。评曰:《大学》何不言壹是皆以读书为本","孔子岂是半日静坐,半日读书乎","试观千圣百王,是读书人否,虽三代后整顿乾坤者,是读书人否,吾人急醒"。第二,是反对主静之学,"为主静空谈之学久,则必至厌事、废事,遇事即茫然,贤豪且不免,况常人乎?故误人才、败天下事者,宋人之学也"。第三,是反对朱子学误国祸民,"可怪宋家一代文人，理学自误一生，并误其君之社稷，民之性命"，"充却百栋汗千牛，大儒书卷递增修。闻道金人声势重，紫阳斋里泪横秋"——颜李所称"圣学"是实践实用之学，即所谓六府（金、木、水、火、土、谷）、三事（正德、利用、厚生）与《周礼》之所谓三物（一六德：知、仁、圣、义、忠、和；二六行：孝、友、睦、姻、任、恤；三六艺：礼、乐、射、御、书、数）——颜李学术渊源，可追溯两宋之经制派。颜元在《朱子语类评》中屡称道北宋王安石、南宋永嘉永康，为抱不平，即其证——宋儒讲格物归结为读书穷理，颜李别创新说，以格物为具有唯物主义思想方法的认识，即是实践。"譬如欲知礼，任读几百篇礼书，讲问数十次，思辨几十层，总不算知，直须跪拜周旋，捧玉爵，执币帛，亲下手一番，方知礼是如此，知礼者斯至矣。譬如欲知乐，任读乐谱几百遍，讲问思辨几十层，总不能知，直须搏拊击吹，口歌身舞，亲下手一番，方知乐是如此，知乐者斯至矣，是谓格物而后知至。"（《四书正误》）"颜习斋谓格物之格，谓亲手习其事也。又《尔雅》：'格，格举也，郭璞注：举持物也。'又《尔雅》：'到字、极字皆曰格，盖到其域而通之、搏之、举之以至于极，皆格义也。'语云一处不到一处黑，最切致知在格物之义。"（《大学辨业》）——颜李世界观基本上具唯物主义思想因素，即认世界的根本是物质，是气，精神即理乃气的派生，"若无气质，理将安附"（《存性》）。李塨亦言理气关系，但更重道学，以为宋儒以理字代道字，乃一大错误。程朱派主理在事外，颜李主理在事中。理在事外则形上与形下分，理在事中则所谓道即在五伦六艺之中，故其讲道均极具现实的意义。"道者，人所由之路也，故曰道不远人，宋儒则远人以为道也。"（《四书正误》）——虽然颜李派在实践方面还是食古不化，最后仍不免折入宋儒心性一途，但就其社会政治思想来看，仍具相当的民主主义因素。如颜元《存治》主张平均土地："天地间田，宜天地间人共享之，若顺彼富民之心，即尽万人之产而给一人，所不厌也，王道之顺人情，固如是乎？况一人而数十百顷，或数十百人不一顷，为父母者，使一子富而诸子贫，可乎？"他的理想社会是孟子所谓"百姓亲睦，不安本分者无之，为盗贼者无之，为乞丐者无之，以富凌贫者无之"。李塨《存治篇序》："夫使天下富贵，数百年皆一姓及数功臣享之，草泽贤士，虽如孔孟，无可谁何？非立贤无方之道，不公孰甚，欲治平何由？"——颜元主张男女平等，虽只从封建社会的利益出发，从亲子关系与封建思想出发，但从历史主义观点来看，仍具民主性的精华，应该算是中国进步思想的继承人与开拓者。

（二）十八世纪考证学派之科学与哲学

十七世纪唯物主义与民主主义思潮对于清统治者的反感很深，因此大受猜忌，自文字之狱兴起，加以清廷用开博学鸿儒科与《四库》编纂的文化政策，致经世致用之学变质，继之而起的是脱离政治、脱离实际、脱离革命的所谓"汉学"——汉学即考据学，其学术来源虽可追溯到明清之际的顾炎武、黄宗羲，但十七世纪的经世学派究与十八世纪的汉学有本质的不同。阮元说"明末诸儒多留心经世之务，世之推亭林者，以为经济胜于经史"。江藩所著《汉学师承记》则简直从阎胡开始，而将顾黄作为附录——汉学元祖虽有时顾亭林与阎百诗并称，但实际是从阎若璩与胡渭开始而成为有系统的专门学问，尚在乾隆嘉庆时代——阎若璩（字百诗，1636—1704），所著书有《古文尚书疏证》八卷，为其三十余年研究的成绩，胡渭（字朏明，1633—1714），所著有《禹贡锥指》与《易图明辨》，前书为地理学著作，后书辨宋以来《河图》《洛书》，谓非羲孔真传，二人均甘心把知识给封建民族统治者服务。自此以后，便有好些"厚古薄今"的汉学家，继起润色太平，把原来经世学派之反清反封建的民主主义思想路线几乎给斩断了——清代在提倡烦琐的考证学之外，也提倡历算学及其他科学，主要历算家有梅文鼎（字定九，1633—1721），所著《勿庵历算全书》在研究中国算学的基础上吸收西法，据刘师培云"梅文鼎之后人梅毂成挟文鼎之书佐清治历，而李光地、王兰生又以律吕音韵之学重于清，以曲技之才致身公辅，而干世乞赏之流，遂以术为进身之具"（《清儒得失论》）。所谓为学问而学问是没有的，事实上汉学的先驱者就是给封建统治阶级服务的——汉学的发达，自吴、皖二派。吴派以惠栋为代表，皖派以戴震为代表，案地方之分布，汉学可分数派：

（1）吴派：惠栋、余肖客、江藩、王鸣盛、钱大昕。

（2）皖派：江永、戴震、段玉裁、王念孙、程瑶田、俞正燮。

（3）扬州派：汪中、阮元、凌廷堪、焦循。

（4）阳湖派：洪亮吉、张惠言。

（5）浙东派：万斯同、全祖望、章学诚。

1. 惠栋（字定宇，1697—1758）

所著《九经古义》十六卷、《易汉学》七卷、《周易述》十三卷等，其家学有厚古薄今的倾向。王引之批评他"惠定宇先生考古虽勤而识不高，心不细，见异于今者则从之，大都不论是非"。梁启超批评他"凡古皆真，凡汉皆好"——案惠栋一派治学方法，虽均用汉儒的故训来说经，但他本人是专心学问，究和阎胡以著述求功名者有所分别，即如他精研三十年所写《周易述》一书，实受明末刘蕺山与东林学派影响，不过表面上用汉儒的语句加以说明而已。如主张"天地为元气之所生"，认有形与无形皆从元气而来，因此反对宋儒脱离"有"而言"无"，又主张"慎独"，主张"情善"，均与刘蕺山同，可见惠栋是以汉儒为形式，明儒为内容，并非专主汉说——吴派在惠栋以后越发走向"株守"一路，惠栋是从反宋儒而来，他的弟子则复古而不反宋，如钱大昕论妇人七出之说，简直就是宋儒口吻，又如江藩既尊汉作《国朝汉学师承记》，又尊宋作《国朝宋学渊源记》，这乃是反映当时清统治者文化政策的胜利，正如章学诚所称："其始也以利禄劝儒术，而其究也以儒术徇利禄，斯固不足言也，而儒宗硕师，由此辈出。"（《文史通义·原学下》）

2. 戴震（字东原，1723—1797）

戴震为皖派的代表，一方面集考证学之大成，一方面继承了经世学派唯物主义与民主主义思想的传统，他是十八世纪考证学派里面最卓越的科学家与哲学家——章太炎叙皖和吴派的不同，"吴始惠栋，其学好博而尊闻，皖南始江永戴震，综形名，任裁断，此其所异也"。两派之中，吴[①]派"笃于尊信，缀次古义，鲜下己见"，是"厚古薄今"；皖派"分析条理，皆缜密严瑮，上溯古义，而断以己之律令"，是"厚古而欲通今"。吴派脱离现实的实际，有学问而缺乏哲学；皖派则比较富于思想性——戴震跟父亲经营商业，家境颇苦，五十岁后在四库馆工作四年，《四库全书》中经史、水地、天算、楚辞等类《提要》，多出其手，所著书据《安徽丛书》（第六期）所刊出的二十二种，又所校算书，有孔氏微波[②]榭《算经十书》本。按其著作内容分类，有关于经学的、文字学的、音韵学的、天文历法学的，关于算学的、地理学的、水利学的、生理学的，关于文学的。关于哲学的，有《绪言》三卷、《孟子字义疏证》三卷、《原善》三卷，又北大图书馆藏手抄本《孟子私淑录》三卷——戴东原对学问无所不通，但

[①] "吴"，原作"皖"，误，据上下文和福建本改。——编者
[②] "波"字原脱，据张之洞《书目答问·子部》补。——编者

归结乃在哲学，他研究训诂文学，宗旨在明了古代哲学，凌廷堪《事略》云"先生则谓义理不可舍经而空凭胸臆，必求之于古经，求之古经而遗文垂绝，今古悬隔，然后求之故训，故训明则古今明，古经明则贤人圣人之义理明，而我心之所同然乃因之而明，理义非他，存乎典章制度者也"——《与段玉裁书》"仆生平著述最大者，为《孟子疏义》一书，此正人心之要，今人无论正邪，尽以意见误名之曰理，而祸斯民，故《疏证》不得不作"——焦循《申戴篇》"东原所著书，惟《孟子字义疏证》最为精善，盖精魄所属，故临没时往来于心，其所谓义理之学可以养心者，即东原自得之义理，非讲学家《西铭》《太极》之义理也！"——与颜李学的关系，可以从著作的内容上看，如同反对朱子学，从传授的源流上看，如东原与方用安、仲明及程廷祚的关系——戴望《颜氏学记》卷一在叙述习斋《存性》后云，"乾隆中戴吉士震作《孟子绪言》始本先生此说，言性而发其旨"云，可见，戴是颜李学之一个继承与发展——颜戴亦有不同，即颜主实践，所重在行，戴主实事求是，所重在知，如云"凡异说重行不先重知，圣贤之学由博学审问慎思明辨而后笃行，则行者行其人伦日用之不蔽也"——有了雍正的《大义觉迷录》要以理杀人，就有戴震发愤所著《孟子疏义》与之对立，"故就《孟子字义》开示，使人知人欲净尽天理流行之语病，所谓理者必求诸人情之先憾而后即安，不得谓性为理"。此所云，实即唯情哲学——程晋芳（1718—1784）作《正学论》，前半攻颜李，后半斥戴震云，"近代一二儒家又以为程朱之学禅学也，人之为人，情而已矣，圣人之教，顺乎情而已"——东原主情并不反对理，故云"后儒不知情之至于纤微无憾谓之理，而其所谓理同于酷吏之所谓法，酷吏以法杀人，后儒以理杀人，浸浸乎舍法而论理，死矣更无可救矣"。东原哲学即为反抗当时清统治者所利用为统治工具的理学而产生。

第一，在世界观方面，是反对宋儒"天理流行"之唯心主义世界观，而建立其"气化流行"之唯物主义世界观——"道犹行也，气化流行，生生不息，故谓之道""阴阳五行，道之实体也"。这很明显地指出世界按其本质是物质的，"天道五行阴阳而已矣""道体物而不可遗"，道的内容即是阴阳五行，即气化流行——理与气，形上与形下，道与器均只在气化之一过程中，气化之尚未成形，即是形而上者，形而上即形之以前，到了成形而成品物，便是形而下，但形而上虽无形而非无物——宋儒所谓理是抽象的，相反地，东原肯定事物过程之中有其条理规律，即是理，但这个理并不是先于物质而存在，有事物而后有事物的条理规律，"举凡天地人物事物不闻无可言之理也，《诗》曰有物有则是也，就天地人物事物求其不易之则是为理"。在气化流行中一阴一阳生生不息，这生生的过程是有条理有规律，东原用《易经》"显"与"藏"的两个观念，来说明生生与条理的关系，在气化流行中一显一藏、一生一息、一动一静即是理，但生生与条理的关系，生生是原，故说"《易》曰天地之大德曰生，气化之于品物，可以一言尽也，生生之谓易"，在生生不息之中，也有相对的静止，即称为息。"生则有息，息则有生，天地所以成化也"，然而息不是和生对立的，生之中即有息，一生一息永远的运动发展，这就是生生而有条理，这即是物质运动的规律性。

第二，在认识论上反对后儒以"意见"讲"理"的唯心主义认识论，主张"有血气夫然后有心知"之唯物主义认识论——东原认物质为第一性的存在，所以天道是气化流行，人道亦如此，举《大戴礼记》"血气心知，性之实体也"一语为证——人是从物质世界之中分得一个实体，尽管这个实体是天地之间最高等的，但只要是一个人，便不能不有限于所分以成其性，这所分的人性，包括血气心知，而以血气为主，血气居第一位，心知居第二位，"人之血气心知，原于天地之化者也""有血气则有心知"——人的血气心知比较飞潜动植为高等。"孟子不曰性无有不善,而曰人无有不善,性者飞潜动植之通名,性善者论人之性也",人有心知可以发达到最高境界,但知识的来源,仍不能不由于血气,人的知识不能脱离物质世界作用于我们的感官的来源——感性(血气)的对象是声色臭味,理性知识的对象是较复杂的事情,但有血气才有心知,"心能使耳目鼻口,不能代耳目鼻口,彼其能者各自具也,故不能相为",即理性知识不能代替感性知识,但他可以把知识推进了一步,从不完全的知识达到比较完全的知识,即所谓"理义"——"理义"也不在事物之外,"就事物言,非事物之外别有理义也,有物必有则,以其则正其物,如是而已"。因为理义是客观的真理,是"心之所同然",而和个人主观的意见不同——宋儒不识客观真理与主观意见的分别,妄以意见为理,东原指出,"凡以为理定为心,不出于欲则出于理者,未有不以意见为理而祸天下者也"。"今虽至愚之人,悖戾恣睢,其处断一事,责诘一人,莫不辄曰理者,自宋以来始相习成俗,则以理为如有物焉,得于天而具于心,固以心之意见当之也,于是负其气、挟其势位、加以口给者,理伸;力弱、气慑、口不能道辞者,理屈。"宋儒所说理是什么东西?乃是天下许多罪恶所假之而行的名称,东原很愤恨地决定要推翻他。

第三,在社会伦理思想上,反对宋儒天理对人欲的唯心主义道德观,而建立理与情欲统一的唯物主义道德观——东原的心理学分析人性为欲、情、知之三方面。"人生而后有欲、有情、有知,三者血气心知之自然也,给于欲者声色臭味也,而因有爱恶;发乎情者喜怒哀乐也,而因有惨舒;辨于知者美丑是非也,而因有好恶。"这是近代心理学的知情意三分法,但在东原却是从实际观点出发——东原的理想世界还只限于封建的道德世界,即站在当时人民立场,要求实现一个完全"遂人之欲,达人之情"的境界——他反对宋儒理欲之辨,以为"理欲之辨适成忍而残杀之具,为祸又如此也","古之言理也,就人之情欲求之,使之无疵之为理;今之言理也,离人之情欲求之,使之忍而不顾之为理,此理欲之辨,适以穷天下之人,尽移为欺伪之人,为祸何可胜言也哉"。这是很沉痛地指出宋儒唯心主义的道德观对于人民的毒害性——东原认为情欲即是天理。"情得其平,是为好恶之节,是为依乎天理""情之至于纤微无憾谓之理""无过情无不及情之谓理",这就是说"自然之极则是谓理""理非他,盖其必然也",自然的世界也就是道德的世界,抽象的道德规律不能作为自然规律的基础,反而是自然规律才是社会伦理的规律的基础——东原思想基本上没有脱出封建道德的大圈套,他的唯情哲学作为唯物主义哲学来解释仍有重大缺点,一方面由于他所受传统哲学的束缚,不能不承认封建道德的永恒性和普遍性,一方面也由于他所讨论的主要问题是理论问题,并不怎样联系实际,所以后来他的哲学思想并不能像他的考证学一样发生重大影响,这当然也是由于他思想本身的局限性。

3. 程瑶田(字易畴,1725—1814)

与戴震同学于江永之门,他极钦佩戴震,在《通艺录·五友记》云,"论当世士可交而资讲习益者,余曰戴东原也",实际二人的学术思想亦极接近,他可称为戴学之同情同调者——东原论性,谓"性者分于阴阳五行,以为血气心知",是以气质之性为性,程瑶田《论学小记》云,"有质有形有气,斯有其性,是性从其质其形其气而有之也。人之所以异于物者,异于其质形气而已矣,后世悉惑于释氏之说,遂以超乎质形气以言性而不知性,质形气之成于人者,始无不善之性也"——东原谓情欲与理为一,程瑶田则认情与性为一,他说"性不可见,于情见之""由性自然而出之谓情",情即是性之自然流露,只要一念真诚,这一念即是情,"意不能离乎情,好恶之出于不容已者情也"——东原的心理学，谓"人生而后有欲有情有知"，程瑶田谓人性有情有意有知，都可算是心理学上之三分法，而二人均归结于主知主义。他说"知非空致，在于格物，物者何？身心家国天下也。格者，举其物而欲贯通乎其理，致知者，能贯通乎物之理矣"——在"格物"的口号下，程瑶田写下一部大书《通艺录》，本文十九种，附录七种，凡义理、训诂、制度、名物乃至声律、象数无所不通，用力之勤，可与东原比美，所得结论也是具体的，不是抽象的，是实用实学，而不是强作解事。

4. 俞正燮（字理初，1766—1834）

他的学术思想"为江戴之绪"（王立中《年谱序》），所著有《癸巳类稿》二百四十九篇、《癸巳存稿》五百五十六篇，应用前辈治经的归纳方法治史，向多方面发展，于天象地舆、掌故文物乃至声音训诂无所不通——他的思想特点是极尊重妇女，提倡男女平等，为当时伦理思想之一大革命——宋儒称寡妇之再嫁为失节，谓饿死事小，失节事大，理初作《节妇说》云："妇无二适之文，固也，男亦无再娶之理，礼意不明，苟求妇人，遂为偏义。古礼夫妇合体，同尊卑，乃或卑其妻，古言终身不改，言身则男女同也，七事出妻，乃七改矣，妻死再娶，乃八改矣，男子义理无涯涘，而深文以罔妇人，是无耻之论也。"又作《贞女说》，痛斥世俗迫女守贞为非人道。"呜呼，男儿以忠义自责则可耳，妇女贞烈，岂是男子荣耀也"——主张一夫一妇制，作《妒非女人恶德论》云："妒者妇人常情，夫妇之道，言致一也，夫买妾而妻不妒，则是恕也，恕则家道坏矣，天地絪缊，万物化醇，男女媾精，万物化生，《易》曰三人行则损一人，一人行则得其友，言致一也，是夫妇之道也"——当时妇女缠足盛行，理初作《书〈旧唐书·舆服志〉后》，考缠足历史甚详，所得结论："古有丁男丁女，裹足则失丁女，阴弱则两仪不完，又出古舞屣贱服，女贱则男贱"——蔡元培作《俞理初先生年谱·跋》，极称道俞理初认识人权与认识时代。

5. 汪中（字容甫，1744—1794）

扬州派以汪中、阮元、凌廷堪、焦循为代表，实即吴、皖二派之继承者。均长于文辞，斥唐宋八大家，而尊汉魏六朝之骈丽体，汪中尤以文章家知名——汪中自称"余幼罹穷罚，多能鄙事，赁舂牧豕，一饱无时"，可见其出身贫寒。江藩称其"言世多淫祀，尤为惑人心，害政事，见人邀福祠祷者，辄骂不休"，可见其破除迷信。阮元、王念孙称其"疾恶如仇"，洪亮吉称"时人共目之曰狂生"；可见其畸人的性格——实际这一位以经术文章冠绝一时的人物，乃以继承明清之际经世派自命。"中少日问学，实私淑诸顾宁人处士，故尝推六经之旨以合于世用，及为考古之学，惟实事求是，不尚墨守"——所著《述学》，探究二千年来为人所鄙弃的哲学遗产，如作《荀卿子通论》，及为《墨子》撰序，称墨子为救世之术，为仁人，至为当时名教所不容，翁方纲指斥之为"名教之罪人，墨者汪中"，却是墨者汪中其学尚在墨之上。如墨子明鬼，而汪中疾当时为阴阳拘忌神怪之说；墨子主张社会之纵的关系，反对男女平等，认为昏礼"取妻身迎，如迎严亲，颠复上下，悖逆父母，可谓孝乎"；汪中则反之，主张男女平等，《释〈周礼〉媒氏文》谓"婚姻之道，可以观政矣"——汪中反对女子守贞，与俞理初同为当时伦理思想之革命家。

6. 凌廷堪（字次仲，1755—1809）

家贫，学经商，二十岁至扬州，以校对词曲谋生活，后至北京，得读《戴氏遗书》，作《戴东原先生事略状》，自称私淑弟子。他论学反对程朱陆王与戴同——东原反对宋儒言理，次仲亦反对言理。

"《论语》皆孔门遗训,其中无一理字",但次仲不言理,而实以礼字易理字,"《大学》云自天子以至庶人,壹是皆以修身为本,《中庸》云斋明盛服非礼不动,所以修身也,是礼字为《中庸》《大学》真注脚"。又作《复礼》三篇,分别礼与理,"圣人之道至平且易也,《论语》记孔子之言备矣,但恒言礼,未尝一言理也"——他认为理是以心为本,礼是以物为本,所以格物即是考礼。"《记》曰致知在格物,物者礼之器数仪节也,若泛指天下之物,有终身不得尽识者矣"——讲礼即是要维持封建统治的秩序,用此来说明格物致知,即是用封建统治秩序来笼罩一切,用封建统治秩序来永远压迫拘束人民,这和宋儒讲理同样是为封建社会服务——宋儒以理言性,次仲以情言性,即以"好恶"言性,作《好恶说》二篇云"好恶者先王制礼之大原也""性者,好恶二端而已",好恶即是情,《复礼》上云"夫性具于生初,而情则缘性而有者也。性本至中,而情则不能无过不及之偏,非礼以节之,则何以复其性焉"。此种复性说实出于宋儒性本善、情乃有不善之说,复性即是节情,而礼则为节情复性的工具。戴震打倒"理"之后,次仲只轻轻地换一名词,又把封建的铁锁套在人民的颈上了——次仲痛斥宋儒,若有不共戴天之仇,谓"道学之焰,隆隆不已,宋竟全人于元"。又极为汉奸秦桧辩护,又持金元正统论,完全丧失民族立场。赵翼《廿二史札记》亦为秦桧平反,可见乾嘉时代汉学家在清封建统治之下,已经走向利禄和反动的路上去。

7. 焦循（字里堂,1763—1820）[①]

他是戴震唯情哲学思想系统的继承人。所著以《易通释》《论语

[①] 底本于本节有旁批曰:"马恩《神圣家庭》'关于人性本善和人们智力平等,关于经济、习惯、教育的万能,关于外部环境对人的影响,关于工业的重大意义,关于享乐的合理性等等的唯物主义学说,同共产主义和社会主义之间有着必然的关系（见《马恩全集》第二卷页166,1957年人民出版社）'。"——编者

通释》《孟子正义》《雕菰楼集》最有名。《文集》卷七有《申戴篇》，又《论语通释自序》云"《孟子字义疏证》于理道天命性情之名，揭而明之如天日"，而自作即模效《孟子字义疏》体裁——论性善之旨，亦本东原，指出食色即性，"性善之说，儒者每以精深言之，非也，性无他，食色而已，饮食男女，人与物同之"。但人性善，而禽兽之性不善，这是由于人类智慧进化的结果，因人有智慧，所以（1）能推己及人，"己之性既能觉于善，则人之性亦能觉于善"，（2）能变通以适应环境，"人能变通故性善，物不能变通故性不善"，由此所得结论："智人也，不智禽兽也，几希之间，一利而已矣，即一义而已矣，即一智而已矣"——但所谓智，并不是离开情意的作用，如推己及人是情，知其宜变而之宜是意志的作用，可见焦循的心理学与戴程同，而所谓性善实即情善，故云"孟子性善之说，全本于孔子之赞《易》，孔子赞《易》则云，利贞者性情也，六爻发挥，旁通情也""禽兽之情不能旁通，人之情则能旁通，故可以为善，情可以为善，此性所以善"——焦循极重"旁通"，所著《易学三种》，自云即发明旁通相错时行之义，"旁通情，即所以类万物之情""《传》云六爻发挥，旁通情也，成己在性之各正，成物在情之旁通，非通乎情无以正乎性"——旁通情即是一以贯之，"贯者通也，所以通神明之德，类万物之情也"，旁通情即是恕道。"由一己之性情，推极万物之性情"，这用数学概念来说明即为互乘。"在卦爻为旁通，在算数为互乘"，焦循是推步数术的专家，所著有《里堂学算记》，应用西算来解《易》，发明所谓旁通相错时行之义，而尤重旁通，有旁通始有变化可言——《易经》一书无论卦象爻辞，均以讲明天地万物之情，即归结于情之旁通。故云"舍情而言善，舍欲而求仁，舍才以明道，所以昧乎羲文孔孟之传者也"——焦循由"参互错综"之唯情世界观出发，应用在社会伦理方面，以为圣人也是以"通情"而得名（《论语通释·释圣》)。能"通"能"贯"即是"恕道",也就是"格物"。《格物解》云,"格物者何！絜矩也",此即戴震所云"以情絜情",也就是"旁通情"。故云"格物者旁通情也,情与情通,则自不争,吾犹人也,谓理不足恃也,法不足持也,旁通以情,此格物之要也"——焦循重视贯通,所以反对偏面地看东西,《论语通释》有八条论异端,《文集》卷九有《攻乎异端解》上下。但只讲情而不讲理,结果还是偏面。例如,他批判吕坤云:"孔子自言事君尽礼,未闻持理以要君。"他反对"后世不言礼而言理",与凌次仲说同,因看重礼,乃提倡贞女,作《贞女辨》,赞扬亲疾刲股肉,作《愚孝论》,拿来和俞理初、汪容甫思想比较,不免落后,和戴东原哲学相比更相形见绌了。

8. 阮元（号芸台，1764—1849）

在哲学方面是戴学的传人,由他的提倡,把汉学学风传播东南各省,所编纂书有《经籍纂诂》《十三经注疏》《皇清经解》《𥥩经堂集》,所涉学问极广,哲学著作有《论语孟子论仁篇》《性命古训》及《释顺篇》等——他应用归纳方法,从训诂方面着手。"余之说经,推明古训,实事求是而已。"他以为最先的古训即最正确的真理,却是即在这由训诂以通古义的方法里面,仍不免受时代思想的影响,不自觉地自古训中变出哲学的新花样——《论语论仁篇》把郑玄"相人偶"之说,解说曾子"人非人不济",《中庸》"仁者人也",以为仁即是相人偶,所得结论,"仁"字即是"尔我亲爱之辞",因此"必有二人而仁乃见",而"一人闭户齐居睨自静坐",玄想"仁浑然与物同体"之说便打破了,这当然是从实际出发,是有群众观点的,却是拿来解释孟子"仁人心也"就说不通——朱一新《无邪堂答问》驳他,"当孔孟时,小篆未兴,但有从千从心之字,安有从人从二之字,《论语》其心三月不违仁,《孟子》仁人心也,君子以仁存心,皆言心不言事,初未尝以相人偶为仁也"。实际以相人偶解仁字，与《春秋元命苞》"仁者情志好生爱人"、韩愈"博爱之谓仁"、周敦颐"爱曰仁"说均相合，中国哲学原有此一套传统——《性命古训》中承认"食色性也"与就情言性，说与戴震同，即认情和性是统一的，不能离情而言性，即不能离情而言善——阮元的社会伦理观见《释顺篇》，他主张顺天下，不主张治天下，所得结论："圣人治天下，万世不别立法术，但以天下人情顺逆，叙而行之而已，故孔子但曰至德要道以顺天下也，顺字为圣经最要之字"——阮元与戴学不同，在戴学所重在知，而阮元重行即实践，"圣贤之道无非实践，孔子曰吾道一以贯之，贯者行事也，即与格物同道也，曾子著书今存十篇，首篇即名立事，立事即格物也"——封建社会内讲实践，结果便是讲礼，阮元虽以汉学家自居，不甚言理，但对于礼，则言之津津有味，提倡"礼学"来代替"理学"，这不过名词不同。汉学家名为脱离政治，而实脱离不了，不是走戴震的路，就是走凌廷堪、焦循、阮元的路。

9. 洪亮吉（号北江，1746—1809）

少孤贫，嘉庆初以极陈时政，被戍伊黎，市民围观曰："此所谓不怕死之洪翰林也。"遇赦后，乃专心著述，所著有关于音韵、训诂、地理、诗文之各方面，哲学有《意言》二十篇，乃乾隆五十八年四十八岁时作，今收入《卷施阁文甲集》卷一中，为乾嘉时代最卓越之无神论者——洪北江思想渊源可追溯到王充，但王充言命，他却非命。《命理篇》云："人之生，修短穷达有命乎？曰无有也。果有轮回果报乎？曰无有也。夫天地之内有人，亦犹人生之内有虮虱也，人不能一一司虮虱之命，则天亦不能一一司人之命，可知矣。虮虱无命，人安得有命？"又批判老子以柔胜刚之说，《刚柔篇》云："以天地之大言之，山刚而水柔，未闻山之刚先水而消灭也；以物之一体言之，则枝叶柔而木刚，未闻木之先枝叶摇落也，如此而守柔之说何为乎？若必曰柔可胜刚，则吾宁为龙泉大阿而折，必不为游藤引蔓以长存者矣"——《意言》二十篇中，如论祸福、鬼神、天地、天寿、仙人五篇，发挥无神论思想极为详尽。第一，无鬼神："鬼神之说，上古无有，上古之所谓神者，山川社稷之名，有司存是也，上古之所谓鬼者，高曾祖考是也。""山川社稷，风云雷雨，皆有神乎？曰无也。高曾祖考，皆有鬼乎？曰无也。假其号以求食，非真山川社稷之神，高曾祖考之鬼也。"第二，无仙道："人而能仙，则应上古中古之时多，而后古之时少，何今所传之仙及人所值之仙，率皆唐宋以后之人，是岂上古中古之仙，至唐宋时而尽死，今之所为仙者，又适皆唐宋以来数代之人乎？吾故曰世无仙。世亦无长生不死之人，人之命有短长，由人气禀有强弱所致耳"——洪北江没有系统的世界观，但无神论思想则属于唯物主义思想体系。他的社会思想倾向于人口史观，在当时可算是从实际出发，见《意言·治平篇》与《生计篇》，人口史观认人口的生长是人民的灾难和贫困和斗争的原因，这在欧洲是以1798年匿名发表《人口论》之马尔萨斯（Malthus）的学说为代表，较洪北江发表《意言》后五年。人口史观所带来的反动主张，就是把社会多数人贫困的原因，认为自然的一般法则，而没有注意到社会制度或经济的缺陷，马尔萨斯如此，洪北江也如此。

10. 全祖望（号谢山，1705—1755）

浙东派以全祖望、章学诚为代表，此派始于黄宗羲，继之便是高足弟子万斯大（充享）、万斯同（季野）和私淑他们的全祖望——章学诚《文史通义·内篇五》"浙东学术"说明浙东派渊源。这一派"言性命者必究于史"，所成就的不是历史哲学，就是浙学的历史——在哲学史方面，黄梨洲以《明儒学案》著名，万斯同著《儒林宗派》

十二卷，上起孔子，下迄明末诸儒，第一卷列入老墨诸家，眼界广阔，但此书不过图表性质，远不如《明儒学案》——全谢山长于文献学，表彰明清间学者，《鲒埼亭集》今传三十八卷之中，包含不少学术史资料，但他最大贡献还在于修补《宋元学案》——修补《宋元学案》有许多优点，如卷首《序录》中，称邵康节不在乎《皇极经世》，称司马光不在乎《潜虚》，证明伊洛不传濂溪之学，永嘉诸子兼传关学，这都是卓越的见解。又《巽斋学案》列入巽斋门人文天祥，认为晦翁三传，可见谢山颇重气节——全谢山只有地主阶级立场，而没有坚定的民族立场，如《宋元学案》卷九十一所作《书文靖退斋记后》，又《书刘文靖〈渡江赋〉后》，好像告诉我们他自己是清人。不能以夷夏之说责备他，即不可能要他站在民族立场上说话，他给许衡辩护，也就是给李光地、汤斌一流人物辩护，这是和他所私淑的黄梨洲对于许衡的评价如何不同——又卷九十八《荆公新学略》对于王安石的态度，卷五十一对于永嘉学派的态度，均可见其大地主阶级的反动立场，《宋元学案》的修补虽有优点，但决不能如梁启超所称"比《明儒学案》更进化了"（《中国近三百年学术史》）。

11. 章学诚（字实斋，1738—1801）

他是浙东学派的集大成者，在历史哲学方面算得最杰出的人才，他自信"发凡起例，多为后世开山"（家书中语）。所著有《文史通义》《校雠通义》及《湖北通志》等各序例，为史学辟出一条新境界——他认为史学的宗旨是"纲纪天人，推明大道"，这个道是联系实际的。"善言天人性命未有不切于人事者，三代学术知有史而不知有经，切人事也，后人贵经术，以其即三代之史耳，近儒谈经，似于人事之外别有所谓义理矣；浙东之学，言性命者必究于史，此其所以卓也。""史学所以经世，固非空言著述"——史学的意义，第一不是考证学，"整辑排比，谓之史纂，参互搜讨，谓之史考，皆非史学"。第二不是文学，"期明事实，非尚文辞""是故文献未集，则搜罗资讨不易为功，及其纷然杂陈，则贵决择去取"。这就是说史学要点乃在于文学与考证学之外，而有其"决择去取"——史学的范围，"盈天地间凡涉著作之林皆是史学""六经皆史也"——史学的范围分记注与撰述二家。"记注欲往事之不忘，撰述欲来者之兴起"，而尤以撰述之能决择去取为最重要。所以真历史是纪事本末一体，"因事命篇，不为常格，文省于纪传，事豁于编年；决断去取，体圆用神"——史学的哲理，"史学著述之道，岂不求义意所归？主义理者拙于辞章，能文辞者疏于征实，义理存乎识，辞章存乎才，征实存乎学，刘子玄所以有三长难兼之论也"。此云义理即历史哲学，章实斋主史识即历史哲学为主，所以尝以文比肤，以事比骨，以义比精神，"史所贵者义也，而所具者事也，所凭考文也，孟子曰，其事则齐桓晋文，其文则史，义则夫子自谓窃取之矣，盖欲为良史者，当慎辨于天人之际，尽其天而不益以人也"。

十八世纪考证学派的哲学诸流派，主要有惠栋、戴震、程瑶田、凌廷堪、焦循、阮元等的唯情哲学；有俞正燮、汪中的女权论；有洪亮吉的无神论思想；有章学诚的历史哲学，在自然科学或社会科学方面有一定程度的贡献。尽管在封建专制政治的压迫之下，他们的哲学均有其局限性，但大体上说，可算是科学思想的先驱者，和十七世纪唯物主义与民主主义的思想家们比较，在进步思想上虽似有逊色，而在学术领域上则比前更广阔更充实了。

（三）新经制派（今文家）——重商（魏源）与重农（龚自珍）

十八世纪末十九世纪初，在考证学派中有异军特起的常州派，即公羊学派，此派与前述以训诂考据为主之古文派不同，古文派以东汉经学为主，今文派以西汉经学为主，古文派并以实事求是为旗帜，今文派以微言大义为旗帜，古文派厚古，今文派托古，此派学术发生，一方面由于考证学的路走穷，要打开新局面；一方面由于乾嘉以后政治的权威日渐弛缓，而国际形势所迫，不得不再提倡经世致用的思想——因此派学问中心在《春秋公羊传》，故又称公羊学派，以《公羊》讲他们的政治思想，其开始人为武进的庄存与（方耕，1719—1788）与刘逢禄（申受，1776—1829）——庄存与与皖派戴震同时，而治学方法不同，所著《春秋正辞》共九篇，主《公羊》家法，讲所谓"微言大义"。今文学到刘逢禄才正式成立，刘逢禄著《公羊春秋何氏释例》《公羊议礼》等，依他意思，《春秋》不是记事的书，是以二百四十二年讲明万世政治的标准的，所以有"张三世""通三统""异内外""受命改制"诸义——张三世，"有见三世，有闻四世，有传闻四世"——通三统，"行夏之时，乘殷之辂，服周之冕，而后终之，以乐则韶舞，盖以王者必通三统而治道，乃无偏而不举之处"——异内外，"内诸夏而外夷狄，内其国而外诸夏，以内而及外"——此派以阶级出身关系，均拥护封建统治，如庄存与说，"天无二日，民无二主，故立大一统"。刘逢禄称颂清室"民所归往谓之王，天之所命谓之帝"。这可见他们的通经致用还是给清统治阶级服务，但到魏源以后，形势便稍有不同，在他们维护封建社会秩序的微言大义之中，已吸收了向西洋学习的新观点。

1. 魏源（字默深，1794—1857）

魏源信今文学，以为西汉经生之学即通经致用之学。他攻击当时人所最崇敬的汉学，"自乾隆中叶后，海内士大夫兴汉学，而大江南北尤盛，争治诂训音声，瓜剖鉥析，锢天下聪明智慧，使尽出于无用之一途"。相反地，他提倡继承明清之际经世学在以道为"礼乐刑政"的主张。"曷谓道之器？曰礼乐，曷谓道之断？曰兵刑。曷谓道之资？曰食货。道形诸事谓之道①，俾天下后世用以求道而制事谓之经。经为治求，曾有以通经致用为诟厉者乎？以诂训音声蔽小学，以名物器数蔽三《礼》，以象数蔽《易》，以鸟兽草木蔽《诗》，毕生治经，无一言益己，无一事可验诸治者乎？"他反对乾嘉考证学派，而主张"以《易》决疑，以《周官》致太平，以《禹贡》治水，以《三百篇》当谏书"的今文学，此乃新经制派的思想——新经制派和西汉今文学不同之处，如魏源以《周礼》《左传》解经证《诗》，龚自珍"最恶京房之《易》、刘向之《洪范》"，可见他们的复古运动并不是凡今文皆好，主旨还在托古改制，用微言大义把当时初步认识的西方学术加以中国化，就可以对于当时社会经济方面的重要问题加以中国式的解决，其重要点还在于提倡富国强兵——《默觚下·治篇》："王道至纤至悉，井牧、徭役、兵赋，皆性命之精微，流行其间，使其口心性，躬礼义，动言万物一体，而民瘼之不救，吏治之不习，国计边防之不问，一旦与人家国，上不足制国用，外不足靖疆圉，下不足苏民困，举平日胞与民物②之空谈，至此无一事可效诸民物，天下亦安用此无用之王道哉"——侯外庐讲到魏源，谓"今文学所谓富国强兵的商业资本主义思想是起了时代的先锋作用"。吕振羽谓"魏源的《海国图志》中表现一种重商主义的政见"。依我意思，可指出如下三点——第一，魏源作《海国图志自叙》云"为以夷攻夷而作，为以夷疑夷而作，为师夷长技以制夷而作"。第一是兵战，第二是商战——第二，重商主义重货币，魏源作《圣武记》，卷十四《军储篇》主张开源之利，前三篇言货源，后一篇言食源，重货源即是要挽救中国

---

① "道"疑为"治"。——编者
② "胞与民物"疑为"民胞物与"。——编者

金融的大恐慌——第三，他重城市过于乡村，顾炎武《日知录》"人聚"云"人聚于乡则治，聚于城则乱，聚于乡则土地辟、田野治，聚于城则徭役繁、狱讼多"，这是重农派的乡治思想。魏源则反之，重城市，《默觚·治篇九》云："圣王求士与士之求道，固不在于野而于城邑也，山林之气虽清而礼乐不在、师友无资，乌有舍国士、天下士而友一乡一间之士者乎？"这重城市也是重商主义的表现——新经制派和清初经世派的不同，在前者主维新，后者主复古，前者主井田封建不可复，后者主可复——魏源论治，宗旨归结于维新主义，反对复古，故云"变古愈尽，便民愈甚"，甚至以为"后世之事胜于三代，三代酷而后世仁，三代私而后世公"——辩证法思想认为一切客观事物都是互相对立的。"天下无独必有对，有对之中必有一主一辅"，这反映了封建制度，同时也反映他的立场，但尽管如此，对立是可以转变的。"暑极不生暑而生寒，寒极不生寒而生暑，屈屈之甚者信必烈，伏之久者飞必决。"因认识事物都是变的，历史也是变的，所得结论是，"故气化无一息不变者也，其不变者道而已，势则日变而不可复者也，执古以绳今，是谓诬今，执今以律古，是谓诬古。诬今不可以为治，诬古不可以语学"。在辩证法思想中即包含了维新思想——魏源的影响，既成为后来资产阶级性的改良主义变法思想的先驱，又成为日本佐久间象山、吉田松阴、西乡隆盛等维新思想的鼓舞者。

2. 龚自珍（号定庵，1792—1841）

魏源和林则徐、龚自珍等结宣南诗社，他们都是封建统治阶级中分化出来的、比较开明的地主阶级知识分子，都想改革现状，抵抗外国资本主义侵略，以挽救封建社会的危机，就中尤其龚自珍，更敢于揭露封建专制主义的黑暗面——他是当时所称"天才奇才"，是经学家、史学家、金石学家，又是古文家、经济家——在经济思想方面属重农派，对西方资本主义的侵略，主张严格禁绝，不但反对鸦片输入，认为"食妖"，甚且抵制一切外货，谓为"服妖"，"食妖宜绝矣，宜并杜绝呢羽毛之至，杜之则蚕桑之利重，木棉之利重。又凡钟表、玻璃、燕窝之属，皆不急之物也，宜皆杜之"——抵制外货即所以保护"蚕桑之利，木棉之利"，这是重农派的主张。又因重农，在《农宗篇》，认为国家之起源是由于农，"天谷没，地谷苗，始贵智贵力，有能以尺土出谷者，以为尺土主，有能以倍尺若什尺、伯尺出谷者，以为倍尺、什尺、伯尺主，号次主曰伯，帝若皇，其初尽农也"。这就是说古代社会制度是奠基在农业的基础上——"上古不讳言私，百亩之主必立其子"，于是由子孙继承土地而有宗法制度发生，"惟农为初有宗"。他反驳"庶人不足与有宗"的说法，即承认私人有占有土地的权利，表面上似要恢复宗法制度，实际上是给农业资本主义开辟道路——理想社会是"请使农之有一田一宅，如天子之有万国，则无夭乱，鬼知恋君上，亦百福之主也"。这一方面固然巩固了封建制度，另一方面使土地平均化，调剂了社会中贫富的不平等现象——《平均篇》中指出当时由于商业资本发达，发生兼并的风气，结果是贫富不均，统治者只有趋向灭亡，对此他提倡平等，"有天下者莫高于平之尚也"，又论"呜呼，此贵乎操其本原，与随其时而调剂之"，但调剂的方法乃改良主义，"可以虑，可以更，不可以骤"，他认重商政策是"骤"，是突变，重农政策"相天下之积重轻而变易之"，是渐变，定庵眼见当时政治社会的腐败却不敢提倡革命，是受了他本身阶级利益的限制——在《乙丙之际箸议第七》申"劝豫"中，他预言改革，并劝清廷维新改革，因他自己是地主阶级知识分子，所以认为只要使天下人尽其才，便可维持封建统治，反之，便是"衰世"，衰世则人不能尽其才，他有一首诗写他的希望："九州生气恃风雷，万马齐喑究可哀。我劝天公重抖擞，不拘一格降人才"——在他时代要想打破"万马齐喑"的空气尚不可能,结果连自己也不过拿《公羊》之学附会变法,造成由经学转到议政的路上——大同主义的倾向,"问:太平大一统,何谓也?答:宋明山林偏僻,士多言夷夏之防,比附《春秋》,不知《春秋》者也,《春秋》至所见世,吴楚进矣,伐不言鄙,我无外矣。然则何以三科之文,内外有异?答:据乱则然,升平则然,太平则不然。"这种历史进化观,后为康有为《大同书》所本。

3. 戴望（字子高，1837—1873）

他是沟通今文学派和颜李学派的人,曾著《颜氏学记》,称"颜氏者,可谓百世之师已",可见宗旨所在。又著《论语注》,把《公羊》讲《论语》,以为《论语》一书"往往具见制作之义"。他的政治思想亦本于《公羊》家说,如云:"明王出,致太平,则凤鸟至,河出图,今天无此瑞,已矣夫,恨不制礼乐也。制作必当革命之际,不欲显示,故以凤鸟河图示意焉。"（卷九）又注"与点也"一章云:"四子皆志于为国与天下,求志在拨乱,赤、点志在致太平。"这虽似杜撰,然亦可反映当清季,即在新经制派之中,亦有倾向于革命思想之一面。

新辑本桓谭新论

《新辑本桓谭新论》书撰成于1959年7月,2002年收入福建本第四卷首次出版。2009年收入中华书局"新编诸子集成续编"。本次整理,以中华本为底本,以福建本为校本。

——编者

目　录

校辑者案语 589
自　　序 590
本书所据校辑书目 593

卷一　本造篇 597
卷二　王霸篇 599
卷三　求辅篇 601
卷四　言体篇 605
卷五　见徵篇 608
卷六　谴非篇 611
卷七　启寤篇 616
卷八　祛蔽篇 620
卷九　正经篇 625
卷十　识通篇 628
卷十一　离事篇 630
卷十二　道赋篇 635
卷十三　辨惑篇 637
卷十四　述策篇 641
卷十五　闵友篇 643
卷十六　琴道篇 645

附录　后汉书·桓谭传 651

　　孙冯翼《桓子新论序》 655

　　严可均《桓子新论叙》 657

　　黄以周《桓子新论叙》 658

校辑者案语

案桓谭《新论》本十六篇，《后汉书》唐李贤注曰："《新论》一曰《本造》，二《王霸》，三《求辅》，四《言体》，五《见徵》（案徵疑作微，形似而误），六《谴非》，七《启寤》，八《祛蔽》，九《正经》，十《识通》，十一《离事》，十二《道赋》，十三《辨惑》，十四《述策》，十五《闵友》，十六《琴道》。《本造》《闵友》《琴道》各一篇，余并有上下。《东观记》曰：'光武读之，敕言卷大，令皆别为上下，凡二十九篇。'"今原书已佚，采掇群书所载，合并复重，为数不过二百余事。孙冯翼定为一卷，不分篇；严可均定为三卷，十六篇。惟考之意林及《隋书·经籍志》《新唐志》均作十七卷、内目录一卷。兹仍依以一篇为一卷之例，定卷帙如次：

序文，本书所据校辑书目。本文：卷一《本造篇》、卷二《王霸篇》、卷三《求辅篇》、卷四《言体篇》、卷五《见徵篇》、卷六《谴非篇》、卷七《启寤篇》、卷八《祛蔽篇》、卷九《正经篇》、卷十《识通篇》、卷十一《离事篇》、卷十二《道赋篇》、卷十三《辨惑篇》、卷十四《述策篇》、卷十五《闵友篇》、卷十六《琴道篇》。附录：《后汉书·桓谭传》、孙冯翼《桓子〈新论〉序》、严可均《桓子〈新论〉叙》、黄以周《桓子〈新论〉叙》。

自 序

尝谓桓谭才智开通，切于时务，以约生于公元前二二年之人（汉成帝阳朔二年戊戌），已先于王充、张衡具启蒙学者之学之识。以经学言：君山遍习五经而不离古文，不为章句，不以灾异谶纬说《春秋》，谓前圣后圣未必相袭，通大义而时增新意，今见于《新论·正经篇》者可知已。以音律言：以父任为郎，因好音律，善鼓琴，其离雅乐而更为新声，亦犹古礼之易为习俗，事详《后汉书·宋弘传》（《后汉纪》卷四同），今所见于《琴道篇》者可知已。以天文言：君山尤致意于天文历算气象之学，尝典漏刻、参晷景。难扬子云以天为如盖转曰：是应浑天也，子云立坏其所作。造诣之深，今见于《启寤》《离事》诸篇者可知已。以水利言：王莽时征能治河者以百数，关并、张戎、韩牧并习水事，君山为司空掾，典其议，欲以上继禹功，下除民疾，今所见于《离事篇》者可知已。以名理言：数从子骏、子云辨析疑异，论世间事，辨照然否，虚妄伪饰之辞，莫不证定（《论衡·超奇篇》），尤于公孙龙白马之论，明斥其非，今所见于《启寤篇》者可知已。以哲学言：君山耽好玄经，玄者幽摊万类而不见形，一气而已，老子谓之道，孔子谓之元，而扬雄、桓谭、张衡均谓之玄。君山研核五行，论形神，明生死，谓无仙道，好奇者为之，今所见于《启寤》《谴非》《祛蔽》《辨惑》与《离事》诸篇者可知已。至于经世兴治之学，则《王霸》《求辅》《言体》《见徵》诸篇见于《群书治要》者多矣。仲任所谓易晁错之策与《新论》共一思（《论衡·超奇篇》）；谓素丞相之迹，存于《新论》者（同上《定贤篇》），是也。然而仲任极称《新论》之义，与《春秋》会一（同上《案书篇》），挟桓君山之书，富于积猗顿之财（同上《佚文篇》），而余杭章氏论学变，以为《新论》在者，其言往往近于仳琐（《检论》卷三），是短书不可用，而谓通人为之乎？君山之书，非图谶，辟方士虚言，破时俗迷妄，当以论形神为第一，谓生之有长，长之有老，老之有死，若四时之代谢，以灯烛为喻，何异范缜？范缜未必非得力于《新论》也，而今人犹疑此篇为伪饰之辞，是又何哉？仲任称子长、子云论说之徒，君山为甲（《论衡·超奇篇》）；然而有幸有不幸者，君山以疏贱之质（《后汉纪》卷四袁宏语），熹非毁俗儒，论说世短，智者或能察，愚者不怀诽谤而怨之乎？是为世俗所遗失宜也。余独惜自汉以来，知君山者莫如仲任，而不知君山者，亦莫如以知仲任自命者之人。君山述辨古今，博览无所不见，《新论》在明季尚有完书（全祖望《鲒埼亭集外编》四十《扬子云生卒考》引常熟钱尚书谦益言），而严可均辑此，谓佚于唐末，孙冯翼谓其佚当在南宋时，同为一失，是以《新论》之不亡为亡；至于以不亡为亡，则《新论》真亡矣，此余所由发愤而有新辑之作也。是辑以资料言，所增者较孙本几十之六，较严本则十之二，且延及明代，如陶宗仪之《说郛》、董说之《七国考》、方以智之《物理小识》，虽残文片语，亦所取资。以体裁言，孙辑既称杂陈叠见（如古《孝经》千八百七十一字，今异者四百余字凡三见。三皇以道治，五帝以德化一节二见；图王不成亦可以霸二见；谓狐为狸，以瑟为箜篌一节二见；以贤代贤谓之顺二见；圣人皆形解仙去一节二见）。严辑亦未免比附其间（如五福：寿、富、贵、安乐、子孙众多，与百足之虫共举，一身一节，与《辨惑》何关？昔楚灵王骄逸轻下简贤一节，宜入《祛蔽》，而作《言体》之类）。黄以周反之欲以类相从，而有序无书（徽季新著有《桓子新论序》，书未刻，原稿为仁和许益斋失去。），当否不可知，故是辑尚矣。以校勘言：旧所用诸刻本，实未完备，如《太平御览》《文选注》均有宋本,《群书治要》有天明本,孙、严皆未及见,其不能一复本书之旧必矣。虽然如君山之书,必得仲任而益彰,得平子而益大,《论衡》《灵宪》之于《新论》,犹衣之表里,可触类旁通也。若同为抱残守阙,尊古卑今,可哀也已。然则绍君山之学者,岂其必为书肆乎哉?

一九五九年七月一日,朱谦之序于北京大学。

本书所据校辑书目

《桓子新论》（清孙冯翼辑），《问经堂丛书》第三函嘉庆七年九月刊本，《龙溪精舍丛书》册六五据问经堂刊本，中华书局《四部备要》据《问经堂》刊本

《桓子新论》（清严可均辑），《全上古三代秦汉三国六朝文》《全后汉文》卷十三至卷十五，湖北黄冈王毓藻校刊本，中华书局据广雅书局刻本复制重印本

《桓谭集》（清严可均辑），同上，《全后汉文》卷十二

《桓子新论》（佚名），《守山阁丛书》本

《意林》（唐马总撰），上海涵芬楼影印《正统道藏》本瑟一一五卷三《桓谭新论》

《群书治要》（唐魏徵等辑），日本天明刻本卷四十四《桓子新论》

《艺文类聚》（唐欧阳询辑），明嘉靖刻本

《北堂书钞》（唐虞世南辑），明万历陈禹谟刻本，清光绪十四年南海孔氏三十有三万卷堂重刻孙星衍藏明影钞宋刻本

《初学记》（唐徐坚等辑），明晋陵杨氏九州书屋重刊锡山安国本、严可均用宋本手校并跋

《山堂肆考》（明彭大翼辑），明刻本

《元和姓纂》（唐林宝撰），清嘉庆七年孙星衍、洪莹校刊本

《天中记》（明陈耀文撰），明万历刻本

《广博物志》（明董斯张撰），《诸子百家》本

《书叙指南》（宋任广撰），《惜阴丛书》本

《唐律疏议》（唐长孙无忌撰），孙星衍影元佘氏勤有堂本

《岁华纪丽》（唐韩鄂撰），康熙辛未高士奇校朗润堂刊本

《唐宋白孔六帖》（唐白居易、宋孔傅撰），明嘉靖间苏州覆宋刊本

《事类赋注》（宋吴淑撰注），明嘉靖十一年无锡崇正书院重刊宋绍兴丙寅边惇德本

《太平御览》（宋李昉等辑），《四部丛刊三编》影印日本帝国图书寮京都东福寺东京岩崎氏静嘉堂文库藏宋刊本

《儒门经济长短经》（唐赵蕤撰），《读画斋丛书》已集本，又《六译馆丛书》第一册《载是非篇》

《文选注》（唐李善等注），《四部丛刊》影印宋刊《六臣注文选》本

《古文苑》（宋章樵注），明万历刊本

《文心雕龙》（清黄叔琳注），广州刻本

《曹子建集》（魏曹植撰），严可均《全三国文》卷十八、《四部丛刊》影印江安傅氏藏明活字本

《史记》（汉司马迁撰、宋裴骃集解、唐司马贞索隐、唐张守节正义），上海涵芬楼影印南宋黄善夫刻本

《史记索隐》（唐司马贞撰），汲古阁校刻三种本

《汉书》（汉班固撰、唐颜师古注），宋庆元元年建安刘之问刻本

《后汉书》（纪传，宋范晔撰、唐李贤注，志，晋司马彪撰、梁刘昭注），宋建安黄善夫刻本

《后汉纪》（晋袁宏撰），《四部丛刊初编》本

《东观汉记》（旧传汉刘珍撰），《四部备要》本卷十四《桓谭传》

《三国志》（晋陈寿撰、宋裴松之注），宋衢州刊残本《蜀书》卷十二《郤正传》

《晋书》（唐房玄龄等撰），明周若年覆刻宋本

《梁书》（唐姚思廉撰），明万历南监刻本

本书所据校辑书目　595

《七国考》（明董说撰），《守山阁丛书》第六十二至六十五册本，吴兴刘氏嘉业堂刊本，又中华书局参校本

《太平寰宇记》（宋乐史撰），光绪八年五月金陵书局刊本

《水经注》（后魏郦道元注），明万历四十三年朱谋㙔笺刊本

《三辅黄图》（梁陈间人撰），潮阳郑氏用经训堂本参平津馆本校刊《龙溪精舍丛书》本册五五

《史通》（唐刘知幾撰），清乾隆梁溪浦氏求放心斋刻《史通通释》本

《列子》（晋张湛注、唐殷敬顺释文），明世德堂《冲虚真经》大字本

《太玄经》（汉扬雄撰、晋范望解赞），《四部丛刊》据明万玉堂翻宋本

《论衡》（汉王充撰），明刘光斗评天启六年虎林闵氏刊本，民国二十七年商务印书馆刊黄晖《论衡校释》本

《抱朴子内外篇》（晋葛洪撰），平津馆本，《四部丛刊》据明鲁藩刊本，《道藏》本疲六—志七

《博物志》（晋张华撰、周日用等注），士礼居《黄氏丛书》影写连江叶氏本，明商濬辑《稗海》本第一函

《述异记》（梁任昉撰），《稗海》本第一函

《说郛》（元陶宗仪撰），清顺治间两浙督学周南李际期重刊本卷五十九《桓谭新论》

《荆山子》（明归有光辑），《诸子汇函》卷二十一，长洲文震孟参订本收《新论琴讽》一篇

《指海》（清钱熙祚辑、其子培让续刊），第十三集第一〇四册《桓子新论》

《五行大义》（隋萧吉撰），上海涵芬楼影印《佚存丛书》本第三册

《珩璜新论》（宋孔平仲撰），《守山阁丛书》第百七十六册本

《物理小识》（明方以智撰），清光绪十年宁静堂刊本

《弘明集》（梁僧祐撰），频伽精舍校刊《大藏经》露帙四，又《四部丛刊》印明汪道昆本，金陵刻经处本

《广弘明集》（唐道宣撰），频伽精舍校刊《大藏经》露帙五、六，又《四部备要》据常州天宁寺本，《四部丛刊》影印明汪道昆本

《法苑珠林》（唐道世撰），频伽精舍校刊《大藏经》雨帙五、八

《世界记序》（梁僧祐撰），见频伽精舍校刊《大藏经》结帙一，目录部《出三藏记集》第十二《世界记目录序》

《铁桥漫稿》（清严可均撰），清光绪十一年长洲蒋氏心矩斋刻本页二四—二五有《桓子新论序》

《儆季杂著》（清黄以周撰），清同治间刊本，《子叙》页六有《桓子新论序》

《桓谭新论考》（日本武内义雄撰），见江侠庵编译《先秦经籍考》下页三六七—三七九，民国二十年二月商务印书馆本

《桓谭の哲学》（日本成田衡夫撰），见《汉学会杂志》第五卷第三号页———二

《公孙龙子形名发微》（谭戒甫撰），一九五七年十二月科学出版社本，据云《公孙龙子·迹府篇》，前段为桓谭所作

A. Forke: *Geschichte der chinesichen mittelaterlichen Philosophie* II, 100–110, Huan Tan《中国中世哲学史》与日本成田衡夫同以桓谭、王充为怀疑的唯理论者，论断不足，但均为外国学者用严辑本之一例，存此以备参证

又是辑起于一九五七年，以捷克研究生鲍格洛（Timoteus Pokoro）译《新论》为外文，苦无善本而作。鲍君襄辑逸文，其功最多。归国后著关于李悝《法经》问题刊于《东方纪录》（*Archiv Orientální*, 27, 1959），其中第二节论桓谭，第三节论董说，第四节论《七国考》，第五节论《新论》著作年代，均能独抒己见，附记于此

卷一　本造篇

余为《新论》，术辨古今，（孙本作述古今，严本重今字，术与述通，今今则无义，此据《太平御览》卷六百二文部影宋本。）亦欲兴治也。何异《春秋》褒贬耶？今有疑者，（《天中记》三十七有作存。）所谓蚌异蛤，二五为非十也。谭见刘向《新序》、陆贾《新语》，乃为《新论》。（《晋书·陆喜传》载其自序云："刘向省《新语》而作《新序》，桓谭咏《新序》而作《新论》。"语意本此。）

庄周《寓言》，乃云尧问孔子。《淮南子》云："共工争帝，地维绝。"亦皆为妄作。故世人多云：短书不可用。然论天间莫明于圣人，庄周等虽虚诞，故当采其善，（孙本善作书。）何云尽弃耶？（《太平御览卷》六百二文部、《天中记》三。）

若其小说家，合丛残小语，近取譬论，以作短书。治身治家，有可观之辞。（《文选》卷三十一江文通杂体诗《李都尉从军诗》注。）

秦相吕不韦，（孙、严本均脱相字，此据《四部丛刊》影宋本。）请迎高妙，作《吕氏春秋》。汉之淮南王，聘天下辩通，以著篇章。书成（《文选注》无书字，据严本增。）皆布之都市，悬置千金，以延示众士，而莫能有（孙本能有二字乙转。）变易者，乃其事约艳，体具而言微也。（《文选》卷四十杨德祖《答临淄侯笺》注。）

董仲舒专精于述古，年至六十余，不窥园中（一作井。）菜。（《太平御览》卷九百七十六菜部。）

贾谊不左迁失志，则文彩不发；淮南不贵盛富饶，则不能广聘骏士,使著文作书;太史公不典掌书记,则不能条悉古今;杨雄①不贫,则不能作《玄言》。(《意林》卷三。)

太史公造书,书成示东方朔。朔为平定,因署其下。太史公者,皆东方朔所加之也。(《史记索隐》卷四《孝武纪》第十二。又卷二十八《太史公自序传索隐》曰:桓谭云:"迁所著书成,以示东方朔,朔皆署曰太史公。")

---

① 古籍中"杨雄"或作"扬雄",今仍其旧,不作统一。

卷二　王霸篇

夫上古称三皇五帝，而次有三王五伯，（严本伯均作霸。）此天下君之冠首也。故言三皇以道治，（《意林》《御览》《长短经》均作治。《史记正义》避唐讳作理。）而五帝用德化，三王由（孙本作以。）仁义，五伯以（严本依《意林》作用。）权智。其说之曰：无制令刑罚，谓之皇；有制令而无刑罚，谓之帝；赏善诛恶，诸侯朝事，谓之王；兴兵众，约盟誓，以信义矫世，（《长短经》约作立，世作代。《御览》《正义》无众、誓二字，孙本同。）谓之伯。（《御览》伯下有也字。）王者往也，言其惠泽优游天下归往也。五帝以上久远，经传无事，唯王霸二盛之美，以定古今之理焉。夫王道之治，先除人害，而足其衣食，然后教以礼仪，而威以刑诛，使知好恶去就。是故大化四凑，天下安乐，此王者之术。霸功之大者，尊君卑臣，权统由一，政不二门，赏罚必信，法令著明，百官修理，威令必行，此霸者之术。（《文选·王仲宣诔》注引陈便宜曰："所谓霸功者，法度明正，百官修治，威令流行者也。"意同。）王道纯粹，其德如彼；伯道驳杂，其功如此。俱有天下，而君万民，垂统子孙，其实一也。（《意林》卷三，《史记正义》卷五《秦本纪》，《长短经》卷三《适变十五》，《太平御览》卷七十七皇王部、卷四百三人事部。）

儒者或曰："图王不成，其弊可以霸。"此言未是也。传曰："孔氏门人，五尺童子，不言五霸事者，恶其违仁义而尚权诈也。"（《太平御览》卷七十七皇王部。又《意林》卷三引"图王不成，亦可以伯"二句。）

夫王道之主，其德能载，包含以统乾元也。（《初学记》卷九帝王部。）

子贡问蘧伯玉曰:"子何以治国?"答曰:"弗治治之。"(《意林》卷三。)

汤武则久居诸侯方伯之位,德惠加于百姓。(《文选》卷四十八班孟坚《典引》注。)

文王修德,百姓亲附,是时崇侯虎与文王列为诸侯,德不及文王,常嫉妒之,乃谮文王于纣曰:"西伯昌圣人也,长子发、中子旦皆圣人也,三圣合谋,君其虑之!"乃囚文王于羑里。(《太平御览》卷八十四皇王部。)

维四月,太子发上祭于毕,下至孟津之上,此(孙本无上字,此作北。)武王已毕三年之丧,欲卒父业,升舟而得鱼,则地应也;燎祭降乌,天应也。二年闻杀比干、囚箕子,太师、少师抱乐器奔周。甲子,日月若合璧,五星若连珠。昧爽,武王朝至于南郊牧野,从天以讨纣,故兵不血刃,而定天下。(《太平御览》卷三百二十九兵部。)

邯郸立王,是抱空质也。(董说《七国考》卷五。)

齐宣王行金刀之法。(《七国考》卷十二。)

魏文侯师李悝,著《法经》。以为王者之政,莫急于盗贼,故其律始于《盗贼》。盗贼须劾捕,故著《囚》《捕》二篇。其轻狡、越城、博戏、假借、不廉、淫侈、逾制为《杂律》一篇。又以《具律》具其加减,所著六篇而已。卫鞅受之,入相于秦。是以秦、魏二国,深文峻法相近。(《七国考》卷十二。《唐律疏议》引云:"魏文侯师于里悝,集诸国刑典,造《法经》六篇:一《盗法》,二《贼法》,三《囚法》,四《捕法》,五《杂法》,六《具法》。又汉相萧何更加悝所造《户》《兴》《厩》三篇,谓《九章》之律,是为九法。"文稍不同,可与此相参证。)

秦之重法,犹盛三代之重礼乐也。(同上。)

魏之令,不孝弟者,流之东荒。(同上。)

卷三　求辅篇

国之废兴，在于政事，政事得失，由于辅佐。辅佐贤明则俊士充朝而理合世务，(《后汉纪》卷四作治世合务。)辅佐不明则论失时宜(《后汉纪》作论时失宜。)而举多过事。(《后汉书·桓谭传》及《后汉纪》卷四《陈时政疏》语。疑亦见《新论》。)治国者辅佐之本，其任用咸得大才，大才乃主之股肱羽翮也。(《意林》卷三。)

以贤代贤谓之顺，以不肖代不肖谓之乱。(《太平御览》卷四百二人事部、《意林》卷三代作伐，顺作烦，无代不肖三字。)

捕猛兽者，不令美人举手；钓巨(《读画斋丛书》本作旦，《六译馆丛书》本作巨。)鱼者，不使稚子轻预。非不亲也，力不堪也。奈何万乘之主而不择人哉？(赵蕤《长短经·是非》十四引《桓子》。)

龙无尺木无以升天，圣人无尺土无以王天下，(《意林》卷三。)朝九州之俊。(《北堂书钞》卷十一帝王部十一。)夫圣人乃千载一出，贤人君子所想思而不可得见者也。(《文选》卷三十七刘越石《劝进表》注、卷四十七袁彦伯《三国名臣序赞》注、卷六十陆士衡《吊魏武文》注，又卷五十二韦宏嗣《博弈论》引首一句。)

王公大人则嘉得良师明辅，品庶凡民则乐畜仁贤哲士，皆国之柱栋，而人之羽翼。(《太平御览》卷一百八十七居处部十五。)

凡人性难极也，难知也，故其绝异者常为世俗所遗失焉。(《文选》卷四十五陶渊明《归去来辞》注、卷四十六任彦升《王文宪集序》注。)

《周易》曰："肥遁无不利。"(《文选》卷二十七谢灵运《入华子冈诗》

注。）昔殷之伊尹、周之太公、秦之百里奚，（孙本脱奚字。）虽咸有天（严本依前后条改为大字。）才，然皆年七十余，乃升（孙本作升。）为王霸师。（《太平御览》卷四百四人事部。）

前世俊士立功垂名，图画于殿阁宫省，此乃国之大宝，亦无价矣。虽积和璧、累夏璜、囊隋侯、箧夜光，未足喻也。伊、吕、（《道藏》本吕误作宫。）良、平，何世无之。但人（《道藏》本人上有知字。）君不知，群臣弗用也。（《意林》卷三。严本弗作勿。）

贤有五品：谨勑（《道藏》本勑作勒。）于家事，顺悌于伦党，乡里之士也；（《文选》卷五十范蔚宗《宦者传论》注云："居家循理，乡里和顺，出入恭敬，言语谦逊，谓之善士。"疑即出此。）作健晓惠，文史无害，县廷（孙本作延。）之士也；信诚（《道藏》本作诫，此据官本。）笃行，廉平公（严云：公下当有脱。）理下务上者，州郡之士也；通经术，名行高，能达于从政，宽和有固守者，公辅之士也；才高卓绝，辣峙（《道藏》本作疏殊，此据官本。）于众，多筹大略，能图世建功者，天下之士也。（《意林》卷三。）

殷之三仁皆暗于前而章于后，何益于事？何补于君？（《意林》卷三。）

尧能则天者，贵其能臣舜、禹二圣。（《意林》卷三。）昔尧试舜（孙本脱舜字。）于大麓者，领录天下事，如今之尚书官矣。宜得大贤智，乃可使处议持平。（《北堂书钞》卷五十九设官部、《艺文类聚》卷四十八设官部、《太平御览》卷二百十二职官部十。又刘昭《续汉志》二十四《百官志》引首三句。）治狱如水。（《北堂书钞》卷四十四刑法部中。）

传记言：魏牟北见赵王，王方使冠工制冠于前，问治国于牟。对曰："大王诚能重国，若此二尺纵，则国治且安。"王曰："国所受于先人，宗庙社稷至重，比之二尺纵，何也？"牟曰："大王治冠，不使亲近，而必求良工者，非为其败纵而冠不成与？今治国不善，则社稷不安，宗庙不血食，大王不求良士，而任使其私爱，此非轻国于二尺纵之制耶？"王无以应。（《太平御览》卷六百八十四服章部。又《北堂书王者易辅，霸者难佐。(《意林》卷五《任子》引桓谭云。)昔秦王(《御览》八十六皇王部十一作秦始皇。)见周室之失统，丧权于诸侯，自以当保有九州，见万民碌碌，犹群羊聚猪，皆可以竿而驱之，(以上二十四字依《御览》引桓谭《新语》加。)故遂自恃，不任人封立诸侯。及陈胜、楚、汉，咸由布衣，非封君有土，而并共灭秦，故遂以败也。(上五字依《御览》加。)高帝既定天下，念项王从函谷入，而己由武关到，推却关，修强守御，内充实三军，外多发屯戍，设穷治党与之法，重悬告反之赏。及王翁之夺取，乃不犯关梁院塞，而坐得其处。王翁自见以专国秉政得之，即抑重臣，收下权，使事无大小深浅，皆断决于己身。及其失之，人不从，(严云：人疑当作又。案人不从即下文失百姓心之意。)大臣生焉。(天明本旧校焉恐怨。)更始帝见王翁以失百姓心亡天下，既西至京师，恃民悦喜则自安乐，不听纳谏臣谋士，赤眉围其外，而近臣反，城遂以破败。由是观之，夫患害奇邪不一，何可胜为设防量备哉？防备之善者，则唯量贤智大材，然后先见豫图，遏将(案将下疑脱萌字。)救之耳。(《群书治要》卷四十四。)

　　明镜龟策也，章程斛斗也，铨衡丈尺也。(《意林》卷三。)

　　维针艾方药者，已病之具也，非良医不能以愈人；材能德行者，治国之器也，非明君不能以立功。医无针药，可作为求买，以行术伎，不须必自有也；君无材德，可选任明辅，不待必躬能也。由是察焉，则材能德行，国之针药也，其得立功效，乃在君辅。传曰："得十良马，不如得一伯乐；得十利剑，不如得一欧冶。"多得善物，不如少得能知物。知物者之致善珍，珍益广，非特止于十也。(《群书治要》卷四十四。)

　　言求取辅佐之术，既得之，又有大难三，而止善二。为世之事，中庸多，大材少，少不胜众。一口不能与一国讼，持孤特之论，干雷同之计，以疏贱之处，逆贵近（严本作贱，盖涉上文而误。）之心，则万不合，此一难也。夫建踔殊，为非常，乃世俗所不能见也；又使明智图事，而与众平之，亦必不足，此二难也。既听纳有所施行，而事未及成，谗人随而恶之，即中道狐疑，或使言者还受其尤，此三难也。智者尽心竭言，以为国造事，众间之则反见疑，壹不当合，遂被潜想，（旧校云：想恐愬。）虽有十善，隔以一恶去，此一止善也。材能之士，世所嫉妒，遭遇明君，乃壹兴起，既幸得之，又复随众，弗与知者，虽有若仲尼，犹且出走，此二止善也。是故非君臣致密坚固，割心相信，动无间疑，若伊、吕之见用，傅说通梦，管、鲍之信任，则难以遂功竟意矣。又说之言，亦甚多端，其欲观使者，则以古之贤辅厉主，（严云：疑当作之。）欲间疏别离，则以专权危国者论。盖父子至亲，而人主有高宗、孝己之设。（严云：疑当作失。按天明本旧校云：设恐谗。）及景、武时，栗、卫太子之事。忠臣高节，时有龙逢、比干、伍员、晁错之变，比类众多，不可尽记，则事曷可为邪？庸易知邪？虽然，察前世已然之效，可以观览，亦可以为戒。维诸高妙大材之人，重时遇咎，（旧校云：咎恐合。）皆欲上与贤侔，而垂荣历载，安肯毁名废义，而为不轨恶行乎？若夫鲁连解齐、赵之金封，虞卿捐万户与国相，乃乐以成名肆志，岂复干求便辟趋利耶？览诸邪背叛之臣，皆小辨贪饕之人也，大材者莫有焉。由是观之，世间高士材能绝异者，其行亲任亦明矣，不（严本作下。）主乃意疑之也，如不能听纳，施行其策，虽广知得，亦终无益也。（《群书治要》卷四十四。）

周亚夫严猛哮吼之用，可为国之大将军，(《北堂书钞》卷一百十五武功部。孙本无之用字、军字，为作谓。) 动如雷震，住如岳立，攻如奔电，取如疾风，前轻后重，内实外虚。（同上卷一百十六武功部。）

切直忠正则汲黯之敢谏争也。（《文选》卷三十六任彦升《天监三年策秀才文》注。）

卷四　言体篇

　　凡人耳目所闻见，心意所知识，情性所好恶，利害所去就，亦皆同务焉。若材能有大小，智略有深浅，听明有暗照，质行有薄厚，亦则（严本作皆。）异度焉。非有大材深智，则不能见其大体。大体者，皆是当之事也。夫言是而计当，遭变而用权，常守正（严云：当作居常而守正。）见事不惑，内有度量，不可倾移，而诳以谲异，为知大体矣。如无大材，则虽威权如王翁，（案称王莽，下同。）察慧如公孙龙，敏给如东方朔，言灾异如京君明，及博见多闻，书至万篇，为儒教授数百千人，只益不知大体焉。维王翁之过绝世人有三焉：其智足以饰非夺是，辨能穷诘说士，威则震惧群下，又数阴中不快己者。故群臣莫能抗答其论，莫敢干犯匡谏，卒以致亡败，其不知大体之祸也。

　　夫（严云：当有知字。）帝王之大体者，则高帝是矣。高帝曰："张良、萧何、韩信，此三子者，皆人杰也，吾能用之，故得天下。"此其知大体之效也。

　　王翁始秉国政，自以通明贤圣，而谓群下才智莫能出其上。是故举措兴事，辄欲自信任，不肯与诸明习者通共，（严本作兵，注云：有脱误。）苟直意而发，得之而用，是以稀获其功效焉。故卒遇破亡，此不知大体者也。高帝怀大智略，能自揆度，群臣制事定法，常谓曰："庳而勿高也，度吾所能行为之。"宪度内疏，政合于时，故民臣乐悦，为世所思，此知大体者也。

　　王翁嘉慕前圣之治，而简薄汉家法令，故多所变更，欲事事效古，美先圣制度，而不知己之不能行其事。释近趋远，所尚非务，故以高义，退致废乱，此不知大体者也。高祖欲攻魏，乃使人窥视其国相，及诸将率左右用事者，知其主名，乃曰："此皆不如吾萧何、曹参、韩信、樊哙等，亦易与耳。"遂往击破之。此知大体者也。

王翁前欲北伐匈奴，及后东击青、徐众郡赤眉之徒，皆不择良将，而但以世姓及信谨文吏，或遣亲属子孙，素所爱好，咸（严本作或。）无权智将帅之用，猥使据军持众，当赴强敌。是以军合则损，士众散走，咎在不择将，将与主俱不知大体者也。（《群书治要》卷四十四。案：以上严本相连不断，此据天明本分四节。）

夫言行在于美善，不在于众多。出一美言善行（严本作美行。）而天下从之，或见一恶意丑事，而万民违，（严本下有之字。）可不慎乎？（《群书治要》卷四十四。）肃王游大陵，出于鹿门，大戊午叩马曰："耕事方急，一日不作，一日不食。"肃王下车谢，赐大戊午金百镒。（董说《七国考》卷六引《桓谭论》。《守山阁丛书》本、吴兴嘉业堂本同，中华书局本论上有新字。）郢王好细腰，而宫人饿。（同上卷五。）秦惠王剖贤人之腹，刑法大坏。（同上卷十二。）故《易》曰："言行，君子之枢机。枢机之发，荣辱之主，所以动天地者也。"（《群书治要》卷四十四。）

王翁刑杀人，又复加毒害焉，至生烧人，以酷五毒灌死者肌肉，及埋之，复荐覆以荆棘。人既死，与木土（严作土木。）等，虽重加创毒，亦何损益？成汤之省纳，无补于士民，士民向之者，嘉其有德惠也。齐宣之活牛，无益于贤人，贤人善之者，贵其有仁心也。文王葬枯骨，无益于众庶，众庶悦之者，其恩义动人也。（本作思义动之也，此据《意林》卷三改。）王翁之残死人，（《意林》卷三无此句，下有观人五藏四字。）无损于生人，生人恶之者，以残酷示之也。维此四事，忽微而显著，纤细而犹大，故二圣以兴，一君用称，王翁以亡，知大体与不知者远矣。（《群书治要》卷四十四、《意林》卷三。）

世俗咸（一本作皆。）曰："汉文帝躬俭约，修道德，以先天下，天下化之，故致充实殷富，泽加黎庶。谷至石数十钱，上下饶羡。"（《太平御览》卷三十五时序部、卷八百三十七百谷部。又《北堂书钞》卷一百五十六岁时部引，有删节。又卷十五有充实殷富四字，当即出此。）

更始帝到长安，其大臣辟除东宫之事，为下所非笑。但为小卫楼，半城而居之，以是知其将相非萧、曹之俦也。（《初学记》卷二十四居处部。）

举纲以纲，千目皆张；振裘持领，万毛自整。治大国者，亦当如此。（《意林》卷三、《太平御览》卷六百九十四服章部引"振裘持领，万毛皆整"八字。）

卷五　见徵篇

（据《群书治要》《玉海》，徵字当为微字之误。）

圣王治国，崇礼让、显仁义，以尊贤爱民为务，是为卜筮维寡，祭祀用稀。王翁好卜筮，信时日，而笃于事鬼神，多作庙兆，洁斋祀祭，牺牲毅膳之费，吏卒辨治之苦，不可称道，为政不善，见叛天下。及难作兵起，无权策以自救解，乃驰之南郊告祷，抟（严云：《莽传》作搏。）心言冤，号兴流涕，叩头请命，幸天哀助之也。当兵入宫日，矢射（旧校云：当作射矢。）交集，燔火大起，逃渐台下，尚抱其符命书，及所作威斗，可谓蔽惑至甚矣。（《群书治要》卷四十四。）

淳于髡至邻家，见其灶突之直而积薪在旁，曰："此且有火灾。"即教使更为曲突，而徙远（《初学记》作远徙。）其薪，灶（《艺文类聚》作邻。）家不听。后灾，火果及积薪而燔其屋，邻里并救击。及（《艺文类聚》作乃。）灭止，而亨羊具酒以劳谢救火者，曲突远薪，固不肯呼淳于髡饮饭，智者讥之云："教人曲突远薪，固无恩泽；焦头烂额，反为上客。"盖伤其贱本而贵末，（《艺文类聚》下有也字。）岂夫独（严本以意乙转为独夫。）突薪可以除害哉？而人病国乱，亦皆如斯。是故良医医其未发，而明君绝其本谋。后世多损于杜塞未萌，而勤于攻击已成，谋臣稀赏，而斗士常荣，犹彼人殆，（严云：未能断句，或本《诗·节南山》"无小人殆"。）失事之重轻。察淳于髡之预言，可以无不通，此见微之类也。（《群书治要》卷四十四、《艺文类聚》卷八十火部。又

《初学记》卷二十五器物部曰：传曰：记言淳于髡至邻家，见其灶突直而积薪在旁，谓曰："此有火灾。"即更为曲突而远其薪。）

余前为典乐大夫，有鸟鸣于庭树上，而府中门下皆为忧惧。后余与典乐谢侯（案：惠栋《后汉书补注》引作谢俟。）争斗，俱坐免去。（《太平御览》卷四百九十六人事部。又卷九百二十七羽族部曰："余前为典乐大夫。有枭鸣于庭树，府中皆惧。余后与典乐侯斗，俱坐免。"又《说郛》卷五十九引与《御览》人事部同，疑有脱文，下二节同。盖君山辨析虚妄伪饰之辞，以此为调笑不信之例而已。）

待诏景子春素善占，坐事系，（孙、严二本下有狱字。）其妇父（宋本无父字。）朱君（严本作若，云：疑当依下文作君。案宋本正作君。）至狱门，通言遗襦袴。子春惊曰："朱君来言与？朱为诛，袴而襦，中绝者也。我当诛断也。"后遂腰斩。（《太平御览》卷六百九十五服章部。）

博士弟子谭（一作韩。）生居东寺，连（《说郛》作遭。）三夜有恶梦，《说郛》作奇梦，下有来字。）以问人。人教使晨起厕中祝之（严本下作以晨起清中祝之，云：清与圊同。）三旦，（《说郛》作日。）而人告以为咒咀，（一作祝。）捕治，数日死。（《太平御览》卷一百八十六居处部无死字，此依卷四百人事部增。又《说郛》卷五十九引，大同。）

余自长安（孙本无上三字，自一作从。）归沛，道疾，蒙絮被绛厨襜褕，（《艺文类聚》明刻本绛作终、襜作裾。）乘驿马，宿（《说郛》及严本下有下邑二字。）东亭。亭长疑是贼，发卒（孙本作贼。）夜来。余令吏勿斗，乃相问而去，此安静自持也。（《艺文类聚》卷七十五方术部。又《北堂书钞》卷一百二十九衣冠部东亭作下邑亭中。又《太平御览》卷八百十六布帛部、《说郛》卷五十九自持作自存。）

谶出《河图》《洛书》，但有兆朕而不可知，后人妄复加增依托，称是孔丘，误之甚也。（《意林》卷三。案：图谶之学，哲理之腥秽，六经之粃秀也。汉三百年间，陋儒阿世从风而靡，惟桓谭、张衡乃力非之。《东观记》

载谭书云:"矫称孔丘为识记,以误人主也。然而谭所深嫉者,正世主之所好,此郑众、贾逵所以附同称显,而桓谭所以不善谶流亡也。"事详《后汉书》本传。)

东方朔短辞薄语,以为信验,人皆谓朔大智,后贤莫之及。谭曰:"鄙人有以狐为狸,以瑟为箜篌,此非徒不知狐与瑟,(孙依《意林》作瑟狐。)又不知狸与箜篌。"乃非但言朔,亦不知后贤也。(《意林》卷三、《艺文类聚》卷四十四乐部、《广博物志》三十五、《天中记》卷四十三。)

卷六　谴非篇

　　王者初兴，皆先建根本，广立藩屏，以自树党而强固国基焉。是以周武王克殷，未下舆而封黄帝、尧、舜、夏、殷之后，及同姓亲属功臣德行，以为羽翼，佐助鸿业，永垂流（旧校云：流恐统。）于后嗣。百足之虫，共举一身，安得不济？（百足下十二字，依《意林》卷三增。）乃者强秦罢去诸侯，而独自恃任一身，子弟无所封，孤弱无与，是以为帝十四岁而亡。汉高祖始定天下，背亡秦之短计，导（旧校云：导恐遵。）殷、周之长道，哀显功德，多封子弟，后虽多以骄佚败亡，然汉之基本得以定成，而异姓强臣，不能复倾。至景、武之世，见诸王数作乱，因抑夺其权势，而王但得虚尊，坐食租税，故汉朝遂弱，孤单特立，是以王翁不兴兵领士，而径取天下。又怀贪功独专之利，不肯封建子孙及同姓戚属，为藩辅之固，故兵起莫之救助也。传曰："与死人同病者，不可为医；与亡国同政者，不可为谋。"王翁行甚类暴秦，故亦十五岁而亡。失（严云：失当作夫。）猎射禽兽者，始欲中之，恐其创不大也；既已得之，又恶其伤肉多也。(《群书治要》卷四十四。)鄙人有得醓（《御览》作胝，注膻，生肉酱也。）酱而美之，及饭，(《御览》作饮。）恶与人共食，即小唾其中，共者怒，(《御览》无怒字。）因涕其酱，遂弃而俱（《治要》作但，旧校：但疑俱，《御览》正作俱。）不得食焉。彼亡秦、王翁（《御览》作王公利，孙本误作亡新王刺。）欲取天下时，乃乐与人分之；及已得而重爱不肯予，是惜（《御览》误作昔。）肉唾醓之类也。(《群书治要》卷四十四、《太平御览》卷四百九十二人事部、又卷八百六十五饮食部曰："鄙人得脡酱而美，与人共食，少唾其中，因弃之，俱不得食。"原注脡音延。）

昔齐桓公入谷，问父老曰："此何谷？"答曰："谓臣愚，名为愚公谷。"（《太平御览》卷五十四地部。）出见一故墟，道路皆蒿草，寥廓狼籍，（据《文选》卷四左太冲《蜀都赋》注增上九字。）而问之，或对曰："郭氏之墟也。"复问："郭氏曷为墟？"曰："善善而恶恶焉。"桓公曰："善善恶恶乃所以为存，而反为墟，何也？"曰："善善而不能用，恶恶而不能去。彼善人知其贵己而不用，则怨之；恶人见其贱己而不好，则仇之。夫与善人为怨，恶人为仇，欲毋亡，得乎？"乃者王翁善天下贤智材能之士，皆征聚而不肯用，使人怀诽谤而怨之；更始帝恶诸王假号无义之人，而不能去，令各心恨而仇之。是以王翁见攻而身死，宫室烧尽；更始帝为诸王假号而出走，令城郭残。二王皆有善善恶恶之费，故不免于祸难大灾，卒使长安大都，坏败为墟，此大非之行也。北蛮之先，与中国并，历年兹多，不可记也。仁者不能以德来，强者不能以力并也。其性忿鸷，兽聚而鸟散，其强难屈而和难得，是以圣王羁縻而不专制也。昔周室衰微，夷狄交侵，中国不绝如线，于是宣王中兴，仅得复其侵地。夫以秦始皇之强，带甲四十万，不敢（严本作能。）窥河西，乃筑长城以分之。汉兴，高祖见围于平城，吕后时为不轨之言。文帝时匈奴大入，烽火候骑，至雍甘泉。景、武之间，兵出数困，卒不能禽制，即与之结和亲，然后边甬（旧校云：甬恐民。严云：疑作竟。）得安，中国以宁。其后匈奴内乱，分为五单于，甘延寿得承其弊，以深德呼韩耶单于，故肯委质称臣，来入朝见汉家。汉家得以宣德广之隆，而威示四海，莫不率服，历世无寇。安危尚未可知，而猥复侵刻匈奴，往攻夺其玺绶，而贬损其大臣号位，变易旧常，分单于为十五，是以恨患大怒，事相攻拒。王翁不自非悔，及（旧校云：及恐反。严云：当作乃。）遂持屈强无理，多拜将率，调发兵马，运徙粮食财物，以弹（旧校云：弹当作殚。严本同。）索天下，天下愁恨怨苦，因大扰乱，竟不能挫伤一胡虏，徒自穷极竭尽而已。《书》曰："天（旧校云：天下当补作字。）孽可避，自作孽，不可活。"其斯之谓矣！夫高帝之见围，十（严云：当作七。）日不食，及得免脱，遂无愠色，诚知其往攻非务，而怨之无益也。今匈奴负于王翁，王翁就往侵削扰之，故使事至于斯，岂所谓肉自生虫，而人自生祸者耶！其为不急，乃剧如此，自作之甚者也。（《群书治要》卷四十四。）

夫（旧校云：夫疑灾，严同。按夫下疑脱灾字。）异变怪者，天下所常有，无世而不然，逢明主贤臣、智士仁人，则修德善政，省职慎行以应之，故咎殃消亡，而祸转为福焉。昔大戊遭桑谷生朝之怪，获中宗之号；武丁有雊雉升鼎之异，身享百年之寿；周成王遇雷风折木之变，而获反风岁熟之报；宋景公有荧惑守心之忧，星为徙三舍。由是观之，则莫善于以德义精诚报塞之矣。故《周书》曰："天子见怪则修德，诸侯见怪则修政，大夫见怪则修职，士庶见怪则修身，神不能伤道，妖不能害德。"及衰世薄俗，君臣多淫骄失政，士庶多邪心恶行，是以数有灾异变怪。又不能内自省视。畏天戒（严本作威。）遏绝其端，其命在天也。（遏绝下九字依《文选》卷五十三李萧远《运命论》注增。）而反外考谤议，求问厥故，惑于佞愚，而以自诖误，而令患祸得就，皆违天逆道者也。（《群书治要》卷四十四。）

或言："往者公卿重臣缺，而众人咸豫部署云：'甲乙当为之。'后果然。彼何以处（旧校云：处疑虑。）知，而又能与上同意乎？孔子谓子贡'亿则屡中'，令众人能与子贡等乎？"余应曰："世之在位人率同辈，相去不甚胶着，其修善少愈者，固上下所昔闻知也。夫明殊者视异，知均者虑侔，故群下之隐，常与上同度也。如昔汤、武之用伊、吕，高宗之取傅说，桓、穆之授管、宁、由、奚，岂众人所识知哉？彼群下虽好意措，亦焉能贞（旧校云：贞恐真。严本作责。）斯以可居大臣辅相者乎？国家设理官，制刑辟，所以定奸邪，又内量（旧校云：量恐置。）中丞御史，以正齐毂下。故常用明习者，始于（严本于作以，云有脱误。）欲分正法，而终乎侵轻深刻，皆务酷虐过度。欲见未（旧校云：未恐衍。严云：当有误。）尽力而求获功赏，或着能立事，而恶劣弱之谤，是以役以箠楚，舞文成恶，及事成狱毕，虽使皋陶听之，犹不能闻也。至以言语小故，陷致人于族灭，事诚可悼痛焉。渐至乎朝廷，时有忿悁，闻恶弗原，故令天下相放俱成（严云：疑有脱。）惑，讥有司之行深刻，云下尚执重，而令上得施恩泽，此言甚非也。夫贤吏正士，为上处事，持法宜如丹青矣。是故言之当必可行也，罪之当必可刑也，如何苟欲阿指乎？如遭上忽略不宿留，而听行其事，则当受强死也。哀帝时，待诏伍客以知皇（旧校云：皇恐星。严同。）好方道，数召，（严云：当有见字。）后坐帝（旧校云：帝恐衍。严同。）事下狱，狱穷讯得其宿与人言："汉朝当生勇怒子如武帝者。"刻暴以为先帝为"怒子"，非所宜言，大不敬。夫言语之时，过差失误，乃不足被以刑诛，及诋欺事，可无于（旧校云：于恐衍。）不至罪。《易》言："大人虎变，君子豹变。"即以是论谕人主，宁可谓曰："何为比我禽兽乎？"如称君之圣明与尧、舜同，或可怒曰："何故比我于死人乎？"世主既不通，而辅佐执事者，复随而听之，顺成之，不亦重为矇矇乎？（《群书治要》卷四十四。）

　　董贤女弟为昭仪，居椒风舍。后汉朱佑初学长安，帝往候之。佑不时相劳苦，而先升讲舍，后车驾幸其第，帝因笑曰："主人得无舍我讲舍乎？"以有旧恩，数蒙赏爱。（《说郛》卷五十九，《太平御览》卷一百八十一居处部，又《文选》卷一班孟坚《西都赋》注，又卷五十七谢希逸《宋孝武宣贵妃诔》注。《后汉书》卷三十一下《班固传》注均引董贤女弟事，上作"居舍号曰椒风"。汉朱佑以下一段与桓谭《新论》无关，本《后汉书朱佑传》语，《说郛》误引。）

九江太守庞真案县令高曾（孙、严均脱曾字。）受社祭厘，有生牛肉二十斤，劾以主守盗，上请逮捕，诏厘非赃。（严作胀。）天下缘是，诸府县社䐋（严本作腊。按：䐋为腊之别构。）祠祭灶，不但进熟食，皆复多肉米酒脯腊，诸奇珍益盛，是故诸郡府至杀牛数十（孙、严本均脱十字。）头。（《太平御览》卷八百六十三饮食部。）

余前作王翁掌教大夫，有男子毕康杀其母，（孙本无毕康二字。）有诏燔烧其子尸，暴其罪于天下。（孙本无上六字。）余谓此事不宜宣布，上封章（一本作事。）云："昔宣帝时，公卿大夫朝会廷中，丞相语次云：（孙本次作此。）'闻枭生子，子长食其母，乃能飞，宁然邪？'（孙本无上三字。）时有贤者（《御览》人事部作德贤者。）应曰：'但闻乌子反哺其母耳。'丞相大惭，（《御览》人事部作大尉。）自悔其言之非也。人（《御览》人事部作群士。）皆少丞相而多彼贤人，贤人之言有益于德化也。是故君子掩恶扬善，（《御览》人事部有以上八字。）鸟兽尚与之讳，况于人乎？不宜发扬也。"（《意林》卷三、《太平御览》卷四百九十一人事部，又卷九百二十七羽族部、《说郛》卷五十九。又《山堂肆考》羽集第二十三卷：男子毕康杀其母，诏焚其尸，暴其罪于天下。余上章言："宣帝时，公卿朝会，丞相语次曰：'闻枭生子长，且食其母。宁然？'有贤者应云：'但闻乌子反哺耳。'丞相大惭。君子于禽兽尚为之讳，况于人乎？"）

卷七　启寤篇

夫不翦之屋，不如阿房之宫；不琢之椽，不如磨砻之桷；玄酒不如苍梧（一本作仓吾。）之醇；控揭不如流郑之乐。（《初学记》卷十五乐部上、《太平御览》卷五百六十九乐部。）

昔周公光崇周道，泽被四表。（《文选》卷五十六陆佐公《石阙铭》注。）

孔子匹（本作定。）夫耳，而卓（本作晫。）然名著。至其冢墓，高者牛羊鸡豚而祭之，下及酒脯寒具，致敬而去。（《太平御览》卷八百六十饮食部。）

圣人天然之姿，所以绝人远者也。（《文选》卷二十陆士衡《宴玄圃园诗》注。）

谚言："三岁学，不如一（宋本作三。）岁择师。"（《太平御览》卷四百四人事部。）

孔子以四科教士，随其所喜。譬如市肆，多列杂物，欲置（孙云：置字疑有讹误。）之者并至。（《意林》卷三、《绎史》卷九十五引同。）

子贡对齐景公曰："臣事仲尼，譬如渴而操杯器就江海饮，满腹而去，又焉知江海之深也？"（《文选》卷五十三李萧远《运命论》注、卷五十九王简栖《头陀寺碑文》注。）

昔颜渊有高妙次圣之才，闻一知十。（《文选》卷四十二应休琏《与侍郎曹长思书》注。）

颜渊所以命短，慕孔子所以殇其年也。关（一作闻。）东鄙（一作里。）语云："人闻长安乐，则出门西向而笑；知肉味美，则对屠门而大嚼。"(《说郛》作哨,《御览》饮食部作屑。)此犹时人虽不别圣,亦复欣慕共列。如庸马与良骏相追,衔尾至暮,良马宿所鸣食如故,庸马垂头不食,何异颜、孔优劣?(《意林》卷三、《四部丛刊》据殿本有误。《道藏》本、《意林》闻东里语至亦复欣慕三十七字另为一段。又《文选》卷四十二曹子建《与吴季重书》注,《艺文类聚》卷七十二食物部,《初学记》卷二十六服食部,《北堂书钞》卷一百四十五酒食部,《白帖》卷十六,《太平御览》卷八百二十八资产部、卷八百六十三饮食部,《说郛》卷五十九,又《古今事文类聚后集》卷二十一。)

夫畜生贱也,然有(《礼记·少仪疏》有作其。)尤善者,皆见记识。故马称骅骝(本作駵,亚。)骥騄,牛誉郭椒丁栎。(《艺文类聚》卷九十四兽部。)故犬道韩庐宋猌。(《礼记·少仪疏》。)圣贤之材不世,而妙善之技不传。(《文选》卷四十六王元长《曲水诗序》注。)

吴之玩水若鱼鳖,蜀之便山若禽兽。(《太平御览》卷九百三十二鳞介部四,原题顾谭《新语》,严本引为桓谭,误。)

画水镂冰,与时消释。(《意林》卷三、《太平御览》卷六十八地部三十三。)

惟人心之所独晓,父不能以禅子,兄不能以教弟也。(《文选》卷五十二魏文帝《典论论文》注。)

扬子云好天文,问之于洛下黄闳以浑天之说,闳曰:"我少能作其事,但随尺寸法度,殊不晓达其意。后稍稍益愈,到今七十,乃甫适知已,又老且死矣。今我儿子受学作之,亦当复年如我,乃晓知已,又且复死焉。"其言可悲可笑也。(《太平御览》卷二天部,又《北堂书钞》卷一百三十仪饰部曰:"扬子云好天文,问之于黄门作浑天老工。闳曰:'我少作其事,不晓达其意,到今七十乃始适知,又老且死去。'孙本据陈禹谟本有异文。"案阮元《畴人传》卷二落下闳下引孙星衍云:《史记索隐》引《益都耆旧传》曰:"闳字长公,明晓天文,隐于落下。"闳乃姓黄而隐于落下耳。)

予小时闻闾巷言,孔子东游,见两小儿辩斗,问其故。一儿曰:

"我以日始出时近，日中时远。"一儿以日初出远，日中时近。长水校尉平陵关子阳以为天去人，上方远，而四傍近。何以知之？以星宿昏时出东方，其间甚疏，相去（一作离，下同。）丈余，及夜半在上方视之甚数，相去惟一二尺。以准度望之，逾益明白，故知天上之远于傍也。日为天阳，火为地阳，地阳上升，天阳下降。今置火于地，从傍与上诊其热，远近殊不同，乃差半焉。日中正在上覆盖人，人当天阳之冲（孙本作衡。）故热。于始出时，又从太阴中来，故复凉于其西；在桑榆间，大小虽同，气犹不如清晨也。桓君山曰："子阳之言，岂其然乎？"（释道世《法苑珠林》卷七日月篇、《隋书》十九志第十四《天文志》上。又《列子·汤问篇》殷敬顺《释文》曰："怆怆，桓谭《新论》亦述此事，作怆凉。"）

通人扬子云，因众儒之说天，以天为如盖转，（上三字据《初学记》增，《御览》宋本以天为作以为盖。）常左旋，日月星辰，随而东西。乃图画形体行度，参以四时历数昏明昼夜，欲为世人立纪律，以垂法后嗣。余难之曰："春秋昼夜欲等平，且日出于卯，正东方；暮日入于西，正西方。今以天下之（一本作人。）占视之；此乃人之卯酉，非天卯酉。天之卯酉，当北斗极，北斗极天枢，枢天轴也，犹盖有保斗矣。盖虽转而保斗不移，天亦（一本作以。）转周匝，斗极常在，知为天之中也。仰视之，又在北，不正在人上，而春秋分时，日出入乃在斗南。如盖转，则北道近，南道远，彼昼夜刻漏之数，何从等平？"（一作乎。）子云无以解也。后与子云奏事待报，坐白虎殿廊庑下，以寒故，背日曝背。有顷，日光去背，不复曝焉，因以示子云曰："天即盖转而日西行，其光影当照此廊下而稍东耳，无乃是反应浑天家法焉。"子云立坏其所作，则儒家以为天左转非也。（《太平御览》卷一天部。宋本非也作是也，义相反。《晋书·天文志》日光不复暴背下云："君山乃告信盖天者曰：'天若如推磨，右转而日西行者，其光景当照此廊下，稍而东耳，不当拔出去，拔出去是应浑天法也。'"《初学记》卷一天部曰："天如盖转左旋，日月星辰随而东西。"又《文选》卷二十六王僧达《答颜延年诗》注曰:"余与扬子云奏事、坐白虎殿廊廉下,以寒故背日曝焉。"又吴淑《事类赋注》卷一天部引略同。《御览》按杨泉《物理论》曰:"杨维非浑天而作盖天,圆其盖左转,日月星辰随而东西。桓谭难之,雄不解,此盖天者复难知也。"又《渊鉴类函》卷一天部四云:"王仲任据盖天之说以驳浑仪。桓君山谓仲任之徒曰:'吾待奏报,曝背西廊下,顷之日光出去,是应浑天也。'"案:此误以子云为仲任矣。又《论衡·说日篇》注孙诒让云:"桓谭《新论》云'北斗极天枢,枢天轴也,犹盖有保斗矣。盖虽转而保斗不移,天亦转周匝而斗极常在',即仲任所本云。")

公孙龙,六国时辩士也,为坚白(案:谭戒甫引作守白,云:"守白原作坚白,与下文语意不合,此殆后人以龙书祇有坚白论,无守白论,而妄改之耳。")之论,假物取譬,谓白马为非马,非马者言白所以名色,马所以名形(孙本作行。)也。色非形,形非色。(《太平御览》卷四百六十四人事部、《说郛》卷五十九。)常争论曰:"白马非马",人不能屈,后乘白马无符,传欲出关,关吏不听,此虚言难以夺实也。(《唐宋白孔六帖白帖》卷九、《太平御览》卷四百六十四人事部。案:谭介甫《公孙龙子形名发微》云:"今《公孙龙子》全书六篇,首篇原题'迹府第一',文只二段。前段为桓谭所作。"又云:"《太平御览》引桓谭《新论》,兹援此文,以与《迹府》前段相较,其上半正同,特稍多三数语耳。若《御览》所引《新论》,于原文果有删节,则今《迹府》前段,全属谭作无疑。考《后汉书》本传,言谭数从刘歆、扬雄辨析疑异,故王充《论衡·超奇篇》曰:'桓君山作《新论》,论世间事,辩照然否,虚妄之言,伪饰之辞,莫不证定。'盖谭性耽辩证,故于龙书白马论,甄明精要,定为守白,殆非熟研其学者不为功也。")

戏谈以要誉。(《文选》卷四左太冲《蜀都赋》注引桓谭《七说》,附载于此。)

洛阳季幼宾有小玉,检谒卫者,史子伯素好玉器,见而奇之,使予报以三万钱请贸焉。幼宾曰:"我与好事长者博(一本作传。)之,已雇(一本作顾。)十万,非三万钱玉也。"余惊骇云:"我若于路见此,千钱亦不市也。"故知之与不知,相去甚远。(《太平御览》卷八百五珍宝部、《渊鉴类函》卷三百六十三引有脱文。)

卷八　祛蔽篇

　　余尝过故陈令同郡杜房，见其举火夜坐，燃炭干墙，（以上八字依《太平御览》卷八百七十一火部增。）读《老子》书，言："老子用恬淡养性，致寿数百岁，今行其道，宁能延年却老乎？"余应之曰："虽同形名，而质性才干乃各异度，有强弱坚脆（《藏》本作毳。）之姿焉。爱养适用之，直差愈耳。譬犹衣履器物，爱之则完全乃久。"余见其旁（《藏》本作傍。）有麻烛。而炧（《藏》本作炉。）垂一尺所，则因以喻事，言："精神居形体，犹火之然烛矣。如善扶持，随火而侧之，可无灭（《藏》本作减。）而竟烛。烛无火，亦不能独行于虚空，又不能后然其炧。炧，犹人之耆老，齿坠发白，肌肉枯腊，而精神弗为之能（案当为能为之。）润泽，内外周遍，则气索而死，如火烛之俱尽矣。人之遭邪伤病而不遇供（《藏》本作共。）养良医者，或强死，死则肌肉筋骨常（《藏》本作当。）若火之倾剌风，而不获救护，亦道（《藏》本作过。）灭，则肤余干长焉。余尝夜坐饮内中，然麻烛。（《藏》本无麻字。）烛半压欲灭，即自勑视，（《藏》本自整视，汪本自曰勑视。此从金陵刻经处《弘明集》本。）见其皮有剥钇，乃扶持转侧，火遂度而复。则维人身，或有亏剥剧，能养慎善持，亦可以得度。又人莫能识其始生时，则老亦死，不当自知。夫古昔和平之世，人民（严本作人物。）蒙美盛而生，皆坚强老寿，咸百年左右乃死，死时忽如卧出者。犹果物谷实，久老则自坠落矣。后世遭衰薄恶气，嫁娶又不时，勤苦过度，是以身生子皆俱伤，而筋骨血气不充强，故多凶短折，中年夭卒；其遇病或疾痛侧怛，然后中绝。(《藏》本、汪本作终，此从严本。)故咨嗟憎恶，以死为大故。昔齐景公美其国，嘉其乐，云：'使古而无死，何若？'晏子曰：'上帝以人之殁为善，仁者息焉，不仁者伏焉。'(《藏》本、汪本、严本伏字均作如字，此据《晏子春秋·内篇谏上》改。)今不思勉广日学自通，以趋立身扬名，如但贪利长生，多求延寿益年，则惑之不解者也。"或难曰："以烛火喻形神，恐似而非焉。今人之肌肤，时剥伤而自愈者，血气通行也。彼蒸烛缺伤，虽有火居之，不能复全，是以神气而生长，如火烛不能自补完，盖其所以为异也，而何欲同之？"应曰："火则从一端起，而人神气则于体，当从内稍出合于外，若由外腠(《藏》本作湊。)达于内，故(诸本作固，此依严本。)未必由端往也。譬犹炭火之燃(《藏》本作难。)赤，如水过渡(《藏》本作度。)之，亦小灭然复生焉。此与人血气生长肌肉等。顾其终极，或为灰，(汪本作炙。)或为烛(《藏》本作烀)耳。曷为不可以喻哉？"余后与刘(《藏》本无刘字，此据汪本及《御览》增。)伯师夜燃脂火坐语，镫中脂索，而炷燋秃，将灭息，则以示晓伯师，言人衰老，亦如彼秃灯(《藏》本作炷，《御览》作炷，此依汪本。)矣。又为言前燃麻烛事，伯师曰："灯(《藏》本作镫，下同。)烛尽，当益其脂，易其烛。人老衰亦如(《藏》本无亦如二字。)彼自蹶续。"(《藏》本作缵，此从严本。)余应曰："人既禀形体而立，犹彼持一灯烛，(各本均误作持灯一烛，此以意改。)及其尽极，安能自尽易，尽易之乃在人。人之蹶傥(《藏》本、汪本作党。)亦在天，天或能为他，其肌骨血气充强，则形神枝而久生，恶则绝伤，犹火之随脂烛多少长短为迟速矣。欲灯烛自尽，(《藏》本作益。)易以不能，但促(《藏》本作从。)敛傍脂，以染渍其头，转侧蒸干，使火得安居，则皆复明焉。及本尽者，亦无以燃。今人之养性，或能使坠齿复生，白发更黑，肌(《藏》本作肥。)颜光泽，如彼促脂转烛者，至寿极亦死耳。明者知其难求，故不以自劳；愚者欺惑，而冀获益，(汪本作尽。)

脂易烛之力，故汲汲不息。又草木五谷，以阴阳气生于土，及其长大成实，实复入土，而后能生，犹人之与禽兽昆虫，皆以雄雌交接（《藏》本作撲。）相生，生之有长，长之有老，老之有死，若四时之代谢矣。而欲变易其性，求为异道，惑之不解者也。（《弘明集》卷五明汪道昆本、《大藏经》露四及金陵刻经处本。又《太平御览》卷八百七十火部："余与刘伯师夜坐，灯中脂炷燋秃将灭，余谓伯师曰：'人衰老亦如彼秃炷矣。'伯师曰：'人衰老应自续。'余曰：'益性可使白发更生黑，至寿极亦死耳。'"）

余与刘子骏言养性无益，其兄子伯玉（孙本玉作生。）曰："天生杀人药，必有生人药也。"余曰："钩（《说郛》作昫。）吻（孙本作簾。）不与人相宜，故食则死，非为杀人生也。譬若巴豆毒鱼，礜石贼鼠，桂害獭，杏核杀猪，粉鰍畏椒，蜈蚣畏油，（粉鰍二句依《物理小识》增。）天非（严云：一本作非天。）故为作也。"（《太平御览》卷九百九十药部、《说郛》卷五十九、方以智《物理小识》卷十一互相制条。）

余前为王翁典乐大夫，得乐家书记言："文帝时，得魏文侯时乐人窦公，年百八十岁，两目皆盲。文帝奇之，问曰：'何所服食而能至此耶？'对曰：'臣年十三失明，父母哀其不及众技，教臣为乐，使鼓琴，日讲习以为常事，臣不导引，无所服饵也，不知寿得若何？'谭以为窦公少盲，专一内视，精不外鉴，恒逸乐，所以益性命也，故有此寿。（《汉书·艺文志》颜师古注，《广弘明集》卷五曹植《辩道论》，《太平御览》卷三百八十三人事部、又卷七百四疾病部，董说《七国考》卷一引"父母教以鼓琴，日以为常，无所服饵"。《艺文志》注引作"臣导引无所服饵"，《辩道论》引作"臣又能导引"，今从《御览》卷七百四，作"不导引"。）

元帝被病，广（《三辅黄图》卷五作远。）求方士，汉中送道士（《艺文类聚》作逸人。）王仲都，诏问何所能，对曰："但能忍寒暑耳。"因为待诏。乃以隆冬盛寒日，令祖衣载以驷马，于上林昆明池上，环冰而驰。御者厚衣狐裘寒战，而仲都独无变色。卧于池台上，曝然自若。

夏大暑，使曝日坐，环以十炉火，口不言热而又身不汗出，此性耐寒暑也。无仙道好奇者为之。(《水经》卷十九《渭水》注，又《三辅黄图》卷五引至曛然自若句止，又《艺文类聚》卷五岁时部惟引忍暑一事。又《初学记》卷三岁时部，《太平御览》卷二十二时序部、卷三十四时序部、卷七百五十七器物部，《说郛》卷五十九，皆有节引。又连江叶氏本张华《博物志》卷七引王仲都事云："桓君山君以为性耐寒暑，以无仙道好奇者为之。"又《太平御览》卷三十四亦有此耐寒也一句，惟《岁华纪丽》卷二引"王仲都服飞雪散，能盛暑中曝坐，周焚以火，口不言热而身无汗出"，未云出《新论》。)

近哀、平间方士临淮(一作睢陵。)董仲君，尝犯事坐重罪系狱，佯病死。数日目陷生虫，吏捐弃之，出而复活，然后竟死。(上四字依《辩道论》增。)故知幻术靡所不有，又能鼻吹口歌，吐舌龂，耸眉动目。荆州有鼻饮之蛮，南城有头飞之夷，非为幻也。(《太平御览》卷六百四十三刑法部，又卷七百三十七方术部，又九百四十四虫豸部。又连江叶氏本张华《博物志》卷二、李严《法苑珠林》卷七十六《咒术篇》。又《广弘明集》卷五曹植《辩道论》引君山又曰：方士有董仲君，有罪系狱，佯死数日，目陷虫出，死而复生，然后竟死，云云。曹植甚称君山为中兴笃论之士，其所著述多善，但于此事则以为："人生之必死，君子所达，夫何喻乎？夫至神不过天地，不能使蛰虫夏潜、震雷冬发，时变则物动，气移而事应，彼仲君者乃能藏其气、尸其体、烂其肤、出其虫，无乃大怪乎？"是则君山之言犹不免于信虚言为实事也。)

曲阳侯王根(孙本无王根二字。)迎方士西门君惠，从其学养生(孙本无养生二字。)却老之术。君惠曰："龟称三千岁，鹤言千岁，以人之材，何乃不及虫鸟耶？"余应曰："谁当久与龟鹤同居，而知其年岁耳？"(《意林》卷三，《太平御览》卷七百二十服用部。)

卫后园有送葬时乘舆马十匹，吏卒养视，善饮不能乘，而马皆六十岁乃死。(《太平御览》卷八百九十七兽部。)

刘子骏信方士虚言，谓神仙可学。尝问人言："人诚能抑嗜欲，阖耳目，可不衰竭乎？圣人何不学仙而令死耶？圣人皆形解仙去，言死示民有终也。"（圣人何不学仙二十四字依《文选》颜延年《五君咏》注增。）余见其庭下有大榆树，久老剥折，指谓曰："彼树无情欲可忍，无耳目可阖，然犹枯槁朽蠹；人虽欲爱养，何能使之不衰？"（《艺文类聚》卷八十八木部、《太平御览》卷九百五十六木部、《广弘明集》卷五曹植《辩道论》、《文选》卷二十一颜延年《五君咏》注。）

庄周病剧，弟子对泣之。应曰："我今死，则谁先？更百年生，则谁后？必不得免，何贪于须臾？"（《意林》卷三。）

卷九　正经篇

《易》一曰《连山》，二曰《归藏》，三曰《周易》。(孙本无上四字。)《连山》八万言，《归藏》四千三百言。夏《易》烦而殷《易》简，(案朱彝尊《经义考》卷二引有此句。)《连山》藏于兰台，《归藏》藏于太卜。(依《北堂书钞》一百一艺文部增上十二字，《连山》原本作《厉山》，案连厉一声之转。)古文《尚书》旧有四十五卷，为十八篇。(严云：案《汉志》作四十六卷五十七篇。师古引郑玄《叙赞》云：后汉又亡其一篇，故五十七篇，则此当云五十八篇。)古帙(一作秩。)《礼记》有五十六卷。(孙本作四十六卷，今从宋本，与《汉志》合。)古《论语》二十一卷，与齐、鲁文异音四百余字。(依《经典释文序录》增上十一字。)古《孝经》一卷二十章，(《汉志》作二十二章。)千八百七十二字，今异者四百余字。盖嘉论之林薮，文义之渊海也。(《太平御览》卷六百八学部、《意林》卷三，又《汉书·艺文志》注。)

秦近君(当从《汉书·儒林传》作秦延君，近为延字之形讹。)能说《尧典》，篇目两字之说，至十余万言，但说"曰若稽古"二三万言。(孙、严脱二字。《汉书·艺文志》颜师古注。案：《文心雕龙·论说篇》云："若秦君延之注《尧典》十余万字，朱普之解《尚书》三十万言，所以通人恶烦，羞学章句。")

学者既多蔽暗，而师道又复缺然，此所以滋昏也。(《文选》卷二十颜延年《释奠会作诗》注。)

刘子政、子骏，子骏兄弟子伯玉，俱是通人，尤珍重《左氏》，教授子孙，下至妇女，无不读诵。(《北堂书钞》卷九十八艺文部，《太平御览》卷六百一十学部、卷六百一十六学部,《说郛》卷五十九。惟《意林》卷三引下有此亦蔽也四字,疑涉《识通篇》文而误,今删。)

《左氏传》遭战国寝藏。后百余年,鲁人穀梁赤作(一作为。)《春秋》,残略,多有遗文,(一作失。)又有齐人公羊高,缘经文作传,弥失本事矣。(陆德明《经典释文序录》。)《左氏传》于经,犹衣之表里,(刘知幾《史通》卷十四《外篇·申左》。)相持而成。经而无传,使圣人闭门思之,十年不能知也。(《太平御览》卷六百一十学部。又《史通·申左》引《东观汉记》陈元奏云"光武兴立《左氏》,而桓谭、卫宏并共诋訾,故中道而废"云。案:《后汉书·陈元传》:建武初,议立《左氏传》,元诣阙上疏曰:"建立《左氏》,解释积结,天下幸甚。"下其议,诸儒谨哗,《左氏》复废。此当指桓谭与卫宏之各让其短,互斗其长而言。严氏未审其故,以为桓谭毁《左氏》,事与《新论》违异,则误解矣。)

吴之篡弑灭亡,衅由季札,札不思上放周公之摄位,而下慕曹臧之谦让,名已细矣。《春秋》之趣,岂谓尔乎?(《古文苑》卷十一郦炎对事,章樵注云:"《春秋》襄二十九年,吴子使札来聘。公羊子曰:'贤季子也。何贤乎季子?让国也。'桓谭东汉人,以公羊之说为未然,炎主谭议,设客问以辨明之。")

诸儒睹《春秋》之文,录政治之得失,以为圣人复起,当复作《春秋》也。自通士若太史公,亦以为然。余谓之否,何则?前圣后圣,未必相袭也。夫圣贤所陈,皆同取道德仁义,以为奇论异文,而俱善可观,犹人食皆用鱼肉菜茄,以为生熟异和而复俱美者也。(《北堂书钞》卷九十五艺文部。此据旧校影宋本。陈禹谟本删夫圣贤以下,与孙本所辑《新论》同。又《太平御览》卷六十八地部。)

太史《三代世表》,旁行邪上,并效《周谱》。(《梁书·刘杳传》。)

扬雄作《玄书》,以为玄者,天也,道也,言圣贤制法作事,皆引天道以为本统,而因附续(一作属。)万类、王政、人事、法度。故宓羲氏谓之《易》，老子谓之道，孔子谓之元，而扬雄谓之玄。(孙本作孔子谓之玄，中脱"元而扬子谓之"六字，严本不误。)《玄经》三篇，以纪天地人之道，立三体，有上中下，如《禹贡》之陈三品。三三而九，因以九九八十一，故为八十一卦。以四为数，数从一至四，重累变易，竟八十一而遍，不可损益，以三十五(严云：当作六。)蓍揲之。《玄经》五千余言，而《传》十二(严本作三。)篇也。(《后汉书·张衡传》注。又胡三省《资治通鉴》卷三十音注。)

王公子问：(孙诒让云：此王公即王莽也，子字衍。)"扬子云何人耶？"答曰："才智开通，能入圣道，卓绝于众，汉兴以来未有此人也。"(《太平御览》卷四百三十二人事部、又卷六百二文部。又王充《论衡·超奇篇》曰："王公子问于桓君山以扬子云，君山对曰：'汉兴以来未有此人。'君山差才，可谓得高下之实矣。")国师子骏曰："何以言之？"答曰："通才(孙本二字乙转。)著书以百数，惟太史公为广大，余皆丛残小论，不能比之，子云所造《法言》《太玄经》也，《玄经》数百年外，其书必传，顾谭不及见也。(严云：已下对大司空王邑、纳言严尤问也。见《汉书》雄本传。)世咸尊古卑今，贵所闻，贱所见。见扬子云禄位容貌不能动人，故轻易之。(《文选》卷三张平子《东京赋》注，《太平御览》卷六百二文部，《汉书》扬雄本传。)老子其心玄远，而与道合。(《文选》卷四十七袁彦伯《三国名臣序赞》注。严云：语未竟，雄本传作："昔老聃著虚无之言两篇，薄仁义，非礼学，然后世好之者尚以为过于五经，自汉文、景之君及司马迁皆有是言。今扬子之书，文义至深而论不诡于圣人。")若遇上好事，必以《太玄》次五经也。(《论衡·超奇篇》，《文选》卷三张平子《东京赋》注、卷四十七袁彦伯《三国名臣序赞》注，《史通》内篇自序，《汉书·扬雄传》，《太平御览》卷六百二文部、又卷四百三十二人事部。)

卷十　识通篇

　　汉高祖建立鸿基，侔功汤、武。使周相赵，不如使取吕后家女为妃，令戚夫人善事吕后，则如意无毙也。（使周相赵以下见《史记》九六《张苍列传》，《正义》引桓谭《世论》，案即桓谭《新论》之误。）及身病，得良医弗用，专委妇人，归之天命，亦以误矣。此必通人而蔽者也。（《文选》卷二十三谢灵运《庐陵王墓诗》注。）

　　汉太宗文帝有仁智通明之德，承汉初定，躬俭省约，以惠休百姓，救赡困乏，除肉刑、减律法、薄葬埋、损舆服，所谓达于养生送死（一作终。）之实者也。及始从代征时，谋议狐疑，能从宋昌之策，应声驰来即位，而偃武修文，施布大恩。欲息兵革，与匈奴和亲，总摄纪纲，（一作纲纪。）故遂褒增隆为太宗也。而溺于俗议，斥逐材臣；又不胜私恩，使嬖妾慎夫人与皇后同席，以乱尊卑之伦，所谓通而蔽也。（《太平御览》卷八十八皇王部、《文选》卷四十九范蔚宗《皇后纪论》注。又《北堂书钞》卷七帝王部曰："圣德元达，卷十五帝王部曰：'总摄纪纲。'陈禹谟本撮作摄。"）

　　汉武帝材质高（《御览》作英。）妙，有崇先广统（《御览》作文广业。）之规，故即位而开发大志，考合古今，模范前圣故事，建正朔，定制度，招选俊杰，奋扬威怒，武义四加，所征者服，兴起六艺，广进儒术，自开辟以来，惟汉家为最盛焉。故显为世宗，可谓卓尔绝世之主矣。然上多过差，既欲斥境广士，又乃贪利，争物之无益者。闻西夷大宛国有名马，即大发军兵，攻取历年，士众多死，但得数十疋耳。

武帝有所爱幸姬王夫人，窈窕好容，质性嬽佞。（以上十八字依《史记集解》卷十二《孝武本纪》增。）又歌儿卫子夫，因幸爱重，乃阴求陈皇后过恶，而废退之，即立子夫，更其男为太子。后听邪臣之谮，卫后以忧死，太子出走灭亡，不知其处。信其巫蛊，多征会邪僻，求不急之方，大起宫室，内竭府库，外罢天下，百姓之死亡，不可胜数，此所谓通而蔽者也。（《艺文类聚》卷十二帝王部，《太平御览》卷八十八皇王部。又《北堂书钞》卷十二帝王部曰："考合古今卷十三帝王部曰：'武义四加，所征者服。'"）

扬子云在长安，素贫约，比岁已甚，亡其两男，哀痛不已，皆归葬于蜀，遂至困乏。子云达圣道，明于死生，宜不下季札，然而慕恋（本作怨，依宋本、《御览》改。）死子，不能以义割恩，自令多费。（子云达圣道下共三十字依《御览》增。）为中散大夫，病卒，贫无以办丧事，以贫困故葬长安，妻子弃其坟墓，西归于蜀，此罪在轻财，通人之蔽也。（孔平仲《珩璜新论》页三十二，又《太平御览》卷五百五十六礼仪部。按：《艺文类聚》卷四十、《太平御览》卷五百五十八引《扬雄家牒》云："子云以甘露元年生，以天凤五年卒，葬安陵阪上。所厚沛郡桓君山、平陵如子礼，弟子巨鹿侯芭共为治丧。诸公遗世子朝臣郎吏行事者会送。桓君山为敛赙，起祠茔，侯芭负土作坟，号曰玄冢。"）

张竦知有贼当去，会反支日不去，因为贼所杀，桓谭曰："为通人之蔽也。"（《汉书》九十二《游侠传》《陈遵传》注引李奇云。）

卷十一　　离事篇

（据刘向《新序》有《杂事》，离字当为杂字之误。）

　　人抱天地之体，怀纯粹之精，有生之最灵者也。是以貌动于木，言信于金，视明于火，听聪于水，思睿于土。五行之用，动静还与神通。貌恭则肃，肃时雨若；言从则乂，乂时旸若；视明则哲，哲时燠若；听聪则谋，谋时寒若；心严则圣，圣时风若。金木水火皆载于土，雨旸燠寒皆发于风，貌言视听皆生于心。（萧吉《五行大义》卷四第十九《论治政》。案《尚书·洪范》："初一曰五行，次二曰敬用五事。一五行：一曰水，二曰火，三曰木，四曰金，五曰土。二五事：一曰貌，二曰言，三曰视，四曰听，五曰思。又八，庶征：曰雨，曰旸，曰燠，曰寒，曰风，曰时。曰休征：曰肃时雨若，曰乂时旸若，曰哲时燠若，曰谋时寒若，曰圣时风若。曰咎征：曰狂恒雨若，曰僭恒旸若，曰豫恒燠若，曰急恒寒若，曰蒙恒风若。"君山本此以貌言视听思比之于雨旸燠寒风之分。取五事应于五行，大意言天人相似而人为最灵。）五声各从其方，春角，夏徵，秋商，冬羽，宫居中央而兼四季，以五音须宫而成，可以殿上五色锦屏风谕而示之。望视则青赤白黄黑，各各异类，就视则皆以其色为地，五（一作四。）色文饰之。欲其（孙本无其字。）为四时五行之乐，亦当各以其声为地，而用四声文（孙本无文字。）饰之，犹彼五色屏风矣。（《北堂书钞》卷一百三十二服饰部、《太平御览》卷七百一服用部。）

　　五福：寿、富、贵、安乐、子孙众多。（《意林》卷三。案《洪范》：

"五福：一曰寿，二曰富，三曰康宁，四曰攸好德，五曰考终命。"）

齐桓公行见麦（《初学记》、宋本作夌。）邱人，问其年几何？曰："八十三矣。"（孙本作年。）公曰："以子之寿祝寡人乎？"答曰："使主君甚寿，金玉是贱，以人为宝。"（《太平寰宇记》卷十二《河南道十二》。又《初学记》卷八州都部引齐桓公行见麦邱人一句。）

五藏。（《出三藏记集》第十二梁释僧佑《世界记目录序》云："世主蒙昧，莫详厥体，是以凭惠独虚，阒六合之相持；桓谭距问，率五藏以为喻云。"）

二仪之大，可以章程测也；三纲之动，可以圭表测也。（《文心雕龙辑注》卷五《章表》第二十二。）

余为郎，典漏刻，燥湿寒温辄异度，故有昏明昼夜。昼日参以晷景，夜分参以星宿，则得其正。（《北堂书钞》卷一百三十仪饰部、《初学记》卷二十五器物部，又《太平御览》卷二天部。）

通历数家算法推考其纪，从上古天元已来，讫十一月甲子夜半朔冬至，日月若连璧。（《初学记》卷四岁时部。《岁华纪丽》卷四引末一句。）

王者造明堂辟雍，所以承天行化也。（《初学记》卷九帝王部，《太平御览》卷五百三十三礼仪部。）

天称明故命曰明堂，为四面堂，各从其色，以仿四方。上圆法天，下方法地，八窗法八风，四达法四时，九室法九州，十二坐法十二月，三十六户法三十六雨，七十二牖法七十二风。（刘昭《续汉志》八《祭祀志》中，又《初学记》卷十三礼部，《艺文类聚》卷三十八礼部。）

王者作圆池，如璧形，实水其中，以环（《御览》作圜。）雍之，名（《御览》作故。）曰辟雍。言其上承天地，以班教令，流转王道，周（《御览》作终。）而复始。（《艺文类聚》卷三十八礼部，《太平御览》卷五百三十四礼仪部。）

商人谓路寝为重屋，商于虞、夏稍文，加以重檐四阿，故取名。（《玉海》卷九十五郊祀。阮元《揅经室集·明堂论》（见《清经解》卷一千六百九）引《御览》。阮元云："此误以国中南面之路寝为部外四面堂之路寝也。"）

言太山之上有刻石，凡千八百余处，而可识知者，七十有二。（《初学记》卷九帝王部，又《太平御览》卷五百三十六礼仪部,《说郛》卷五十九无首言字，刻石作石刻。）

四渎之源，河最高而长，从高注下，水流激峻，故其流急。（《水经注》卷一《河水》注，又《艺文类聚》卷九水部曰："其流激浚，故为平地灾害。"）

夏禹之时，鸿水浡涌。（《文选》卷十二木玄虚《海赋》注。）

王平仲云："《周谱》言：'定王五年，河徙故道，（《水经注·河水五》道作渎。）今所行处，非禹所穿。'"（《意林》卷三。）

案《汉书》二十九《沟洫志》第九云："大司空掾王横言：'河入勃海，勃海地高于韩牧所欲穿处。往者天尝连雨，东北风，海水溢，西南出，浸数百里，九河之地已为海所渐矣。禹之行河水，本随西山下，东北去。《周谱》云："定王五年河徙。"则今所行非禹之所穿也。又，秦攻魏，决河灌其都，决处遂大，不可复补，宜却徙完平处，更开空，使缘西山足，乘高地而东北入海，乃无水灾。'沛郡桓谭为司空掾，典其议，为甄丰言：'凡此数者，必有一是，宜详考验，皆可豫见。计定然后举事，费不过数亿万，亦可以事。诸浮食无产业民，空居与行役同当衣食，衣食县官而为之作，乃两便。可以上继禹功，下除民疾。'王莽时但崇空语，无施行者。"

大司马张仲议（孙本作义。）曰："河水浊，一石水，六斗泥，而民竞决河溉田，令河道不通利。至三月桃花水至，则决，以其噎不泄也，可禁民勿复引河。（《太平御览》卷六十一地部、吴淑《事类赋》注卷六地部。）

案《汉书》二十九《沟洫志》第九云："大司马长安张戎言：'水性就下，行疾则自刮除成空而稍深，河水重浊，号为一石水而六斗泥。今西方诸郡以至京师东行，民皆引河、渭山川水溉田，春夏干燥，少水时也，故使河水迟贮淤而稍浅，雨多，水暴至则溢决。而国家数堤塞之，稍益高于平地，犹筑垣而居水也；可各顺从其性，毋复灌溉，则百川流行，水道自利，无溢决之害矣。'"

魏三月上祀，农官读《法》，《法》曰："耒无十其羽，锄无泥其涂。春田如布平以直；夏田如鹜；秋田惕惕，如寇来不可测；冬田吴、越视。上上之田收下下，女则有罚；下下之田收上上，女则有赏。"（董说《七国考》卷二。）

汉宣（《御览》作定，此据《文选》注。）以来，百姓赋敛一岁为四十余万万，吏俸用其半，余二十万万藏于都内为禁钱。（一本作财。）少府所领园地作务之八十三万，（宋本、《御览》下重万字。）以给宫室供养诸赏赐。（《太平御览》卷六百二十七治道部，《文选》卷三十六王元长《永明九年策秀才文》注。）

王莽时置西海郡，（案《王莽传》：居摄元年，西羌怨莽夺其地作西海郡。孙本作四海郡，有讹误。）令其吏皆百石亲事（一曰为四百石），二岁而迁补。（《续汉志》二十八《百官志五》注。）

余年十七，（孙本作七十，所据乃误本。）为奉车郎中，卫殿中小苑西门。（《太平御览》卷二百十五职官部。）

谭谓扬子曰：（孙本作桓谓扬雄曰。）"君（孙本君作吾。）之为黄门郎，居殿中，数见舆辇、玉瑶、华芝及凤凰、三盖之属，皆玄黄五色，饰以金玉翠羽珠络锦绣茵席者也。（《北堂书钞》卷一百四十一车部。《续汉志》二十九《舆服志上》注、又《文选》卷一班孟坚《西都赋》注云："乘车、玉爪、华芝及凤凰、三盖之属。"玉瑶作玉爪。又《后汉书·班固传》注亦引此二句，又《文选》卷二十二颜延年《游曲河后湖诗》注同，又卷五十七《宋孝武宣贵妃诔》注引"乘舆凤凰盖饰以金玉"二句，卷十六潘安仁《寡妇赋》注引"君数见乘舆锦绣茵席"一句。）

王莽起九庙，以铜为柱櫕，带（一本作大。）金银错镂其上。（《太平御览》卷五百三十一礼仪部。）

楚之郢（案《北堂书钞》孙本从陈禹谟，郢作鄂。）都，车毂击，民肩摩，市路相排突，号为朝衣鲜（《御览》作新。）而暮衣弊也。（《北堂书钞》卷一百二十九衣冠部，又《太平御览》卷七百七十六车部，误"车挂毂"。"排突"作"交号"。又严本引民作目，盖据唐人传钞避讳。）

宋康王为无头之冠以示勇。（《太平御览》卷六百八十四服章部，《山堂肆考》征集第四十四卷。）

呈衣冠于裸川。（任昉《述异记》卷上引桓谭《新论》，下云"海上有裸人乡"。）

宓牺之制杵臼，（一本作舂。）万民以济，及后人加功，因延力借身重以践碓，而利十倍杵舂。又复设机关，用驴赢（《说郛》作骡。）牛马及役水而舂，其利（《说郛》作力。）乃且（一本无乃且二字。）百倍。（《太平御览》卷八百二十九资产部，又卷七百六十二器物部曰："伏羲制杵臼之利，后世加巧，因借身以践碓，而利十倍。""复设机关，用驴骡牛马及役水而舂，其利百倍。"）

孔子问屠牛坦曰："屠牛有道乎？"曰："刺必中解，割必中理，盘筋所引，终葵而椎。"（《太平御览》卷七百六十三器物部八引桓谭上事。）

庄王为车，锐上斗下，号曰"楚车"。（董说《七国考》卷八。）

虽不见古路车，亦数闻师之说，但素舆而蒲茵也。（《渊鉴类函》卷三百八十七车部。）

排斥曰"批抵"，（《书叙指南》卷六引桓谭。）斥无益客曰"罢遣常客"，（同上卷六引。）负喧曰"偃曝"。（同上卷九引。）

扶风邠亭，本太王所居，有夜市，古词铁马牙旗穿夜市。（《山堂肆考》卷二十七。）

卷十二　道赋篇

余少时学，（孙、严本均无学字。）好《离骚》，博观他书，辄欲反学。（《北堂书钞》卷九十七艺文部。）

杨子云工于赋，王君大（《北堂书钞》作君大素。）晓习万剑之名，凡器遥观而知，不须手持熟察。（以上十八字依《北堂书钞》一百二十二武功部增。）余欲从二子学。子云曰："能读千赋，则善赋。"君大曰："能观千剑，则晓剑。"谚曰："伏习象神，巧者不过习者之门。"（《意林》卷三，《文选》卷十七陆士衡《文赋》注，又《艺文类聚》卷五十六杂文部、卷七十五方术部，又《太平御览》卷三百九十九人事部、卷五百八十七文部。又杨慎《赤牍清裁》有扬雄答桓谭书云："长卿赋不似人间来，真神化所至邪！大谛能读千赋，则能为之。谚云：'伏习众神，巧者不过习者之门。'"案：谚云以下乃掇拾桓谭语。）

余少时见扬子云丽文高论，不自量年少新进，猥欲逮及，（一作追，孙本作欲继之。）尝激一事而作小赋，用精思太剧，而立感动致疾病。子云亦言：成帝时，赵昭仪方大幸，每上甘泉，诏使作赋，一首始成，卒暴倦卧，梦五藏出地，以手收内之，及觉，大少气，病一年。由此言之，尽思虑，伤精神也。（《意林》卷三，《文选》卷十七陆士衡《文赋》注、扬子云《甘泉赋》注，《艺文类聚》卷五十六杂文部、卷七十五方术部，又《太平御览》卷三百九十九人事部、卷五百八十七文部、卷七百三十九疾病部。又《说郛》卷五十九云："以手收内人，觉太少气，一年卒。"《北堂书钞》卷一百二艺文部亦云。）

余少时为奉车郎,孝成帝出祠甘泉河东郡,先置华阴集灵宫,武帝所造门曰望仙,殿曰存仙,欲书壁为之赋,以颂美二仙之行。余户此焉,窃有乐高眇之志,即书壁为小赋。(孙本作"余承命为作仙赋,以书甘泉之壁"。严本至颂美二仙之行,无下余户此焉十七字。《北堂书钞》卷一百二文艺部,又《艺文类聚》卷七十八有此赋并序。)谚曰:"侏儒见一节,而长短可知。"孔子言:"举一隅足以三隅反。"观吾小时二赋,亦足以揆其能否。(《太平御览》卷四百九十六人事部,又卷三百六十八人事部引侏儒见一节而长短可见一句。)

及相如之吊二世,全为赋体,桓谭以为其言恻怆,读者叹息,及平(一本作卒。)章要切断而能悲也。(《文心雕龙》卷三《哀吊》第十三疑所据为《新论》佚文,附载于此。)

文家各有所慕,或好浮华,而不知实核;或美众多,而不见要约。(《文心雕龙·定势》引桓谭。)予见新进丽文,美而无采,又见刘、扬言辞,常辄有得。(《文心雕龙·通变》引。)

卷十三　辨惑篇

天下神人五：一曰神仙，二曰隐沦，三曰使鬼物，四曰先知，五曰铸凝。（孙本作疑，此据严本。《文选》卷十二郭景纯《江赋》注、卷二十一颜延年《五君咏诗》注、卷二十七谢玄晖《敬亭山诗》注、卷三十九任彦升《为卞彬、谢修、卞忠贞墓启》注。案：以上五者，皆《新论》之所谓惑也。隐沦即隐形，铸凝谓黄白术也。张华《博物志》卷四曰："扬雄云无仙道，桓谭亦同。"周日用注云："神仙之道盛矣！非扬雄、桓谭之所能知。且秦穆、赵鞅皆见上帝，帝亦由仙乎？既有鬼神，岂无仙界？由此有神论者之论难，益信'君山无仙道，好奇者为之'之说为不可及也。"）

昔楚灵王骄逸轻下，简贤务鬼，信巫祝之道，斋戒洁鲜，以祀上帝，礼群神。躬执羽绂，起舞坛前，吴人来攻，其国人告急，而灵王鼓舞自若，顾应之曰："寡人方祭上帝，乐明神，当蒙福佑焉。"不敢赴救，而吴兵遂至，俘获其太子及后姬以下，甚可伤。（《天中记》卷四十二，《太平御览》卷五百二十六礼仪部，又卷七百三十五方术部曰："昔楚灵王骄逸轻下，信巫祝之道，躬舞坛前，吴人来攻，其国告急，而灵王鼓舞自若。"又董说《七国考》卷七、卷九所引与《御览》大同。）

汉武帝所幸李夫人死，帝痛惜之，（孙本无上四字。）方士李少君言能致其神魂。（孙本无魂字。）乃夜设烛张幄，置夫人神影，（孙本无上五字。）令帝居于他帐中，（孙本无于字、中字。）遥望（孙本无望字。）见好女，似夫人之状，还帐坐。（《文选》卷二十三潘安仁《悼亡诗》注，又《北堂书钞》卷一百三十二服饰部曰："武帝思念李夫人不已，有方士齐人李少翁，言能致夫人之神。乃夜设烛灯于幄帷，令帝别居它帐中，遥望见李夫人之貌。"又《太平御览》卷六百九十九服用部曰："李少君置武帝李夫人神影于帐中，令帝观之。"）

余尝与郎冷喜出，见一老翁（一本作公。）粪上拾食，头面垢丑，不可忍视。喜曰："安知此非神仙？"（一本下有耶字。）余曰："道必形体，如此无以道焉。"（《太平御览》卷三百八十二人事部。）

哀帝时有老才人范兰，言年三百岁，初与人相见，则喜而相应和；再三，则骂而逐人。（《太平御览》卷四百六十六人事部。）

薛翁者，长安善相马者也。于边郡求得骏马，恶貌而正走名骥子。（以上八字依《文选》左太冲《蜀都赋》注。）骑以入市，去来人不见也。后劳问之，因请观焉。（一本作马。）翁曰："诸卿无目，不足示也。"（《艺文类聚》卷九十三兽部，《太平御览》卷八百九十七兽部九。）

昔二人评玉，一人曰好，一人曰丑，久不能辨。客曰："尔朱入吾目中，则好丑分矣。"夫玉有定形，而察之不同，非好相反，瞳睛殊也。（《广博物志》卷三十七。）

扶风漆县之邠亭部，言本大王所处。（《御览》作据。）其民有会日，以相与夜中市；如不为，则有重灾咎。（《初学记》卷二十四居处部，《太平御览》卷八百二十七资产部末句作羞。刘昭《续汉志》卷十九《郡国志》一首二句作邠在漆县，下同。）

太原郡民以隆冬不火食五日，（《御览》《说郛》引日误月。）虽有疾病缓急犹不敢触犯，（《北堂书钞》卷一百四十三酒食部二。）为介子推故也。王者宜应改易。（《艺文类聚》卷三岁时部，《太平御览》卷二十七时序部、卷八百四十九饮食部，《说郛》卷五十九，又《后汉书》九十一《周举传》云："太原一郡，旧俗以介子推焚骸，有龙忌之禁，至其亡月，咸言神灵不乐举火，由是士民每冬中辄一月寒食，莫敢烟爨，老小不堪，岁多死者。举既到州，乃作吊书以置子推之庙，言盛冬去火，残损民命，非贤者之意，以宣示愚民，使还温食。"李贤注曰："其事见桓谭《新论》。"又《北堂书钞》卷一百四十三酒食部孙楚《祭介之推文》云："太原咸奉介君之灵,至三月清明,断火寒食。"孙本误收此条入《新论》。)

吕仲子婢死,有女年四岁,数来为沐头浣濯。道士云："其家青狗为之,杀之则止。"杨(孙本作伤。)仲文亦言:所知家妪死,忽起饮食,醉后而坐祭床上,如是三四,家益厌苦。其后醉行坏垣,得老狗,便打杀之,推问乃里头沽家狗。(《太平御览》卷八百八十五妖异部,又卷九百五兽部曰:"吕仲子婢死,有儿年四岁,葬后数来抚循之,亦能为儿沐头,其家人恶之,以告方士,曰:'有狗为妖。'杀之,婢遂不复来。"又曰:"杨仲文家妪死,已殓未葬,忽起坐棺前床上,饮酒醉而狗形见,杀之。")

武帝出玺印石。财有兆朕,子侯则没印。帝畏恶,故杀之。(《史记索隐》卷九《封禅书》第六下云:《风俗通》亦云然。)

天下有(一本作昔有。)鹢(一作鹤。)鸟,郡国皆食之,而三辅俗独不敢取,取(一本下有之字。)或雷电霹雳起。原夫天不独左彼而右此,杀鸟适与雷遇耳。(《太平御览》卷十三天部,又卷九百二十五羽族部。孙所据本末三句作"原夫天岂独右此鸟,其杀取时,适与雷遇耳"。遇,《御览》羽族部作偶。)

刘歆致雨具,作土龙、吹律及诸方术无不备设。谭问:"求雨所以为土龙,何也?"曰:"龙见者辄有风雨兴起,以迎送之,(孙本迎送二字乙转。)故缘其象类而为之。"(刘昭《续汉志》五《礼仪志中》注。)

难以顿牟磁石,不能真是,何能掇针取芥,子骏穷无以应。(《论衡·乱龙篇》。)

淮南王之子娛(严云:当误。安二子:太子迁、孽子不害,未知孰是?)迎道人作金银,云:(孙本云:上有又字。)"鈆字(孙本作字鈆,下无金字。)金与公,鈆则金之公,而银者,金之昆弟也。"(《太平御览》卷八百十二珍宝部。)

汉（依《道藏》本、鲁藩本《抱朴子》增。）黄门（《御览》作期门。）郎程伟，好黄白术，娶妻得知方家女。伟常从驾出，而无时衣，甚忧。妻曰："请致两端缣。"缣即无故而至前。伟按《枕中鸿宝》作金，不成，妻乃往视伟，伟方扇炭烧筒，筒中有水银。妻曰："吾欲试相视一事。"乃出其囊中药，少少投之。食顷发之，已成银。伟大惊曰："道近在汝处，而不早告我，何也？"妻曰："得之须有命者。"于是伟日夜说诱之，卖田宅以供美食衣服，犹不肯告伟。伟乃与伴谋挝笞伏之。妻辄知之，告伟言："道必当传其人。得其人，道路相遇辄教之；如非其人，口是而心非者，虽寸断支解，而道犹不出也。"伟逼之不止，妻乃发狂，裸而走，以泥自涂，遂卒。（《抱朴子内篇·黄白》引桓君山言，又《太平御览》卷八百十二珍宝部引甚简略。）

史子心见署为丞相史官，架屋发吏卒，及官奴婢以给之，作金不成，丞相自以力不足，又白傅太后，太后不复利于金也，闻金成可以作延年药，又甘心焉。乃除之为郎，舍之北宫中，使者待遇。宁有作此神方，可于宫中而令凡人杂错共为之者哉？（《抱朴子内篇》十六《黄白》引桓谭《新论》，严辑本引至使者待遇，缺"宁有作此"以下二十一字。）

卷十四　述策篇

　　世有围棋之戏，(《文选注》作俗有围碁，无之戏二字。)或言是兵法之类也。及为之上者，远碁疏张，置以会围，因而伐之，成多得道之胜。(《文选注》作张置疏远，多得道而为胜。)中者则务相绝遮，要以争便求利。(《文选注》作以争便利。)故胜负狐疑，须计数而定。下者则守边隅，(《文选注》无隅字。)趋作罫(孙本罫作罣，下同。)目，以自生于小地，然亦必不如。(《文选注》无然亦句。)察薛公之言，黥布反也。上计云："取吴、楚，并齐、鲁及燕、赵者，此广地道之谓也。"(《文选注》云：犹薛公之言黥布反也，上计取吴、楚，广道者也。)其中计云："取吴、楚，并韩、魏，塞成皋，据敖仓，此趋遮要争利者也。"(《文选注》云：中计塞城绝遮要，争利者也。)下计云："取吴下蔡，(《文选注》无此四字。)据长沙(《道藏》本、《意林》作长江。)以临越，此守边隅作罫目者也。更始帝将相不能防卫，而令罫中死碁皆生也。(《意林》卷三，赵蕤《长短经》卷六《三国权》第十九，《史记集解》卷九十一《黥布列传》，又《太平御览》卷七百五十三工艺部，《文选》卷五十二幸宏嗣《博奕论》注多末三句。又原注：罫，古买反，线间方田也。)

　　或云："陈平为高帝解平城之围，则言：'其事秘，世莫得而闻也。'此以工妙踔善，故藏隐不传焉。子能权知斯事否？"吾应之曰："此策乃反薄陋拙恶，故隐而不泄。高帝见围七日，而陈平往说阏氏。阏氏言于单于而出之，以是知其所用说之事矣。彼陈平必言：汉有好丽美女，为道其容貌天下无有，今困急，已驰使归迎取，欲进与单于。单于见此人，必大好爱之；爱之（孙本无二之字。）则阏氏日以远疏，不如及其未到，令汉得脱去，去亦不持女来矣。阏氏妇女，有妒媢之性，必憎恶而事（孙本作制，乃误字。案《汉书·蒯通传》："慈父孝子所以不敢事及于公之腹者，畏秦法也。"李奇注："以物雷地中为事。事去当与事及义相近。"）去之。此说简而要，及得其用，则欲使神怪，故隐匿不泄也。"刘子骏闻吾言，乃立称善焉。（《史记集解》卷五十六《陈丞相世家》引桓谭《新论》下云："按《汉书音义》应劭说此事，大旨与桓《论》略同，不知是应全取桓《论》，或别有所闻乎？"又《汉书·高帝纪》注应劭曰："陈平使画工图美女，间遣人遗阏氏云：'汉有美女如此，今皇帝困厄，欲献之。'阏氏畏其夺己宠，因谓单于曰：'汉天子亦有神灵，得其土地，非能有也。'于是匈奴开其一角，得突出。郑氏曰：'以计鄙陋，故秘不传。'"师古曰："应氏之说出桓谭《新论》，盖谭以意测之，事当然耳，非记传所说也。"又《白孔六帖白帖》卷二十一曰："高祖被围平城，说阏氏言：汉有美女，天下无双，急则进单于。单于必得大重之，则阏氏之宠衰矣，是谓出奇计也。"又《艺文类聚》卷十八人部云："陈平说单于阏氏，言汉有好丽美女，其容貌天下无双，急以进单于，单于见此，必大爱之，则阏氏疏矣。"《太平御览》卷三百八十一人事部云："或曰陈平为高帝解平城围，隐而不传，子能知之乎？"曰："陈平说阏氏，言汉有美女，其容貌天下无有，今急驰使归迎，欲进单于，单于见必爱之，则阏氏言之单于而得免也。"）

贾人多通侈靡之物，罗纨绮绣、杂彩玩好以淫人耳目，而竭尽其财，是为下树奢媒而置贫本也。求人之俭约富足，何可得乎？夫俗难卒变而人不可暴化，宜抑其路，使之稍自衰焉。（《后汉书》列传第十八上《桓谭传》注引《东观记》载谭言，疑出《新论》。）

卷十五　闵友篇

　　谚曰："有白头如新，倾盖如故。"言内有以相知与否，不在新故也。(《史记集解》卷八十三《邹阳列传》。)

　　夫以人言善我，亦必以人言恶我。王翁使都尉孟孙往泰山告祠，道过徐州，徐州牧宋仲翁，道余才智，陈平、留侯之比也。孟孙还，喜谓余曰："仲翁盛称子德，子乃此耶？"(严本作邪，此依《道藏》本。)余应曰："与仆游四五岁，不吾见称。今闻仲翁一言而奇怪之，若有人毁余，子亦信之，吾畏子也。"(《意林》卷三。)

　　扬子云大才而不晓音，余颇离雅操而更为新弄。(一本作声。)子云曰："事浅易喜，(一本作善。)深者难识，卿不好雅颂而悦郑声，宜也。"(《太平御览》卷五百六十五乐部。)

　　张子侯曰："杨子云，西道孔子也，乃贫如此？"吾应曰："子云亦东道孔子也。昔仲尼岂独是鲁孔子，亦齐、楚圣人也。"(《意林》卷三。案：《文选》卷四十六任彦升《王文宪集序》注引扬雄与桓谭书云："望风景附，声训自结。"盖二贤之相许如此。)

　　谓杨子云曰："如后世复有圣人，徒知其才能之胜己，多不能知其圣与非圣也。"子云曰："诚然。"(《论衡·讲瑞篇》。)

　　阳城子姓张名衡，蜀郡人，王翁(严云：翁下当有时字。)与吾俱为讲学祭酒，及寝疾，豫买棺椁，多下锦绣，立被发冢。(《太平御览》卷八百十五布帛部。)

　　有通人如子礼。(林宝《元和姓纂》卷二百九鱼引桓谭《新论》并云：《汉书》长安富人如氏也。)

时农。(同上卷二七之。)

茂陵周智孙曰:"胡不为赋颂?"余应之曰:"久为大司空掾,见使兼领众事,典定大议,汲汲不暇,以夜继昼,安能复作赋颂耶?"(《职官分纪》卷五掾属。)

关并字子阳,(孙本作场。)材智通达也。(《汉书》二十九《沟洫志》第九注。)

张戎,字仲功,习灌溉事也。(《汉书》注同上。)

韩牧字子台,善水事。(《汉书》注同上。)

案《汉书》二十九《沟洫志》云:"王莽时征能治河者以百数,其大略异者,长水校尉平陵关并言:'河决,率常于平原、东郡左右,其地形下而土疏恶,闻禹治河时,本空此地,以为水猥盛则放溢,少稍自索。虽时易处,犹不能离此。上古难识,近察秦、汉以来,河决曹、卫之域,其南北不过百八十里者。可空此地,勿以为官亭民舍而已。'"又大司马长安张戎习灌溉事,见卷十一《离事篇》,此不具载。又御史临淮韩牧,同《志》云:"韩牧以为可略于《禹贡》九河处穿之,纵不能为九,但为四五,宜有益云。"

庄尤,字伯石。(《后汉书》卷一《光武帝纪》"王莽纳言将军严尤",李贤旧注引桓谭《新论》云:"此言严,讳明帝讳也。")

高君孟颇知律令,尝自伏写书,著作郎署哀其老,欲代之,不肯,云:"我躬自写,乃当十遍读。"(《北堂书钞》卷一百一艺文部,《太平御览》卷六百十四学部。孙、严本均脱孟字、署字。)

余同时佐(《说郛》作左。)郎官有梁子初、杨(一作扬。)子林,好学,所写万卷,至于白首。常有所不晓百许寄余,余观其事,皆略可见。(《太平御览》卷六百十九学部,《说郛》卷五十九。)

卷十六　琴道篇

琴，神农造也。琴之言禁也，君子守以自禁也。（顾野王《玉篇》卷十六，又《初学记》卷十六乐部云："神农作琴。"）

八音之中，惟弦为最，而琴为之首。（《初学记》卷十六乐部，《太平御览》卷五百七十九乐部，第二句作惟丝最密。）

大声不震哗（孙本作华。）而流漫，细声不湮灭而不闻。（《文选》卷十八成公子安《啸赋》注引《琴道》语。）

八音广博，琴德最优。（《文选》卷十八潘安仁《笙赋》注。）

昔神农氏继宓羲而王天下，上观法于天，下取法于地，近取诸身，远取诸物，于是始削桐为琴，练（一作绳。）丝为弦，以通神明之德，合天地之和焉。（《艺文类聚》卷四十四乐部、卷八十八木部，《文选》卷十三谢希逸《月赋》注，又卷二十八《白头吟》注，《太平御览》卷五百七十九乐部、卷八百十四布帛部，末句和作叙。又卷九百五十六木部引"神农、黄帝削桐为琴"。）梧桐作琴，三尺六寸有六分，象朞之数；厚寸有八，象三六数；广六分，象六律。上圆而敛，法天；下方而平，法地。上广下狭，法尊卑之体。（《意林》卷三。）琴隐长四十五分，隐以前长八分。（《文选》卷三十四枚乘《七发》注。）五弦第一弦为宫，其次商、角、徵、羽，文王、武王各加一弦，以为少宫、少商，说者不同。（杜佑《通典》卷一百四十四《乐典》。）下徵七弦，总会枢极。（《文选》卷十八马季长《长笛赋》注引《琴道》语。）琴七弦，足以通万物而考治乱也。（《文选》卷十五张平子《思元赋》注引《琴道》语，又《初学记》卷十六乐部，《太平御览》

卷五百七十九乐部，治作理。）

古者圣贤，玩琴以养心，夫遭遇异时，穷则独善其身，而不失其操，故谓之"操"。达则兼善天下，无不通畅，故谓之"畅"。(《意林》卷三，《文选》卷十一鲍明远《芜城赋》注、又卷十六司马长卿《长门赋》注、卷十七傅武仲《舞赋》注、卷十八嵇叔夜《琴赋》注、卷三十四枚乘《七发》注。)尧《畅经》，逸不存。《舜操》，其声清以微。(《意林》卷三。)《舜操》者，昔虞舜圣德玄远，遂升天子，喟然念亲，巍巍上帝之位不足保，援琴作操。(《文选》卷十八嵇叔夜《琴赋》注引《琴道》语。)《禹操》者，昔夏之时，洪水襄陵沈丘，禹乃援琴作操，其声清以溢，潺潺湲湲，志在深河。(《北堂书钞》卷一百九乐部。案陈禹谟本，沈丘作壤山，溢作益，孙本同。严本沈丘作沈山。)《微子操》，微子伤殷之将亡，终不可奈何，见鸿鹄高飞，援琴作操。(《文选》卷十八《琴赋》注引《琴道》语。又《太平御览》卷九百十六羽族部引《微子操》数语，"援琴作操"句下有"其声清以淳"五字。)操似鸿雁咏之声。(《文选注》同上引琴道语。)《微子操》，其声清以淳，(清以淳，《文选注》引作清以浮。)《箕子操》，其声淳以激。(《意林》卷三，《文选注》，《艺文类聚》乐部，《太平御览》卷五百七十九乐部、卷八百四十布帛部。)《伯夷操》，似鸿雁之音。(《文选》卷十八马季长《长笛赋》注引《琴道》语。)《文王操》者，文王之时，纣无道，烂金为格，(一作烙。)溢酒为池，宫中相残，骨肉成泥，琁室瑶台，蔼云翳风，钟声雷起，疾动天地。文王躬被法度，阴行仁义，援琴作操，故其声纷以扰，骇角震商。(《太平御览》卷八十四皇王部，又《北堂书钞》卷四十一政术部引"纣烂金为格，溢酒为池，骨肉成泥"三句，陈禹谟本格改烙，孙本引同。)

晋师旷善知音。卫灵公将之晋，宿于濮水之上，夜闻新声，召师涓告之曰："为我听写之。"曰："臣得之矣。"遂之晋。晋平公飨之，酒酣，灵公曰："有新声，愿奏之。"乃令师涓鼓琴，未终，师旷止之曰:"此亡国之声也。"(《后汉书》三十六列传第二十六《陈元传》注。)

雍门周以琴见孟尝君曰:"先生鼓琴,亦能令文悲乎?"对曰:"臣之所能令悲者,先贵而后贱,昔富而今贫,摈压穷巷,不交四邻,不若身材高妙,怀质抱真,逢逸罹谤,(孙本作谮,案宋刊本《三国志》及荆山子《琴讽》均作谤。)怨结而不得信;不若交欢而结爱,无怨而生离,远赴绝国,无相见期;不若幼无父母,壮无妻儿,出以野泽为邻,入用窟(孙本作掘,宋刊《三国志》作掘,此据荆山子《琴讽》改。)穴为家,困于朝夕,无所假贷。若此人者,但闻飞鸟之号,秋风鸣条,则伤心矣。臣一为之援琴而长太息,未有不凄恻而涕泣者也。今若足下,居则广厦高堂,连闼(一作门。)洞房,下罗帷,来清风,倡优在前,诣谀(孙本乙转。此据宋刊《三国志》及荆山子《琴讽》改。)侍侧,扬激楚舞,郑妾流声以娱耳,练色以淫目;水戏则舫龙舟,建羽旗鼓,钓乎不测之渊,野游则登平原;驰广囿,强弩下高鸟,勇士格猛兽,置酒娱乐,沉醉亡归。方此之时,视天地曾不若一指,虽有善鼓琴,未能动足下也。"孟尝君曰:"固然。"雍门周曰:"然臣窃为足下有所常悲。夫角帝而困秦者,君也,连五国而代(本作伐,依荆山子《琴讽》改。)楚者,又君也。天下未尝无事,不从即衡;从成则楚王,衡成则秦帝。夫以秦、楚之强,而报弱薛,犹磨萧斧而伐朝菌也。(《琴讽》菌误作道。)有识之士,莫不为足下寒心。天道不常盛,寒暑更进退,千秋万岁之后,(《琴讽》无之字。)宗庙必不血食,高台既已倾,曲池又已平,坟墓生荆棘,狐狸穴其中,游儿牧竖,踯躅其足而歌其上曰:'孟尝君之尊贵,亦犹若是乎?'"于是孟尝君喟然太息,涕泪承(《琴讽》作交。)睫而未下,雍门周引琴而鼓之,徐动宫徵,叩角羽,终而成曲。孟尝君遂欷歔而就之曰:"先生鼓琴,令文立若亡国之人也。"(《三国志·蜀志》卷十二《郤正传》裴松之注引桓谭《新论》,不标篇名,以《文选注》所引琴道证之。知此固最完整。归有光辑《诸子汇函》,存荆山子

《琴讽》一篇，注出《新论》，疑《新论》此时尚存，可资参校。又《文选注》所引文字，亦有异同，如卷二张平子《西京赋》注《琴道》曰："雍门周曰：'水嬉则榜龙舟。'"卷三十五张景阳《七命》注引同。又卷十八潘安仁《笙赋》注，雍门周曰："臣之所能令悲者，先贵而后贱，故富而今贫。"又卷十六江文通《恨赋》注《琴道》曰："雍门周说孟尝君曰：'幼无父母，壮无妻子，若此人者，但闻秋风鸣条则伤心矣。'"又《琴道》雍门周曰："高台既已倾，曲池又已平，坟墓生荆棘，狐兔穴其中。"又卷十六江文通《别赋》注《琴道》曰："雍门周以琴见孟尝君，孟尝君曰：'先生鼓琴，亦能令悲乎？'周曰：'臣之所能令悲者，无故生离，远赴绝国，无相见期，臣为一挥琴而太息，未有不凄怆而流涕者。'"又卷二十二卢子阳《北伐诗》注，《琴道》雍门周说孟尝君曰："千秋万岁后，高台既已倾，曲池又已平。"卷四十三邱希范《与陈伯之书》注，卷六十陆士衡《吊魏武文》注，并同引此四句。又卷二十三张孟阳《十哀诗》注，雍门周曰："周以琴见孟尝君曰：'臣窃悲千秋万岁后，坟墓生荆棘，狐兔穴其中，樵儿牧竖踯躅而歌其上，行人见之凄怆，孟尝君之尊贵，如何成此乎？'孟尝君喟然叹息，泪下承睫。"又卷二十八陆士衡《日出东南隅行》注，《琴道》曰："雍门周曰：'廉厦邃房。'"又《前缓声歌》注，《琴道》曰："雍门周曰：'水嬉则建羽旗。'"又卷三十谢元晖《和王主簿诗》注，《琴道》曰："雍门周曰：'一赴绝国。'"又卷三十九任彦升《谢修、卞忠贞墓启》注，雍门周以琴见孟尝君曰："臣窃悲千秋万岁后，坟墓生荆棘，狐兔穴其中，樵儿牧竖，踯躅而歌其上也。"又卷四十六陆士衡《豪士赋序》注，雍门周以琴见孟尝君，孟尝君曰："先生鼓琴，亦能令文悲乎？"对曰："臣窃为足下有所悲，千秋万岁后，坟墓生荆棘，游童牧竖，踯躅其足而歌其上曰：'孟尝君之尊贵，亦犹若是乎？'于是孟尝喟然太息，涕承睫而未下，雍门周引琴而鼓之，徐动宫徵，挥角羽，初终而成曲，孟尝君遂歔欷而就之。"又卷五十八王仲宝《褚渊碑文》注，雍门周说孟尝曰："有识之士，莫不为足下寒心酸鼻。"又卷六左太冲《魏都赋》注，雍门周说孟尝君曰："以强秦之势伐弱薛，譬犹礛萧斧以伐朝菌也。"又卷二十七陆士衡《猛虎行》注，雍门周曰："秋风鸣条，则伤心矣。"又卷三十一刘休元《拟古诗》注，雍门周说孟尝君曰："今君下罗帐来清风。"又卷三十五《汉武帝诏》注，雍门周曰："远走绝国，无相见期也。"又卷四十一李陵《答苏武书》注，雍门周鼓琴见孟尝君曰："先生鼓琴，亦能令悲乎？"对曰："所能令悲者，远赴绝国，无相见期，若此人者，但闻飞鸟之号，秋风萧条，则心伤矣。"又卷四十二魏文帝《与吴质书》注，雍门周曰："身材高妙，怀质抱真。"又卷二十七颜延年《还至梁城作诗》注，雍门周见孟尝君曰："臣窃悲千秋万岁后，坟墓生荆棘，行人见之曰：'孟尝君尊贵乃如是乎？'"又卷二十八沈休文《冬节后至丞相第作诗》注，雍门周说孟当君曰："千秋万岁后，高台既已倾，曲池又已平。"计《文选注》所引二十三事，孙本云十六事，盖有遗失。其中如《别赋》注第二句重孟尝君。"昔富而今贫"，《笙赋》注昔作故。"无怨而生离"，《别赋》注怨作故。"壮无妻儿"，《恨赋》注儿作子。"秋风鸣条"，李陵《答苏诗》注鸣作萧。"援琴而太息"，《别赋》援作挥。"凄恻而涕泣"，作凄怆而流涕。"连阁洞房"，《日出东南隅行》注洞作邃。"水戏"，《西京赋》注、《七命》注戏作嬉。"莫不为足下寒心"，《褚渊碑文》下有酸鼻二字。"狐狸"，《恨赋》注、《七哀诗》注均作狐兔。"游儿"，《七哀诗》注、《卞忠贞墓启》注作樵儿，《豪士赋序》注作游童。"而歌其上"下，《七哀诗》注有"行人见之凄怆。亦犹如是乎"，同注作如何成此乎。"叩角羽"，《豪士赋》注叩作挥。"终而成曲"，同注中上有初字。以上均异文。）

潇湘之乐，方馨为帝。（董说《七国考》卷七。）

汉之三王，内置黄门工倡。（《文选》卷十八马季长《长笛赋》注、卷四十繁休伯《与魏文帝笺》注。）

宣帝元康、神爵之间，丞相奏能鼓雅琴（《御览》琴作瑟。）者，渤海赵定、梁国龙德，召见温室，拜为侍郎。（《北堂书钞》卷七十一设官部二十三，《太平御览》卷二百四十八职官部。）

昔余在孝成帝时为乐府令，（孙本若下无余在二字，时下有余字。）凡所典领倡优伎乐，盖有千人之多也。（《北堂书钞》卷五十五设官部，孙、严本无末三字。)

黄门工鼓琴者，有任真卿、虞长倩，能传其度数，妙曲遗声。(《文选》卷二十四司马绍统《赠山涛诗》注。)

成少伯工吹竽，见安昌侯张子夏，鼓琴（一作瑟。）谓曰："音不通千曲以上，不足以为知音。"(《太平御览》卷五百八十一乐部。)

余兄弟颇好音，尝至洛，听音终日而心足。由是察之，夫深其旨则欲罢不能，不入其意故过已。(《太平御览》卷五百六十五乐部《要览》引桓君山曰。)

附录　后汉书·桓谭传

（宋建安黄善夫刻本，据元大德九年宁国路儒学刻明印本，日本活字印元大德宁国路儒学刻本，清乾隆四年武英殿刻本，及上海涵芬楼影印宋绍兴本参校。）

桓谭字君山，沛国相人也。父成帝时为大（各本均作太，日刻本与此同。）乐令，谭以父任为郎，因好音律，善鼓琴，博学多通，遍习五经，皆训诂（各本均作诂训，日刻本与此同。）大义，不为章句。能文章，(《东观记》云："谭能文，有绝才。"）尤好古学，数从刘歆、杨雄辨析疑异。(《后汉纪》卷四云："数从刘歆、扬雄稽疑论议，至其有所得，歆、雄不能间也。"）性嗜（影宋本与元刻明印本作著，日刻本作嗜。）倡乐，简易不修威仪，而憙非毁俗儒，由是多见排抵。

哀、平间位不过郎，傅皇后父孔乡侯晏，深善于谭。是时高安侯董贤宠幸，女弟为昭仪，皇后日已疏，晏嘿嘿不得意。谭进说曰："昔武帝欲立卫子夫，阴求陈皇后之过，而陈后终废，子夫竟立。今董贤至爱，而女弟尤幸，殆将有子夫之父，（元刻明印本、日刻本及影宋本均作父，武英殿作变，作变是也。）可不忧哉？"晏惊动曰："然。为之奈何？"谭曰："刑罚不能加无罪，邪枉不胜（胜上各本均有能字。）正人。夫士以才智要君，女以媚道求主。皇后年少，希更艰难，或驱使医巫，外求方技，此不可不备。又君侯以后父尊重，而多通宾客，必借以重执，贻致讥议，不如谢遣门徒，务执谦悫，此修己正家避祸之道也。"晏曰："善。"遂罢遣常（旧校云：常或作宾。）客。入白皇后，如谭所戒。后贤果风太医令真钦，使求傅氏罪过，遂逮后弟侍中喜，诏狱无所得，乃解。故傅氏终全于哀帝之时。及董贤为大司马，闻谭名，欲与之交。谭先奏书于贤，说以辅国保身之术，贤不能用，遂不与通。当王莽居摄篡弑之际，天下之士，莫不竞褒称德美，作符命以求容媚。谭独自守，默然无言。莽时为掌乐大夫，更始立，召拜太中大夫。

世祖即位，徵待诏，上书言事，失旨不用。后大司空宋弘荐谭，拜议郎给事中。（事详《后汉书》列传第十六《宋弘传》。）因上疏陈时政所宜曰："臣闻国之废兴，在于政事，政事得失，由乎辅佐（各本重辅佐二字。）贤明，则俊士充朝，而理合世务；辅佐不明则论失时宜，而举多过事。夫有国之君，俱欲兴化建善，然而政道未理者，其所谓贤者异也？昔楚庄王问孙叔敖曰：'寡人未得所以为国是也。'叔敖曰：'国之有是，众所恶也，恐王不能定也。'王曰：'不定独在君，亦在臣乎？'对曰：'君骄士曰："士非我，无从富贵。"士骄君曰："君非士，无从安存。"人君或至失国而不悟，士或至饥寒而不进，君臣不合，则国是无从定矣。庄王曰：'善。愿相国与诸大夫共定国是也。'盖善政者视俗而施教，察失而立防，威德更兴，文武迭用，然后政调于时，而躁人可定。昔董仲舒言：'理国譬若琴瑟，其不调者，则解而更张。'夫更张难行、而拂众者亡。是故贾谊以才逐，而晁错以智死，世虽有殊能，而终莫敢谈者，惧于前事也。且设法禁者，非能尽塞天下之奸，皆合众人之所欲也。大抵取便国利事多者，则可矣。夫张官置吏，以理万人，县赏设罚，以别善恶，恶人诛伤，则善人蒙福矣。今人相杀伤，虽已伏法，而私结怨仇，子孙相报，后忿深前，至于灭户殄业，而俗称豪健，故虽有怯弱，犹勉而行之，此为听人自理，而无复法禁者也。今宜申明旧令，若已伏官诛，而私相伤杀者，虽一身逃亡，皆徙家属于边；其相伤者加常二等，不得雇山赎罪。如此则仇怨自解，盗贼息矣。夫理国之道，举本业而抑末利，是以先帝禁人二业，锢商贾不得宦为吏，此所以抑并兼、长廉耻也。今富商大贾多放田（影宋本、武英殿本田作钱。）货，中家子弟，为之保役，趋走与臣仆等勤，收税与封君比入。是以众人慕效，不耕而食，至乃多通侈靡，以淫耳目。今可令诸商贾自相纠告，若非身力所得，皆以赃界告者，如此则专役一己，不敢以货与人，事寡力弱，必归功田亩。田亩修，则谷入多，而地力尽矣。又见法令决事，轻重不齐，或一事殊法，同罪异论，奸吏得因缘为市，所欲活则出生议，所欲陷则与死比，是为刑开二门也。今可令通义理、明习法律者，校定科比，一其法度，班下郡国，蠲除故条，如此天下知方，（或作方知。钱大昭曰：方知当作知方，南监本不误。）而狱无怨滥矣。"书奏，不省。

是时帝方信谶，多以决定嫌疑。又酬赏少薄，天下不时安定。谭复上疏曰："臣前献瞽言，未蒙诏报，不胜愤懑，冒死复陈。愚夫策谋有益于政道者，以合人心而得事理也。凡人情忽于见事，而贵于异闻。观先王之所记述，咸以仁义正道为本，非有奇怪虚诞之事。盖天道性命，圣人所难言也。自子贡以下不得而闻，况后世浅儒能通之乎？今诸巧慧小才伎数之人，增益图书，矫称谶记，以欺惑贪邪，诖误人主，焉可不抑远之哉！臣谭伏闻陛下穷折方士黄白之术，甚为明矣。而乃欲听纳谶记，又何误也？其事虽有时合，譬犹卜（钱大昭所见本作十，云：十闽本作小，《通鉴》作卜。南监本不误。）数只偶之类，陛下宜垂明听，发圣意，屏群小之曲说，述五经之正义，略靁（日刻本作雷。）同之俗语，详通人之雅（元刻明印本雅作谁。）谋。又臣闻安平则尊道术之士，有难则贵介胄之臣。今圣朝兴复祖统，为人臣主，而四方盗贼未尽归伏者，此权谋未得也。臣谭伏观陛下用兵，诸所降下，既无重赏，以相恩诱，或至虏掠，夺其财物，是以兵长渠率，各生狐疑，党辈连结，岁月不解。古人有言曰:'天下皆知取之为取,莫(武英殿本莫上有而字。)知与之为取。'陛下诚能轻爵重赏,与士共之,则何招而不至,何说而不释,何向而不开,何征而不克?如此则能以狭为广,以迟为速,亡者复存,失者复得矣。"帝省奏,愈不悦。

其后有诏会议灵台所处,帝谓谭曰:"吾欲(钱大昭曰:欲下闽本有以字。)谶决之,何如?"谭默然良久曰:"臣不读谶。"(《东观记》臣下有生字。)帝问其故。谭复极言谶之非经。帝大怒曰:"桓谭非圣无法,将下斩之。"谭叩头流血,良久乃得解。出为六安郡丞。(《东观记》云:由是失旨,遂不复转还。)意忽忽不乐,道病卒,(《北堂书钞》卷一百二文艺部引谢承《书》曰:"感而作赋,因思大道,遂发病卒。")时年七十余。(案桓谭生卒年,据伯希和在一九二三年《通报》页二一七注二,及成田衡夫在《汉学会杂志》第五卷第三号,均定为公元前四〇年至公元三〇年间。此据刘汝霖《汉晋学术编年》卷三页七一,则生于公元前二十三年,即汉成帝阳朔二年戊戌,卒于公元五十六年,即后汉光武帝中元元年丙辰,时年七十九。捷克鲍格洛《桓谭的年代》[捷克科学院《东方文库》,一九五九年四月二十七日]、《再谈桓谭的年代》[同上,一九六一年十二月二十九日]定为桓谭生于公元前四十三年左右,卒于公元二十八年。姜亮夫、关秋英《桓谭题年的讨论》[《杭州大学学报》,一九六二年第一期]定为桓谭生于汉成帝建始二年庚寅,为公元前三十一年,年七十余,则卒在建武二十二年以前。)

初,谭著书言当世行事二十九篇,号曰《新论》。上书献之,世祖善焉。《琴道》一篇未成,肃宗使班固续成之。所著赋、诔、书、奏,凡二十六篇。

元和中,肃宗行东巡狩,至沛,使使者祠谭冢,乡里以为荣。

孙冯翼《桓子新论序》

(《问经堂丛书》第三函，清嘉庆七年九月刊本。)

后汉桓谭字君山，著书言当世行事，号曰《新论》。其分篇有《本造》《王霸》《求辅》《言体》《见徵》《谴非》《启寤》《祛蔽》《正经》《识通》《离事》《道赋》《辨惑》《述策》《闵友》《琴道》，具见于范史本传及章怀注。谭书本十六篇，光武勅言卷大，令别为上下，故自《王霸》至《辨惑》，皆分二篇，惟《本造》《闵友》《琴道》各一篇，以成二十九篇。《隋书·经籍志》及《新唐志》俱称十七卷，盖仍依十六篇为卷，并目录为十七耳。(古书多列目一卷，《隋志》中甚多。)《宋史·艺文志》不载谭书，晁公武、陈振孙亦皆未言及，则其亡轶当在南宋时。裴松之补注《蜀志》引《琴道篇》语，而不著《琴道》之名，以《文选注》所引《琴道》证之，固确然可据也。本传言《琴道篇》未成，肃宗使班固续成之，注引《东观记》曰："《琴道》但有发首一章。"今缉逸篇，虽于君山、孟坚之文未分朱紫，然既有《选》注足据，故凡雍门与孟尝语，及谭论乐事，皆可汇为一篇，以肖其旧。余诸篇目，昔人征引其词，未尝显标其题，必欲臆为分列，恐蹈武断之弊。且如《史记正义》引三皇道理、五帝德化、三王仁义、五霸权智，《初学记》云："王道之主，德统乾元。"《太平御览》云："孔氏门人，五尺童子不言五霸。"此类以入《王霸篇》，尚显而易信。又《汉书》注云："古《孝经》异字四百余。"《经典序录》言《穀梁》多有遗文，《公羊》弥失本事。《史通》称《左氏》于经，犹衣之表里。《北堂书钞》曰"《连山》藏于兰台，《归藏》藏于太卜"诸语，今以入《正经篇》，亦或与桓子有合。若《选》注"汉高祖建立鸿基，侔功汤、武"，《艺文类聚》及《御览》引论汉孝文、孝武帝事，末皆云"此通而蔽者也"，既似《王霸篇》语，又似《祛蔽篇》文，是将焉归乎？他如《本造》《求辅》等目，仅观篇名，而不得其词，则尚不知所谓，何能一一强分也？宋汪晫编《曾子》《子思子》，以强立篇名，为通儒所讥，岂可循其覆辙哉？陶宗仪《说郛》所引《新论》二十七事，其书不足据，故未采录。本传述谭历官始末，自西汉成帝时，以父为大乐令任为郎，历哀、平，至王莽时为掌乐大夫，更始立，拜太中大夫，光武即位，征待诏，后拜议郎、给事中，出为六安郡丞。兹以《新论》考之，谭自言为黄门郎，见乘舆凤盖之属，及为奉车郎，承命作《仙赋》，书甘泉壁；又典漏刻，参晷景，卫殿中小苑西门，同时郎有冷喜，佐有梁子初、扬子林，期门郎则有程伟，至其为典乐大夫，以与典乐谢侯争斗坐免，此皆可与本传互证者也。《御览》载阳城张衡、蜀郡王翁，与谭俱为讲学祭酒，此则本传所未载，可补范史之阙也。至于方士王仲都、董仲君，与待诏景子春善占事，范史《方技列传》皆阙遗其人，葛洪《神仙传》、张华《博物志》所载王仲都能忍寒暑，并资于《新论》。梁刘勰《文心雕龙》称秦君延注《尧典》文繁，亦谭之所说也。马迁《史记》，其太史公语乃东方朔所加，谭以前未有此论。王伯厚亦以《连山易》详，《归藏易》简，语未详所据。盖谭博学多通，所见多后人未见书焉。善鼓琴，好音律，故特著《琴道篇》。能文嗜古，数从刘歆、扬雄游，辨析疑义，古论（案：当为《新论》。）中屡称子骏、子云，至欲以《太玄》次五经，是亦可以征谭之学术矣，王充《论衡》深誉君山之论为不可及。《新论》之名，谭以为见刘向《新序》、陆贾《新语》而作。今《新序》《新语》，《四库》列于儒家，惟兹逸篇，亦隋、唐《志》中儒家之流，何可不急为搜存，俾与刘、贾二书并行于世也？

严可均《桓子新论叙》

（《铁桥漫稿》卷五，心矩斋校本。）

《隋志》儒家《桓子新论》十七卷，后汉六安丞桓谭譔，旧、新《唐志》同。本传谭字君山，沛国相人。成帝时为郎。哀、平间位不过郎。莽时为掌乐大夫。更始召拜太中大夫。世祖即位，征待诏，极言谶之非经，出为六安郡丞，道病卒。谭著书言当世行事，号曰《新论》，世祖善焉。《琴道》一篇未成，肃宗使班固续成之。章怀注言，《新论》一曰《本造》、二《王霸》、三《求辅》、四《言体》、五《见徵》、六《谴非》、七《启寤》、八《祛蔽》、九《正经》、十《识通》、十一《离事》、十二《道赋》、十三《辨惑》、十四《述策》、十五《闵友》、十六《琴道》。《本造》《闵友》《琴道》各一篇，余并有上下。注又引《东观记》："光武读之，勅言卷大，令皆别为上下，凡二十九篇。""《琴道》未毕，但有发首一章。"（案：二十九篇而十七卷者，上下篇仍合卷为十六卷，疑复有录一卷，故十七卷。）其书亡于唐末，故宋时不著录。全谢山《外集》卷四十，称常熟钱尚书谓《新论》在明季尚有完书，恐非其实。今从《群书治要》得十五事，审是《求辅》《言体》《见徵》《谴非》四篇。从《意林》得三十六事，审是《王霸》《求辅》《言体》《见徵》《谴非》《启寤》《祛蔽》《正经》《识通》《离事》《道赋》《辨惑》《琴道》十三篇。又从各书得三百许事，合并复重，联系断散，为百六十六事，依《治要》《意林》次第理而董之。诸引仅《琴道》有篇名，余则望文归类,取便捡寻,其篇名黑质白文以别之,定十六篇为三卷。君山博学多通,同时刘子骏《七略》征引其《琴道篇》,扬子云难穷,立毁所作盖天图。其后班孟坚《汉书》据用甚多,王仲任《论衡·超奇》《佚文》《定贤》《案书》《对作篇》,皆极推崇,至谓"子长、子云论说之徒,君山为甲",则其书汉时早有定论。惜久佚失,所得见者仅此。然其尊王贱霸、非图谶、无仙道、综核古今,佝偻失得,以及仪象、典章、人文、乐律,精华略具,则虽谓此书未尝佚失也可。嘉庆乙亥夏六月乌程严可均谨第录。

黄以周《桓子新论叙》

(《儆季杂著子叙》,清同治年间《儆季书五种》刊本。)

后汉桓谭字君山,沛国相人,著《新论》十六篇,《本造》《闵友》《琴道》各一篇,余皆分上下,故亦称二十九篇,其标题篇目,具见范《史》本传及章怀注。王充作《论衡》,睥睨一切,而独折服是书。尝谓君山"作《新论》论世间事,辨照然否,虚妄之言、伪饰之辞,莫不证定。"甚且以为《新论》之义与《春秋》会一,其推誉可谓至矣。孙凤卿辑是书,深虑昔人征引其辞,未显标题,必欲臆为分别,难免武断,惟《文选注》明引《琴道》,遂以是篇居首,次以《意林》所载,余皆以所采书为先后,殽杂而无伦,重复而迭见,无由见本书之櫽栝。铁桥更为编辑,其书未见,读其《漫稿》中所载自叙,乃以《群书治要》所录十五事、《意林》所录三十五事为纲,而以义之相类者比附其间,是岂能一复本书之旧哉?武断之讥,恐不能免矣。然魏、马二书所录,皆仍本书次第,今举其语之明显者,以类相从,而不标题篇目。残文片语,无由知其命意所在,别附书后。俾读是书者，生千百年后，犹得见其具体，岂不愈于孙辑之杂陈叠见哉？孙氏未见《治要》，本书端绪无怪茫然，近得严辑文目，互相比校，重编之如左。

文章辑录

关于中国诸神的研究[*]

一、神的起源

照着神话学上的观察,"神的观念"是在勿论那国,都是先天的,这是由经验而想象构造成的东西;对于自己实有的感情上,起一种心理作用;——认成为冥然存在似的,对于这个也生出冥然的信仰心。渐渐的明了信仰的对象,而起崇敬心;以后人人所有的普通性的神的观念,受着地理上、历史上,很大的影响。

如以上所述的,在神话学上说是神的观念是先天的。然而人人如何能有神的观念?这也是可研究的价值!其主要的原因有二:

第一原因:就是关于人的疑惑——尤其是对于自然界——一时不能理解的,换而言之,人对于各种的事实的观察,就起一种研究它原因的动机;例如,"雨是如何的降下来?""天为何雷风?"研究不得其结果,都为不可思议的神作为的。好像基督教徒每回开讲的时候儿:"上帝造物;造物之功是归于上帝的!"中国人也如是的:下雨想是有雨神,风有风神。灼烁的日光,巍峨的山岳,都是归于神功的。凡是人事般,难以究其原因的,都是神力。人事的吉凶也是归于神;从此而后,人人都信运命之说。

---

[*] 本文原发表于《民众生活》1930年第1卷第13期,本次整理以此为底本。——编者

第二个原因：对于人生出了意外的恐怖或惊慌，甚至于人的生命的，当这时候的人们都起了神的观念的心理，依赖着它——神，祈祷起来；借着欲免祸害得幸福的欲望；于是以崇拜自然现象为神了！日月星辰，山川大地，风雨雷电，都以为神的暗示。所以人间又崇拜这些为神。

由以上看来，各国神的起源主要原因，不外乎出于人的疑惑和恐慌所生出来的！然而神的发生——除了人间神而外；——从学者多方面研究的结果；已经在人类最古的时期——石器期时代就有传述的了。

二、中国神的起源

带着中国民族特殊性的起源，——中国民族到现在已有五千年之久——最前的人类，从中央亚细亚，移住东方；过昆仑山，从新疆经过甘肃；来到黄河沿岸以及汾河沿岸一带；由牧畜而变为农业，神说大概是在此间发生的。

换而言之，就是中国民族移到黄河之后，他们所有的观念受着地理的大影响！

那时候以黄河屡次的泛滥，中国民族因为洪水为患的关系；在精神上、在物质上，感觉莫大的痛苦；至终不能安心经营着自己的生业。结果他们观察自然界；怀者特殊的信仰："以为洪水神怒了，上天惊戒我们哟！"于是就拿着"天"为山、川、风、雨、雷、电诸神之中最高神了。人民开展天的思想，都以为"天"是"皇天上帝"那样尊贵！

至于中国民族对于这些神的供养和祈祷，拿巫觋是神的媒介者，在殷时代以"人为鬼神"信仰最盛，周末盛传"神仙之说"。到了秦汉的时候，有将自然物灵化起来；以为神的风俗。又拿老子的思想合神仙说结合一起；后汉张道陵以为道教。再后汉明帝时，遣人将西域的佛教传来，又把异国的诸神带来也不少。把外来神和固有神结合起来；于是中国神的数愈见加多，经过种种的变；以至于今日。

三、中国诸神的分类

如前所述中国属于多神教的，神的种类很杂繁；本文以述中国发生的诸神为主的，至于纯然外来神是不论的。中国固有的神分成左面的分类：

（一）系统的分类

A. 中国固有系

1. 儒教的系统

儒教的鼻祖——孔子——称为我国国教神。对于宗教方面乃是敬远主义的，所以儒教的系统上的诸神，不十分多。现在把儒教的系统上的诸神，如左所举的例子。

天、皇天、上帝、尧、舜、禹、周公、孔子等。

2. 道教的系统

道教的系统上的神很多，如左：

黄帝、老君（老子）、太一神、元始天尊、三清、钟馗、西王母、玉皇上帝、金阙上帝、玄天上帝、关帝、文昌帝君、许真君、城隍神、灶君、佑圣真君、坑三娘姑、张天师、仙人、天妃、蛇王、泰山神、华山神等。

B. 外来系

虽然，属于佛教的系统上诸神不少，因为外来神和中国固有神结合一起，所生的总神，都是归于道教系统的。

（二）内容的分类

A. 自然神

自然神乃是人类，以自然物或以广大的现象的力量为神的，如左例：

1. 动物神 { 直接以动物为神者……例：蛇、龙等。
          神的从者……例：狐、蛙等。

2. 植物神 { 直接以植物为神者……例：种种古树、柏等。
          以人神的爱树为神者……例：同上。

3. 山岳神 { 直接以山岳为神者……例：泰山、华山、嵩山等。
          神仙炼仙处；例：同。

4. 天体神 { 以天体为神者……例：日、月、星、辰等。
          天体的变象以为神的行为……例：风、雨、雷、电……

5. 庶物神 { 以天然物为神者……例：岩石、山岳等。
          以伟人的遗物以为有神灵……例：种种古物等。

B. 人间神

1. 实际生存人间的人类，他生存中所行作的事迹，和死后特别现了灵验；以为人间神，英雄的灵魂等。

例：孔子、老子、关羽、岳飞、张天师、八仙等。

2. 不因为有特别缘故的，因为以血族为神的，就是祖先神，我国民族总称祖先，都为之神的。

3. 酋长、君主、司祭等，有关于特别职业、位置等；其生前死后皆为之神。

例：尧、舜、禹、周公……

C. 人格化的自然神

自然神带有人间性质的，像历史上存生的人物似的；判为人格化的自然神。

例：玄天上帝、文昌帝君、魁星、西王母、风伯、雨师、雷公、电公、寿星等。

D. 人间神和自然神结起来的人以为神，就是结合天地山川等的自然神所生的神。

例：陈夫人等。

（三）效力上的分类

中国诸神不是全知全能，它的威力有范围的；下面是分类其效力上的威力：

1. 福神之例：财神、喜神、福神等。

2. 武神之例：关帝、岳飞等。

3. 山神之例：泰山神、嵩山神、华山神、衡山神、恒山神……

4. 土地神之例：土地神等。

5. 农业神之例：社（土地神）稷（谷神）青衣神、蚕女、刘猛将军、黄道婆等。

6. 海神之例：龙王神、天妃等。

7. 水神之例：水神、水龟等。

8. 风神之例：风伯等。

9. 火神之例：火神等。

10. 雨神之例：雨师等。

11. 寿神之例：寿星等。

12. 医神之例：药王等。

（四）性的分类

关于中国诸神的性的分类上大概分为男神和女神。

1. 男神　例：东王公、老君、张天师等。

2. 女神　例：西王母、天妃、眼睛娘、紫姑神等。

康有为、梁启超、谭嗣同、张謇思想*

一、康有为思想

康有为(1858—1926),原名祖诒,号长素,广东南海人。他生于鸦片战争失败之后,当时思想界在变法前夜,中国所处的民族危机异常严重,中国之半殖民地地位亦已确定。正如他当时所说:"来日方长,何以卒岁,安南缅甸印度,吾将为续矣。"(《保国会演说词》)他的历次上书很可以代表当时士大夫阶级的爱国心理:

> 古之灭国以兵,人皆知之;今之灭国以商,人皆忽之。以兵灭人,国亡而民犹存,以商灭人,民亡而国之。(《第三次上皇帝书》)

在一八九七年德占胶州时,他警告满清皇室说:

> 恐自尔之后,皇上与诸臣虽欲苟安旦夕,歌舞湖山而不可

---

* 本篇整理,以中山大学哲学系藏1953年8月油印本为底本(简称"油印本"),参以朱谦之先生校批文字,封面有朱谦之题写篇名及签名;以2002年福建本第四卷为校本(简称"福建本")。福建本将此篇合入《中国哲学史提纲》中,作为第八讲,拟章题为"维新改良派思想",然本篇无论完成时间、体例还是内容,均与《中国哲学史提纲》不类,故尊其原貌,抽出单行。——编者

得矣。且恐皇上与诸臣求为长安布衣而不可得矣。(《第五次上皇帝书》)

戊戌维新发生于一八九八年，可认为是中国在不同时期与不同程度的反对帝国主义与封建势力的反抗运动之一，可认为对帝国主义商品在中国市场的强大势力而欲加以抵抗。不过这时期中国资本主义还在一个萌芽形态，政变的领导人们如康有为，他们的资本主义思想的成分，还仍然不能不受封建思想成分的束缚。因之，他们运动本质上，还只限于在满清封建统治中的革新分子在救亡图存的口号之下提倡爱国运动。他们所著书多少含着民主思想，但都只能限于君主自由资产阶级的民主，决不是共和革命资产阶级的民主。因在这时代，革命派在国内政治生活上还没有影响，革命尚在生长之过程中，所以康有为领导的宫廷革命，在其自上而下将封建贵族地主阶级过渡到资本主义的道路之时，在其拥护帝党以反对那拉氏为中心的守旧派之时，其自身不得不带着进步的色彩。且其言论机关如《时务报》(1897)、《清议报》(1898)、《新民丛报》(1902)亦产生于《苏报》(1903)、《民报》(1905)之前，无意中却为革命民主思潮开其先路。

（一）世界观

康有为在他托古改制名义下，向西方国家寻找真理，其最大贡献，即他的唯物论世界观。这是资产阶级的机械唯物论在中国的移植，同时也就成为戊戌维新运动之理论的基础。在1884年当他二十七岁的时候，因读《历象考成》和当时输入的西学结合，著成一书叫《诸天讲》，极言人生之乐。这是破天荒地从沉黑积秽的世界里，看出一道光明的新景象。

登高山而望巨海，群峰合沓而青碧，川原交错而文绣。紫澜激荡，浩浩汗漫，极目无涯，吾人欤！群花万卉，鸟兽虫鱼，凡胎生卵生湿生，诡状异形，亿万兆京，并栖同育，游翔飞行于其间者，非所谓地球耶？仰而望之，五色云霞舒卷，丽空万里长风，扇和荡通，震雷走霆，垂雨驾虹。天光泻影，氛霭烟濛，日月并照，以生万汇，育群虫；既悦心而娱目，亦养体而舒中。吾人生于大地，不暇外求，不须制造，而自在享受于无穷。岂非人生之至乐哉。假令生于金星，则只有凶猛之奇兽大龙，生于火星，未知文明学艺物质，能比吾地今日否也？故今吾地可乐。

这是新世界的发现。由这世界观所得结论，则地上之人即是天上之人。他说：

吾人夕而仰望天河恒星，其光烂烂然。又仰瞻土木火金水与月之清光粲粲然，谓之为天上。瞻仰羡慕，若彼诸星有生人者，则为天上之人。如佛典所称之四天王天，三十三天，焰摩天，忉利天，兜率天，自在天，他化自在天，净天，遍净天，广净天，广果天，大梵天，其生此者号为天人，尊敬赞慕，叹不可及，乐生其中。岂知生诸星之人物，仰视吾地星，亦见其光棱照耀，燠炳辉煌，转回在天上，循环在日边，犹吾地之仰视诸星也，犹吾地人之赞慕诸星之光华在天上为不可几及也。故吾人生于地星上，为星中之物，即为天上之人，吾十六六万人皆为天人。吾人既自知为天上之人，自知为天人，则终日欢喜极乐，距跃三百，无然畔援，无然歆羡矣。

在这里很明白地站在天文学的观点上建立一种新的人生观。这天文学观点是唯物的,在同年所著《大同书》里却变成一种泛神思想,把"元气"来包裹宇宙人生。

> 夫浩浩元气,造成天地。天者一物之魂质也,人者亦一物之魂质也。虽形有大小,而其分浩气于太元,挹涓滴于大海,无以异也。孔子曰:"地载神气,神气风霆,风霆流形,庶物露生。"神者有知之电也。光电能无所不传,神气能无所不感。神鬼神帝,生天生地,全神分神,惟元惟人,微乎妙哉,其神之有触哉。无物无电,无物无神。夫神者,知气也,魂知也,精爽也,灵明也,明德也,数者异名而同质,有觉则有吸摄,磁石犹然,何况于人,不忍者吸摄之力也。(《甲部·绪言》页4,中华书局本)

这"无物无电,无物无神"的泛神思想,实际上即是"有礼"的无神论。和谭嗣同的"以太"、唐才常的"质点配成万物说",同样是受当时西洋物理学的影响。于是应用这种唯物主义原理来讲宇宙人生,也必然地排斥宋儒"理在气前"的说法。指出:

> 朱子以为理在气之前,其说非。

相反地:

> 凡物皆始于气,既有气然后有理。生人生物者,气也;所以能生人生物者,理也。人日在气中而不知,犹鱼日在水中而不知也。(《万木草堂口说》卷一《学术源流》)

"理在气前"是唯心论,"凡物皆始于气"是唯物论。康有为的体系虽然存在着许多唯心论的大罅隙,在实践上也陷于主观主义。但他作为维新变法的理论之一所谓"物质救国论",却正是从这初期的唯物论思想引申出来的。

(二)历史哲学

康有为的思想渊源,主要是今文学派。他在长兴讲学时所著《新学伪经考》和《孔子改制考》,前者排斥二千年来学者,认为都在新学伪经中生活,意在尊重《公羊传》。后者认为孔子之托古改制,二千年来失却真传,现在才由他发现。而其最重要之一点,则由此发挥了孔子的微言大义,实际上却就是康氏所自创的历史哲学。

> 天未丧斯文,牖予小明,得悟笔削微言大义于二千载之下,既著《伪经考》别其真赝,又著《改制考》发明圣作,因推公穀、董仲之口说,知微言大义之所在。(《春秋笔削大义微言考序》)

这微言大义是什么?明白来说,就是《公羊春秋》里所言"通三统""张三世"和《礼运》里所言"大同""小康"之说。"通三统"是说夏商周三代不同,应该随时因革。"张三世"是说据乱世、升平世、太平世,愈改革而愈进步。在《礼运注序》里,康氏很明白说出:

> 浩乎孔子之道,荡荡则天,其运无乎不在。……始误于荀学之拘陋,中乱于刘歆之伪谬,末割于朱子之偏安,于是素王之大道,暗而不明,郁而不发,令二千年之中,安于小康,不得大同之泽。……予……所以考求孔子之道者,既博且勐。始循宋人之途辙,炯炯乎自以为得之,既悟孔子不如是之拘且隘也。继遵汉

人之门径，纷纷乎自以为践之，既悟其不如是之碎且乱也。……既乃去古学之伪，而求之今文学。凡齐鲁韩之《诗》，欧阳、大小夏侯之《书》，孟焦京之《易》，大小戴之《礼》，公羊穀梁之《春秋》，而得《易》之阴阳之变，《春秋》三世之义。曰：孔子之道大，虽不可尽见而庶几窥其藩矣。惜其弥深太漫，不得数言而赅大道之要也，乃尽舍传说而求之经文。读至《礼运》乃浩然而叹曰：孔子三世之变，大道之真在是矣。大同小康之道，发之明而求之精，古今进化之故，神圣悯世之深在是矣。相时而推施，并行而不悖，时圣之变通尽利在是矣。是书也，孔子之微言真传，万国之无上宝典，而天下群生之起死神方哉！

康有为的历史哲学即本于《公羊春秋》三世之义，而以之与《礼运》的大同小康之说相配合。所以说：

《春秋》三世之法与《礼运》小康大义之同，真孔子学之真髓也。孔子当乱世之时，故为据乱小康之制，多于大同太平，则曰："丘未之逮也，而有志焉。"可见孔子之志实在大同太平，其据乱小康之制不得已耳。今见于群经者，其说甚多。如"道之以政，齐之以刑"，小康据乱也。"道之以德，齐之以礼"，大同太平也。"善人胜残去杀"，据乱也；"王者必世后仁"，升平也。子路车马轻裘与朋友共，颜子无伐善无施劳，孔子老安少怀，皆言大同也。弟子后学各传古说甚多。公羊家大发明之，若无伪古学之变，公羊不微，则魏晋十六国之时，即可进至升平，则今或至太平久矣。（《春秋笔削大义微言考》卷一，页13）

又说：

三世为孔子非常大义，托之《春秋》以明之。所传闻世为据乱，所闻世托升平，所见世托太平。乱世者文教未明也，升平者渐有文教，小康也。太平者，大同之世，远近大小如一，文教全备也。大义多属小康，微言多属太平，为孔子学当分二类乃可得之。此为《春秋》第一大义，自伪《左》灭《公羊》而《春秋》亡，孔子之道遂亡矣。(《春秋董氏学》卷二，页3—4)

又说：

孔子之道有三世，有三统，有五德之运。仁智义信各应时而行运。仁运者大同之道，礼运者小康之道，拨乱世以礼为治，故可以礼括之。礼者犹希腊之言宪法，特兼谈神道较广大耳。此篇明孔子礼治之本，大义微言多在，学者宜思焉。(《礼运注》，页1)

由此可见，人类进步的过程，是愈改革则愈进化，进化至《礼运》所谓"大道为公"，即"人理至公太平大同之道也"。在《论语注》中更具体地指出：

人道进化，皆有定位。自族制而为部落，而成国家，由国家而成大统。由独人而渐立酋长，由酋长而渐至君臣，由君臣而渐为立宪，由立宪而渐为共和。由独人而渐为夫妇，由夫妇而渐定父子，由父子而兼锡尔类，由锡类而渐为大同，于是复为独人。盖自据乱进为升平，升平进为太平，进化有渐，因革有由，验之万国，莫不同风。观婴儿可以知壮夫及老人，观萌芽可以知合抱至参天，观夏殷周三统之损益，亦可推百世之变革矣。孔子之为春秋，张为三世。据乱世则内其国而外诸夏；升平世则内诸夏外夷狄；太平世则远近大小若一；盖推进化之理而为之。孔子生当据乱之世，今者大地既通，欧美大变，盖进至升平之世矣。异日大地大小远近如一，国土既尽，种类不分，风化齐同，则如一而太平矣。孔子已预言之。（卷二，页10）

即因三统三世不同，所以孔子立法务在因时而变，如以政治言：

孔子之道治人如循环然，无所不及。既以治臣，又以治君，既以治人，亦已治鬼；无所偏倚无所畸轻畸重也。特据乱、升平、太平之时少有所异。据乱则先从臣子治起，至升平太平则无人不治，皆平等待之。后儒不知孔子大义……不知天之视人，人人平等，孔子以天治人，亦人人平等。春秋讨乱臣贼子之义多矣，譬如作法律安得不同普遍及，而无一条治暴君淫母哉。（《春秋笔削大义微言考》卷三，页2）

又以种族言：

据乱世为爱种族之世，升平为争种族、合种族之世，太平则一切大同，种族不分，无种族之可言，而义不必立。（同上，卷三，页20）

又以兵言：

处诸国并立之世，非兵不足以立国，故天下虽安，忘战必危，能治其国家，谁敢侮之，所谓善为国者不师也。国民皆能爱国,冒死犯难,善死者不亡也。此皆孔子之大义,为据乱、升平言之,若太平世则大地合一,天下弭兵,可无须此。(同上,卷三,页20)

又以复仇之义言:

复仇为据乱世之大义,孔子既因旧制而用族制,故亦用复仇之义。然孔子生当据乱,而义在拨乱,故有国可复而家不可复之义,已示禁限,免人民互相杀戮,则亦以复仇不可行矣。若升平之世则人人受治于法律之下,则复仇之义不可行。至太平世教化纯美,人民无有怨愁嫉妒之心,被发美好,食歌而游,只有相亲,本无相仇。又人人独立合公而大同,人人不独亲其亲,族制亦有变异,复仇之义自不必再立也。(同上,卷三,页13)

又以男女之义言:

妇人不言会,言会非正也……以明妇礼。盖乱世男女无别故父子不正,父子不正则种乱而弱。今非洲尚然,故不能传种族。凡大地能夫妇合婚生子者,其种强明。孔子生当乱世,特重此义,以为拨乱法。推之升平世人皆有教,女亦有权;又经合婚俗定之后,则女道不妨贵,其出入宴飨如欧西是也。至太平世则教化纯美,人人独立,何必为男女大别,但统之曰人类而已;其出入飨宴从人道之同同。(同上,卷三,页8)

男女同为天生之人类,本无高下,特以男强女弱,积久相凌。然孔子制婚礼,首曰下达,又曰妻者齐也,义本平等。升平之世,必一夫一妻相平,然如今欧美之制仍复妻从夫姓,妻居夫室，以夫为家，仍未平也。若太平之世，则凡人类只能谓之为人，不别男女，人人独立，人人平等，其为夫妇，如交友焉，因无相从，只有合好而已。（同上，页36）

又以夷狄之别言：

春秋之义，中国夷狄之别，但亲其德。中国而不德也，则夷狄之；夷狄而有德也，则中国之；无疆界之分。人我之相否，则孔教不过如婆罗门、摩阿末之闭教而已。后儒孙明复、胡安国之流，不知此义，以为春秋之旨最严华夷之限，于是尊己则曰神明之胄，薄人则曰禽兽之类。苗猺狪獞之民则外视之，边鄙辽远之地则忍而割之。呜呼！皆春秋之义以自隘其道，孔教之不广，生民之涂炭，岂非诸儒之罪哉！若不知此义，则华夷之限终莫能破，大同之治终未由至也。（同上，卷六，页22）

由上，康有为的历史哲学，很明白地是今文家言和当时人所闻西洋社会进化论的综合物。他虽发明了这一套社会发展规律，分别大同小康，却认为大同是孔子的理想政治，现在还只能停滞在小康阶段。他虽是一个经生出身，但从未注意到清代学者，如《日讲礼记解义》《礼记义疏》，姜兆锡、任启运、杭世骏等均曾将《孔子家语·礼运第三十二[①]》与《礼记》孔本《礼运第九》对勘，认为《家语》无"小康"二字，却有"礼之所兴"以下二十一字，可见《礼记》之误，因而根本取消大同小康之别。康有为的历史哲学，相反的，一面把"大同"认为孔子的理想政治；一面又甘心作伪，拿"小康"一段来拥护

[①] "礼运第三十二"，原作"礼运第三十一"，误，据《景印文渊阁四库全书》台湾商务印书馆1986年本改。——编者

溥仪复辟，来做他反动反革命的根据。他就欧洲来说，在《意大利游记》中也居然宣称：

> 今观孔子三世之道，至今未能尽其升平之世，况太平大同世乎？今欧洲新理，多皆国争工具，其去孔子大道远矣。……吾昔视欧美过高，以为可渐至大同，由今按之，则升平尚未至也。孔子于今日犹为大医王，无有能易之者。(《欧洲十一国游记》，页65)

这么一来，使人类历史至今还只停滞在孔子时代而不能更向前一步，这是诬蔑人类进化，可以说是他历史哲学之反动的一面。

（三）政治哲学

康有为的历史哲学更有进步的一面，这就成为他在政治上变法维新的根据。这正如他自己所说的：

> 孔子之法，务在因时。当草昧乱世，教化未至，而行太平之制，必生大害。当升平世而仍守据乱，亦生大害也。譬之今当升平之时，应发自主自立之义，公议立宪之事，若不改法，则大乱生。(《中庸注》，页36)

可见戊戌维新时，他还认中国社会是当升平之时，而在戊戌以后，才变为据乱之世了。戊戌维新运动虽主张变法而不革命，但毕竟是主张了变法，提倡"应发自主自立之义，公议立宪之事"。而且既然主张变法维新为行政方针，就不能不和守旧的当权派作猛烈斗争，他很明了这是新与旧之间的斗争，但很勇敢地站在新的方面。他告诉光绪说：

> 非常之原,黎民所惧,变易之始,守旧所疑,盖聋者无以定韶武郑卫之声,瞽者无以辨彩色文章之美,蜀犬见日而吠之,愚暗闭塞之夫,安其所习,毁所未见。昔滕文公、赵武灵王、魏文帝变法之时,父兄百官,盖皆不欲,极力阻挠,俄大彼得之变法,群臣阴欲废之。惟赖诸主刚断,不惑群言,故能致治强,光烈昭著。比年以来,皇上有意变法,而盈朝汹汹,不可响迩,亲贵抗违,耆旧力争,群僚面从而后言,举政始行而中废;乃至奉旨发议,乃推延而不议;明诏施行乃束阁而不行;人心众论,缉缉伿伿。譬行船驾驶,宜定方针,乃船主指之于南,而舵手推之于北。……(《请告天祖誓群臣以变法定国是折》,《戊戌奏稿》,页1—3)

在这严重的矛盾斗争中,"徇守旧亲贵之意,则宗社土地不保",何取何择?这真是一场斗争场面,康有为却在此时大胆地提出统筹全面以图变法,从联系上全面来解决问题。

> 方今累经外患之来,天下亦知旧法之敝,思变计图存矣。然变其甲不变其乙,举其一而遗其二,枝枝节节而为之,逐末偏端而举之,无其本原,失其辅佐,牵连并败,必至无功。夫物之为体,合多质而后成;室之可居,合多土木而后备。体不备谓之不成人;政不备,亦谓不成国。故目以为不变则已,若决欲变法,势当全变。(《敬谢天恩并统筹全局折》,见《戊戌奏稿补编》,页15—18)

这就是说要把中国一切的典章法度从头改变过来,但这样的变,究竟为着什么呢?康有为说:

> 观大地诸国，皆以变法而强，守旧而亡。……以皇上之明，观万国之势，能变则全，不变则亡；全变则强，小变则亡。……方今之病，在笃守旧法而不知变，处列国竞争之世，而行一统垂裳之法，此如已夏而衣重裘，涉水而乘高车，未有不病喝而沦胥者也。……夫物新则壮，旧则老；新则鲜，旧则腐；新则活，旧则板；新则通，旧则滞；物之理也。法既积久，弊必丛生，故无百年不变之法。况今兹之法，皆汉唐元明之敝政……（《应诏统筹全局折》，《戊戌奏稿补编》，页 1—8）

似此极陈事变之急而一意维新，不但看出世界是处在不断运动和不断发展中，旧东西衰亡和新东西生长是发展底规律，而且在实际政治上也确然是能够向前看而不是向后看。就这一点上，康有为成了在中国共产党出世以前，向西方寻找真理的先进人物；就这一点上，唤起那时代一切爱国志士倾向于革新思想和革新事业。即就他始终主张的君主立宪的议论来看，这时康有为意在改造专制，所以立言也偏重于发扬民主方面。如戊戌六月为光绪论法国革命，指：

> 民愚不知公天下之义则已耳，既知之则富贵崇高者，众之所妒，事权专一者，众之所争也。法民既还感于美民主之政，近睹于英戮查理士逐占士第二之故，则久受压制，具瞻岩宕，必倾覆之。
>
> 且夫寡不敌众，私不敌公，理之公则也。安有以人而能敌亿万兆国民者哉。则莫若立行乾断，不待民之请求、迫胁，而与民共之。……而惜路易十六不能审时刚断也，徘徊迟疑，欲与不与；缓以岁月，靳其事权；遂至身死国亡，为天下戮笑。（《进呈法国革命记序》，《戊戌奏稿附篇》，页 8—11）

由上可见，康有为虽非共和革命资产阶级民主派，但却确定是站在统治立场的君主自由资产阶级民主派。他早年所著的书，不少包含民主政治和社会改造的思想，虽然这些都是属于旧的包含着新的，而由守旧派看来，已经是离经叛道的名教罪人。御史余联沅劾康改制创教、惑世诬民，请禁所著书而革其举人，且禁人从学。书经数次毁板抄没，而康圣人之名反大噪于全国，这正是康氏思想的黄金时代。正如他后来自述："鄙人昔发明《春秋》太平世无天子之义，《礼运》大同公天下之制，与夫遥望瑞士美法共和之俗，未尝不慨然神望，想望治平。"（《共和平议》）而攻击他的如御史父文悌奏劾也是说：

听其谈治术，则专主西学，欲将中国数千年相承之大经大法一扫而绝，事事以师日本为良策。

尊侠力，伸民权，兴党报，改制度，甚则欲去跪拜之礼，平君臣之尊卑，改男女之内外……其势小则群起斗争，召乱无已，大则各便私利，卖国何难。……康有为更私聚数百人在辇毂之下，立为保国之会……名为保国，势必乱国而后已焉。……幸勿徒欲救中国四万万人，而置我大清于度外。（苏舆编的《翼教丛编》卷二，页6—13）

又如张之洞《劝学篇》，也是为康有为而发。他说："民权之说一倡，愚民必喜，乱民必作，纲纪不行，大乱四起，倡此议者岂能独安独活？"叶德辉痛恨康有为，居常欲手刃其人，以为叛道离经者戒。这正如陈独秀所说："戊戌庚子之际，社会之视康党为异端、为匪徒也，与辛亥前之视革命党相等。"（《孔子之道与现代生活》，见《独秀文存》卷一，页113）康氏何以有此力量耸动得一时视听？无他，因为他的半新不旧的思想，当时已经是朝气勃勃的启蒙号召。在民主派革命运动方在萌芽的时候，倾向民主的改良主义，在某一方面说，却具着开启新天新地新世界的进步意义。

（四）大同的理想

康有为依据《礼记·礼运》描写未来社会的远景，是所谓大同世界。而他也确然以圣人自居，处处发挥他所认为大同之新教。在《中庸注》中，他说：

> 孔子发明据乱小康之制多，而太平大同之制少，盖委曲随时，出于拨乱也。孔子之时，世尚幼稚。如养婴儿者，不能遽待以成人，而骤离于襁褓。据乱之世，孔子之不得已也。然太平之法，大同之道，固预为灿陈，但生非其时，有志未逮耳。进化之理，有一定的轨道，不能超度，既至其时，自当变通。故三世之法、三统之道各异，苦衷可见，但在救时。孔子知三千年后，必有圣人复作，发挥大同之新教者。然必不能外升平、太平之轨，则亦不疑夫拨乱小康之误也。（页39）

大同是什么？《礼运注》发挥得最为详尽。归结起来，就是天下为公。

> 人人自能去私而为公，不专己而爱人，故多能分货以归之公，出力以助于人。……夫有国有家有己，则各有其界而自私之，其害公理而阻进化甚矣。惟天为生人之本，人人皆天所生而直隶焉，凡隶天之下者皆公之，故不独不得立界，以至强弱相争；并不得有家界，以至亲爱不广；且不得有身界，以至货力自为，故只有天下为公，一切皆本公理而已。公者人人如一之谓，无贵贱

之分，无贫富之等，无人种之殊，无男女之异。分等殊异，此狭隘之小道也；平等公开，此广大之道也。无所谓君，无所谓国。人人皆教养于公产而不恃私产，人人即多私产，亦当分之于公产焉。则人无所用其私，何必为权衡诈谋以害信义，更何肯为盗窃乱贼以损身名。非徒无此人，亦复无此鬼。内外为一，无所防虞。故外户不闭，不知兵革，此大同之道，太平之世行之。惟人人皆公，人人皆平，故能与人大同也。（页2—4）

在大同之世，无国界，无家界，无身界，人人相亲，人人平等，这已经是到达了人理至公的太平世，但大同的最后目的，还在于消灭"九界"之苦。"一览生哀，总诸苦之根源，皆因九界"，因之"吾救苦之道，即在破除九界"。（《大同书》甲部，页78—79）

  第一曰去国界，合大地也。
  第二曰去级界，平民族也。
  第三曰去种界，同人类也。
  第四曰去形界，保独立也。
  第五曰去家界，为天民也。
  第六曰去产业，公生产也。
  第七曰去乱界，治太平也。
  第八曰去类界，爱众生也。
  第九曰去苦界，至极乐也。

这里所描写的理想的极乐世界，没有国家的区别，没有阶级的区别，没有种族的区别，甚至由男女平等，终于众生平等；由去乎人境，而入于仙佛之境；这从表面上看似乎是为社会主义张目了。实际来说，这是有进步的一面，也有反动的一面。从进步一面说：

> 康氏的大同，乃是孔丘大同说改制了的东西。乃是立在另一个新的经济基础上，是企图由封建制度逐渐地递变为资本主义制度的理想国。
>
> 大同在实质上只是资本主义制度的标本国度——如美国与瑞士——的画图，为康氏理想的资本主义的未来中国的画图。（陈伯达《论谭嗣同》，页71—72）

再从其黑暗方面说，如他自述："著《大同书》以为待之百年，不意卅五载而国际联盟成，身亲见大同之行也。"这说明什么，说明《大同书》是为资产阶级的世界主义宣传，是帝国主义侵略的工具。所以说：

> 俄奄亚北，法取安南突尼斯，英吞缅甸，日并高丽琉球。……其强大的并吞，弱小之灭亡，亦适于大同之先驱耳。而德美以联邦立国，尤为合国之妙术，令诸弱小，忘其亡国。他日美收美洲，德取诸欧，其在此乎！此尤渐致大同之轨道也。（《大同书》，页104—105）

知道康有为的大同理想，是帝国主义侵略下半殖民地社会中最忠顺的臣仆们的产物，还要知道他也是半封建社会的麻醉人民的武器。例如，1910年汪精卫、黄复生谋炸戴澧被捕，肃王在狱中晤汪，肃王说："余读《民报》，阅《天讨增刊》所绘之《翼王夜啸图》及《射狐图》诸篇，尝叹党人程度，可以言革命矣。但《民报》所鼓吹之三民主义，余以为过狭。世界一家，何分五族。君等何不扩充范围，而言大同主义。"由此可见，大同主义，满汉不分，正是反民族立场，为当时封建统治阶级所乐于接受，这就是他在实际上所扮演的反动职务。戊戌维新以民族立场开始，而领导者间的爱国主义，不但没有人民立场、阶级立场，甚至于还没有正确的民族立场，所以结果即在民族立场上面，看出了他的破绽，而完全相反地倾倒于半封建半殖民地社会所能允许的世界主义的泥淖中了。

二、梁启超思想

戊戌维新一称"康梁变法"，其代表人物，康有为之外，梁启超的变法理论和政纲，亦起了重大的推进作用。梁字卓如，号任公（1873—1929），广东新会人。十三岁入广州学海堂，治考证学。十八岁与陈千秋见康有为于万木草堂，执弟子礼，习《公羊传》，并治周秦诸子及佛典，涉猎清儒经济书及译本西书。二十二岁不满其师以神秘性说孔子，于是专以"绌荀申孟为标帜"，谓"荀传小康，孟传大同"，引申《孟子》中诛责"民贼""独夫"诸义，又好墨子"兼爱""非攻"诸论。甲午中日战起，他在北京与当时知名之士提倡变法自强，康有为创"强学会"，梁任会中书记，后赴上海办《时务报》，鼓吹政治改革。1897年至长沙任教时务学堂，以民权论教学生，多所成就。戊戌政变，康梁均逃至日本，梁居东十四年，主办《清议报》《新民丛报》《国风报》《新小说》等，其持论前后不免自相矛盾，不惜以"今日之我与昔日之我挑战"。但由其早年呼号奔走维新事业，卒能使中国士大夫阶级跳出旧风气而造新风气，不可讳言在思想史上，是具有他的应有的进步的意义。

康梁学派虽然自始即具矛盾，但却有一点共同的，就是戊戌变法失败后，他们仍旧主张保皇。当梁启超逃亡日本时，奉师命著《戊戌政变记》，痛哭流涕地歌颂光绪帝，当时他的政见，就是："今日议保全中国，惟有一策曰尊皇而已。"(《尊皇论》) 但梁毕竟和康不同，康是开明地主，"十三世皆为士人，传其理学累世之遗种"，梁则"祖先十世业农，至祖始学为儒"，这就是说，在同一阶级中而形成的过程不同。梁据其《三十自述》，他早年生活并不充裕，与老师不同，因此两人在长期间中发生矛盾。1899 年 3 月康离日本赴加拿大，梁便和革命党往来颇密，康党也有附和的人，每星期必有二三日相约聚谈，主革命排满论潮，"意气日盛"，梁时高唱自由平等学说，自号饮冰室主人，题其学说曰《饮冰室自由书》，颇为世人欢迎。梁有号曰任庵，至是亦改称任公，以示脱离康氏羁绊之义，盖康门徒侣多以庵字相称，即为源出康门之标记，梁此举即所以表示其决心也。(冯自由《中国革命运动二十六年组织史》，页 43—44) 同时又有两党联合之说，计划联合后举孙中山为会长，梁启超当副会长。可是这事，康在日本的学生虽有一部分赞成，而右派的徐勤则暗中破坏甚力。他写信向康有为告密说："卓如近为行者所惑，有组织新党企图行将实现。"康大怒，立刻派人携款到日本，下令梁启超限即到檀香山去办保皇党。这一故事，不但可以看出康梁之间的主要的矛盾关系，同时也测验了梁启超为他的阶级所限到底是软弱的。接受革命的领导呢？还是利用革命口号来迷误和欺骗群众呢？和革命党合作到底呢？还是死心塌地保皇？在这其间，梁启超却选择了第二条路，也就这样背叛了革命，更进于与革命为仇。但虽如此，康梁毕竟是性格不同，康常自称"吾学三十岁已成，此后不复有进，亦不必求进"，梁却能跟着时代向前迈进着。因此，1902 年间，梁启超便开始从各方面和他老师挑战，政治上的见解不消说了，即关于尊孔谈经问题上，梁也和康意见分歧。在他所作《保教非所以尊孔论》，宣言"为二千年来翻案吾所不惜，与四万万人挑战吾所不惧"，实际却正是和他的老师的顽固思想挑战。

> 今之言保教者，取近世新学新理而缘附之曰，某之孔子所已知矣，某之孔子所曾言也……然则非以此新学新理厘然有当于吾心而从之也，不过以其暗合于孔子而从之耳。是所爱者仍是孔子，非在真理也。
>
> 自汉以来，号称行孔教者二千余年于兹矣，而皆持所谓表章某之、罢黜某之，皆为一贯之精神。……各自以为孔教，而排斥他人以为非孔教。……浸假而孔子变为董江都、何邵公矣，浸假而孔子变为马季长、郑康成矣，浸假而孔子变为韩退之、欧阳永叔矣，浸假而孔子变为程伊川、朱晦庵矣，浸假而孔子变为陆象山、王阳明矣，浸假而孔子变为顾亭林、戴东原矣，皆由思想束缚于一点，不能自开生面。……此两千年来保教党所生之结果也。

康有为要依傍孔子，说孔子改制，梁启超却认为"此病根不拔，则思想终无独立自由之望"（《清代学术概论》，页147）。康有为要保卫孔教，梁启超却"屡起而驳之"，所以"持论屡与其师不合，康梁学派遂分"（同上，页147）。

（一）新人生观

梁启超的思想影响，在于他戊戌庚子之间提倡一种新人生观，足以耸动一时，这就是所谓"新民说"。新民说的基本观点是反对封建社会的、旧的、正在衰亡的、静的人生观，而主张新生和正在发展的资产阶级社会的、动的人生观。动的人生观是由于动的世界观发展而来。1898年梁氏所作《说动》一文，开宗明义提出动力创造世界的学说。

> 合声光热电风云雨露霜雪，摩激鼓荡而成地球，曰动力。合地球与金水火土天王海王暨无数小行星，无数彗星，绕日疾

旋,互相吸引而成世界,曰动力。合此世界之日统行星、月绕昴星而疾旋,凡得恒河沙数,成天河之星圈,互相吸引而成大千世界,曰动力。合此大千世界之昴星绕日,与恒星与月,以至于天河之星圈,又别有所绕而疾旋,凡得恒河沙数。若星圈、星林、星云、星气,互相吸气,互相吸引,而成一世界海,曰动力。假使太空中无此动力,则世界海毁,而吾所处八行星绕日之世界,不知䲜坏几千万年矣。由此言之,则无物无动力。无动力,不本于百千万亿恒河沙,世界自然之公理,而电热声光,尤所以通无量无边之动力,以为功用。小而至于人身,而血、而脑筋、而灵魂,其机织之妙,至不可思议……更小而至于一滴水一微尘,其不有微生物浮动其中……以新新不已,此动力之根源也。

"动"的反面就是静,静是衰亡的象征。

言静而戒动,言柔而戒刚……卒使数千年来,成乎似忠信、似廉洁,一无刺无非之乡愿。天下言学术则曰宁静,方治术则曰安静,处事不计是非,而首禁更张,躁妄、喜事之名立,百端由是废弛矣,用人不问贤不肖而多方遏抑少年意气之论兴,柄权则皆颓暮矣。

财则惮辟利源,兵则不贵朝气,其朝夕孜孜不已者,不过日制四万万人之动力,以成一定不移之乡愿格式。悲夫,彼西人之哀我中国之亡于静也,曰此不痛不痒顽纯无耻者也。

相反地,世界的真相是动。是从动生动,而非从静生动。

凡物也有原动力以起其端,由原动力生反动力,由反动力

复生其反动，反反相衔，动动不已，而新世界成焉。(《南海康先生传》)

把他应用到人生方面，从静生动则所贵在反本，在柔静无为，从动生动则所贵在反反相衔，这是以动力生反动力，以反动力复生反动力之斗争原理。

> 吾观罗马之衰也，教皇怙其权力之私，戕贼平等之义，宗旨荡然，而路德之动力生。法国世家之横也，酷虐百姓，惨无天日，而拿破仑之动力生。英人苛敛美民，罢不堪命，而华盛顿之动力生。日本大将军之柄政也，君统民统，不绝若线，而群藩烈士之动力生。此以压力生其动力者，事相反而实相因也。若夫中国则不然，压力之重，既不如从前之欧美日本，而柔静无为之毒，已深中人心，于是压力动力浸淫至于两无，以成今日不君权不民权之天下。故欲收君权，必如彼得睦仁之降尊纡贵而后可；欲参民权，必如德意希腊之联合民会而后可，而尤必先废愚民柔民之科目，首奖多事喜事之豪杰，尽网岩穴勇敢任侠之志士仁人，以激成木户孝允、大久保利通之愤不有身，爹亚、俾斯麦之艰难措置，而后动力之生，国权之固，可得言也。(《说动》)

"新民说"即是本于动力说，而憧憬于此"多事喜事之豪杰""勇敢任侠之志士仁人"，称之为"中国少年"，称之为造时势的"英雄"，在数千年封建社会的中国，要和旧的顽固思想作猛烈斗争，要想把国家提高到安富尊荣的地位，则新民之道，不可不讲。为什么？

> 苟有新民，何患无新制度，无新政府，无新国家。非尔者，

则虽今日变一法,明日易一人,东涂西抹,学步效颦,吾未见其能济也。夫吾国言新法,数十年而效不睹者何也,则于新民之道,未有留意焉者也……新民云者,非新者一人,而新之者又一人也,则在吾民之各自新而已,孟子曰:"子力行之,亦以新子之国。"自新之谓也,新民之谓也……故今日欲抵挡列强之民族帝国主义,以挽浩劫而拯生灵,惟有我行我民族主义之一策,而欲实行民族主义于中国,舍新民未由。(《论新民为今日中国第一急务》)

"新民"就是为民族主义斗争的战士,他的个人价值即在于高度的责任心,和爱国热忱,而要达到这一点,他又必须是一个中国的少年,而不是"老大"。在1900年梁氏所作《少年中国说》曾把少年人和老年人作比较,他说:

老年人常思既往,少年人常思将来,惟思既往也故生留恋心,惟思将来也故生希望心。惟留恋也故保守,惟希望也故进取。惟保守也故守旧,惟进取也故日新。……老年人常多忧虑,少年人常好行乐,惟多忧也故灰心,惟行乐也故盛气。惟灰心也故怯懦,惟盛气也故豪壮。惟怯懦也故苟且,惟豪壮也故冒险。惟苟且也故能灭世界,惟冒险也故能造世界。老年人常厌事,少年人常喜事,惟厌事也,故常觉一切事无可为者,惟好事也,故常觉一切事无不可为者。老年人如夕照,少年人如朝阳。……老年人如僧,少年人如侠。……老年人如秋后之柳,少年人如春前之草,老年人如死海之潴为泽,少年人如长江之初发源。……

梁氏为什么这样重视少年人而抹煞老年人呢?因为事实上是如此:

造成今日之老大中国者,则中国老朽之冤业也,制出将来之少年中国者,则中国少年之责任也。彼老朽者何足道,彼与此世界作别之日不远矣,而我少年乃新来而与世界为缘。如僦屋者然,彼明日将迁居他方,而我今日始入此室处。……故今日之责任不在他人,而全在我少年,少年智则国智,少年富则国富,少年强则国强,少年独立则国独立,少年自由则国自由,少年进步则国进步。……(《少年中国说》)

老年人现在都变成"旁观者"了。"如此江山坐付他族,袖手而作壁上之观,而缚以待死期之至"。在《呵旁观者文》中,梁氏很明白地指出:

今之拥高位、秩厚禄,与夫号称先达名士有闻于时者,皆一国中过去之人也。如已退院之僧,如已闭房之妇,彼自顾此身之寄居此世界,不知尚有几年,故其于国也有过客之观……若我辈青年,正一国将来之主人也……夫宁可旁观耶?……旁观之反对曰任。孔子曰:"天下有道,丘不与易也。"孟子曰:"如欲平治天下者,当今之世,舍我其谁也?"任之谓也。

我们的论主任公,在这大时代,确然是抱着"天下兴亡,匹夫有责"的气概,而以过渡时代的英雄自任。

有应时之人物,有先时之人物。法兰西之拿破仑,应时之人物也,卢梭则先时之人物也。意大利之加布儿,应时之人物也,玛志尼则先时之人物也。……先时人物者,社会之原动力,而应时人物所从出也。质而言之,则应时人物者,时势所造之英

雄，先时人物者，造时势之英雄也。(《南海康先生传》第一章)

"先时人物"即是过渡时代的人物，在1901年梁氏所著《过渡时代论》中更具体地指出作为民族主义的英雄的特色：

> 时势造英雄耶？英雄造时势耶？时势英雄，递相为因，递相为果耶？吾辈虽非英雄，而日日思英雄，梦英雄，祷祀求英雄，英雄之种类不一，而惟以适于时代之用为贵。……吾惟望有崛起于新旧两界线之中心的过渡时代之英雄。

这是梁氏的新英雄主义，这种英雄，他认为所不可缺的德性有三端：其一冒险性，其二忍耐性，其三别择性。什么是冒险性？在《新民说》中，《论进取冒险》中描写道：

> 道天下所不敢道，为天下所不敢为，其精神有江河学海不到不止之形，其气魄有破釜沉舟一瞑不视之概。其殉其主义也，有天上地下惟我独尊之观，其问其前途也，有鞠躬尽瘁死而后已之志。其成也，涸脑精以买历史之光荣；其败也，迸鲜血以赎国民之沉孽。呜呼！曷克有此，曰惟进取故，曰惟冒险故。

什么是忍耐性？在1899年所作《自由书》中，《论俾士麦与格兰斯顿》中发挥得最透彻：

> 凡任天下大事者，不可无自信力。每处一事，既见得透，自信得过，则以一往无前之勇气以赴之，以百折不回之耐力以持之。虽千山万岳一时崩坼而不以为意，虽怒涛惊澜蓦然号呜于

脚下而不改其容，猛虎舞牙爪而不动，霹雳旋顶上而不惊。一世之俗论嚣嚣集矢，而吾之主见如故；平生之政党纷纷离合，而吾之主见如故。若此者，格兰斯顿与俾士麦正其人也。格公倡议爱尔兰自治之时，自党分裂，腹心尽去，昨日股肱，今日仇敌，而格公不稍变，乃高吟曰："舍慈子兮涕滂沱，故旧绝我兮涕滂沱，呜呼！绵绵此恨兮恨如何，为国家之大计兮，我终自信而不磨！"俾公为谋德国之合邦，或行专断之政策，或出压制之手段，几次解散议会而不顾，几次以身为舆论之射鹄而不惧，尝述怀曰："以我身投于屠肆，以我首授于国民，我之所以谢天下苍生者尽于是矣。虽然，我之所信者终不改之，我之所谋者终不败之。"呜呼！此何等气概，此何等肩膀。非常之原，黎民惧焉，非有万钧之力，则不能守一寸之功。

但有了冒险性、忍耐性，还要有在过渡时代末期所不可缺的别择性，这就是为国民"择一最良合宜之归宿地"（《过渡时代》第六节），"世界之政体有多途，国民之所宜亦有多途"，在这里梁氏说得比较暧昧，似是指他的立宪论而言。要之，过渡时代之英雄，虽有这些特点，却具着一个共同努力的目标，就是为国民服务的人生观。

嗟呼！英雄造时势耶？时势造英雄耶？时势时势，宁非今耶？英雄英雄，在何所耶？抑又闻之，凡一国之进步也，其主动者在多数之国民，而驱役一二之代表以为助动者，则其事罔不成。其主动者在一二之代表人，而强求多数之国民以为助动者，则其事鲜不败。故所思所梦所祷祀者，不在轰轰独秀之英雄，而在芸芸平等之英雄。（同上）

所谓"新民",没有别的,就是要造成这"芸芸平等之英雄"。换言之,即所以造成一国国民之最高人格。

> 今之世非昔之世,今之人非昔之人。昔者吾中国有部民而无国民……与他方大国未一交通,故我民常视其国为天下。耳目所接触,脑筋所濡染,圣哲所训示,祖宗所遗传,皆使之有可以为一个人之资格,有可以为一家人之资格,有可以为一乡一族人之资格,有可以为天下人之资格,而独无可以为一国国民之资格。夫国民之资格,虽未必有以远优于此数者,而以今日列国并立、弱肉强食、优胜劣败之时代,苟缺此资格,则决无以自立于天壤。故今日不欲强吾国则已,欲强吾国,则不可不博考各国民族所以自立之道,汇择其长者而取之,以补我之所未及。今论者于政治、学术、技艺,皆莫不知取人长以补我短矣,而不知民德、民智、民力,实为政治、学术、技艺之大原……故采补所本无以新我民之道,不可不深长思也。(《释新民之议》)

然则怎样才能"采补所本无以新我民之道"呢?在这里梁氏在《新民说》中,于民德方面,提出了"公德"和"私德"之分;于民智方面,提出了"国家思想""权利思想";于民力方面,提出了"政治能力"之说。因为梁氏动的人生观,虽充满了新兴资产阶级的冒险猛进精神,而为他阶级所限,却只许他在守旧与革命两派的斗争之中站在中间调和的地位,所以《论政治能力》的结束语,竟认为革命与立宪两主义可以并行不悖。"革命主义进一步,则立宪主义必进一步,我而真信立宪论之可以救国也,则正宜日夕祷祀,祈求革命论之发达,以为我助力。"这是折衷主义。是当时革命的中国少年所不能忍受的。结果动的人生观,只能产生如梁所称"善变之豪杰"(《饮冰室自由书》中一篇)。其实是反复动摇的政客,而没有产生为人民服务的、坚决革命的英雄。

(二) 政治思想

梁启超生平政治著作极多,都是随有所见,随即发表。据他自述,即可见其思想之自相矛盾处。

> 吾之作政治谈也,常为自身感情作用所刺激,而还以刺激他人之感情,故持论亦屡变。(《吾今后所以报国者》)
>
> 然其保守性与进取性常交战于胸中,随感情而发,所执往往前后相矛盾,尝自言曰:不惜以今日之我,难昔日之我。世多以此为诟病,而其言论之效力亦往往相消,盖生性之弱点然矣。(《清代学术概论》,页□□)

我们现在研究他的政治思想,首先要注意他的矛盾表现在什么地方?是否在他许多思想矛盾之中,其中有一种是主要的起着领导的决定的作用?再明白说,就是在他思想的矛盾发展之一定过程或一定阶段上,那时候保守性属于主要方面,而进取性属于非主要方面;那时候进取性属于主要方面,而保守性属于非主要方面?这当然要涉及他的客观历史环境,和他思想矛盾斗争的力量的增减程度来决定了。我们知道在一个人思想中,作为主要方面的进取性的任何削弱,都意味着作为我们前进障碍的保守性的影响的增强,而梁启超就是好例。考察梁氏一生历史,其民主革命思潮以 1897 年在湖南、1902 年在日本东京为最显著,戊戌维新康有为倡导之功较大,梁不过发挥康的议论,1902 年以后梁氏思想起了变化,倡导开明专制,与孙中山的革命为敌。因此所以我们认为在康梁学派中,不但要注意在历史发展中康梁的意见分歧，而在更重要要注意到随着历史发展，梁与梁本身的矛盾关系。如就康梁的意见分歧说，据梁氏自述：

启超既日倡革命排满共和之说，而其师康有为深不谓然，屡责备之，继以婉劝。(《清代学术概论》，页142）

在1902年康有为《与同学诸子梁启超等论印度亡国由于各省自立书》，洋洋数万言，劈头便斥梁等自立之说为"亡国奴种之言""但读欧美之新书，而不能考亚洲之故事"。结论是"私忧窃恐吾国之为印度也，尚幸完全万里之中国未分，舍身救民之圣主无恙，犹有一线之望，而今日乃闻爱国志士纷纷欲奋起步印度之后尘，日倡革命自立之新说者"。这时由康的眼光看来，梁启超也是革命党，应该"鸣鼓而攻之可也"，这是康梁政治思想上的矛盾关系。而这种矛盾关系，事实上也就反映到梁与梁本身的矛盾关系。戊戌政变以后，梁曾与康合作，拥护康氏的君宪主张，这是梁氏保守性占优势的时候，保守性起着领导的决定的作用，那时梁的思想并不独立，只是康的行为及思想的追随者。

反之，在1897年梁在湖南比较独立行动，1902年在日本与康意见分歧，倾向民主革命，这是梁启超进取性占优势的时候。进取性起着领导的、决定的作用，而由上进取性与保守性的交战于胸中，即形成了梁与梁本身的矛盾关系。例如说1896年，梁氏其时奔走变法，也讲爱国之理，求救亡之策，但他根本主张，却不出其师保国、保种、保教之理论范围。如《变法通议》中篇："满汉不分君民同治，为满洲圣皇保持'宰治支那之光荣'。"(《论变法必自平满汉之异始》)又《论君政民政相嬗之理》，也是因袭春秋三世之义，认为"多君者，据乱世之政也。一君者，升平世之政也。民者，太平世之政也"。论者谓将此置之《南海文集》中，殆不令读者生不类之感。实则梁启超在思想史上的意义，还是在于1897年湖南时务学堂时代，这时随也不过"张其师说……以康之《新学伪经考》《孔子改制考》为主，而平等民权、孔子纪年诸'谬'说辅之"（苏舆《翼教丛编》序文中语）。

但就其平等民权诸说，实已超过他的老师一步。梁在那时上湖南巡抚陈宝箴书（见叶德辉《觉迷要录》卷四，页26—29），主旨劝说陈以湖南省为"自立"之计，立论即极有胆识。意谓"变法之事望政府诸贤，有山可移，东海可涸，而法终不可变"，然则"数年之后，吾十八省为中原血，为俎上肉，宁有一幸。为今日计，必有腹地一二省可以自立，然后中国有一线之生路"。他劝陈宝箴说，"以一省荷天下之重，以一省当万国之冲"，而"自立"一语尤为后来唐才常、林奎等自立会和自立军之所本。又湖南时务学堂，梁启超任总教习，其批答学生课本，发挥民族民权主义已含排满思想，超出改良主义范围（参照范文澜《中国近代史》上编，页313），如云："今日欲求变法，必自天子降尊始，不先变去拜跪之礼，上下仍习虚文，所以动为外国讪笑也。"居然请天子降尊。又"《春秋》《大同》之学无不言民权者""公法欲取人之国，亦必其民心大顺，然后其国可为我有也，故能兴民权者，断无可亡之理"。攻击他的说，"民有权，上无权矣"。又"屠城屠邑皆后世民贼之所为，读《扬州十日记》尤令人发指"。"二十四朝，其足当孔子至号者无人焉，间有数霸者生于其间，其余皆民贼也。"把过去君主均认为民贼，"扬州十日"亦民贼所为，骂倒满清。又"议院虽创于泰西，而实吾五经、诸子、传记，随举一义，多有其意者，惜君统太长，无人敢言耳"。攻击他的说"惜君统太长，殆欲人人造反，时时作乱，然后快于心欤"。（见叶德辉《觉迷要录》卷四，页24—32）梁启超的批语流布以后，于是全湘哗然，都任梁为得外教眩人之术，以一丸药翻转人心，时务学堂学生也都以二毛子的嫌疑为社会所排斥（《初归国演说》，见《饮冰室合集》文集之二十九，页 2）。

虽在这时，梁启超仍不免于以西学附会中学，保守性仍不少，这可算梁氏思想的黄金时代。戊戌政变前，某御史罗列札记批语数十条指斥清室、鼓吹民权者，具折揭参，卒兴大狱（《清代学术概论》，页 140—141）。而至今见于《翼教丛编》卷四的，尚有叶德辉的《正界篇》上下，为驳梁氏《春秋界说》《孟子界说》而作（页 24—33，光绪二十四年武昌重刻本）。《读西学书法书后》是为驳梁氏《读西学书后》而作（页 64—71），《非幼学通议》是为驳梁氏《幼学通议》而作（页 72—79）。梁启超这时不已经成为倡导平等民权诸说的，煽动一时耳目的大人物吗？其次就是 1899—1902 年梁氏以居东较久，与革命党往来较密，故其思想亦较急进。1899 年 9 月梁创办东京高等大同学校，自任校长，从学者有前湖南时务学堂旧生林锡圭、秦力山、蔡松坡等十余人，横滨大同学校七人。时梁与革命党孙中山有联合组党之计划，"故所取教材，多采用英法名儒之自由平等、天赋人权诸学说。诸生由是高谈革命，各以卢梭、福禄特尔、丹顿、罗伯比斯尔、华盛顿相期许"（冯自由《中国革命运动二十六年组织史》，页 37）。梁启超也发挥排满革命言论，并直接提出：

此所以 Revolution 之事业（即日本所谓革命，今我所谓变革）为今救中国独一无二之法门，不求此道，而欲以图存，欲以国强，是磨砖作镜，炊沙为饭之类也。（《释革》）

而《自由书》《新民说》与《中国未来记》之作，实为民主革命与破坏主义张目。《自由书》（见专集之二，页 25—26）言破坏之可贵，"快刀斩乱麻，一拳碎黄鹤，如卢梭之民约论者，即为最适于今日之中国"。《新民说》论自由,指出近世史数百年"自由"二字实为世界之原动力。《论进步》一名"论中国群治不进之原因",为欲扫除此积数千年之恶因,提出破坏二字,认为古今万国求进步者,独一无二不可逃避之公例。此不但就政治一端而言,即人群中一切事事物物,大而宗教、学术思想、人心风俗,小而文艺、技术、名物,均须经过破坏之阶段,以上于进化之途。还有在 1902 年所著如《论专制政体有百害于君主而无一利》,诋毁君主专制不留余地。《敬告我同业诸君》至谓"欲导民以民权也,则不可不骇以革命"。这就是严复所指斥为"与康有为是亡有清一百六十年社稷的人"。就这一点说,梁氏正如他自己所称"可谓新思想界之陈涉"(《清代学术概论》,页148)。

所可惜的,就是这位新思想界之陈涉,并不能将他急进的言论坚持到底,结果是环境一变,感情变,而言论也变了,进取性和保守性就互易其位置。进取性有如昙花一现,是不长久的。自从 1903 年他应了美洲保皇会之约,游新大陆以后,梁的言论即骤变,由十八世纪的自由平等而急转为十九世纪之重国轻民,其实是不自觉地接受了帝国主义理论,把一点仅有的民主共和的影子都消灭了。是年梁著《政治学大家伯伦知理之学说》以反驳卢梭之自由民权,主张民族的帝国主义,他自己坦白的忏悔自己说:"吾醉心共和政体也有年,吾今读伯(伯伦知理 Bluntschli)、波(波仑哈克 Bornhak)两博士之所论,不禁冰水浇背,一旦尽失所据,皇皇然不知何途之从而可乎。"结论是"呜呼!共和共和,吾与汝长别矣。……吾之思想退步不可思议,吾亦不自知其何以锐退之疾也。我自美国来而梦俄罗斯也""这是沙皇的俄罗斯,俄罗斯的梦境即是开明专制的梦境""与其共和不如君主立宪,与其君主立宪又不如开明专制"。

在《新民丛报》第七十六期《申论种族革命与政治革命之得失》

时，还在主张向君主"委婉陈说"，要求立宪，一转瞬之间就取消立宪，主张开明专制，变化未免太神速吗？1904年梁氏发表一篇有名反动的《开明专制论》，系统的宣传他的保皇党的反革命政纲，所得结论是"欲为种族革命者，宜主专制而勿主共和，欲为政治革命者，宜以要求而勿以暴动""对于孙中山的民生主义痛恨极了"。他这样说：

> 抑吾闻论者一派所主张，于民族主义、国民主义以外，尚有所谓民生主义者，撷拾布鲁东、仙士门、麦喀等架空理想之唾余，欲得富人所有以均诸贫民，即其机关报所标六主义之一，云"土地国有者"是也。
>
> 虽以匕首揕吾胸，吾犹必大声疾呼曰：敢有言以社会革命（即土地国有制）与他种革命同时并行者，其人即黄帝之逆子，中国之罪人也。虽与四万万人共诛之可也。

这是完全站在反革命派的立场，反对民主共和，反对土地革命。1897年和1902年曾起新的、先进作用的梁启超，这时完全转化为旧的、起反动作用的梁启超了，这是梁启超政治思想之矛盾的表现，由此矛盾关系，也就决定了他在戊戌政变以后和1911年退出政治舞台以前，在思想史上的意义和价值。

最后，十九世纪八十年代至二十世纪三十年代由康梁所领导的戊戌政变早已过去了、失败了。在他们思想的矛盾发展中，他们的反动错误思想，曾经胁迫少数落后知识分子迷失了方向，但他们的先进作用也觉醒了全国人民。在当时具体的历史条件之下，打破了中国的顽固积习，敢于怀疑破坏，敢于向守旧派斗争，敢于向西方国家寻找真理。历史是一面镜子，他昭示我们，自上而下的康梁变法运动，并不能摆脱中国之半殖民地和半封建的落后地位，但对于那些守旧派，结合在那拉氏后党之下所构成的强大反动力量,对于那些反对变法的士大夫们之决心宁死亡国的人们,却能给他们以重大打击,为民主、革命准备了条件。

三、谭嗣同思想[①]

谭嗣同(1865—1898),字复生,号壮飞,湖南浏阳人,是戊戌维新运动中最激进的一位。父继洵,官湖北巡抚。二岁嗣同丧母,受父妾虐待,几濒于死,这是他立志反封建的开始。二十二岁后游南北各省,远及新疆、台湾,察风土、交豪杰,且爱谈兵,读《王船山遗书》,发生强烈的民族意识。卅一岁与梁启超订交,闻康有为讲学宗旨,大感动,自称私淑弟子。三十二岁从杨仁山学佛,著《仁学》。三十三岁应湖南巡抚陈宝箴之招,回到长沙办新政。如内河小轮、商办矿务、湘粤铁路、时务学堂、武备学堂、保卫局等。又倡设南学会,兴诸志士,讲爱国之理。三十四岁以学士徐致靖荐,自候补知府权充军机章京。与杨锐、林旭、刘光第同参与新政,号军机四卿。戊戌政变时,说袁世凯起事,谋保光绪,为所卖,被捕前一日,或劝其亡命日本,不听,他说:"各国变法无不从流血而成,今中国未闻有因变法流血者,有之请自嗣同始。"(1898年8月13日,遂与杨、林、刘等被害,时称戊戌六君子。遗著有《仁学》《诗文集》《书简》与《东海褰冥氏三十以前旧学四种》。)

谭嗣同思想产生的社会背景,是在帝国主义侵略中国的危亡局势之下,这时中国所处民族危机异常严重,中国之半殖民地位亦已确定,

[①] 本节所引谭嗣同著作原文,存在大量误、脱现象,明显影响句意处,均据中华书局1981年版《谭嗣同全集》校正,不一一出校记。其余因版本不同而产生的少量文字差异,均未改动。——编者

在四次对外战争失败之后（第一、二次鸦片战争，中法战争和中日战争）。这正如他在《仁学》中所描写的情景是："外患深矣，海军熸矣，要塞扼矣，堂奥失矣，利权夺矣，财源竭矣，分割兆矣，民倒悬矣，国与教与种将偕亡矣。"（《仁学》卷下，页4）这是革命前夕的中国，只有由革命才能救亡，然而维新派的谭嗣同在认识了这些危机之后，却接着说："惟变法可以救之。"（同上，页4）在满清皇室的腐败无能，与洋务派所谓"自强运动"已经破产的政治背景之下，以康有为为首的改良主义者，仍然不敢抛弃满清政府而谈变法，谭嗣同虽知道满清统治者的心理是"宁赠友邦，不与家奴"。如其所说："以华人比牧场之水草，宁与之同为齑粉，而贻其利于人，终不令我所咀嚼者，还抗乎我。""且曰宁为怀愍徽钦，而决不令汉人得志。"（同上，页4下）

在这异族□□统治之下而谈变法，变法是可能的吗？谭嗣同的答复毕究和康有为有些不同。康有为认为变法是可能的，且悬此为目标。谭嗣同则认识变法的不可能，却以之为一种革命之准备。变法之不可能不尽由于顽固守旧，而是由于满清皇室与人民之间的利害冲突、矛盾得太尖锐化了，所以说：

> 唯变法可以救之，而卒坚持不变，岂不以方将愚民，变法则民智；方将贫民，变法则民富；方将弱民，变法则民强；方将死民，变法则民生。方将私其智其富其强其生于一己，而以愚贫弱死归诸民，变法则与己争智争富争强争生，故坚持不变也。（同上，见页4）

但满清皇室不坚持变法，相反的，人民则坚持变法，为什么？因为：

> 不变法，即偏安割据亦万万无望。即令不乏揭竿斩木之辈，

终必被洋人的枪炮一击而空。衡阳王子愤明季之乱,谓求一操、莽不可得,今即求如李自成、张献忠尚能跳梁中原十数年者,何可得哉?……然则变法固可以复兴乎?曰:难能也,大势之已散也。然苟变法,犹可以开风气、育人才,备他日偏安割据之用,留黄种之民于一线耳。(《与欧阳瓣姜书》,见《谭嗣同书简》页10)

由此可见,谭嗣同虽生长于革命时代的背景之下,而且分明知道革命的必要性,但却看不到革命的可能性,结果为他的阶级地位所限,只能参加到维新运动的改良主义阵营,而停止于以变法为革命准备之一个阶段。

维新变法运动之另一个企图,是想将半封建社会之中国转化为资本主义社会。但在这个时期,中国还没有独立的资产阶级与无产阶级,所以只能产生代表开明地主、新官僚大知识分子与商业资产阶级企图转化为民族资产阶级的改良主义运动。谭嗣同出身湖南大绅士家庭,又着手开办矿务,可算是具有初期自由资产阶级的思想了,但初期自由资产阶级,在中国,因局限于国际帝国主义的通商关系,因之,他的经济背景必然是商业资本而不是工业资本。商业资本是流通于生产过程以外,因之,他的利益对内可以和地主一致,对外也可以和买办阶级一致,可以和封建官僚政治妥协,如康有为之拥护封建君主统治;同样亦可以和帝国主义的洋商买办妥协,如谭嗣同曾为安得马尼矿与英人傅兰雅(John Freyer)订立合同(见《谭嗣同书简》附录二《欧阳中鹄书》页109,附录一《唐才常与欧阳中鹄书》页87),这告诉我们,那时中国资本主义尚未发达,华商必须依赖洋商,这就客观上规定了初期自由资产阶级,只可能是商业资产阶级的性质。

再就谭嗣同的思想背景来说,太庞杂了。正如他在《仁学界说》第廿五所说:

> 凡为仁学者，于佛书当通《华严》及心宗、相宗之书，于西书当通《新约》及算学、格致、社会学之书，于中国当通《易》《春秋》《公羊传》《论语》《孟子》《庄子》《墨子》《史记》，及陶渊明、周茂叔、张横渠、陆子、王阳明、王船山、黄梨洲之书。（页2—3）

在这里有佛教也有耶教，有诸子学也有宋明学，有西洋天算格致、政治历史之学，也有中国《易》《春秋》《公羊传》《论》《孟》之学。这用梁启超赞美他的话来说是"欲将科学、哲学、宗教冶为一炉，而更使适于人生之用"（《清代学术概论》，页151）。用章太炎的话来批评，那就是"拉什失论"了。实则谭氏思想其拉什之处，正反映着当时思想界不中不西、亦中亦西的矛盾倾向，而独到之处却在于他的思想根据，是更多的唯物论与更少的唯心论，如依据王船山"无其器则无其道"说为变法宗旨（见《报具元徵书》，见《谭刘杨全集》续编，页32—33；《与欧阳瓣姜书》，见《谭嗣同书简》页15），又"尝尽读所谓格致类之译书，将当时所能有之科学知识尽量应用"（见梁启超语《清代学术概论》，页151）。

（一）平等的辩证法

谭嗣同的思想精髓，是他辩证的方法。以《易》《华严》及《庄子》为出发点而通之于科学，这就成为他独特的、平等的辩证法。首先他认为世界上没有孤立的现象，所有一切现象都是彼此相通彼此联系的，这有机联系的统一整体，他叫做"仁"，"仁以通为第一义"（《界说》一），"通之义以'道通为一'最为浑括"（《界说》三），通是什么？"通之象为平等"（《界说》七）。这就是说，所有一切现象的联系都是平等的。约分之有四种，即：

> 通有四义：中外通，多取义于《春秋》，以太平世远近大小若一故也；上下通，男女内外通，多取义于《易》，以阳下阴吉，阴下阳吝，泰否之类故也；人我通，多取其义于佛经，以"无人相、无我相"故也。（《界说》四）

不通由于有对待，而一切对待都只是"名"，只空虚抽象的名而没有实际的存在。所以说：

> 仁不仁之辨，于其通与塞；通塞之本，推其仁不仁。通者如电线四达，无远弗届。……苟仁自无不通，亦谓通而仁之量乃可完。……吾悲夫世之妄生分别也。……乍见一我，对我者皆为人，其机始于一人我，究于所见，无不人我者。……汉儒训仁为相人偶。人与人不相偶，尚安有世界？不相人偶，见我切也，不仁矣，亦以不人，虽然，此之分别，由于人我而人我之也。甚至一身而有人我，何则？仁而已矣，而忽有智勇之名，而忽有义信礼之名，而忽有忠孝廉节之名。仁亦名矣，不可立而犹可立者也。传之智勇义信礼云云，胡为者？（《仁学》卷上，页5—6）

> 仁之乱也，则于其名。名忽彼而忽此，视权势之所积；名时重而时轻，视习俗之所尚。甲亦一名也，乙亦一名也，则相持。名名也，不名亦名也，则相诡。名本无实体，故易乱，名乱焉，而仁从之。（同上，页7）

因为名只是分别"名名也，非实也。……名于何起……则皆人之为也"（同上，页8下），如有彼则有此，有重则有轻，不能因虚伪的空名来反害实际的存在，相反地，"不识仁故为名乱，乱于名，故不通"。(《界说》六）因此主张平等，则必须取消对待。所以说：

> 仁一而已，凡对待之词，皆当破之。(《界说》十七）
> 有此即有彼，无独有偶焉，……辨对待之说也。无彼复无此，此即彼，彼即此焉……破对待之说也。(《仁学》卷上，页21）

但怎样破对待呢？彻底来说：

> 破对待，当参伍错综其对待。(《界说》十八）
> 参伍错综其对待，故迷而不知平等。(《界说》十九）
> 参伍错综其对待，然后平等。(《界说》二十）
> 无对待然后平等。(《界说》二十一）
> 无无，然后平等。(《界说》二十二）
> 平等生万化，代数之方程式是也。其为不贰，故生物不测，不贰则无对待，不测则参伍错综其对待。代数如权衡然，参伍错综之不已，必平等，则无无。(《界说》二十三）

什么是平等？"平等者，致一之谓也，一则通矣，通则仁矣。"（《界说》二十四）由上平等的辩证法，反映着当时不平等的社会要求平等，对于当时中外不通，上下不通，男女内外不通，人我不通的彼此隔绝的不平等不合理的社会现象，确然起了不少进步的思想作用。

（二）宇宙观

谭氏的根本思想虽不脱于旧中国哲学的范畴，但他却能吸取中国唯物论的优良传统和西洋自然科学观念,以自创造新的哲学体系,如《仁学》中以"仁"为宇宙的根本原理,却借用了物理学中所谓"以太"和"电"来作"仁"的解释。他说:"仁以通为第一义,以太也,电也,心力也,皆指出所以通之具。"(《界说》一)"以太也,电也,粗浅之具也,借其名以质心力。"(《界说》二)

在这里,仁只是活泼泼地一个流通,仁无体以"以太"为体,以太或电虽是粗浅之具,都是仁的本体,仁是"以太"的作用,所以说:

> 夫仁,以太之用。而天地万物,由之以生,由之以通。(《仁学》卷上,页5下)

> 遍法界、虚空界、众生界,有至大之精微,无所不胶粘、不贯洽、不筦络,而充满之一物焉。目不得而色,耳不得而声,口鼻不得而臭味,无以名之,名之曰以太。其显于用也,孔谓之仁,谓之元,谓之性。(同上,页3)

"以太"是什么?他很具体的指出:

> 夫人之至切近者莫如身,身之骨二百有奇,其他筋肉、血脉、腑脏又若干有奇,所以成是而粘砌是不使散去者,曰惟以太。……身之分为眼耳鼻舌身,眼何以能视,耳何以能闻,鼻何以能嗅,舌何以能尝,身何以能触?曰惟以太。与身至相切近莫如地,地则众质点粘砌而成,何以能粘砌?曰惟以太。任剖某质点一小分,以至于无,察其为何物所凝结,曰惟以太。至……此一世界之日,统行星与月……恒河沙数成天河之星团,互相吸收不散去……曰惟以太。其间之声、光、热、电、风、雨、云、露、霜、雪之所以然,曰惟以太。更小之于一叶,至于目所不能

> 辨之一尘……一滴水……更小之又小以至于无，其中莫不有微生物，浮寄于空气之中，曰惟以太。学者第一当认明以太之体与用，始可与言仁。（同上，页3—4）

谭氏的以太世界观，实际是和唐才常的"质点配成万物"说同一类型（《觉颠冥斋内言》卷四，页52—55），不过就作为质点的七十三种原质之中，以太为原质的原质。所以说：

> 彼动植之异性，为自性尔乎？抑无质点之位置与分剂有不同耳，质点不出乎七十三种之原质。某原质与某原质化合，则成一某物之性，析而与他原质化合，或增某原质，或减某原质，则又成一某物之性。……然而原质则初无增损之故也。……故论其原质，犹有七十三种之异，至于原质之原，则一以太而已矣。（《仁学》卷上，页12）

承认物质世界为"以太"的组合，而"以太"为原质之原质，这就接近于唯物论了。因为物质世界的分合、存亡、成毁生灭，都由于以太，所以万物虽有差别，"至于以太，则不能有差别"。以太只是最浑括的一个，"故不生不灭，不生故不得言有，不灭故不得言无"（同上，页12下）。但怎样证实这"不生不灭"的以太呢？谭氏说：

> 不生不灭有征乎？曰：弥望皆是也。如向所言化学诸理，穷其学之所至，不过析数原质而使之分，与并数原质而使之合，用其已然而固然者，时其好恶，剂其盈虚，而以号曰某物某物，如是而已。岂能竟消磨一原质，与别创造一原质哉？（同上，页12下—13）

以制陶器为例：

> 譬如陶埴，失手而碎之，其为器也毁矣。然陶埴，土所为也，方其为陶埴也，在陶埴曰成，在土则毁，及其碎也，还归乎土。在陶埴曰毁，在土又以成，但有回环，都无成毁。（同上，页13）

这是一种物质不灭论。所谓"不生不灭仁之体"，实际正是指以太之体而言，由于以太不生不灭之体而有它的有生有灭之用，故说："不生不灭即生灭也。"（同上，页19）有生有灭这是万物变化的法则，谭氏称之为"微生灭"。而生灭出于不生灭，不生灭也出于生灭，所以"生与灭平等，生灭与不生不灭亦平等"（《界说》十四）。所以说：

> 不生不灭乌乎出？曰出于微生灭。此……乃以太中自有之微生灭焉。……一刹那间……已有无量时生灭，已有无量世界法界生灭。求之过去，生灭无始；求之未来，生灭无终；求之现在，生灭息息。过乎前而未尝或住。……一出一处，一行一止，一语一默，一思一寂，一听一视，一食一饮，一梦一醒，一气缕，一血轮，彼去而此来，此连而彼断，去者死而来者又生，连者生，断者又死。……生死终不得息，以太之微生灭亦不得息。……孔在川上曰："逝者如斯夫，不舍昼夜。"昼夜即川之理，川即昼夜之形，前者逝而后者不舍……旋生旋灭，即灭即生，生与灭相授之际，微之又微，至于无可微，密之又密，至于无可密。夫是以融化为一，而成乎不生不灭，成乎不生不灭，而所以成之微生灭，故不容掩者矣。（同上，页17下—18下）

在这微生灭中,"生近于新,灭近于逝。新与逝平等,故过去与未来平等"(《界说》之十五)。又"有过去,有未来,无现在,过去未来皆现在"(《界说》十六)。在这里,虽然把产生的东西和衰亡的东西一样平等看待,实际却承认了新的产生的东西必然产生,和旧的衰亡的东西必然消灭。所以说:

夫善至于日新而止矣,夫恶亦至于不日新而止矣。天不新,何以生?地不新,何以运行?日月不新,何以光明?四时不新,何以寒暑发敛之迭更?草木不新,丰缛者歇矣;血气不新,经络者绝矣;以太不新,三界万法皆灭矣。……则新也者,夫亦群教之公理也……独何以届今之世,犹有守旧之鄙生,断断然曰不当变法何哉?(《仁学》卷上,页22)

以太的变化观不是正成为维新变法的大旗帜吗?尤其可注意的就是由于由万物皆变的大道理,更进而认识了宇宙生成由于对立矛盾的发展。所以说:

日新鸣乎本,曰:以太之动机而已矣。独不见夫雷乎?虚空洞杳,都无一物,忽有云雨相值,则含两电,两则有正有负,正负则有异有同,异则相攻,同则相取,而奔崩轰訇发焉。……夫孰非以太之一动,而由之以无极也,斯可谓仁之端也已。……夫善治天下者,亦岂不由斯道矣。夫鼎之革之,先之劳之,作之兴之,废者举之,敝者易之。(同上,页23)

又说:

微生灭鸣乎始?曰:是难言也。……虽然,吾试言天地万

物之始。……参伍错综，而有有矣。有有之生也，其惟异同攻取乎？其成也，其惟参伍错综乎？（同上，页31下）

把天地万物的生成变化，归结于对立物的矛盾发展，有异同，有攻取，有参伍错综，而后宇宙万物产生，把这个道理应用到社会生活上面，这成了初期资本主义的反封建斗争的——所谓"冲决网罗"——理论的根据。

（三）反封建思想

谭氏思想的最大贡献，在应用他平等的辩证法来反对封建社会传统，他对于封建社会中的种种网罗，如名教、纲常，乃至家庭观念、社会关系无不加以摧毁。在这一点上，他可算是"明清思想界之一颗彗星"（梁启超语）。《仁学》自叙道：

> 窃揣历劫之下，度尽诸苦厄，或更语以今日此土之愚之弱之贫之一切苦，将笑为诳语而不复信，则何可不千一述之，为流涕哀号，强聒不舍，以速其冲决网罗。……初当冲决利禄之网罗，次冲决俗学若考据、若词章之网罗，次冲决全球群学之网罗，次冲决君主之网罗，次冲决伦常之网罗，次冲决天之网罗，次冲决全球群教之网罗，终将冲决佛法之网罗。然真能冲决，亦自无网罗，真无网罗，乃可言冲决。（见《谭浏阳全集》，文集卷上，页12）

他很大胆的打破封建传统的种种束缚、种种偶像，乃露出初期自由资产阶级思想家们在革命前夕那种发扬蹈历的气概。他首先排斥尊古观念道：

……极旧极敝一残朽不灵之废物……乃彼方诩于人曰好古。……古而可好,则何必今之人哉?(《仁学》卷上,页22下)

绵延长夜,丰蔀万劫,不闻一新理,不睹一新法,则二千年由三代之文化,降而今日之土番野蛮者,再二千年矣,将由今日土番野蛮降而猿狖,而犬豕,而蛙蚌,而生理殄绝。(同上,卷下,页5)

欧美二洲,以好新而兴,日本效之,至变其衣食嗜好。亚非澳三洲,以好古而亡。中国动辄援古制,死亡之在眉睫,犹栖心于榛狉未化之世。(同上,页23)

反对尊古,即是反封建社会的文化标准。再进就是反对名教,推翻了封建社会的道德标准。他很明白的指出"数千年三纲五常之惨祸酷毒由此"。他说:

俗学陋儒,动言名教,敬若天命而不敢渝,畏若国宪而不敢议。嗟呼,以名为教,则其教已为实之宾,而决非实也。又况名者由人创造,上以制其下,而不能不奉之。则数千年来,三纲五常之惨祸烈毒,由是酷焉矣。君以名桎臣,官以名扼民,父以名压子,夫以名困妻,兄弟朋友各挟一名以相抗拒,而仁尚有少存焉者得乎?……箝制天下则不得不广立名为箝制之器……责臣子曰:"尔胡不忠,尔胡不孝,是当放逐也,是当诛戮也。"忠孝既为臣子之专名,则终不能以此反之。虽或他有所摭,意欲诘诉,而终不敢忠孝之名为名教之所上,反更益其罪,曰怨望,曰觖望,曰腹诽,曰讪谤,曰亡等,曰大逆不道。是则以为当放逐,放逐之而已矣;当诛戮,诛戮之而已矣。曾不

若孤豚之被絷缚屠杀也,犹奋荡呼号,以声其痛楚,而人不之责也。(同上,页7)

至于三纲五伦,在封建社会认为上下古今不易的伦常原则,由谭氏看来也是应该加以冲决的"伦常网罗"。以三纲言:

> 君臣之祸亟,而父子夫妇之伦,遂各以名势相制为当然矣。此皆三纲之名之为害也。名之所在,不为闭其口,使不敢昌言,乃并锢其心,使不敢涉想。(《仁学》卷下,页7—8)
> 夫妇之道苦……实亦三纲之说苦之也。夫既自命为纲,则所以遇其妇者,将不以人类齿。……自秦垂暴法,于会稽刻石,宋儒炀之,妄为"饿死事小,失节事大"之瞽说,直于室家施申、韩,闺阃为岸狱。是何不幸而为妇人,乃为人申、韩之,岸狱之。(同上,页8下)

以五伦言:

> 五伦中于人生最无弊而有益……其惟朋友乎?……所以者何?一曰平等,二曰自由,三曰节宣惟意,总括其义,曰不失自主权而已。……余皆为三纲所蒙蔀,如地狱矣。(同上,页9)
> 今中外皆侈谈变法,而五伦不变。则举凡至理要道,悉无从起点,又况于三纲哉?(同上,页10)

由上,谭氏之反对尊古,反对名教,反对三纲五伦,事实上即对于封建社会传统所认为千古不磨的天经地义而下总攻击。在积极方面，主张自由平等；在消极方面，反对封建，这即是在意识形态的上层建筑方面，给予资本主义社会扫清的道路。

（四）政治思想

谭氏又很明白地看出封建思想和封建君主统治的相互联系。如今日欲变法，非先变封建思想不可，而封建思想却有赖于封建统治来支持。为什么？因为：

> 二千年来，君臣一伦，尤为黑暗否塞，无复人理，沿及今兹，方愈剧矣。夫彼君主犹是耳目手足，非有两鼻四目，而智力出于人也，亦果何所恃以虐四万万之众哉？则赖乎三纲五伦字样，能制人之身者，兼能制人之心。（《仁学》卷上，页37下）
> 独夫民贼，固甚乐三纲之名。一切刑律制度，皆以此为率，取便己故也。（同上，卷下，页9）

因此，欲冲决伦常之网罗，非先冲决君主之网罗不可。欲变三纲，非变君臣之义不可。所以总起来说：

> 二千年之政，秦政也，皆大盗也；二千年来之学，荀学也，皆乡愿也。惟大盗利用乡愿，惟乡愿工媚大盗。二者相交相资，而罔不托之于孔。（《仁学》卷上，页37）

谭氏在反对独夫民贼式的封建统治之前，很明显的提出"反荀学"的口号。为什么？因为孔子立教宗旨是"黜古学，改今制，废君统，倡民主，变不平等为平等"；而荀学与之相反地，"反授君主以莫大无限之权，使得挟持一孔教以制天下。彼荀学者必以伦常二字，诬为孔教之精诣，不悟其为乱世之法也"（同上，卷上，页37）。反荀学即是反对大盗乡愿式的封建君主政治之思想的基础。

谭氏反对君主政治颇受黄梨洲《明夷待访录》与王船山《黄书》的影响。《仁学》卷下开首即谈政治，述君民之关系道：

> 君统盛而唐虞后无可观之政矣。……夫君统有何幽邃之义。……至宛转攀恋于数千年之久，而不思脱其轭耶？……生民之初，本无所谓君臣，则皆民也。民不能相治，亦不能暇治，于是共举一民为君。夫曰共举之，则非君择民，而民择君也。夫曰共举之，则其分际又非甚远于民，而不下侪于民也。夫曰共举之，则因有民而后有君，君末也，民本也。天下无有因末而累及本者，亦岂可因君而累及民哉？夫曰共举之，则且必可共废之。君也者，为民办事者也；臣也者，助办民事者也。赋税之取于民，所以为办民事之资也。如此而事犹不办，事不办而易其人，亦天下之通义也。（同上，卷下，页1）

又论君臣的关系道：

> 孔子曰君君臣臣……未有不平等者。古之所谓忠，中心之谓忠也。抚我则后，虐我则雠，应物平施，心无偏袒，可谓中也！亦可谓忠矣。君为独夫民贼，而犹以忠事之，是辅桀也，是助纣也。其心中乎，不忠乎？呜呼！三代以下之忠臣，其不为辅桀助纣者几希！（同上，卷下，页2）

谭氏的论潮实在较之卢梭之民约论而毫无逊色。因反对君主专制，因亦反对死节，以提倡以民为本的思想。

>于君……岂谓举之戴之，乃以竭天下之身命膏血，供其盘乐急傲，骄奢而淫杀乎？供一身之不足，又滥纵其百官，又欲传之世世万代子孙，一切酷毒不可思议之法，由此其繁兴矣。民之俯首贴耳，恬然坐受其鼎镬刀锯，不以为怪，故曰大可怪矣。而君之亡犹愿为之死节，故夫死节之说，未有如是之大悖者矣。君亦一民也，且较之寻常之民更为末也。民之于民，无相为死之理；本之与末，更无相为死之理。……请为一大言断之曰："止有死事之道理，决无死君的道理。"死君者，宦官宫妾之为爱，匹夫匹妇之为谅也。（同上，页1）

谭氏不但反对君主政治，更进而谋推翻君临中国的满清皇室，把民族革命和民主革命结合起来。他痛恨异族压迫中国，因而鼓吹排满革命，写道：

>天下为君主囊橐中之私产，不始今日，固数千年以来矣。然而有知辽、金、元之罪浮于前此之君主者乎？其土则秽壤也，其人则膻种也，其心则禽心也，其俗则毳俗也。一旦逞其凶残淫杀之威，以攫中原之子女与玉帛。……马足蹴中原，中原墟矣。锋刃拟华人，华人靡矣。乃犹以为未餍，峻死灰复燃之防，为盗憎主人之计，锢其耳目，桎其手足，压制其心思，绝其利源，窘其生计，塞蔽其智术。……十八省之华人，宛转于刀砧之下，瑟缩于贩卖之手，方命之曰：此食毛践土之分然也。夫果谁食谁之毛？谁践谁之土？（同上，页2—3下）

但谭氏怎样来实现民族民主之革命呢？他很知道"法人之曰民主也，其言曰誓杀尽天下君主，使流血满地球，以泄万民之恨"（同上，页4）。但他很知道满清政府方将以愚贫弱死归诸民而无意于变法。由此他所得结论是不辞用革命和暗杀的手段来夺取政权。他说：

> 以时考之，华人固可以奋矣。且举一事而必其事之有大利，非能利其事者也。故华人慎毋言华盛顿、拿破仑矣。志士仁人求为陈涉、杨玄感，以供圣人之驱除，死无憾焉。若其机无可乘，则莫若为任侠，亦足以伸民气，倡勇敢之风。（同上，页4下—5）

但谭氏的终极理想，则在实现自由平等的大同世界。马克思在1850年1月31日在《国际概况》一文中，述及欧洲的反动派跑到中国的万里长城，跑到这个最保守的堡垒门口，那时候安知他们在那里不会碰到"中华共和国——自由、平等、博爱"这几个大字呢？（见《马克思、恩格斯论中国》，页24）谭嗣同的政治理想，虽然有些近于无政府主义。如他附会着庄子《在宥》写道：

> 地球之治也，以有天下而无国也。庄曰："闻在宥天下，不闻治天下。"治者，有国之义也；在宥者，无国之义也。曰"在宥"，概"自由"之转音。旨哉言乎！人人能自由，是必为无国之民，无国则畛域化，战争息，猜忌绝，权谋弃，彼我亡，平等出。且虽有天下，若无天下矣。君主废，则贵贱平；公理明，则贫富均。千里万里，一家一人。视其家，逆旅也；视其人，同胞也。父无所用其慈，子无所用其孝，兄弟忘其友恭，夫妇忘其倡随。有若西书中百年一觉者，殆仿佛《礼运》大同之象焉。（同上，卷下，页23）

但他又很明白地指出:"以言乎大一统之义,天地间不当有国……然非可以一蹴几也。"所以谭氏心目中,所谓自由平等,实际还只是有意无意憧憬着"中华共和国——自由、平等、博爱"这几个大字。

(五)经济思想

戊戌政变时,中国的民族资本虽已萌芽,但不占优势,这是社会经济地位的、是商业之不遗余力。在这一点上,谭嗣同可称为维新派的急先锋,也可以说是在封建经济思想的堡垒上打穿了一个极严重的裂口。

(六)思想的局限性

总之,谭嗣同思想的局限性,在他的反封建社会上贡献最大。当他所著《仁学》在《清议报》上发表时,内有排斥满清论潮,为康有为所见,即令撕毁重印,且戒梁启超勿忘今上圣明,后宜谨慎从事云云,这一点可见谭氏和保皇党的康有为怎样意见分歧。我们应该把谭嗣同看做辛亥革命先驱者,而不应该把他看做他的思想体系中所深恶痛绝的满清皇室的殉君者。他的思想特色,在他的混乱的唯心的观点之中,却显露出极高度的辩证法和唯物主义的光芒。但他的贡献亦就不过如此。他虽极激烈地主张变法,反对尊古,却在私人函件中极矛盾地露出:"变法又适所以复古。"(《谭嗣同书简》,页26)他知道流血革命之不可避免,所以"今日中国能闹到新旧两党流血遍地,方有复兴之望"(同上《书简》,页27)。他然而他自己并没有积极参加到当时孙中山领导的革命运动。他也知道站在人民群众立场来同情太平天国,同情会党。(《仁学》卷下,页5—7)然而他自己却只能以任侠自勉,得不到广大人民群众底社会基础的力量。这些矛盾都可见他思想的局限性，而这思想的局限性，很明显地即由于他家庭出身关系，和他的社会阶级关系。而他的壮烈的死，却证明了改良主义无前途，代起的便是孙中山所领导的辛亥革命。

一九五三，四，二六

附：谭嗣同思想史料选

案谭嗣同所著书，今刊本可见者四种：

（一）《东海褰冥氏三十以前旧学四种》，包括《寥天一阁文》《莽苍苍斋诗》《远遗堂集外文》《石菊影庐笔识》。一八九七年金陵刊本，又一九一一年谭氏重刊本。又《秋雨年华之馆丛脞书》一种，一九一二年长沙刊本。

（二）《戊戌六君子遗集》，一九一七年张元济编内第一册、第二册，收入《寥天一阁文》《莽苍苍斋诗》《远遗堂集外文》三种。

（三）《谭浏阳全集》，陈乃乾校，一九一七年初版、一九二五年四版，上海文明书局本，共六册，收入文集三卷，诗集一卷，《仁学》二卷，《笔识》二卷及《续编》一卷。三十以后所作诗，散见于各报者均加采录。

（四）《谭嗣同书简》，欧阳予倩编，一九四二年初版，一九四三年再版，桂林文化供应社本，所录《与欧阳瓣姜书》第一函（页1—4），见《谭浏阳全集》，文集卷上，与《寥天一阁文》卷一；第二函（页5—26），见《秋雨年华之馆丛脞书》（页1—15）；第三函至第二十七函，《书简》始收入。又附录一《唐有才书简》，附录二《欧阳中鹄书》，均为极宝贵的文献史料。

（1）《仁学自叙》（一八九六），《谭浏阳全集》第一册，文集卷上（页11—12），先述思想背景，后言当冲决各种网罗。是一篇思想革命的宣言。

（2）《仁学》（一八九六），同上，第四册，分上下二卷。卷上（页1—3）。《仁学界说》二十七条（页3—38），多谈哲学，卷下（页1—27）多谈政治，此书曾假名"台湾人所著书"，攻击满清皇室，在日本刊印后，影响很大，应全读。

（3）《报唐佛尘书》（一八九六年九月），《秋雨年华之馆丛脞书》（页15—19），论中国所以不可为由上权太重民权尽失，对当时官办商办之争，力主商办。末言欧美均贫富之说，虽时时倡乱为世诟病，实欧美之功臣，颇为社会主义思想张目。此篇未收入全集，实可宝贵之资料。

（4）《兴算学议致欧阳瓣姜师书》（一八九七），见同上书（页1—15），又《谭嗣同书简》（页5—26），两史料比较，书简谭自注文字较多，《丛脞书》上有欧阳批语数千言，书简缺，可互校补。又《报贝元徵书》，见《谭嗣同全集》续编（页33—63），与此篇文亦有互见处。可参考。

（5）《谭嗣同书简》（一八九七），《上欧阳瓣姜师》，第三函，书简（页27—28），提出杀身灭族四字，并谓今日中国能闹到新旧两党流血遍地，方有复兴之望。

（6）《湘报后叙上》（一八九八），《谭浏阳全集》第六册续编（页29），明"日新"之义，大旨谓昨日之新至今日而已归，今日之新至明日而又归，说明新也是发展的。

（7）《湘报后叙下》（一八九八），同上（页30—31），述湖南新政，并主张"报纸即民史"之说。

一九五三，八，七，北大

四、张謇思想

张謇（1853—1924），字季直，江苏南通人，他是代表士大夫阶级而兼实业政治家。一八九五年中日战争后，中国经济陷入半殖民地经济状态，正如列宁所说："欧洲各国政府已经开始瓜分中国了，不过他们开始不是公开地瓜分，而是像窃贼一样地鬼鬼祟祟的瓜分。"（《中国的战争》，见《列宁斯大林论中国》，页17—18）即在这一年，张謇四十三岁，创办了通州大生纱厂，列名开强学会，这是他事业的开始。他对人说："在乡治生，颇致蚕桑之利，士大夫所以丧名败俭，皆由一进之后欲退不能，故不能退，则不能进。"（《叶昌炽日记》）这证明当时开明地主士大夫阶级有退回故乡而变为资产阶级的倾向。尤其张謇主张实业救国，而欲兴实业，必谋教育，二者互相为用不可偏废。因此决计专力于教育和实业的计划，于实业首办大生纱厂，以次而设垦牧、榨油、制面、铁冶、蚕桑、轮步、渔业、酿造、水利轮船、盐业各公司，及大生第二、第三、第八等厂，淮海实业银行。于教育则首办南通师范，以次设立师范讲习简易科，农科、蚕科、测量科、工程、艺徒等校，女子师范，再进设立大学农科、纺织、医学各专门，商业农业甲种女工传习所，伶工学校，蚕桑工商传习所等。其他如中国银行、汉冶萍公司、大陵铁矿公司、商务印书馆、震旦大学、东南大学、交通大学及全国大实业教育的社会团体，他无不参加。在民国成立时，他曾短期于南京任实业部长，于北京任农林工商总长，因此他所为国家计划大政，也就不少。如水利河工，如盐务，如农业银行，如农村牧畜试验场，如河海工程学校，尤其是水利方面，从1887年（光绪十三年）《郑州决口记》、1903年（光绪二十九年）《淮水疏通入海议》、1907年（光绪三十三年）《议办导淮公司纲要》，以至1919年（民国八年）所作《江淮水利施工计划书》，在这方面，他可称为一个专家。因为他一生思想都是以教育实业为归宿，正如他在1904年所作《论舜为实业政治家》中所说一样，他是半殖民地半封建的中国经济时代底一个民族资产阶级思想家的典型。

就一个民族资产阶级思想家[①]的活动来说，张謇和戊戌政变的代表思想家康有为有些不同，康代表开明地主和一部分商人利益，而张的活动则已从商业资本转入工业资本，从买办阶级转入民族资产阶级。康主保皇，企图藉此消灭人民革命的爆发，张则在辛亥革命时期，为适应于民族资本的发展直接参加了排满运动。又康的主要活动时期在1898年以前，背后帮助他的是英国和日本，张的活动时期主要的是在1898年与日俄战争以后，这时中国由于民族的自觉酝酿排外运动，因此引起挽回利权运动与排外货运动，因为社会的背景不同，所以张謇思想虽和维新派接近，而终与维新派不同，他是更接近于实际的活动方面。

（一）庚子以后的变法运动

庚子（1900）以后，满清统治阶级知道非表示变法便将丧失人心，在那年十二月初十日，便在西安下诏变法，诏旨道：

> 法令不更，锢习不破，欲求振作，当议更张。着军机大臣、大学士、六部九卿、出使各国大臣、各省督抚，各就现在情形，参酌中西政要，举凡朝章国故、吏治民生、学校科举、军政财政，当因当革，当省当并，或取诸人，或求诸己，如何而国势始兴，如何而人才始出，如何而度支始裕，如何而武备始修，各举

[①] "家"字原脱，据福建本补。——编者

所知，各抒所见，通限两个月，详悉条陈以闻。

在这诏旨里，排斥康有为讲新法为乱法，为潜谋不轨，实际主张却仍不出于百日变法的新政范围。这无疑乎是满清政府遮羞的变法，一方面假变法之名来欺骗人民，减低他的不满和革命风潮，一方面却是借变法来求友邦之见谅，"结与国之欢心"。由于这遮羞的变法诏旨所生的反响，我们可以在 1902 年王纪康辑《维新奏议》（上海书局石印本）卷十七至二十中，看到如下各省督抚的条陈变法折。

1. 《江督刘鄂督张会奏条陈变法第一折》（卷十七）

    同上，第二折（卷十八）

    同上，第三折（卷十八）

    《江督刘鄂督张附片》（同上）

2. 《粤督陶覆奏条陈变法折》（卷十八，页 14—17）

3. 《皖抚王覆奏条陈变法第一折》（卷十九，页 1—9）

    同上，第二折（同上）

    《奏请广设算学专门学堂折》（同上）

4. 《署浙抚覆奏条陈变法折》（同上，页 9—10）

5. 《粤督陶覆奏变通武科折》（卷二十，页 1—7）

    《粤督陶覆奏培养人才折》（同上）

6. 《闽督许覆奏条陈变法折》（卷二十，页 7—11）

7. 《东抚袁覆奏条陈变法疏》（卷二十，页 11—16）

在这些空谈变法的奏章文字中，有名的是两江总督刘坤一，湖广总督张之洞的江楚会奏三折。第一折论育才兴学，拟定办法是设文武学堂，酌改文科，停罢武举，奖励游学。第二折论立国之道有三，曰治富强，拟定办法是崇节俭、破常格、停纳捐、课官重禄、去书吏、去差役、恤刑狱、改选法、筹八旗生计、裁屯卫、裁绿营、简文法。第三折陈说采行西法，拟定办法是广派游历、练外国操、广军实、修农政、劝工艺、定矿律路律商律交涉刑律、用银元行印花税、推行邮政、官收洋药、多译东西各国书。还有就是袁世凯的覆奏条陈变法疏，所拟办法是慎号令、教官吏、崇实学、培实科、重游历、定使例、辨名实、裕度支、修武备、开民智。要之这些庚子以后封疆大吏的变法条陈，都是卑之无甚高论，他们又都是实力派，那么应该真个变法了，但事实上当时的变法既然是不过遮羞，所以江楚三折虽为满清政府所采纳，而实行起来，从1901—1905五年之内所行新政，也就不过废科举、设学校、派游学，发生一些实际影响。江楚第一折中酌改文科即指变通科举，这在戊戌时期张之洞是不敢提出的。梁启超在《戊戌政变原因答客难》中说："张之洞尝与余言以废八股为变法之第一事矣，而不闻上疏废之者，盖恐触数百翰林、数千进士、数万举人、数十万秀才、数百万童生之忌，惧其合力以谤己而排挤之也。"由此可见实力派的变法，也不过迫于环境才改变态度，当然是无诚意的，甚至是反动的。

但就当时的民族资产阶级来说，这种不是空谈的（如维新派）而是接近实际的变法运动，即使只能做到初步的改革，也显然是具有进步的意义。张謇是否即为江楚三折的起草人之一，我还不敢作决定，但他无疑乎这时是在幕内帮助着刘坤一和张之洞，证据是在1895年他曾代鄂督条陈立国自强疏，拟定办法是宜练陆军、宜亟治海军、各省宜分设枪炮厂、宜广立学堂、宜速讲商务、宜讲求工政、宜多派游历人员、宜预备巡幸之所。又1901年有代刘张二督为中俄交涉致枢府电，与致各国电（《张季子九录·政闻录》卷一）。又在1900年义和团起义时，曾为刘坤一、张之洞定东南互保策（张孝若：

《南通张季直先生传记》,页 84—86)。这都证明了他和刘张二人的关系。至于袁世凯,是张在朝鲜吴长庆幕下时的同僚,在他的基本反动思想中,却曾接受过张謇立宪思想的影响,如在日俄战争时,张作书劝袁世凯主张立宪。他说:

> 公今揽天下重兵,肩天下重任,宜与国家有死生休戚之谊,顾亦知国家之危,非夫甲午庚子所得比方乎?不变政体,枝枝节节之补救无益也。不及此日俄全局未定之先,求变政体,而为揖让救焚之迂图无及也。……日俄之胜负,立宪专制之胜负也。今全球完全专制之国谁乎?一专制当众立宪尚可倖乎?……日本伊藤、板垣诸人,共成宪法,巍然成尊主庇民之大绩,特命好耳。论公之才,岂必在彼诸人之下,即下走自问志气,亦必不在诸人下也。

由此可见,戊戌以后的变法运动,作为一个民族资产阶级的代言人张謇,他实是一个幕后的策动人物。在庚子以后,中国的民族危机与经济危机已到极点,小资产阶级与无产阶级已倡言革命,而少数的士大夫阶级、民族资产阶级在爱国主义的旗帜下,也不得不倡言立宪,把变法运动从实际方面推进了一步。

(二)张謇的变法平议

一九〇一年(光绪二十七年),张謇作《变法平议》(《张季子九录·政闻录》卷二,页 1—26)时在戊戌(1898)后三年、庚子(1900)后一年,这是一篇很仔细斟酌中国的历史习惯所作富于计划性、建设性的大文章。写这篇文章的动机,自己说是"本朝廷除旧更新之谕,权因革省并之宜",可见也是覆奏条陈变法的产物。因为这是继戊戌以后的变法运动,所以首先对变法作一估价,而后才接着说变法的重要性和可能性。

> 伊古以来变法固未有不致乱者矣。然则鉴变之祸而惟弊之承可乎?曰恶乎可。孟子曰:"虽有智慧,不如乘势;虽有镃基,不如待时。"变法之祸既形,天下咸晓然于前后彼此反复得丧之故,斯可变之机枢也。法之拿破仑,美之华盛顿,德之威廉,日本之明治,其变法皆出于创巨痛深,而因势委蛇屡进而屡变者,盖数十年而未已,何况中国沿元明制度,吏窟其奸而官养其弊,浸淫渐渍于六百年之久乎?

变法之步骤,约分三端:

> 有必先更新而后旧可涤者,有必先除旧而后新可行者,有新旧相参为用者。

变法之内容,依六典可类分条举如下:

> 1.吏部之事十:
> (1)置议政院;(2)设课吏馆;(3)停捐纳;(4)改外部;(5)分职以专职;(6)省官以益官;(7)长官任辟僚属;(8)胥吏必用士人;(9)优官吏俸禄;(10)设府县议会
> 2.户部之事十二:
> (1)征地丁图籍;(2)颁权度法式;(3)行金镑改钱法;(4)立银行用钞币;(5)行预计;(6)订税目;[①](7)改盐法;

[①] "订税目"三字原脱,今据《张謇全集》上海辞书出版社2012年版补。——编者

（8）定折漕；（9）行印税而裁厘金；（10）集公司而兴农业；（11）清屯卫田；（12）收僧道税

3. 礼部之事八：

（1）普兴学校；（2）酌变科举；（3）学堂先学画图；（4）译书分省设局；（5）权设文部总裁；（6）明定学生出身；（7）派亲贵游历；（8）省官府仪卫

4. 兵部之事四：

（1）抽制兵衙役，练警察部队；（2）为武科将领设武备外院；（3）别立毕业生练营；（4）划一制造厂枪炮

5. 刑部之事四：

（1）增现行章程；（2）增轻罪条目；（3）清监狱；（4）行讼税

6. 工部之事四：

（1）开工艺院兼博览所；（2）行补助法，广助力机；（3）劝集矿路公司；（4）讲求河防新法

这是一篇从戊戌以至辛丑的变法条陈的经验的总结，虽然也是主张在不流血革命状态范围以内的改良主义，但基本精神却与维新派不同，即重工过于重商，重工主张是张謇的根本思想。1895年（光绪二十一年）在《代鄂督条陈立国自强疏》中即已宣言：

宜讲求工政也。世人皆言外洋以商务立国，此皮毛之论也，不知外洋富国强国之本实在于工。讲格致、通化学、用机器、精制造、化粗为精、化少为多、化贱为贵，而后商贾有懋迁之资，有倍蓰之利。（《政闻录》卷一，页20）

在《变法平议》中更明白指出：

中国庶而不富，厚民生者，工且尤切于商。日本以商业抗欧洲，输出数骤赢皆制造品，不愿以生货供欧厂也。以生货与人而我失工之利，以熟货与人而我得分人之利。……日本新政植基工商，工尤商之源矣。(《政闻录》卷二，页22)

这重工思想在1905年（光绪三十一年）《请设工科大学公呈》中(《教育录》卷二，页14—15）更断言道：

由此以推，工苟不兴，国终无不贫之期，民永无不困之望。苟欲兴工，必先兴学。

因建议先设立工科大学，即在这一点思想上，民族资产阶级思想是比代表开明地主和一部分商人利益的维新派超出了一步。不但如此，把张謇的《变法平议》和梁启超的《变法通议》比较一下，《通议》只是一味空谈，而《变法平议》却是有步骤的计划。如其施行之次第，是：

第一，请设议政院；各府州县城设中学堂，先教测绘、师范、警察；各省设局编小学堂、中学堂课本书，译各史及各学科书；户部及各省布政使、各府州县行预计表。第二，分职省官定俸；各府州县实行测绘、警察、计税目、增法律章程、罢厘金、停捐纳、变科举、行决算法。第三，合各府州县，分设各乡小学堂；兴农工商等，抽练营兵，减官府仪卫。

在这里，变法理论已不是维新派的教条集录，而成了适用于一定实际情形的行动指南。问题乃在无论张謇的变法还是康有为的变法，都只注意到某个事物本身的渐变,而看不到从旧事物到新事物间的突变。因此所要变的都只是事物的现象,而不是事物的本质。康有为在《进呈俄罗斯大彼得变政记序》中所说的变法是如此,张謇在《变法平议》中所说的变法也是如此。他写道:

> 呜呼,变法其果可行乎!而盱衡抵掌而言之也。自甲申中法之役而朝局一变,甲午又变,戊戌再变,至于庚子而朝局之变祸极于滔天矣。本朝变法最重祖制,然自世祖定鼎燕京,已非天命天聪之旧,康熙乾隆亦非顺治之旧,咸同两朝变革尤多,安在旧之能守?而取便其私者,闻变法之言,必以轻更祖制耸上听而劫持同列。夫使中国终古闭关,赤县神州不见外人之足迹;则高曾矩矱,世世相安,元明之法何必不度长于三代。惟世变棘而朝夕环伺之强邻,其所以驯致富强者,转有合于我二千年以前之政治,有志之士乐道其善,或稍稍为激论,值朝局水火,更相推荡,波谲云诡,万怪惶惑,而喜言新法者,又不善自为地,逞快喉舌,于是形势相逼,睚眦寻仇,毒流大区而危及宗社。推而论之,亦与变法何预也。

在这一段里,批评顽固守旧派之不能因时而变,不能适合于新的历史条件,同时也批评了维新派的推波助澜,认为与变法无干,而他的结论是认为:

> 法可以行道而法非道……其理固然……而私意所尤望于今,以为变法之命脉者,则在上破满汉之界,下释新旧之争,其他推行,更俟异日。(《政闻录》卷二,页25)

这完全是新旧调和的折衷主义，和江楚会奏变法三折所说"大要皆以变而不失其正为主"（第三折）、"整顿中法者所以为治之具也，采用西法者所以为富强之谋也"（第二折）是一鼻孔出气。既然变法不过是维持满清政府的威信和权力，实行起来也自只能和维新派一样，注定了失败的命运。这正如他的儿子张孝若在传记中所说：

> 这本书出来以后，当时的朝野上下，虽然是很注重的流览传说，而依然不能感动当朝枢臣顽固的习性，即此平和中正渐变的改进，总算替他们设身处地计策万全，也都没有见诸实行，完全成了纸上空谈的泡影。……个人固然是异常的失望，而满清的运命，也就和秋后的残叶一般，渐渐的离开本枝了。（《南通张季直先生传记》，页135—136）。

（三）民族资产阶级从改良到革命的转变

戊戌维新的失败证明了改良主义无前途，代起的便是孙中山发起的资产阶级民主革命运动，这种资产阶级革命的政治领导者是小资产阶级和资产阶级，因为中国工业革命是与帝国主义的侵略并行，所以民族工业虽有人提倡，而不易发达，因之民族资产阶级的兴起，大部分不在国内而在国外，首先就是华侨资本，其次才算到国内民族资本，如张謇就是好例。民族资本何以兴起于国外，其原因是因为：

> 在外华侨的蓄积，也是属于商业的，然彼等因为是厕身于有统制的、资本主义治下的外国而洞察工业企业的重要性，所以归国后与外人的工业企业相对抗，而持有向国内官僚资本所不敢开拓的工业投资那里来前进的倾向。这就是彼等所以在辛亥革命，援助革命主义者，而对于反帝国主义运动假以一臂之力。而

在彼等又所以来计划银行业及铁路投资的。彼等所以毅然和国内官僚资本及买办资本所不能对抗的外国工业企业者相对抗，因彼等所有的资本，较国内的格外集中的缘故。（伊藤武雄：《中国产业和资本主义的发展》，页146—147）

但华侨资本是一面，另一面则为国内的民族资本，这也是辛亥革命的经济背景之一。辛亥革命是属于旧世界资产阶级民主革命的小资产阶级知识分子与民族资产阶级及工农的联盟，在其初发起时，即有国外的华侨资本参加，但在其将近成功的时候，国内民族资产阶级，按着他们自己的利益也迅速的倾向于革命。

以张謇来说，他就是一个国内民族资产阶级从改良转变到革命的一个范例。他早年读《日知录》《明夷待访录》，即坚决地"愿成一分一毫有用之事，不愿居八命九命可耻之官"（《文录·与沈子培书》），平日谈时事，也是"激昂感慨""危言耸论，声泪交下"（《翁文恭日记》）。在《呈劾大学士李鸿章》的奏疏，痛斥李之主和误国，由这早年的事已可见他和盛宣怀不同，不可相比。盛宣怀虽在革命时期做了政治投机，但他本质上是反革命的买办阶级。表面上看，盛也和张一样，堂乎皇哉的上折奏事，说什么"合天下之商力以办天下之银行，但使华行多获一分之利，即从洋行内回一分之权"（《奏请设中国银行折》），说什么"求治之道，大抵以筹饷练兵为急务，以恤商惠工为本原"（《拟设天津中西学堂请奏明立案》），即不算得民族的工业资产阶级，也应该是民族的商业资产阶级，然而不幸地这一位所称为"今之卜式桑羊"（《翁文恭日记》）的人物，实际上却是大买办阶级。从1896—1906年间，中国所设铁路总公司由他经手，专借外债，总数在三万万元，各款项多被侵蚀，以致账目无法清结，而盛宣怀却已成为中国最著名的大富豪了。他和各国所订合同都是以建筑权、管理权尽授外人，为后来各铁路失主权的张本，似此大买办阶级，当然始终站在帝国主义一边，可以算做极端的反革命派，而不可算做民族资产阶级，和他相反的张謇就根本反对帝国主义和他走狗盛宣怀，他一生取法欧美的地方很多，却独不愿意托庇外人势力，不愿居住租界或是在租界范围内购置产业，认为是一件可耻辱的事。（《传记》，页269）他既然站在反帝国主义一边，自然比较容易接受革命，在其反对将汉冶萍铁矿铁厂抵押给日本一节，他比较当时革命派还能站稳立场。1912年（民国元年），张《为汉冶萍借款致孙总统黄部长函》（《政闻录》卷四，页5—6）述及盛宣怀的卖国行为道：

> 顷鄂人来书，诘问汉冶萍与日人合办事。鄙人前闻盛宣怀有以该公司抵借款项，转借与政府之说，谓是仿苏路办法，亦不介意。乃今日忽闻集股三千万元，中日各半，由公司转借五百万与政府等语。……综要言之，凡他商业皆可与外人合资，惟铁厂①则不可，铁厂容或可与他国合资，惟日人则万不可。日人处心积虑以谋我非一日矣。……今盛宣怀因内地产业为民军所占，又乘民国初立，军需孔亟，巧出其平日老滑手段以相尝试，吾政府不加深察，一受其饵，则于国防，于外交，皆为大失败。民国政府建立伊始，纵不能有善良政策为国民所讴歌，亦何至为区区数百万之借款，贻他日无穷之累，为万国所讥笑。……盛宣怀为人小有才能，不顾大局，无丝毫国家观念。……

在写这封信时张任实业部长，因条陈未蒙采纳，即辞职归里

---

① "厂"，原作"路"，误，今据武汉大学经济学系编《旧中国汉冶萍公司与日本关系史料选辑》上海人民出版社1985年版校改。——编者

(《辞实业部长电》，同上，页6)。以后在1925年追悼孙中山演说(见《文录》卷十八，页11—12)，追忆此事云："因将汉冶萍铁矿铁厂抵押于日本，鄙人持不可，而字已迳签，鄙人遂即辞去。"这一段在辛亥革命时民族资产阶级与买办阶级的矛盾，不但告诉我们民族资产阶级的力量的脆弱，同时也就可以看出民族资产阶级和日本帝国主义之不可避免的矛盾，因而张謇为国内民族资产阶级的代表更容易明白了。

然而中国民族资产阶级的产生，不幸地是在刚要起来与其上层的阶级开始斗争，就已被卷入和其下层的阶级的斗争中了，所以由改良转向革命的张謇，在很短期间又从革命而转向反革命。毛泽东同志在《中国社会各阶级的分析》中指出民族资产阶级"其政治主张为实现民族资产阶级一阶级统治的国家"，"他们对于中国革命具有矛盾的态度：他们在受外资打击、军阀压迫感觉痛苦时，需要革命，赞成反帝国主义反军阀的革命运动；但是当着革命在国内有本国无产阶级的勇猛参加，在国外有国际无产阶级的积极援助，对于其欲达到大资产阶级地位的阶级的发展感觉到威胁时，他们又怀疑革命"。综合张謇一生思想，就恰好画出了这个阶级的矛盾、邅邅状态，首先在他还没有参加革命以前，他在"须注重民生以实行宪政"的口号下，做了立宪变法运动的实际的领导者，而他所以主张立宪变法，根本还是为着反对帝国主义。在1905年(光绪三十一年)《为抵制美货事致袁直督书》说得最清楚：

> 美禁华工，非常虐待，凤自美归者皆如此言。华人同声抵制，遍各行省。此等国民知识，文明竞争，五年之前所不敢望，幸而有之，是宜养成以收赞助政府之效。所谓赞助有正有反，正助有力，反助尤有力。公此次请禁华人不用美货之议，与当

下外交手法极合……为公计止发一疏足矣,海内外人已皆知之矣,不可有第二篇,万几决于公论,此对外之正锋,立宪之首要。

在立宪运动中他是站在最前锋,居然说"不变政体,枝枝节节之补救无益也"。1904年(光绪三十年)他代张之洞、魏光焘做了一篇拟请立宪奏稿,又刻了一本日本宪法。接着有《为运动立宪致袁直督书》《请速开国会建设责任内阁以图补救意见书》《请新内阁发表政见书》,据说在光绪末年请求立宪开国会斥亲贵的声势,在南方闹得一天比一天大,就有人在太后前说过:"这些乱子都是张謇几个人在那里闹的,只要对他们不论软硬,有一个办法,就没事了。"(《传记》,页147—148)及至满清政府被迫表示要立宪,人民却不承认他们的伪立宪的时候,这位民族资产阶级代表也一转直下走向革命。在1911年(宣统三年)《致袁内阁代辞宣慰使农工商大臣电》中,张謇很沉痛地陈述他从立宪走向共和的一段历史是:

自庚子祸作,迄于事定,前后赔款几及千兆,海内沸腾,怨声雷动。謇时奔走江鄂,条陈利害,须亟改革政体,未获采陈。乃专意于实业、教育二事,迭有陈说,十不行五六。自……立宪之诏下,三年以来,内而枢密,外而疆吏,凡所为违拂舆情、摧抑士论、剥害实业、损失国防之事,专制且视前益剧,无一不与立宪之主旨相反。……人民求护矿权、路权无效,謇在江苏辄忝代表,瞠目拼舌,为社会诟责,无可解免。虽日持国运非收拾人心无可挽回,人心非实行宪法无可收拾之说,达之疆吏而陈之枢密者无济也,谏行言听之无期,而犹大声疾呼之不已,诚愚且妄。今年内阁成立,亲贵充任总理,铁道国有之政策发表,

> 謇适由社会公推入都,晤阁部臣时,复进最后之忠告,谓实业宜扶,国防须重,舆情非可迫压,愈压则反激愈烈;士论非可摧残,愈摧则愤变愈捷。一再披沥,不留余蓄,并以假立宪者真革命之说儆之,而川省之事已起……而鄂难作矣。……曾未弥月而响应已十二三省,人心决去,大事可知。方謇流转江海,晓音猪口之时,我之立宪但求如日本耳,不敢望德,尤不敢望英。今则兵祸已开,郡县瓦解,环观世界,默察人心,舍共和无可为和平之结果者,趋势然也。……无以再进终后之忠告,与其残生灵以锋镝交争之惨,毋宁纳民族于共和主义之中。……(《政闻录》卷三,页40—41)

这是一篇民族资产阶级从改良到革命的转变的宣言,比较1909年(宣统元年)《选十六省议员诣阙上书序》(《文录》卷十,页10—11)态度更为明朗起来。在他提出革命口号以后,1911年9月《致内阁电》(同上,卷三,页42)更明白排斥君主立宪而主张民主共和,完全站在革命军一面。

> 自武汉事起,即持"非从政治根本改革不能救乱"之议。……今共和主义之号召,甫及一月而全国风靡,征之人心,尤为沛然莫遏,激烈急进之人民,至流血以为要求。……惟北方少数官吏,恋一身之私计,忘全国之大危,尚保持君主立宪主义耳。然此等谬论,举国非之,不能解纷而徒以延祸。(同上,卷三,页41—42)

在资产阶级革命斗争正在急剧进展之中,张謇所作《与汤蛰先复北方将士促进共和电》《劝告袁内阁速决大计电》《致库伦商会及各界电》(同上，卷二、卷四）在北方将士之间确然收到了他应有的效果。最意味深长的，是清允退位，所拟内阁复电，也是出自张的手笔（《传记》页154—155，据胡汉民与谭延闿书）。张这时可以说是充分表现了民族资产阶级的革命积极性。但是民族资产阶级终竟只是民族资产阶级，在1913年（民国二年）所作《革命论》中已疑于革命之后，"其愈于不革命者几何？"（《文录》卷三，页7）在《调和南北致孙少侯王铁珊书》中更指出武汉发难以来两年，人民商业损失无数，意在反对二次革命。"今若一之不已而犹再……所谓以共和之福锡我民者，未知何日？"（《政闻录》卷四，页3—4）二次革命的反对即是表示民族资产阶级对于革命失却信心而动摇起来了。由动摇而至于对于革命思想的反动，在张謇是始于五四运动开始以后，辛亥革命的不彻底，固然应该严格予以批评，但张的批评却为他的阶级所限，只能站在旧的反动的立场去批评他，由此发展下去，当然要对一切新的事务渐渐不感兴趣。如五四运动时，他为反对罢课，发表《敬告全国学生》，这已经是反对人民群众的爱国运动。（《教育录》卷四）至于1925年（民国十四年）所作《释惑》（《文录》卷四，页10—13）及《太虚以佛法批评社会主义录答问》（《政闻录》卷六，页23—28）则简直是在反对当时正在萌芽的新民主主义革命。民族资产阶级的张謇，这时不但不需要革命、怀疑革命，他甚至于举起他的右手来反对新的有国内无产阶级参加、有国际无产阶级援助的革命高潮，这宣告了旧的中国民族资产阶级思想的收场，同时也就标志着新的革命阶级的联合战线思想的开始。

附：张謇思想史料选

《变法平议》——《张季子九录·政闻录》卷二，页1—26，一九三一年中华书局印。

关于明末清初思想家的评价问题[*]

依照讨论提纲,提出下面的三个问题:(一)关于明末清初资本主义萌芽问题;(二)关于明末清初的阶级斗争性质问题;(三)关于王船山哲学思想的评价问题。

首先是(一)关于明末清初资本主义萌芽问题。提纲中所举两种对立的意见,虽均有所见,而实际均缺乏对于具体事实做具体的分析。中国是长期停滞的封建社会底经济结构,直到1858—1859年马克思在组织《每日论坛报》,即一百年前当太平天国革命时尚称"现时中国社会底基本核心是小农业和家庭工业"(《马恩论中国》,页112),在《资本论》第三卷第一部说:"在中国,农业与手工工场业直接结合。"(同上,页4)可见在中国封建社会的社会结构,即在和外国通商以后,还一时不可能发生根本的变化,而只可能在一定条件之下,为着商品经济的发展,孕育着资本主义的萌芽。但无疑乎这所谓资本主义的萌芽,是被限定在商业资本积累之上,商业资本是流通于生产过程以外的。它的蓄积资本的手段,不过是剥削,被剥削的一般就是农民,所以商业资本根本与地主阶级的利益相一致,而且必然或多或少与封建地主经济相结合。即因如此,明末清初虽在封建社会

---

[*] 中山大学哲学系藏有1959年6月11日朱谦之先生手稿一册,封面题为"中国哲学商兑(第四册)——关于明末清初思想家的评价问题",《中国哲学商兑》其余诸册今不见。2002年收入福建本第四卷。本次整理,以手稿本为底本,参以福建本。——编者

内部孕育着商业资本，孕育着初期的市民运动，而此时土地、商业资本、高利贷资本三者结合在一起，基本上封建社会无变动而只在加强。在这资本主义萌芽的开始阶段，整个经济结构既不能摆脱那高于城市之上的一个庞大的封建专制主义，又不能一跃而进于新的经济发展，这就形成经济上的矛盾现象，同时在思想形态上也反映为意识形态上的矛盾现象。依我分析，作为这一整个时期经济的矛盾现象，不可以笼统地说只为资本主义在萌芽过程中的发展的速度问题，而应该是依照时间、地点和条件来再加以详细的分析。

如就时间来说，明末清初在资本主义萌芽的过程中，从16世纪中叶至19世纪初叶，实际经过四个时期：（一）从明嘉靖、隆庆开始至万历年间，是资本主义萌芽开始时期；（二）明清之际至清康熙二十年（1681）以前，由于满人征服中国对于中国新生产力的大破坏，使资本主义因素停滞不前时期；（三）康熙二十年以后至乾隆、嘉庆，由于经济的迅速恢复和巩固，形成资本主义萌芽的发达时期；（四）道光以后外国资本主义侵入，形成了外国资本主义势力和中国封建势力结合以压抑中国资本主义因素发达的新时期。依照我的这种分期，则所谓明末清初的思想家，乃正是资本主义因素停滞不前时期。当时由于满族侵入，把中国东南沿海地区正在发展的资本主义因素包括劳动力在内，加以严重的破坏。"扬州十日""嘉定三屠"统计，明末天启三年户口数约5166万，顺治十七年约1909万，相差三千一百余□万。人口减少，当然资本主义因素没有持续的可能，所以康熙年间吕留良说"今日之穷，羲皇以来所仅见"，这正是社会生产大破坏的时代。所谓明末清初思想家，其实即以此社会生产大破坏的时代为其背景的，此其一。

其次就地方来说。孕育在中国封建社会里面的资本主义的因素，一向就不是平衡的发展，而是不平衡的发展。原因是，东南沿海一带

关于明末清初思想家的评价问题　739

国外贸易的发达，航道事业的一定程度的发达，沿海商人和老百姓要求对外贸易自由，要求政府□□和保护侨民向海外开拓，因此和当时封建政权的海禁政策冲突。为打破这封建统治阶级的束缚，反映在思想方面，就成为市民性的要求自由民主的代表商人资本利益的思想运动。固然，在明末商人资本及其对外贸易并没有使国家增加财富，但在税制和币制上却引起很大的变动。例如一条鞭法，免除市民赋税，这是适合于南方新兴商人的要求，却不符合当时北方封建地主势力集团的利益，因此他们出面反对。《明史》卷214《葛守礼传》所云"有司变法乱常，起科太重，征派不均。且河南北，山东西，土地硗瘠，正供尚不能供，复重之徭役，工匠及富商大贾皆以无田免役，而农夫独受其田，此所谓舛也"，这证明当时孕育的资本主义因素重点尚在东南。因为经济发展的不平衡，即在资本主义前一开始时期，南北地区经济已分别对待，即在南方资本主义萌芽发展快些，北方慢些。不承认这种历史事实，便易陷于误谬的说法。

　　再者就是从社会经济条件上说。商业资本应不同于工业资本，商业资本是商品依靠商业的运动，和工业资本是商业依商品而运动者不同。前者是商业支配工业，是不生产的；后者是工业支配商业，是生产的。因此过分估量商业资本的发展，认为明末清初中国已经进步到资本主义经营阶段，而不是马克思所云现时中国社会的核心是"小农业和家庭手工业"。这固然是错误，相反地，过低估量商业资本，否认当时曾在东南沿海地带因商品经济发展产生了许多大商业的都市，乃至城市工场手工业的形成（页5），这也和马克思在《资本论》第三卷所指"在中国农业与手工工场是直接结合"的情况不同，实际即在商品资本权力之下，当时中国的手工业商品如丝织品、锦绣、瓷器、漆器之类，已在当时欧洲极为流行，成为一时风尚。试举丝织品为例，17世纪随着东西交通的发达大量输入欧洲，尤其法国设有中国贸易公司,当时曾经给法国的纤维工业以很大打击。1686年10月,财政总长曾下令严禁中国印花布的输入与制造,同时将制布所用一切雕版本加以毁弃。但从1697—1750年,虽下三十日以上禁令,甚至一日没收焚毁衣服至九百件,亦无法阻止其□输入,至1759年乃决定解禁,从事模仿制造云云。因此所以马克思曾说及,在"1830年以前,当中国人在对外商业上常占优势的时候,银子不断地由印度、英国、美国流入中国"(1853《中国革命和欧洲革命》)。这当然是指1836年中国的商业资本势力而言,马克思曾指出:"商业斗争是与工场手工业之兴起同时,一般地出现于15世纪之末与16世纪之初,这和封建制的解体有关。"(《德意志意识形态》,页105)现在研究这句话的意思,便不能否认商业资本对封建制的瓦解作用。

第二,关于明末清初的阶级斗争性质问题,同时也是那时思想家所代表的阶级性问题。依我意思,在那资本主义因素停滞不前的第二时期,这时代的社会、阶级关系应该和资本主义萌芽开始时期不同,而不应该一律用资本主义萌芽开始时期的社会经济情形来解释他。明清之际学者,如王夫之、黄宗羲、顾炎武、颜元等,应和明末的何心隐、李贽等人有时代背景不同。如把他们混了,就不容易认识明清之际思想的本质,就不容易明白为什么他们对于何心隐、李贽等的极端不满。明末虽东南沿海一带商品经济的发展、社会生产与技术的进步,引起资本主义工场手工业的开始萌芽,但因当时全国经济发展的不平衡尚未成普遍的存在,末后更因战争及满族侵略中国,把东南沿海地区正在发展的资本主义因素包括劳动力在内,加以破坏。当时的社会矛盾是民族矛盾,对于满族地主将中国社会逆转为奴隶社会,中国汉族地主阶级的知识分子,无论中小各阶层均一律反对,新起的市民更不消论。清入关后的"大圈地"消灭了土著人民的大地主阶级,促成了土著大中小地主的联合战线,以反抗清皇族地主。明清之际学者和清皇族地主的斗争，一方面代表地主，一方面代表市民，反对清统治者对工商业的种种勒诈行为。例如，王船山《黄书·大正篇》、黄梨洲《明夷待访录·财计三》、顾炎武《钱粮论（上）》，均反映此思想。他们本身虽为地主，但因同情人民疾苦，具有一定程度的市民思想，是民族地主而兼反映市民的利益，在资本主义因素的停滞时期成为资本主义因素的促进派，这决不是偶然的。

第三，关于王船山哲学思想的评价问题。明末抗清的民主地主战线，有代表湖南的王船山，代表浙江的黄梨洲、朱舜水，在江苏的顾炎武，在广东的屈大均，在山西的傅青主。王船山出身，据其子所述和《姜斋文集》中《家世节录》，均可见所代表仍是大地主阶级的利益。又就其言论来看，如《读通鉴论》十九论豪族、《宋论》十二论兼并，均可见其为民族地主，是反异族不是反封建。因此所以在哲学方面，他和黄梨洲比较，虽然为着朴素唯物主义的观点相同，而出发点不同：黄从阳明学出发，代表中小地主，也代表市民，王从朱子出发，代表地主却不能代表市民；黄有极明显的民主主义色彩，王则有极坚定的民族主义立场。二人均有关于君主起源的学说，但黄重民权，近卢梭的民约论；王重民权，近霍布士的民约说。把他和李贽比较，也和李贽根本不同：即李贽代表他所称为"商贾者于小人之类为巧"的"小人"；而他则自命代表"君子"。李贽反封建，故不能不反对作为地主阶级所归依的孔子之道；王船山反异族，故不能不坚持中国封建文化的优越性，以与游牧落后之异族地主对抗，"天下之大防，华夏夷狄也，君子小人也"。尽管如此，他的学说在太平天国革命时代，尚为曾国藩所利用，这就可见他的思想的制限性。

谈谈有关研究中国哲学史的几个问题[*]

（一九六四年六月廿二日北京大学朱谦之教授
与部分见习研究员座谈的发言）

一、关于哲学史的研究方法问题

学习、研究哲学史的基本功就是学哲学，学习唯物主义与辩证法。如果对哲学本身不了解，就很难研究哲学史。

要问我的研究方法，就是力求应用唯物辩证法来研究哲学史。具体说，就是：

（一）从联系上去研究

研究哲学史不能用孤立的形而上学的方法去研究，一定要采取联系的方法。就是说，既要看到其空间上的联系，又要看到时间上的联系。

所谓空间上的联系，就要首先注意中国哲学在世界哲学中的位置，中、外哲学的相互接触。不但要从中国看中国，还要从世界范围内看中国，注意中国哲学对外国的影响（如中国哲学与日本、西方哲

---

[*] 本文整理，以中山大学哲学系藏油印本为底本，参以朱谦之先生校批文字。——编者

学的相互影响）。

所谓时间上的联系，就是要注意古代哲学在现代所起的作用，历史是不能割断的，看不到古今的联系就看不到哲学的发展。

（二）从发展上去研究

对哲学史上的问题，要从发展中去研究。例如，中国古代唯物主义的发展，以"气"来说，在秦汉以前称之为"道"，至宋则称之为"理"，到了清代则称之为"情"（如惠栋《易微言》"天地万物之情"）。只有从发展的观点去研究哲学史，才能使哲学史成为一部活的哲学史。我们还要在研究其一般发展的基础上，进一步研究它的内在规律，不能只注意表面现象。

插一句：今天所有的哲学史书，都有一个缺点，就是只写汉族的哲学史，没有注意其他民族在哲学史上的贡献。如清康熙年间的刘智，是一个伊斯兰教的哲学家，他的《天方性理》一书，是一部极重要的哲学著作，但是从来没有人谈到它。中国是一个多民族的国家，中国民族在不断的形成发展中，因之哲学史的内容也应该扩大。苏联曾有人研究过西藏哲学，我们却没有人研究。我们今后一定要打破大汉族主义，写一部多民族的中国哲学史。

（三）从质量变化上去研究

中国哲学史在其发展中，常常出现突变，也就是所谓的质变。如明末清初的经世学派便是宋明心学的质变，北宋理学则打破了佛教的空观和迷信，也是质变。这些在哲学史上的作用很大。哲学家本人也有从唯心变为唯物的，如中国不少的唯物主义者是从佛老转变而来。法国的狄德罗他从小曾加入耶稣教会，并且剃度过，而后来却成为反耶稣教会的坚强战士，成为一个唯物主义者。当然也有从唯物变成唯心的，就象法国的柏格森和日本的西田几多郎等人即其例。我们研究哲学史，一定要注意这些突变现象，寻找它的规律。

（四）从对立斗争上去研究

哲学史上常常出现对立物的斗争，如先秦时期的儒墨、儒道之争，汉代的今古文之争，宋明理学中的程朱陆王之争。也有同一战线内部的争论，如北宋性理学派与经制学派的斗争，经制学派内部又分《周礼》学与《春秋》学，《周礼》学主张经世，以王安石等为代表；《春秋》学主张正名，以司马光等为代表。王安石指《春秋》为断烂朝报，司马光有废《周礼》的密奏。对于这种种斗争，我们一定要给予注意，寻求其斗争的规律。

二、如何正确判断哲学史上的唯心与唯物问题

下面分三方面来谈：

（一）用比较的方法

如汉董仲舒与《淮南子》的比较：两者皆以"气"为宇宙发展原理，但董仲舒主张"道之大原出于天"，在"道"（气）上还有个有意志的天，《淮南子》的"道"则和它不同，是具体的物质的；又如"阴阳尊卑"问题，董仲舒主张"阳尊阴卑"，《淮南子》则主张阴阳只是相互对立，没有定位；再如《淮南子》主张"天道变化"，董仲舒则主张"天不变，道亦不变"。我们还可以拿司马迁与董仲舒比较：关于历史哲学原理，董仲舒主张"天人感应"，认天为历史真理的绝对标准，"人受命于天"，"为人者，天也"。司马迁则对天加以批判，怀疑天意的存在，曰："天道是邪非邪？"这种怀疑精神就有唯物的

成分。再象对于历史发展阶段的看法,董仲舒只承认历史唯有"量"的损益而无质的变化,而司马迁则承认有质的变化,认为历史是一文一质的交替发展,(此说影响了张居正、李卓吾等人)。关于社会政治哲学,《史记》(如游侠、刺客、货殖等《列传》)中保存了许多民主思想,而董仲舒则主张君主专制;又如董仲舒讲春秋灾异之变,这是唯心主义历史哲学,司马迁则"欲以究天人之际,通古今之变",这是唯物主义历史哲学。

(二)用考证的方法

对有些哲学史上的问题,必须用考证的方法加以分辨。比如黄梨洲的《明儒学案》序文说"盈天地皆心也",这不是很明显的唯心主义吗?然而黄梨洲一向是主张"气"是第一性的(如《学案》中批判罗整庵、薛思庵、吕巾石及《孟子师说》卷等处),主张"盈天地皆气也"的,为什么在这里竟能说出这样的话呢?这需要考证。原来这篇《明儒学案》序文是假作的,全谢山曾指出《梨洲文约》雕本中多冒附之作,此即其例。拿《明儒学案序文》和《南雷文定》四集(卷一)的序文对照一下便可知其伪。这篇序文实际是一个生意人为冒名出版《明儒学案》而妄改或改篡。所以,对于版本问题,我们不可不注意考证。

再如邵康节,他是一个哲学诗人,《皇极经世》并不是他的代表作(全祖望即主此说),其代表作应为《击壤集》。其《观物外篇》虽云"心为太极,道为太极",然《击壤集》则云:"性者,道之形体也。心者,性之郭郭也。物者,身之舟车也。"依此说,则心乃为物质世界中的太极,证明他的思想有两面性,一方面是唯心主义,另一方面承认有客观世界的存在。他的思想可表如下图:

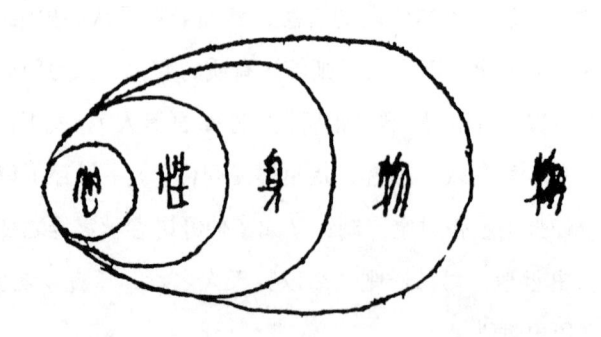

他的"以物观物"的观点,对明治年间的日本学者三浦梅园影响很大,三浦是当时日本唯物主义的大师。

(三)从著作本文来分析问题

也就是所谓的"征实"。就是说,我们必须看"原著",不能人云亦云,不可盲从。就是对原著的解释,也必须联系实际,要从本质上看问题,不能只从表面现象上看。

有人主张裴𬱟、郭象是唯物主义者,实际上二人都是唯心主义。裴𬱟所著《崇有论》,为儒家入世求仕者的思想代表,其中多讲礼法,讲儒术,在自然与名教的斗争中,他站在名教一方。可见他并不唯物。郭象有《庄子注》,他承认一切现实都是合理的,《庄子·田子方》注云:"存亡,更在于心之所措耳,天下竟无存亡。"这都是很明显的唯心论。

研究问题时,我们一定要进行独立思考。要使读书与思想结合,不能光读不想,也不能光想不读。

只读书,是作蚂蚁工作,唯知搬弄"材料"而已。

只思考,是作蜘蛛工作,唯知架空中楼阁。

我们应当如蜜蜂的酿蜜似的,大量搜集材料,并加以批判整理。

三、关于朴素辩证法的特点问题

古代朴素的辩证法，也就是自发的辩证法，多是根据感觉、经验而来，只是对客观存在加以说明而已，不一定全与唯物主义结合，并未达到唯物辩证法的高度。至于自发辩证法的特点，我想提出以下几点：

（一）自发辩证法多依附于朴素唯物主义（多凭感觉）。

（二）自发辩证法虽然也讲对立统一，却是"头脚倒置"的看问题，从观念上看问题。多注意对立统一的绝对性，而看不到对立斗争的绝对性。《易经》就是这样的例子。

（三）当把自发辩证法运用于"人生处世"的社会问题时，常常是命定主义的，教人们安分知足，而不是教人斗争。

（四）自发辩证法虽然也讲变、动，但往往流于循环论。

我们判断一种哲学思想，主要应依据三个方面，即：世界观、阶级关系和思想方法。我们所以说古代辩证法是朴素的、自发的，并不笼统的因为它们产生于马克思主义前，而是由于他们所产生时代的阶级关系、人们的世界观、方法论等限制了他们，使他们不可能达到唯物辩证法的高度。

四、关于质变量变思想是否《周易》思想的重要内容之一的问题

《易经》和《老子》一样，是一部哲学诗。

应该说，质量互变观点，也是《易经》的一个重要思想。我曾有《周易哲学》一书（学术研究会本，也曾在《民铎》杂志上连载

过），在那里我有《流行的进化》一章，说及"质量互变"问题。《易经》中"寂感"是一对立，有所谓"一感一应"和"对待""流行"的关系。其中有渐变也有突变。如"革卦"讲的就是突变，当然突变（质变）也是由渐变（量变）逐渐积累而成。《易》曰"生生之谓易"，《横渠易说》以为"生生犹言进进也"。我们知道，在历史上讲进化的共有两种观点，即达尔文的进化论和黑格尔的进化论。《易经》的进化观点和黑格尔的进化论有点相似。当然，我们在研究《易经》时，也不能把古人思想现代化。不久，有位同志写过有关《易经》的文章，就犯过这个毛病，而受到批评。

五、关于《易经》十翼的创作及其历史价值

《彖传》《象传》乃孔子所作，《史记》有证。《文言》《系辞》多引"子曰"，当是孔子后学所作，价值很高，与《论语》相近，需要重视。《序卦》《说卦》《杂卦》，乃后人所作，当批判的运用。研究《易经》时，此三传可供参考之用。

六、关于如何学习、研究《易经》问题

研究《易经》首先要作这几方面工作：

（一）《易经》今本尚非定本，所以首先要像我作《老子校释》那样，搜集各种版本，进行文字校勘，整理出一个定本来。

（二）要恢复其原来的样式，所谓做到"思想归位"，《易经》并不是不可动的（特别是《文言》《系辞》等传）。

（三）要进行正确的解释。首先从文字、音韵（《易经》是一部

哲学诗）上下手。闻一多、高亨等作了一些工作，他们作的也不一定全对，但开始这样做是很好的。总之，研究《易经》就要采用"蜜蜂的方法"。

七、关于战国前有私家著述问题

这个问题，应该是关锋等同志说对了。照罗根泽等人的说法，便把战国前一切私人的著作全都抹煞了。这当然是错的。（后面先生讲到《洪范》时，也曾言及此问题，认为《洪范》的作者虽不知道是谁，但无疑是很早的私人著述。）

八、先秦诸子的相互关系问题

先秦诸子间的关系，用辩证法的专门名词来说就是所谓"扬弃"（即Aufheben，旧译为"止扬"）的关系，有"上升""否定""保存"三个意义。先秦诸子如老子、孔子、墨子等，他们之间都有师承的关系，而由于阶级关系、世界观、思想方法的不同，也可以相互否定。可以有联合，也可以有斗争。

顺便提一下，你们把《洪范》列在《韩非子》后，这是不对的。《洪范》是早期的著作，虽不一定是箕子作，但也可以肯定是奴隶社会的著作，它是奴隶社会的最高产物"皇极"理想，是奴隶主最高的政治理想。从天文学上看，以岁星为中心的五行思想是很早就有了的，再如关于水土等一些与农业有关的思想，也出现得很早。

九、老庄研究中的"三派"分析法，可否运用于对其它学派的研究的问题

我研究《老子》《庄子》，曾用的"三派"分析法。这个方法是我往昔研究黑格尔哲学学派时受到启发而应用于对先秦诸子的研究的，但也只可用于孔、老、庄等几个大的学派（墨子我还没有具体研究）。其它家是否合适，尚待研究。

十、关于魏晋时期的"有""无"问题

这个问题应从魏晋当时的阶级关系上去看。在当时有皇族地主、豪族地主、农民之间的对立。所谓"正始名士"（王弼、何晏等为代表），他们主张"名教（有）即自然（无）"，他们代表着豪族地主，而与皇族地主对立，成为皇族地主的温和的反对派。以后的"竹林名士"（阮籍、嵇康等为代表），也是代表豪族地主而与皇族地主对立，不过比"正始名士"们更激烈。而向秀、郭象等，后来则成为投降派。

名教与自然的关系，其实就是"有"与"无"的关系。王弼等是以"无"为保存"有"的方法，他们既与皇族有矛盾，又与农民有矛盾，所以才使他们成为温和的反对派。

王弼主张的"无"，不是绝对的"无"，而是"有无合一论"，"无"中含"有"的因素。因此他的思想也不是统一的，有两面性，我们也应从两面去分析。关于"无"，日本现代科学家、唯物主义哲学家户坂润认为，古代哲学家以有而看不见者为"无"，此说很新颖，值得进一步注意研究。

王充哲学研究[*]

张岱年　朱谦之　周辅成

一、王充的生平及其思想的阶级性

王充字仲任，是会稽上虞人。生于后汉光武建武三年（西历二七年），卒于和帝永元八年（西历九六年）左右。他的远祖"尝从军有功，封会稽阳亭"，后来"仓卒国绝"，于是"以农桑为业"（《自纪》）。他的祖父靠"贾贩"维持生活。王充曾"到京师，受业太学"（《后汉书·王充传》），师事班彪。后来回到乡里，做过县郡的小官，"在县位至掾功曹，在都尉府位亦掾功曹，在太守为列掾五官功曹行事，入州为从事"（《自纪》）。元和三年（西历八六），到扬州作治中。章和二年（西历八八），罢州家居，从此不再作官了。他的生活相当贫苦，"贫无一亩庇身，志佚于王公；贱无斗石之秩，意若食万钟。得官不欣，失位不恨；处逸乐而欲不放，居贫苦而志不倦"（《自纪》）。他的著作很多，有《讥俗节义》十二篇，批评"俗人之寡

---

[*] 本篇由张岱年、朱谦之、周辅成三人合作完成，当为朱谦之先生在北京大学哲学系中国哲学教研室时，三人合作编撰的讲义，具体时间不详。2002年收入福建本第四卷。本次整理，以中山大学哲学系藏朱谦之先生自藏油印本为底本，参以福建本。——编者

恩";又有《政务》,专论政治;主要著作是《论衡》,批评"伪书俗文""铨轻重之言,立真伪之平",晚年又作《养性书》十六篇。各书总共一百多篇。《自纪篇》说"吾有百篇",又说"吾书亦才出百"。《后汉书》说《论衡》八十五篇,今存八十四篇,《养性书》等都已失传了。

王充虽然曾经师事班彪,但对于他影响最大的是扬雄、桓谭。《论衡》中屡次称道扬雄、桓谭,尤其赞美桓谭。王充的哲学思想,在事实上,是继承着严君平、扬雄、桓谭的路线而作更进一步的发展。

王充生存于后汉初年,那个时代在前汉末农民革命运动高潮过去之后,是农民运动退潮的时期。在王充的壮年,还有几处农民起义,可谓农民革命运动的余波。但到他壮岁以后,在明帝刘庄、章帝刘炟的时代,农民运动便寂然无闻了,这表示当时地主阶级与农民的矛盾得到暂时的缓和。这也就是说,在农民大革命之后,新建的地主阶级政权不能不对于农民作若干让步,政治比较以前宽平一些。因而,在王充的《论衡》里,很难看到农民与地主的阶级矛盾的反映。其次,王充所处的时代,却又是一个谶纬盛行的时代。光武帝刘秀特别信仰图谶,然而当时也出现了几个反对谶纬的人物,如桓谭、郑兴。桓谭攻击图谶,差一点送掉性命。王充更是一位反谶纬的猛将。谶纬与反谶纬的斗争,是当时统治阶级内部矛盾的一种反映。谶纬之学是当时统治阶级上层欺骗民众、麻痹下层知识分子的意识的一种工具,而反谶纬运动是代表地主阶级下层的利益的。

王充的思想,应该说是地主阶级下层或地主阶级不当权派的利益的表现。理由如下:

王充的家庭出身是小商人阶层。他的祖父"以贾贩为事",而他自己"贫无一亩庇身",可见他既非地主又非农民,而是小商人阶层出身。但王充后来作了太学的学生,加入了知识分子群,而且博学能文，以"贤儒""鸿儒"自命。作为高级的知识分子，他一方面看不起农民商人，另一方面反对"文吏"。他在《效力篇》中评论当时社会各阶层道："垦草殖谷，农夫之力也；勇猛战功，士卒之力也；构架斲削，工匠之力也；治书定簿，佐史之力也；论道议政，贤儒之力也。人生莫不有力，所以为力者，或尊或卑。孔子能举北门之关，不以力自章，知夫觔骨之力，不如仁义之力荣也。"又在《量知篇》中说："农商殊业，所畜之货，货不可同，计其精粗，量其多少，其出溢者名曰富人。富人在世，乡里愿之。夫先王之道，非徒农商之货也；其为长吏立功致化，非徒富多出溢之荣也。且儒生之业，岂徒出溢哉？其身简练，知虑光明，见是非审，尤可奇也。"由此可见，王充显然认为体力劳动的价值，远不如智力劳动的价值之高。

王充以儒与吏对比，重儒而轻吏，态度正与韩非相反。王充反对吏，其主要理由是认为吏无学问而好兼并。《程材篇》说："儒生之性非能皆善也，被服圣教，日夜讽诵，得圣人之操矣。文吏动则笔墨，手习而行，无篇章之诵，不闻仁义之语。长大成吏，舞文巧法，徇私为己，勉赴权利，考事则受赂，临民则采渔，处右则弄权，幸上则卖将。一旦在位，鲜冠利剑。一岁典职，田宅并兼。性非皆恶，所习为者违圣教也。"田宅并兼是大地主的行径，王充反对田宅并兼，也就是反对大地主阶层了。

王充认为最高的人物是鸿儒："能说一经者儒生，博览古今者为通人，采掇传书以上书奏记者为文人，能精思著文连结篇章者为鸿儒。故儒生过俗人，通人胜儒生，文人逾通人，鸿儒超文人。"(《超奇》)这是高级知识分子自我赞美的态度，这种态度是与农民相去很远的。王充更认为文人鸿儒之重要任务之一是"表德颂功，宣褒主上"(《须颂》)，即是赞美统治者。他更说："周秦之际，诸子并作，皆论他事，不颂主上，无益于国，无补于化。造论之人，颂上恢国，国业传在千载，主德参贰日月，非通诸子传书所能并也。"(《佚文》)他不但不主张揭露统治阶级与农民之间的矛盾，反而极力主张赞美宣扬君主的德业，这不能不说是站在统治阶级的立场。

但王充到底是小商人阶层出身的知识分子，因而与农民仍有一定程度的接近，所以一方面虽然主张"宣褒主上"，另一方面却又反对"损下益上"。在《答佞篇》中说："孔子曰：'焉用佞？御人以口给，屡憎于人。'误设计数，烦扰农商，损下益上，愁民说主。损上益下，忠臣之说也；损下益上，佞人之义也。季氏富于周公，而求也为之聚敛而附益之，小子鸣鼓而攻之可也。聚敛，季氏不知其恶，不知百姓所共非也。"在这里，他主张损上益下，重视人民的利益。这表明生活贫苦的王充，对于人民是有一定的同情的。

由王充对于儒道两家的态度，也可以看出王充的阶级立场。王充接受了道家的唯物论的宇宙观，在《自然篇》末尾说："从道不随事，虽违儒家之说，合黄老之义也。"这是正式声明在天道观方面离开了儒家而归于道家，但在人生问题方面，却很注重"仁义之操""礼义之教"(《率性》)。《自然篇》中说："贤之纯者，黄老是也。"《定贤篇》中却又说："恬澹无欲，志不在于仕，苟欲全身养性为贤乎？是则老聃之徒也。道人与贤殊科者，忧世济民于难，是以孔子栖栖、墨子遑遑。不进与孔墨合务，而还与黄老同操，非贤也。"可以说，王充对于儒道两家的态度大体是与扬雄一致的，就是接受道家的天道观念，同时赞成儒家的人道观念。但王充比扬雄更接近于道家，这正是接近农民的中小地主阶层的态度。

总之，从统治阶级与农民之间的对立看，王充还是站在统治阶级方面的；从统治阶级内部矛盾即有特权的大地主与不当权的中小地主之间的对立看，王充拥护中小地主的利益，反对大地主阶层的特权。他的这种阶级立场，规定了他的思想的进步性及其局限性。

王充站在地主阶级不当权派的立场，对于大地主阶层麻醉人民的迷信观念，进行了无情的攻击，对于当时乌烟瘴气的思想界，发生廓清的作用；同时继承并发展了周秦以来的唯物论传统，推动后汉时代的思想前进一步。无疑的，王充是汉代最进步最伟大的思想家，虽然不是代表农民说话的，但在汉代思想家中，还是最接近于人民的一人。

二、王充的思想方法

汉代是大一统的时代，也是农民起义最多的时代，反映在思想上，是迷信最深的时代，也是科学发达的时代。

王充生长在东汉初期，纪元一世纪年间。这时农民起义已入低潮，王充在政治主张上态度虽然是妥协的，但在哲学思想的斗争上，却相当勇敢地站在科学的立场来反对当时统治阶级上层的意识形态。

在王充当时，科学上的发明是很惊人的。例如，（一）在天文历法学上，有"四分历"和"三统历"的争论与实验，这是很热烈的一场科学争论。（二）如张衡的浑天仪和浑天学说，说明了天象运行的原则。（三）如有名的《周髀算经》（约在纪元前一〇〇年）、《九章算术》（约在纪元前四五十年），总结了这一时代优秀的算学家如商高、张苍、耿寿昌、许商、杜忠等天才创造。他们已经研究了单分数多元一次联立方程式、等差级数等代数问题，和"径一周三"的圆周率、"直角三角形的勾股方等于弦方"等几何问题（参钱伟长《我国历史上的科学发明》二十页）。（四）如西汉末年左右出世的第一本古代伟大药物典籍《神农本草经》，不仅分析了很多药品，而且分析了硫黄、硝石，为后来火药得以发明的基础。（五）农业上著作已有《氾胜之书》，有"区田法"的发明，赵过曾创行"代田法"。（六）至于技术上发明，那更多，如张衡对指南针（司南）的改造、贾逵的简纸和蔡伦的纸的发明等。

这些成绩的出现决不是偶然的，都是劳动人民实际经验的总结。如《九章算术》所载，他们所得数学成绩，均由于在土木工程中、在量田亩中、在测气象中所得的经验的累积。王充正生逢其时，也接受了这些科学思想，并把这些科学思想用来和儒教教士们（即主张谶纬的统治阶级意识形态代表人）斗争。

王充站在科学立场，最痛恨的，就是儒教教士们的"虚妄"。他因为恨虚妄、恨迷信，所以提出注重现实、注重效验证据的思想方法。

他肯定我们的思想和认识的基础，乃是客观的物质世界，只有考察客观物质世界，才可获得真理。他说："事莫明于有效，论莫定于有证，空言虚语，难得人心，人犹不信。"（《薄葬》）又说："凡论事者违实，不引效验，则虽甘义繁说，众不见信。"（《知实篇》）所谓"效""证""验"，就是把真理取决于客观世界。他还说："道家论自然，不知引物事以验其言行，故自然之说未见信。"（《自然》）他补救了道家思想方法的缺点，坚决反对儒教教士们的"浮妄虚伪，没夺正是"。

王充因为重视客观世界，所以在"思维与存在"一问题上也是承认"存在决定思维"的。他说："形既不可知，心亦不可图"（《解除》），我们的认识的来源，乃是从物质存在开始，"不目见口问，不能尽知也"（《实知篇》）。他又举例说：《山海经》之能作成，全凭益随夏禹王治水，经历广博，记其所见所闻，便即成书。若果禹、益不远行亲历，《山海经》一书必不可成（《别通篇》）。王充认为见闻之知或感性认识，乃是认识的基础，不经过这一阶段，任何智识都不可能有，"人才有高下，知物由学；学之乃知，不问不识"（《实知》）。

但王充决不是感觉主义者，他认为我们对于世界的认识，不能只停留在感觉一阶段上。"夫论不留精澄意，苟以外效立事是非，信闻见于外，不诠订于内，是用耳目论，不以心意议也。夫以耳目论，则以虚象为言，虚象效，则以实事为非。是故是非者，不徒耳目，必开心意。"（《薄葬》）心意是决定何为"实事"之理性，"实事"就是指事物的本质。因此王充认为认识必须由耳目（即感性认识）推进到"心意""诠订"阶段（即理性认识），然后才能得见事物的本质。他在驳墨家思想时说："墨议不以心而原物。苟信闻见，则虽效验章明，犹为失实。失实之议难以教，虽得愚民之欲，不合知者之心，丧物索用，无益于世。此盖墨学所以不传也。"（《薄葬》）现象外表，可能有虚象而误人耳目，所以不得不依靠理性（心意）而进求"实事"。这个过程，就是"揆端推类，原始见终；从闾巷到朝堂，由昭昭察冥冥"（《实知》）。认识乃是从不明到明，从零散的闻见到清证的识知。王充说："天地之性人为贵。"所谓贵，就是贵在其有这种"识知"。

但是人类如何"揆端推类"？即如何从"耳目"之见，入于"心意""识知"呢？王充对于这问题有很明白的分析，他说："圣人据象兆，原物类意而得之。其见变各物，博学而识之。巧商而善意，广见而多记，由微见较，若揆之今，睹千载，所谓智如渊海。"（《知实》）这即是说：根据现象追求物之原理，"方比物类"，自能得其"实"（本质）。

由此可见，王充的认识论基本上是唯物的。他从唯物观点，反对先天的知识，当时儒教教士们有主张"性知"者，以为人有不学而"知"的知识，因此"圣"乃由"神"。王充驳说："圣贤不能知性，须任耳目以定情实。其任耳目也，可知之事，思之辄决；不可知之事，待问乃解。天下之事，世间之物，可思而愚夫能开精，不可思而知，上圣不能省。"（《实知》）如此，一切人，都是在同样的基础上求认识，愚夫与圣人，本无区别。试问，"儿始生产，耳目始开，虽有圣性，安能有知？"（同上）就是圣人，也是"须学以圣"。因为圣人亦须"知物由学，学之乃知"，所以可断定"天地之间，含血之类，无性知者"（同上）。圣人如不能天生即得绝对真理，则其与贤人又有何区别？我们要想区别圣贤为质之不同，根本就不可能。"圣贤之才，皆能先知，其先知也，任术用数或善商而巧意，非圣人空知神怪，与圣贤殊道异路也。"（《知实》）不但如此，"妇人之知，尚能推论以见方未"（同上）。这样，圣人之知，有何"性知"可言？既然如此，认识便只能在认识了客观物质世界的规律时，才有真理。圣人、贤人与妇人，都是一样凭藉经验为本。不能说人具有什么"性知"，明矣。

圣贤常人既无根本区别，则儒教教士称"圣"为"神"，便是根本错误。因为"贤圣者，道德智能之号，神者渺茫恍惚，无形之实。实异，质不得同。实钧，效不得殊。圣、神，号不等。故谓圣者不神，神者不圣"（《实知》）。呼圣为神，乃是迷信的结果。不知圣人"若先闻见"，本由"听声有术""察色有数"，本是科学的预见，但"众人不知，则谓神怪"，这就不对了。就拿孔子来说，"孔子见窍睹微，思虑洞达，材智兼倍，强力不倦，超逾伦等"，但是他亦是"耳目非有'达视'之明，知人所不知之状也。使圣人'达视'远见，洞听潜闻，与天地谈，与鬼神言，知天上地下之事，乃可谓神而先知，与人卓异。今耳目闻见，与人无别，遭事睹物与人无异。差贤一等尔，何以谓神而卓绝？"（《知实》）从这样看来，认识中，无所谓神秘成分，认识只是人对物质世界的一种认识。圣人亦只凭"渐渍之力"，非有超人的神秘力量。

人既无先天"性知"，亦无"神"力，所以我们的认识也决不能超出物质世界之外。王充分析"事"有两种，一是"难知之事"，一是"不可知之事"。前者虽是难知，但仍属我们认识的范围，今日称为"难"，明日则为"易"。至于后者，则不可以学，不可以问，根本"无兆象效验",属于经验范围以外,即不属于客观物质世界,故为"不可知"。王充说:"圣人知事,事无不可知;事有不可知,圣人不能知,非圣人不能知,事有不可知。及其知之,用'为'不知也。故夫难知之事,学问所能及也。不可知之事,问之学之,不能晓也。"(《实知篇》)这样,所有儒教教士们所主张的鬼神、天人感应等超自然现象的理论,都属妄谈了。

王充驳斥了天生的"性知",排斥了超自然现象的神秘的"不可知",然后对于人类的认识能力,予以正确估价。他相信人类只要凭藉经验,本可达到世界现象的本质的认识,即能认识世界的规律性。"天道有真伪,真者固自与天相应,伪者人工加知巧,亦与真者无以异也。"(《率性篇》)这说明广积经验知识的圣人,亦可掌握世界规律而至与天地合其德,与日月合其明。王充这种"与天地合其德"的思想,或许是来自儒家影响,但与《中庸》和《孟子》的唯心认识论,则截然相反。王充认识论是以物质世界为本,而《中庸》《孟子》则以"心"为主。王充的"与天地合德"的境界,乃是从科学接近的,基本上是唯物论的;《孟子》《中庸》的"与天地参"的境界乃是"心"的一种神秘经验,是唯心的。在王充看来,人类一当[①]掌握了物质世界规律,便可使自己动作,如天所命的一样,"与天合同,若天使之矣"(《初禀篇》),如此便可做到"上天之心,在圣人之胸"(《谴告篇》)。人类认识既可达到此境界,所以再还相信"灾异",或从鬼神谶纬上去索"天"意,简直是虚妄至极了。

王充的唯物的认识论,在与儒教教士的神秘论的斗争中,是起了很大的作用的。不过,我们也应该指出王充的思想方法(包括认识论),在现在看来,缺点仍是很多的。最主要的,是他不能认识实践

[①] "一当",福建本作"一旦"。——编者

在认识中的作用。因此,他并不要求急切改变现实。他晚年隐居起来,闭门用思,使得他接近书本而不接近现实;看重经书,更甚于现实。因此,他的思想方法与其思想内容,也每每显出矛盾。这一点,很像费尔巴哈。

再有一点,我们应当指出,王充对于哲学名词的应用是并不精审的,致使他的思想极易惹人误会。如《实知篇》前段说:"不可知之事,不学不问,不能知也。"这个"不可知",实际乃是"尚未知"。但在同一篇末又说:"不可知之事,问之学之,不能晓也。"这个"不可知"则真是"不可知",即属"不能知"。同一文中,所用语义,就不统一。

不过,就整个而论,王充的思想方法,乃是科学的、唯物的,我们可作此肯定。

三、王充的唯物论与无神论

王充的唯物论的世界观的产生,一方面是对于汉代宗教化的儒学所提倡天人感应说的反响,一方面也是自然科学思想发展的结果。就前者说,汉代统治者的思想骨干,是阴阳五行,是受命改制,是灾异说,是谶纬。中国古代的唯心哲学,从殷代奴隶社会的巫祝开始,到了两汉之际乃回光返照。董仲舒"治国以《春秋》,灾异之变,推阴阳所以错行,故求两闭诸阳纵诸阴,其止两反是"(《汉书·董仲舒传》)。刘向则"集合上古以来,历春秋六国,至秦汉符瑞灾异之记,推迹行事,连传祸福者,其占验比类相从,号洪范五行"(同上《刘向传》)。西汉末,更有谶纬之学,从汉武帝的郊祀与求仙,至王莽受禅以土德代替火德,再至光武以赤伏符受命,又用了西狩获麟谶来打倒了公孙述,统一天下,于是灾异说、谶纬说便充塞学术界,整个时代思潮都在神秘迷信的乌烟瘴气中。只有扬雄、桓谭之流毅然不信，王充继承扬雄、桓谭，更明白地反对谶纬，认为谶书所言"如实论之，虚妄言也"（《奇怪篇》）。他讥笑"世信虚妄之书，以为载于竹帛者，皆圣贤所传，无不然之事"（《书虚篇》）。这反谶纬的思想，把当时人的天人感应、灾异谴告、五行生克诸说，都一概推翻了。他认为"灾变时至，气自为之"（《自然篇》），又说明灾异之致，非人君以政动天。为什么？因为"天能动物，物焉能动天？""人在天地之间，犹蚤虱之在衣裳之内，蝼蚁之在穴隙之中。蚤虱为逆顺横从，能令衣裳穴隙之间气变动乎？"这种驳论，就是所谓"自然主义"。但王充成立这种自然主义，是有自然科学的知识做背景的。尤其是天文学，《雷虚》《龙虚》诸篇，论当时儒家阴阳灾异天人感应诸说，违天道自然之义。又《寒温》《谴告》《变动》《明雩》诸篇，指出"夫天道自然也无为，如谴告人是有为非自然也"（《谴告篇》），"夫天之运气，时当自然，虽云祭请求，终无补益"（《明雩篇》）。这都是应用了天文学的知识，否认天有口目、有意识。尤其《说日》《治期》诸篇论灾异之理，依据当时天文学之知识说：

夫日之蚀，月蚀也。日蚀谓月蚀之，月谁蚀之者，无蚀月也，月自损也。以月论日，亦如日蚀，光自损也。大率四十一二月日一食，百八十日月一蚀，蚀之皆有时，非时为变，及其为变，气自然也。（《说日篇》）

在天之变，日月薄蚀。四十二月，日一食，五十六月，月亦一食。食有常数，不在政治，百变千灾，皆同一状，未必人君政教所致。（《治期篇》）

案《晋书·天文志》云："浑天理妙，学者多疑，汉王仲任据盖天之说以驳浑仪。"又贺道养《浑天记》云："近世有四术，一曰方天，兴于王充；二曰轩夜，起于姚信；三曰穹天，闻于虞昺。皆臆断浮说不足观也。"总之，王充的天文学知识虽有他的局限性，但他却的确是通晓了当时天文学的知识，对这一门科学是有点贡献的人。因此我们也可以说，王充思想，他的自然主义底世界观，是对于汉代宗教化的儒学所倡天人感应说的反响，同时也是当时自然科学知识的产物。他依据自然科学知识来批判那一代的一切反动唯心思想，这一点贡献，即使做得不够彻底，也是永远不可埋没的。

王充的唯物论，即认宇宙是自然存在的客体，是物质的客观实在性。如照斯大林同志在《辩证唯物主义与历史唯物主义》所下"唯物论"的定义：在于承认"……物质，自然，存在是在意识之外，和不依意识而存在着的客观实在性……"那么，王充的世界观毫无疑义地是唯物论。《论衡》中很明白地指出"天有形体，所据不虚"（《谈天篇》），而地体只是土（《自然篇》）。还有就其他现象说：

　　人，物也；物，亦物也。（《论死篇》）
　　人禽皆物也，俱为万物。（《寒暑篇》）

唯物论的最大特点，是在指出物质与意识之关系，物质是第一性的现象，意识是第二性的现象。王充很明白地说：

　　人之所以生者，精气也。死而精气灭。能为精气者，血脉也。人死血脉竭，竭而精气灭，灭而形体朽，朽而成灰土，何用为鬼？（《论死篇》）
　　人之精神藏于形体之内，犹粟米在囊橐之中也。死而形体朽，精气散，犹囊橐穿败，粟米弃去也。粟米弃出，囊橐无复有

形，精气散亡，何能复有体而人得见之乎？（同上）

这就是承认物质是第一性的现象。因为它是意识或精神底来源，而意识或精神是第二性的现象。从生的现象，这就是唯物论了。总括王充的唯物论，有两个特点：

第一，是说明天地万物并无主宰，是由自然的原因而生成的。《自然篇》说：

> 何以知天之自然也，以天无口耳也。案有为者，口目之类也，口欲食而目欲视。有嗜欲于内，发之于外，口耳求之，得以为利欲之为也。今无口目之欲，于物无所求索，夫何为乎？何以知天无口目也，以地知之。地以土为体，土本无口目。天地夫妇也，地体无口目，亦知天无口目也。使天体乎？宜与地同，使天气乎？气若云烟，云烟之属，安得口目？

照王充意思，在《谈天》《道虚》《祀义》诸篇，均以天为体，是体即是物质，所以可以计算。"数家计之，三百六十五度一周，天下有周度，高有里数。"这就是说，只有自然之天，而没有主宰之天。因为没有主宰之天，所以存在的客观的东西，都是由于自然的原因而自生自成。所以说：

> 春观万物之生，秋观其成，天地为之乎？物自然也。如谓天地为之，为之宜用手，天地安得万万千千手，并为万万千千物乎？诸物在天地之间也，犹子在母腹之中也。母怀子气，十月而生，鼻口耳目，发肤毛理，血脉脂腴，骨节爪齿，自然成腹中乎？母为之也？（《自然篇》）

在这里，自然即是自生自成，而其根本原理，却在于物质之"气"的运动。所以说：

> 天地合气，万物自生，犹夫妇合气，子自生矣。(《自然篇》)
> 天地夫妇也，合为一体；天在地中，地与天合，天地并气，故能生物。(《说日篇》)
> 天之动行也，施气也。体动气乃出，物乃生矣，由人动气也。体动气乃出，子亦生也。夫人之施气也，非欲以生子，气施而子自生矣。天动不欲以生物而物自生，此则自然也。施气不欲为物而物自为，此则无为也。谓天自然无为者何？气也。(《自然篇》)
> 天之行也，施气自然也。施气则物自生，非欲施气以生物也。不动气不施，气不施，物不生。(《说日篇》)

因为自生自成便是自然，便是无为，所以在这里无须乎所谓有意志的天。在《物势篇》，王充指出宗教化的儒学的不对是：

> 儒者论曰："天地故生人。"此言妄也。夫天合气，人偶自生也。犹夫妇合气，子则自生也。

天地不但不故生人，也不故生圣人。例如孟子言"五百年有王者兴"，王充驳他道：

> 如孟子言，是谓天故生圣人也。然则五百岁者，天生圣人之期乎？如是其期，天何不生圣？圣人非其期故不生。孟子犹信之，孟子不知天也。(《刺孟篇》)

王充的唯物论说明了天地不会故生万物，一切物的生死变化，一切存在的客观的东西的运动，都是物质的运动。天地万物，乃至圣人，都是从这物质的气的运动，而自然发生出来的。

第二，是说明人是有意识的物质。唯物论者认为意识的发生是以组织复杂的物质——人底脑子——做根据的，由于有组织复杂的高级神经系统，人类才有语言有思想有认识在人内外发生着那些过程的能力，即具有反映或领悟这些过程的能力。由此可见，人类的思维和思维着的物质即客观的神经作用过程，是不可分开的了。王充的唯物论虽然还没有达到现代唯物论的这个结论，但他却已看到了这一点。他在《辨祟篇》说：

> 夫倮虫三百六十，人为之长。人，物也，万物之中有知慧者也。

这就是说，人也是物质，但是有意识的物质。人底认识，人底头脑，是自然底最高产物，我们决不可把人的认识和人的头脑分开。这就是王充在《论死篇》所说"人死无知"的主张：

> 形须气而成，气须形而知。天下无独燃之火，世间安有无体独知之精？
> 人之死犹火之灭也，火灭而耀不照，人死而知不慧，二者宜同一实。……人病且死与火之且灭何以异？火灭光消而烛在，人死精亡而形存，谓人死有知，是谓火灭复有光也。

王充唯物论的基本原理，为后来范缜的神灭论所发展。在中古哲学史里，具有极大的进步意义。

王充唯物论的另一方面,就是无神论,给一切宗教迷信以无情的抨击,推翻了为统治者的特权服务的神道思想。我们知道,神仙说在汉代极其盛行,许多人都相信神仙是有的,王充却一口道破其虚妄。《道虚篇》说:

> 夫人,物也。虽贵为王侯,性不异于物。物无不死,人安能仙?

人生不能为仙,死亦不能为鬼。《纪妖篇》说新声非师延所作,为什么?因为"师延自投濮水,形体腐于水中,精气消于泥涂,安能复鼓琴"?《订鬼篇》讲得更明白:

> 凡天地之间有鬼,非人死精神为之也,皆人思念存想之所致也。致之何由?由于疾病。人病则忧惧,忧惧见鬼出。凡人不病则不畏惧,故得病寝衽,畏惧鬼至;畏惧则存想,存想则目虚见。

无鬼无神而祭祀鬼神,这是因为"报功重力,不敢忘德,未必有鬼神审能歆享之也。夫不能歆享则不能神,不能神则不能为福,亦不能为祸"(《祀义篇》)。"何以明之?苟鬼神不当须人而食,须人而食,是不能神也。信鬼神歆祭祀,祭祀为祸福,谓鬼神居处何如状哉?自有储偫耶?将以人食为饥饱也。如自有储偫,储偫必与人异,不当食人之物;如无储偫,则人朝夕祭乃可耳。壹祭壹否,则神壹饥壹饱,壹饥壹饱则神壹喜壹怒矣。"《论衡》一书,不但应用唯物观点来从总的方面反对有神论,而且"教悟俗人,故形露其指,为分别之文"(《自纪篇》),从具体个别方面指出各种世俗神道思想之毫无根据。如《难岁篇》论"太岁之神"云:

十二月为一岁,四时时节,竟阴阳气,终竟复为一岁。耳积聚之名耳,何故有神?……岁则日月之类也,岁而有神,日月时亦复有神乎?千五百三十九为一统,四千六百一十七岁为元,岁犹统元也。岁有神,统元复有神乎?论之以为无,假令有之,何故害人?

《诘术篇》论"甲乙之神"云:

夫人之在天地之间也,万物之贵者耳。其有宅也,犹鸟之有巢,兽之有穴也,谓宅有甲乙,巢穴复有甲乙乎?……天地开辟有甲乙邪?后王乃有甲乙?如天地开辟本有甲乙,则上古之时,巢居穴处,无屋宅之居,街巷之制,甲乙之神何在?

《解除篇》论"土神"云:

世间缮治宅舍,凿地掘土,功成作毕,解谢土神,名曰解土。为土偶人以像鬼形,令巫祝延以解土;神已祭之后,心快意喜,谓鬼神解谢,殃祸除去,如讨论之,乃虚妄也。何以验之?夫土地犹人之体也,普天之下皆为一体,头足相去以万里数,人民居土上,犹蚤虱着人身也。蚤虱食人,贼人肌肤,犹人凿地,贼地之体也。蚤虱内知,有欲解人之心,相与聚会,解谢于所食之肉旁,人能知之乎?夫人不能知蚤虱之音,犹地不能晓人民之言也。……今解土之祭,为土偶人,像鬼之形,何能解乎?

又《龙虚篇》论"龙神"云:

世谓龙升天者必谓神龙,不神不升天,升天神之效也。天地之性人为贵,则龙贱矣。贵者不神,贱者反神乎?……人为倮虫之长,龙为鳞虫之长,俱为物长,谓龙升天,人复升天乎?……天地之性有形体之类,能行食之物,不得为神。何以言之,龙有体也……世俗画龙之象,马首蛇尾,由此言之,马蛇之类也。……然则龙之所以为神者,以其屈伸其体,存亡其形;屈伸其体,存亡其形未足以为神也。

又《雷虚篇》论"雷神"云:

图画之工,图雷之状,累累如连鼓之形。又图一人,若力士之容,谓之雷公,使之左手引连鼓,右手推椎,若击之状。其意以为雷声隆隆者,连鼓相扣击之意也;其魄然若敝裂者,椎所击之声也。其杀人也,引连鼓相椎并击之矣。世又信之,莫谓不然。如复原之,虚妄之象也。夫雷非声则气也,声与气安可推引而为连鼓之形乎?如审可推引,则是物也。……或曰如此固为神……曰神者恍惚无形,出入无门,上下无垠,故谓之神。今雷公有形,雷声有器,安得为神?如无形不得为之图象,如有形不得谓之神。……实说,雷者太阳之激气也……夫论雷之为火有五验,言雷为天怒无一效,然则雷为天怒,虚妄之言。

因为王充思想归结于唯物论和无神论,所以既作讥俗之书,说"祭祀无鬼神,故通人不务焉"(《祭意篇》),"卜筮不问天地,蓍龟未必神灵"(《卜筮篇》),又著《论死》及《死伪》之篇,明人死无知,不能为鬼(《自纪篇》)。这样应用了自然科学知识,来一一推翻天人感应、灾异谴告、五行生克诸说,因而强调自然与无为,反对那统治阶级上层依自己目的所安排出来的目的论的世界观，而主张自然主义的世界观。以自然科学知识来和宗教化的儒学相对立，来反抗汉代专制主义的神权统治政策。因此王充的世界观，即使具有若干机械主义的缺点，但就其反对神道思想来看，却是极具有战斗性的。

还有在王充反对五行生克说时，曾初步地提出优胜劣败之物类竞争原理。他在《物势篇》说：

> 凡万物相刻贼，含血之虫则相服。至于相啖食者，自以齿牙顿利，筋力优劣，动作巧便，气势勇桀。若人①之在世，势不与适，力不均等，自相胜服，以力相服，则以刃相贼矣。夫人以刃相贼，犹物以齿角爪牙相触刺也。力强角利，势烈牙长，则能胜，气微爪短，诛胆小距顿，则服畏也。人有勇怯，故战有胜负。胜者未必受金气，负者未必得木精也。

在这里，王充虽然只是把万物的相克单纯还元做生存竞争优胜劣败，而没有注意人类历史上还有阶级斗争，但拿来和当时汉儒所主张五行相生相克说比较，却已不知进步得多少了。

四、王充关于必然与偶然的见解

王充驳斥了"天地故生人"的唯心底目的论后，便提出了关于世界规律性的理论。

他认为世界虽然千变万化，但决不是没有规律性的，"夫变异自有占候，阴阳物气，自有始终。履霜以知坚冰必至，天之道也。子云

---

① "人"下原衍"人"字，据《论衡》通行本删。——编者

识微,知后复然,借变复之说,以效其言,故愿贯械以待时也。犹齐晏子见钩星在房、心之间,则知地且动也。"(《谴告篇》)这说明规律本在物自身,只要我们能识其"微",便可"知后复然"。这种规律当然不是全露在现象外表的,但只要从现象表面作深入的研究,即可求得。"自然之化,固疑难知。外若有为,内实自然。"(《自然篇》)王充因为作出这种"内""外"的分别,所以他能不停留在现象的外表,深信世界是有客观的规律性在。"自然"是对待"有为"而定名,"有为"是指事物的变化倚赖人类主观意识与其努力,"自然"则是离开人类主观意识而存在。所以王充说:"春观万物之生,秋观其成,天地为之乎?物自然也。"(《自然篇》)又说:"有为之化,其不可久行,犹王夫人形,不可久见也。"(《自然篇》)这种"自然"与"有为"的对立,就是自然原因与人为原因的对立,也是世界规律性与人为的对立。

关于"自然"的规律,王充在《商虫篇》有一段话,说得很明白,他说:"凡天地之间,阴阳所生,蛟蛲之类,蜫蠕之属,含气而生,开口而食;食有甘不,同心等欲。强大食细弱,知慧反顿愚。他物大小连相啮噬,不谓之灾,独谓虫食谷物为应政事,失道理之贯,不达物气之性也。然夫虫之生也,必依温湿,温湿之气,常在春夏;秋冬之气,寒而干燥,虫未曾生。"王充在这里,把自然界事物的发生与活动,归为物质性的阴阳之"气"(关于"气"的意义,请参《谈日篇》论"说易之家")和环境的条件。其间都有必然的联系,如虫产生,必依"温湿",必"含气"。有口,必恃强食弱;有心,必恃"智慧"反"顿愚"。无所谓灾异,都是"物气之性"。这样,自然界成为一有必然规律的世界。因此王充所谓"自然",是包含"必然"的意义的。

我们从王充的书中看出他曾经反对过两种因果必然意义:第一

种是有目的性的必然，即有神力推动主使的必然。如说万物是由天按其目的而产生，一切事物均有其"目的因"。王充认为这种目的因的说法是不能成立的，"如天故生万物，当令其相亲爱，不当令相贼害也。"（《物势篇》）若自然界真有"目的"，决无此矛盾。另外，王充还反对个人行为与由外界来的祸福贵贱的必然联系。贤，未必就可处尊居显；愚，未必位卑在下。这是因为"遇不遇，时也"（《逢遇篇》）。"时"不在个人力量控制范围，故不能期必（关于这点道理，后面还要详细讲）。因此，不能在这点上找出因果必然规律。

王充所反对的这两种似是而非的必然，实也是科学所坚决反对的唯心的神秘的因果论。王充破除这两种谬见后，进而分析客观物质世界的规律性，指出客观物质界存在有好几种具有必然性的联系形式。（一）某一事物与其含义中所包含的另一事物，有必然的联系。例如因为军功必包含杀敌的意义，所以"军功之候，必斩兵士之头"。推此理，"富家之商，必夺贫室之财""凶岁所著，必饥虚耗之家"（《偶会篇》）。（二）条件齐备，因而发生其事，其间有必然联系。如"期数自然，人行偶合也"（《偶会篇》），"天命当兴，圣王当出"（《吉验篇》）。（三）本性之必然。如"百岁之寿，盖人年之正数也。犹物秋而死，物命之正期也"（《气寿篇》）。（四）时序上之必然。如"日朝出而暮入，非求之也，天道自然"（《命禄篇》），"履霜以知坚冰之必至，天之道也"（《谴告篇》），"见春之微叶，知夏有茎叶；观秋之寒实，知冬之枯萃"（《异虚篇》）。（五）现象与本质之必然联系。如"察表候以知命，犹察斗斛以知容"（《骨相篇》），"禀气于天，立形于地，察在地之形，以知在天之命，莫不得其实也"（同上）。（六）全体对部分之必然。如"国命胜人命，寿命胜禄命"（《命义》），"人物系于天，天为人物主也"。"人物吉凶，统于天也。使物生者，春也；物死者，冬也。"（《变动篇》）

王充又以这种种形式的规律性来反对当时反动的谶纬或天人感应说,认为世界并无神秘成分,即使他对规律性的了解,还不算严格完善,但他却是具有高度的科学精神来与唯心的和宗教的反动思想作斗争的。

王充不仅提出具有科学意义的规律性或必然性的问题,而且也提出了或多或少地合乎科学原则的"偶"(或偶然性)的概念,来阐明世界的规律的表现。

王充认为事物与事物间,人与事物间,人与人间,都存在有"偶""遇""逢""适"的现象。所谓"偶""遇""逢""适",即是偶然性。这些现象的发生,如果孤立起来单独寻求两个现象的联系,便都似乎是凭空出现的,都不容易找出原因;但如从每一现象本身前后发生事件的联串来看,则所谓"偶""适",皆有其必然的根据。王充举例来说:"世谓子胥伏剑,屈原自沉,子兰、宰嚭谮谗,吴楚之君杀之也。偶二子命当绝,子兰、宰嚭适为谗,而怀王、夫差适信也。君适不明,臣适为谗,二子之命,偶自不长。二偶三合,似若有之,其实自然,非他为也。"(《偶会篇》)这是说世界自有其客观规律,各有其不得不如此之理,而凑在复杂关系上,则依"适""偶"形式而表现,其间非人力所可左右。不过,外表却好似通过孤立的人或事物而出现,但按其实,皆自然运行隐有规律在。又如"正月建寅,斗魁破申;非建寅使申破也,转运之衡,偶自应也"(《偶会篇》)。这个"偶",就是科学上所谓以必然性为基础的偶然性。

我们应该指出:王充的"偶"的概念,还有更进一步的意义,他说:"黄公取邻巫之女,卜谓女相贵,故次公位至丞相。其实不然。次公当贵,行与女会。女亦自尊,故入次公门。偶适然自相遭遇,时也。"(《偶会篇》)王充借"时也"的意义,表达出二者相偶，俱各有其必然之理，"偶"就是出现于两必然现象的交遇之上的现象。他还提到褒姒与幽王相遇，这都由其各有必然，本是"自相得也"。但只就二人相遇这一点而论，则成为遭逢会遇，好似无原因的偶然。

同时，王充还说到所谓"自然"，本就是通过许多"偶"的媒介而表现。"吉人举事，无不利者。人徒不召而至，瑞物不招而来，黯然谐合，若或使之。出门闻告，顾眄见善，自然道也。文王当兴，赤雀适来；鱼跃鸟飞，武王偶见。非天使雀至白鱼来也，吉物动飞而圣遇也。白鱼入于王舟，王阳曰：'偶适也。'光禄大夫刘琨，前为弘农太守，虎渡河，光武皇帝曰：'偶适自然，非或使之也。'故夫王阳之言'适'，光武之曰'偶'，可谓合于自然也。"（《初禀篇》）"尧命当禅舜，丹朱为无道，虞统当传夏，商均行不轨，非舜禹得天下，能使二子恶也，美恶是非，适相逢也。"（《偶会》）这些例，都表示，就在这些"偶""适""遇""逢"中，显现出自然之理。

尤其在世界中，当大环境突然变动之时，这一具必然性的变化，贯串到所涉及的事物中，原来在小范围内循其小的必然联系而活动之事物，忽然受到大的必然联系的强烈支配（平日这大联系是隐伏地、松懈地与小联系共存着），如此便要出现广大的偶然事件了。比如历都城因地震而陷落，以及长平坑人四十万，对死者而言，都是偶然事件。但当时的自然现象、社会现象，则是藉这些事件而表现其"自然"之理，行其必然之道——这即天命决定国命，国命决定人命。

王充在纪元一世纪时，能够注意到必然性与偶然性的问题，发挥了很多合乎科学的见解，这是值得注意的。

王充更把"自然"与"偶"的道理，应用于人事界，成就他的关于"命"与"性"的学说。

王充讲"命"与"性"，完全是从客观存在立论。"性、命俱禀，同时并得。"(《初禀篇》)"性命系于形体。"(《骨相篇》)离了形体，"性"与"命"都不能讲。不过，只就"性"与"命"的范围讲，则"性"乃是存于形体的内部，"命"则从形体与外界的关系上讲，即个人在天道或自然的大系统内所被安置的地位。二者虽俱于一身，但一在内，一在外。

王充在说明"命"时，虽然说"天道难知"(《偶会》)，"天命难知"(《命禄》)，但并非认为绝对不可知，更非无规律可寻。"命"与"时"密切结合，便变为"天本人末"，造成了人对天命的无可抵抗。

王充分"命"有两种，一是死生寿夭之命，一是贵贱贫富之命。前者由身体的禀气厚薄而决定，后者则由身外客观世界的力量而决定，这两者都不是人力可更改的。"形不可变化，命不可减加。"(《无形篇》)人为一物耳，一物太小，"物焉能动天？""夫人不能动地，而亦不能动天。"(《变动篇》)所以王充认为求长生不老之术，实在是梦想。再如富贵，亦然。富贵决定于客观环境，个人要想改变客观环境，正是以小动大，所以求富贵，并不可期其必"遇"。

"命"对人是必然的，但人对"性"却是自由的。王充从"天地之性人为贵"的意义出发，认为"临事智愚，操行清浊，性与才也"(命禄篇)。人的操行或贤愚是自己分内事。因此，"贤不肖，可预知"(《逢遇篇》)，"人之操行，亦自致之"(《辨祟篇》)。不像"命"与"时"，不可勉力求致(《命禄篇》)。

王充在好几处都说到"天可动人，人安可动天"或"俱行道德，祸福不均"，好似人生天地之间，甚为可悲，有宿命论的倾向。但是我们细按其内容，则知王充也并未将"性"与"命"划为截然相反的两个领域。王充因为反对天人感应，所以不得不缩小自由或人力的范围，但是也还未作到根本不重视人力的程度。比如，第一，他承认为善亦非绝对不遇。他虽然在《逢遇篇》上详细分析"合则遇，不合则不遇"的道理,又指出"道虽同,同中有异;志虽合,合中有离",更举例说,即使贤才贤主相类,若其大小清浊不同,亦无必遇或必合之可能(因为"能御骥騄者必王良也,能臣禹稷皋陶者必尧舜也")。但是,若使虞舜竟逢唐尧,太公竟逢武王,亦必能合遇也。反之,鸡鸣狗盗之士,若无孟尝君出,亦不可以遇。其次凡"遇"亦非绝对不容有所作为。对于命,求之,固未必得;但设若人无主观条件的准备,则亦未必有"遇"。人事中自不免"有不求贵而贵者",一如"人情有不教而自善者",但"废时失务,欲望富贵,不可得也"(《命禄篇》)。如何待"时"守"务",则为第一要事。所谓"仕宦有时,不可求也",本是指人不能强使外在条件合于人的主观目的;所谓"不求自至,不作自成"本是指人不能专以"遇"为目的而追求。因为"遇"是"合"与否的问题,有此一面,未必有彼一面,彼面不为人力控制。但真到"遇"时,"主好文,已为文则遇""主好辩,有口则进",可知"遇"并非无条件的。这些条件的准备,还是要依靠人力为之。即使鸡鸣狗盗之士遇见孟尝君,自己亦必先有鸡鸣狗盗之技,然后可受命。王充曾说过:"精学不求贵,贵自至矣;力作不求富,富自到矣。"(《命禄篇》)这种"精学""力作"的努力,便是"富贵自到"的条件。因为"命"与"性"虽然同禀,但受何种"命"则仍有何种行为与表现。王充每比"命"为"容器",这也须待行为为之充实。"虽自然,亦须有为辅助。耒耜耕耘,因春播种者,人为之也。及谷入地,日夜长大,人不能为也。或为之者,败之道也。"(《自然篇》)王充明白划定"有为"与"无为"的界限,他不是要人不有所为,而是要人不妄为。在"容器"内,仍必须大肆作为也。第三,在人为领域内,"命"虽使人受限制,但学问与善行则是无限制的,人性有善又有恶,但均可随环境而发展,善者可更善,恶者可更恶。"人之性,犹蓬纱也，在所渐染而善恶变矣。"（《率性篇》）不但如此，这种变化还可推进一步："其善者固自善也，其可恶者，故可教告率勉使之为善。"（《率性篇》）因此，王充亦特别重视学问与德行的重要。"教导以学，渐渍以德，亦将日有仁义之操。"（同上）在道德学问领域内，人是有无限力量的，他举例说："黄帝与炎帝争为天子，教熊罴貔虎，以战于阪泉之野。"禽兽尚可练以为人用，何况人类？"三苗之民，或贤或不肖，尧舜齐之，恩教加也。楚越之人，处庄岳之间，经历岁月，变为舒缓，风俗移也。"可见人性，推而至于风俗习惯，亦无不以人力为转移。"不患性恶，患其不服圣教。"（以上俱见《率性篇》）王充显然重视圣教的作用。从这点看，王充是很积极的，决非悲观宿命论者。同时，我们应补充一句：王充虽说"性"可由人变易，但也重视客观世界对人性的影响。不过，"性"的变化，只在自身，人究竟有力控制；不像富贵贫贱，是强使外物适合个人要求，这便不在我们人力的范围内了。第四，人类的努力，不论在任何领域内，都非白白浪费而无结果。"天道有真伪，真者固自与天相应，伪者人工加知巧，亦与真者无以异也。《禹贡》曰'璆琳琅玕'者，此则土地所生真玉珠也。然而道人消烁五石，作五色之玉，比之真玉光不殊别。"（《率性篇》）由此，人工亦未尝不可与天工比美。王充在这一点上，很明白肯定了科学的价值，并进而认定人可达到圣人而知天命（即世界规律）。人的努力，只要掌握了世界规律，则"圣人动作，天命之意也。与天合同，若天使之矣"（《初禀篇》）。如此，天命之必然与人为之自由，最后竟可合一。我们从这一点上看，王充的"性"与"命"的学说，基本上是合乎科学的。

但是，王充的"性"与"命"说，以及前面所述关于"偶"的见解，初看起来，为什么容易给人以宿命论的印象呢？这原因，当然由于王充的科学思想中，仍然夹杂有不少矛盾的地方。矛盾的来源，一方面是他的世界观仍然是机械唯物论,甚至有神秘论的成分,一方面则是受他本人的思想所代表的阶级利益的限制。

例如,王充讲"命"与"偶"的关系时,特别在吉凶祸福问题上,始终是从孤立的个人的观点来看的。他好似以为世界是有联系的,但每个人与每个人间则是无联系的。如此,在个人与个人间的一切事变,都好似凭空而降。王充在世界观上是立意要纠正当时儒教教士的天人感应的迷信思想,要人相信客观力量大于人力,但可惜有些地方则矫枉过正了。

其次,王充要维持"性命系于形体"的主张,从重视骨相而竟相信"文王在母身中已受命也""王者禀气而生"(《初禀篇》)"凡人受命,在父母施气之时,已得吉凶矣"(《命义篇》),这就是机械唯物论的表现。不知"吉凶""富贵"倚于社会,须受社会的客观规律支配,并不是仅仅系于物理法则或生理法则。他机械地从"形体"决定精神的意义,推证骨相可信,吉凶之兆可信,完全沉入迷信思想中去了。

而且,王充在世界中只看出相互联系的关系——"命"与"偶"的关系,但却未见出发展。他以为人寿为人形所决定,绝对不能改变。天地,也是一样。因此,使人顿觉天道循环,不能增加若何新的内容。这也是机械唯物论的表现,恐怕也是令人容易发生宿命论的印象的原因。

王充思想中每一非科学成分,都赞助了当时统治阶级的意识形态。他主张人不必去积极反抗"命"与"时",这恰恰反对了当时农民起义要求改变现实的思想。他主张社会阶级或封建等级乃是天生的,这又替当时统治阶级上层的特权,给予以辩护。王充虽然在与统治阶级上层的意识形态作斗争,但在这几点上,却是投降到统治者一面的,所以无怪王充的思想,在统治者看来,也只是"怪",但并不令统治者"骇"。

五、王充的历史观与政治思想

王充的历史观，首先值得注意的，是他的"齐世"的理论。所谓齐世，即认为古之世与今之世是齐等的，不是古优今劣，不是今不如古。从前儒家、道家的学者都认为古代是很好的，后来变坏了，都把古代认作理想。王充一反这些贵古贱今的说法，王充认为："夫上世治者圣人也，下世治者亦圣人也。圣人之德，前后不殊，则其治世，古今不异。上世之天，下世之天也。天不变易，气不改更。上世之民，下世之民也，俱禀元气。元气纯和，古今不异。"（《齐世》）"上世之人，所怀五常也；下世之人，亦所怀五常也。俱怀五常之道，共禀一气而生，上世何以质朴，下世何以文薄？"（同上）现在的人与过去的人是同样的人，不能说今人的道德不如古人。"夫上世之士，今世之士也，俱含仁义之性，则其遭事，并有奋身之节。古有无义之人，今有建节之士。善恶杂厕，何世无有？述事者好高古而下今，贵所闻而贱所见。"（同上）这样，王充否定了历史退化的说法。王充这种见解是创造性的，在历史观的发展中，是一个巨大的进步。

王充否认了今不如古的说法，但他是不是认为历史是进化的呢？关于这一点，他所讲的不甚明确。有几段话似乎承认了历史的进化，不特不是今不如古，而是今胜于古。如《超奇篇》说："周有郁郁之文者，在百世之末也。汉在百世之后，文论辞说，安得不茂？喻大以小，推民家事，以睹王廷之义。庐宅始成，桑麻才有，居之历岁，子孙相续，桃李梅杏，掩丘蔽野。根茎众多，则华叶繁茂。汉氏治定久矣，土广民众，义兴事起，华叶之言，安得不繁？"这是说，周代的文彩所以盛于夏殷，乃因周在夏殷之后。汉又在周之后，所以又胜过周代了。《宣汉篇》说："且舍唐虞夏殷，近与周家断量功德，实商优劣，周不如汉。"又说："周时仅治五千里内，汉氏廓土，收荒服之外。""夫实德化则周不能过汉，论符瑞则汉盛于周，度土境则周狭于汉。"《恢国篇》说："恢论汉国，在百代之上审矣。"这些话都认为今世超过古代，有历史进化论的倾向。但王充也有历史循环的观念，《齐世篇》说："世有盛衰，衰极久有弊也。""文质之法，古今所共。一质一文，一衰一盛，古而有之，非独今也。"历史是盛衰文质循环的，古代有盛有衰，今世也有盛有衰。但就王充"周不如汉"的话看来，他似乎是认为后来的盛世是会超过以前的盛世的。

《论衡》中盛称汉代的功德文彩，《须颂篇》说："儒者谓汉无圣帝，治化未太平。《宣汉》之篇，论汉已有圣帝，治已太平；《恢国》之篇，极说汉德非常，实然乃在百代之上。表德颂功，宣襃主上。""实而论之，优劣可见，故不树长竿，不知深浅之度；无论衡之衡，不知优劣之实。汉在百代之末，上与百代料德，湖池相与比也。无鸿笔之论，不免庸庸之名。""国德溢炽，莫有宣襃。使圣国大汉有庸庸之名，咎在俗儒不实论也。"王充这样宣襃汉代，其用意何在？是否想献媚于当道呢？关于这点，王充自己曾有所解释道："非以身生汉世，可襃增颂欢，以求媚称也。核事理之情，定说者之实也。"（《宣汉》）而且王充自谓"性恬澹，不贪富贵"（《自纪》），就其一生行事看来，是不至于献媚于当道的。近来也有人认为《论衡》《宣汉》等篇用意在于讽刺，但就《宣汉》《恢国》等篇细看，完全没有讥讽的意味，认为其用意在于讽刺是没有根据的。《对作篇》说："《论衡》实事疾妄，《齐世》《宣汉》《恢国》《验符》《盛襃》《须颂》之言，无诽谤之辞。造作如此，可以免于罪矣。"似乎王充写《宣汉》等篇，有藉以免罪避祸的意思。不过王充宣襃汉代的主要用意，还是谓今胜于古的理论提出具体的证据。《齐世》《宣汉》等篇，并不是专讲汉帝德过周王，而更强调汉代的贤才胜过古代。如《佚文篇》说：

"汉兴以来，传文未远。以所闻见，伍唐虞而什殷周。焕炳郁郁，莫盛于斯。"《齐世篇》说："今世之士者，尊古卑今也。贵鹄贱鸡，鹄远而鸡近也。使当今说道深于孔、墨，名不得与之同；立行崇于曾、颜，声不得与之钧。何则？世俗之性，贱所见贵所闻也。"为了有力地否定尊古卑今的错误观念，便对于汉代盛加褒扬了。但王充专意于褒扬汉代，对于当时人民生活的困苦很少说到，对于当时的社会制度不作批判，由此也可见他还是站在统治阶级立场的，而并非代表农民说话的思想家。

王充的历史观，还有一点应该注意的，是他的"礼义在于谷足"的理论。《治期篇》说："夫世之所以为者，不以贼盗众多兵革并起，民弃礼义，负畔其上乎？若此者由谷食乏绝，不能忍饥寒。夫饥寒并至而能无为非者寡，然则温饱并至而能不为善者希。《传》曰：'仓廪实民知礼节，衣食足民知荣辱。'让生于有余，争起于不足。谷足食多，礼义之心生。礼丰义重，平安之基立矣。故饥岁之春，不食亲戚；穰岁之秋，召及四邻。不食亲戚，恶行也；召及四邻，善义也。为善恶之行，不在人质性，在于岁之饥穰。由此言之，礼义之行，在谷足也。"这就是说，生活资料的有余或不足，决定人的行为的善或恶，社会的治或乱。礼义决定于"谷足"，谷的足与不足由何决定？王充认为那是由自然界的客观必然性来决定的："案谷成败，自有年岁。年岁水旱，五谷不成，非政所致，时数然也。"这样，王充强调了生活资料的重要，却没有注意到生产活动的意义。所以他的礼义在于谷足的学说，与现代唯物论所讲社会的物质生活决定精神生活的理论是不可同日而语的。但王充的看法基本上是唯物的，在历史中实有其进步的意义。

王充特别注重客观必然性，于是提出了历史的命定论。他认为国家治乱都是必然的、前定的，与政治全无关系。"世治非贤圣之功，衰乱非无道之致。国当衰乱，贤圣不能盛；时当治，恶人不能乱。世之治乱，在时不在政；国之安危，在数不在教。"（《治期》）这种学说，一方面否认了所谓圣君贤相的作用，一方面却又替亡国的暴君卸脱了责任。这种历史的命定论基本上是起反动作用的。但事实上，王充也没有完全抹杀人事的作用。《对作篇》说："建初孟[①]年，中州颇歉，颍川、汝南，民流四散，圣主忧怀，诏书数至。论衡之人，奏记郡守，宜禁奢侈，以备困乏，言不纳用，退题记草，名曰备乏。酒糜五谷，生起盗贼；沉湎饮酒，盗贼不绝。奏记郡守，禁民酒，退题记草，名曰禁酒。"他提倡备乏禁酒的措施，不还是承认人力有一定的作用吗？但他基本上是认为人力与治乱无关的。

最后谈到王充的政治思想。王充以"无为"为政治的最高理想，而以"法""教"兼用为实际办法。《自然篇》中论无为之治道："蘧伯玉治卫，子贡使人问之：'何以治卫？'对曰：'以不治治之。'夫不治之治，无为之道也。"这里明标出无为即是以不治治之。又说："天道无为，听恣其性，故放鱼于川。纵兽于山，从其性命之欲也。不驱鱼令上陵，不逐兽令入渊者，何哉？拂诡其性，失其所宜也。夫百姓，鱼兽之类也，上德治之，若烹小鲜，与天地同操也。商鞅变秦法，欲为殊界之功，不听赵良之议，以取车裂之患。德薄多欲，君臣相憎怨也。道家德厚，下当其上，上安其下。纯蒙无为，何复谴告？故曰：政之适也，君臣相忘于治，鱼相忘于水，兽相忘于林，人相忘于世，故曰天也。"这完全是老庄学说的发挥，要求统治者对于人民"听凭其性"不要"拂诡其性"，这是反映人民反对压迫的情绪的呼声。

然而王充又颇采取儒家的德治理论。《非韩篇》从儒家尚德的观点反对韩非的专任刑法，而认为应该德力并重。"治国之道所养有二：

---

① "孟"，原作"五"，误，今据《论衡》通行本改。——编者

一曰养德,二曰养力。养德者养名高之人,以示能敬贤;养力者养有力之士,以明能用兵。此所谓文武张设,德力具足者也。事或可以德怀,或可以力摧。外以德自立,内以力自备。慕德者不战而服,犯德者畏兵而却。徐偃、王修行仁义,陆地朝者三十二国;强楚[①]闻之,举兵而灭之,此有德守,无力备者也。守德不可独任以治国,力不可直任以御敌也。韩子之术不养德,偃王之操不任力,二者偏恶,各有不足。偃王有无力之祸,知韩子必有无德之患。"又说:"治国犹治身也,治一身,省恩德之行,多伤害之操,则交党疏绝,耻辱至身。推治身以况治国,治国之道,当任德也。"德与教是一事。《率性篇》说:"王法不废学校之官,不除狱理之吏。欲令凡众见礼义之教,学校勉其前,法禁防其后。"所谓任德,也就是尊敬贤士,设学校以施"礼义之教"。所敬之贤士,当然还是统治阶级中的人,但可能属于统治阶级中不当权的下层。能在学校中受教育的人,当然也主要是统治阶级中的人,但其中很多是统治阶级中不当权的下层中的,甚至可能是被压迫阶级出身的少数小商人阶层甚至富农阶层中的人,也可能受教育而成为贤才。王充任德以至法教并重的学说,是代表统治阶级中接近人民的下层不当权派说话的,也多少反映了人民的要求。

---

① "楚"字原脱,据《论衡》通行本补。——编者